최신 개정판

데이터와 트렌드로
쉽게 취득하는

OPIc IH

데이터와 트렌드로
쉽게 취득하는
OPIc IH

1판 1쇄 발행 2019. 10. 21.
1판 4쇄 발행 2024. 6. 24.

저자 멀티캠퍼스 외국어연구소
기획 멀티캠퍼스 외국어연구소

펴낸이 박민우
기획팀 송인성, 김선명
편집팀 박우진, 김영주, 김정아, 최미라, 전혜련, 박미나
관리팀 임선희, 정철호, 김성언, 권주련
펴낸곳 멀티캠퍼스 하우
주소 서울시 중랑구 망우로68길 48
전화 (02)922-7090
팩스 (02)922-7092
홈페이지 http://www.hawoo.co.kr
e-mail hawoo@hawoo.co.kr
등록번호 제2014-18호

값 29,000원
ISBN 979-11-87549-12-3 13740

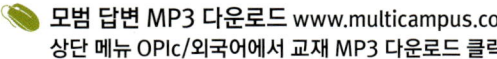 모범 답변 MP3 다운로드 www.multicampus.com
상단 메뉴 OPIc/외국어에서 교재 MP3 다운로드 클릭

최신 개정판

데이터와 트렌드로
쉽게 취득하는

OPIc IH

multicampus

목차

교재 100% 활용법

1) 학습 Schedule

■ 2주 완성: 주 5일 (20H)

Week	월	화	수	목	금
Week 1	Chapter 1/2/3	Chapter 4/5/6/7	Chapter 8/9/10	Chapter 11/12/13/14	Chapter 15/16/17/18
Week 2	Chapter 19/20/21/22	Chapter 23/24/25/26	Chapter 27/28/29/30	Chapter 31/32/33/34/35	Chapter 36/37/38/39/40

■ 한 달 완성: 주 5일 (20H)

Week	월	화	수	목	금
Week 1	Chapter 1/2	Chapter 3/4	Chapter 5/6	Chapter 7/8	Chapter 9/10
Week 2	Chapter 11/12	Chapter 13/14	Chapter 15/16	Chapter 17/18	Chapter 19/20
Week 3	Chapter 21/22	Chapter 23/24	Chapter 25/26	Chapter 27/28	Chapter 29/30
Week 4	Chapter 31/32	Chapter 33/34	Chapter 35/36	Chapter 37/38	Chapter 39/40

■ 두 달 완성: 주 3일 (24H)

Week	월	수	금
Week 1	Chapter 1	Chapter 2	Chapter 3/4
Week 2	Chapter 5	Chapter 6/7	Chapter 8
Week 3	Chapter 9/10	Chapter 11/12	Chapter 13
Week 4	Chapter 14	Chapter 15/16	Chapter 17
Week 5	Chapter 18/19	Chapter 20	Chapter 21/22
Week 6	Chapter 23/24	Chapter 25/26	Chapter 27/28
Week 7	Chapter 29/30	Chapter 31/32	Chapter 33/34
Week 8	Chapter 35/36	Chapter 37/38	Chapter 39/40

2) 교재 구성

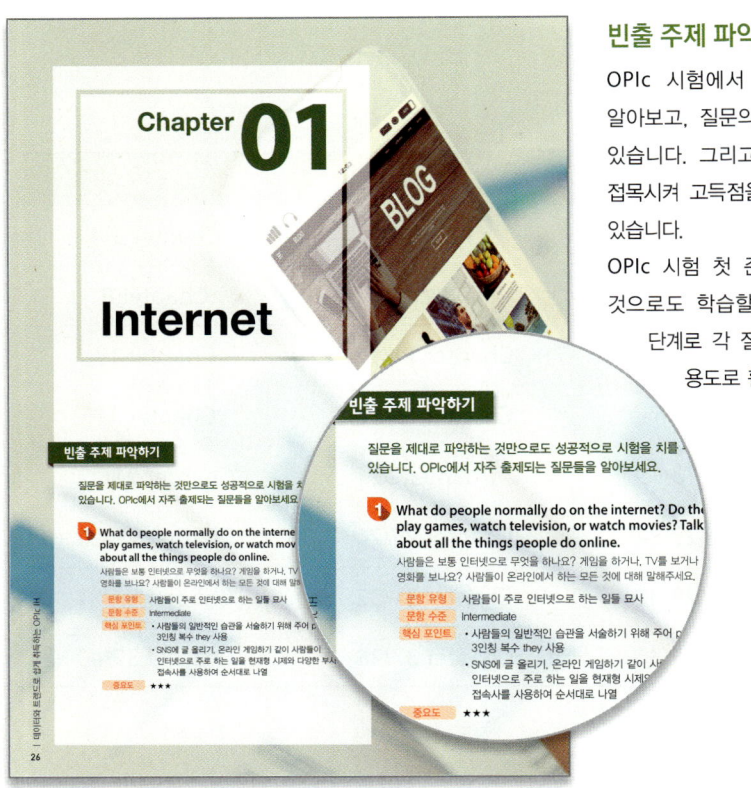

빈출 주제 파악하기

OPIc 시험에서 자주 출제되는 질문이 무엇인지 알아보고, 질문의 유형과 수준, 중요도를 파악할 수 있습니다. 그리고 답변 구성을 위한 핵심 포인트를 접목시켜 고득점을 획득할 수 있는 답변을 준비할 수 있습니다.

OPIc 시험 첫 준비 단계로 빈출 주제를 파악하는 것으로도 학습할 수 있고, OPIc 시험 준비 마무리 단계로 각 질문별로 답변의 아이디어를 구상하는 용도로 활용하여도 좋습니다.

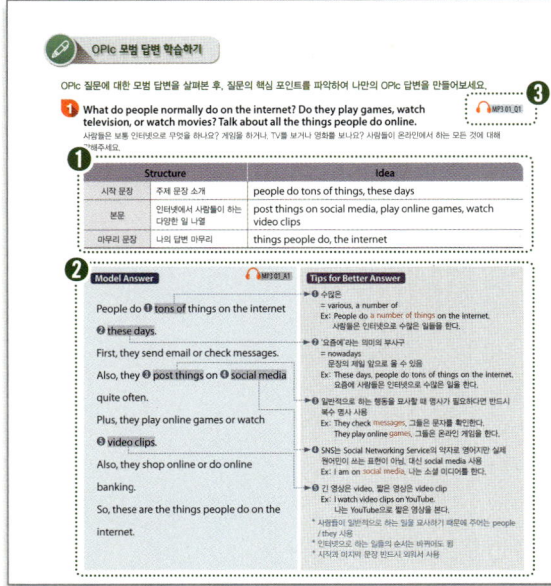

OPIc 모범답변 학습하기

❶ 질문별 답변을 구성하는 Idea를 서론-본론-결론 순으로 브레인스토밍 하고, 각 부분별로 key words 를 간단히 작성하여 이야기를 만들 수 있도록 연습할 수 있습니다.

❷ 모범 답변(Model Answer)은 어떻게 제시되는지 살펴보고, 중요 표현, 문법 등 언어적인 부분에 대한 Tip과 고득점을 받기 위한 답변 전략 등이 모범 답변 오른편에 주어집니다. 이러한 Tip과 전략을 통해 학습자 여러분들의 OPIc 답변을 만들어 보세요.

❸ 질문과 답변을 원어민의 음성으로 들어볼 수 있습니다.

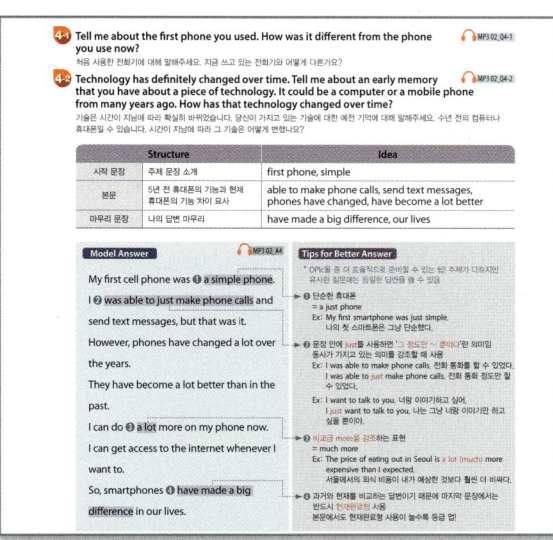

4-1 Tell me about the first phone you used. How was it different from the phone you use now? 🎧 MP3 02_Q4-1
처음 사용한 전화기에 대해 말해주세요. 지금 쓰고 있는 전화기와 어떻게 다른가요?

4-2 Technology has definitely changed over time. Tell me about an early memory that you have about a piece of technology. It could be a computer or a mobile phone from many years ago. How has technology changed over time? 🎧 MP3 02_Q4-2
기술은 시간이 지남에 따라 확실히 바뀌었습니다. 당신이 가지고 있는 기술에 대한 예전 기억에 대해 말해주세요. 수년 전의 컴퓨터나 휴대폰일 수 있습니다. 시간이 지남에 따라 그 기술은 어떻게 변했나요?

	Structure	Idea
시작 문장	주제 문장 소개	first phone, simple
본문	5년 전 휴대폰의 기능과 현재 휴대폰의 기능 차이 묘사	able to make phone calls, send text messages, phones have changed, have become a lot better
마무리 문장	나의 답변 마무리	have made a big difference, our lives

Model Answer 🎧 MP3 02_A4

My first cell phone was ❶ a simple phone.
I ❷ was able to just make phone calls and send text messages, but that was it.
However, phones have changed a lot over the years.
They have become a lot better than in the past.
I can do ❸ a lot more on my phone now.
I can get access to the internet whenever I want to.
So, smartphones ❹ have made a big difference in our lives.

Tips for Better Answer
* OPIc을 좀 더 효율적으로 준비할 수 있는 탑 주제가 다르지만 유사한 질문에는 동일한 답변을 쓸 수 있음
❶ 단순한 휴대폰 = a just phone
Ex: My first smartphone was just simple. 나의 첫 스마트폰은 그냥 단순했다.
❷ 문장 안에 just를 사용하면 "그 정도만 ~ 할 뿐이다"란 의미임
동사가 가지고 있는 의미를 강조할 때 사용
Ex: I was able to make phone calls. 전화 통화를 할 수 있었다.
I was able to just make phone calls. 전화 통화 정도만 할 수 있었다.
Ex: I want to talk to you. 너랑 이야기하고 싶어.
I just want to talk to you. 나는 그냥 너랑 이야기만 하고 싶을 뿐이야.
❸ 비교급 more을 강조하는 표현 = much more
Ex: The price of eating out in Seoul is a lot (much) more expensive than I expected.
서울에서의 외식 비용이 내가 예상한 것보다 훨씬 더 비싸다.
❹ 과거와 현재를 비교하는 답변이기 때문에 마지막 문장에서는 반드시 현재완료형 사용
본문에서도 현재완료형 사용이 높수록 등급 업!

하나의 답변을 여러 질문의 답변으로도 활용할 수 있습니다.

예를 들어 Q1. 과거와 현재의 폰 비교 Q2. 과거와 현재의 기술 비교에 있어서 답변에 스마트폰의 과거와 현재를 비교한다면 Q1과 Q2의 답변으로 모두 활용할 수 있습니다. 이렇게 OPIc 시험을 준비할 때 주제는 다르지만 비슷한 내용을 묻는 질문에 범용적으로 사용할 수 있는 답변을 준비한다면 시험을 좀 더 효율적으로 준비할 수 있습니다.

OPIc 문장 늘리기

IH 이상 등급을 획득하기 위해서 단문을 중·복문으로 늘리는 것을 학습하는 단계입니다. 다양한 형용사, 부사의 수식과 절, 구를 활용하여 답변의 내용을 더 풍부하게 만들고 답변의 양을 늘릴 수 있도록 연습합니다.

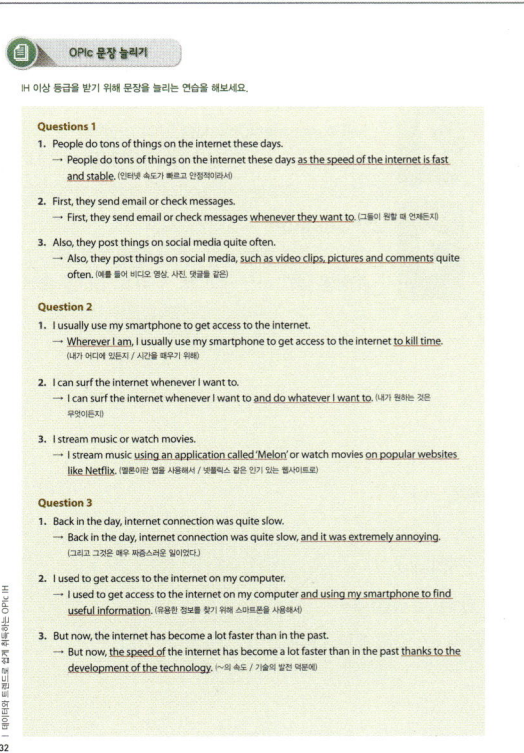

OPIc 문장 늘리기

IH 이상 등급을 받기 위해 문장을 늘리는 연습을 해보세요.

Questions 1
1. People do tons of things on the internet these days.
   → People do tons of things on the internet these days as the speed of the internet is fast and stable. (인터넷 속도가 빠르고 안정적이라서)
2. First, they send email or check messages.
   → First, they send email or check messages whenever they want to. (그들이 원할 때 언제든지)
3. Also, they post things on social media quite often.
   → Also, they post things on social media, such as video clips, pictures and comments quite often. (예를 들어 비디오 영상, 사진, 댓글을 같은)

Question 2
1. I usually use my smartphone to get access to the internet.
   → Wherever I am, I usually use my smartphone to get access to the internet to kill time. (내가 어디에 있든지 / 시간을 때우기 위해)
2. I can surf the internet whenever I want to.
   → I can surf the internet whenever I want to and do whatever I want to. (내가 원하는 것은 무엇이든지)
3. I stream music or watch movies.
   → I stream music using an application called 'Melon' or watch movies on popular websites like Netflix. (멜론이란 앱 사용해서 / 넷플릭스 같은 인기 있는 웹사이트로)

Question 3
1. Back in the day, internet connection was quite slow.
   → Back in the day, internet connection was quite slow, and it was extremely annoying. (그리고 그것은 매우 짜증스러운 일이었다)
2. I used to get access to the internet on my computer.
   → I used to get access to the internet on my computer and using my smartphone to find useful information. (유용한 정보를 찾기 위해 스마트폰을 사용해서)
3. But now, the internet has become a lot faster than in the past.
   → But now, the speed of the internet has become a lot faster than in the past thanks to the development of the technology. (~의 속도 / 기술의 발전 덕분에)

OPIc 평가란?

OPIc이란?

OPIc(Oral Proficiency Interview-computer)은 면대면 외국어 인터뷰인 OPI와 최대한 가깝게 만든 iBT 기반의 외국어 말하기 평가로서, 외국어 전문 교육 연구 단체인 ACTFL(American Council on the Teaching of Foreign Languages)에서 개발한 공신력 있는 말하기 평가입니다. OPIc은 단순히 문법이나 어휘 등을 얼마나 많이 알고 있는가보다는 실제 상황에서 얼마나 효과적이고 적절하게 언어를 구사하는지를 측정하는 객관적인 평가로, 국내에서는 2007년 시작되어 현재 약 1,700여 개 기업 및 기관에서 OPIc을 채용과 인사고과 등에 활발하게 활용하고 있습니다. 현재 OPIc은 영어뿐만 아니라 중국어, 일본어, 러시아어, 스페인어, 한국어 그리고 최근 추가된 베트남어까지 총 7개의 언어 평가를 제공함으로써 다양한 언어를 동일한 기준으로 평가할 수 있는 유일한 외국어 말하기 평가로 자리매김하였습니다.

OPIc 진행과정

ORIENTATION(20분)

1 **Background Survey**
인터뷰 문항을 위한 사전 설문

2 **Self Assessment**
시험의 난이도 결정을 위한 자가 평가

3 **Overview of OPIc**
화면 구성, 문항 청취 및 답변 방법 안내

4 **Sample Question**
실제 답변 방법 연습

시험시간(40분)

1 **1st Session**
– 개인 맞춤형 문항   – 질문 청취 2회
– 문항별 답변 시간 제한 無   – 약 7문항 출제

2 **난이도 재조정**
– Self Assessment(2차 시험 난이도 선택)
– 쉬운 질문 / 비슷한 질문 / 어려운 질문 中 선택

3 **2nd Session**
– 개인 맞춤형 문항   – 질문 청취 2회
– 문항별 답변 시간 제한 無   – 약 5~8문항 출제

OPIc 등급

OPIc의 등급은 크게 세 가지, 작게는 일곱 가지로 세분화됩니다.

- Novice: '초보자'라는 뜻으로 OPIc에서는 '초급' 단계입니다.
- Intermediate: '중간'이라는 뜻으로 OPIc에서는 '중급' 단계입니다.
- Advanced: '고급의'라는 뜻으로 OPIc에서는 가장 높은 '고급' 단계입니다.

이 세 가지의 등급을 세분화해서 다음과 같이 구분하게 됩니다.

· Novice Low, Novice Mid, Novice High
· Intermediate Low, Intermediate Mid(1~3), Intermediate High
· Advanced Low

OPIc의 모체인 OPI에서는 Advanced도 Low, Mid, High로 구분되지만, 컴퓨터로 시험을 보는 OPIc에서는 Advanced Low라는 등급 하나만 부여됩니다.

AL	Advanced **LOW**	사건을 서술할 때 일괄적으로 동사 시제를 관리하고, 사람과 사물을 묘사할 때 다양한 형용사를 사용한다. 적절한 위치에서 접속사를 사용하기 때문에 문장 간의 결속력도 높고 문단의 구조를 능숙하게 구성할 수 있다. 익숙하지 않은 복잡한 상황에서도 문제를 설명하고 해결할 수 있는 수준의 능숙도이다.
IH	Intermediate **HIGH**	개인에게 익숙하지 않거나 예측하지 못한 복잡한 상황을 만날 때, 대부분의 상황에서 사건을 설명하고 문제를 효과적으로 해결한다. 발화량이 많고, 다양한 어휘를 사용한다.
IM	Intermediate **MID**	일상적인 소재뿐 아니라 개인적으로 익숙한 상황에서는 문장을 나열하며 자연스럽게 말할 수 있다. 다양한 문장 형식이나 어휘를 실험적으로 사용하려고 하며 상대방이 조금만 배려해 주면 오랜 시간 대화가 가능하다.
IL	Intermediate **LOW**	일상적인 소재에서는 문장으로 말할 수 있다. 대화에 참여하고 선호하는 소재에서는 자신감을 가지고 말할 수 있다.
NH	Novice **HIGH**	일상적인 대부분의 소재에 대해서 문장으로 말할 수 있다. 개인 정보라면 질문을 하고 응답을 할 수 있다.
NM	Novice **MID**	이미 암기한 단어나 문장으로 말하기를 할 수 있다.
NL	Novice **LOW**	제한적인 수준이지만 영어 단어를 나열하며 말할 수 있다.

＊ Intermediate Mid의 경우 Mid 1, Mid 2, Mid 3로 세분화하여 제공합니다.

Background Survey (배경 설문)

OPIc의 개인 맞춤형 문제는 Background Survey에 대한 응답을 기초로 출제됩니다. 나에게는 어떤 맞춤형 문제가 출제될지 미리 생각해 보세요.

1 **현재 귀하는 어느 분야에 종사하고 계십니까?**
☐ 사업/회사   ☐ 재택근무/재택사업   ☐ 교사/교육자   ☐ 군 복무   ☐ 일 경험 없음

1.1. 현재 귀하는 직업이 있으십니까?
☐ 네   ☐ 아니요

1.1.1. 귀하의 근무 기간은 얼마나 되십니까?
☐ 첫 직장 – 2개월 미만   ☐ 첫 직장 – 2개월 이상   ☐ 첫 직장 아님 – 경험 많음

1.1.1.1. 당신은 부하 직원을 관리하는 관리직을 맡고 있습니까?
☐ 네   ☐ 아니요

문항 1에서 교사/교육자로 답변했을 경우

1.1. 당신은 어디에서 학생을 가르치십니까?
☐ 대학 이상   ☐ 초등/중/고등학교   ☐ 평생교육

1.1.1. 현재 귀하는 직업이 있으십니까?
☐ 네   ☐ 아니요

1.1.1.1. 귀하의 근무 기간은 얼마나 되십니까?
☐ 2개월 미만 – 첫 직장
☐ 2개월 미만 – 교직은 처음이지만 이전에 다른 직업을 가진 적이 있음
☐ 2개월 이상

1.1.1.1.1. 귀하는 부하직원을 관리하는 관리직을 맡고 있습니까?
☐ 네   ☐ 아니요

---

2 **현재 귀하는 학생이십니까?**
☐ 네   ☐ 아니요

2.1. 현재 어떤 강의를 듣고 있습니까?
☐ 학위 과정 수업   ☐ 전문 기술 향상을 위한 평생 학습   ☐ 어학 수업

2.2. 최근 어떤 강의를 수강했습니까?
☐ 학위 과정 수업
☐ 전문 기술 향상을 위한 평생 학습
☐ 어학 수업
☐ 수업 등록 후 5년 이상 지남

3 현재 귀하는 어디에 살고 계십니까?

- ☐ 개인주택이나 아파트에 홀로 거주
- ☐ 친구나 룸메이트와 함께 주택이나 아파트에 거주
- ☐ 가족(배우자/자녀/기타 가족 일원)과 함께 주택이나 아파트에 거주
- ☐ 학교 기숙사   ☐ 군대 막사

아래의 4~7번 문항에서 12개 이상을 선택해 주시기 바랍니다.

4 귀하는 여가 활동으로 주로 무엇을 하십니까? (두 개 이상 선택)

☐ 영화 보기	☐ 클럽/나이트클럽 가기	☐ 공연 보기	☐ 콘서트 보기
☐ 박물관 가기	☐ 공원 가기	☐ 캠핑하기	☐ 해변 가기
☐ 스포츠 관람	☐ 주거 개선	☐ 술집/바에 가기	☐ 카페/커피전문점 가기
☐ 게임하기(비디오, 카드, 보드, 휴대폰 등)		☐ 당구 치기	☐ 체스하기
☐ SNS에 글 올리기	☐ 친구들과 문자대화하기	☐ 시험 대비 과정 수강하기	
☐ 뉴스를 보거나 듣기	☐ 차로 드라이브하기	☐ 스파/마사지샵 가기	
☐ 구직활동하기	☐ 자원봉사하기	☐ 쇼핑하기	
☐ TV 시청하기	☐ 리얼리티 쇼 시청하기	☐ 요리 관련 프로그램 시청하기	

5 귀하의 취미나 관심사는 무엇입니까? (한 개 이상 선택)

☐ 아이에게 책 읽어주기	☐ 음악 감상하기	☐ 악기 연주하기
☐ 혼자 노래 부르거나 합창하기	☐ 춤추기	☐ 글쓰기(편지, 단문, 시 등)
☐ 그림 그리기	☐ 요리하기	☐ 애완동물 기르기
☐ 주식투자하기	☐ 신문읽기	☐ 여행 관련 잡지나 블로그 읽기
☐ 사진촬영하기	☐ 독서	

6 귀하는 주로 어떤 운동을 즐기십니까? (한 개 이상 선택)

☐ 농구	☐ 야구/소프트볼	☐ 축구	☐ 미식축구
☐ 하키	☐ 크리켓	☐ 골프	☐ 배구
☐ 테니스	☐ 배드민턴	☐ 탁구	☐ 수영
☐ 자전거	☐ 스키/스노보드	☐ 아이스 스케이트	☐ 조깅
☐ 걷기	☐ 요가	☐ 하이킹/트레킹	☐ 낚시
☐ 헬스	☐ 태권도	☐ 운동 수업 수강하기	☐ 운동을 전혀 하지 않음

7 당신은 어떤 휴가나 출장을 다녀온 경험이 있습니까? (한 개 이상 선택)

- ☐ 국내 출장   ☐ 해외 출장   ☐ 집에서 보내는 휴가   ☐ 국내 여행   ☐ 해외여행

OPIc FAQ

01 OPIc 시험 중 필기구를 사용하여 답변을 준비해도 되나요?

OPIc 응시자는 필기구를 가지고 시험장에 입실할 수 없습니다. 따라서 시험 중에 필기구를 이용하여 메모 등을 하실 수 없으며, 적발 시 부정행위로 처리되어 OPIc 시험 규정에 따라 향후 시험 응시 기회에 제한을 받습니다.

02 무조건 길게 말하는 것이 도움이 되나요?

짜임새 없이 내용으로 길게만 말하는 것보다는 질문이 요구하는 내용에 충실한 답변을 정확한 문법과 표현을 사용하여 논리적으로 표현할 때 좋은 평가를 받을 수 있습니다. 또한 기-승-전-결 혹은 서론-본론-결론의 짜임새 있는 구성으로 답변해야 합니다. 공식적인 수치는 아니지만 주어진 시간 내 모든 문제에 풍부한 내용으로 답변을 하려면 한 문항당 짧으면 1분, 일반적으로 2분~2분 30초 이상 말할 수 있도록 준비하는 것이 좋습니다.

03 Background Survey 응답 내용으로만 출제되나요?

아닙니다. 시험 전에 체크한 Background Survey 결과는 나에게 맞는 맞춤형 문항이 출제되는 데 영향을 주지만, 그 외 시스템적으로 선별된 문항도 출제됩니다. 즉, 여러분이 선택하지 않은 내용에서도 문제가 출제됩니다. 일반적으로 여러분의 일상생활에서 일어나는 일들을 위주로 문제가 출제되며 전문적인 내용이 출제되더라도 일상생활과 연결되어 있는 질문들이 출제됩니다. OPIc 등급 향상을 위해서는 Background Survey 항목에 관련된 답변만을 무조건 외우기보다는 평소에 다양한 말하기 연습을 하는 것이 도움이 될 것입니다.

04 OPIc 문제 중 Background Survey 내용과 관련이 없는 내용이 나오면 답변하지 않아도 되나요?

아닙니다. 수험자는 주어진 문항에 대해서 모두 답변을 진행해야 합니다. OPIc은 Background Survey를 통해 수험자의 개인 맞춤형 문항의 출제가 가능하지만 다른 영역의 질문 또한 출제되어 수험자의 예상하지 못한 문제에 대해 답변을 하는 능력 또한 평가합니다. 따라서, 질문에 대한 답변이 진행되지 않은 경우 감점의 요인이 될 수 있습니다. 그러므로 Background Survey에서 선택한 내용과 다른 문제가 출제되더라도 당황하지 말고 최선을 다해 성실히 답변하는 것이 좋습니다.

05 시험 보는 중간에 Self-Assessment로 레벨을 변경하는 것이 성적에 영향이 있나요?

처음에 높은 레벨로 시작했다가 중간에 낮은 레벨로 바꾸거나, 그 반대로 낮은 레벨에서 높은 레벨로 바꾸는 그 자체로 성적이 바뀌지는 않습니다. 철저히 주어진 답변에 얼마나 충실하게 답변하는지가 성적을 좌우한다고 보면 됩니다. 그러나, 나의 영어 실력과 너무 동떨어진 레벨을 선택하는 것은 바람직하지 않습니다.

06 모범 답안을 외워서 답변하면 성적에 영향을 주나요?

질문과 무관한 답변 및 시중의 모범 답안을 그대로 외워서 대답하는 것은 성적 결과에 좋지 않은 영향을 줄 수 있습니다.

07 문제를 반복해서 들으면 성적이 좋지 않게 나오는 것이 사실인가요?

문제 풀기 전략 중 하나로 문제를 습관적으로 반복해서 듣는 사람들이 있습니다. 문제를 반복 청취하는 것이 성적에 직접적으로 영향을 미치는 것은 아니지만, 문제를 반복 청취했을 때 답변 시간이 줄어들 수밖에 없으므로 시간 관리에 어려움을 느낄 수 있습니다. OPIc 문제의 답변 시간은 질문 청취 시간을 제외하고 약 35분 가량입니다. 따라서 주어진 시간 내 모든 문제를 효율적으로 답변할 수 있도록 시간을 활용해야 합니다.

08 발음이 안 좋거나 더듬거리면 성적에 나쁜 영향을 주나요?

발음은 이해가 가능한 수준일 경우 크게 영향을 미치지 않는 것으로 알려져 있습니다. 그러나 메시지 전달이 안 될 정도로 말이 매끄럽지 못한 경우에는 당연히 채점이 어려울 수밖에 없습니다.

09 OPIc 시험은 현장에서 결과를 직접 확인할 수 있나요?

OPIc은 응시일로부터 일주일 후 OPIc 홈페이지에서 성적 확인이 가능합니다. (일반적으로 오후 1시 발표이나 사정에 따라 변경될 수 있습니다.) 취업 시즌 등의 경우 수험자 편의를 위해 성적 조기 발표 (시험일로부터 3~5일)를 시행합니다.

10 OPIc 시험 일정은 1년에 몇 번 정도 있나요?

OPIc은 연중 상시 시행 시험입니다. (일부 공휴일 제외) 다만 지역/센터별로 차이가 있을 수 있으니 자세한 사항은 OPIc 홈페이지(http://opic.or.kr)에서 확인해 주시기 바랍니다.

11 성적이 UR이라고 나오는 것은 무엇을 의미하나요?

'UR'은 Unable to rate을 의미합니다. UR이 나오는 경우는 녹음 불량, 녹음 음량이 너무 작은 경우, 수험자가 자신이 없어 답변을 하지 않은 경우입니다. 수험자의 과실인 경우 응시료 환불은 없으며 재시험의 기회도 없습니다. 시스템적인 오류로 UR이 나왔을 경우 한 번의 재시험 기회를 드립니다.

12 시험에 필요한 규정 신분증은 무엇인가요?

OPIc의 규정신분증은 주민등록증, 운전면허증, 공무원증, 기간만료 전 여권이며, 군인 등 특정 할인 신청의 경우 규정신분증 외 시험 당일 추가 증명 서류를 지참하여야 응시 가능합니다. 자세한 사항은 OPIc 홈페이지(http://opic.or.kr)에서 확인해 주시기 바랍니다.

13 OPIc 세부진단서란 무엇인가요?

OPIc Rater(채점자)가 수험자 답변 내용을 바탕으로 언어 항목에 대해 진단 및 안내를 제공하는 유료 피드백 서비스이며 가격은 30,000원입니다.

OPIc 고득점 전략

1) OPIc 시험 대비 요령

OPIc에서 높은 등급을 받기 위해 어떤 노력이 필요하고 어떤 시험 대비 요령이 필요할까요? 최신 데이터와 트렌드를 바탕으로 고득점을 받기 위한 전략을 알아봅시다.

■ OPIc 평가 기준에 맞춰 답변 전략 짜기

① TEXT TYPE: 문장 구조 난이도 + 관용구 빈도
- 문장 구조를 고급화하기

> **AL:** Phones have become a lot better in quality over the years.
> **IH:** Phones have become a lot better than in the past. (현재완료 + 비교급 강조)
> **IM:** Phones are much better than the past.
> **IL:** Phones are very good these days.

② CONTEXT & CONTENT: 주제 연관도 높은 표현 빈도
- 주제에 관련된 다양한 단어들이 적재적소에 들어가야 함
- 답변의 양적 팽창과 질적 팽창을 함께 해야 함

> **AL:** Vegetables are rich in healthy vitamins, fiber and minerals.
> **IH:** Vegetables contain a lot of vitamins and fiber.
> **IM:** Vegetables have a lot of vitamins in them.
> **IL:** Vegetables are good for our health.

③ TASK & FUNCTION: OPIc 질문 난이도 과제 수행 능력
- Advanced 수준의 질문에 특히 공을 들여 준비

> **1.** [Int] 본인이 살고 있는 집 묘사
> I would like to know about where you live. What does your place look like?
>
> **2.** [Adv_01] 집에 준 변화 중 하나 자세히 묘사
> Sometimes, we want to change something in our home. Tell me about one change that you made in your home.
>
> **3.** [Adv_02] 어렸을 때 살았던 집과 지금 집 비교
> Describe the home you lived in as a child. How was that home different from the home you live in now?
>
> ☞ 콤보 3문제 중, 가장 난이도가 높은 3번 문항의 답변 연습을 가장 많이 해야 한다.

14. [Adv_03] 과거의 주택들과 현재 주택들 특징 비교

Homes today are quite different from those built in the past. Modern homes have new technology and new designs. Tell me how homes in your country changed over the past few years.

15. [Adv_03] 우리나라 주택시장 문제 관련해서 시청한 뉴스 설명

Homes are in the news because of problems in the housing market. Talk about a news story you remember about homes.

☞ 사회 관심사적 이야기를 할 수 있어야 높은 등급을 받을 수 있다. (대개 시험의 14, 15번째 질문)

④ **COMPREHENSIBILITY: 전달력(발음 + 강세)**

– 원어민이 이해하기 쉽게 발화 전달력 (정확한 발음과 속도)을 높여야 함

정확하게 강세 발음하기 – ev**e**nt / r**e**cently
모음 정확하게 발음하기 – **on**line **shop**ping **mall**
자음 정확하게 발음하기 – **r**iver vs. **l**iver
내용어에 강세 주기 (명사, 동사, 형용사, 부사) – I **use** my **cell** phone **all** day.

2) 영어 말하기 전략

① 발음

대체적으로 등급이 올라갈수록 발음 오류의 발생 빈도가 적어지나 한국인들은 고질적으로 /f/나 /v/를 /p/나 /b/로 발음하거나 /ʃ/를 /s/ 또는 한국의 /ㅅ/ 소리로 발음하는 경우가 많고, /l/ /r/ 발음이 구분이 안 되거나 반대로 발음하는 경우가 많습니다. 예를 들어, 'liver' 과 'river'의 음가 차이를 구분하여 발음하지 못하여 원어민이 이해를 못하는 경우가 그런 것이죠. 뿐만 아니라, 모음 발음을 잘못하여 오해를 불러일으키기도 합니다. 한국인들의 대표적인 발음 오류에 대해 짚어보고, 원어민처럼 발음하려면 어떻게 해야 하는지 알아봅시다.

■ 모음 발음 오류

· /오/가 아니라 /어/로 발음해야 함

on the internet [언] / **on**line shopping [언] / c**on**cert [컨] / **op**tion [업] / **o**ffice [어]

often 입을 완전히 벌려서 [어] vs **o**pen [오우~쁜]

s**o**ng [썽] / s**o**rry [써뤼] / **au**dio [어~리오]

s**au**ce [써쓰] / s**au**sage [써씨쥐]

bec**au**se [비커즈] / c**o**st [커] / l**o**st [러]

· /al/은 입을 3센티 이상 벌리고 /어/로 발음하기

all / t**al**l / b**al**l / m**al**l / sm**al**l / f**al**l [어~얼]

all the time / **al**ways / **al**so / **al**most [어~얼]

t**al**k [어] / w**al**k [워] vs. work (입을 벌리지 않아야 함) / s**ol**ve [써~얼]

• 슈와(schwa) 현상 [ə]: 강세가 없는 음절의 모음 발음이 중성모음 [으]로 약화되는 현상

about [으] / among [으] / another [으]
accessories [윽/쓰] / apartment [으/믄] / department [드/믄]
before [브] / ticket [꼿] / market [꼿]
wallet [룻] / bullet train [룻] / outlet mall [룻]
today [트] / tonight [트] / tomorrow [트] / separately [쁘롯]
computer [큼] / compare [큼] / concern [큰] / contain [큰]
device [드] / student [든] / recently [쓴] / freshman [믄]
police [프] / percent [프] / perform [프] / performance [프/믄]
anniversary [느/쓰] / participate [프/쓰] / candidate [드듯]
security [쓰] / Korea [크] / Japan [즈]
different [F으] / interested [트르] / mountains [튼]

■ 자음 발음 오류

• 설탄음 발음 오류 (미국 영어): [t] [d]가 모음 발음 사이에서 [ㄹ]처럼 발음되는 현상

water / butter / meeting / computer / cosmetics / creative / quality
eat out / eat in
radio / video / model [머를] / modern [머런] / comedy [커므리] / medical [메르끌]
* 설탄음 현상으로 metal과 medal이 [메를]으로 발음이 똑같음

• 경음화 발음 오류: 단어 중간에 된소리 p[ㅃ] t[ㄸ] k/c[ㄲ]로 발음되는 현상

open / paper / people / experience / responsibility
studying / stress / stay / steak / sky / skip / local [로우끌]
working / walking / talking / parking

• L vs. R 발음: L은 혀끝이 윗니 뒤에 닿고, R은 닿지 않음

leader [리러] / reader [뤼러]
liver [리v어] / river [뤼v어]
recently [뤼쓴리] / release [뤼리쓰]
law [러] / raw fish [뤄]
long [러엉] / wrong [뤄엉]
lion [라] / Ryan [롸]
alive [라] / arrive [롸]
learn [러r언] / run [뤈]
restaurant [뤠스뜨뤈트] / renovate [뤠노베잇]

• TH 발음: 혀끝을 윗니 아랫니 사이에 끼고 발음

this / that / Thursday / thank / thousand / three
worth / health / healthier / healthiest / birthday / bathroom / Bluetooth

- •F/V 발음: F/V는 윗니로 아랫입술을 깨물어 발음

  > friendly / fashionable / follow / fall / ferry / very / vegetable

- •Z 발음: /z/ 떠는 발음

  > dizzy / busy / busier / easy / easier / business / use

■ 영어 강세 오류

- •내용어 강세: 영어는 강세 중심 언어이므로 내용어에 강세를 줌

  – 내용어 강세 (O): 명사, 동사, 형용사, 부사, 부정어, 강조어, 지시대명사, 지시형용사
  – 기능어 강세 (X): 인칭대명사, 조동사, 전치사, 관사, 소유격

  > I live in a house with my family.
  > I live in a big house with my family.
  > I live in a very big house with my family.

- •합성어 강세: 두 개의 단어가 결합되면 앞 단어에 강세를 줌

  > staff dinner 회식 / concert hall 콘서트 홀
  > good-looking 외모가 준수한 / well-known 잘 알려진
  > eco-friendly 환경 친화적인 / mobile-friendly 모바일 친화적인
  > beachside hotel 해변가 호텔 / riverside parks 강가 주변 공원

- •구동사 강세: 뒷 단어에 강세를 줌

  > eat out 나가서 먹다 / eat in 안에서 먹다 / work out 운동하다 / take out 내다 버리다
  > clean up 치우다 / meet up 만나다 / picked up 주웠다 / called up 불렀다

② 어휘

등급이 올라갈수록 발화량이 증가하고 어휘의 총량 및 어휘 유형수가 증가는 경향이 있습니다. 특히, AL 등급이 IL 등급 수험자보다 3배 많은 단어를 사용하고, 특히 IH와 AL 사이의 증가폭이 큽니다. 하지만 동일 어휘의 반복 사용이 잦습니다. 단, 등급이 올라갈수록 좀 더 고난이도 어휘를 구사합니다. 그러므로 동일 어휘를 반복하지 않으려면 다양한 형용사와 동사들을 사용할 수 있어야 합니다.
예) clean (저난이도 어휘) vs. well-organize (고난이도 어휘)

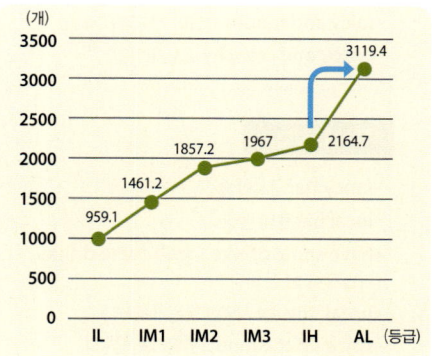

주제별로 어휘를 정리하여 학습하는 방법이 어휘량을 높이는 가장 좋은 방법입니다.

Housing (집)

- **high-rise apartment** 고층 아파트
- **spacious** 넓은
- **utility room** 다용도실
- **home appliances** 가전기기
- **do the laundry** 빨래를 하다
- **do the dishes** 설거지하다
- **take out the garbage** 쓰레기를 내다버리다
- **renovate** 새단장하다
- **redo (redid)** 다시하다
- **rearrange** 재배치하다
- **replace** 교체하다
- **break (broke)** 깨다
- **break down (broke down)** 고장 나다
- **kick back and relax** 긴장을 풀고 쉬다
- **get some rest** 쉬다
- **get some sleep** 잠을 청하다
- **nightstand** 협탁

Music (음악)

- **melody** 멜로디
- **lyrics** 가사
- **catchy** 귀에 쏙 들어오는
- **trendy** 유행을 앞서가는
- **overwhelming** 압도적인, 가슴이 벅찬
- **sensational** 선풍적 인기를 누리는
- **incredible/amazing singer** 대단한 가수
- **good-looking** 외모가 준수한
- **talented** 재능이 뛰어난
- **unique voice** 개성 있는 목소리
- **release a new single** 신곡을 발표하다

Movies (영화)

- **movie star** 영화 배우
- **movie theater** 영화관
- **star v.** (주연으로) 출연하다
- **sequel** 속편
- **storyline** 줄거리
- **twist** 반전
- **acting** 연기력
- **funny lines** 웃긴 대사
- **very fun to watch** 재미 있는
- **touching** 감동적인
- **entertaining** 흥미진진한
- **do very well at the box office** 흥행에 성공하다
- **a box-office hit** 흥행대작
- **a killer movie** 대박 영화
- **hit the all-time record** 역대 기록을 경신하다
- **newly-released movie** 새로운 개봉작

Restaurants (음식점)

- **barbeque restaurant / barbeque place** 고깃집
- **take-out restaurant / delivery place** 배달 음식점
- **decent restaurant** 괜찮은 식당
- **juicy and tender** 육즙이 많고 부드러운
- **crispy and crunchy** 매우 바삭한
- **eat out = go out to eat** 외식하다
- **order in** 음식을 시켜 먹다
- **get the food to go** 음식을 포장해서 나오다
  - ★ 구동사를 많이 쓰는 것이 고득점을 받는 지름길!!
- **food delivery app** 음식 배달앱

Bars (술집)

- **fancy bar** 근사한 술집
- **local bar** 동네 술집
- **have some drinks / grab some drinks** 가볍게 술 한 잔 하다
- **break the ice** 서먹한 분위기를 깨다
- **spice up the mood** 분위기를 띄우다
- **bond with co-workers** 동료와 친해지다
- **hang out with my friends** 친구들과 어울리다
- **got drunk (drunken (x))** 술 취했다
- **got wasted and blacked out** 만취해서 필름이 끊겼다
- **had a hangover** 숙취가 있었다
- **sober up** 술을 깨다

Trips (여행)

- **go on trips** 여행 가다
- **go on vacations** 휴가 가다
- **travel overseas** 해외여행 가다
- **popular vacation spot** 인기 휴가지
- **tourist** 관광객
- **tourist attraction** 관광 명소
- **landmark** 명소
- **historic site** 역사적 유적지
- **take a lot of pictures** 사진을 많이 찍다
- **do some shopping** 쇼핑을 하다
- **buy some souvenirs** 기념품을 사다
- **go to duty free shops** 면세점에 가다
- **get gifts** 선물을 사다

Food (음식)

- **eat healthy** 건강하게 먹다
- **eat properly** 제대로 먹다
- **cut back on unhealthy food** 건강하지 않은 음식 섭취량을 줄이다
- **contain** 함유하다
- **be rich in** 함유량이 풍부하다
- **vitamins** 비타민
- **minerals** 미네랄
- **fiber** 섬유질
- **protein** 단백질
- **organic food** 유기농 음식
- **strengthen our immune system** 면역 체계를 강화하다
- **go bad / went bad** 상하다
- **get food poisoning** 식중독에 걸리다
- **get indigestion** 소화불량에 걸리다
- **get enteritis** 장염에 걸리다

Internet (인터넷)

- **get access to the internet** 인터넷에 접속하다
- **surf the internet** 인터넷 서핑을 하다
- **do online searches** 인터넷 검색하다
- **stream music** 음악을 스트리밍 하다
- **watch video clips** 동영상을 보다
- **check the news and the weather forecast** 뉴스와 일기예보를 확인하다
- **play online games** 인터넷 게임을 하다
- **take online classes** 인강을 듣다
- **check email** 이메일 확인하다
- **shop online** 인터넷 쇼핑을 하다
- **do online banking** 인터넷 뱅킹을 하다
- **mobile-friendly** 모바일 친화적인
- **tech-savvy** 기계를 잘 다루는

Phones (Technology) 전화기 (기술)

- **run out of battery** [배러뤼] 배터리가 다 떨어지다
- **my phone died** 전화기가 꺼졌다
- **my phone was dead** 전화기가 꺼져 있었다
- **charge** 충전하다
- **charger** 충전기
- **backup battery** 보조 배터리
- **carry around** 휴대하고 다니다
- **be addicted to their phones** 휴대폰에 중독되다
- **phone addiction** 휴대폰 중독
- **make phone calls** 전화 통화를 하다
- **over the phone** 전화 통화상으로

③ 문법

문법 빈출 오류는 관사 〉어형 〉단수·복수 사용 〉시제 〉전치사 순으로 나타납니다. 답변의 정확성을 높이기 위해 관사, 단/복수, 전치사 사용에 유념해야 합니다.

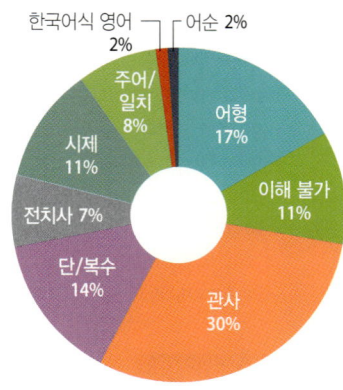

■ 관사

• 부정관사 **a/an**: 처음 언급할 때 '하나'

> There is a small park where I can take walks.
> There is a sofa, a TV and an air–conditioner.
> We went to a decent Thai restaurant.
> In the kitchen, there is a sink and a dining table.

• 정관사 **the**: 앞에서 언급한 것을 지정할 때, 일반화, 관용구

> (지정) I fold the clothes and put them in the dresser.
> (지정) I hang the laundry on the laundry rack.
> (지정) The food tasted so good because I was starving.
> (일반화) I clean the bathroom after I take showers.
> (일반화) There are various types of furniture in the living room.
> (관용구) They had the best Thai food in town.
> (관용구) I do the dishes after I have meals.
> (관용구) I do the laundry on weekends.
> (관용구) I take the subway most often.
> (관용구) I do various types of things on the internet.

■ 단수 / 복수

> ★ 일반화 시킬 때는 복수형을 써야 함!
> (단수) My favorite bar is a local pub near my house.
> (단수) One of the biggest concerns is safety.
> (복수형 일반화) I like to go to parks to take walks.
> (복수형 일반화) I can read books or watch movies in my room.
> (복수형 일반화) I sometimes play games or take online classes.
> (복수형 일반화) Phones have changed a lot over the years.
> (복수형 일반화) Vegetables have a lot of vitamins in them.
> (복수형 일반화) People use their cell phones to surf the internet.

| 데이터와 트렌드로 쉽게 취득하는 OPIc IH

■ 시제

• 현재 시제 / 과거 시제 / 미래 시제

> (현재) I live in a three-bedroom apartment.
> (현재/미래) The weather forecast says it will rain tomorrow.
> (과거) I lived in a big house when I was a kid.
> (과거) I got drunk that day because I drank too much.
> (과거) The store did NOT have my size in stock.
> (과거 진행) I was chatting with my friend.
> (조동사 과거) I used to play there with my friends.
> (조동사 과거) I had to get a lot of rest.

• 현재완료: 고득점을 받기 위해서는 꼭 써야 함!

> I have lived in this apartment for five years.
> I have tried various things for my health.
> Phones have changed a lot over the years.
> Coffee shops have NOT changed much over the years.
> Transportation has become a lot faster than in the past.
> Travelling has become a lot easier than in the past.
> Bars have become much better than in the past.

■ 전치사

> (장소) in my room
> (장소) on the beach / at the beach / near the beach / along the beach
> (장소) swim in the ocean / stay at a hotel ★ 'in'보다 더 넓은 공간을 나타낼 때는 'at'을 씀
> (기간) during my vacation / on my vacation
> (기간) throughout the concert / before the movie / after the movie
> without heating / within walking distance
> went to my home (x) / went home (o)
> I had a great time at there. (x) / I had a great time there. (o) 'there' 자체가 부사임

④ 문단·문장 구조

등급이 높아질수록 중문(대등접속사로 연결되는 문장 등), 복문(when, where과 같은 관계사를 사용한 종속절을 사용하는 문장 등)의 사용과 총 어휘수가 점진적으로 상승하여 유창성이 높아집니다. 단순히 문장의 길이가 길어진다는 내용이 아니라, 문장 간의 인과관계를 설명할 수 있다거나 개연성이 높은 조건절과 같은 문장들을 사용하여 일관성 있고 짜임새 있는 <u>문장을 구성(Coherence)</u>할 수 있다는 의미입니다.

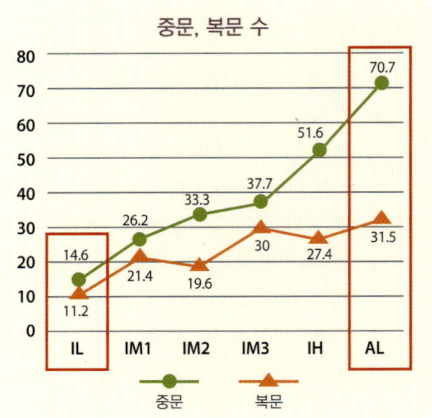

■ 중문 / 복문

· 평서문

> I do not use Bluetooth myself, but people around me do.
> I sometimes get the food to go, but sometimes eat it on the spot.
> There is a park where I can take walks.
> There is free Wi-Fi, so I can get access to the internet.
> When I was kid, trains used to be slower.
> I try to be more careful when I am eating something.
> My favorite furniture is my bed because I love to sleep.
> Because there are many mountains, people often go hiking.

· 의문문

> What do you think? → Can you tell me what you think?
> How much is it? → Can you tell me how much it is?
> If you got it online, can you tell me which site it was?
> Are there any promotions? → I wonder if there are any promotions.
> Could you please check if you have my bag?

■ 형용사 비교급 / 최상급

> The internet has become a lot faster than in the past.
> Korean movies have become much better than in the past.
> Shopping has become much easier over the years.
> It was one of the best concerts in my life.
> Kimchi is one of the healthiest foods in the world.
> It was one of the most memorable movies in my life.
> ★ 'one of the 최상급' 사용할 때 동사는 무조건 단수!

■ 구동사

I try to work out as often as I can. 운동하다

I take out the garbage on my way out. 버리다

People eat out or order in more often. 나가 먹다 / 시켜 먹다

I first go to the front desk to check in. 체크인하다

I had to clean up the glass. 치우다

I wiped off the water from the floor. 닦아 내다

I called up a person to fix the problem. 부르다

■ 복합관계사

I just watch whatever is fun. 재미 있으면 뭐든지

I just listen to whatever is good. 좋으면 뭐든지

I can do whatever I want to. 원하는 것 무엇이든지

I listen to music whenever I want to. 원할 때 언제든지

I can go wherever I want to. 원하는 곳 어디든지

I clean the house whenever I can. 할 수 있을 때마다

I can shop online wherever I am. 어디 있든지 간에

I was very excited whenever I went there. 거기 갈 때마다

■ 연결어

★ 이야기의 기승전결을 보여주기 위해 꼭 필요함

(마무리) So 정리하자면 / Once again 다시 한번 얘기하자면 / Looking back 되돌아 보면 /
　　　　Since then 그 이후로

(연결) When it comes to ~에 있어서 / Among them 그중에서

(역접) However + S + V 그러나 / But now 그러나 지금은 / But these days 그러나 요즘에는 /
　　　　On the other hand 반면 / Meanwhile 한편

(순서) Next, Plus, Also 또한, 더불어 / And then, After that 그리고 난 후에

(예시) For example, For instance + S + V 예를 들면
　　　　n. + such as + n. + n. + and n. ~와 같은

(시점) In the past 과거에는 / Back in the day 옛날 옛적에는 / When I was a kid 내가 어렸을 때는

(추가) In fact 실은 / Or 아니면 / If so 만약 그렇다면 / If not 만약 아니면 [Role-play 때 많이 사용]

(전환) Frankly (speaking), To be honest 솔직히 말해서

Chapter 01

Internet

빈출 주제 파악하기

질문을 제대로 파악하는 것만으로도 성공적으로 시험을 치를 수 있습니다. OPIc에서 자주 출제되는 질문들을 알아보세요.

1 **What do people normally do on the internet? Do they play games, watch television, or watch movies? Talk about all the things people do online.**

사람들은 보통 인터넷으로 무엇을 하나요? 게임을 하거나, TV를 보거나 영화를 보나요? 사람들이 온라인에서 하는 모든 것에 대해 말해주세요.

문항 유형	사람들이 주로 인터넷으로 하는 일들 묘사
문항 수준	Intermediate
핵심 포인트	• 사람들의 일반적인 습관을 서술하기 위해 주어 people과 3인칭 복수 they 사용
	• SNS에 글 올리기, 온라인 게임하기 같이 사람들이 인터넷으로 주로 하는 일을 현재형 시제와 다양한 부사 및 접속사를 사용하여 순서대로 나열
중요도	★★★

2 **What do you usually do on the internet? Do you like to shop online? Do you like sharing videos with other people? Tell me about everything that you do online.**

당신은 인터넷으로 보통 무엇을 하시나요? 온라인 쇼핑을 좋아하나요? 다른 사람들과 비디오를 공유하는 것을 좋아하나요? 온라인에서 하는 모든 것에 대해 말해주세요.

문항 유형	주로 인터넷으로 하는 일들 묘사
문항 수준	Intermediate
핵심 포인트	• 본인이 하는 일을 묘사하기 때문에 주어 I 사용
	• SNS에 글 올리기, 스트리밍으로 음악 듣기 같이 본인이 평상시에 인터넷에서 주로 하는 일을 현재형 시제를 사용하여 순서대로 나열
중요도	★★★

3 **Tell me about your early experience of surfing the internet. What do you remember particularly about that experience?**

인터넷 초창기에 인터넷 서핑을 했던 경험에 대해 말해주세요. 그 경험에 대해 특별히 기억하는 것이 있나요?

문항 유형	초창기 인터넷 서핑을 했던 경험 묘사
문항 수준	Advanced
핵심 포인트	• 본인의 경험을 묘사하기 때문에 주어 I 사용
	• 느린 인터넷 속도와 같이 예전 인터넷 사용했을 때 불편했던 점을 과거형 시제를 사용하여 묘사한 후 현재 나아진 인터넷 서비스와 비교
	• 현재의 인터넷 서비스에 대해 이야기할 때에는 반드시 현재형 사용
중요도	★★★★★

4 **Tell me about when you used the internet to get a project done. What was the project about? How did the internet help you do that project?**

어떠한 프로젝트를 끝내기 위해 인터넷을 사용한 경험에 대해 말해주세요. 그 프로젝트는 무엇에 관한 것이었나요? 그 프로젝트를 하는데 인터넷이 어떻게 도움이 됐나요?

문항 유형	인터넷을 이용해서 수행했던 과거 프로젝트 설명
문항 수준	Advanced
핵심 포인트	• 본인의 경험을 묘사하기 때문에 주어 I 사용
	• 회사에서 맡은 업무나 학교에서 쓰는 리포트 등 인터넷을 사용하여 성공적으로 수행했던 프로젝트에 대해 과거형 시제를 사용하여 묘사
중요도	★★★

5 I'm sure you have things that you remember seeing on the internet. Talk about a memorable posting that you saw on the internet. Why was it memorable for you?

인터넷에서 본 기억이 남는 것들이 있을 겁니다. 인터넷에서 본 기억에 남는 게시물에 대해 이야기해주세요. 그것이 왜 기억에 남나요?

문항 유형	인터넷 서핑 중 기억에 남는 게시물 설명
문항 수준	Advanced
핵심 포인트	• 14번 기출문제 • 사회에서 일어나는 뉴스나 사건, 사고에 대해 말하기 위해 3인칭 단수 또는 복수 주어 사용 • 현재 이슈가 되고 있는 사건을 묘사하기 때문에 현재형과 현재완료형 사용
중요도	★★★

6 What kinds of concerns do people have about internet use nowadays? They could be about issues regarding safety, privacy, or security. How have these concerns affected people's lives?

요즘 사람들은 인터넷 사용에 대해 어떤 걱정을 하나요? 안전, 프라이버시 또는 보안과 관련된 문제일 수 있습니다. 이러한 우려가 사람들의 삶에 어떤 영향을 끼쳤나요?

문항 유형	인터넷 관련 사람들의 우려 설명
문항 수준	Advanced
핵심 포인트	• 15번 기출문제 • 사회에서 일어나는 뉴스에 대해 말하기 위해 3인칭 단수 또는 복수 주어 사용 • 등급을 높이기 위해 세계적으로 사람들이 관심 가지는 유명한 사건에 대해 알아두기 • 현재 이슈가 되는 사건에 대해 이야기하기 때문에 현재형 또는 현재완료형 시제 사용
중요도	★★★★★

7 How is internet usage different among people in different age groups? How do young people use the internet differently? Discuss this matter in detail.

인터넷 사용은 연령대에 따라 어떻게 다른가요? 젊은 사람들은 인터넷을 어떻게 다르게 사용하나요? 이 문제에 대해 자세히 이야기해주세요.

문항 유형	연령별 인터넷 이용 차이점 설명
문항 수준	Advanced
핵심 포인트	• 연령별 관점을 비교하기 때문에 the younger generation과 같은 3인칭 복수 주어 사용 • 세대별 관점의 차이를 묘사하기 때문에 현재형 사용
중요도	★★★★★

OPIc 질문에 대한 모범 답변을 살펴본 후, 질문의 핵심 포인트를 파악하여 나만의 OPIc 답변을 만들어보세요.

 What do people normally do on the internet? Do they play games, watch television, or watch movies? Talk about all the things people do online.  MP3 01_Q1

사람들은 보통 인터넷으로 무엇을 하나요? 게임을 하거나, TV를 보거나 영화를 보나요? 사람들이 온라인에서 하는 모든 것에 대해 말해주세요.

Structure		Idea
시작 문장	주제 문장 소개	people do tons of things, these days
본문	인터넷에서 사람들이 하는 다양한 일 나열	post things on social media, play online games, watch video clips
마무리 문장	나의 답변 마무리	things people do, the internet

Model Answer
MP3 01_A1

People do ❶ tons of things on the internet ❷ these days.

First, they send email or check messages.

Also, they ❸ post things on ❹ social media quite often.

Plus, they play online games or watch ❺ video clips.

Also, they shop online or do online banking.

So, these are the things people do on the internet.

Tips for Better Answer

▶ ❶ 수많은
= various, a number of
Ex: People do a number of things on the internet.
사람들은 인터넷으로 수많은 일들을 한다.

▶ ❷ '요즘에'라는 의미의 부사구
= nowadays
문장의 제일 앞으로 올 수 있음
Ex: These days, people do tons of things on the internet.
요즘에 사람들은 인터넷으로 수많은 일을 한다.

▶ ❸ 일반적으로 하는 행동을 묘사할 때 명사가 필요하다면 반드시 복수 명사 사용
Ex: They check messages. 그들은 문자를 확인한다.
They play online games. 그들은 온라인 게임을 한다.

▶ ❹ SNS는 Social Networking Service의 약자로 영어지만 실제 원어민이 쓰는 표현이 아님. 대신 social media 사용
Ex: I am on social media. 나는 소셜 미디어를 한다.

▶ ❺ 긴 영상은 video, 짧은 영상은 video clip
Ex: I watch video clips on YouTube.
나는 YouTube로 짧은 영상을 본다.

* 사람들이 일반적으로 하는 일을 묘사하기 때문에 주어는 people / they 사용
* 인터넷으로 하는 일들의 순서는 바뀌어도 됨
* 시작과 마지막 문장 반드시 외워서 사용

Key Expressions

- **do tons of things** 수많은 것을 하다
- **these days** 요즘에는, 근래에는
- **send email** 이메일을 보내다
- **check messages** 메시지를 확인하다
- **social media** 소셜 미디어, SNS
- **play online games** 온라인 게임을 하다
- **watch video clips** 동영상을 보다
- **shop online** 온라인 쇼핑을 하다
- **do online banking** 온라인 뱅킹을 하다

요즘 사람들은 인터넷으로 많은 일을 합니다. 첫째, 이메일을 보내거나 메시지를 확인합니다. 소셜 미디어에 글도 자주 올립니다. 게다가, 온라인 게임을 하거나 비디오를 보기도 합니다. 온라인 쇼핑도 하고 온라인 뱅킹도 합니다. 이러한 일들이 사람들이 인터넷으로 하는 일입니다.

OPIc 질문에 대한 모범 답변을 살펴본 후, 질문의 핵심 포인트를 파악하여 나만의 OPIc 답변을 만들어보세요.

2 **What do you usually do on the internet? Do you like to shop online? Do you like sharing videos with other people? Tell me about everything that you do online.** 🎧MP3 01_Q2

인터넷으로 보통 무엇을 하나요? 온라인 쇼핑을 좋아하나요? 다른 사람들과 비디오를 공유하는 것을 좋아하나요? 당신이 온라인에서 하는 모든 것에 대해 말해주세요.

Structure		Idea
시작 문장	주제 문장 소개	I, various types of things, online
본문	본인이 주로 인터넷으로 하는 일들 나열	get access to the internet, surf the internet, whenever I want to do, online searches, read news articles, chat with, stream music, check the weather forecast, leave comments
마무리 문장	나의 답변 마무리	things I do on the internet

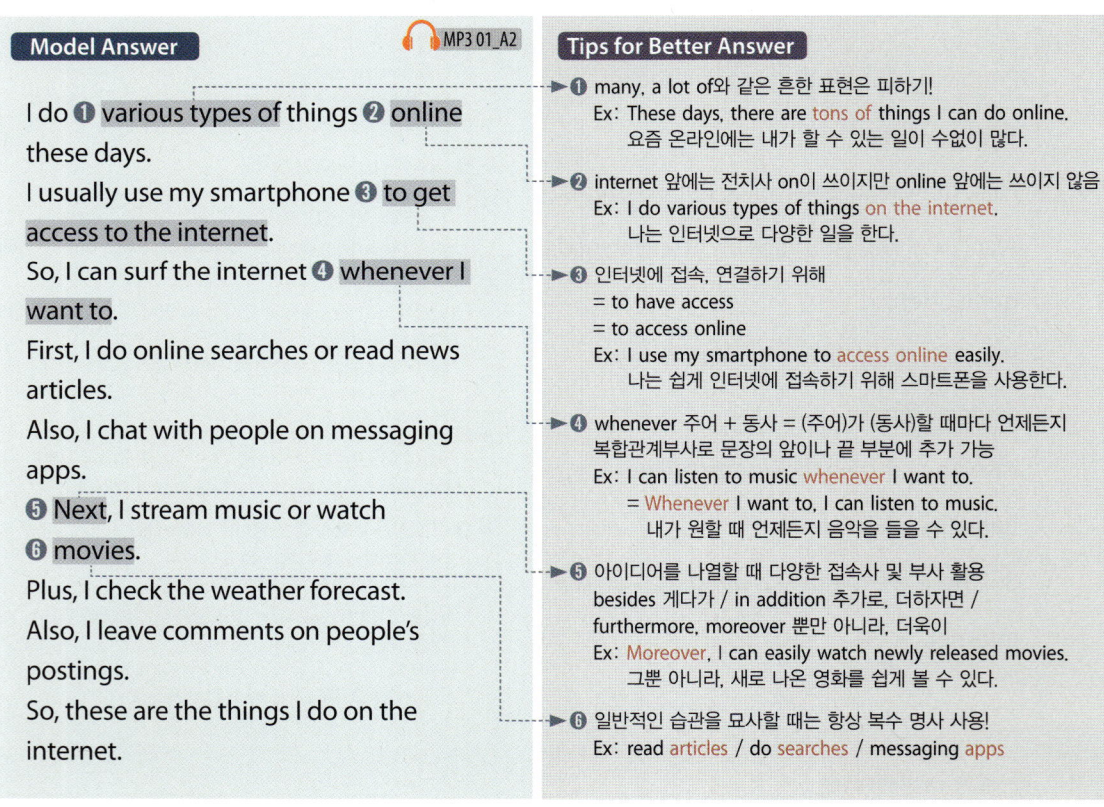

Model Answer 🎧MP3 01_A2

I do ❶ various types of things ❷ online these days.
I usually use my smartphone ❸ to get access to the internet.
So, I can surf the internet ❹ whenever I want to.
First, I do online searches or read news articles.
Also, I chat with people on messaging apps.
❺ Next, I stream music or watch ❻ movies.
Plus, I check the weather forecast.
Also, I leave comments on people's postings.
So, these are the things I do on the internet.

Tips for Better Answer

▶❶ many, a lot of와 같은 흔한 표현은 피하기!
Ex: These days, there are tons of things I can do online.
요즘 온라인에는 내가 할 수 있는 일이 수없이 많다.

▶❷ internet 앞에는 전치사 on이 쓰이지만 online 앞에는 쓰이지 않음
Ex: I do various types of things on the internet.
나는 인터넷으로 다양한 일을 한다.

▶❸ 인터넷에 접속, 연결하기 위해
= to have access
= to access online
Ex: I use my smartphone to access online easily.
나는 쉽게 인터넷에 접속하기 위해 스마트폰을 사용한다.

▶❹ whenever 주어 + 동사 = (주어)가 (동사)할 때마다 언제든지
복합관계부사로 문장의 앞이나 끝 부분에 추가 가능
Ex: I can listen to music whenever I want to.
= Whenever I want to, I can listen to music.
내가 원할 때 언제든지 음악을 들을 수 있다.

▶❺ 아이디어를 나열할 때 다양한 접속사 및 부사 활용
besides 게다가 / in addition 추가로, 더하자면 /
furthermore, moreover 뿐만 아니라, 더욱이
Ex: Moreover, I can easily watch newly released movies.
그뿐 아니라, 새로 나온 영화를 쉽게 볼 수 있다.

▶❻ 일반적인 습관을 묘사할 때는 항상 복수 명사 사용!
Ex: read articles / do searches / messaging apps

Key Expressions

- **do various types of things** 다양한 것을 하다
- **get access to the internet** 인터넷에 접속하다
- **surf the internet** 인터넷 서핑하다
- **whenever I want to** 내가 원할 때 언제든지
- **chat with people** 사람들과 채팅하다, 수다떨다
- **check the weather forecast** 일기예보를 확인하다
- **leave comments** 댓글을 남기다

저는 요즘 온라인에서 다양한 일을 합니다. 저는 주로 스마트폰을 사용하여 인터넷에 접속합니다. 그래서 언제든지 인터넷을 사용할 수 있습니다. 첫 번째로, 온라인 검색을 하거나 뉴스 기사를 읽습니다. 그리고 메신저 앱으로 사람들과 채팅을 하기도 합니다. 음악을 듣거나 영화를 보기도 합니다. 일기예보도 확인합니다. 게다가 사람들의 게시물에 댓글을 달기도 합니다. 이러한 것들이 제가 인터넷에서 하는 것들입니다.

OPIc 질문에 대한 모범 답변을 살펴본 후, 질문의 핵심 포인트를 파악하여 나만의 OPIc 답변을 만들어보세요.

❸ Tell me about your early experience of surfing the internet. What do you remember particularly about that experience?

인터넷 초창기때 인터넷 서핑했던 경험에 대해 말해주세요. 그 경험에 대해 특별히 기억하는 것이 있나요?

	Structure	Idea
시작 문장	주제 문장 소개	back in the day, internet connection, quite slow
본문	초기 인터넷 서핑 경험 때 어려웠던 점 묘사	took me a long time, log on to the websites, used to get access, but now, has become a lot faster, takes less time, on the go
마무리 문장	나의 답변 마무리	internet surfing, has become a lot easier thanks to

Model Answer 🎧 MP3 01_A3

❶ Back in the day, internet connection was ❷ quite slow.
It took me a long time to log on to websites.
Plus, ❸ I used to get access to the internet on my computer.
❹ But now, the internet ❺ has become a lot faster than in the past.
It takes much less time to log on to websites.
Also, I can surf the internet on my smartphone now.
I can get access to the internet ❻ on the go.
So, internet surfing ❼ has become a lot easier thanks to smartphones.

Tips for Better Answer

▶❶ '과거에는'이란 뜻의 표현으로 문단을 시작한 후 과거 시제로 과거의 특징 묘사하기
Ex: in the past, about a decade ago, around 20 years ago

▶❷ slow를 꾸며주는 부사
= super slow / extremely slow (매우 느린)
Ex: The speed of the internet was super slow. 인터넷 속도는 매우 느렸다.

▶❸ used to 동사: (동사) 하곤 했었다.
과거에 반복적으로 한 행동을 묘사할 때 사용
Ex: I used to go to cafes every single day. 매일매일 카페에 가곤 했었다.
every day를 강조하는 의미인 every single day!

▶❹ 과거의 인터넷 특징을 묘사한 후 현재의 특징 묘사를 시작하기 전에 현재를 나타내는 표현 사용하기
= however these days, but nowadays
이러한 표현이 나온 후에는 현재형 또는 현재완료형 사용

▶❺ 과거의 변화가 현재까지 미치는 영향을 설명하기 때문에 반드시 현재완료형 사용!
Ex: The park has become a lot better than in the past. 그 공원은 과거보다 훨씬 더 나아졌다.

▶❻ 내가 이동할 때, 내가 움직일 때
= when I am on the move

▶❼ 과거와 현재를 비교하는 답변을 마무리할 때 현재완료형 사용

Key Expressions

- **back in the day** 과거에는
- **quite** 꽤, 상당히
- **take time** 시간이 걸리다
- **log on to** ~에 접속하다, 로그인하다
- **have become a lot faster** 훨씬 더 빨라지다

- **surf the internet** 인터넷 서핑하다
- **get access to the internet** 인터넷 접속, 연결하다
- **on the go** 이동 중일 때
- **have become a lot easier** 훨씬 더 쉬워지다
- **thanks to** ~덕분에

예전에는 인터넷 연결이 상당히 느렸습니다. 웹사이트에 접속하려면 시간이 오래 걸렸습니다. 게다가, 컴퓨터로 인터넷에 접속하곤 했습니다. 하지만 지금은 예전보다 인터넷이 훨씬 더 빠릅니다. 웹사이트에 접속하는 데 시간이 훨씬 덜 걸립니다. 또한 지금은 스마트폰으로도 인터넷 서핑을 할 수 있습니다. 이동 중에도 인터넷에 접속할 수 있습니다. 즉, 스마트폰 덕분에 인터넷 서핑은 훨씬 쉬워졌습니다.

IH 이상 등급을 받기 위해 문장을 늘리는 연습을 해보세요.

Question 1

1. People do tons of things on the internet these days.
   → People do tons of things on the internet these days <u>as the speed of the internet is fast and stable</u>. (인터넷 속도가 빠르고 안정적이라서)

2. First, they send email or check messages.
   → First, they send email or check messages <u>whenever they want to</u>. (그들이 원할 때 언제든지)

3. Also, they post things on social media quite often.
   → Also, they post things on social media, <u>such as video clips, pictures and comments</u> quite often. (예를 들어 비디오 영상, 사진, 댓글들 같은)

Question 2

1. I usually use my smartphone to get access to the internet.
   → <u>Wherever I am</u>, I usually use my smartphone to get access to the internet <u>to kill time</u>.
   (내가 어디에 있든지 / 시간을 때우기 위해)

2. I can surf the internet whenever I want to.
   → I can surf the internet whenever I want to <u>and do whatever I want to</u>. (내가 원하는 것은 무엇이든지)

3. I stream music or watch movies.
   → I stream music <u>using an application called 'Melon'</u> or watch movies <u>on popular websites like Netflix</u>. (멜론이란 앱을 사용해서 / 넷플릭스 같은 인기 있는 웹사이트로)

Question 3

1. Back in the day, internet connection was quite slow.
   → Back in the day, internet connection was quite slow, <u>and it was extremely annoying</u>.
   (그리고 그것은 매우 짜증스러운 일이었다.)

2. I used to get access to the internet on my computer.
   → I used to get access to the internet on my computer <u>and using my smartphone to find useful information</u>. (유용한 정보를 찾기 위해 스마트폰을 사용해서)

3. But now, the internet has become a lot faster than in the past.
   → But now, <u>the speed of</u> the internet has become a lot faster than in the past <u>thanks to the development of the technology</u>. (~의 속도 / 기술의 발전 덕분에)

OPIc 질문에 대한 모범 답변을 살펴본 후, 질문의 핵심 포인트를 파악하여 나만의 OPIc 답변을 만들어보세요.

4 Tell me about when you used the internet to get a project done. What was the project about? How did the internet help you do that project?  MP3 01_Q4

어떠한 프로젝트를 끝내기 위해 인터넷을 사용한 경험에 대해 말해주세요. 그 프로젝트는 무엇에 관한 것이었나요? 당신이 그 프로젝트를 하는데 인터넷이 어떻게 도움이 됐나요?

	Structure	Idea
시작 문장	주제 문장 소개	remember doing a project, recently
본문	인터넷을 사용하여 내가 맡은 프로젝트를 한 경험에 대해 묘사	had to write, for the project, surfed the internet, did some researches, gathered some data, became better, worth the time and energy
마무리 문장	나의 답변 마무리	surfing the internet, helpful, doing my project

Model Answer MP3 01_A4

I ❶ remember doing a project at work recently.

I had to write a report for the project.

❷ I surfed the internet and did some searches.

I gathered some data and ❸ used them in my report.

❹ The report became better because there was a lot of information in it.

❺ It was worth the time and energy.

So, surfing the internet was very helpful when I was doing my project.

Tips for Better Answer

▶ ❶ remember + 동명사: (동명사)를 기억하다
= recall
Ex: I remember going to a decent Korean restaurant a few years.
몇 년 전에 꽤 괜찮은 한식당에 간 기억이 난다.
또한 시간 / 기간을 먼저 말해 문장 시작 가능
Ex: A few years ago, I remember going to a decent Korean restaurant.

▶ ❷ 접속사 and 아닌 〈to 동사〉 형태를 활용하여 문장 변경 가능
→ '~하기 위해'란 뜻으로 바뀜
Ex: I surfed the internet to do some searches.
나는 정보를 찾기 위해 인터넷 서핑을 했다.

▶ ❸ = put

▶ ❹ 〈because 주어 + 동사〉로 문장 시작 가능
Ex: Because there was lot of information in it, the report became better.
because = since ~이기 때문에

▶ ❺ worth + 명사: (명사)를 쓴 / 할 가치가 있는
Ex: Spending money on trips is worth it.
여행에 돈을 쓰는 것은 가치가 있다.

Key Expressions

- **do a project** 프로젝트를 하다
- **recently** 최근에
- **write a report** 리포트를 쓰다
- **do some searches** 조사를 하다
- **gather some data** 정보를 모으다
- **become better** 더 나아지다, 좋아지다
- **worth the time and energy** 시간과 힘이 아깝지 않다
- **helpful** 도움이 되는

최근 회사에서 프로젝트를 했던 것이 기억납니다. 저는 그 프로젝트에 대한 보고서를 써야 했습니다. 인터넷 서핑을 하고 몇 가지 검색을 했습니다. 저는 자료를 모아 보고서에 사용했습니다. 그 보고서에 많은 정보가 들어가니 더 나아졌습니다. 시간과 힘을 들일 만한 가치가 있었습니다. 즉, 프로젝트를 할 때 인터넷 서핑은 매우 도움이 되었습니다.

OPIc 질문에 대한 모범 답변을 살펴본 후, 질문의 핵심 포인트를 파악하여 나만의 OPIc 답변을 만들어보세요.

5 **I'm sure you have things that you remember seeing on the internet. Talk about a memorable posting that you saw on the internet. Why was it memorable for you?**  MP3 01_Q5

인터넷에서 본 기억이 남는 것들이 있을 겁니다. 인터넷에서 본 기억에 남는 게시물에 대해 이야기해주세요. 그 일이 왜 기억에 남나요?

Structure		Idea
시작 문장	주제 문장 소개	remember, postings, recent MeToo movement
본문	인터넷 사용 중 본 기억에 남는 글이나 영상에 대해 말하기	sexual violence, major issue, commit, sexual harassment, rape, sex crime victims, raising their voices, sharing their stories, supporting the victims, criticizing the sex offenders
마무리 문장	나의 답변 마무리	strongly believe, sex crimes should be wiped out

Model Answer 🎧 MP3 01_A5

[#MeToo 운동]

I remember seeing some postings about the recent MeToo movement.

Sexual violence ❶ has become a major issue.

❷ Some people ❸ commit sexual harassment or rape.

More recently, sex crime victims ❹ have been raising their voices.

They are sharing their stories on the media.

❺ People are supporting the victims and criticizing the sex offenders. This is called the MeToo movement.

I strongly believe that sex crimes ❻ should be wiped out completely.

Tips for Better Answer

▶ ❶ 아직까지 해결되지 않은 이슈 또는 문제점에 대해 이야기할 때에는 반드시 현재 완료 have p.p 사용

▶ ❷ 일반화를 피하기 위해 주어는 people가 아닌 some people 사용
Ex: Some people enjoy traveling.
어떤 사람들은 여행하는 것을 즐긴다.

▶ ❸ 현재도 어떤 사람들은 범죄를 저지르고 있기 때문에 현재 완료로 변형하여 사용 가능
Ex: Many people have committed crimes.
많은 사람들이 범죄를 저질러왔다.

▶ ❹ 현재완료진행형으로 현재 사람들이 하는 노력을 강조
Ex: People have been trying very hard to solve the problems.
사람들은 그 문제들을 해결하기 위해 아주 많이 노력하고 있는 중이다.

▶ ❺ 항상 하는 support가 아닌 현재 movement로 인해 support하는 중이기 때문에 현재형이 아닌 현재진행형 사용

▶ ❻ 해결책을 제시하고 싶을 때에는 조동사 should 사용
Ex: I think they should change the system.
그들은 시스템을 바꿔야 한다고 나는 생각한다.

Key Expressions

• **recent** 최근의, 최신의
• **movement** 운동
• **sexual violence** 성폭력
• **major issue** 중요 쟁점, 중요한 이슈
• **commit sexual harassment** 성희롱을 저지르다
• **rape** 성폭행하다

• **victims** 피해자
• **raise one's voice** ~의 목소리를 내다
• **share stories** 이야기를 나누다, 전달하다
• **support** 돕다, 지원하다
• **criticize** 비난하다, 비판하다
• **be wiped out** 사라지다, 근절되다

최근 MeToo 운동에 대한 어떤 글을 본 기억이 납니다. 성폭력이 요즘 주요 쟁점이 됐습니다. 어떤 사람들은 성희롱이나 강간을 저지릅니다. 더 최근에는 성범죄 피해자들이 목소리를 높이고 있습니다. 그들은 언론에서 그들의 이야기를 나눕니다. 사람들은 피해자들을 지지하고 성범죄자들을 비난합니다. 이것을 MeToo 운동이라고 합니다. 저는 성범죄가 완전히 근절되어야 한다고 굳게 믿습니다.

OPIc 질문에 대한 모범 답변을 살펴본 후, 질문의 핵심 포인트를 파악하여 나만의 OPIc 답변을 만들어보세요.

6 What kinds of concerns do people have about internet use nowadays? They could 🎧 MP3 01_Q6
be about issues regarding safety, privacy, or security. How have these concerns
affected people's lives?

요즘 사람들은 인터넷 사용에 대해 어떤 걱정을 하나요? 안전, 프라이버시 또는 보안과 관련된 문제일 수 있습니다. 이러한 우려가
사람들의 삶에 어떤 영향을 끼쳤나요?

Structure		Idea
시작 문장	주제 문장 소개	online security, major concern among people
본문	인터넷을 자주 사용함으로써 발생할 수 있는 문제점 나열	personal information, being leaked, incident, a good example, usage history, misused, huge hacking incidents, from time to time, get attacked by, cause a lot of damage
마무리 문장	나의 답변 마무리	once again, online security a major concern among people

Model Answer 🎧 MP3 01_A6

Online security ❶ has become a major concern among people. Personal information ❷ is being leaked quite often. The recent Facebook incident is a good example. The usage history of ❸ tens of millions of users was misused. Plus, there are huge hacking incidents ❹ from time to time. Online systems get attacked by hackers, ❺ which cause a lot of damage. ❻ Once again, online security has become a major concern among people.

Tips for Better Answer

* 14번 기출문제

▶❶ 사람들이 관심 가지는 이슈에 대해 이야기할 때 현재완료형 사용!

▶❷ 현재 진행형: 지금도 그 이슈가 지속되고 있다는 것을 강조
Ex: Information is leaked. 정보가 유출됐다.
Information is being leaked. 정보가 계속 유출되고 있다.

▶❸ 큰 숫자를 강조하기 위해 쓰는 표현
tens와 millions 뒤에 반드시 s가 들어가야 함

▶❹ sometimes보다 upgrade된 표현으로 문장의 제일 앞에서도 쓰일 수 있음
Ex: From time to time, there have been huge hacking incidents.

▶❺ 다양한 문장구조를 만들기 위해 명사로 끝나는 문장 끝에 which를 활용하여 한 문장 더 만들어 이어 붙이기 연습!
Ex: Personal information is stolen, which is worrisome. 개인 정보가 도난당했고 이것이 걱정스럽다.

▶❻ 마지막 문장에서는 시작 문장을 다시 반복: 내용 정리

* 외국에서도 잘 알려진 사건을 묘사할 경우 채점관이 더 쉽게 이해할 수 있다.

Key Expressions

- **online security** 온라인 보안
- **major concern** 주요 쟁점, 중요한 이슈
- **be leaked** 유출되다
- **good example** 좋은 예시
- **be misused** 오용되다, 남용되다

- **hacking incident** 해킹 사건
- **from time to time** 때때로
- **get hacked by** ~에게 해킹 당하다
- **cause** 야기하다, 일으키다

온라인 보안은 사람들의 주요 관심사가 되었습니다. 개인 정보가 꽤 자주 유출되고 있습니다. 최근의 페이스북 사건은 좋은 예시입니다. 수천만 명의 사용자들의 사용 이력이 오용되었습니다. 또한, 때때로 엄청난 해킹 사건들이 생깁니다. 온라인 시스템은 해커들에게 공격당해서 많은 피해를 입습니다. 다시 한번 말하자면, 사람들 사이의 가장 큰 걱정거리는 온라인 보안입니다.

OPIc 질문에 대한 모범 답변을 살펴본 후, 질문의 핵심 포인트를 파악하여 나만의 OPIc 답변을 만들어보세요.

7 How is internet usage different among people in different age groups? How do young people use the internet differently? Discuss this matter in detail. MP3 01_Q7

인터넷 사용은 연령대에 따라 어떻게 다른가요? 젊은 사람들은 인터넷을 어떻게 다르게 사용하나요? 이 문제에 대해 자세히 이야기해주세요.

Structure		Idea
시작 문장	주제 문장 소개	younger generation, very tech-savvy
본문	연령별로 인터넷 사용법이 어떻게 다른지 묘사	active, creative on the internet, get access to the internet, do everything on the go, on the other hand, older generation, less tech-savvy, less active, on their computers more often
마무리 문장	나의 답변 마무리	these are, differences between, different age groups

Model Answer MP3 01_A7

❶ The younger generation are very ❷ tech-savvy.
They are very active and creative on the internet.
Plus, they get access to the internet on their smartphones more often.
They do everything ❸ on the go.
❹ On the other hand, the older generation are less tech-savvy.
They are less active on the internet.
Plus, they surf the internet on their computers more often.
So, ❺ these are the differences between people in different age groups.

Tips for Better Answer

* 15번 기출문제

▶ ❶ 15번 비교 문제가 나올 때는 주어 I의 사용을 줄이고 하나의 그룹을 지칭하는 3인칭 복수형 주어로 말하기
Ex: Young people are interested in new phones.
젊은 사람들은 새 휴대폰에 관심이 있다.

▶ ❷ '기계를 매우 잘 다루는'이란 의미의 합성어 주제와 연관 있으며 높은 수준의 어휘이기 때문에 반드시 사용!
Ex: I am not tech-savvy.
나는 기계를 잘 다루지 못한다.

▶ ❸ '이동 중에'라는 뜻으로 매우 유용한 관용구!

▶ ❹ the younger generation과 비교할 the older generation을 소개할 때 쓰이는 표현
= unlike the younger generation

▶ ❺ 비교를 요구하는 15번 질문의 마무리로 가장 자연스러운 문장! 그대로 외우기!

Key Expressions

- **younger generation** 젊은 세대
- **tech-savvy** 기계를 잘 다루는
- **active** 활동적인
- **creative** 창의력 있는, 창의적인
- **get access to the internet** 인터넷에 접속하다
- **on the move** 이동할 때
- **less tech-savvy** 기계치, 기계를 잘 다루지 못하는
- **differences** 차이점
- **age groups** 연령대의 사람들

젊은 세대는 기술에 능통합니다. 그들은 인터넷에서 매우 활발하고 창의적입니다. 게다가, 그들은 스마트폰으로 인터넷에 더 자주 접속합니다. 그들은 움직이면서 모든 것을 합니다. 반면에, 기성 세대는 기술에 덜 익숙합니다. 그들은 인터넷에서 덜 활동적입니다. 게다가, 그들은 컴퓨터로 더 자주 인터넷 서핑을 합니다. 이것이 각각 다른 연령대 사람들 사이의 차이점입니다.

IH 이상 등급을 받기 위해 문장을 늘리는 연습을 해보세요.

Question 4

1. I remember doing a project at work recently.
   → I remember doing a project at work recently, <u>and the deadline was very tight</u>. (그리고 마감 기한이 매우 촉박했다.)

2. I gathered some data and used them in my report.
   → I gathered some data and used them in my report <u>which was time-consuming</u>. (시간이 많이 소비되는)

3. It was worth the time and effort.
   → <u>I spent a lot of time doing it but</u> it was worth the time and effort. (나는 그것을 하느라 많은 시간을 소비했지만)

Question 5

1. Sexual violence has become a major issue.
   → Sexual violence has become a major issue, <u>and many people are worried about this issue.</u> (그리고 많은 사람들이 이 이슈에 대해 걱정하고 있다.)

2. More recently, sex crime victims have been raising their voices.
   → More recently, sex crime victims have been raising their voices <u>in order to solve the problem</u>. (이 문제를 해결하기 위해서)

3. They are sharing their stories on the media.
   → They are sharing their stories on the media, <u>so that more people can be interested in this issue</u>. (그래서 더 많은 사람들이 이 이슈에 관심을 가질 수 있다.)

Question 6

1. Personal information is being leaked quite often.
   → Personal information is being leaked quite often <u>and people's information is misused</u>. (그리고 사람들의 정보가 오용되고 있다.)

2. Plus, there are huge hacking incidents from time to time.
   → Plus, there are huge hacking incidents from time to time, <u>which cause a lot of damage</u>. (그것이 큰 피해를 야기한다.)

3. Once again, online security has become a major concern among people.
   → Once again, online security has become a major concern among people, <u>and we need to find ways to prevent personal information from leaking</u>. (그리고 우리는 개인 정보가 새는 것을 막을 방법을 찾을 필요가 있다.)

Question 7

1. The younger generation are very tech-savvy.
   → The younger generation are very tech-savvy <u>because they have been using smartphones for a long time</u>. (그들은 오랜 시간 동안 스마트폰을 사용해왔기 때문에)

2. They do everything on the go.
   → <u>Thanks to the development of the smartphone</u>, they do everything on the go. (스마트폰의 발달 덕분에)

3. So, these are the differences between people in different age groups.
   → So, these are the differences between people in different age groups, <u>and it is clear that the younger generations are more tech-savvy</u>. (그리고 젊은 세대가 더 기계를 잘 다루는 것이 명백하다.)

Chapter **02**

Phones / Technology

질문을 제대로 파악하는 것만으로도 성공적으로 시험을 치를 수 있습니다. OPIc에서 자주 출제되는 질문들을 알아보세요.

Phones

1 **What do you like most about your phone? Maybe you like the camera or maybe you like certain applications. Tell me why you like those features.**

전화기에서 가장 마음에 드는 것은 무엇인가요? 카메라를 좋아하거나 특정 어플리케이션을 좋아할 수도 있습니다. 왜 그런 기능들을 좋아하는지 말해주세요.

문항 유형	전화기에 대해 가장 좋아하는 기능 묘사
문항 수준	Intermediate
핵심 포인트	• 본인이 휴대폰을 사용할 때 가장 좋아하는 기능을 서술하기 때문에 주어는 I 사용
	• 평상시 쓰는 기능을 묘사하기 때문에 현재형 시제 사용
	• 인터넷 주제의 '내가 인터넷으로 주로 하는 일'에서 쓰인 표현과 어휘, 그리고 스토리라인을 그대로 적용해서 말하기 연습
중요도	★★★

2 Tell me about the first phone you used. How was it different from the phone you use now?

처음 사용한 전화기에 대해 말해주세요. 지금 쓰고 있는 전화기와 어떻게 다른가요?

문항 유형	본인이 썼던 첫 전화기와 지금 전화기 비교
문항 수준	Advanced
핵심 포인트	• 본인이 처음으로 사용했던 휴대폰에 대한 정보를 과거형 시제로 묘사 • 본인의 경험이기 때문에 주어 I 사용 • 그 후 지금 쓰고 있는 전화기와의 차이점을 비교 및 묘사
중요도	★★★★★

3 Tell me about a time when you had trouble while using your phone. What was the problem and how did you deal with it?

전화기를 사용하던 중 문제가 있었던 때에 대해 말해주세요. 무엇이 문제였고 어떻게 대처했나요?

문항 유형	전화기 사용 중 문제 설명
문항 수준	Advanced
핵심 포인트	• 휴대폰에 문제가 생겨서 겪었던 불편한 사항에 대해 과거형 시제를 사용하여 나열 • 본인의 경험이기 때문에 주어 I 사용 • 그 경험으로 인해 바뀐 점 또는 배운 점 추가
중요도	★★★★★

4 What do you do on your phone besides talking to people over the phone? Do you make updates on your social media page? Do you play games? Tell me what you typically do on your phone.

사람들과 통화하는 것 외에 전화기로 무엇을 하나요? 소셜 미디어 업데이트를 하나요? 게임을 하나요? 전화기로 주로 무엇을 하는지 말해주세요.

문항 유형	전화 통화 외에 전화기로 주로 하는 일들 묘사
문항 수준	Intermediate
핵심 포인트	• 본인의 일반적인 습관을 서술하기 위해 주어 I 사용 • 인터넷 서핑하기, 이메일 확인하기 등 본인이 휴대폰으로 할 수 있는 다양한 일을 현재형 시제와 다양한 부사 및 접속사를 사용하여 순서대로 나열
중요도	★★★

5 Describe how people used cell phones five years ago. What did they do with their phones and mobile applications? What are some of the biggest changes in how people use their phones?

5년 전에 사람들이 휴대폰을 어떻게 사용했는지 묘사하세요. 전화기나 모바일 어플리케이션으로 무엇을 했나요? 사람들이 휴대폰을 사용하는 방법에 있어서 가장 큰 변화는 무엇인가요?

문항 유형	5년 전 휴대폰 특징 묘사, 현재 휴대폰과 비교
문항 수준	Advanced
핵심 포인트	• 과거 휴대폰의 기능, 특징은 과거형 시제를 사용하여 묘사 • 현재 사람들이 사용하는 휴대폰의 기능 또는 장점을 현재형과 현재완료형 시제를 사용하여 묘사 • 주어는 cell phones, smartphones, they를 사용하며 최대한 주어 I 사용은 피하기
중요도	★★★★★

6 In some societies, there is a concern that young people are not developing face-to-face communication skills because they spend too much time on their phones. What do people in your country think about the way in which young people use their phones?

일부 사회에서는 젊은 사람들이 전화기를 사용하는 데 너무 많은 시간을 소비하기 때문에 직접 대면하는 의사소통 방법을 익히지 못한다는 우려가 있습니다. 당신 나라 사람들은 젊은 사람들이 휴대폰을 사용하는 방식에 대해 어떻게 생각하나요?

문항 유형	젊은이들의 휴대폰 과다 사용 부작용 설명
문항 수준	Advanced
핵심 포인트	• 휴대폰 중독처럼 현재 사람들이 관심 가지고 있는 휴대폰에 관련된 사회적 이슈를 하나 골라 현재형과 현재완료형을 사용하여 묘사 및 예시 제시 • 사람들의 의견 및 생각에 대해 서술하기 때문에 주어는 people, they 사용
중요도	★★★★★

Technology

1 What kinds of technology do people typically use in your country? Do people use computers, cell phones or hand-held devices? What are some common forms of technology that people use?

당신의 나라 사람들은 보통 어떤 종류의 기술을 사용하나요? 컴퓨터, 휴대폰 또는 휴대용 기기를 사용하나요? 사람들이 사용하는 일반적인 형태의 기술은 무엇인가요?

문항 유형	사람들이 가장 많이 사용하는 기술 묘사
문항 수준	Intermediate
핵심 포인트	• 사람들이 가장 자주 사용하는 기계로 스마트폰 묘사 • 한국 사람들이 주로 쓰는 기능 묘사를 위해 주어는 people, they 사용 • '인터넷' 주제의 '사람들이 인터넷으로 주로 하는 일'에서 쓰인 표현과 어휘, 그리고 스토리라인을 그대로 적용해서 말하기 연습
중요도	★

2 What piece of technology do you use most often? Do you use computers or mobile phones? Tell me about the most typical type of technology you use every day.

당신은 어떤 기계를 가장 자주 사용하나요? 컴퓨터나 휴대폰을 사용하나요? 매일 사용하는 가장 일반적인 기계에 대해 말해주세요.

문항 유형	본인이 일상적으로 가장 많이 사용하는 기술 묘사
문항 수준	Intermediate
핵심 포인트	• 본인이 가장 좋아하는 기계로 스마트폰 묘사 • '인터넷' 주제의 '내가 인터넷으로 주로 하는 일'의 표현과 어휘, 그리고 스토리라인을 그대로 적용해서 말하기 연습 • 평상시 나의 경험이기 때문에 주어 I 와 현재형 시제 사용
중요도	★

3 Technology has definitely changed over time. Tell me about an early memory that you have about a piece of technology. It could be a computer or a mobile phone from many years ago. How has that technology changed over time?

기술은 시간이 지남에 따라 확실히 바뀌었습니다. 기술에 대한 예전 기억에 대해 말해주세요. 수년 전의 컴퓨터나 휴대폰일 수 있습니다. 시간이 지남에 따라 그 기술은 어떻게 변했나요?

문항 유형	특정 기술의 변화 설명
문항 수준	Advanced
핵심 포인트	• 기술 비교로 휴대폰과 인터넷 속도를 선택하여 과거와 현재 비교 • 과거 휴대폰의 기능, 특징을 현재의 휴대폰과 비교하기 위해 시제는 과거 시제와 현재 시제 둘 다 사용 • 주어는 cell phones, smartphones, they를 사용
중요도	★★★

4 Problems often come up because of our dependence on technology. Think about a time when you experienced a problem because some piece of technology was not working properly. Maybe your computer crashed or maybe your cell phone had no service. Tell me about a time when you had some kind of problem getting the technology to work.

우리는 기계에 많이 의존하기 때문에 종종 문제가 발생합니다. 어떤 기계가 제대로 작동하지 않아 문제를 겪었던 때를 생각해 보세요. 컴퓨터가 고장 났거나 휴대폰이 고장 났을 수도 있습니다. 기계를 작동시키는 데 문제가 있었던 적에 대해 말해주세요.

문항 유형	어떤 기술에 문제가 있어서 겪은 불편 설명
문항 수준	Advanced
핵심 포인트	• 기계 관련 문제점으로 휴대폰 방전되었던 경험 묘사 • 휴대폰 방전으로 겪었던 불편한 사항에 대해 자세히 나열하며 과거의 경험이기 때문에 반드시 과거형 시제 사용 • 그 경험으로 인해 바뀐 습관 또는 배운 점 추가
중요도	★★★

OPIc 질문에 대한 모범 답변을 살펴본 후, 질문의 핵심 포인트를 파악하여 나만의 OPIc 답변을 만들어보세요.

1 What kinds of technology do people typically use in your country? Do people use computers, cell phones or hand-held devices? What are some common forms of technology that people use?  MP3 02_Q1

당신 나라의 사람들은 보통 어떤 종류의 기술을 사용하나요? 컴퓨터, 휴대폰 또는 휴대용 기기를 사용하나요? 사람들이 사용하는 일반적인 형태의 기술은 무엇인가요?

Structure		Idea
시작 문장	주제 문장 소개	people, tons of things on their smartphones, these days
본문	사람들이 휴대폰을 쓸 때 주로 하는 일 나열	send email, post things on social media, play online games, watch video clips, shop online
마무리 문장	나의 답변 마무리	so, these are, things people do, smartphones

Model Answer ⬤ MP3 02_A1

People do tons of things on their ❶ smartphones these days.

First, they send email or ❷ check messages.

Also, they ❸ post things on social media quite often.

Plus, they play online games or watch video clips.

❹ Also, they shop online or do online banking.

So, these are the things people do on their smartphones.

Tips for Better Answer

* 인터넷 주제의 '사람들이 인터넷으로 주로 하는 일'의 표현과 어휘 활용하여 말하기 연습

* 사람들이 좋아하는 것에 대해 말하기 때문에 주어 I 사용을 피하고 people, they 사용

▶❶ 사람들이 자주 사용하는 기기에 관한 질문이 나오면 스마트폰 묘사하기!
핵심 단어인 smartphone을 반드시 시작 문장에 언급

▶❷ 하나의 특정한 문자, 게임, 영상이 아닌 일반적인 그룹을 묶어서 말하기 때문에 항상 복수 명사 사용
Ex: I watched a movie. 나는 영화 한 편을 봤다.
I watch movies. 나는 영화를 본다. (여러 종류의, 여러 편)

▶❸ 소셜 미디어에 무엇인가를 올리다
= put things on social media
SNS는 원어민이 쓰는 표현이 아니기 때문에 쓰지 않기

답변 양 확보를 위해 social media의 종류를 나열하는 것도 추천!
= I am on social media, such as Facebook and Instagram.
나는 페이스북, 인스타그램 같은 소셜 미디어를 한다.

▶❹ 접속사: 게다가, 뿐만 아니라
= besides, in addition, moreover, furthermore
문법 실수를 줄이기 위해 문장의 제일 앞에 넣어서 사용
Ex: Furthermore, I use the internet on the computer.
뿐만 아니라 컴퓨터로도 인터넷을 사용한다.

Key Expressions

- **do tons of things** 수많은 것을 하다
- **these days** 요즘에는, 근래에는
- **send email** 이메일을 보내다
- **check messages** 메시지를 확인하다
- **social media** 소셜 미디어, SNS
- **play online games** 온라인 게임을 하다
- **watch video clips** 동영상을 보다
- **shop online** 온라인 쇼핑을 하다
- **do online banking** 온라인 뱅킹을 하다

사람들은 요즘 스마트폰으로 많은 것을 합니다. 첫째, 그들은 이메일을 보내거나 메시지를 체크합니다. 또한, 그들은 소셜 미디어에 자주 글을 올립니다. 게다가, 그들은 온라인 게임을 하거나 짧은 영상을 봅니다. 게다가, 그들은 온라인 쇼핑을 하거나 온라인 뱅킹을 합니다. 이런 것들이 사람들이 스마트폰으로 하는 것들입니다.

OPIc 질문에 대한 모범 답변을 살펴본 후, 질문의 핵심 포인트를 파악하여 나만의 OPIc 답변을 만들어보세요.

2-1 **What do you like most about your phone? Maybe you like the camera or maybe you like certain applications. Tell me why you like those features.** 🎧 MP3 02_Q2-1

전화기에서 가장 마음에 드는 것은 무엇인가요? 카메라를 좋아하거나 특정 어플리케이션을 좋아할 수도 있습니다. 왜 그런 기능들을 좋아하는지 말해주세요.

2-2 **What piece of technology do you use most often? Do you use computers or mobile phones? Tell me about the most typical type of technology you use every day.** 🎧 MP3 02_Q2-2

당신은 어떤 기계를 가장 자주 사용하나요? 컴퓨터나 휴대폰을 사용하나요? 매일 사용하는 가장 일반적인 기계에 대해 말해주세요.

Structure		Idea
시작 문장	주제 문장 소개	use cell phone every single day
본문	자주 사용하는 기계인 휴대폰으로 평상시 하는 일 묘사	usually, get access to the internet, surf the internet whenever I want to, chat with people, stream music, watch movies, check the weather forecast, leave comments
마무리 문장	나의 답변 마무리	these are the things I do on my phone

Model Answer 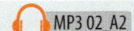 🎧 MP3 02_A2

I use my cell phone ❶ every single day. I ❷ usually use my smartphone to get access to the internet. So, I can surf the internet ❸ whenever I want to. First, I chat with people on messaging apps. Also, I do online searches or read news articles. Next, I stream music or watch movies. ❹ Plus, I check the weather forecast. Also, I leave comments on people's postings. So, ❺ these are the things I do on my phone.

Tips for Better Answer

* OPIc을 좀 더 효율적으로 준비할 수 있는 팁! 주제가 다르지만 유사한 질문에는 동일한 답변 사용하기
* '인터넷' 주제의 '내가 인터넷으로 주로 하는 일' 답변 내용 최대한 활용
* 어떤 기기를 사용하는지에 대해 묻는 질문이기 때문에 이에 대한 답변인 cell phone, smartphone을 반드시 시작 문장에 언급

▶ ❶ '매일'이라는 표현을 강조하여 '하루도 빠짐없이'란 느낌을 주는 표현
  Ex: I go jogging every single day.
     나는 매일 하루도 빠짐없이 조깅을 한다.

▶ ❷ 보통
  = normally
  더 자주, 많이 사용한다고 표현하고 싶을 때에는 always, all the time 사용
  Ex: I (always) use my smartphone all the time.
     나는 항상 휴대폰을 사용한다.

▶ ❸ 복합관계부사를 사용하여 다양한 문장 구조로 말하기 연습
  Ex: I can use the internet wherever I go.
     어디를 가든지 인터넷을 사용할 수 있다.

▶ ❹ 아이디어를 나열할 때 다양한 접속사 및 부사 활용
  = besides, furthermore, moreover (뿐만 아니라, 더욱이, 게다가)

▶ ❺ 보통 사람들이 또는 본인이 평소에 하는 일에 관해 묻는 질문이 나왔을 때 마무리 문장의 시작은 so, these are the things를 사용

Key Expressions

• **get access to the internet** 인터넷에 접속하다
• **surf the internet** 인터넷 서핑하다
• **whenever I want to** 내가 원할 때 언제든지

• **chat with people** 사람들과 채팅하다, 수다떨다
• **check the weather forecast** 일기예보를 확인하다
• **leave comments** 댓글을 남기다

저는 매일 휴대폰을 사용합니다. 주로 스마트폰을 사용하여 인터넷에 접속합니다. 그래서 언제든지 인터넷을 할 수 있습니다. 첫째, 메신저 앱으로 사람들과 대화합니다. 또한 저는 온라인 검색을 하거나 뉴스 기사를 읽습니다. 음악을 스트리밍 해서 듣거나 영화도 봅니다. 게다가, 일기예보도 확인합니다. 또, 저는 사람들의 게시물에 댓글을 달기도 합니다. 이러한 것들이 제가 폰으로 하는 것들입니다.

OPIc 질문에 대한 모범 답변을 살펴본 후, 질문의 핵심 포인트를 파악하여 나만의 OPIc 답변을 만들어보세요.

3 **What do you do on your phone besides talking to people over the phone? Do you make updates on your social media page? Do you play games? Tell me what you typically do on your phone.** 🎧 MP3 02_Q3

사람들과 통화하는 것 외에 전화기로 무엇을 하나요? 소셜 미디어를 업데이트 하나요? 게임을 하나요? 전화기로 주로 무엇을 하는지 말해주세요.

	Structure	Idea
시작 문장	주제 문장 소개	other than making phone calls, listen to music
본문	전화 외 음악 듣는 습관 묘사 (언제, 어디서 주로 듣는 지)	on the go, driving, walking down the street, working out, feel gloomy
마무리 문장	나의 답변 마무리	listen to music, whenever I want to

Model Answer 🎧 MP3 02_A3

❶ Other than making phone calls, I listen to music on my phone.
I can listen to music ❷ on the go.
I do that on the subway or the bus.
+ Plus, I listen to music in the car ❸ when I'm driving.
+ Also, I listen to music when I'm walking down the street.
+ Next, I listen to music when I'm ❹ working out.
+ Next, I ❺ listen to music when I'm working or studying.
+ Plus, I listen to music when I feel gloomy.
+ Also, I listen to music when I'm bored.
So, I listen to music on my phone whenever I want to.

Tips for Better Answer

* '음악' 주제의 '음악을 듣는 장소, 시간 묘사'에 답변 활용
▶ ❶ other than 명사, 동명사: (명사, 동명사) 외에도~
  Ex: Other than listening to music, I also watch movies on my phone.
  음악 듣는 것 외에도 나는 휴대폰으로 영화를 본다.
▶ ❷ = when I am moving
▶ ❸ 어떠한 행동을 하는 중인 것을 강조하기 위해 현재형이 아닌 현재 진행형 사용
  while + 동명사로 대체 가능
  = while driving
  Ex: I listen to music while studying.
  나는 공부할 때 음악을 듣는다.
▶ ❹ walking과 working out 발음 유의
  walk 워크 / work 월~크
  R/L, F/P, TH/S와 같은 한국인이 많이 하는 발음 실수 최대한 줄이기
▶ ❺ 다양한 부사, 동사를 활용하여 문장 구조 바꿔 말하기
  Ex: I enjoy (prefer, like, love) listening to music.
  나는 음악 듣는 것을 즐긴다. (선호한다, 좋아한다, 매우 좋아한다)
  I often (normally, usually, always) listen to music.
  나는 자주 (일반적으로, 보통, 항상) 음악을 듣는다.

* 주어 I를 반복하는 것이 지겨워질 때는 동명사로 문장 시작
  Ex: Listening to music while driving is what I do.
  운전할 때 음악을 듣는 것이 내가 하는 것이다.

Key Expressions

- **on the go** 이동 중에
- **when I'm driving** 운전 중에
- **when I'm walking down the street** 길을 걷는 중에
- **when I'm working out** 운동 중에
- **when I'm working** 일하는 중에
- **gloomy** 우울한, 침울한
- **bored** 심심한, 지겨운

저는 전화 통화 말고도 휴대폰으로 음악을 듣습니다. 이동 중에 음악을 들을 수 있습니다. 지하철이나 버스에서 주로 듣습니다. (+ 또한, 운전할 때 차 안에서 음악을 듣습니다. + 또한, 길을 걸을 때 음악을 듣습니다. + 다음으로, 운동을 할 때 음악을 듣습니다. + 또한, 저는 일을 하거나 공부를 할 때 음악을 듣습니다. + 그리고, 기분이 우울할 때 음악을 듣습니다. + 또한 심심할 때 음악을 듣습니다.) 그래서 저는 원할 때 언제든지 휴대폰으로 음악을 듣습니다.

IH 이상 등급을 받기 위해 문장을 늘리는 연습을 해보세요.

Question 1

1. People do tons of things on their smartphones these days.
   → People do tons of things on their smartphones these days <u>since smartphones are equipped with various functions</u>. (스마트폰에 다양한 기능이 탑재되어 있기 때문에)

2. Also, they post things on social media quite often.
   → Also, they post things on social media quite often, <u>and some people are addicted to smartphones</u>. (그리고 어떤 사람들은 스마트폰에 중독되어 있다.)

3. Plus, they play online games or watch video clips.
   → Plus, they play online games or watch video clips <u>which include sports clips, movie trailers or comedy clips</u>. (스포츠 영상, 영화 예고편, 코미디 영상을 포함한)

Question 2

1. I use my cell phone every single day.
   → I use my cell phone every single day <u>since there are tons of things I can do on the phone</u>. (휴대폰으로 할 수 있는 일들이 수없이 많기 때문에)

2. So, I can surf the internet whenever I want to.
   → So, I can surf the internet whenever I want to <u>because I recently bought a brand new smartphone and its internet is super-fast</u>. (최근에 휴대폰을 새로 샀는데 인터넷 속도가 매우 빨라서)

3. So, these are the things I do on my phone.
   → So, these are the things I do on my phone, <u>and I just cannot imagine my life without the smartphone</u>. (그리고 스마트폰 없는 삶은 상상할 수 없다.)

Question 3

1. Other than making phone calls, I listen to music on my phone.
   → Other than making phone calls <u>and sending text messages</u>, I listen to music on my phone. (그리고 문자를 보내는 것)

2. Plus, I listen to music in the car when I'm driving.
   → Plus, I listen to music in the car when I'm driving <u>because it helps me stay awake</u>. (내가 깨어있을 수 있게 도와주기 때문에)

3. Next, I listen to music when I'm working or studying.
   → Next, I listen to music when I'm working or studying <u>since it helps me concentrate on work or studying</u>. (일이나 공부에 집중할 수 있게 도와주기 때문에)

OPIc 질문에 대한 모범 답변을 살펴본 후, 질문의 핵심 포인트를 파악하여 나만의 OPIc 답변을 만들어보세요.

4-1 Tell me about the first phone you used. How was it different from the phone you use now?
 MP3 02_Q4-1

처음 사용한 전화기에 대해 말해주세요. 지금 쓰고 있는 전화기와 어떻게 다른가요?

4-2 Technology has definitely changed over time. Tell me about an early memory that you have about a piece of technology. It could be a computer or a mobile phone from many years ago. How has that technology changed over time?
MP3 02_Q4-2

기술은 시간이 지남에 따라 확실히 바뀌었습니다. 당신이 가지고 있는 기술에 대한 예전 기억에 대해 말해주세요. 수년 전의 컴퓨터나 휴대폰일 수 있습니다. 시간이 지남에 따라 그 기술은 어떻게 변했나요?

	Structure	Idea
시작 문장	주제 문장 소개	first phone, simple
본문	5년 전 휴대폰의 기능과 현재 휴대폰의 기능 차이 묘사	able to make phone calls, send text messages, phones have changed, have become a lot better
마무리 문장	나의 답변 마무리	have made a big difference, our lives

Model Answer MP3 02_A4

My first cell phone was ❶ a simple phone. I ❷ was able to just make phone calls and send text messages, but that was it. However, phones have changed a lot over the years. They have become a lot better than in the past. I can do ❸ a lot more on my phone now. I can get access to the internet whenever I want to. So, smartphones ❹ have made a big difference in our lives.

Tips for Better Answer

* OPIc을 좀 더 효율적으로 준비할 수 있는 팁! 주제가 다르지만 유사한 질문에는 동일한 답변을 쓸 수 있음

▶ ❶ 단순한 휴대폰
= a just phone
Ex: My first smartphone was just simple.
나의 첫 스마트폰은 그냥 단순했다.

▶ ❷ 문장 안에 just를 사용하면 '그 정도만 ~ 뿐이다'란 의미임
동사가 가지고 있는 의미를 강조할 때 사용
Ex: I was able to make phone calls. 전화 통화를 할 수 있었다.
I was able to just make phone calls. 전화 통화 정도만 할 수 있었다.

Ex: I want to talk to you. 너랑 이야기하고 싶어.
I just want to talk to you. 나는 그냥 너랑 이야기만 하고 싶을 뿐이야.

▶ ❸ 비교급 more을 강조하는 표현
= much more
Ex: The price of eating out in Seoul is a lot (much) more expensive than I expected.
서울에서의 외식 비용이 내가 예상한 것보다 훨씬 더 비싸다.

▶ ❹ 과거와 현재를 비교하는 답변이기 때문에 마지막 문장에서는 반드시 현재완료형 사용
본문에서도 현재완료형 사용이 늘수록 등급 업!

Key Expressions

• **simple** 간단한, 단순한
• **be able to** ~을 할 수 있다
• **That is it.** 그게 다다. (= That is all.)
• **over the years** 지난 몇 년간

• **get access to the internet** 인터넷에 접속, 연결하다
• **whenever I want to** 내가 원할 때 언제든지
• **make a big difference** 큰 차이, 변화를 가져오다

제 첫 번째 휴대폰은 단순한 휴대폰이었습니다. 전화도 하고 문자도 보낼 수 있었는데 그게 다였습니다. 하지만, 전화기는 몇 년 동안 많이 바뀌었습니다. 과거보다 질적으로 훨씬 좋아졌습니다. 저는 지금 스마트폰으로 더 많은 것을 할 수 있습니다. 제가 원할 때 언제든지 인터넷에 접속할 수 있습니다. 즉, 스마트폰은 우리 생활에 큰 변화를 가져왔습니다.

OPIc 모범 답변 학습하기

OPIc 질문에 대한 모범 답변을 살펴본 후, 질문의 핵심 포인트를 파악하여 나만의 OPIc 답변을 만들어보세요.

5-1 Tell me about a time when you had trouble while using your phone. What was the problem and how did you deal with it? 🎧 MP3 02_Q5-1

전화기를 사용하던 중 문제가 있었던 때에 대해 말해주세요. 무엇이 문제였고 어떻게 대처했나요?

5-2 Problems often come up because of our dependence on technology. Think about a time when you experienced a problem because some piece of technology was not working properly. Maybe your computer crashed or maybe your cell phone had no service. Tell me about a time when you had some kind of problem getting the technology to work. 🎧 MP3 02_Q5-2

우리는 기계에 많이 의존하기 때문에 종종 문제가 발생합니다. 어떤 기계가 제대로 작동하지 않았기 때문에 문제를 겪었던 때를 생각해 보세요. 컴퓨터가 고장 났거나 휴대폰이 고장 났을 수도 있습니다. 기계를 작동시키는 데 문제가 있었던 경험에 대해 말해주세요.

Structure		Idea
시작 문장	주제 문장 소개	use my phone, runs out of battery
본문	휴대폰 배터리가 나가서 불편했던 점들 나열	phone died, inconvenient, had to call, check some messages, check my phone after I got home
마무리 문장	나의 답변 마무리	since then, carry around, charger

Model Answer 🎧 MP3 02_A5

I use my phone ❶ throughout the day, so it ❷ runs out of battery quite often.
Once, my phone died when I was outside.
It was very inconvenient because my phone was dead.
I had to call someone, but I could NOT.
I had to check some messages, but I could NOT.
❸ Eventually, I checked my phone after I got home.
+ I went to a coffee shop ❹ to get my phone charged.
Since then, I always carry around my charger.
+ I always carry around my battery pack.

Tips for Better Answer

* OPIc을 좀 더 효율적으로 준비할 수 있는 팁! 주제가 다르지만 유사한 질문에는 동일한 답변을 쓸 수 있음

❶ 쭉, 내내
= all day long
Ex: I kill time using my phone throughout the day.
나는 하루 종일 휴대폰을 사용해서 시간을 때운다.

❷ 방전되다
= be out of juice
Ex: My phone battery is out of juice.
내 휴대폰의 배터리가 방전되었다.
= died
Ex: My phone just died and there is no place to charge it.
내 폰이 방금 방전됐는데 충전할 장소가 없다.

❸ 마침내, 결국에는
스토리의 마지막 문장으로 어울리는 동사
= finally, in the end
Ex: Finally, I could check all the missed messages and phone calls.
드디어 부재중 메시지와 전화를 확인 할 수 있었다.

❹ get 명사 charged: (명사)를 충전하다
= charge 명사: (명사)를 충전하다
Ex: I need to charge my phone as soon as possible.
최대한 빨리 휴대폰을 충전해야 한다.

Key Expressions

- **throughout the day** 하루 종일, 내내
- **run out of battery** 방전되다, 배터리가 나가다
- **phone died / phone is dead** 방전되다, 배터리가 나가다
- **eventually** 결국에는, 드디어
- **carry around** 휴대하다, 가지고 다니다
- **battery pack** 외장형 충전기

저는 하루 종일 휴대폰을 사용하기 때문에 배터리가 꽤 빨리 소모됩니다. 한 번은, 제가 밖에 있을 때 전화기의 배터리가 나갔습니다. 전화기를 쓸 수 없어서 매우 불편했습니다. 누군가에게 전화를 해야 했지만 그럴 수 없었습니다. 메시지를 확인해야 했지만 확인할 수 없었습니다. 결국, 집에 돌아온 후에 휴대폰을 확인했습니다. (+ 휴대폰을 충전하러 커피숍에 갔습니다.) 그 이후로 저는 항상 충전기를 가지고 다닙니다. (+ 외장형 충전기를 항상 가지고 다닙니다.)

데이터와 트렌드로 쉽게 취득하는 OPIc IH

OPIc 질문에 대한 모범 답변을 살펴본 후, 질문의 핵심 포인트를 파악하여 나만의 OPIc 답변을 만들어보세요.

6 Describe how people used cell phones five years ago. What did they do with their phones and mobile applications? What are some of the biggest changes in how people use their phones? 🎧 MP3 02_Q6

5년 전에 사람들이 어떻게 휴대폰을 사용했는지 묘사하세요. 그들은 그들의 전화기나 모바일 어플리케이션으로 무엇을 했나요? 사람들이 휴대폰을 사용하는 방법에 있어서 가장 큰 변화는 무엇인가요?

Structure		Idea
시작 문장	주제 문장 소개	cell phones, five years ago
본문	5년 전의 휴대폰과 현재 휴대폰의 차이점 묘사	internet connection, slow, did online searches, has become a lot faster, wi-fi connection, stream music, watch video clips, play online games, take online classes
마무리 문장	나의 답변 마무리	use their phones, various types of

Model Answer 🎧 MP3 02_A6

Cell phones ❶ five years ago were smartphones.

However, the internet connection was quite slow.

People did online searches on their phones, but that was it.

❷ But these days, mobile internet ❸ has become a lot faster.

Plus, you can get wi-fi connection at many places.

People do tons of things on their phones now.

They stream music and watch video clips.

Plus, they play online games and take online classes.

So, people use their phones to do various types of things these days.

Tips for Better Answer

* '인터넷' 주제의 '초창기 인터넷 서핑을 했던 경험 묘사'에 나온 표현과 문장을 최대한 많이 활용하여 말하기 연습

▶ ❶ 과거 휴대폰의 특징에 대해 말하기 때문에 반드시 과거형 시제 사용
과거임을 알려주기 위해 five years ago와 같은 과거를 나타내는 표현으로 문장 시작
Ex: Only about 10 years ago, not many people were using smartphones.
약 10년 전만 하더라도 스마트폰을 사용하는 사람들이 많지 않았다.

▶ ❷ 현재 휴대폰의 기능 또는 특징에 대해 말해야 하기 때문에 현재를 나타내는 표현 사용
= however now, but now
이 표현 후에는 반드시 현재형 또는 현재완료형을 사용

▶ ❸ 과거와 현재 비교 질문이 나올 때 반드시 현재완료형을 한 번이라도 쓰도록 노력!
현재완료형이 들어간 짧은 문장을 외워 마무리 문장으로 활용
이때 유용하게 쓰이는 동사는 become과 change임
Ex: Everything has changed. 모든 것이 바뀌었다.
Many things have changed. 많은 것이 바뀌었다.
Everything has become better. 모든 것이 나아졌다.
Some things have become better. 몇 가지가 나아졌다.

Key Expressions

- **cell phone** 휴대폰 (= mobile phone)
- **internet connection** 인터넷 연결
- **quite** 꽤
- **That was it.** 그게 다였다.

- **get wi-fi connection** 와이파이 연결하다
- **tons of** 수많은
- **stream music** 음악을 스트리밍 해서 듣다
- **take online classes** 온라인 수업을 듣다

5년 전의 휴대폰도 스마트폰이었습니다. 하지만 인터넷 연결이 꽤 느렸습니다. 사람들은 휴대폰을 사용해서 인터넷 검색을 하긴 했지만 그게 다였습니다. 하지만 지금은 휴대폰의 인터넷이 훨씬 더 빨라졌습니다. 게다가 많은 장소에서 와이파이를 사용할 수 있습니다. 사람들은 이제 휴대폰으로 수많은 일을 합니다. 음악을 듣고 비디오 영상을 봅니다. 그리고 온라인 게임을 하고 온라인 수업을 듣습니다. 그래서 이제 사람들은 다양한 것을 하기 위해 자신의 휴대폰을 사용합니다.

OPIc 질문에 대한 모범 답변을 살펴본 후, 질문의 핵심 포인트를 파악하여 나만의 OPIc 답변을 만들어보세요.

7 In some societies, there is a concern that young people are not developing face-to-face communication skills because they spend too much time on their phones. What do people in your country think about the way in which young people use their phones? 🎧 MP3 02_Q7

일부 사회에서는 젊은 사람들이 전화기를 사용하는 데 너무 많은 시간을 소비하기 때문에 직접 대면하는 의사소통 방법을 익히지 못한다는 우려가 있습니다. 당신 나라의 사람들은 젊은 사람들이 휴대폰을 사용하는 방식에 대해 어떻게 생각하나요?

Structure		Idea
시작 문장	주제 문장 소개	youngsters spend too much time
본문	휴대폰 또는 인터넷 중독 증상 묘사	in their hands, constantly, post things, develop face-to-face communication
마무리 문장	나의 답변 마무리	phone addiction, major issue among youngsters

Model Answer 🎧 MP3 02_A7

Many ❶ youngsters spend too much time on their phones.

They always have their phones ❷ in their hands.

They ❸ constantly chat on messaging apps.

They constantly post things or comments on ❹ social media.

It is hard for them to develop face-to-face communication skills.

Many people are concerned about this problem.

So, ❺ phone addiction has become a major issue among youngsters.

Tips for Better Answer

▶❶ 젊은 세대, 젊은이: 주로 기성세대가 쓰는 표현
= young people
old people는 예의 없게 들릴 수 있으니 the elderly 또는 older people 사용

▶❷ 손에 쥐고 있는
= They always carry around their smartphones.
그들은 항상 스마트폰을 들고 다닌다.

▶❸ 유용한 부사! 행동이 지속적으로 반복된다는 것을 강조하기 위해 사용
= continuously
Ex: Some people constantly check their social media.
어떤 사람들은 지속적으로 (끊임없이) 소셜 미디어를 확인한다.

▶❹ SNS는 Social Networking Service의 약자: 원어민은 SNS가 아닌 social media를 사용

▶❺ phone addiction이 질문의 가장 중요한 핵심 단어이기 때문에 마무리 문장에서 다시 한번 언급 필요

Key Expressions

- **youngsters** 젊은 사람들, 젊은 세대
- **spend time** 시간을 보내다
- **in one's hands** 손에 있는, 손에 들고 있는
- **constantly** 지속적으로, 끊임없이
- **develop** 발달하다, 발전하다, 성장하다
- **face-to-face communication** 얼굴을 보고 대화하는 것
- **be concerned** 걱정하다

많은 젊은 사람들이 휴대폰에 사용하는 데 너무 많은 시간을 씁니다. 그들은 손에 항상 휴대폰을 지니고 다닙니다. 그들은 메신저 앱에서 끊임없이 대화를 합니다. 그들은 끊임없이 소셜 미디어에 무언가를 올리거나 댓글을 답니다. 그들이 직접 대면하는 의사소통 방법을 익히는 것은 어려운 일입니다. 많은 사람들이 이 문제에 대해 걱정하고 있습니다. 그래서, 휴대폰 중독은 젊은 사람들 사이에서 주요 이슈가 되었습니다.

IH 이상 등급을 받기 위해 문장을 늘리는 연습을 해보세요.

Question 4

1. I was able to just make phone calls and send text messages.
   → I was able to just make phone calls and send text messages, <u>and there was nothing fun to do on the phone.</u> (그리고 휴대폰으로 할 재미있는 것들이 없었다.)

2. However, phones have changed a lot over the years.
   → However, phones have changed a lot over the years, <u>and there have been many positive changes.</u> (그리고 많은 긍정적인 변화가 있었다.)

3. They have become a lot better than in the past.
   → They have become a lot better than in the past <u>because it has so many useful functions and features.</u> (유용한 기능과 특징이 매우 많기 때문에)

Question 5

1. Once, my phone died when I was outside.
   → Once, my phone died when I was outside, <u>and I could not find any places to get my phone charged.</u> (그리고 휴대폰을 충전할 수 있는 장소를 찾을 수 없었다.)

2. I had to call someone, but I could NOT.
   → I had to call someone, but I could NOT. <u>It was so frustrating because I had a very important phone call to make.</u> (아주 중요한 전화를 해야 했기 때문에 매우 짜증났었다.)

3. Eventually, I checked my phone after I got home.
   → Eventually, I checked my phone after I got home. <u>There were more than ten missed messages and calls.</u> (부재중 문자와 전화가 10개가 넘었다.)

Question 6

1. Cell phones five years ago were smartphones.
   → Cell phones five years ago were smartphones, <u>and there were no useful functions or features.</u> (그래서 유용한 기능이나 특징이 없었다.)

2. However, the internet connection was quite slow.
   → However, the internet connection was quite slow. <u>I remember that I had to wait at least 2 hours to download one movie.</u> (영화 한 편을 다운받기 위해 최소 2시간을 기다렸던 기억이 난다.)

3. But these days, mobile internet has become a lot faster.
   → But these days, mobile internet has become a lot faster, <u>and now people can do various things online.</u> (그리고 지금은 사람들이 인터넷으로 다양한 것을 할 수 있다.)

Question 7

1. Many youngsters spend too much time on their phones.
   → Many youngsters spend too much time on their phones. <u>It seems like some young people use their phones 24/7.</u> (어떤 젊은 사람들은 휴대폰을 하루 종일 사용하는 것 같다.)

2. They constantly chat on messaging apps.
   → They constantly chat on messaging apps, <u>and share pictures or videos with their friends.</u> (그리고 친구들과 사진과 영상을 공유한다.)

3. Phone addiction has become a major issue among youngsters.
   → Phone addiction has become a major issue among youngsters <u>because they cannot develop face-to-face communication skills.</u> (직접 대면하는 의사소통 방법을 익히지 못하기 때문에)

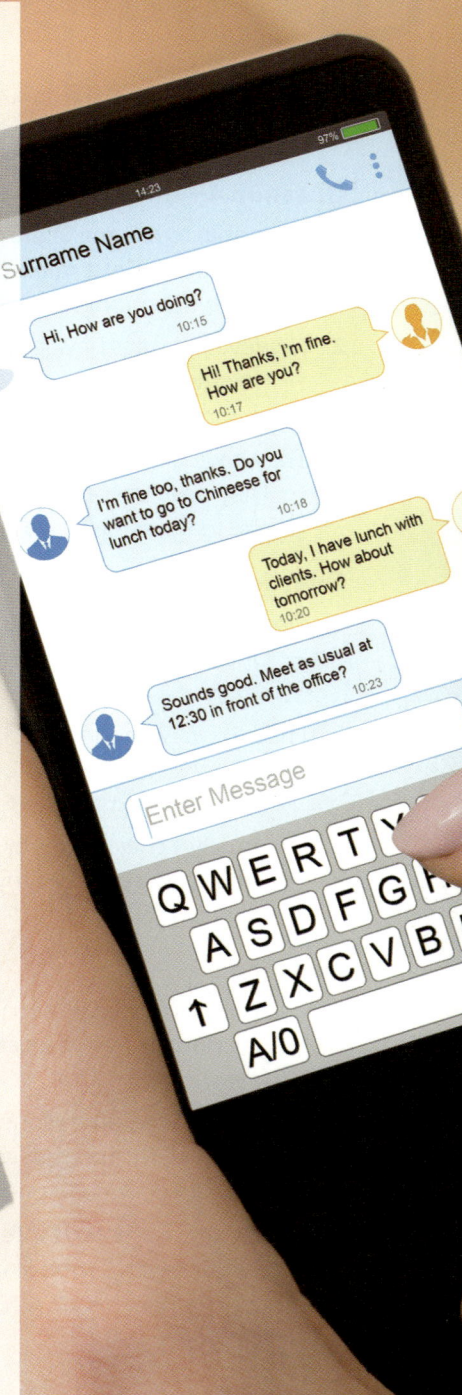

Chapter **03**

Text Messages

질문을 제대로 파악하는 것만으로도 성공적으로 시험을 치를 수 있습니다. OPIc에서 자주 출제되는 질문들을 알아보세요.

1 **You indicated in the survey that you exchange text messages with friends. What kinds of text messages do you send? What are they about?**

친구와 문자 메시지를 주고받는다고 했습니다. 어떤 종류의 문자를 보내나요? 무엇에 관한 것인가요?

문항 유형	친구들과 주고받는 문자 메시지 주제 묘사
문항 수준	Intermediate
핵심 포인트	• 카카오톡을 사용하여 친구들과 주고받는 문자 메시지 내용을 현재형 시제로 나열
	• 친구들과 주고받는 문자 메시지이기 때문에 주어 we 사용
중요도	★★★

2

Tell me when and where you send text messages most often. Plus, who do you exchange text messages with?

문자 메시지를 가장 자주 보내는 때와 장소를 알려주세요. 누구와 문자 메시지를 주고받나요?

문항 유형	문자 메시지를 보내는 상대, 장소, 시간 묘사
문항 수준	Intermediate
핵심 포인트	• 문자 메시지 보내는 장소와 상대를 현재형 시제 사용하여 묘사 • 본인이 보내는 메시지이기 때문에 주어 I 사용
중요도	★

3

Tell me about a memorable text message you got in the past. Who was it from and what was it about? What made that text message more memorable than others?

과거에 받은 기억에 남는 문자 메시지에 대해 말해주세요. 누구에게서 왔으며 무엇에 관한 것이었나요? 그 문자 메시지가 왜 더 기억에 남나요?

문항 유형	본인이 받았던 기억에 남는 문자 메시지 설명
문항 수준	Advanced
핵심 포인트	• 친구에게 받은 생일 축하 메시지에 대해 과거형 시제로 설명 • 친구들에게 받은 문자이기 때문에 주어 friends, they, I 사용
중요도	★

4

We sometimes have problems while sending text messages. Tell me about a time when you had trouble sending a text message. Start by giving me some background and then explain what you did to deal with the situation.

문자 메시지를 보내는 동안 문제가 생길 수 있습니다. 문자 메시지를 보내는 데 어려움을 겪었던 때를 말해주세요. 그 배경을 설명한 후 그 상황에 대처하기 위해 무엇을 했는지 말해주세요.

문항 유형	문자 메시지를 사용하다가 겪었던 문제 설명
문항 수준	Advanced
핵심 포인트	• 인터넷 연결 문제로 인해 문자 메시지를 보내지 못했던 경험 묘사 • 본인의 과거 경험이기 때문에 주어 I 와 과거형 시제 사용
중요도	★

OPIc 질문에 대한 모범 답변을 살펴본 후, 질문의 핵심 포인트를 파악하여 나만의 OPIc 답변을 만들어보세요.

1 You indicated in the survey that you exchange text messages with friends. What kinds of text messages do you send? What are they about? 🎧MP3 03_Q1

친구와 문자 메시지를 주고받는다고 했습니다. 어떤 종류의 문자를 보내나요? 무엇에 관한 것인가요?

	Structure	Idea
시작 문장	주제 문장 소개	a messaging app, Kakao Talk, talk to
본문	친구와 문자 메시지로 나누는 대화 내용 나열	talk about, with my friends, first, ask how each other is, do some catching up, share pictures, video clips, links, talk about, work, careers, decent restaurants, gatherings, trips, family members, love life, mutual friends
마무리 문장	나의 답변 마무리	once again, talk about tons of things, on Kakao Talk

Model Answer 🎧MP3 03_A1

❶I use a messaging app called Kakao Talk to talk to my friends.
I talk about ❷tons of things with my friends on that app.
First, we ask how each other is doing and ❸do some catching up.
I also share pictures, video clips, and links with my friends.
+ Also, ❹we talk about our work or our careers.
+ Next, we talk about decent restaurants or fancy bars.
+ Next, we talk about gatherings we went to.
+ Also, we talk about trips we went on.
+ Plus, we talk about our family members or children.
+ Also, we talk about our love life.
+ Plus, we talk about our ❺mutual friends.
Once again, I talk about tons of things with my friends on Kakao Talk.

Tips for Better Answer

▶❶ 문자로 어떤 대화를 하는지 묘사하기 전에 이때 사용하는 Kakao Talk을 시작 문장에 언급
Kakao Talk이 무엇인지 상대방이 모를 수 있기 때문에 앞에 a messaging app called를 반드시 언급하기
본인의 평상시 습관이기 때문에 현재형 시제 사용

▶❷ = various things, a lot of things, millions of things
Ex: My friends and I talk about millions of things on the phone.
나와 친구들은 전화로 수많은 것들에 대해 이야기한다.

▶❸ (먼저 간 사람을) 따라잡겠다 또는 (오랜만에 만난 사람과) 못다 한 이야기를 하다
명사, 동사로 사용 가능
Ex: I will catch up with you in a minute.
금방 따라갈게.

▶❹ tell vs. talk
tell은 누구에게 말을 하는 것이 중요하기 때문에 일반적으로 tell 뒤에 '누구에게'가 나옴
talk은 무엇에 대해 이야기하는 것이 중요하기 때문에 '누구에게'란 정보가 빠져도 될 때 주로 사용
Ex: I want to tell you about my concern.
너에게 내 걱정거리에 대해 말해주고 싶어.
I want to talk about my concern.
내 걱정거리에 대해 말하고 싶어. (누구에게 말하는 건지 중요하지 않음)

▶❺ 대화에 참여한 사람이 모두 알고 있는 특정한 사람을 지칭할 때 mutual friend라고 표현
mutual은 명사 앞에 쓰이며 '서로 상호적인'이란 뜻
Ex: We have so many mutual friends because we went to the same high school.

Key Expressions

- **do catching up** 못다 한 이야기를 하다
- **share** 공유하다
- **decent** (수준, 질이) 꽤 괜찮은, 제대로 된
- **career** 직업
- **gatherings** 모임
- **mutual friends** 같이 아는 친구

저는 카카오톡이라는 메신저 앱을 이용해서 친구들과 대화를 합니다. 그 앱으로 친구들과 수많은 것들에 대해 이야기합니다. 서로 어떻게 지내는지 묻고 못다 한 이야기를 하기도 합니다. 그리고 사진, 영상, 링크를 친구들과 공유합니다. (+ 또한, 우리의 일이나 직업에 대해 이야기합니다. + 또한, 괜찮은 레스토랑이나 멋진 술집에 대해 이야기합니다. + 다음으로, 우리가 갔던 모임에 대해 이야기합니다. + 그리고, 우리가 갔던 여행에 대해 이야기합니다. + 또한, 가족이나 아이들에 대해 이야기합니다. + 또한, 연애에 대해서도 이야기합니다. + 또한, 서로 아는 친구에 대해 이야기합니다.) 다시 한번 말하자면, 저는 카카오톡으로 친구들과 수많은 이야기를 합니다.

데이터여 트렌드로 쉽게 취득하는 OPIc IH

OPIc 질문에 대한 모범 답변을 살펴본 후, 질문의 핵심 포인트를 파악하여 나만의 OPIc 답변을 만들어보세요.

 Tell me when and where you send text messages most often. Plus, who do you exchange text messages with?

문자 메시지를 가장 자주 보내는 때와 장소를 알려주세요. 누구와 문자 메시지를 주고받나요?

Structure		Idea
시작 문장	주제 문장 소개	talk, various types of people, app
본문	문자 메시지를 보내는 장소와 때 묘사	message, use my phone to, on the go, when I am on the bus, subway, when I am walking, message people, indoors, sitting at my desk, lying in my bed
마무리 문장	나의 답변 마무리	can send messages, whenever I want to

Model Answer 🎧 MP3 03_A2

❶ I talk to various types of people on my messaging app.
I ❷ message my family members, friends, or co-workers.
I use my phone to message people ❸ on the go.
❹ I do that when I am on the bus or the subway.
❺ Plus, I do that when I am walking on the street.
Also, I message people when I am indoors.
I do that when I am sitting at my desk.
Next, I do that when lying in my bed.
So, I can send messages on my phone ❻ whenever I want to.

Tips for Better Answer

▶❶ 본인의 문자 보내는 습관에 대해 묻는 질문이기 때문에 다양한 사람들(various types of people)과 문자 메시지를 주고받는다고 시작 문장에 언급하기
이때 주어는 I 를 사용하며 현재형 시제 유지하여 말하기

▶❷ 동사로 쓰일 때에는 '문자 메시지 보내다'
명사로 쓰일 때에는 '문자 메시지'
Ex: I message people all the time.
　　나는 사람들에게 항상 문자 메시지를 보낸다.
　　I got a message last night.
　　어젯밤에 문자 메시지를 받았다.

▶❸ '이동 중에'라는 의미 외에도 '바쁜'이라는 의미도 있음
Ex: I am always on the go.
　　나는 항상 바쁘다.

▶❹ 어디에서 (where) 문자 메시지를 보내는지 답하기 위해 반드시 필요한 문장
교통수단인 bus, train, subway 앞에 전치사 on을 쓸 때에는 그 사이에 항상 관사 the가 쓰임
I am on bus. (x)
I am on the bus. (o)

▶❺ 답변 양 확보를 위해 다양한 접속사와 현재형 시제를 사용하여 문자 메시지를 보내는 다양한 장소에 대해 말하기

▶❻ 〈whenever + 주어 + 동사〉
(주어)가 (동사)할 때에는 언제든지
복합관계부사 사용으로 등급 업!

Key Expressions

- **various** 다양한
- **co-workers** 직장 동료
- **on the go** 이동 중에
- **be indoors** 실내에 있다
- **sit at** ~에 앉아있다
- **lie in** ~에 누워있다
- **whenever** ~할 때 언제든지

저는 메신저 앱에서 다양한 사람들과 이야기를 합니다. 가족, 친구 또는 동료들에게 메시지를 보냅니다. 저는 이동 중에 휴대폰으로 사람들에게 메시지를 보냅니다. 저는 버스나 지하철에 있을 때 그렇게 합니다. 또한, 길을 걸을 때 그렇게 합니다. 또한, 저는 실내에 있을 때 사람들에게 메시지를 보냅니다. 책상에 앉아 있을 때 그렇게 합니다. 침대에 누워 있을 때도 그렇게 합니다. 즉 저는 언제든지 휴대폰으로 메시지를 보낼 수 있습니다.

OPIc 질문에 대한 모범 답변을 살펴본 후, 질문의 핵심 포인트를 파악하여 나만의 OPIc 답변을 만들어보세요.

3 Tell me about a memorable text message you got in the past. Who was it from and what was it about? What made that text message more memorable than others? 🎧 MP3 03_Q3

과거에 받은 기억에 남는 문자 메시지에 대해 말해주세요. 누구에게서 왔으며 무엇에 관한 것이었나요? 그 문자 메시지가 왜 기억에 남나요?

Structure		Idea
시작 문장	주제 문장 소개	getting, birthday messages
본문	친구에게 받은 생일 축하 메시지 묘사	friends remembered, it was my birthday, congratulated me, have a great birthday, sent me gift vouchers, felt good to get, caring messages
마무리 문장	나의 답변 마무리	replied to, thanked them

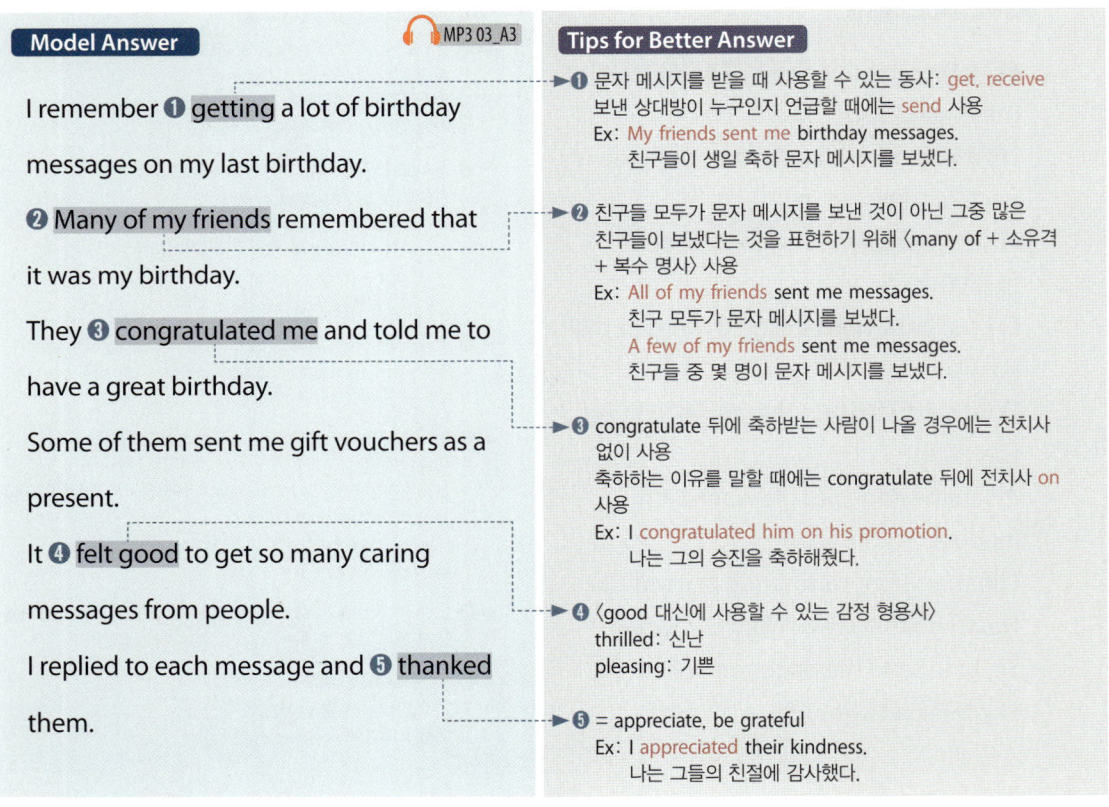

Model Answer 🎧 MP3 03_A3

I remember ❶ getting a lot of birthday messages on my last birthday. ❷ Many of my friends remembered that it was my birthday. They ❸ congratulated me and told me to have a great birthday. Some of them sent me gift vouchers as a present. It ❹ felt good to get so many caring messages from people. I replied to each message and ❺ thanked them.

Tips for Better Answer

▶❶ 문자 메시지를 받을 때 사용할 수 있는 동사: get, receive
보낸 상대방이 누구인지 언급할 때에는 send 사용
Ex: My friends sent me birthday messages.
친구들이 생일 축하 문자 메시지를 보냈다.

▶❷ 친구들 모두가 문자 메시지를 보낸 것이 아닌 그중 많은 친구들이 보냈다는 것을 표현하기 위해 〈many of + 소유격 + 복수 명사〉 사용
Ex: All of my friends sent me messages.
친구 모두가 문자 메시지를 보냈다.
A few of my friends sent me messages.
친구들 중 몇 명이 문자 메시지를 보냈다.

▶❸ congratulate 뒤에 축하받는 사람이 나올 경우에는 전치사 없이 사용
축하하는 이유를 말할 때에는 congratulate 뒤에 전치사 on 사용
Ex: I congratulated him on his promotion.
나는 그의 승진을 축하해줬다.

▶❹ 〈good 대신에 사용할 수 있는 감정 형용사〉
thrilled: 신난
pleasing: 기쁜

▶❺ = appreciate, be grateful
Ex: I appreciated their kindness.
나는 그들의 친절에 감사했다.

Key Expressions

- **get messages** 메시지 받다
- **congratulate** 축하하다
- **feel good** 기분이 좋다
- **caring** 배려의, 따뜻한, 신경 쓰는
- **reply** 답장하다, 답하다
- **thank** 고마워하다

지난 생일에 생일 메시지를 많이 받았던 기억이 납니다. 많은 친구들이 제 생일이라는 것을 기억했습니다. 그들은 저를 축하해주고 생일을 잘 보내라고 말했습니다. 그들 중 몇몇은 선물로 기프트 바우처를 보냈습니다. 사람들로부터 따뜻한 메시지를 많이 받아서 기분이 좋았습니다. 메시지 하나하나에 답변하면서 감사의 뜻을 전했습니다.

OPIc 모범 답변 학습하기

OPIc 질문에 대한 모범 답변을 살펴본 후, 질문의 핵심 포인트를 파악하여 나만의 OPIc 답변을 만들어보세요.

4 We sometimes have problems while sending text messages. Tell me about a time 🎧 MP3 03_Q4
when you had trouble sending a text message. Start by giving me some background and
then explain what you did to deal with the situation.

문자 메시지를 보내는 동안 문제가 생길 수 있습니다. 문자 메시지를 보내는 데 어려움을 겪었던 때를 말해주세요. 그 배경을 설명한 후 그 상황에 대처하기 위해 무엇을 했는지 말해주세요.

Structure		Idea
시작 문장	주제 문장 소개	remember, trouble sending a message, internet connection was bad
본문	인터넷 연결 문제와 실수로 인해 겪은 문제점 설명	tried and tried, could not send, so frustrating, next, sending a message, wrong, personal message, work-related chatroom, apologized for, so embarrassing
마무리 문장	나의 답변 마무리	these are the problems, with messages

Model Answer 🎧 MP3 03_A4

I remember ❶ having trouble
sending ❷ a message because
❸ the internet connection was bad.
I ❹ tried and tried but I could not
send the message.
It was so frustrating.
Next, I remember sending a message
to the wrong chatroom.
It was ❺ a personal message, but I
sent it to a ❻ work-related chatroom.
I apologized for my mistake.
It was so embarrassing.
So, these are the problems I have
had with messages.

Tips for Better Answer

❶ 문자 메시지를 보내는 동안 발생한 problem 또는 trouble에 대해 물었기 때문에 둘 중에 하나를 시작 문장에 언급하기
problem은 가산 명사이나 trouble은 불가산 명사로 쓰임
Ex: I remember having a problem sending a message.
　　 나는 문자 메시지를 보내는 데 문제가 있었던 것을 기억한다.

❷ 여러 개의 문자 메시지가 아닌 특정한 하나의 문자 메시지에 대해 이야기하기 때문에 단수 명사 사용

❸ '인터넷 연결이 좋지 않다'는 것을 묘사하기 위해 사용되는 표현 암기 필수!

❹ 여러 번 반복된 행동이라는 것을 강조하기 위해 같은 동사를 2번 반복
Ex: I cried and cried because it was so painful.
　　 너무 아파서 울고 또 울었다.

❺ personal: 개인적인
명사 앞에 쓰이는 형용사로 활용도가 높음
personal space: 개인 공간
personal time: 개인만의 시간
personal matter: 개인 문제
Ex: I like staycation because I need some personal time.
　　 나는 나만의 시간이 필요해서 집에서 휴가 보내는 것을 좋아한다.

❻ 명사-related: (명사)와 관련된, 연관된
company-related: 회사와 관련된
blood-related: 혈연관계인

Key Expressions

- **have trouble ~ing** ~에 문제를 겪다, 어려움을 겪다
- **internet connection** 인터넷 연결
- **frustrating** 짜증나는, 화나는, 답답한
- **chatroom** 채팅방
- **personal** 개인적인
- **work-related** 업무 관련
- **apologize** 사과하다
- **embarrassing** 당황스러운, 황당한

인터넷 연결이 안 돼서 메시지 보내는 데 문제가 있었던 기억이 납니다. 계속 시도했지만 메세지를 보낼 수 없었습니다. 너무 답답했습니다. 그리고 엉뚱한 채팅방에 메시지를 보낸 기억이 있습니다. 개인적인 메시지였는데 업무 관련 채팅방에 보냈습니다. 제 실수에 대해 사과했습니다. 매우 난처했습니다. 이것이 제가 메시지와 관련되어 겪었던 문제들입니다.

IH 이상 등급을 받기 위해 문장을 늘리는 연습을 해보세요.

Question 1

1. I talk about tons of things with my friends on that app.
   → I talk about tons of things with my friends on that app <u>because it offers free text and call features</u>. (무료로 문자 메시지와 전화 기능을 제공하기 때문에)

2. Also, we talk about our work or our careers.
   → Also, we talk about our work or our careers <u>since we can always learn from each other</u>.
   (서로에게서 언제나 배울 수 있기 때문에)

3. Next, we talk about gatherings we went to.
   → Next, we talk about gatherings we went to <u>because so many interesting things have happened whenever there are gatherings</u>. (모임이 있을 때마다 재미있는 일이 생겼기 때문에)

Question 2

1. I use my phone to message people on the go.
   → I use my phone to message people on the go <u>because it is hard to text when I am at work</u>. (일하는 중에는 문자 메시지를 보내는 것이 어렵기 때문에)

2. I message my family members, friends, or co-workers.
   → I message my family members, friends, or co-workers <u>to talk about personal and work-related matters</u>. (개인적인 이야기와 일과 관련된 이야기를 하려고)

3. I do that when I am sitting at my desk.
   → I do that when I am sitting at my desk <u>while getting some rest</u>. (휴식을 취하면서)

Question 3

1. Many of my friends remembered that it was my birthday.
   → Many of my friends remembered that it was my birthday <u>even though it was during the holiday</u>. (휴일이었음에도 불구하고)

2. Some of them sent me gift vouchers as a present.
   → Some of them sent me gift vouchers <u>from coffee shops and department stores</u> as a present, <u>and it was very useful</u>. (커피숍과 백화점에서 / 그리고 그것은 매우 유용했다.)

Question 4

1. I apologized for my mistake.
   → I apologized for my mistake, <u>and since then, I always make sure to double check before sending messages</u>. (그리고 그때 이후로 문자 메시지를 보내기 전에는 항상 다시 한번 확인한다.)

2. It was so embarrassing.
   → It was so embarrassing <u>because it was about a personal matter that I did not want to share with my co-workers</u>. (직장 동료들에게 이야기하기 싫었던 개인적인 문제에 관한 것이었기 때문에)

데이터에어 트렌드로 쉽게 취득하는 OPIc IH

Chapter 04

Shopping / Fashion

빈출 주제 파악하기

질문을 제대로 파악하는 것만으로도 성공적으로 시험을 치를 수 있습니다. OPIc에서 자주 출제되는 질문들을 알아보세요.

Shopping

1 You indicated in the survey that you like to go shopping. Talk about stores or shopping centers in your country. What are they like? Describe them in detail.

당신은 쇼핑하는 것을 좋아한다고 했습니다. 당신 나라의 상점이나 쇼핑센터에 대해 이야기해보세요. 어떤 곳인가요? 자세히 묘사해 주세요.

문항 유형	우리나라 상점 / 쇼핑센터 묘사
문항 수준	Intermediate
핵심 포인트	• 술집, 카페, 음식점에 같이 쓰일 수 있는 영업점 묘사 표현 활용
	• 우리나라의 상점 묘사이기 때문에 주어 shopping centers, they를 사용하며 현재형 시제로 묘사
중요도	★★★★★

데이터와 트렌드로 쉽게 취득하는 OPIc IH

2 Where do you go when you go shopping for something? What do you buy when you go there? What is special about that place?

당신은 쇼핑할 때 어디로 가나요? 가서 무엇을 사나요? 어떤 점이 특별한가요?

문항 유형	본인이 즐겨 가는 쇼핑 장소 묘사
문항 수준	Intermediate
핵심 포인트	• 쇼핑 주제의 '본인의 쇼핑 습관 묘사'와 같은 답변 활용 • 본인의 습관이기 때문에 주어 I 와 현재형 시제 사용하여 묘사 • 온라인 쇼핑을 좋아한다고 답한 후 온라인 쇼핑하는 방법 나열
중요도	★★★

3 Think of your early memories of shopping. Was there a store you remember from your childhood? What did it look like and what were your impressions of that place?

쇼핑에 대한 예전의 경험을 생각해 보세요. 어렸을 때 기억나는 가게가 있나요? 어떻게 생겼고 인상이 어땠나요?

문항 유형	어렸을 때 쇼핑 추억 묘사
문항 수준	Advanced
핵심 포인트	• 어렸을 때 쇼핑 간 장소로 집 근처 슈퍼마켓에서 장본 경험 묘사 • 과거의 본인 경험이기 때문에 주어 I 와 과거형 시제 사용
중요도	★★★

4 You indicated in the survey that you like to go shopping. Let's talk about your shopping habits. How often do you go shopping? Where do you go for your shopping?

당신은 쇼핑하는 것을 좋아한다고 했습니다. 쇼핑 습관에 대해 말해주세요. 얼마나 자주 쇼핑을 가나요? 쇼핑하러 어디로 가나요?

문항 유형	본인의 쇼핑 습관 묘사
문항 수준	Intermediate
핵심 포인트	• 쇼핑 주제의 '본인이 즐겨 가는 쇼핑 장소 묘사'와 같은 답변 활용 • 온라인 쇼핑이 직접 쇼핑센터에 가는 것보다 편한 이유 설명 • 본인의 습관이기 때문에 주어 I 와 현재형 시제 사용
중요도	★★★

5 When was the last time you went to shop for something? Where did you go and what did you buy? Who did you go with? What was special about that shopping experience?

마지막으로 물건을 사러 간 게 언제인가요? 어디에 가서 무엇을 샀나요? 누구와 같이 갔나요? 쇼핑 경험에 대해 어떤 점이 특별했나요?

문항 유형	최근 쇼핑한 경험 묘사
문항 수준	Advanced
핵심 포인트	• 최근 가족과 함께 장보러 가서 구매한 물건 나열 • 과거의 경험이기 때문에 과거형 시제 사용 • 가족과 함께 갔기 때문에 주어 we를 사용하여 묘사
중요도	★★★

6 People sometimes go through difficulties while they are shopping. What were some problems you had to deal with while you were shopping?

사람들은 때때로 쇼핑하는 동안 어려움을 겪습니다. 쇼핑하는 동안 해결해야 했던 문제들이 무엇이었나요?

문항 유형	본인이 쇼핑 중 겪었던 문제들 묘사
문항 수준	Advanced
핵심 포인트	• 마음에 드는 물건이 품절이었던 경험과 구매한 물건에 문제가 생겨 환불해야 했던 경험 묘사 • 본인의 과거 경험이기 때문에 주어 I 와 과거형 시제 사용
중요도	★★★★★

7 What are some changes in people's shopping habits? What is the most significant change in shopping trends?

사람들의 쇼핑 습관에 어떤 변화가 있었나요? 그 동안의 중요한 변화에 대해 이야기해보세요.

문항 유형	사람들의 쇼핑 습관 관련된 변화 묘사
문항 수준	Advanced
핵심 포인트	• 14번 기출문제 • 과거의 쇼핑 습관에 대한 묘사는 줄이고 현재 습관인 온라인 쇼핑에 대해 자세히 묘사 • 사람들의 쇼핑 습관에 대해 이야기하기 때문에 주어 people, they, shopping, it을 사용하며 현재형 시제 위주로 사용
중요도	★★★★★

8 What are some products people talk a lot about these days? Why do you think they are generating interest among people?

요즘 사람들이 많이 이야기하는 상품은 무엇인가요? 왜 사람들에게 흥미를 유발한다고 생각하나요?

문항 유형	사람들에게 요즘 관심을 끌고 있는 상품 묘사
문항 수준	Advanced
핵심 포인트	• 15번 기출문제 • 사람들이 관심 가지는 상품으로 스마트폰 묘사 • 음악의 '사람들이 관심 가지는 음악 기기' 답변 활용 • 사람들이 현재 관심을 가지고 있는 상품이기 때문에 people, smartphone, they를 주어로 사용하며 현재형 시제로 묘사
중요도	★★★★★

Fashion

1 What kinds of clothes do people in your country typically wear? Do they wear different clothes for work or for play?

사람들은 보통 어떤 옷을 입나요? 일을 하거나 놀 때 다른 옷을 입나요?

문항 유형	우리나라 사람들의 패션 묘사
문항 수준	Intermediate
핵심 포인트	• 계절별로 우리나라 사람들이 입는 옷 묘사 • 평소의 패션 묘사이기 때문에 주어 people, they를 사용하고 현재형 시제 사용
중요도	★★

2 What kinds of clothes do you like to wear personally? What kind of fashion style do you like? What are you wearing today?

개인적으로 어떤 옷을 입기를 좋아하세요? 어떤 패션 스타일을 좋아하세요? 당신은 오늘 무엇을 입고 있죠?

문항 유형	본인이 좋아하는 옷 묘사
문항 수준	Intermediate
핵심 포인트	• 본인이 평소 좋아하는 옷을 현재형 시제와 주어 I 를 사용하여 묘사 • 겨울과 여름에 입는 옷 묘사
중요도	★★

3 Fashion styles are always changing. Tell me about the kinds of clothes that were popular when you were younger. How were they different from what is popular now?

패션 스타일은 항상 변합니다. 어렸을 때 유행했던 옷 종류에 대해 말해주세요. 지금 인기 있는 스타일과는 어떻게 다른가요?

문항 유형	어렸을 때 주변에 유행했던 패션과 지금 패션 비교
문항 수준	Advanced
핵심 포인트	• 사람들의 과거 패션에 대해 이야기할 때는 과거형, 현재의 패션에 대해 이야기할 때는 현재형 시제 사용 • 사람들의 패션 취향 변화에 관한 답변이기 때문에 주어는 people, they, fashion styles 등 상황에 맞게 사용
중요도	★★

4 Tell me about the last time you bought a new piece of clothing. What did you need and where did you find it? Were there any challenges or problems? Give me all the details of the story.

마지막으로 새 옷을 산 경험에 대해 말해주세요. 무엇을 사야 했고 어디서 샀나요? 어려운 점이나 문제가 있었나요? 자세하게 말해주세요.

문항 유형	최근에 본인이 옷 사러 갔던 경험 묘사
문항 수준	Advanced
핵심 포인트	• 쇼핑 주제의 '품질 경험 / 교환 경험' 답변 그대로 활용 • 본인이 과거 쇼핑 중 겪은 경험이기 때문에 주어 I 와 과거형 시제 사용하여 묘사
중요도	★★

OPIc 질문에 대한 모범 답변을 살펴본 후, 질문의 핵심 포인트를 파악하여 나만의 OPIc 답변을 만들어보세요.

1 You indicated in the survey that you like to go shopping. Talk about stores or shopping centers in your country. What are they like? Describe them in detail.

당신은 쇼핑하는 것을 좋아한다고 했습니다. 당신 나라의 상점이나 쇼핑 센터에 대해 이야기해보세요. 어떤 곳인가요? 자세히 묘사해 주세요.

Structure		Idea
시작 문장	주제 문장 소개	tons of stores
본문	한국의 상점이나 쇼핑센터 묘사	everywhere, stores, busy streets, foot traffic, largest, outlet malls, various types of, discounts, get great deals, many restaurants, grab a bite, hungry
마무리 문장	나의 답변 마무리	tons of stores

Model Answer 🎧 MP3 04_A1

❶ There are tons of stores in Korea.

❷ They are everywhere these days.

Many stores are on busy streets with

❸ a lot of foot traffic.

❹ One of the largest places to shop is

outlet malls.

There are various types of stores at these

places.

You can get discounts, so you can

❺ get great deals there.

Plus, there are many restaurants at outlet

malls.

So, you can grab a bite if you are hungry.

Once again, there are tons of stores in

Korea.

Tips for Better Answer

▶ ❶ 한국의 일반적인 쇼핑 센터에 대해 묻는 질문이기 때문에 핵심 표현 stores과 Korea를 시작 문장에 넣기
평상시 모습을 묘사하기 때문에 현재형 시제 사용

▶ ❷ 음식점, 영화관 등 영업점 묘사에 필수로 쓰이는 문장이기 때문에 암기 필수!

▶ ❸ foot traffic은 비즈니스 지역 또는 상업 지역에 사람들이 많이 걸어 다니는 것을 표현
불가산 명사이기 때문에 a lot of 또는 much 사용
Ex: I live in the capital city of Korea, so there is a lot of foot traffic.
나는 한국의 수도에 살고 있어서 유동인구가 많다.

▶ ❹ 〈one of the 최상급 형용사 + 복수 명사〉
(복수 명사) 중 가장 (형용사)한 것들 중 하나
Ex: One of the biggest stores in my neighborhood is A-mart.
우리 동네에서 가장 큰 상점 중 하나는 A마트이다.

▶ ❺ 할인을 많이 받다, 싼 가격에 사다
Ex: When you go there on weekends, you can get great deals.
주말에 가면 엄청 싸게 살 수 있다.

Key Expressions

- **tons of** 수많은
- **on busy streets** 번화가에
- **foot traffic** 유동인구
- **outlet malls** 아웃렛 쇼핑센터

- **various** 다양한
- **get discounts** 할인 받다
- **get great deals** 할인을 많이 받다, 싸게 사다
- **grab a bite** 간단히 먹다

한국에는 상점이 많습니다. 이제는 어디에나 있죠. 상점은 대부분 유동인구가 많은 번화가에 있습니다. 가장 큰 곳 중 한 곳이 아웃렛입니다. 아웃렛 안에는 다양한 종류의 상점들이 있습니다. 할인을 받을 수 있기 때문에 싸게 살 수 있습니다. 아웃렛에는 식당도 많습니다. 그래서, 배가 고프면 간단히 먹을 수 있습니다. 다시 한번 말하자면, 한국에는 상점이 아주 많습니다.

OPIc 질문에 대한 모범 답변을 살펴본 후, 질문의 핵심 포인트를 파악하여 나만의 OPIc 답변을 만들어보세요.

2 **Where do you go when you go shopping for something? What do you buy when you go there? What is special about that place?** 🎧MP3 04_Q2

당신은 쇼핑할 때 어디로 가나요? 가서 무엇을 사나요? 어떤 점이 특별한가요?

Structure		Idea
시작 문장	주제 문장 소개	go to various places, outlet malls, department stores
본문	온라인 쇼핑을 하는 방법과 주로 사는 물건 묘사	however, shop online, online shopping, convenient, less time and energy, easier, a lot of options, get great deals, buy things such as
마무리 문장	나의 답변 마무리	like, shop online

Model Answer 🎧MP3 04_A2

❶ I go to various places to shop such as outlet malls or department stores.
However, I also like to shop online.
Online shopping is very ❷ convenient ❸ in many ways.
It takes much less time and energy to buy things.
❹ Shopping has become a lot easier than in the past.
Also, there are a lot of options to choose from, so I can get great deals.
I buy things such as electronics or tickets on the internet most often.
❺ + clothes + cosmetics + shoes + accessories + groceries + books
Once again, I like to shop online quite often.

Tips for Better Answer

➤❶ 평상시 쇼핑 하는 장소에 대해 물었기 때문에 시작 문장에 various places라고 답변하기
Ex: I like to do shopping at various places including online shopping malls.
나는 온라인 쇼핑몰을 포함한 다양한 곳에서 쇼핑하는 것을 좋아한다.

➤❷ 〈쇼핑 습관 묘사에 쓸 수 있는 형용사〉
cost-saving: 비용이 절감되는
Ex: Online shopping is cost-saving because you can compare prices.
가격을 비교할 수 있기 때문에 온라인 쇼핑은 비용이 절약된다.

➤❸ = in various ways, in tons of ways

➤❹ 과거와 현재의 쇼핑 습관을 비교할 때 활용할 수 있는 문장이기 때문에 암기 필수!
Ex: Shopping has become much easier than in the past due to online shopping. 온라인 쇼핑으로 쇼핑은 과거보다 훨씬 쉬워졌다.

➤❺ 답변 양 확보를 위해 온라인 쇼핑으로 구매할 수 있는 물품 나열
Ex: Whenever I go there, I usually get some clothes, shoes and underwear for my family.
나는 그곳에 갈 때마다 보통 가족을 위해 옷, 신발, 속옷을 산다.

Key Expressions

- **department stores** 백화점
- **shop online** 인터넷으로 쇼핑하다
- **convenient** 편리한
- **electronics** 전자 제품
- **cosmetics** 화장품
- **groceries** 식료품

저는 아웃렛이나 백화점 등 다양한 곳에 쇼핑하러 갑니다. 하지만, 온라인 쇼핑도 좋아합니다. 온라인 쇼핑은 많은 면에서 매우 편리합니다. 물건을 사는 데 시간과 힘이 훨씬 덜 듭니다. 온라인 쇼핑 덕분에 쇼핑이 예전보다 훨씬 쉬워졌습니다. 또, 선택할 수 있는 옵션도 많아 싸게 살 수 있습니다. 저는 인터넷에서 전자 제품 또는 티켓을 자주 삽니다. (+ 옷 + 화장품 + 신발 + 액세서리 + 식료품 + 책) 다시 한번 말하자면, 저는 꽤 자주 온라인 쇼핑하는 것을 즐깁니다.

OPIc 질문에 대한 모범 답변을 살펴본 후, 질문의 핵심 포인트를 파악하여 나만의 OPIc 답변을 만들어보세요.

3 Think of your early memories of shopping. Was there a store you remember from your childhood? What did it look like and what were your impressions of that place? 🎧MP3 04_Q3

쇼핑에 대한 예전의 경험을 생각해 보세요. 어렸을 때 기억나는 가게가 있나요? 어떻게 생겼고 인상이 어땠나요?

Structure		Idea
시작 문장	주제 문장 소개	remember, groceries, my family, I was a kid
본문	어렸을 때 가족과 장보러 슈퍼마켓에 간 경험 묘사	local supermarket, good prices, good-quality goods, were able to, great deals, used to get some, excited whenever I went there
마무리 문장	나의 답변 마무리	early memory, shopping

Model Answer 🎧MP3 04_A3

❶ I remember getting groceries with my family ❷ when I was a kid.
We went to a local supermarket near our house.
They had ❸ good prices and good-quality goods.
So, we ❹ were able to get great deals there.
We ❺ used to get some ice-cream, milk, and cheese.
+ Also, we used to get some chips, cookies and sweets.
+ Plus, we used to get some drinks and chocolates.
I was very excited whenever I went there.
So, this was my early memory of shopping.

Tips for Better Answer

❶ 〈remember + 동명사, 명사〉
과거의 경험에 대해 이야기할 때 시작 문장으로 가장 유용한 문법
Ex: I remember a small supermarket near my place.
집 근처 작은 슈퍼마켓이 기억난다.

❷ 어렸을 때의 경험을 물었기 때문에 when I was a kid를 시작 문장에 넣기
이후에는 반드시 과거형 시제 사용
= when I was young, when I was a child

❸ 음식점, 쇼핑센터 등 영업점 묘사에 자주 쓰이기 때문에 암기 필수!

❹ be able to는 can과 다르게 미래형, 현재형, 과거형 시제로 쉽게 바꿔 사용 가능
과거의 경험 묘사에 유용한 문법
Ex: I will be able to go there to do shopping.
그곳에 가서 쇼핑할 수 있을 것이다.
I was able to go there to do shopping.
그곳에 가서 쇼핑할 수 있었다.

❺ 〈used to 동사〉: 과거에 (동사)하곤 했었다
반복적으로 한 행동을 묘사할 때 쓰임
Ex: We used to go grocery shopping once a week.
우리는 일주일에 한 번씩 장 보러 갔었다.

Key Expressions

- **get groceries** 장 보다
- **local supermarket** 지역/동네 슈퍼
- **good prices** 좋은 가격
- **good-quality goods** 좋은 질의 물건
- **sweets** 군것질, 단 음식
- **memory** 기억

어렸을 때 가족들과 식료품을 사러 간 기억이 납니다. 집 근처에 있는 동네 슈퍼마켓에 갔습니다. 그곳은 합리적인 가격으로 좋은 품질의 상품을 팔았습니다. 그래서 우리는 저렴하게 구매할 수 있었습니다. 아이스크림, 우유, 치즈를 사곤 했습니다. (+ 과자, 쿠키, 군것질거리도 사곤 했습니다. + 음료수와 초콜릿도 샀습니다.) 저는 그곳에 갈 때마다 매우 신났습니다. 이것이 쇼핑에 대한 저의 예전 기억입니다.

IH 이상 등급을 받기 위해 문장을 늘리는 연습을 해보세요.

Question 1

1. There are tons of stores in Korea.
   → There are tons of stores in Korea <u>because people enjoy shopping in their free time</u>.
   (사람들이 자유시간에 쇼핑하는 것을 즐기기 때문에)

2. There are various types of stores at these places.
   → <u>It is one of the biggest shopping centers in Korea, so</u> there are various types of stores at these places. (한국에서 가장 큰 쇼핑센터 중 한 곳이라서)

3. So, you can grab a bite if you are hungry.
   → So, you can grab a bite <u>or get something to drink</u> if you are hungry <u>or thirsty</u>. (또는 마실 수 있는 무언가를 얻을 수 / 또는 목이 마르다면)

Question 2

1. However, I also like to shop online.
   → However, <u>whenever I have enough time</u>, I also like to shop online. (시간이 충분할 때마다)

2. It takes much less time and energy to buy things.
   → It takes much less time and energy to buy things, <u>so people do not have to waste time to go to actual stores</u>. (그래서 직접 상점에 가기 위해 시간을 낭비하지 않아도 된다.)

3. Once again, I like to shop online quite often.
   → Once again, I like to shop online quite often <u>since it is cost-saving</u>. (비용이 절감되기 때문에)

Question 3

1. We went to a local supermarket near our house.
   → We went to a <u>newly-opened</u> local supermarket near our house. (새로 개점한)

2. They had good prices and good-quality goods.
   → They had good prices and good-quality goods, <u>so it was very popular</u>. (그래서 매우 인기 있었다.)

3. I was very excited whenever I went there.
   → I was very excited <u>and thrilled</u> whenever I went there <u>because there were so many things to see</u>. (그리고 신난 / 볼거리가 많아서)

OPIc 질문에 대한 모범 답변을 살펴본 후, 질문의 핵심 포인트를 파악하여 나만의 OPIc 답변을 만들어보세요.

4 When was the last time you went to shop for something? Where did you go and 🎧 MP3 04_Q4
what did you buy? Who did you go with? What was special about that shopping experience?
마지막으로 물건을 사러 간 게 언제인가요? 어디에 가서 무엇을 샀나요? 누구와 같이 갔나요? 어떤 점이 특별했나요?

	Structure	Idea
시작 문장	주제 문장 소개	remember, groceries, my family, recently
본문	최근 가족들과 장보러 간 이야기 묘사	local supermarket, good prices, good-quality goods, able to get great deals, got some, fish, chicken, pork, beef, instant noodles, salmon, tuna
마무리 문장	나의 답변 마무리	last time, went shopping, something

Model Answer 🎧 MP3 04_A4

I remember getting groceries with my family
❶ recently.
We went to ❷ a local supermarket near our
house.
They had good prices and ❸ good-quality
goods.
So, we were able to get great deals there.
First, we ❹ got some rice, meat, and bread.
+ Also, we got some fish and chicken.
+ Next, we got some pork and beef.
+ Plus, we got some instant noodles, fruits and
veggies.
+ Also, we got some beer and wine.
+ Next, we got some salmon, tuna, and
seaweed.
❺ So, this was the last time I went shopping
for something.

Tips for Better Answer

▶❶ 최근 물건 사러 간 경험에 대해 묻는 질문이기 때문에
핵심 표현 recently를 시작 문장에 넣기
과거의 경험이기 때문에 과거형 시제 사용

▶❷ 일반적인 상점 묘사가 아닌 과거에 방문한 특정한 상점
하나에 대해 이야기하기 때문에 단수 명사 사용
Ex: I go to a supermarket near the park.
나는 그 공원 근처에 있는 슈퍼마켓에 간다.
I go to big supermarkets on weekends.
나는 주말에 대형 슈퍼마켓에 간다.

▶❸ 형용사 + quality: (형용사)한 품질
best-quality: 최상 품질의
decent-quality: 꽤 괜찮은 품질의
Ex: I could get some decent-quality goods easily.
품질이 꽤 훌륭한 물건을 쉽게 살 수 있었다.

▶❹ 물건을 살 때 쓸 수 있는 동사는 get 또는 buy
Ex: I bought some pizza for my family.
가족을 위해 피자를 샀다.

▶❺ 최근 간 경험에 대해 묘사 후 마무리 문장으로 유용
암기 필수!

Key Expressions

- **get groceries** 장 보다
- **local supermarket** 지역의, 동네의 슈퍼
- **good prices** 좋은 가격
- **good-quality goods** 좋은 품질의 물건

- **veggie** 채소 (= vegetable)
- **salmon** 연어
- **seaweed** 미역 (dried seaweed 김)

최근에 가족들과 식료품을 사러 간 기억이 납니다. 집 근처에 있는 동네 슈퍼마켓에 갔습니다. 그곳은 합리적인 가격으로
좋은 품질의 상품을 팔았습니다. 그래서 우리는 저렴하게 구매할 수 있었습니다. 먼저 쌀과 고기와 빵을 샀습니다. (+ 약간의
해산물과 닭도 샀습니다. + 돼지고기와 소고기도 샀습니다. + 라면, 과일, 채소도 샀습니다. + 맥주와 와인도 샀습니다.
+ 그리고 연어, 참치, 미역도 샀습니다.) 이것이 제가 무언가를 사러 간 최근 경험입니다.

OPIc 질문에 대한 모범 답변을 살펴본 후, 질문의 핵심 포인트를 파악하여 나만의 OPIc 답변을 만들어보세요.

5 **People sometimes go through difficulties while they are shopping. What were some problems you had to deal with while you were shopping?**

 MP3 04_Q5

사람들은 때때로 쇼핑하는 동안 어려움을 겪습니다. 당신이 쇼핑하는 동안 해결해야 할 문제들은 무엇이었나요?

Structure		Idea
시작 문장	주제 문장 소개	remember shopping, running shoes
본문	물건 교환 또는 환불한 경험 묘사	a pair of running shoes, wanted to get, did not have my size, sold-out, plus, shirt online, tried it on, did not fit me, too tight and short
마무리 문장	나의 답변 마무리	sent it back, get a refund

Model Answer 🎧 MP3 04_A5

❶ I remember shopping for some shoes recently.
There were ❷ a pair of running shoes I wanted to get.
+ dress shoes + sandals + boots
However, the store did NOT have my size ❸ in stock.
They were sold-out.
I could NOT get the shoes I wanted.
❹ + I had to get another pair of shoes.
+ I had to go to another store later on.
+ I had to get them online later on.
❺ Plus, I remember getting a shirt online.
+ a skirt + a jacket + a hoodie + some jeans
+ a padded jacket
+ at a store + at an outlet mall + at a department store
I tried it on at home, but ❻ it did NOT fit me.
+ It was too tight and short.
+ It was too big and long.
+ It did NOT look good on me.
I sent it back to get a refund.
+ I went back to get an exchange.

Tips for Better Answer

❶ 쇼핑 중 발생한 경험에 대해 묻기 때문에 핵심 표현인 shopping과 발생한 문제와 관련된 물건이 무엇인지 시작 문장에 언급
Ex: I remember shopping at a store to get some dress shoes.
정장 구두를 사려고 쇼핑 간 기억이 난다.

❷ 충분한 답변 양 확보를 위해 구매하려고 했던 물건의 종류 나열
Ex: I wanted to buy some hats and sunglasses.
모자와 선글라스를 사고 싶었다.

❸ out of stock: 재고 없음, 품절
Ex: However, the bag was out of stock.
하지만 그 가방은 품절이었다.

❹ 원하는 물건을 얻기 위해 한 노력을 나열하여 답변 양 확보!
'나중에'는 later on
a few weeks later 몇 주 후에
a few days later 며칠 뒤에

❺ 새로운 내용을 소개하기 위해 접속사 plus 사용
= besides, in addition, also
Ex: Besides, I tried to buy a new skirt.
게다가 새로운 치마를 사려고 했었다.

❻ 옷의 문제점을 설명하는 다양한 표현
쇼핑 문제에 대비해 최소 2개 암기

Key Expressions

- **running shoes** 운동화
- **a pair of** 한 쌍의
- **dress shoes** 정장 구두, 신사화
- **in stock** 재고에
- **sold-out** 품절
- **padded jacket** 패딩 자켓
- **try on** 입어보다
- **fit** 잘 맞다
- **tight** 끼는
- **send back** 돌려보내다
- **refund** 환불
- **exchange** 교환

최근에 신발을 사러 갔던 기억이 납니다. 제가 사고 싶었던 운동화가 있었습니다. (+ 정장 구두 + 샌들 + 부츠) 하지만, 가게에 제 사이즈가 없었습니다. 다 팔렸던 거죠. 제가 원하던 신발을 구할 수 없었습니다. (+ 다른 신발 한 켤레를 사야 했습니다. + 나중에 다른 가게에 가야 했습니다. + 나중에 온라인으로 사야 했습니다.) 뿐만 아니라, 온라인에서 셔츠를 산 기억이 납니다. (+ 치마 + 재킷 + 후드 + 청바지 + 패딩 + 가게에서 + 아웃렛에서 + 백화점에서) 하지만 집에서 입어보니 그렇게 잘 맞지 않았습니다. (+ 너무 끼고 짧았습니다. + 너무 크고 길었습니다. + 전혀 어울리지 않았습니다.) 결국 환불 받기 위해 반품했습니다. (+ 교환을 하러 다시 갔습니다.)

OPIc 질문에 대한 모범 답변을 살펴본 후, 질문의 핵심 포인트를 파악하여 나만의 OPIc 답변을 만들어보세요.

6 **What are some changes in people's shopping habits? What is the most significant** 🎧 MP3 04_Q6
change in shopping trends?

사람들의 쇼핑 습관에 어떤 변화가 있었나요? 그 동안의 중요한 변화에 대해 이야기해보세요.

Structure		Idea
시작 문장	주제 문장 소개	past, went to actual stores, buy things
본문	사람들의 쇼핑 습관 변화로 온라인 쇼핑을 선택 후 장점 묘사	these days, shop online, convenient, less time, energy, options to choose, get great deals
마무리 문장	나의 답변 마무리	shopping, become a lot easier

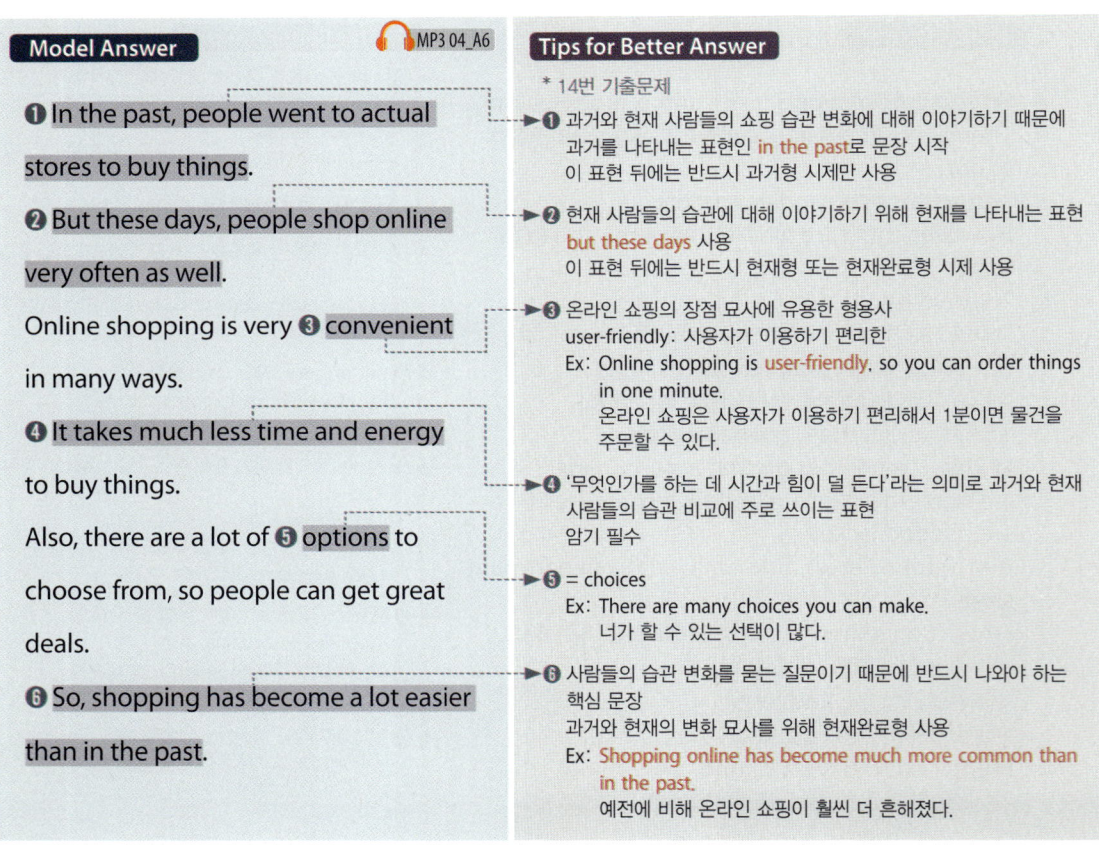

Model Answer 🎧 MP3 04_A6

❶ In the past, people went to actual stores to buy things. ❷ But these days, people shop online very often as well. Online shopping is very ❸ convenient in many ways. ❹ It takes much less time and energy to buy things. Also, there are a lot of ❺ options to choose from, so people can get great deals. ❻ So, shopping has become a lot easier than in the past.

Tips for Better Answer

* 14번 기출문제

▶❶ 과거와 현재 사람들의 쇼핑 습관 변화에 대해 이야기하기 때문에 과거를 나타내는 표현인 in the past로 문장 시작
이 표현 뒤에는 반드시 과거형 시제만 사용

▶❷ 현재 사람들의 습관에 대해 이야기하기 위해 현재를 나타내는 표현 but these days 사용
이 표현 뒤에는 반드시 현재형 또는 현재완료형 시제 사용

▶❸ 온라인 쇼핑의 장점 묘사에 유용한 형용사
user-friendly: 사용자가 이용하기 편리한
Ex: Online shopping is user-friendly, so you can order things in one minute.
온라인 쇼핑은 사용자가 이용하기 편리해서 1분이면 물건을 주문할 수 있다.

▶❹ '무엇인가를 하는 데 시간과 힘이 덜 든다'라는 의미로 과거와 현재 사람들의 습관 비교에 주로 쓰이는 표현
암기 필수

▶❺ = choices
Ex: There are many choices you can make.
너가 할 수 있는 선택이 많다.

▶❻ 사람들의 습관 변화를 묻는 질문이기 때문에 반드시 나와야 하는 핵심 문장
과거와 현재의 변화 묘사를 위해 현재완료형 사용
Ex: Shopping online has become much more common than in the past.
예전에 비해 온라인 쇼핑이 훨씬 더 흔해졌다.

Key Expressions

- **actual stores** 실제 가게
- **convenient** 편리한
- **in many ways** 많은 면에서
- **options** 선택권
- **get great deals** 할인을 많이 받다, 싸게 사다

과거에는 물건을 사기 위해 사람들이 직접 가게에 갔습니다. 하지만 지금은 사람들이 온라인 쇼핑도 매우 자주 합니다. 온라인 쇼핑은 많은 면에서 매우 편리합니다. 물건을 사는 데 시간과 힘이 훨씬 덜 듭니다. 또, 선택할 수 있는 옵션도 많아 싸게 살 수 있습니다. 그래서, 쇼핑이 예전보다 훨씬 쉬워졌습니다.

데이터만 트렌디로 쉽게 취득하는 OPIc IH

OPIc 모범 답변 학습하기

OPIc 질문에 대한 모범 답변을 살펴본 후, 질문의 핵심 포인트를 파악하여 나만의 OPIc 답변을 만들어보세요.

7 What are some products people talk a lot about these days? Why do you think they 🎧 MP3 04_Q7
are generating interest among people?

요즘 사람들이 많이 이야기하는 상품은 무엇인가요? 왜 사람들에게 흥미를 유발한다고 생각하나요?

Structure		Idea
시작 문장	주제 문장 소개	people, interested in Bluetooth devices
본문	사람들이 관심 가지는 기기로 블루투스 묘사	listen to music, cell phones, connect them to, devices, Bluetooth earphones, speakers, convenient, do not need any wires
마무리 문장	나의 답변 마무리	Bluetooth devices, hottest, these days

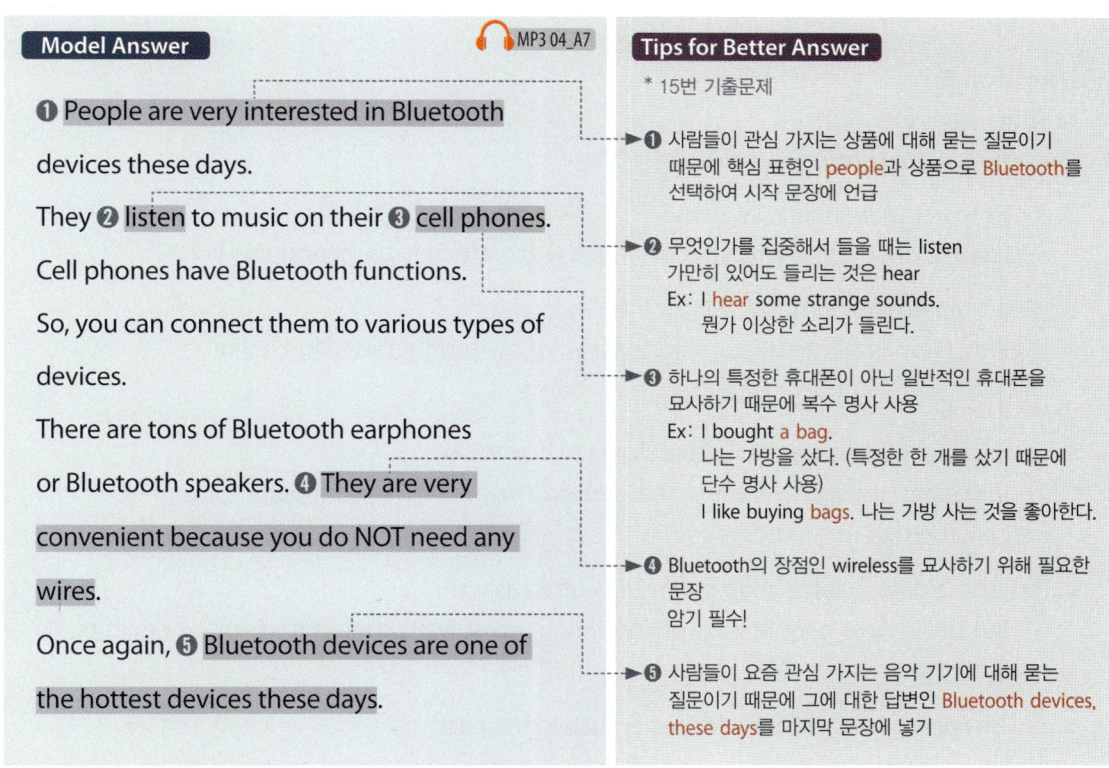

Model Answer 🎧 MP3 04_A7

❶ People are very interested in Bluetooth devices these days.
They ❷ listen to music on their ❸ cell phones.
Cell phones have Bluetooth functions.
So, you can connect them to various types of devices.
There are tons of Bluetooth earphones or Bluetooth speakers. ❹ They are very convenient because you do NOT need any wires.
Once again, ❺ Bluetooth devices are one of the hottest devices these days.

Tips for Better Answer

* 15번 기출문제

▶ ❶ 사람들이 관심 가지는 상품에 대해 묻는 질문이기 때문에 핵심 표현인 people과 상품으로 Bluetooth를 선택하여 시작 문장에 언급

▶ ❷ 무언가를 집중해서 들을 때는 listen 가만히 있어도 들리는 것은 hear
Ex: I hear some strange sounds.
원가 이상한 소리가 들린다.

▶ ❸ 하나의 특정한 휴대폰이 아닌 일반적인 휴대폰을 묘사하기 때문에 복수 명사 사용
Ex: I bought a bag.
나는 가방을 샀다. (특정한 한 개를 샀기 때문에 단수 명사 사용)
I like buying bags. 나는 가방 사는 것을 좋아한다.

▶ ❹ Bluetooth의 장점인 wireless를 묘사하기 위해 필요한 문장
암기 필수!

▶ ❺ 사람들이 요즘 관심 가지는 음악 기기에 대해 묻는 질문이기 때문에 그에 대한 답변인 Bluetooth devices, these days를 마지막 문장에 넣기

Key Expressions

• **interested in** ~에 관심 있는
• **function** 기능
• **connect** 연결하다
• **device** 기계, 기기

• **convenient** 편리한
• **wire** 선
• **hot** 인기 있는

사람들은 요즘 블루투스 기기에 관심이 많습니다. 그들은 휴대폰으로 음악을 듣습니다. 휴대폰은 블루투스 기능이 있습니다. 그래서 다양한 장치에 연결할 수 있습니다. 블루투스 이어폰과 블루투스 스피커가 아주 많이 있습니다. 선이 필요 없어 훨씬 편리합니다. 즉, 블루투스 기기는 요즘 가장 인기 있는 기기 중 하나입니다.

IH 이상 등급을 받기 위해 문장을 늘리는 연습을 해보세요.

Question 4

1. I remember getting groceries with my family recently.

→ I remember getting groceries <u>at a store near my place</u> with my family recently. (집 근처에 있는 상점에서)

2. Also, we got some fish and chicken.

→ Also, we got some <u>fresh</u> fish and <u>delicious</u> chicken. (신선한 / 맛있는)

3. Also, we got some beer and wine.

→ Also, we got some beer and wine <u>because we were going to have a party</u>. (파티를 열려고 했기 때문에)

Question 5

1. They were sold-out.

→ They were <u>completely</u> sold-out. (완전히)

2. I had to get them online later on.

→ I had to get them online later on <u>which was extremely bothering</u>. (엄청 귀찮았던)

3. Plus, I remember getting a shirt online.

→ Plus, I remember getting a shirt <u>to wear for my summer vacation</u> online. (여름 휴가 때 입을)

Question 6

1. In the past, people went to actual stores to buy things.

→ In the past, people went to actual stores to buy things, <u>even though it was time-consuming</u>. (시간이 더 들었음에도 불구하고)

2. But these days, people shop online very often as well.

→ But these days, people shop online very often as well <u>because it has many benefits</u>. (혜택이 많기 때문에)

3. So, shopping has become a lot easier than in the past.

→ So, shopping has become a lot easier <u>and more convenient</u> than in the past. (그리고 더 편리해진)

Question 7

1. They listen to music on their cell phones.

→ They listen to <u>various types of</u> music on their cell phones. (다양한 종류의)

2. Cell phones have Bluetooth functions.

→ Cell phones have Bluetooth functions <u>which are very useful</u>. (매우 유용한)

3. So, you can connect them to various types of devices.

→ So, you can connect them to various types of devices <u>anytime anywhere</u>. (언제 어디서든지)

OPIc 질문에 대한 모범 답변을 살펴본 후, 질문의 핵심 포인트를 파악하여 나만의 OPIc 답변을 만들어보세요.

8 What kinds of clothes do people in your country typically wear? Do they wear different clothes for work or for play?

사람들은 보통 어떤 옷을 입나요? 일을 하거나 놀 때 다른 옷을 입나요?

	Structure	Idea
시작 문장	주제 문장 소개	Koreans, stylish
본문	계절에 따라 다른 우리나라 사람들의 패션 묘사	follow, latest fashion trends, distinct seasons, wear different clothes, fashion styles, seasonal
마무리 문장	나의 답변 마무리	think, Koreans, fashionable

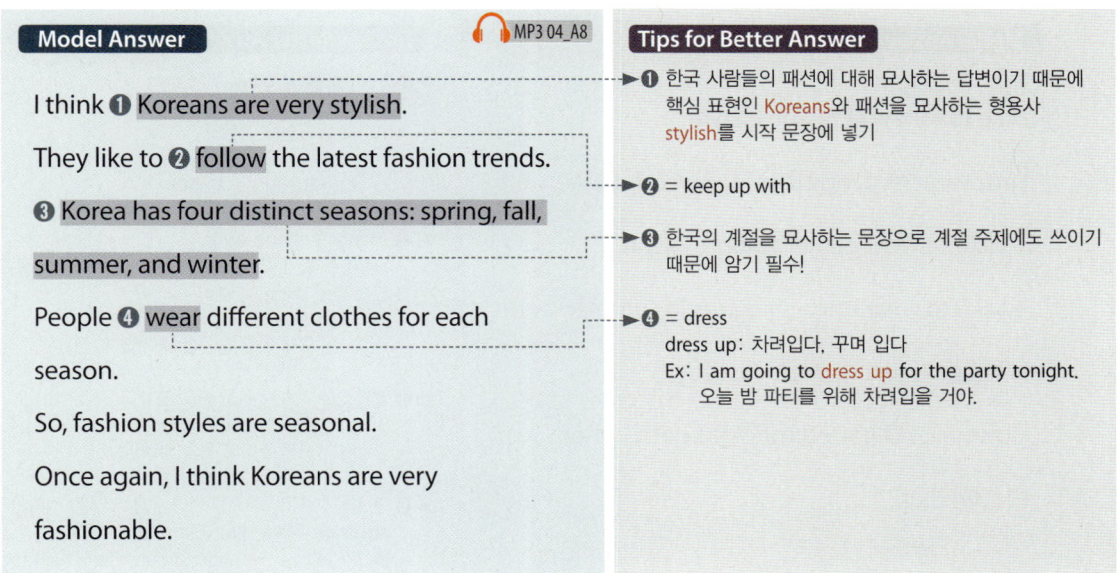

Model Answer　MP3 04_A8

I think ❶ Koreans are very stylish.

They like to ❷ follow the latest fashion trends.

❸ Korea has four distinct seasons: spring, fall, summer, and winter.

People ❹ wear different clothes for each season.

So, fashion styles are seasonal.

Once again, I think Koreans are very fashionable.

Tips for Better Answer

▶❶ 한국 사람들의 패션에 대해 묘사하는 답변이기 때문에 핵심 표현인 Koreans와 패션을 묘사하는 형용사 stylish를 시작 문장에 넣기

▶❷ = keep up with

▶❸ 한국의 계절을 묘사하는 문장으로 계절 주제에도 쓰이기 때문에 암기 필수!

▶❹ = dress
dress up: 차려입다, 꾸며 입다
Ex: I am going to dress up for the party tonight.
오늘 밤 파티를 위해 차려입을 거야.

Key Expressions

- **stylish** 세련된, 스타일리시한
- **follow** 따르다
- **latest** 최근의, 최신의
- **distinct** 뚜렷한, 명확한
- **seasonal** 계절에 맞는

한국인들은 매우 세련되게 옷을 입습니다. 그들은 최신 패션 트렌드를 따르는 것을 좋아합니다. 한국에는 봄, 가을, 여름, 겨울, 네 가지 뚜렷한 계절이 있습니다. 사람들은 계절마다 다른 옷을 입습니다. 그래서 패션 스타일은 계절을 따라갑니다. 다시 한번 말하자면, 저는 한국인들이 매우 패션감각이 있다고 생각합니다.

OPIc 질문에 대한 모범 답변을 살펴본 후, 질문의 핵심 포인트를 파악하여 나만의 OPIc 답변을 만들어보세요.

9 What kinds of clothes do you like to wear personally? What kind of fashion style do 🎧 MP3 04_Q9
you like? What are you wearing today?

개인적으로 어떤 옷을 입기를 좋아하세요? 어떤 패션 스타일을 좋아하세요? 당신은 오늘 무엇을 입고 있죠?

	Structure	Idea
시작 문장	주제 문장 소개	follow my own style
본문	평상시에 본인이 입는 옷 묘사	wear things, look good on, darker, winter, brighter, summer, dress casually
마무리 문장	나의 답변 마무리	pay attention, detail, dress up

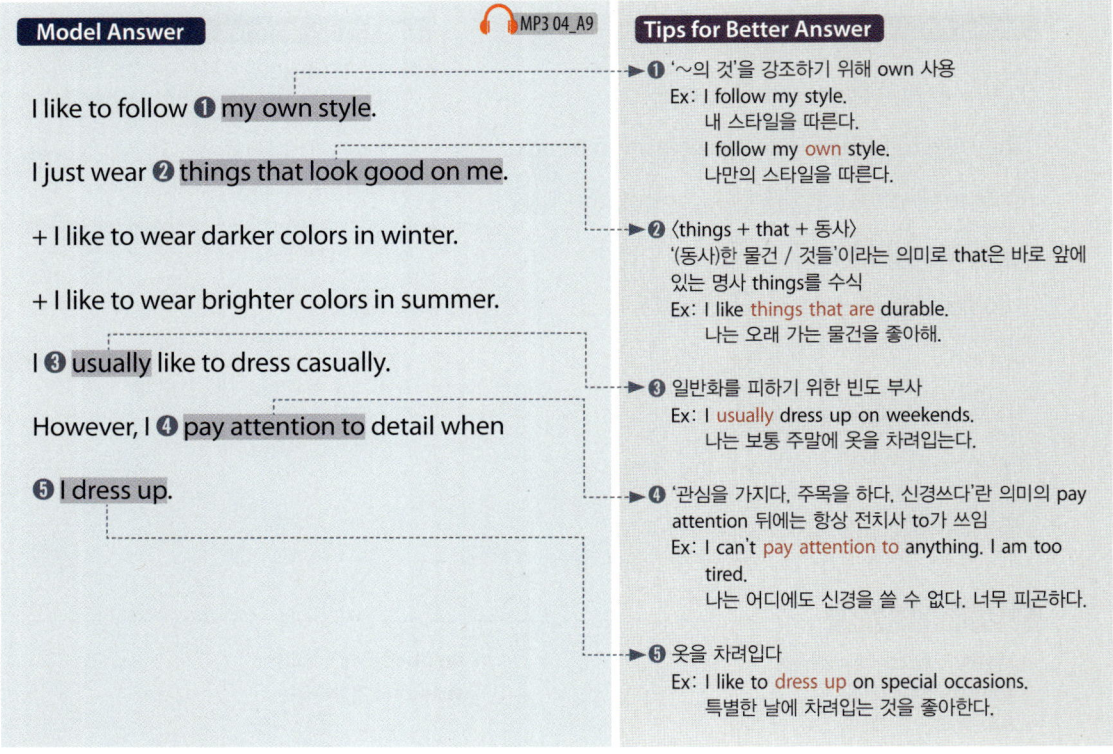

Model Answer 🎧 MP3 04_A9

I like to follow ❶ my own style.

I just wear ❷ things that look good on me.

+ I like to wear darker colors in winter.

+ I like to wear brighter colors in summer.

I ❸ usually like to dress casually.

However, I ❹ pay attention to detail when

❺ I dress up.

Tips for Better Answer

➤❶ '～의 것'을 강조하기 위해 own 사용
Ex : I follow my style.
내 스타일을 따른다.
I follow my own style.
나만의 스타일을 따른다.

➤❷ ⟨things + that + 동사⟩
'(동사)한 물건 / 것들'이라는 의미로 that은 바로 앞에 있는 명사 things를 수식
Ex : I like things that are durable.
나는 오래 가는 물건을 좋아해.

➤❸ 일반화를 피하기 위한 빈도 부사
Ex : I usually dress up on weekends.
나는 보통 주말에 옷을 차려입는다.

➤❹ '관심을 가지다, 주목을 하다, 신경쓰다'란 의미의 pay attention 뒤에는 항상 전치사 to가 쓰임
Ex : I can't pay attention to anything. I am too tired.
나는 어디에도 신경을 쓸 수 없다. 너무 피곤하다.

➤❺ 옷을 차려입다
Ex : I like to dress up on special occasions.
특별한 날에 차려입는 것을 좋아한다.

Key Expressions

- **follow** 따르다, 쫓다
- **own** ～자신의
- **good on** 잘 어울리는
- **darker** 더 어두운
- **brighter** 더 밝은

- **casually** 편안하게
- **pay attention** 주의를 기울이다, 집중하다
- **detail** 사소한 것, 세부사항
- **dress up** 차려입다

저는 제 자신의 스타일을 따르는 것을 좋아합니다. 그냥 저에게 잘 어울리는 옷을 입습니다. (+ 겨울에는 어두운 색을 입는 편입니다. + 여름에는 밝은 색상을 입는 편입니다.) 저는 보통 편안하게 입는 것을 좋아합니다. 하지만, 옷을 차려입을 때에는 사소한 부분에도 주의를 기울입니다.

데이터와 트렌드로 쉽게 취득하는 OPIc IH

OPIc 질문에 대한 모범 답변을 살펴본 후, 질문의 핵심 포인트를 파악하여 나만의 OPIc 답변을 만들어보세요.

10 **Fashion styles are always changing. Tell me about the kinds of clothes that were popular when you were younger. How were they different from what is popular now?** 🎧 MP3 04_Q10

패션 스타일은 항상 변합니다. 어렸을 때 유행했던 옷 종류에 대해 말해주세요. 지금 인기 있는 스타일과는 어떻게 다른가요?

	Structure	Idea
시작 문장	주제 문장 소개	kid, fashion styles, NOT that stylish
본문	과거보다 더 세련된 현재 사람들의 패션 묘사	now, tons of online, people get exposed to, trends, more easily, have become, fashionable
마무리 문장	나의 답변 마무리	difference between, trends, past and now

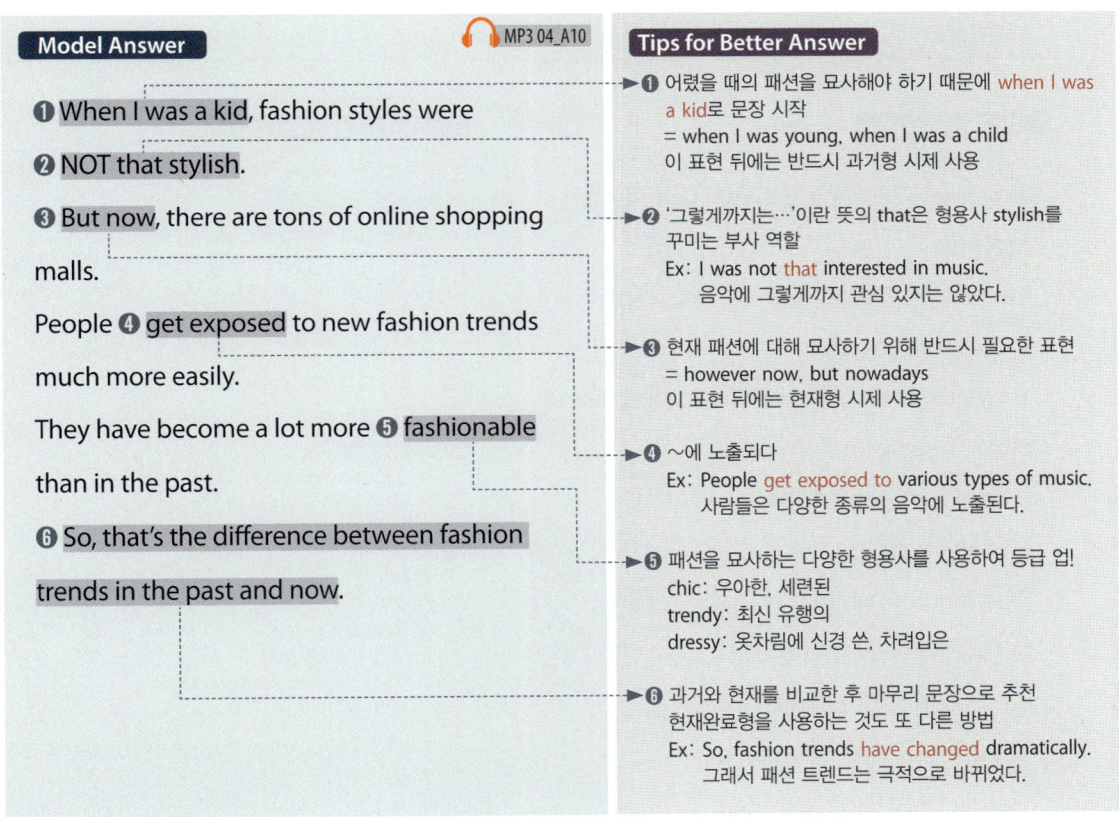

Model Answer 🎧 MP3 04_A10

❶ When I was a kid, fashion styles were ❷ NOT that stylish.

❸ But now, there are tons of online shopping malls.

People ❹ get exposed to new fashion trends much more easily.

They have become a lot more ❺ fashionable than in the past.

❻ So, that's the difference between fashion trends in the past and now.

Tips for Better Answer

▶ ❶ 어렸을 때의 패션을 묘사해야 하기 때문에 when I was a kid로 문장 시작
= when I was young, when I was a child
이 표현 뒤에는 반드시 과거형 시제 사용

▶ ❷ '그렇게까지는…'이란 뜻의 that은 형용사 stylish를 꾸미는 부사 역할
Ex: I was not that interested in music.
음악에 그렇게까지 관심 있지는 않았다.

▶ ❸ 현재 패션에 대해 묘사하기 위해 반드시 필요한 표현
= however now, but nowadays
이 표현 뒤에는 현재형 시제 사용

▶ ❹ ~에 노출되다
Ex: People get exposed to various types of music.
사람들은 다양한 종류의 음악에 노출된다.

▶ ❺ 패션을 묘사하는 다양한 형용사를 사용하여 등급 업!
chic: 우아한, 세련된
trendy: 최신 유행의
dressy: 옷차림에 신경 쓴, 차려입은

▶ ❻ 과거와 현재를 비교한 후 마무리 문장으로 추천
현재완료형을 사용하는 것도 또 다른 방법
Ex: So, fashion trends have changed dramatically.
그래서 패션 트렌드는 극적으로 바뀌었다.

Key Expressions

- **stylish** 세련된, 스타일리쉬한
- **get exposed to A** A에 노출되다
- **fashionable** 유행하는, 유행을 따르는
- **difference** 차이점

제가 어렸을 때, 패션 스타일은 그렇게 멋지지 않았습니다. 하지만 지금은 온라인 쇼핑몰이 아주 많습니다. 이제 사람들은 더 쉽게 새로운 패션 트렌드에 노출됩니다. 사람들은 과거보다 훨씬 더 유행을 따르게 되었습니다. 그래서 이것이 과거와 현재 패션 트렌드의 차이입니다.

OPIc 질문에 대한 모범 답변을 살펴본 후, 질문의 핵심 포인트를 파악하여 나만의 OPIc 답변을 만들어보세요.

11 **Tell me about the last time you bought a new piece of clothing. What did you need and where did you find it? Were there any challenges or problems? Give me all the details of the story.** 🎧 MP3 04_Q11

마지막으로 새 옷을 산 경험에 대해 말해주세요. 무엇을 사야 했고 어디서 샀나요? 어려운 점이나 문제가 있었나요? 자세하게 말해주세요.

Structure		Idea
시작 문장	주제 문장 소개	shopping, shoes, recently
본문	옷을 샀는데 문제가 생겨 환불 또한 교환 했던 경험 묘사	a pair of running shoes, wanted to get, did not have my size, sold-out, online later on, remember, shirt, tried it on, did not fit me, too tight, did not look good
마무리 문장	나의 답변 마무리	sent it back, get a refund

Model Answer 🎧 MP3 04_A11

❶ I remember shopping for some shoes recently.

There were ❷ a pair of running shoes

❸ I wanted to get.

However, the store did NOT have my size in stock. They were ❹ sold-out.

I could NOT get the shoes I wanted.

+ I had to get them online later on.

Plus, I remember getting a shirt online.

❺ I tried it on at home, but it did NOT fit me.

+ It was too tight and short.

+ It did NOT look good on me.

I sent it back to get a refund.

Tips for Better Answer

* '쇼핑' 주제의 '본인이 겪은 쇼핑 에피소드 묘사'의 내용 활용하여 말하기 연습

❶ 시작 문장에 사려고 했던 물건이 무엇인지 언급 최근의 경험이기 때문에 핵심 표현인 recently 언급 필수
  Ex: I remember going to a shopping mall to buy some dresses recently.
  최근 드레스를 사려고 쇼핑몰에 간 기억이 난다.

❷ 신발을 셀 때에는 a pair of

❸ I wanted to get은 shoes를 꾸미는 역할로 앞에 which, that은 생략됨
  Ex: I found a dress (which) I really liked.
  정말 마음에 드는 드레스를 찾았다.

❹ sold-out을 꾸며 줄 수 있는 표현
  completely: 완전히
  almost: 거의
  Ex: They were completely sold-out.
  완전히 품절이었다.
  They were almost sold-out.
  거의 품절이었다.

❺ '집에서 입어보았는데 잘 맞지 않았다'라고 말한 후 옷의 문제점 설명
  Ex: It did not fit me perfectly because it was too small for me.
  너무 작아서 완벽하게 맞지 않았다.

Key Expressions

- **running shoes** 운동화
- **a pair of** 한 쌍의
- **in stock** 재고에
- **sold-out** 품절
- **try on** 입어보다
- **fit** 잘 맞다
- **tight** 끼는
- **send back** 돌려보내다
- **refund** 환불

최근에 신발을 샀던 기억이 납니다. 제가 사고 싶던 운동화가 있었습니다. 하지만, 가게에 제 사이즈가 없었습니다. 다 팔렸던 거죠. 원하던 신발을 구할 수 없었습니다. (+ 나중에 온라인으로 사야 했습니다.) 뿐만 아니라, 최근에 온라인으로 셔츠를 산 기억이 납니다. 하지만 집에서 입어보니 그렇게 잘 맞지 않았습니다. (+ 너무 끼고 짧았습니다. + 저에게 전혀 어울리지 않았습니다.) 결국 환불 받기 위해 반품했습니다.

데이터와 트렌드로 쉽게 취득하는 OPIc IH

IH 이상 등급을 받기 위해 문장을 늘리는 연습을 해보세요.

Question 8

1. I think Koreans are very stylish.
   → I think Koreans are very stylish <u>and fashionable</u>. (그리고 유행을 신경 쓰는)

2. They like to follow the latest fashion trends.
   → They like to follow the latest fashion trends, <u>and it is not difficult to do that</u>. (그리고 그렇게 하는 것이 어렵지는 않다.)

3. So, fashion styles are seasonal.
   → So, fashion styles are seasonal, <u>and people have to buy a lot of clothes because of that</u>. (그래서 사람들은 옷을 많이 사야한다.)

Question 9

1. I just wear things that look good on me.
   → I just wear things that look good on me <u>regardless of brands</u>. (브랜드에 상관없이)

2. I usually like to dress casually.
   → I usually like to dress casually <u>like wearing jeans and shirts</u>. (청바지와 셔츠를 입듯이)

3. However, I pay attention to detail when I dress up.
   → However, I pay attention to detail when I dress up <u>for special occasions</u>. (특별한 날을 위해)

Question 10

1. When I was a kid, fashion styles were NOT that stylish.
   → When I was a kid, fashion styles were NOT that stylish <u>because people were not fashionable</u>. (사람들이 유행을 쫓지 않았기 때문에)

2. But now, there are tons of online shopping malls.
   → But now, there are tons of <u>outlet malls, shopping centers and</u> online shopping malls. (아웃렛과 쇼핑센터)

3. People get exposed to new fashion trends much more easily.
   → People get exposed to new fashion trends much more easily <u>due to social media</u>. (소셜 미디어 때문에)

Question 11

1. I remember shopping for some shoes recently.
   → I remember shopping <u>at a department store</u> for some shoes recently. (백화점에서)

2. There were a pair of running shoes I wanted to get.
   → There were a pair of <u>comfortable and stylish</u> running shoes I wanted to get. (편하고 스타일리시한)

3. I sent it back to get a refund.
   → I sent it back to get a refund <u>which was extremely bothering</u>. (매우 귀찮았던)

Chapter 05

Housing 1

빈출 주제 파악하기

질문을 제대로 파악하는 것만으로도 성공적으로 시험을 치를 수 있습니다. OPIc에서 자주 출제되는 질문들을 알아보세요.

1 **I would like to know where you live. Can you describe your home to me? What does it look like? How many rooms does it have?**

당신이 어디에 사는지 알고 싶습니다. 집에 대해 묘사해 줄 수 있나요? 어떻게 생겼나요? 방이 몇 개인가요?

문항 유형	본인이 현재 살고 있는 집 묘사
문항 수준	Intermediate
핵심 포인트	• 현재 살고 있는 집을 묘사하기 위해 방 안에 있는 가구 및 가전 제품을 현재형 시제를 사용하여 설명
	• 본인의 집이기 때문에 주어 I, room 사용
중요도	★★★

2 **What is your normal routine at home? Do you do housework every day? What do you usually do on weekdays and what do you do on weekends?**

집에서 보통 하는 일상이 무엇인가요? 매일 집안일을 하나요? 평일에는 주로 무엇을 하고 주말에는 무엇을 하나요?

문항 유형	집에서의 본인 일과 / 집안일 묘사
문항 수준	Intermediate
핵심 포인트	• 평상시에 하는 집안일의 종류를 다양한 부사를 사용하여 나열 • 본인이 평소에 하는 집안일에 대한 내용이기 때문에 주어 I 를 사용하며 현재형 시제로 묘사
중요도	★★★

3 **Describe the home you lived in as a child. How was it different from the home you live in now?**

어렸을 때 살았던 집을 묘사하세요. 지금 살고 있는 집과 어떻게 달랐나요?

문항 유형	어렸을 때 살았던 집과 지금 집 비교
문항 수준	Advanced
핵심 포인트	• 집 주제의 '어렸을 때 살았던 동네 묘사'와 같은 답변 준비 • 본인이 과거 살았던 집과 현재 살고있는 집의 특징 및 주변 환경 비교 • 과거의 집에 대해 말할 때는 과거형 시제, 현재 살고 있는 집에 대해 말할 때는 현재형 시제 사용 • 본인의 집이기 때문에 주어 I 와 동네 묘사할 때는 주어 there 사용
중요도	★★★★★

4 **I would like to know where you live. Talk about the different rooms in your home. Tell me about your favorite room in your home. What does it look like?**

당신이 어디에 사는지 알고 싶습니다. 집에 있는 다른 방들에 대해 말해주세요. 가장 좋아하는 방에 대해 말해주세요. 어떻게 생겼나요?

문항 유형	본인 집에서 가장 좋아하는 방 묘사
문항 수준	Intermediate
핵심 포인트	• 좋아하는 방으로 침실 선택 후 그 안에 있는 가구 묘사 및 좋아하는 이유 설명 • 침실에서 평소에 하는 일을 현재형 시제와 주어 I 사용하여 나열
중요도	★★★

5 **Sometimes we want to change something in our home, maybe get new furniture or do some painting or decorating. Tell me about one change that you made in your home. Tell me why you decided to make that change and everything you had to do to make that change happen.**

우리는 가끔 집에서 무언가를 바꾸고 싶어하거나, 새로운 가구를 사거나, 그림이나 장식을 하고 싶어 합니다. 집에 준 한 가지 변화에 대해 말해주세요. 왜 그런 변화를 만들기로 결심했는지, 그리고 그 변화를 위해 해야 했던 것들을 말해주세요.

문항 유형	집에 준 변화 중 하나 자세히 묘사
문항 수준	Advanced
핵심 포인트	• 집에 준 변화로 집을 수리한 경험과 새로 가구 산 경험 묘사 • 과거의 경험이기 때문에 과거형 시제 사용하며 본인이 직접 준 변화이기 때문에 주어 I 사용
중요도	★★★★★

6 **Talk about the place you lived in and the surrounding area when you were a child. What do you remember about that place? Describe your home from your early childhood in detail.**

어릴 때 살던 곳과 주변 지역에 대해 이야기해주세요. 그 장소에 대해 무엇을 기억하나요? 어린 시절의 당신의 집을 자세히 묘사하세요.

문항 유형	어렸을 때 살았던 동네 묘사
문항 수준	Advanced
핵심 포인트	• 집 주제의 '어렸을 때 살았던 집과 지금 집 비교'와 같은 답변 준비 • 본인이 과거 살았던 집과 현재 살았던 집의 특징 및 주변 환경 비교 • 과거의 집에 대해 말할 때는 과거형 시제, 현재 살고 있는 집에 대해 말할 때는 현재형 시제 사용 • 본인의 집이기 때문에 주어 I 와 동네 묘사할 때는 주어 there 사용
중요도	★★★★★

7 **Talk about a special memory you had at home with your family members. Perhaps you had guests over or had a party of some sort. Tell me about that experience in detail.**

가족과 함께 집에서 가졌던 특별한 추억에 대해 이야기해주세요. 아마도 당신은 손님들을 초대하거나 어떤 종류의 파티를 열었을 수도 있습니다. 그 경험에 대해 자세히 말해주세요.

문항 유형	집에서 가족들과 있었던 추억 묘사
문항 수준	Advanced
핵심 포인트	• 집에서 가족들과 생일 파티했던 경험 묘사 • 가족과 함께 한 일이기 때문에 주어 we 사용 • 과거의 경험이기 때문에 과거형 시제 사용
중요도	★★★★★

8 **There are always problems that happen in any home. Things break, projects do not go as planned, or people you live with do not cooperate. Tell me about some problems or issues that happened at your home.**

어떤 집에서든 항상 일어나는 문제들이 있습니다. 물건이 깨지거나, 프로젝트가 계획대로 진행되지 않거나, 함께 사는 사람들이 협조하지 않을 수도 있습니다. 집에 있었던 문제나 이슈에 대해 말해주세요.

문항 유형	본인 집에 생겼던 여러 문제점들 묘사
문항 수준	Advanced
핵심 포인트	• 기기 고장, 누수, 깨진 물건 등 집에서 발생할 수 있는 문제점을 다양한 부사를 사용하여 나열 • 평소에 일어나는 문제점에 관한 내용이기 때문에 현재형 사용 • 본인이 경험에 관해 말하기 때문에 주어 I 사용
중요도	★★★★★

9 **Pick one of those problems and explain everything that happened. When did it happen and what caused the problem? Explain in detail everything you did to resolve the situation.**

그 문제들 중 하나를 골라 자세하게 설명해주세요. 언제 발생했고 무엇이 문제의 원인이 되었나요? 문제 해결을 위해 했던 모든 일을 상세히 설명해주세요.

문항 유형	위의 문제 중 한가지 구체적 묘사
문항 수준	Advanced
핵심 포인트	• 집에서 물건을 떨어트려 깨트린 경험에 대해 묘사 • 과거에 본인에 의해 발생한 문제점에 대해 이야기하기 때문에 주어 I 와 과거형 시제 사용
중요도	★★★

 OPIc 모범 답변 학습하기

OPIc 질문에 대한 모범 답변을 살펴본 후, 질문의 핵심 포인트를 파악하여 나만의 OPIc 답변을 만들어보세요.

1 **I would like to know where you live. Can you describe your home to me? What does it look like? How many rooms does it have?**

당신이 어디에 사는지 알고 싶습니다. 집에 대해 묘사해 줄 수 있나요? 어떻게 생겼나요? 방이 몇 개인가요?

	Structure	Idea
시작 문장	주제 문장 소개	live in an apartment, my family, have lived here, three years
본문	현재 살고 있는 집에 있는 방들과 그 안의 가구 및 가전기기 나열	bedrooms, living room, kitchen, bathrooms, balconies, living room, furniture, home appliances, connected to the kitchen
마무리 문장	나의 답변 마무리	this is what, place looks like

Model Answer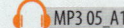

❶ I live in an apartment with my family.
❷ I have lived here for three years.
There are ❸ three bedrooms, a living room and a kitchen.
Plus, there are two bathrooms and two balconies.
In the living room, there are ❹ some furniture and home appliances.
First, ❺ there is a sofa, a tea table, a cabinet and a mirror.
Also, there is a TV, an AC and an air-purifier.
The living room is connected to the kitchen.
In the kitchen, there is a sink, a dining table and some cabinets.
Plus, there is a fridge, a microwave and a gas stove.
Also, there is a water cooler, a rice cooker and a coffee machine.
So, this is what my place looks like.

Tips for Better Answer

▶ ❶ 현재 살고 있는 집에 대해 묘사하기 위해 시작 문장에 집의 종류 (apartment)와 누구와 살고 있는지 (with family) 언급

▶ ❷ 과거부터 살아왔기 때문에 현재완료형 시제 사용 뒤에 기간을 추가할 때는 전치사 for 사용
Ex: I have lived in this house for more than 8 years.
이 집에서 8년 넘게 살았다.

▶ ❸ 답변 양 확보를 위해 집에 있는 방의 개수 나열 방의 정확한 위치 추가 가능
Ex: There is a living room on the right and a kitchen on the left.
오른쪽에는 거실이 있고 왼쪽에는 부엌이 있다.

▶ ❹ furniture은 불가산 명사
's' 붙이지 않도록 주의
가구를 세고 싶을 때는 a piece of를 사용
답변 양 확보를 위해 다양한 종류의 가구와 가전제품 나열
가구 또는 가전제품을 꾸미는 형용사 사용으로 등급 업!
Ex: There is a cozy sofa and a wooden tea table.
안락한 소파와 원목 티테이블이 있다.

▶ ❺ 가구 및 가전제품에 대해 말할 때 가장 유용한 시작 표현은 there is와 you will see
Ex: You will see a bed on the left.
왼쪽에 침대가 보일 것이다.

Key Expressions

- **bedroom** 침실
- **living room** 거실
- **kitchen** 주방
- **bathroom** 화장실
- **balcony** 발코니
- **furniture** 가구
- **home appliances** 가전제품

- **tea table**
  소파 앞 작은 테이블 (차 테이블)
- **cabinet** 수납장
- **mirror** 거울
- **AC** 에어컨 (= air-conditioner)
- **air-purifier** 공기청정기
- **connect to** ~로 연결되다

- **sink** 싱크대
- **dining table** 식탁
- **fridge** 냉장고 (= refrigerator)
- **microwave** 전자레인지
- **gas stove** 가스레인지
- **water cooler** 정수기
- **rice cooker** 밥솥

저는 가족과 함께 아파트에 삽니다. 여기서 3년 동안 살았습니다. 침실 3개, 거실과 부엌이 있습니다. 추가로, 욕실 2개와 발코니 2개가 있습니다. 거실에는 가구와 가전제품이 있습니다. 먼저 소파, 차 테이블, 수납장, 거울이 있습니다. 또한 TV, 에어컨, 공기청정기도 있습니다. 거실은 부엌과 연결되어 있습니다. 부엌에는 싱크대와 식탁 그리고 수납장이 있습니다. 또한 냉장고, 전자레인지, 가스레인지도 있습니다. 또한, 정수기, 밥솥, 커피 머신이 있습니다. 저의 집은 이렇게 생겼습니다.

OPIc 질문에 대한 모범 답변을 살펴본 후, 질문의 핵심 포인트를 파악하여 나만의 OPIc 답변을 만들어보세요.

 I would like to know where you live. Talk about the different rooms in your home. MP3 05_Q2
Tell me about your favorite room in your home. What does it look like?

당신이 어디에 사는지 알고 싶습니다. 집에 있는 다른 방들에 대해 말해주세요. 가장 좋아하는 방에 대해 말해주세요. 어떻게 생겼나요?

Structure		Idea
시작 문장	주제 문장 소개	think, favorite room at home, bedroom
본문	가장 좋아하는 방으로 침실을 선택한 후 그 안의 가구와 본인이 그곳에서 하는 일 묘사	bedroom, desk, chair, computer, dressing table, best place, kick back and relax, get some rest, do whatever I want to, surf the internet, listen to music
마무리 문장	나의 답변 마무리	this is what, favorite room looks like

Model Answer   🎧MP3 05_A2

I think ❶ my favorite room at home is my bedroom.
In my bedroom, ❷ I have a desk, a chair, a computer and a dressing table.
Plus, I have a bookshelf, a bed, a nightstand and some dressers and closets.
My room is the best place to ❸ kick back and relax.
I can ❹ get some rest when I get home.
Plus, I can do whatever I want to in my room.
I can surf the internet, listen to music or get some sleep.
Also, I can watch TV, ❺ read books or watch movies.
So, this is what my favorite room looks like.

Tips for Better Answer

▶❶ 가장 좋아하는 방에 대해 이야기하기 위해 시작 문장에 핵심 표현 favorite과 bedroom 언급
다양한 문장 구조를 쓰기 위해 조동사 would 사용 가능
Ex: My favorite room at home would have to be the bedroom.
집에서 내가 가장 좋아하는 방은 침실이라고 해야 할 것 같다.

▶❷ 답변 양 확보를 위해 방에 있는 가구 나열
가구 앞에 다양한 형용사를 사용하면 등급 업!
Ex: I have a comfortable chair.
편한 의자가 있다.
I also have some spacious dressers.
또한 큼직한 수납장이 있다.

▶❸ 긴장을 풀고 누워서 느긋하게 쉬다
= relax, rest

▶❹ take a rest는 broken English이기 때문에 절대 사용하지 않기
대신 get some rest를 사용하며 매우 짧게 쉴 때는 take a break 사용

▶❺ 한 권의 책과 한 편 이상의 영화를 보기 때문에 반드시 복수형 명사 사용

Key Expressions

- **desk** 책상
- **chair** 의자
- **dressing table** 화장대
- **bookshelf** 책꽂이
- **nightstand** 침실용 탁자
- **dresser** 옷 수납장

- **closet** 붙박이장
- **kick back** 누워서 쉬다
- **relax** 쉬다
- **get some rest** 쉬다
- **surf the internet** 인터넷 검색하다
- **get some sleep** 잠을 자다

제가 집에서 가장 좋아하는 방은 제 침실입니다. 제 침실에는 책상, 의자, 컴퓨터 그리고 화장대가 있습니다. 책꽂이, 침대, 침실용 탁자, 옷장, 붙박이장도 가지고 있습니다. 제 방은 긴장을 풀고 휴식을 취하기에 가장 좋은 곳입니다. 집에 가면 좀 쉴 수 있습니다. 게다가, 제 방에서 하고 싶은 건 뭐든지 할 수 있습니다. 저는 인터넷 서핑을 하거나 음악을 듣거나 잠을 잘 수 있습니다. 또한 TV를 보거나, 책을 읽거나, 영화를 볼 수 있습니다. 제가 가장 좋아하는 방은 이렇게 생겼습니다.

OPIc 질문에 대한 모범 답변을 살펴본 후, 질문의 핵심 포인트를 파악하여 나만의 OPIc 답변을 만들어보세요.

3 **What is your normal routine at home? Do you do housework every day? What do**  MP3 05_Q3
you usually do on weekdays and what do you do on weekends?
집에서 보통 하는 일상이 무엇인가요? 매일 집안일을 하나요? 평일에는 주로 무엇을 하고 주말에는 무엇을 하나요?

Structure		Idea
시작 문장	주제 문장 소개	try to clean, whenever I can
본문	집에서 하는 다양한 종류의 집안일 묘사	vacuum, mop the floors, dust, clean the bathroom, do the dishes, take out the garbage, do the laundry, throw, wash my clothes, hang-dry, on the rack, fold the clothes, put, dressers
마무리 문장	나의 답변 마무리	these are, housework

Model Answer 🎧 MP3 05_A3

I try to ❶ clean my apartment ❷ whenever I can.

❸ First, I vacuum and mop the floors and dust the furniture.

Plus, I clean the bathroom after I take showers.

Next, I ❹ do the dishes after I have meals.

Also, ❺ I take out the garbage and do the recycling.

On weekends, I do the laundry.

First, I throw my laundry in the washer.

And then, I wash my clothes.

After that, I hang-dry the laundry on the rack.

When they dry, I fold the clothes and put them in the dressers.

So, ❻ these are the housework I do at home.

Tips for Better Answer

❶ 본인이 집에서 하는 집안일을 묘사하기 때문에 clean, apartment와 같이 집안일과 관련된 단어로 시작 문장 만들기
평상시 하는 일이기 때문에 현재형 시제 사용

❷ 〈whenever + 주어 + 동사〉
(주어)가 (동사)할 때는 언제든지
복합관계부사를 사용하여 쉬운 표현인 often 사용 줄이기
Ex: I do housework whenever I want to.
내가 원할 때 언제든지 집안일을 한다.

❸ 집에서 하는 여러 가지 집안일을 묘사하기 위해 접속사 first, plus, next와 I do를 사용하여 일과 나열

❹ = wash the dishes

❺ 재활용 주제에서도 유용하게 쓰이는 문장으로 암기 필수!

❻ 평상시 하는 일들을 묘사한 후 마무리 문장으로 추천
이때 집안일 관련 답변의 핵심 단어인 housework 언급

Key Expressions

- **clean** 치우다
- **vacuum** 청소기 돌리다
- **mop the floors** 걸레질 하다
- **dust the furniture** 가구의 먼지를 털다
- **clean the bathroom** 화장실 청소하다
- **take showers** 샤워하다
- **do the dishes** 설거지하다
- **take out the garbage** 쓰레기를 버리다

- **recycling** 재활용
- **do the laundry** 빨래를 하다
- **throw the laundry in the washer** 세탁기에 빨래를 넣다
- **wash clothes** 옷을 세탁하다
- **hang-dry the laundry** 널어서 말리다
- **laundry rack** 건조대
- **fold the clothes** 옷을 개다
- **dressers** 옷 서랍장

저는 틈만 나면 제 집을 청소하려고 합니다. 먼저 진공청소기를 돌리고 바닥을 닦고 가구의 먼지를 털어냅니다. 그리고 저는 샤워를 한 후에 화장실을 청소합니다. 다음으로 밥을 먹고 설거지를 합니다. 또한, 저는 쓰레기와 재활용품을 버립니다. 주말에는 빨래를 합니다. 먼저 세탁기에 빨래를 던져 넣습니다. 그리고 나서, 옷을 빱니다. 그 후, 빨래 선반에 빨래를 넙니다. 마르면 저는 옷을 접어서 옷장에 넣습니다. 이것들은 제가 집에서 하는 집안일 입니다.

IH 이상 등급을 받기 위해 문장을 늘리는 연습을 해보세요.

Question 1

1. I live in an apartment with my family.
   → I live in an apartment <u>on the 10th floor</u> with my family. (10층에 있는)

2. In the living room, there are some furniture and home appliances.
   → In the living room, there are some <u>beautiful</u> furniture and <u>useful</u> home appliances.
   (아름다운 / 유용한)

3. First, there is a sofa, a tea table, a cabinet and a mirror.
   → First, there is a <u>comfy</u> sofa, a <u>wooden</u> tea table, a <u>spacious</u> cabinet and a mirror.
   (편안한 / 원목 / 넓은)

Question 2

1. I think my favorite room at home is my bedroom.
   → I think my favorite room at home is my bedroom <u>because I can relax there.</u> (그곳에서 쉴 수 있기 때문에)

2. In my bedroom, I have a desk, a chair, a computer and a dressing table.
   → In my bedroom, I have a desk, a <u>very comfortable</u> chair, a <u>brand new</u> computer and a dressing table. (매우 편안한 / 신상)

3. Plus, I can do whatever I want to in my room.
   → Plus, I can do whatever I want to in my room, <u>such as taking a nap or listening to music</u>.
   (낮잠을 자거나 음악을 듣는 것과 같은)

Question 3

1. I try to clean my apartment whenever I can.
   → I try to clean my apartment <u>and keep it organized</u> whenever I can. (그리고 정리된 상태로 유지하다.)

2. Plus, I clean the bathroom after I take showers.
   → Plus, I clean the bathroom after I take showers <u>to save time</u>. (시간 절약을 하기 위해서)

3. On weekends, I do the laundry.
   → On weekends, I do the laundry <u>because it takes quite some time</u>. (시간이 꽤 걸리기 때문에)

OPIc 모범 답변 학습하기

OPIc 질문에 대한 모범 답변을 살펴본 후, 질문의 핵심 포인트를 파악하여 나만의 OPIc 답변을 만들어보세요.

4-1 **Describe the home you lived in as a child. How was it different from the home you live in now?** 🎧 MP3 05_Q4-1

어렸을 때 살았던 집을 묘사하세요. 지금 살고 있는 집과 어떻게 달랐나요?

4-2 **Talk about the place you lived in and the surrounding area when you were a child. What do you remember about that place? Describe your home from your early childhood in detail.** 🎧 MP3 05_Q4-2

어릴 때 살던 곳과 주변 지역에 대해 이야기해주세요. 그 장소에 대해 무엇을 기억하나요? 어린 시절의 당신의 집을 자세히 묘사하세요.

Structure		Idea
시작 문장	주제 문장 소개	remember living, apartment, when I was a kid
본문	과거에 살았던 집과 주변 환경 묘사 후 현재 사는 집과 주변 환경 묘사	used to be, playground, near, play there all the time, with my friends, great memories, but now, spacious apartment, a park in the neighborhood, take walks, exercise, post office, police station, bakery, subway station, gym, convenience store
마무리 문장	나의 답변 마무리	this is what, neighborhood looks like

Model Answer 🎧 MP3 05_A4

I ❶ remember living in an apartment when I was a kid.
There used to be a playground near my apartment.
I ❷ used to play there all the time with my friends.
I have many great memories of that place.
❸ But now, I live in a more spacious apartment.
There is a park in the neighborhood where I can ❹ take walks.
I can get some exercise there.
Plus, ❺ there is a post office, a police station, a bank and a bakery.
Also, there is a subway station, a bus stop, a gym and a library.
Next, there is a convenience store, a coffee shop and a dry cleaner's.
So, this is what my neighborhood looks like.

Tips for Better Answer

* '어렸을 때 살았던 동네 묘사'와 함께 답변 대비

▶ ❶ 〈remember + 명사 / 동명사〉
과거의 경험 또는 기억에 대해 이야기할 때 시작 문장으로 추천
어렸을 때 살았던 집이라는 것을 표현하기 위해 when I was a kid 사용
Ex: I remember living in a small house when I was young.
어렸을 때 작은 집에 살았던 기억이 난다.

▶ ❷ 과거에 반복하던 습관 또는 행동에 대해 묘사할 때 가장 유용한 동사
Ex: I used to play with my friends at the playground every single day.
매일 친구들과 놀이터에서 놀곤 했다.

▶ ❸ 현재 살고 있는 집을 묘사하기 위해 필수로 나와야 하는 표현으로 but now 이후부터는 현재형 사용
Ex: But now, I live in a house with a garden.
하지만 지금은 정원이 있는 집에 산다.

▶ ❹ 한 번 간 산책이 아니고 여러 번 가는 산책이기 때문에 복수 명사 사용
Ex: I took a walk yesterday. (한 번만 갔다면 단수 명사)
어제 산책을 다녀왔다.

▶ ❺ 답변 양 확보를 위해 동네에 있는 다양한 시설 나열
동네에 이러한 시설들이 한 개씩 있다면 단수 명사 사용

Key Expressions

- **playground** 놀이터
- **all the time** 항상
- **memories of** ~에 대한 기억
- **spacious** 넓은
- **apartment** 아파트
- **take walks** 산책하다
- **exercise** 운동

어렸을 때 살던 아파트가 기억이 납니다. 아파트 근처에 놀이터가 있었습니다. 저는 그곳에서 항상 친구들과 놀곤 했습니다. 그 장소에 대한 좋은 추억들이 많습니다. 하지만 지금은 좀 더 넓은 아파트에 살고 있습니다. 동네에 산책 할 수 있는 공원이 있습니다. 저는 그곳에서 운동을 합니다. 또한 우체국, 경찰서, 은행, 제과점이 있습니다. 또한 지하철역, 버스정류장, 체육관, 도서관도 있습니다. 그리고 편의점, 카페, 세탁소가 있습니다. 우리 동네는 이렇게 생겼습니다.

OPIc 질문에 대한 모범 답변을 살펴본 후, 질문의 핵심 포인트를 파악하여 나만의 OPIc 답변을 만들어보세요.

5 Talk about a special memory you had at home with your family members. Perhaps 🎧MP3 05_Q5 you had guests over or had a party of some sort. Tell me about that experience in detail.

가족과 함께 집에서 가졌던 특별한 추억에 대해 이야기해주세요. 아마도 당신은 손님들을 초대하거나 어떤 종류의 파티를 열었을 수도 있습니다. 그 경험에 대해 자세히 말해주세요.

Structure		Idea
시작 문장	주제 문장 소개	remember having my mom's birthday party
본문	집에 가족들을 초대해서 파티했던 경험 묘사	68th birthday, birthday cake, gifts, cooked some food for the party, ordered in, tasted so good, starving, after the party, leftovers, clean up
마무리 문장	나의 답변 마무리	enjoyable

Model Answer 🎧MP3 05_A5

❶ I remember having my mom's birthday party at home.

It was her 68th birthday.

We ❷ got a birthday cake and gifts for my mom.

Also, we cooked some food for the party.

Plus, we ❸ ordered in some Chinese food.

❹ The food tasted so good because I was starving.

After the party, there were some leftovers.

I helped clean up after the party.

❺ It was a very enjoyable party.

Tips for Better Answer

▶❶ 〈remember + 동명사〉는 과거의 경험에 대해 이야기할 때 가장 유용한 시작 표현
party와 함께 쓰이는 동사는 have, throw
Ex: I remember throwing a housewarming party.
집들이 파티를 연 기억이 난다.

▶❷ = buy, bring
Ex: I bought a gift.
선물을 샀다.
I brought some food.
음식을 좀 가져왔다.

▶❸ order: 주문하다
order in: (전화로) 음식을 배달시키다
Ex: I ordered some furniture online.
인터넷으로 가구를 주문했다.
I ordered in some pizza.
피자를 배달 주문했다.

▶❹ 국내 여행, 해외여행, 음식점 등 특정 장소에서 간 식당 경험에 대해 묘사할 때 쓸 수 있는 유용한 문장
형용사 so 대신 extra, super, extremely로 바꿔서 사용 가능
starving은 hungry의 고급 표현
Ex: The food tasted super good because I was starving.
내가 너무 배가 고팠기 때문에 음식이 정말 맛있었다.

▶❺ 즐거웠던 경험에 대해 이야기한 후 마무리 문장에 잘 어울리는 형용사
enjoyable은 pleasing, exciting으로 바꿔 쓸 수 있음

Key Expressions

- **gift** 선물
- **order in** 배달 주문하다
- **starving** 배가 고픈
- **leftovers** 남은 음식
- **clean up** 치우다
- **enjoyable** 재미있는, 즐거운

집에서 어머니의 생일 파티를 했던 기억이 납니다. 그녀의 68번째 생일이었습니다. 어머니께 드릴 생일 케이크와 선물을 샀습니다. 우리는 파티를 위해 음식을 요리했습니다. 게다가, 우리는 중국 음식을 배달시켰습니다. 배가 고파서 음식이 더 맛있었습니다. 파티가 끝나고 음식이 좀 남았습니다. 저는 파티 후 정리를 도왔습니다. 아주 즐거운 파티였습니다.

OPIc 질문에 대한 모범 답변을 살펴본 후, 질문의 핵심 포인트를 파악하여 나만의 OPIc 답변을 만들어보세요.

6 Sometimes we want to change something in our home, maybe get new furniture ⏽MP3 05_Q6 or do some painting or decorating. Tell me about one change that you made in your home. Tell me why you decided to make that change and everything you had to do to make that change happen.

우리는 가끔 집에서 무언가를 바꾸고 싶어하거나, 새로운 가구를 사거나, 그림이나 장식을 하고 싶어 합니다. 당신의 집에 준 한 가지 변화에 대해 말해주세요. 왜 그런 변화를 주기로 결심했는지, 그리고 그 변화를 위해 해야 했던 것들을 말해주세요.

	Structure	Idea
시작 문장	주제 문장 소개	remember redoing the wallpaper, apartment
본문	집을 수리하고 가구를 새로 산 경험에 대해 이야기	done, looked brand new, getting some new furniture, got a new, rearranged, furniture
마무리 문장	나의 답변 마무리	these are, changes, remember

Model Answer ⏽MP3 05_A6

I remember ❶ redoing the wallpaper at my apartment.
+ the floors + the windows + the curtains + the blinds
+ the bathroom + the kitchen + the living room
❷ After it was done, the walls ❸ looked brand new.
I was very happy with ❹ the new look.
Plus, I remember getting ❺ some new furniture.
I got ❻ a new bed, a new table and a new bookshelf.
And then, I rearranged the furniture.
+ Also, I got some plants for the apartment.
+ Plus, I got a new TV and a new AC.
So, these are the changes I remember.

Tips for Better Answer

❶ 동사 앞에 접두사 re-를 붙이면 '(동사)를 다시 한다'는 것을 의미
Ex: I need to reorganize my house.
집을 다시 정리해야 해. (이미 한번 정리했었다는 의미)

❷ 본인이 직접 고친 것이 아니며 누가 고친 것이 중요하지 않기 때문에 수동태 사용
Ex: I redid the wallpaper.
벽지를 다시 칠했다. (내가 직접 함)
I got the wallpaper done.
벽지를 다시 칠했다. (다른 사람이 대신 해줌)

❸ ❹ 동사 look vs. 명사 look
다양한 문장 구조를 사용하며 등급 업!
Ex: You look amazing today. (동사)
너는 오늘 멋져 보인다.
I love your new look. (명사)
네 새로운 모습이 좋다.

❺ furniture: 불가산 명사
뒤에 절대 's' 붙이지 않기

❻ 집에 가구나 가전 제품이 하나만 있을 경우 명사 앞에 관사 a / an을 빠트리지 않고 언급하기
답변 양 확보를 위해 다양한 가구와 전자 제품 나열

Key Expressions

• **redo the wallpaper** 벽지를 다시 바르다
• **brand new** 완전 새것
• **furniture** 가구
• **rearrange** 재배치하다

아파트에서 벽지를 다시 바른 것이 기억에 납니다. (+ 바닥 + 창문 + 커튼 + 블라인드 + 화장실 + 주방 + 거실) 그 일이 끝난 후, 벽은 완전히 새것처럼 보였습니다. 저는 새로운 모습에 매우 기뻤습니다. 또한 저는 새 가구를 샀던 것을 기억합니다. 침대, 테이블, 책장을 새로 샀습니다. 그리고 나서 가구를 재배치했습니다. (+ 또한 아파트에 놓을 식물을 샀습니다. + 또한, TV와 에어컨을 새로 샀습니다.) 이것들이 제가 기억하는 변화들입니다.

IH 이상 등급을 받기 위해 문장을 늘리는 연습을 해보세요.

Question 4

1. I remember living in an apartment when I was a kid.
   → I remember living in a 3-bedroom apartment on the first floor when I was a kid. (방 세 개짜리 / 1층에 있는)

2. I used to play there all the time with my friends.
   → I used to play there all the time with my friends because it was so spacious. (매우 넓었기 때문에)

3. I have many great memories of that place.
   → I have many great memories of that place and I miss it all the time. (그리고 그곳이 항상 그립다.)

Question 5

1. It was her 68th birthday.
   → It was her 68th birthday, so we wanted to throw a big birthday party. (그래서 생일파티를 크게 열고 싶었다.)

2. We got a birthday cake and gifts for my mom.
   → We got a nice birthday cake and some expensive gifts for my mom. (멋진 / 비싼 몇 가지의)

3. Also, we cooked some food for the party.
   → Also, we cooked some exotic food like Italian pasta for the party. (이국적인 / 이탈리안 파스타 같은)

Question 6

1. I remember redoing the wallpaper at my apartment.
   → I remember redoing the wallpaper at my apartment because it was too dirty. (너무 더러웠기 때문에)

2. I was very happy with the new look.
   → I was very happy with the new look because my house looked very modern. (집이 매우 모던해보였기 때문에)

3. Plus, I remember getting some new furniture.
   → Plus, I remember getting some new furniture at a furniture store a few months ago.
   (몇 개월 전에 가구점에서)

OPIc 질문에 대한 모범 답변을 살펴본 후, 질문의 핵심 포인트를 파악하여 나만의 OPIc 답변을 만들어보세요.

7 There are always problems that happen in any home. Things break, projects do not 🎧 MP3 05_Q7
go as planned, or people you live with do not cooperate. Tell me about some problems or
issues that happened at your home.

어떤 집에서든 항상 일어나는 문제들이 있습니다. 물건이 깨지거나, 프로젝트가 계획대로 진행되지 않거나, 함께 사는 사람들이 협조하지
않을 수도 있습니다. 집에 있었던 문제나 이슈에 대해 말해주세요.

	Structure	Idea
시작 문장	주제 문장 소개	remember, AC broke down, home
본문	집에 있는 기기 고장 경험과 누수에 대해 이야기	during the summer, hot without air-conditioning, called a technician, fix, remote control, did not work, replace the batteries, water leaked, fridge, wipe, breaking a plate, by mistake
마무리 문장	나의 답변 마무리	these are, problems, remember having, home

Model Answer 🎧 MP3 05_A7

❶ I remember when the AC broke down at home.

It was during the summer and it was very hot without air-conditioning.

I called a technician to fix the problem.

Plus, I remember when the remote control for the TV ❷ did NOT work well.

I ❸ had to replace the batteries for the remote.

Also, I remember when water leaked from the fridge.

I had to wipe the water from the floor.

Plus, I remember breaking a plate ❹ by mistake.

So, these are the problems I remember having at home.

Tips for Better Answer

* 충분한 답변 양 확보를 위해 한 가지의 문제를 세세하게 말하는 것이 아닌 여러 가지 문제점들을 간단하게 언급

▶❶ 문제점을 여러 개 언급할 때 시작 문장으로 〈remember when 주어 + 동사〉와 〈remember + 동명사〉 사용
Ex: I remember when the air-conditioner broke down. (에어컨 고장)
I remember breaking a plate by mistake. (접시 깨뜨림)

▶❷ 물건에 어떤 문제가 발생했는지 설명
= did not function, broke down, did not work properly
Ex: The refrigerator did not work properly.
냉장고가 제대로 작동하지 않았다.

명확한 이유를 알 수 없을 때 뒤에 for some reason 추가
Ex: The stove broke down for some reason.
어떤 이유에서인지 가스레인지가 고장 났다.

▶❸ have to 동사: (동사)를 해야만 했다
하기 싫었는데 어쩔 수 없이 해야 한다는 느낌을 내포함
Ex: I bought a new car.
차를 새로 샀다. (원했는지 원하지 않았는지 알 수 없음)
I had to buy a new car.
새로 차를 사야만 했다. (어쩔 수 없이 사야 했음)

▶❹ = accidently, by accident

Key Expressions

- **air-conditioner** 에어컨
- **break down** 고장 나다
- **technician** 기술자
- **fix** 고치다
- **do not work** 고장 나다
- **replace** 교체하다
- **leak** 새다, 흐르다
- **wipe** 닦다
- **by mistake** 실수로

집에서 에어컨이 고장 났을 때가 기억납니다. 여름이었고 에어컨도 없이 무척 더웠습니다. 그 문제를 해결하기 위해 기술자를
불렀습니다. 또한, TV 리모콘이 잘 작동하지 않았을 때를 기억합니다. 배터리를 교체해야 했습니다. 또한, 냉장고에서 물이
새어 나왔을 때가 기억 납니다. 바닥의 물을 닦아내야 했습니다. 게다가 실수로 접시를 깨뜨린 적도 있습니다. 이런 것들이 제가
기억하는 집에서 발생한 문제들입니다.

OPIc 질문에 대한 모범 답변을 살펴본 후, 질문의 핵심 포인트를 파악하여 나만의 OPIc 답변을 만들어보세요.

8 Pick one of those problems and explain everything that happened. When did it happen and what caused the problem? Explain in detail everything you did to resolve the situation. 🎧 MP3 05_Q8

그 문제들 중 하나를 골라 자세하게 설명해주세요. 언제 발생했고 무엇이 문제의 원인이 되었나요? 문제 해결을 위해 당신이 한 모든 일을 상세히 설명해주세요.

Structure		Idea
시작 문장	주제 문장 소개	as I mentioned, breaking a plate, home
본문	접시를 깨트려서 치우려다 다친 경험 묘사	dropped, by accident, slippery, lost my grip, broke into, clean up, picked up, vacuumed, tried to be careful, cut my hand, bleeding, sore
마무리 문장	나의 답변 마무리	since then, try to, careful

Model Answer 🎧 MP3 05_A8

❶ As I mentioned, ❷ I remember breaking a plate at home.

I dropped the plate by accident ❸ because it was slippery.

❹ I lost my grip.

The plate broke into several pieces.

I had to clean up the glass.

I picked up the big pieces and vacuumed the small pieces.

I tried to be careful, but I cut my hand on a piece of glass.

It was bleeding and it was a little sore.

❺ Since then, I try to be more careful.

Tips for Better Answer

➡ ❶ 이전의 '집에서 생겼던 여러 문제점들 묘사' 답변에서 이미 접시를 깨뜨렸다는 것을 간단하게 언급했기 때문에 as I mentioned로 시작
= as I said, as I said before

➡ ❷ 〈remember + 동명사〉 문장을 〈remember when 주어 + 동사〉로 변형 가능
Ex: I remember when I broke a plate at home.
집에서 접시를 깨뜨린 기억이 난다.

➡ ❸ 접시를 떨어뜨린 다른 이유로 변경 가능
Ex: I dropped it because it was too heavy for me.
나한테 너무 무거워서 떨어뜨렸다.

➡ ❹ '손에서 놓치다', '떨어뜨리다'란 의미의 관용구

➡ ❺ 좋지 않았던 경험에 대해 이야기한 후 마무리할 때 유용한 마무리 문장
Ex: Since then, I try to be careful when I wash the dishes.
그때 이후로 설거지 할 때 조심하려고 노력한다.
Since then, I try to be careful not to make mistakes.
그때 이후로 실수를 하지 않기 위해 노력한다.

Key Expressions

- **break** 깨뜨리다
- **drop** 떨어뜨리다
- **by accident** 실수로
- **slippery** 미끄러운
- **lose grip** 손에서 놓치다
- **vacuum** 청소기 돌리다
- **cut hand** 손을 베이다
- **bleeding** 피가 나는
- **sore** 따가운, 아픈

제가 말했듯이, 집에서 접시를 깨뜨린 기억이 납니다. 접시가 미끄러워서 실수로 떨어뜨렸습니다. 손에서 놓쳤습니다. 접시가 여러 조각으로 깨졌습니다. 유리를 치워야 했습니다. 큰 조각들은 주웠고 작은 조각들은 진공청소기로 청소했습니다. 조심하려고 했지만 유리 조각에 손을 베였습니다. 피가 났고 약간 아팠습니다. 그 이후로, 저는 좀 더 조심하려고 노력합니다.

IH 이상 등급을 받기 위해 문장을 늘리는 연습을 해보세요.

Question 7

1. I remember when the AC broke down at home.
→ I remember when the AC broke down at home <u>due to some technical problems</u>.
(어떤 기계적 결함으로)

2. I called a technician to fix the problem.
→ I called a technician, <u>who lives nearby my place</u>, to fix the problem. (우리 집 근처에 사는)

3. I had to wipe the water from the floor.
→ I had to wipe the water from the floor, <u>and it took a long time</u>. (그리고 시간이 오래 걸렸다.)

Question 8

1. I dropped the plate by accident because it was slippery.
→ I dropped <u>one of my favorite plates</u> by accident because it was slippery. (내가 가장 좋아하는 접시 중 하나를)

2. The plate broke into several pieces
→ The plate broke into several pieces, <u>and I felt so depressed</u>. (그래서 너무 우울했다.)

3. I had to clean up the glass.
→ I had to clean up the glass, <u>which was not that easy</u>. (그렇게 쉽지는 않았다.)

Chapter 06

Housing 2

빈출 주제 파악하기

질문을 제대로 파악하는 것만으로도 성공적으로 시험을 치를 수 있습니다. OPIc에서 자주 출제되는 질문들을 알아보세요.

1 We all run into problems at home. Compare how you solve problems at your home to how your parents solve problems that occur in their home. How is it similar or how is it different?

집에서는 언제든 문제가 발생할 수 있습니다. 여러분들과 부모님이 집에서 문제를 해결하는 방법이 어떻게 다른지 비교해보세요. 무엇이 비슷하고 무엇이 다른가요?

문항 유형 집에 생기는 문제를 부모님과 본인이 해결하는 방법의 차이 묘사

문항 수준 Advanced

핵심 포인트
- 14번 기출문제
- 문제 발생 시 본인과 부모님의 문제 해결 방법에 큰 차이가 없다고 답하기
- 본인과 부모님에 관한 내용이기 때문에 주어 I, they, we 사용하며 현재형 시제로 묘사

중요도 ★★★

2 What are some major problems people have when they rent a house or an apartment? How do people deal with these issues? How do these things affect where people live?

집이나 아파트를 빌릴 때 겪는 주요 문제점은 무엇인가요? 사람들은 이 문제들을 어떻게 다루나요? 이런 것들이 사람들이 사는 곳에 어떤 영향을 미치나요?

문항 유형	집을 구할 때 사람들이 겪는 문제 묘사
문항 수준	Advanced
핵심 포인트	• 15번 기출문제 • 집 주제의 '우리나라 주택시장 문제 관련 뉴스 설명'과 같은 내용을 현재형 시제로 묘사 • 일반 사람들이 겪은 문제이기 때문에 주어는 people, they 사용
중요도	★★★★★

3 Homes have changed quite a lot over the years. How were they five to ten years ago and how are they now? What are the biggest characteristics of homes people live in now?

몇 년 동안 집들은 꽤 많이 변했습니다. 5년에서 10년 전에는 어땠고 지금은 어떤가요? 사람들이 현재 살고 있는 집의 가장 큰 특징은 무엇인가요?

문항 유형	5~10년 전 주택들과 현재 주택 형태 비교
문항 수준	Advanced
핵심 포인트	• 14번 기출문제 • 과거의 집에 비해 훨씬 좋아진 현재 집의 특징을 주어 homes, houses, they 등 상황에 맞게 사용하여 묘사 • 과거의 집에 대해 이야기할 때는 과거형 시제, 현재 집에 대해 이야기할 때는 현재형 시제 사용
중요도	★★★★★

4 Homes are in the news quite often because of problems in the housing market. Perhaps, there are too many people who are looking for homes, or there are too many homes out on the market. Talk about the news you remember watching about homes. How did people deal with that issue?

주택 시장의 문제 때문에 집이 꽤 자주 뉴스거리가 되고 있습니다. 아마도, 집을 찾는 사람들이 너무 많거나, 시장에 너무 많은 집이 있을 것입니다. 여러분이 집에 대해 본 기억나는 뉴스에 대해 이야기하세요. 사람들은 그 문제를 어떻게 다루었나요?

문항 유형	우리나라 주택시장문제 관련 뉴스 설명
문항 수준	Advanced
핵심 포인트	• 15번 기출문제 • 집 주제의 '집을 구할 때 사람들이 겪는 문제 묘사'와 같은 내용을 현재형 시제로 묘사 • 뉴스에 나오는 문제점에 관한 이야기이기 때문에 주어는 people, they 사용
중요도	★★★★★

5 I would like to now talk about where you live. Many homes today are equipped with new appliances or electronic devices that make everyday life more convenient. What are some of these new home appliances or electronic devices?

당신이 어디에 사는지 이야기해주세요. 오늘날 많은 가정들은 일상생활을 더 편리하게 해주는 새로운 가전제품이나 전자 제품을 갖추고 있습니다. 새로운 가전제품이나 전자 제품에는 어떤 것들이 있나요?

문항 유형	본인 집에 있는 최신 가전제품들 묘사
문항 수준	Advanced
핵심 포인트	• 14번 기출문제 • 사람들이 사용하는 다양한 가전제품을 현재형으로 나열 • 주어는 people, they 사용
중요도	★★★

6 Talk about a specific modern appliance or device that people consider as useful or convenient at home. Why do people consider this home appliance or device useful?

사람들이 집에서 유용하거나 편리하다고 여기는 특정한 현대 가전이나 기기에 대해 이야기해주세요. 사람들은 왜 이 가전제품이나 기기가 유용하다고 생각하나요?

문항 유형	사람들이 유용하게 느끼는 가전제품 묘사
문항 수준	Advanced
핵심 포인트	• 15번 기출문제 • 집 주제의 '가전제품이 우리 삶에 가져온 변화 묘사'와 같은 답변 활용 • 사람들이 유용하게 생각하는 가전 또는 기기이기 때문에 주어는 people, we 사용하며 현재형 시제로 묘사
중요도	★★★★★

7 How have home appliances changed our lives? How was life before the appliances different from life now? What is the biggest change on our lives?

가전제품들이 우리의 삶을 어떻게 변화 시켰나요? 가전제품이 없던 이전의 삶은 지금의 삶과 어떻게 달랐나요? 우리 삶에서 가장 큰 변화는 무엇인가요?

문항 유형	가전제품이 우리 삶에 가져온 변화 묘사
문항 수준	Advanced
핵심 포인트	• 15번 기출문제 • 집 주제의 '사람들이 유용하게 느끼는 가전제품 묘사'와 같은 답변 활용 • 사람들의 유용하게 생각하는 가전제품에 대해 이야기하기 때문에 주어는 people, we 사용하며 현재형 시제로 묘사
중요도	★★★★★

OPIc 질문에 대한 모범 답변을 살펴본 후, 질문의 핵심 포인트를 파악하여 나만의 OPIc 답변을 만들어보세요.

1 We all run into problems at home. Compare how you solve problems at your home to how your parents solve problems that occur in their home. How is it similar or how is it different? 🎧 MP3 06_Q1

집에서는 언제든 문제가 발생할 수 있습니다. 여러분들과 부모님이 집에서 문제를 해결하는 방법이 어떻게 다른지 비교해보세요. 무엇이 비슷하고 무엇이 다른가요?

	Structure	Idea
시작 문장	주제 문장 소개	to be honest, parents and I do not solve, differently
본문	본인과 부모님이 집에 생기는 문제점을 보통 어떻게 처리하는 지 묘사	first, deal with small problems, break glass, clean up, pick up the big pieces, vacuum the small pieces, on the other hand, get help for, home appliances, call a technician to fix
마무리 문장	나의 답변 마무리	once again, do not solve problems, differently

Model Answer 🎧 MP3 06_A1

❶ To be honest, my parents and I do NOT solve problems at home differently.
❷ First, we ❸ deal with small problems ❹ ourselves.
For example, when we break glass by mistake, we clean up the glass.
We pick up the big pieces and vacuum the small pieces.
❺ On the other hand, we get help for bigger problems.
For instance, when home appliances break down, we get some help.
We call a technician to fix the problem.
Once again, we do NOT solve problems at home differently.

Tips for Better Answer

* 14번 기출문제

▶ ❶ 본인과 부모님의 문제 해결 방법에 대해 묻는 질문이기 때문에 다르지 않다는 것을 시작 문장에 언급
핵심 표현인 parents, solve problems 사용
= Actually, the way we solve problems is similar.
사실 우리가 문제를 해결하는 방식은 비슷하다.

▶ ❷ 의견을 제시할 때에는 다양한 접속사 사용
First, we try to fix it ourselves. Then, we ask for help.
우선 우리 스스로 고쳐보려고 한다. 그리고 나서 도움을 요청한다.

▶ ❸ = solve

▶ ❹ 스스로 해결한다는 것을 강조하기 위해 쓰임
ourselves 앞에 전치사 by 추가 가능
Ex: I am going to fix this all by myself.
나 혼자서 다 해결할 것이다.

▶ ❺ 상반되는 의견이나 추가 정보를 제공하고 싶을 때 유용한 표현
= however, meanwhile
Ex: Meanwhile, we still need help to solve bigger problems.
하지만 큰 문제를 해결할 때에는 여전히 도움이 필요하다.

Key Expressions

- **to be honest** 솔직히 말해서
- **solve** 해결하다
- **differently** 다르게
- **deal with** 처리하다, 해결하다
- **pick up** 집다, 집어 들다, 줍다
- **vacuum** 청소기를 돌리다
- **get help** 도움을 받다
- **home appliances** 가전제품
- **technician** 기술자

솔직히 말해서, 부모님과 제가 집에서 일어난 문제를 다루는 방식은 다르지 않습니다. 먼저 우리는 작은 문제는 스스로 해결합니다. 예를 들어, 실수로 유리를 깨뜨리면 스스로 유리를 청소합니다. 큰 조각들을 줍고 작은 조각들을 진공청소기로 청소합니다. 반면에, 우리는 더 큰 문제들에 대해선 도움을 받습니다. 예를 들어, 가전제품이 고장 나면, 우리는 도움을 받습니다. 우리는 문제를 해결하기 위해 기술자를 부릅니다. 다시 한번 말하자면, 우리가 집에서 일어난 문제를 다르게 처리하지는 않습니다.

OPIc 질문에 대한 모범 답변을 살펴본 후, 질문의 핵심 포인트를 파악하여 나만의 OPIc 답변을 만들어보세요.

2 Homes have changed quite a lot over the years. How were they five to ten years ago and how are they now? What are the biggest characteristics of homes people live in now? 🎧 MP3 06_Q2

몇 년 동안 집들은 꽤 많이 변했습니다. 5년에서 10년 전에는 어땠고 지금은 어떤가요? 사람들이 현재 살고 있는 집의 가장 큰 특징은 무엇인가요?

	Structure	Idea
시작 문장	주제 문장 소개	homes have changed, over the last 5 to 10 years
본문	과거의 집과 현재 집의 차이점 나열	have become a lot prettier, modern, well-designed, apartments, a lot taller than, have a better view
마무리 문장	나의 답변 마무리	homes have become a lot better, past

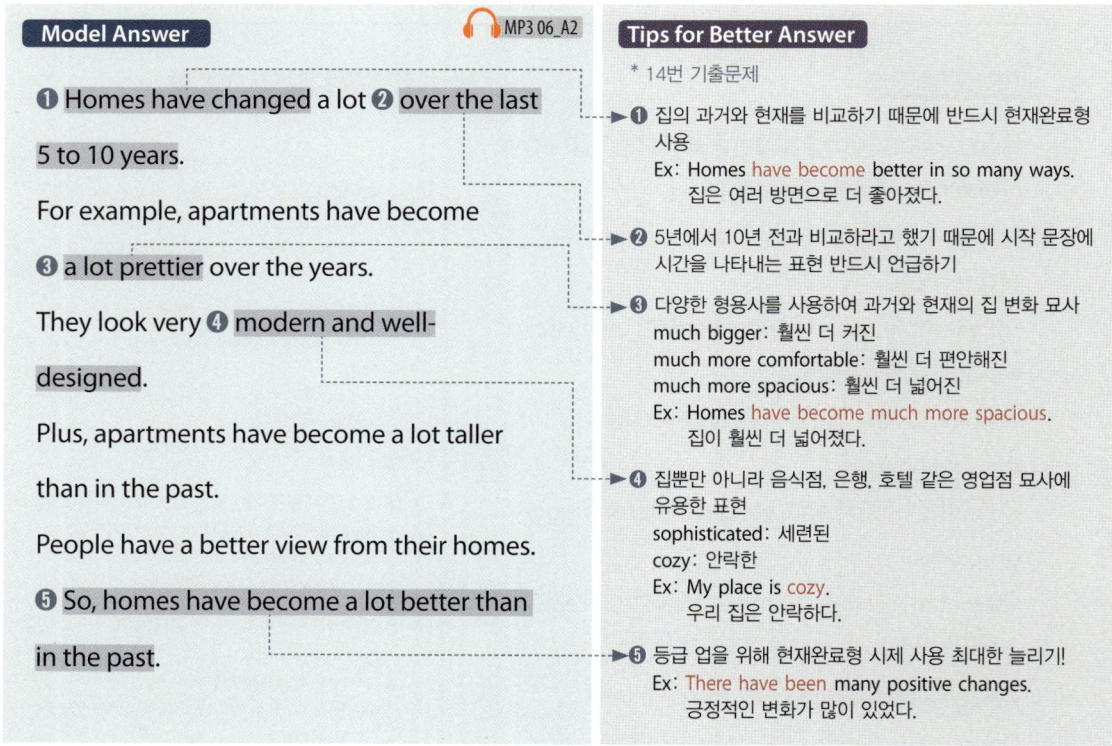

Model Answer 🎧 MP3 06_A2

❶ Homes have changed a lot ❷ over the last 5 to 10 years.

For example, apartments have become ❸ a lot prettier over the years.

They look very ❹ modern and well-designed.

Plus, apartments have become a lot taller than in the past.

People have a better view from their homes.

❺ So, homes have become a lot better than in the past.

Tips for Better Answer

* 14번 기출문제

❶ 집의 과거와 현재를 비교하기 때문에 반드시 현재완료형 사용
Ex: Homes have become better in so many ways.
집은 여러 방면으로 더 좋아졌다.

❷ 5년에서 10년 전과 비교하라고 했기 때문에 시작 문장에 시간을 나타내는 표현 반드시 언급하기

❸ 다양한 형용사를 사용하여 과거와 현재의 집 변화 묘사
much bigger: 훨씬 더 커진
much more comfortable: 훨씬 더 편안해진
much more spacious: 훨씬 더 넓어진
Ex: Homes have become much more spacious.
집이 훨씬 더 넓어졌다.

❹ 집뿐만 아니라 음식점, 은행, 호텔 같은 영업점 묘사에 유용한 표현
sophisticated: 세련된
cozy: 안락한
Ex: My place is cozy.
우리 집은 안락하다.

❺ 등급 업을 위해 현재완료형 시제 사용 최대한 늘리기!
Ex: There have been many positive changes.
긍정적인 변화가 많이 있었다.

Key Expressions

- **modern** 현대적인
- **well-designed** 잘 디자인되어 있는
- **view** 경치
- **become better** 더 나아지다, 좋아지다

지난 5~10년 동안 집은 많이 변했습니다. 예를 들어, 집은 훨씬 더 예뻐졌습니다. 매우 현대적이고 잘 디자인되어 있습니다. 게다가 아파트는 훨씬 더 높아졌습니다. 사람들은 집에서 더 좋은 경치를 즐길 수 있습니다. 즉, 집은 과거보다 훨씬 좋아졌습니다.

OPIc 질문에 대한 모범 답변을 살펴본 후, 질문의 핵심 포인트를 파악하여 나만의 OPIc 답변을 만들어보세요.

3-1 What are some major problems people have when they rent a house or an apartment? How do people deal with these issues? How do these things affect where people live? 🎧 MP3 06_Q3-1

집이나 아파트를 빌릴 때 겪는 주요 문제점은 무엇인가요? 사람들은 이 문제들을 어떻게 다루나요? 이런 것들이 사람들이 사는 곳에 어떤 영향을 미치나요?

3-2 Homes are in the news quite often because of problems in the housing market. Perhaps, there are too many people who are looking for homes, or there are too many homes out on the market. Talk about the news you remember watching about homes. How did people deal with that issue? 🎧 MP3 06_Q3-2

주택 시장의 문제 때문에 집이 꽤 자주 뉴스거리가 되고 있습니다. 아마도 집을 찾는 사람들이 너무 많거나, 시장에 너무 많은 집이 있을 것입니다. 여러분이 집에 대해 본 기억나는 뉴스에 대해 이야기하세요. 사람들은 그 문제를 어떻게 다루었나요?

Structure		Idea
시작 문장	주제 문장 소개	recently watched news, housing market
본문	집값과 임대료 상승으로 인해 사람들이 겪는 문제점 설명	rent prices, have risen, in Korea, a lot of trouble paying the rent, some people, loan to pay the rent, move to smaller homes, lower the rent
마무리 문장	나의 답변 마무리	once again, biggest problems, housing market, high rent prices

Model Answer 🎧 MP3 06_A3

❶ I recently watched the news about the housing market.
❷ Rent prices have risen a lot in Korea recently.
People have ❸ a lot of trouble paying the rent.
❹ Some people get a loan to pay the rent.
Some people move to smaller homes to lower the rent.
Once again, one of the biggest problems in the housing market is high rent prices.

Tips for Better Answer

* 15번 기출문제

➤ ❶ 주택 시장 관련 뉴스를 묻는 질문이기 때문에 핵심 단어인 news와 housing을 시작 문장에 언급

➤ ❷ 임대료를 일반화하여 표현하기 위해 price 뒤에 s 추가
현재까지 오르고 있다는 것을 나타내기 위해 현재완료형 또는 현재완료진행형 사용
= increase, go up
Ex: Rent prices have been going up.
임대료가 계속해서 오르고 있다.
The living costs have risen dramatically.
생활비가 급격하게 올랐다.

➤ ❸ trouble은 일반적으로 불가산 명사로 사용 (problem이란 의미)
걱정거리, 좋지 않았던 경험에 대해 말할 때에는 복수형 사용 가능
Ex: I have trouble with my car.
내 차에 문제가 있다. (불가산 명사 사용)
Tell me about all your troubles.
너의 걱정거리에 대해 말해줘. (걱정거리란 의미이기 때문에 가산 명사로 바뀜)

➤ ❹ 답변 양 확보를 위해 사람들이 집값 상승으로 인해 겪는 문제점 나열
모든 사람들이 겪는 문제가 아니기 때문에 주어 people이 아닌 some people 사용

Key Expressions

- **recently** 최근에
- **housing market** 주택 시장
- **rent price** 임대료
- **have trouble** 어려움을 겪다
- **paying the rent** 임대료 지불
- **get a loan** 대출을 받다
- **lower the rent** 임대료를 낮추다

최근 주택 시장에 대한 뉴스를 봤습니다. 최근 한국 주택 임대료가 크게 올랐습니다. 사람들은 집세를 내는 데 어려움을 겪습니다. 어떤 사람들은 집세를 내기 위해 대출을 받습니다. 임대료를 낮추기 위해 더 작은 집으로 이사하는 사람도 있습니다. 즉, 주택 시장의 가장 큰 문제 중 하나가 비싼 임대료입니다.

IH 이상 등급을 받기 위해 문장을 늘리는 연습을 해보세요.

Question 1

1. First, we deal with small problems ourselves.
   → First, we <u>try to</u> deal with small problems ourselves <u>since it is cost-efficient</u>. (노력하다 / 비용이
   절감되기 때문에)

2. We call a technician to fix the problem.
   → We <u>usually</u> call a technician to fix the problem <u>because it is easier that way</u>. (보통 / 그 방식이
   더 편하기 때문에)

3. On the other hand, we get help for bigger problems.
   → On the other hand, we get help for bigger problems <u>since ordinary people like us can't
   deal with them ourselves</u>. (우리 같은 일반 사람들은 그것을 직접 해결하기 어렵기 때문에)

Question 2

1. Homes have changed a lot over the last 5 to 10 years.
   → Homes have changed a lot over the last 5 to 10 years <u>because the economy of Korea has
   been growing and people want better houses</u>. (한국의 경제가 계속 성장해왔고 사람들은 더 나은 집을
   원하기 때문에)

2. They look very modern and well-designed.
   → They look very modern and well-designed <u>because people prefer these kinds of designs
   instead of traditional ones</u>. (전통적인 디자인보다 이런 종류의 디자인을 선호하기 때문에)

3. Plus, apartments have become a lot taller than in the past.
   → Plus, apartments have become a lot taller than in the past, <u>and you can easily see
   50-story apartments in the city</u>. (그리고 도시에서 쉽게 50층짜리 아파트를 볼 수 있다.)

Question 3

1. I recently watched the news about the housing market.
   → I recently watched the news <u>on TV</u> about <u>the new government policies that affect</u> the
   housing market <u>in Korea</u>. (TV에서 / ~에 영향을 주는 정부의 새로운 정책들 / 한국에서)

2. Rent prices have risen a lot in Korea recently.
   → Rent prices have risen a lot in Korea recently <u>and it is causing many problems</u>. (그리고 그것은
   많은 문제를 야기하고 있다.)

3. People have a lot of trouble paying the rent.
   → People have a lot of trouble paying the rent <u>because it is way too high</u>. (너무 높기 때문에)

OPIc 질문에 대한 모범 답변을 살펴본 후, 질문의 핵심 포인트를 파악하여 나만의 OPIc 답변을 만들어보세요.

4 I would like to now talk about where you live. Many homes today are equipped 🎧 MP3 06_Q4
with new appliances or electronic devices that make everyday life more convenient.
What are some of these new home appliances or electronic devices?

당신이 어디에 사는지 이야기해주세요. 오늘날 많은 가정들은 일상생활을 더 편리하게 해주는 새로운 가전제품이나 전자 제품을 갖추고 있습니다. 새로운 가전제품이나 전자 제품에는 어떤 것들이 있나요?

Structure		Idea
시작 문장	주제 문장 소개	various types of new home appliances
본문	냉장고, 전자레인지, 공기 청정기의 장점 이야기	one of the most important, fridge, keeps food cold, prevents, going bad, microwave, made our lives a lot easier, air-purifier, must-have item, air quality, pretty bad
마무리 문장	나의 답변 마무리	these are the new appliances

Model Answer 🎧 MP3 06_A4

I have various types of ❶ new home appliances in my apartment.

❷ One of the most important appliances is the fridge.

It ❸ keeps food cold and prevents it from going bad.

Next, the microwave heats food up.

It ❹ has made our lives a lot easier.

Also, the air purifier makes the air clean.

It is ❺ a must-have item because the air quality is pretty bad these days.

So, these are the new appliances I have at home.

Tips for Better Answer

* 14번 기출문제

❶ 집에서 사용하는 가전제품을 묘사하라고 했기 때문에 핵심 표현인 new home appliances를 시작 문장에 언급 가전제품 또는 기계와 어울리는 형용사를 사용하여 등급 업! 최첨단이란 의미의 고급 형용사: state-of-the-art, high-tech, cutting edge
Ex: There are many state-of-the-art technologies.
최첨단의 기술이 많이 있다.

❷ 〈one of the 최상급 형용사 + 복수 명사〉
가장 (형용사)한 (명사)들 중에 하나
Ex: One of the most useful appliances is the microwave.
가장 유용한 가전제품 중 하나는 전자레인지다.

❸ 〈keep + 목적어 + 형용사〉
(목적어)가 (형용사) 할 수 있게 유지하다
Ex: It keeps the food hot.
음식을 따뜻하게 유지한다.

❹ 우리의 삶에 준 변화를 묘사하기 위해 현재완료형 have made 사용
= have changed
Ex: It has changed our life.
우리의 삶을 바꾸었다.

❺ '필수 아이템'이라는 뜻으로 유용한 합성어!
Ex: Smartphones are must-have items for everyone.
스마트폰은 모든 사람들에게 꼭 있어야 하는 물건이다.

Key Expressions
- **home appliances** 가전제품
- **important** 중요한
- **fridge** 냉장고
- **keep food cold** 음식을 차갑게 유지하다
- **prevent A from B** A가 B되는 것을 막다, 예방하다
- **go bad** 상하다
- **microwave** 전자레인지
- **air-purifier** 공기 청정기
- **must-have item** 꼭 가지고 있어야 할 물건
- **air quality** 공기 질

제 아파트에는 다양한 종류의 새로운 가전제품이 있습니다. 가장 중요한 가전제품 중 하나는 냉장고입니다. 음식을 차갑게 유지하고 상하지 않게 합니다. 다음으로, 전자레인지는 음식을 데웁니다. 그것은 우리의 삶을 더 쉽게 만들어 주었습니다. 또 공기청정기는 공기를 깨끗하게 해줍니다. 요즘 공기 질이 꽤 좋지 않아 꼭 필요한 할 물건입니다. 이것들이 저의 집에 있는 새로운 가전제품들입니다.

OPIc 질문에 대한 모범 답변을 살펴본 후, 질문의 핵심 포인트를 파악하여 나만의 OPIc 답변을 만들어보세요.

5-1 Talk about a specific modern appliance or device that people consider as useful 🎧 MP3 06_Q5-1
or convenient at home. Why do people consider this home appliance or device useful?
사람들이 집에서 유용하거나 편리하다고 여기는 특정한 현대 가전이나 기기에 대해 이야기해주세요. 왜 이 가전제품이나 기기가
유용하다고 생각하나요?

5-2 How have home appliances changed our lives? How was life before the 🎧 MP3 06_Q5-2
appliances different from life now? What is the biggest change on our lives?
가전제품들이 우리의 삶을 어떻게 변화시켰나요? 가전제품이 없던 이전의 삶은 지금의 삶과 어떻게 달랐나요? 우리 삶에서 가장 큰
변화는 무엇인가요?

	Structure	Idea
시작 문장	주제 문장 소개	vacuum cleaners, one of the most useful
본문	유용한 가전제품으로 청소기를 설명한 후 덕분에 쉬워진 청소 방법 묘사	used to sweep, broom, but now, vacuum cleaners, suck up the dust, wireless vacuum cleaners, even more convenient, do not need to plug them in
마무리 문장	나의 답변 마무리	cleaning the floors has become, easier, past

Model Answer 🎧 MP3 06_A5

I think ❶ vacuum cleaners are one of the most useful home appliances.

❷ Back in the day, we ❸ used to sweep the floors with a broom.

❹ But now, we use vacuum cleaners to clean the floors.

They suck up the dust very easily.

Plus, there are wireless vacuum cleaners these days.

They are even more convenient because you do NOT need to plug them in.

So, ❺ cleaning the floors has become a lot easier than in the past.

Tips for Better Answer

* 15번 기출문제

▶ ❶ 유용하게 느끼는 가전제품에 대해 물었기 때문에 핵심 표현 useful과 답변인 vacuum cleaner을 시작 문장에 넣기

▶ ❷ 가전제품으로 인해 변화된 삶에 대해 묘사해야 하기 때문에 과거를 나타내는 표현 언급하기
= in the past 과거에는

▶ ❸ 〈used to + 동사원형〉
과거에 (동사)를 반복적으로 했다
Ex: We used to sweep the floors because the vacuum cleaners were not common at that time.
그 당시에는 진공청소기가 흔하지 않아서 우리는 바닥을 쓸었다.

▶ ❹ 변화된 현재에 대해 설명하기 위해 필요한 시간 표현
= however these days
이 시간 표현 뒤에는 현재형 또는 현재완료형 사용
Ex: But now, cleaning has become much easier thanks to the vacuum cleaners.
하지만 지금은 진공청소기 덕분에 청소가 훨씬 쉬워졌다.

▶ ❺ 과거보다 현재가 더 좋아졌을 때 유용하게 쓰이는 문장 암기 필수!
Ex: So, doing the housework has become a lot easier thanks to the vacuum cleaners.
진공청소기 덕분에 집안일을 하는 것이 훨씬 쉬워졌다.

Key Expressions

- **vacuum cleaner** 진공청소기
- **useful** 유용한
- **home appliance** 가전제품
- **sweep** (바닥을) 쓸다
- **broom** 빗자루
- **suck up** 빨아들이다
- **wireless vacuum cleaners** 무선 진공청소기
- **plug in** 플러그를 꽂다, 연결하다

저는 진공청소기가 가장 유용한 가전제품 중 하나라고 생각합니다. 옛날에는 빗자루로 바닥을 쓸곤 했습니다. 그런데 지금은 진공청소기로 바닥을 청소합니다. 그것은 먼지를 아주 쉽게 빨아들입니다. 게다가 요즘에는 무선 진공청소기도 있습니다. 전원을 연결할 필요가 없기 때문에 훨씬 더 편리합니다. 그래서 바닥 청소는 과거보다 훨씬 쉬워졌습니다.

메이터어 트렌드어 쉽게 취득하는 OPIc IH

IH 이상 등급을 받기 위해 문장을 늘리는 연습을 해보세요.

Question 4

1. One of the most important appliances is the fridge.
    → One of the most important <u>and useful</u> appliances is the fridge. (그리고 유용한)

2. Next, the microwave heats food up.
    → Next, the microwave heats food up <u>within a few minutes</u>. (몇 분 안에)

3. Also, the air purifier makes the air clean.
    → Also, the air purifier makes the air clean <u>and it is definitely necessary in Korea nowadays</u>.
    (그리고 요즘 한국에는 꼭 필요하다.)

Question 5

1. I think vacuum cleaners are one of the most useful home appliances.
    → I think vacuum cleaners are one of the most useful <u>and practical</u> home appliances.
    (그리고 실용적인)

2. Back in the day, we used to sweep the floors with a broom.
    → Back in the day, we used to sweep the floors with a broom <u>which was inconvenient and time-consuming</u>. (불편하고 시간이 많이 걸렸던)

3. They suck up the dust very easily.
    → They suck up the dust very easily <u>and it keeps the house clean</u>. (그리고 집을 깨끗하게 유지해준다.)

Chapter 07

Furniture / Recycling

질문을 제대로 파악하는 것만으로도 성공적으로 시험을 치를 수 있습니다. OPIc에서 자주 출제되는 질문들을 알아보세요.

Furniture

1 **Tell me about the furniture you have in your home. Is there a piece of furniture that is your favorite?**

집에 있는 가구들에 대해 말해주세요. 가장 좋아하는 가구가 있나요?

문항 유형 본인 집에 있는 가구, 가장 좋아하는 가구 묘사

문항 수준 Intermediate

핵심 포인트
- 집 주제의 '본인 집에 가장 좋아하는 방 묘사'의 표현 및 단어 활용
- 현재 사용하는 가구의 종류를 현재형을 사용하여 나열하며 본인의 집에 있는 가구이기 때문에 주어 I 또는 room 위주로 사용

중요도 ★

2 **Tell me about how you use your furniture on a typical day. What kinds of things do you do with your furniture?**

일상생활에서 가구를 어떻게 사용하는지 알려주세요. 당신의 가구로 어떤 종류의 일을 하나요?

문항 유형	특정 가구들의 용도 묘사
문항 수준	Intermediate
핵심 포인트	• 평소 자주 사용하는 소파와 침대에 대해 묘사
	• 주어 I 와 현재형 시제를 사용하여 그 가구로 본인이 주로 하는 일 묘사
중요도	★★★

3 **Tell me about the furniture that you had at home when you were a child. Was there anything different from the furniture that you use today?**

어렸을 때 집에 가지고 있던 가구들에 대해 말해주세요. 오늘날 사용하는 가구와 다른 점은 없었나요?

문항 유형	어렸을 때 쓰던 가구와 지금 쓰는 가구 비교
문항 수준	Advanced
핵심 포인트	• 어렸을 때 사용했던 가구는 과거형으로 묘사
	• 현재 사용하는 가구는 현재형으로 묘사
	• 본인이 사용한 가구에 대한 이야기이기 때문에 furniture의 종류와 I 를 주어로 사용
중요도	★

4 **Tell me about a time when you had a problem with your furniture. Perhaps it could have gotten damaged for some reason. Tell me what exactly happened and how you solved the problem.**

가구에 문제가 생겼던 때를 말해주세요. 아마 어떤 이유에선지 손상되었을 수도 있습니다. 정확히 무슨 일이 일어났는지 어떻게 문제를 해결했는지 말해주세요.

문항 유형	특정가구에 생겼던 문제 / 해결방법 설명
문항 수준	Advanced
핵심 포인트	• 의자의 다리가 부러진 문제점 묘사
	• 과거의 경험이기 때문에 과거형 시제를 사용해서 간단한 해결방법 설명
	• 가구에 관한 이야기이기 때문에 주어 it, one of, this 등 상황에 맞게 사용
중요도	★

Recycling

1 **Recycling is a common practice in many places. Tell me about all the different kinds of items that you recycle.**

재활용은 많은 곳에서 흔한 관습입니다. 재활용하는 모든 종류의 물건들에 대해 말해주세요.

문항 유형	본인이 재활용하는 물건들 묘사
문항 수준	Intermediate
핵심 포인트	• 재활용 방법을 현재형을 사용하여 상세히 묘사
	• 본인이 재활용하는 방법이기 때문에 주어 I, recycling 사용
중요도	★★

2 **Tell me what recycling was like when you were a child. Was there a particular place to which you took out the recyclables? Describe what it was like and what you did in detail.**

어렸을 때 재활용이 어땠는지 말해주세요. 재활용품을 버리는 특별한 장소가 있었나요? 어땠는지, 무엇을 했는지 자세히 설명해주세요.

문항 유형	어렸을 때 했던 재활용 방법 묘사
문항 수준	Advanced

핵심 포인트
- 재활용의 '재활용품 수거 방법의 과거와 현재 비교'와 답변 함께 준비
- 과거의 재활용 방법을 묘사할 때 과거형 시제를 사용하며 현재 재활용 방법은 현재형으로 묘사
- 재활용 수거 방법과 나의 어렸을 때 재활용 방법을 함께 묘사해야 하기 때문에 주어는 recycling, students, I 를 상황에 맞게 사용

중요도 ★★★★

3 **Problems sometimes occur while recycling. Perhaps, the pick-up service did not come as planned. Or, the items were too big for the containers. Tell me about a memorable experience related to recycling.**

재활용하는 동안 문제가 발생하는 경우가 있습니다. 아마도 수거가 계획대로 되지 않았을 것입니다. 아니면, 수거함에 비해 물건이 너무 컸을 수도 있습니다. 재활용과 관련하여 기억에 남는 것에 대해 말해주세요.

문항 유형	재활용 관련된 예기치 않았던 에피소드 설명
문항 수준	Advanced

핵심 포인트
- '재활용에 대해 본 뉴스 서술'의 답변과 함께 준비
- 뉴스에서 본 재활용 관련 내용을 이야기 해야 하기 때문에 주어는 recycling, they, it 등 상황에 맞게 다양하게 사용
- 과거의 사건을 묘사하기 때문에 과거형 시제 사용

중요도 ★★★★

4 **The handling of recycling materials has changed over the years. Tell me how the collection of recycling materials used to be in the past and how it has changed over the years.**

재활용 방법은 몇 년 동안 변화해 왔습니다. 과거에 재활용 자재가 어떻게 수집되었는지, 그리고 이것이 몇 년 동안 어떻게 변해 왔는지 말해주세요.

문항 유형	재활용 수거 방법 과거와 현재 변화 묘사
문항 수준	Advanced

핵심 포인트
- 14번 기출문제
- 재활용의 '어렸을 때 했던 재활용 방법 묘사' 답변과 함께 대비
- 과거의 재활용 방법을 묘사할 때 과거형 시제를 사용하며 현재 재활용 방법은 현재형으로 묘사
- 재활용 수거 방법과 나의 어렸을 때 재활용 방법을 함께 묘사해야 하기 때문에 주어는 recycling, students, I 를 상황에 맞게 사용

중요도 ★★★★

5 **Stories about recycling are often in the media. Tell me about a news story that you saw related to recycling. Describe what the story was about.**

재활용에 관한 이야기들은 종종 미디어에 실립니다. 재활용과 관련된 뉴스 소식 한 가지에 대해 말해주세요. 어떤 내용이었는지 설명해주세요.

문항 유형	재활용에 대해 본 뉴스 내용 서술
문항 수준	Advanced

핵심 포인트
- 15번 기출문제
- 뉴스에서 본 재활용 관련 내용을 이야기 해야 하기 때문에 주어는 recycling, they, it 등 상황에 맞게 다양하게 사용
- 과거의 사건을 묘사하기 때문에 과거형 시제 사용

중요도 ★★★★

 **OPIc 모범 답변 학습하기**

OPIc 질문에 대한 모범 답변을 살펴본 후, 질문의 핵심 포인트를 파악하여 나만의 OPIc 답변을 만들어보세요.

1 **Tell me about the furniture you have in your home. Is there a piece of furniture that is your favorite?**  MP3 07_Q1

집에 있는 가구들에 대해 말해주세요. 가장 좋아하는 가구가 있나요?

Structure		Idea
시작 문장	주제 문장 소개	various types of furniture, apartment
본문	집에 있는 가구의 종류 나열하기	living room, sofa, tea table, bedroom, bed, desk, nightstand, bookshelf, closets, favorite furniture, love to sleep, comfy, cozy
마무리 문장	나의 답변 마무리	these are, furniture, at home

Model Answer MP3 07_A1

❶ There are various types of furniture in my apartment.

❷ In the living room, there is a sofa, a tea table and a cabinet.

In my bedroom, I have a bed, a desk, a chair, and a nightstand.

Plus, I have a bookshelf, a dressing table and some closets.

I think my favorite furniture is my bed

❸ because I love to sleep.

It is a very ❹ comfy and cozy bed.

So, these are the types of furniture I have at home.

Tips for Better Answer

* '집' 주제의 '본인 집에 가장 좋아하는 방 묘사'에 나온 어휘와 표현 그대로 활용

▶❶ 〈there are + 복수 명사〉
furniture은 불가산 명사로 앞에 types of 또는 pieces of 사용
Ex: There are so many pieces of furniture in my house.
우리 집에는 가구가 매우 많다.
현재 집에 있는 가구를 묘사하기 때문에 현재형 시제 유지

▶❷ 답변 양 확보를 위해 각 방에 있는 가구 하나씩 나열
집에 하나씩 있는 가구는 단수 명사 사용
Ex: There is a king-sized bed and a dressing table in my bedroom.
내 침실에는 킹사이즈 침대와 화장대가 있다.

▶❸ 특정 공간을 좋아하는 이유 추가 가능
Ex: because I can relax there all by myself 혼자서 온전히 쉴 수 있기 때문에
Ex: because I enjoy cooking 요리를 좋아하기 때문에

▶❹ 가구뿐 아니라 장소의 분위기 묘사에 유용한 형용사
Ex: The restaurant has comfy and cozy atmosphere.
그 음식점의 분위기는 편안하고 안락하다.

Key Expressions

- **various** 다양한
- **cabinet** 수납장
- **desk** 책상
- **chair** 의자
- **nightstand** 침실용 탁자
- **bookshelf** 책꽂이
- **dressing table** 화장대
- **closet** 옷장
- **favorite** 가장 좋아하는
- **comfy** 편안한
- **cozy** 안락한

제 아파트에는 다양한 종류의 가구가 있습니다. 거실에는 소파, 차 테이블, 수납장이 있습니다. 침실에는 침대, 책상, 의자, 그리고 침실용 탁자가 있습니다. 책꽂이와 화장대, 그리고 옷장도 몇 개 있습니다. 잠 자는 것을 좋아하기 때문에 제가 가장 좋아하는 가구는 침대입니다. 매우 편안하고 아늑한 침대입니다. 즉 이것이 집에 있는 가구입니다.

OPIc 질문에 대한 모범 답변을 살펴본 후, 질문의 핵심 포인트를 파악하여 나만의 OPIc 답변을 만들어보세요.

2 Tell me about how you use your furniture on a typical day. What kinds of things  do you do with your furniture?

일상생활에서 가구를 어떻게 사용하는지 알려주세요. 당신의 가구로 어떤 종류의 일을 하나요?

Structure		Idea
시작 문장	주제 문장 소개	sofa, living room, all the time
본문	거실에서 사용하는 소파와 방의 침대에 대해 설명	sit on it, getting some rest, TV, lie down on it, take a nap, use my bed, every single day, good night's sleep, important
마무리 문장	나의 답변 마무리	good mattress, get quality sleep

Model Answer MP3 07_A2

[소파]

I ❶ use the sofa in the living room ❷ all the time.

I sit on it when I am ❸ getting some rest or watching TV.

I ❹ sometimes lie down on it to take a nap.

[침대]

I use my bed in my room every single day.

❺ Getting a good night's sleep is very important.

Having a good mattress helps me get quality sleep.

Tips for Better Answer

▶❶ 평상시 사용하는 가구를 묘사하기 때문에 현재형 시제 사용

▶❷ = every single time, every minute

▶❸ take a rest는 broken English! 절대 사용하지 않기
= relax, rest, kick back
Ex: I enjoy relaxing on my bed.
     침대에서 쉬는 것을 즐긴다.

▶❹ 항상 하는 행동이 아니기 때문에 빈도 부사 sometimes를 사용하여 일반화 피하기
〈주로 사용되는 빈도 부사〉
always: 항상
usually: 일반적으로
often: 자주
rarely: 드물게
Ex: I rarely lie down on the sofa.
     나는 소파에는 거의 눕지 않는다.

▶❺ 동명사를 주어로 사용하여 등급 업!
= It is very important to get a good night's sleep.

Key Expressions

- **sit on** ~에 앉다
- **get some rest** 쉬다
- **lie down on** ~에 눕다

- **take a nap** 낮잠 자다
- **get a good night's sleep** 잠을 푹 자다
- **quality sleep** 높은 수면의 질, 충분한 수면

[소파] 저는 거실에 있는 소파를 항상 사용합니다. TV를 보거나 휴식을 취할 때 그 위에 앉습니다. 가끔 누워서 낮잠을 잡니다.
[침대] 저는 매일 방에 있는 침대를 사용합니다. 잠을 푹 자는 것은 매우 중요합니다. 좋은 매트리스는 충분한 수면을 취하는 데 도움이 됩니다.

OPIc 질문에 대한 모범 답변을 살펴본 후, 질문의 핵심 포인트를 파악하여 나만의 OPIc 답변을 만들어보세요.

3 **Tell me about the furniture that you had at home when you were a child. Was there** 🎧 MP3 07_Q3
anything different from the furniture that you use today?
어렸을 때 집에 가지고 있던 가구들에 대해 말해주세요. 오늘날 사용하는 가구와 다른 점은 없었나요?

Structure		Idea
시작 문장	주제 문장 소개	kid, furniture I had, a lot smaller
본문	어렸을 때 사용했던 침대와 책장을 현재 사용하는 가구와 비교	bed, a single bed, children, a queen-sized bed, adults, color of the furniture, brighter, for instance, bookshelf, light brown, dark brown
마무리 문장	나의 답변 마무리	size, color of the furniture, biggest differences

Model Answer 🎧 MP3 07_A3

❶ When I was a kid, the furniture I had was ❷ a lot smaller.

For example, my bed was a single bed for children.

❸ The one I use now is a queen-sized bed for adults.

❹ Next, the color of the furniture used to be brighter.

For instance, my bookshelf was light brown when I was a kid.

The one I use now is dark brown.

So, ❺ the size and color of the furniture are the biggest differences.

Tips for Better Answer

▶ ❶ 어렸을 때의 가구를 묘사하라고 했기 때문에 반드시 나와야 하는 시간 표현
이 표현 후에는 과거형 시제 사용
= when I was a child, when I was young

▶ ❷ 현재의 가구와 비교하기 위해 비교급 사용
a lot은 smaller를 꾸미는 부사의 역할
= much more
Ex: The bed I had was a lot more comfortable.
내가 사용했던 침대는 훨씬 더 편안했다.

▶ ❸ 〈the one (that / which) 주어+ 동사〉
(주어)가 (동사)하는 것 (관계대명사 생략)
Ex: The one (that / which) I bought is really pricey.
내가 산 것은 매우 비싸다.

▶ ❹ 여러 가지 차이점을 나열할 때는 반드시 다양한 접속사 사용
= and, plus, also, besides

▶ ❺ 〈A and B are the biggest differences〉
'A와 B가 가장 큰 차이점들이다'라는 의미로 차이점을 설명한 후 마무리 문장으로 추천!
〈다른 추천 문장들〉
Ex: So, there are many differences between the two.
그 둘 사이에 많은 차이점이 있다.
So, there have been many changes.
많은 변화가 있었다.

Key Expressions

- **smaller** 더 작은
- **single bed** 싱글 사이즈 침대
- **queen-sized bed** 퀸 사이즈 침대
- **brighter** 더 밝은
- **light brown** 연한 갈색
- **dark brown** 진한 갈색
- **biggest difference** 가장 큰 차이점

제가 어렸을 때 가지고 있던 가구는 훨씬 더 작았습니다. 예를 들어, 제 침대는 아이용 싱글 침대였습니다. 제가 지금 사용하는 것은 성인용 퀸사이즈 침대입니다. 또한, 가구의 색은 더 밝았습니다. 예를 들어, 제가 어릴 때 사용했던 책꽂이는 연한 갈색이었습니다. 제가 지금 사용하는 것은 짙은 갈색입니다. 즉, 가구 크기와 색깔이 가장 큰 차이점입니다.

OPIc 질문에 대한 모범 답변을 살펴본 후, 질문의 핵심 포인트를 파악하여 나만의 OPIc 답변을 만들어보세요.

4 **Tell me about a time when you had a problem with your furniture. Perhaps it could** 🎧 MP3 07_Q4 **have gotten damaged for some reason. Tell me what exactly happened and how you solved the problem.**

가구에 문제가 생겼던 때를 말해주세요. 아마 어떤 이유에선지 손상되었을 수도 있습니다. 정확히 무슨 일이 일어났는지 어떻게 문제를 해결했는지 말해주세요.

	Structure	Idea
시작 문장	주제 문장 소개	remember, one of the chairs, got damaged
본문	의자 다리가 고장 나서 해결했던 경험에 대해 묘사	legs broke off, one of handles fell off, scratches on the side, impossible, fix, threw it away
마무리 문장	나의 답변 마무리	this was, problem I had, furniture

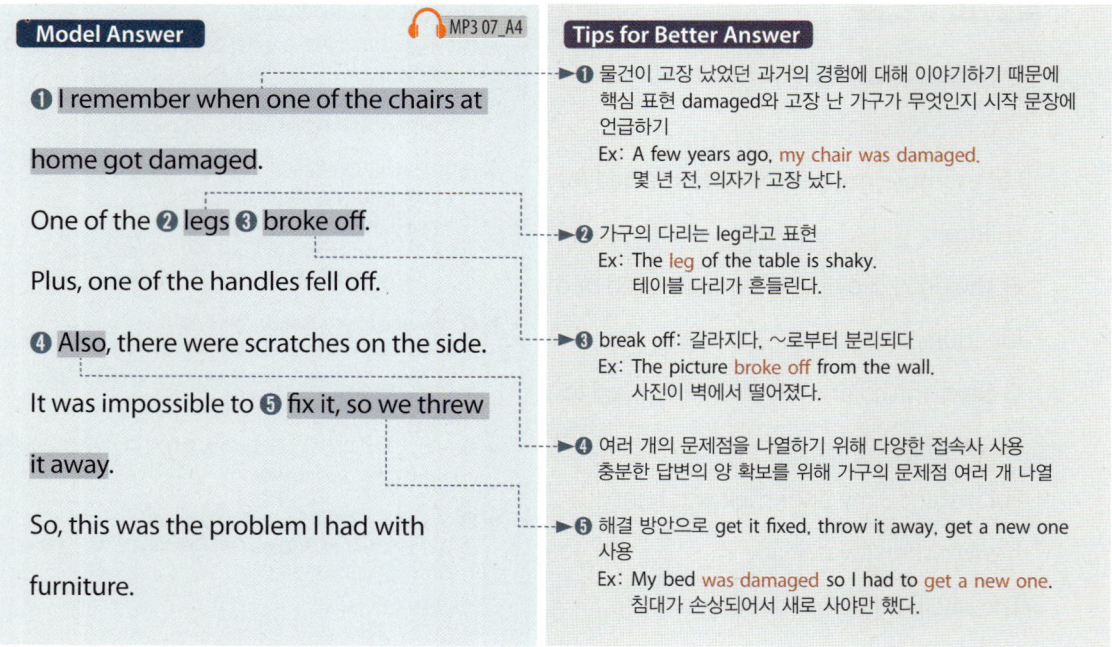

Model Answer 🎧 MP3 07_A4

❶ I remember when one of the chairs at home got damaged.

One of the ❷ legs ❸ broke off.

Plus, one of the handles fell off.

❹ Also, there were scratches on the side.

It was impossible to ❺ fix it, so we threw it away.

So, this was the problem I had with furniture.

Tips for Better Answer

▶❶ 물건이 고장 났던 과거의 경험에 대해 이야기하기 때문에 핵심 표현 damaged와 고장 난 가구가 무엇인지 시작 문장에 언급하기
  Ex: A few years ago, my chair was damaged.
   몇 년 전, 의자가 고장 났다.

▶❷ 가구의 다리는 leg라고 표현
  Ex: The leg of the table is shaky.
   테이블 다리가 흔들린다.

▶❸ break off: 갈라지다, ~로부터 분리되다
  Ex: The picture broke off from the wall.
   사진이 벽에서 떨어졌다.

▶❹ 여러 개의 문제점을 나열하기 위해 다양한 접속사 사용
  충분한 답변의 양 확보를 위해 가구의 문제점 여러 개 나열

▶❺ 해결 방안으로 get it fixed, throw it away, get a new one 사용
  Ex: My bed was damaged so I had to get a new one.
   침대가 손상되어서 새로 사야만 했다.

Key Expressions

- **get damaged** 망가지다
- **leg** 다리
- **break off** 분리되다, 갈라지다
- **handle** 손잡이
- **impossible** 불가능한
- **throw away** 버리다

집에 있는 의자 중 하나가 망가졌을 때를 기억합니다. 다리 하나가 부러졌습니다. 게다가 손잡이 하나가 떨어져 나갔습니다. 옆구리에 긁힌 자국이 있었습니다 고치는 것이 불가능해서 버렸습니다. 그래서, 이것이 제가 가구 때문에 겪었던 문제입니다.

IH 이상 등급을 받기 위해 문장을 늘리는 연습을 해보세요.

Question 1

1. There are various types of furniture in my apartment.
   → There are various types of <u>beautiful and useful</u> furniture in my apartment. (아름답고 유용한)

2. In the living room, there is a sofa, a tea table and a cabinet.
   → In the living room, there is a sofa <u>for 4 people</u>, a tea table and a <u>wooden</u> cabinet. (4인용 / 원목)

3. It is a very comfy and cozy bed.
   → It is a very comfy and cozy bed, <u>and I feel much more refreshed when I get up in the morning</u>. (그래서 아침에 일어나면 기분이 훨씬 상쾌하다.)

Question 2

1. I use the sofa in the living room all the time.
   → I use the sofa in the living room all the time <u>because it is so comfy</u>. (너무 편안하기 때문에)

2. I sometimes lie down on it to take a nap.
   → I sometimes lie down on it to take a nap <u>when I feel exhausted after working long hours</u>.
   (긴 시간 일을 해서 피곤할 때)

3. Getting a good night's sleep is very important.
   → Getting a good night's sleep is very important <u>so that I can concentrate on my work</u>.
   (그래서 내 일에 더 집중할 수 있다.)

Question 3

1. When I was a kid, the furniture I had was a lot smaller.
   → When I was a kid, the furniture I had was a lot smaller <u>and it was not that stylish</u>. (그렇게까지 세련되지 않았다.)

2. The one I use now is a queen-sized bed for adults.
   → The one I use now is a queen-sized bed for adults <u>which is firm but relaxing</u>. (딱딱하지만 편안한)

3. For instance, my bookshelf was light brown when I was a kid.
   → For instance, my bookshelf was light brown <u>and did not have much space</u> when I was a kid.
   (그리고 공간이 많지 않았다.)

Question 4

1. I remember when one of the chairs at home got damaged.
   → I remember when one of the chairs at home got damaged <u>for some reason</u>. (어떤 이유에서인지)

2. Also, there were scratches on the side.
   → Also, there were <u>a lot of</u> scratches on the side <u>and it made squeaky sound</u>. (많은 / 그리고 끽끽거리는 소리를 냈다.)

3. So, this was the problem I had with furniture.
   → So, this was the problem I had with furniture, <u>and it was very frustrating</u>. (그리고 매우 짜증났었다.)

OPIc 질문에 대한 모범 답변을 살펴본 후, 질문의 핵심 포인트를 파악하여 나만의 OPIc 답변을 만들어보세요.

5 **Recycling is a common practice in many places. Tell me about all the different kinds of items that you recycle.**

재활용은 많은 곳에서 흔한 관습입니다. 당신이 재활용하는 모든 종류의 물건들에 대해 말해주세요.

Structure		Idea
시작 문장	주제 문장 소개	gather the recyclables, separately
본문	재활용하는 방법 묘사	put, bottles, plastics, paper, glass, in the recycling basket, take them out, on average, on my way out, eco-friendly
마무리 문장	나의 답변 마무리	reuse, resources, protect, environment

Model Answer 🎧 MP3 07_A5

I ❶ gather the recyclables at home separately.
I put ❷ cans, bottles, plastics, paper and glass in the recycling basket.
I ❸ take them out once a week on average.
I normally do that ❹ on my way out.
Recycling is ❺ eco-friendly.
It helps us reuse our resources and protect the environment.

Tips for Better Answer

▶❶ 우리나라의 재활용 관습 묘사에 쓰이는 필수 표현 1
　Ex: First, I gather trash that I can recycle.
　　먼저, 재활용할 수 있는 쓰레기를 모은다.

▶❷ 답변 양 확보를 위해 재활용 가능한 소재 또는 물품 나열

▶❸ 우리나라의 재활용 관습 묘사에 쓰이는 필수 표현 2
　Ex: Then, I take the trash out to the recycling area.
　　재활용하는 공간으로 쓰레기를 가지고 나간다.

▶❹ 나가는 길에
　정확한 목적지를 말하고 싶을 때는 to 추가
　Ex: I take out the trash on my way out to work.
　　회사 가는 길에 쓰레기를 버린다.

▶❺ 〈friendly가 쓰인 합성어〉
　nature-friendly: 자연친화적
　user-friendly: 이용하기 편리한
　foreigner-friendly: 외국인들이 이용하기 편리한

Key Expressions

- **gather** 모으다
- **separately** 따로
- **put** 넣다
- **bottles** 유리병
- **plastics** 플라스틱
- **recycling basket** 재활용 바구니
- **on average** 평균적으로
- **on my way out** 나가는 길에
- **eco-friendly** 친환경적인
- **reuse** 재사용하다
- **resources** 자원
- **protect** 보호하다
- **environment** 환경

저는 재활용품들은 집에서 따로 모읍니다. 재활용 바구니에 캔, 병, 플라스틱, 종이, 유리를 넣습니다. 평균적으로 일주일에 한 번은 가지고 나가 버립니다. 보통 나가는 길에 버립니다. 재활용은 친환경적입니다. 이를 통해 자원을 재사용하고 환경을 보호할 수 있습니다.

OPIc 모범 답변 학습하기

데이터와 트렌드로 쉽게 취득하는 OPIc IH

..

OPIc 질문에 대한 모범 답변을 살펴본 후, 질문의 핵심 포인트를 파악하여 나만의 OPIc 답변을 만들어보세요.

6-1 Tell me what recycling was like when you were a child. Was there a particular place 🎧 MP3 07_Q6-1
to which you took out the recyclables? Describe what it was like and what you did in detail.

어렸을 때 재활용이 어땠는지 말해주세요. 재활용품을 두는 특별한 장소가 있었나요? 어땠는지, 무엇을 했는지 자세히 설명해주세요.

6-2 The handling of recycling materials has changed over the years. Tell me how the 🎧 MP3 07_Q6-2
collection of recycling materials used to be in the past and how it has changed over the years.

재활용 방법은 몇 년 동안 변화해 왔습니다. 과거에 재활용 자재가 어떻게 수집되었는지, 그리고 이것이 몇 년 동안 어떻게 변해 왔는지 말해주세요.

Structure		Idea
시작 문장	주제 문장 소개	kid, did not recycle, homes
본문	재활용이 의무가 아니었던 과거와 잘 실행되고 있는 현재 비교	instead, used to be recycling days, take scrap paper, but these days, recycling, well-practiced at people's homes
마무리 문장	나의 답변 마무리	a daily routine, people's lives

Model Answer 🎧 MP3 07_A6

When I was a kid, ❶ people did NOT recycle at their homes.

❷ Instead, there used to be recycling days at schools.

Students used to ❸ take scrap paper to school on those days.

+ I remember doing that myself when I was a kid.

But these days, recycling is very ❹ well-practiced at people's homes.

It has become a daily routine in people's lives.

Tips for Better Answer

* 14번 기출문제

▶ ❶ 과거에는 재활용을 하지 않았다고 말하며 부정문 did NOT 강조
(말할 때 NOT을 강조하여 세게 말하기)
recycle을 명사로 바꿔 활용 가능
Ex: People did NOT do any recycling at home.
사람들은 집에서 재활용을 전혀 하지 않았다.

▶ ❷ 접속사 instead를 사용하여 다른 의견을 제시
= meanwhile, however, on the other hand
Ex: However, students did recycling at schools.
하지만 학생들은 학교에서 재활용을 했다.

▶ ❸ '가져가다'라는 의미의 take 대신 '가져오다'라는 의미의 bring 사용 가능
Ex: Students used to bring scrap paper.
학생들은 파지를 학교에 가져오고는 했었다.

▶ ❹ 〈현재 재활용이 잘 시행되고 있다는 것을 나타내는 형용사〉
well-organized: 잘 정리된
mandatory: 의무적인
Ex: Recycling in Korea is well-organized so it is not hard to do it.
한국의 재활용은 잘 정리되어 있어서 하기 어렵지 않다.
Recycling in Korea is mandatory, so if you don't do it, you have to pay fines.
한국의 재활용은 의무적이라 하지 않으면 벌금을 내야 한다.

Key Expressions

- **recycling days** 재활용하는 날
- **scrap paper** 파지, 종이
- **well-practiced** 잘 시행된
- **daily routine** 일상생활

제가 어렸을 때, 사람들은 집에서 재활용을 하지 않았습니다. 대신, 예전에는 학교에서 재활용하는 날이 있었습니다. 학생들은 그날 학교에 파지를 가지고 가곤 했습니다. (+ 어렸을 때 직접 했던 기억이 납니다.) 하지만 요즘은 집에서도 재활용이 아주 잘 시행되고 있습니다. 사람들의 생활에서 일상적인 일이 되었습니다.

OPIc 질문에 대한 모범 답변을 살펴본 후, 질문의 핵심 포인트를 파악하여 나만의 OPIc 답변을 만들어보세요.

7-1 Problems sometimes occur while recycling. Perhaps, the pick-up service did not 🎧 MP3 07_Q7-1
come as planned. Or, the items were too big for the containers. Tell me about a memorable
experience related to recycling.

재활용하는 동안 문제가 발생하는 경우가 있습니다. 아마도 수거가 계획대로 되지 않았을 것입니다. 아니면, 수거함에 비해 물건이 너무
컸을 수도 있습니다. 재활용과 관련하여 기억에 남는 것에 대해 말해주세요.

7-2 Stories about recycling are often in the media. Tell me about a news story that 🎧 MP3 07_Q7-2
you saw related to recycling. Describe what the story was about.

재활용에 관한 이야기들은 종종 미디어에 실립니다. 재활용과 관련된 뉴스 소식 한 가지에 대해 말해주세요. 어떤 내용이었는지
설명해주세요.

Structure		Idea
시작 문장	주제 문장 소개	recently, watched the news, recycling, Korea
본문	쓰레기 공급량이 많아 발생한 문제점에 대해 묘사	recycling companies, collecting scrap plastic, pile up, serious, China used to import, from other countries, stopped, environmental reasons, prices for, plunged, no one, collect
마무리 문장	나의 답변 마무리	news I watched about recycling

Model Answer 🎧 MP3 07_A7

❶ I recently watched the news about recycling in Korea.
❷ Recycling companies stopped collecting scrap plastic.
They started to pile up at people's homes.
It was a very serious problem.
Here is why this happened.
❸ China used to import recyclables from other countries.
However, it stopped doing that for environmental reasons.
The prices for scrap plastic plunged, so no one would collect them.
So, ❹ this was the news I watched about recycling recently.

Tips for Better Answer

* 15번 기출문제

▶❶ 재활용 주제에 관련된 뉴스를 묘사해야 하기 때문에 시작 문장에 핵심 표현인 recycling, news를 언급

▶❷ stop + 동명사: (동명사) 하는 것을 멈췄다
Ex: I stopped recycling.
　　나는 재활용하는 것을 멈췄다. (더 이상 하지 않음)
stop + to 부정사: (동사) 하기 위해 멈췄다
Ex: I stopped to recycle.
　　나는 재활용하기 위해 멈췄다.

▶❸ 재활용 뉴스에 대해 세세하게 설명할 수 있으면 등급 업!
이때 recyclables(재활용품), environmental(환경적인)과 같은 고급 단어 활용하기

▶❹ 이슈 또는 뉴스를 묻는 15번 기출문제의 답변 마무리에 유용한 문장
Ex: So, this is the news I heard / watched about food poisoning.
이것이 내가 식중독에 관해 들은 / 본 뉴스이다.

Key Expressions

- **recently** 최근에
- **collect** 모으다, 수거하다
- **scrap plastic** 폐플라스틱
- **pile up** 쌓이다
- **serious** 심각한
- **import** 수입하다
- **recyclables** 재활용품
- **environmental reasons** 환경적인 요인, 이유
- **plunge** 폭락하다

최근 한국의 재활용에 대한 뉴스를 본 기억이 납니다. 재활용 업체들은 플라스틱 수거를 중단했습니다. 이에 따라 사람들의 집에 쌓이기
시작했습니다. 아주 심각한 문제였습니다. 이 일이 발생한 이유는 이것입니다. 중국은 다른 나라에서 재활용품을 수입하곤 했습니다.
하지만 환경적인 이유로 중단했습니다. 폐플라스틱의 가격이 폭락해서 아무도 가져가려고 하지 않았습니다. 이것이 제가 최근에 본
재활용에 관한 뉴스입니다.

IH 이상 등급을 받기 위해 문장을 늘리는 연습을 해보세요.

Question 5

1. I gather the recyclables at home separately.
   → I gather the recyclables <u>like plastics, glass and paper</u> at home separately. (플라스틱, 유리, 종이 같은)

2. I take them out once a week on average.
   → I take them out once a week on average <u>because of the scheduled recycling days</u>.
   (정해져 있는 재활용 일정 때문에)

3. Recycling is eco-friendly.
   → Recycling is eco-friendly, <u>so it is necessary</u>. (그래서 필요하다.)

Question 6

1. When I was a kid, people did NOT recycle at their homes.
   → When I was a kid, people did NOT recycle at their homes <u>because it was not mandatory</u>.
   (의무가 아니었기 때문에)

2. Instead, there used to be recycling days at schools.
   → Instead, there used to be recycling days at schools, <u>which was about once a month</u>.
   (한 달에 한 번 정도였던)

3. But these days, recycling is very well-practiced at people's homes.
   → But these days, recycling is very well-practiced at people's homes <u>because people care about the environment</u>. (사람들이 환경에 신경을 쓰기 때문에)

Question 7

1. I recently watched the news about recycling in Korea.
   → I recently watched the news about recycling in Korea <u>which was on the headline for days</u>.
   (며칠 동안이나 헤드라인 뉴스였던)

2. They started to pile up at people's homes.
   → They started to pile up at people's homes <u>and caused a lot of inconvenience</u>. (그리고 많은 불편을 야기했다.)

3. It was a very serious problem.
   → It was a very serious problem, <u>so many people were worried about it</u>. (그래서 많은 사람들이 걱정했다.)

Chapter 08

Music

빈출 주제 파악하기

질문을 제대로 파악하는 것만으로도 성공적으로 시험을 치를 수 있습니다. OPIc에서 자주 출제되는 질문들을 알아보세요.

1 You indicated in the survey that you listen to music. What kinds of music do you listen to? Who are some of your favorite musicians or composers?

설문조사를 통해 당신은 음악을 듣는다고 답했습니다. 어떤 종류의 음악을 듣나요? 가장 좋아하는 음악가나 작곡가는 누구인가요?

문항 유형	좋아하는 음악 장르, 좋아하는 가수 묘사
문항 수준	Intermediate
핵심 포인트	• 14번 기출문제 '두 가지 다른 종류의 음악 비교'에서 활용할 수 있도록 장르 2개, 가수 2명 묘사 • 본인의 취향이기 때문에 주어 I 사용하며 현재 좋아하는 음악을 묘사하기 때문에 현재형 시제 사용
중요도	★★★★★

2 When and where do you usually go to listen to music? Do you listen to the radio? Do you go to concerts? Tell me about the different ways you enjoy music.

보통 언제 어디서 음악을 듣나요? 라디오를 듣나요? 콘서트에 가나요? 당신이 음악을 즐기는 방법에 대해 말해주세요.

문항 유형	음악을 듣는 장소, 시간 묘사
문항 수준	Intermediate
핵심 포인트	• 전화기 주제의 '전화 통화 외에 전화기로 주로 하는 일들 묘사'의 답변 활용 • 본인이 평소에 어떤 행동을 하면서 음악을 듣는지 현재형 시제로 묘사하며 주어 I 사용
중요도	★★★

3 When did you first become interested in music? What kinds of music did you like at first? Tell me how your interest in music developed from your childhood until today.

언제 처음으로 음악에 관심을 갖게 되었나요? 처음에 어떤 종류의 음악을 좋아했나요? 어린 시절부터 오늘까지 음악에 대한 당신의 관심이 어떻게 발전했는지 말해주세요.

문항 유형	음악에 처음 관심 갖게 된 계기, 음악 취향 변화 설명
문항 수준	Advanced
핵심 포인트	• 과거에 좋아했던 음악에 대해 묘사하기 위해 과거형 시제 사용 • 본인의 취향이기 때문에 주어 I 사용하며 현재 좋아하는 음악은 현재형 또는 현재완료형 시제로 묘사
중요도	★★★★★

4 Could you think back to a particularly memorable time when you heard live music? When was it? Where were you? Who were you with? What happened that made that performance so memorable?

라이브 음악을 들었을 때 특히 기억에 남았던 때가 있었나요? 그게 언제였나요? 어디에 있었나요? 누구와 함께 있었나요? 무슨 일이 있었기에 그 공연이 그렇게 기억에 남나요?

문항 유형	라이브음악 들었던 경험 묘사
문항 수준	Advanced
핵심 포인트	• 언제, 누구의 콘서트를 갔는지 자세하게 묘사 • 콘서트장의 분위기를 과거형 시제를 사용하여 묘사 • 본인의 경험이기 때문에 주어 I 위주로 사용하나 콘서트 또는 관객을 묘사할 때 it, they 등 다양한 주어 활용
중요도	★★★

5 You indicated in the survey that you listen to music. Pick two different types of music or composers. Describe each in as much detail as possible. Compare the similarities and differences between them.

당신은 음악을 듣는다고 했습니다. 두 가지 다른 종류의 음악이나 작곡가를 고르세요. 각각을 가능한 한 상세히 묘사하세요. 그들 사이의 유사점과 차이점을 비교하세요.

문항 유형	두 가지 다른 종류의 음악 비교
문항 수준	Advanced
핵심 포인트	• 14번 기출문제 • '좋아하는 음악 장르, 가수 묘사' 문제의 답변 그대로 활용하여 말하기 • 현재 좋아하는 가수나 음악이기 때문에 현재형 시제를 사용하며 본인이 좋아하는 음악이기 때문에 주어 I, music, it 사용
중요도	★★★★★

6 What new electronic gadgets or equipment are people who like music interested in these days? What new products excite them and why?

요즘 음악을 좋아하는 사람들은 어떤 새로운 전자 기기나 장비에 관심이 있나요? 어떤 신제품이 그들을 신나게 하고 그 이유는 무엇인가요?

문항 유형	음악을 좋아하는 사람들이 관심을 갖는 음악기기 / 장비 묘사
문항 수준	Advanced
핵심 포인트	• 15번 기출문제 • 사람들이 관심 가지는 기기로 블루투스 장비 묘사 • 주어는 people, they 사용하며 현재형 사용
중요도	★★★★★

OPIc 질문에 대한 모범 답변을 살펴본 후, 질문의 핵심 포인트를 파악하여 나만의 OPIc 답변을 만들어보세요.

1-1 You indicated in the survey that you listen to music. What kinds of music do you 🎧 MP3 08_Q1-1
listen to? Who are some of your favorite musicians or composers?

설문조사를 통해 당신은 음악을 듣는다고 답했습니다. 어떤 종류의 음악을 듣나요? 당신이 가장 좋아하는 음악가나 작곡가는 누구인가요?

1-2 You indicated in the survey that you listen to music. Pick two different types of 🎧 MP3 08_Q1-2
music or composers. Describe each in as much detail as possible. Compare the similarities and
differences between them.

당신은 음악을 듣는다고 했습니다. 두 가지 다른 종류의 음악이나 작곡가를 고르세요. 각각을 가능한 한 상세히 묘사하세요. 그들 사이의 유사점과 차이점을 비교하세요.

Structure		Idea
시작 문장	주제 문장 소개	one of my favorite, Beyoncé
본문	좋아하는 장르 2개와 가수 또는 작곡가 2명을 골라 좋아하는 이유 묘사	top singers in the world, catchy, trendy, amazing singer, incredible dancer, makes the crowd go crazy, tons of hit songs, meanwhile, boy group, BTS, biggest groups, both, very popular, music is very different
마무리 문장	나의 답변 마무리	these are the two singers I like

Model Answer 🎧 MP3 08_A1

❶ One of my favorite singers is Beyoncé.

She is one of the top singers in the world.

Her music is very ❷ catchy and trendy.

She is an ❸ amazing singer and an incredible dancer.

+ Plus, she is very good-looking and talented.

+ Also, she has a nice and unique voice.

She makes the crowd go crazy at concerts.

She has tons of hit songs.

Among her songs, Crazy in Love is my favorite.

+ I like the ❹ melody and the lyrics of that song.

+ Most of her songs are fast and upbeat.

❺ Meanwhile, I also like a Korean boy group called BTS.

They are one of the biggest groups in Korea.

+ There are seven members in the group.

+ They have fans all over the world.

+ They released a new single recently. It was a big hit.

Tips for Better Answer

▶❶ my favorite으로 문장을 시작하기 보다 one of my favorite 사용
Ex: Beyoncé is one of my favorite singers.
비욘세는 내가 좋아하는 가수들 중 한 명이다.
좋아하는 가수 또는 장르에 대해 설명할 때에는 현재형 시제 사용

▶❷ 다양한 음악을 묘사하는 형용사로 등급 업!
melodious: 감미로운
soothing: 달래는, 위로하는
fast-paced: 속도가 빠른
Ex: Her music is melodious and soothing.
그녀의 음악은 감미롭고 위로가 된다.

▶❸ 다양한 재능 묘사 형용사로 등급 업!
Ex: He is very versatile.
그는 매우 다재 다능하다.
His voice is remarkable.
그의 목소리는 특출나다.

▶❹ 음악에 관련된 다양한 명사 + 형용사로 가수 / 음악을 설명
lyrics: 가사
messages: 메시지
performance: 공연
voice: 목소리
Ex: Her voice is beautiful and her lyrics are touching.
그녀의 목소리는 아름답고 가사는 감동적이다.

▶❺ 가수 2명을 비교해야 하기 때문에 두 번째 가수를 소개한 후 가수와 음악에 대해 묘사

미이티어 트렌드로 쉽게 취득하는 OPIc IH

+ It hit No.1 on the Billboard chart.

+ All of their concerts get sold-out.

❻ Both Beyoncé and BTS are very popular, but their music is very different.

Beyoncé does a lot of R&B, but BTS does a lot of hip-hop.

So, these are the two singers I like the most.

❻ 2명의 가수를 비교해야 하기 때문에 유사점과 차이점을 반드시 언급!

Key Expressions

- **catchy** 기억하기 쉬운
- **trendy** 트렌디한, 유행을 타는
- **amazing** 놀라운
- **incredible** 엄청난
- **good-looking** 잘생긴, 예쁜
- **talented** 재능 있는
- **unique** 독특한

- **make the crowd go crazy** 관중을 열광하게 만들다
- **hit songs** 히트송
- **boy band** 아이돌 그룹
- **release** 발매하다, 출시하다
- **big hit** 큰 성공
- **sold-out** 매진

제가 좋아하는 가수는 비온세입니다. 그녀는 세계 최고의 가수들 중 한 명입니다. 그녀의 음악은 매우 매력적이고 유행을 따릅니다. 그녀는 놀라운 가수이자 엄청난 댄서입니다. (+ 또한, 그녀는 매우 예쁘고 재능이 있습니다. + 또한, 그녀는 멋지고 독특한 목소리를 가지고 있습니다.) 그녀는 콘서트에서 관중들을 열광하게 만듭니다. 그녀는 수많은 히트곡을 가지고 있습니다. 그녀의 노래 중에서 Crazy in Love를 제일 좋아합니다. (+ 저는 그 노래의 멜로디와 가사를 좋아합니다. + 그녀의 노래 대부분은 빠르고 쾌활합니다.)

한편, 저는 BTS라는 한국 아이돌 그룹도 좋아합니다. 그들은 한국에서 가장 인기 있는 그룹 중 하나입니다. (+ 그룹에는 7명의 멤버가 있습니다. + 전 세계에 팬이 있습니다. + 최근에 새 싱글을 발매했는데 대성공이었습니다. + 빌보드 차트에서 1위를 차지했습니다. + 모든 콘서트 표가 매진됩니다.) 비온세와 BTS 둘 다 인기가 많지만, 그들의 음악은 매우 다릅니다. 비온세는 R&B를 많이 부르는데 방탄소년단은 힙합 음악을 많이 합니다. 즉 이들이 제가 가장 좋아하는 가수들입니다.

OPIc 질문에 대한 모범 답변을 살펴본 후, 질문의 핵심 포인트를 파악하여 나만의 OPIc 답변을 만들어보세요.

 When and where do you usually go to listen to music? Do you listen to the radio? Do you go to concerts? Tell me about the different ways you enjoy music.  MP3 08_Q2

보통 언제 어디서 음악을 듣나요? 라디오를 듣나요? 콘서트에 가나요? 당신이 음악을 즐기는 방법에 대해 말해주세요.

Structure		Idea
시작 문장	주제 문장 소개	listen to music, cell phone, wherever I am
본문	어디에서 어떻게 음악을 듣는지 나열	on the subway, the bus, in the car, driving, walking down the street, working out, working, studying, doing housework, feel gloomy, bored
마무리 문장	나의 답변 마무리	listen to music on my phone, whenever I want to

Model Answer　MP3 08_A2

I listen to music on my ❶ cell phone, so I can listen to music ❷ wherever I am.

I usually listen to music on the subway or the bus.

+ Plus, I listen to music in the car ❸ when I'm driving.

❹ + Plus, I listen to music when I'm walking down the street.

+ Also, I listen to music when I'm working out.

+ Next, I listen to music when I'm working or studying.

+ Also, I listen to music when I'm doing housework.

+ Plus, I listen to music when I feel gloomy.

+ Also, I listen to music when I'm bored.

So, I listen to music on my phone whenever I want to.

Tips for Better Answer

* '전화기' 주제의 '전화 통화 외에 전화기로 주로 하는 일들 묘사' 답변 그대로 활용하기

▶❶ 무엇을 사용하여 음악을 듣는지 묘사해야 하기 때문에 시작 문장에 핵심 단어 cell phone, music 언급

▶❷ 복합관계부사 사용으로 등급 업!
　Ex: I can go there whenever I want to, wherever I am.
　내가 원할 때 언제든지 어디에 있든지 그곳에 갈 수 있다.

▶❸ '어떠한 행동을 하는 중'이란 것을 강조하기 위해 현재형이 아닌 현재진행형 사용
　while + 동명사로 대체 가능
　Ex: I listen to music while exercising.
　나는 운동 중에 음악을 듣는다.

▶❹ 답변 양 확보를 위해 음악 듣는 다양한 장소를 접속사와 현재형 시제로 나열

Key Expressions

- **wherever** 어디에 있든지
- **when I'm driving** 운전 중에
- **when I'm walking down the street** 길을 걷는 중에
- **when I'm working out** 운동 중에
- **when I'm working** 일하는 중에
- **feel gloomy** 우울하다, 울적하다
- **bored** 심심한, 지겨운

저는 주로 휴대폰으로 음악을 듣기 때문에 어디에 있든지 음악을 들을 수 있습니다. 저는 지하철이나 버스에서 주로 음악을 듣습니다. (+ 또한, 운전할 때 차 안에서 음악을 듣습니다. + 또한, 길을 걸을 때 음악을 듣습니다. + 운동을 할 때도 음악을 듣습니다. + 또한, 저는 일을 하거나 공부를 할 때 음악을 듣습니다. + 그리고, 집안일을 할 때 음악을 듣습니다. + 기분이 울적할 때 음악을 듣습니다. + 또한 심심할 때 음악을 듣습니다.) 즉 저는 원할 때 언제든지 휴대폰으로 음악을 듣습니다.

OPIc 질문에 대한 모범 답변을 살펴본 후, 질문의 핵심 포인트를 파악하여 나만의 OPIc 답변을 만들어보세요.

3 **When did you first become interested in music? What kinds of music did you like at** 🎧 MP3 08_Q3
first? Tell me how your interest in music developed from your childhood until today.

언제 처음으로 음악에 관심을 갖게 되었나요? 처음에 어떤 종류의 음악을 좋아했나요? 어린 시절부터 오늘까지 음악에 대한 당신의 관심이 어떻게 발전했는지 말해주세요.

Structure		Idea
시작 문장	주제 문장 소개	became interested in, because of, when I was a kid
본문	과거에 좋아했던 가수 묘사 후 현재 좋아하는 음악 장르 묘사	really liked, group, sensational, favorite, used to listen to, over and over, as I got older, started to listen, various, sometimes listen to, sometimes enjoy
마무리 문장	나의 답변 마무리	listen, various types of, now

Model Answer 🎧 MP3 08_A3

I ❶ first became interested in music because of a group I liked when I was a kid.
I really liked Korean group called SHINee.
They were ❷ sensational at that time.
Among their songs, Ring Ding Dong was my favorite.
I used to listen to it ❸ over and over again.
❹ But as I got older, I started to listen to various types of music.
I sometimes listen to pop music, but
I sometimes listen to hip hop music.
I sometimes enjoy R&B music, but I sometimes enjoy rock music.
+ heavy metal + classical music + Korean music + foreign music
Once again, I listen to various types of music now.

Tips for Better Answer

▶❶ 처음 음악을 듣게 된 계기에 대해 묻기 때문에 핵심 표현인 first, interest, music을 시작 문장에 넣어 말하기

become interested in 명사 : '(명사)에 관심을 가지게 되다'라는 의미로 과거의 취향을 묘사할 때 유용한 표현
= be interested, get interested
Ex : I got interested in movies thanks to my friends.
친구들 덕분에 영화에 관심을 가지게 되었다.

▶❷ 가수의 재능을 묘사하는 다양한 형용사와 부사 사용
extremely talented : 매우 재능 있는
unbelievably versatile : 믿을 수 없을 정도로 다재다능한
Ex : They were unbelievably talented.
그들은 믿을 수 없을 정도로 재능이 많았다.

▶❸ 자주 듣는다는 것을 강조하기 위해 여러 번 반복
= all the time
Ex : I used to listen to it all the time.
그것을 계속해서 듣곤 했었다.

▶❹ 현재의 음악 취향에 대해 이야기하기 위해 반드시 나와야 하는 시간 표현
= as I am getting older

Key Expressions

- **sensational** 선풍적인, 돌풍적인
- **as I got older** 나이가 들수록
- **over and over** 반복해서 계속
- **various** 다양한
- **foreign** 외국의

제가 어렸을 때 좋아했던 그룹 때문에 처음 음악에 관심을 갖게 되었습니다. 저는 샤이니라는 한국 그룹을 정말 좋아했습니다. 그 당시 그들은 돌풍을 일으켰습니다. 그들의 노래들 중 Ring Ding Dong라는 노래를 제일 좋아했습니다. 저는 그 노래를 반복해서 듣곤 했습니다. 하지만 나이가 들수록 다양한 종류의 음악을 듣기 시작했습니다. 저는 가끔 팝 음악을 듣지만, 때때로 힙합 음악도 듣습니다. 저는 가끔 R&B 음악을 즐기지만, 때때로 락 음악도 즐깁니다. (+ 헤비메탈 + 클래식 음악 + 한국 음악 + 외국 음악) 다시 한번 말하자면 저는 지금 다양한 종류의 음악을 듣습니다.

IH 이상 등급을 받기 위해 문장을 늘리는 연습을 해보세요.

Question 1

1. One of my favorite singers is Beyoncé.
   → One of my favorite singers is Beyoncé <u>who is very talented</u>. (매우 재능 있는)

2. Her music is very catchy and trendy.
   → Her music is very catchy and <u>the lyrics are very</u> trendy. (가사는 매우)

3. She has tons of hit songs.
   → <u>Although she has not released that many albums</u>, she has tons of hit songs. (그렇게 많은 앨범을 발매한 것이 아닌데도 불구하고)

Question 2

1. I usually listen to music on the subway or the bus.
   → I usually listen to music on the subway or the bus <u>because I am bored while commuting</u>.
   (통근하는 동안 지겹기 때문에)

2. Also, I listen to music when I'm working out.
   → Also, I listen to <u>loud and fast-paced</u> music when I'm working out <u>since it gives me more energy</u>. (시끄럽고 속도가 빠른 / 에너지를 더 주기 때문에)

3. Plus, I listen to music when I feel gloomy.
   → Plus, I listen to <u>melodious</u> music when I feel gloomy <u>or down</u>. (감미로운 / 우울할 때)

Question 3

1. I really liked Korean group called SHINee.
   → I really liked Korean group called SHINee <u>because they were great dancers</u>. (그들은 춤을 잘 췄기 때문에)

2. I used to listen to it over and over again.
   → I used to listen to it over and over again <u>and I could not imagine my life without their music</u>. (그리고 그들의 음악이 없는 삶은 상상할 수도 없었다.)

3. But as I got older, I started to listen to various types of music.
   → But as I got older, <u>my taste in music has changed, and</u> I started to listen to various types of music. (내 음악적 취향이 바뀌었고)

OPIc 질문에 대한 모범 답변을 살펴본 후, 질문의 핵심 포인트를 파악하여 나만의 OPIc 답변을 만들어보세요.

4 **Could you think back to a particularly memorable time when you heard live music?** 🎧 MP3 08_Q4
When was it? Where were you? Who were you with? What happened that made that performance so memorable?

라이브 음악을 들었을 때 특히 기억에 남았던 때가 있었나요? 그게 언제였나요? 어디에 있었나요? 누구와 함께 있었나요? 무슨 일이 있었기에 그 공연이 그렇게 기억에 남나요?

	Structure	Idea
시작 문장	주제 문장 소개	remember going to a concert, my friends, a few years ago
본문	콘서트에 가게 된 이유, 콘서트홀의 분위기와 감상 묘사	Korean singer called, mood, amazing, sang along to, completely sold-out, overwhelming experience
마무리 문장	나의 답변 마무리	one of the most memorable concerts

Model Answer 🎧 MP3 08_A4

❶ I remember going to a concert with my friends a few years ago.

+ with my brother / sister + with my boyfriend / girlfriend + by myself

It was a concert by a Korean singer called ❷ PSY.

+ It was a concert during my college festival.

+ Many bands came to perform.

❸ The mood of the concert was amazing.

People were screaming during the concert.

They sang along to most of the songs.

The concert was completely sold-out.

It was quite an overwhelming experience.

Looking back, ❹ it was one of the most memorable concerts in my life.

Tips for Better Answer

▶❶ 과거의 경험에 대해 이야기할 때에는 시작 문장에 언제, 누구와, 어디에, 왜 갔는지 간단하게 언급
Ex: I remember visiting a newly opened bar with my friends a few days ago.
며칠 전, 친구들과 새로 개업한 술집에 간 기억이 난다.

▶❷ 관계대명사 who를 사용하여 PSY에 대한 추가 설명 가능
Ex: I went to a concert of PSY who sang Gangnam Style.
강남스타일을 부른 싸이의 콘서트에 다녀왔다.

▶❸ 콘서트 분위기를 묘사할 수 있는 다양한 형용사 사용
amazing: 놀라운
breathtaking: 숨이 멎을 듯한
lively: 활기찬
Ex: The atmosphere of the concert was lively and amazing.
콘서트의 분위기가 활기차고 놀라웠다.

▶❹ one of the 최상급 + 명사: 가장 (최상급)한 명사들 중 하나
결론 문장으로 유용한 문법
Ex: It was one of the best vacations in my life.
내 인생 최고의 휴가 중 하나였다.

Key Expressions

- **perform** 공연하다
- **mood** 분위기
- **amazing** 멋진, 엄청난
- **sing along to** ~의 노래를 따라 부르다
- **sold-out** 매진
- **overwhelming** 가슴 벅찬, 압도적인

몇 년 전에 친구들과 함께 공연에 갔던 것을 기억합니다. (+ 남자 형제 / 여자 형제 + 남자친구 / 여자친구 + 혼자) 싸이라는 한국 가수의 공연이었습니다. (+ 대학 축제 공연이었습니다. + 많은 밴드들이 공연을 하러 왔습니다.) 콘서트의 분위기는 대단했습니다. 공연 내내 사람들이 소리를 질렀고 대부분의 노래를 따라 불렀습니다. 콘서트는 완전히 매진이었습니다. 그것은 꽤 압도적인 경험이었습니다. 돌이켜보면, 그것은 제 인생에서 가장 기억에 남는 콘서트 중 하나였습니다.

OPIc 질문에 대한 모범 답변을 살펴본 후, 질문의 핵심 포인트를 파악하여 나만의 OPIc 답변을 만들어보세요.

5 **What new electronic gadgets or equipment are people who like music interested in these days? What new products excite them and why?**   🎧 MP3 08_Q5

요즘 음악을 좋아하는 사람들은 어떤 새로운 전자 기기나 장비에 관심이 있나요? 어떤 신제품이 그들을 신나게 하고 그 이유는 무엇인가요?

	Structure	Idea
시작 문장	주제 문장 소개	people, interested in, Bluetooth devices
본문	사람들이 관심 가지는 기기로 블루투스 묘사	listen to music, cell phones, connect them to, devices, Bluetooth earphones, speakers, convenient, do NOT need any wires
마무리 문장	나의 답변 마무리	Bluetooth devices, hottest, these days

Model Answer   🎧 MP3 08_A5

❶ People are very interested in Bluetooth devices these days.

They use them to listen to music ❷ on their cell phones.

❸ Cell phones have Bluetooth functions. So, you can connect them to various types of devices.

There are tons of Bluetooth earphones and Bluetooth speakers.

They are very ❹ convenient because you do NOT need any wires.

Once again, Bluetooth devices are ❺ one of the hottest devices these days.

Tips for Better Answer

* 15번 기출문제
* 현재 사람들이 관심 가지는 이슈에 대한 답변은 항상 현재형 시제 사용

▶❶ 사람들이 관심을 가지는 음악 기기에 대한 답변이기 때문에 핵심 단어 people, interest, device를 시작 문장에 언급 하나의 블루투스 기기가 아닌 여러 종류의 블루투스 기기에 대해 이야기하기 때문에 복수 명사 사용

▶❷ 기기 또는 기계 앞에 오는 전치사는 일반적으로 on
Ex: I search for information on the internet.
    나는 인터넷을 사용해서 정보를 찾는다.

▶❸ 사람들이 음악을 듣는 용도로 왜 휴대폰을 사용하는지 설명하기 위해 Bluetooth의 기능 설명 필요
connect A to B: (A)를 (B)에 연결하다
Ex: You can connect your phone to any devices.
    휴대폰을 어떤 기기에나 연결할 수 있다.

▶❹ 〈기기 또는 기계 묘사에 어울리는 형용사〉
state-of-the-art: 최첨단의
advanced: 발달된
futuristic: 시대를 앞서나가는, 미래지향적인

▶❺ one of the hottest devices 대신 마무리 문장에 사용할 수 있는 표현
Ex: Bluetooth devices are sought-after these days.
    (사람들이) 요즘 블루투스 기기를 원한다.
    Bluetooth devices are high in demand.
    블루투스 기기의 수요가 높다.

Key Expressions

• **interested in** ~에 관심 있는
• **function** 기능
• **connect** 연결하다

• **device** 기계, 기기
• **convenient** 편리한
• **hot** 인기 있는

사람들은 요즘 블루투스 기기에 관심이 많습니다. 그들은 휴대폰으로 음악을 듣기 위해 이 장비를 사용합니다. 휴대폰에는 블루투스 기능이 있습니다. 그래서 다양한 장치에 연결할 수 있습니다. 블루투스 이어폰과 블루투스 스피커가 아주 많이 있습니다. 선이 필요 없어 훨씬 편리합니다. 즉, 블루투스 기기는 요즘 가장 인기 있는 기기 중 하나입니다.

데이터와 트렌드로 쉽게 취득하는 OPIc IH

IH 이상 등급을 받기 위해 문장을 늘리는 연습을 해보세요.

Question 4

1. It was a concert by a Korean singer called PSY.
   → It was a concert by a Korean singer called PSY <u>who was super popular when I was in college</u>. (내가 대학생 때 매우 인기 있었던)

2. The mood of the concert was amazing.
   → The mood of the concert was amazing <u>and lively</u>. (그리고 활기찬)

3. People were screaming during the concert.
   → People were screaming during the concert <u>because they were so excited</u>. (너무 신났기 때문에)

Question 5

1. People are very interested in Bluetooth devices these days.
   → People are very interested in <u>newly-released</u> Bluetooth devices these days. (새로 출시된)

2. So, you can connect them to various types of devices.
   → So, you can <u>easily</u> connect them to various types of devices <u>using the Bluetooth function</u>.
   (손쉽게 / 블루투스 기능을 사용하여)

3. Once again, Bluetooth devices are one of the hottest devices these days.
   → Once again, Bluetooth devices are one of the hottest devices these days <u>because they are very useful</u>. (매우 유용하기 때문에)

Chapter **09**

Movies

질문을 제대로 파악하는 것만으로도 성공적으로 시험을 치를 수 있습니다. OPIc에서 자주 출제되는 질문들을 알아보세요.

1 You indicated in the survey that you like to watch movies. What kinds of movies do you like to watch? Why do you like those types of movies?

당신은 영화 보는 것을 좋아한다고 말했습니다. 어떤 종류의 영화를 보는 것을 좋아하나요? 왜 그런 종류의 영화를 좋아하나요?

문항 유형	가장 좋아하는 영화 장르와 좋아하는 이유 묘사
문항 수준	Intermediate
핵심 포인트	• 좋아하는 음악 장르의 표현을 활용하여 좋아하는 영화 장르를 현재형 시제 사용하여 묘사
	• 본인이 평소에 좋아하는 영화 종류이기 때문에 주어 I, movies 사용
중요도	★★★

데이터와 트렌드로 쉽게 취득하는 OPIc IH

2 Tell me about when you went to the movies recently. Who did you go with and how was that day? What did you do before the movie and what did you do after?

최근에 영화 보러 간 경험에 대해 말해주세요. 누구와 함께 갔으며 그 날은 어땠나요? 영화 보기 전에는 무엇을 하고 그 후에는 무엇을 했나요?

문항 유형	최근 영화관에 영화 보러 가서 한 일들 설명
문항 수준	Advanced
핵심 포인트	• 영화 보러 가기 전과 후에 한 일을 과거형 시제로 자세히 묘사 • '최근 간 음식점에 간 경험'의 답변과 함께 활용 가능 • 본인의 과거 경험이며 영화, 음식 등에 대해 이야기하기 때문에 주어 I, food, they 등 상황에 맞게 사용
중요도	★★★

3 What was a memorable movie that you watched in the past? What was it about? What was special about that movie?

과거에 봤던 기억에 남는 영화는 무엇인가요? 무엇에 관한 것이었나요? 그 영화의 특별한 점은 무엇인가요?

문항 유형	기억에 남는 영화 자세히 설명
문항 수준	Advanced
핵심 포인트	• 기억에 남는 영화 하나를 선택하여 제목, 주인공, 내용 설명 • 본인의 경험이나 영화에 대한 이야기를 많이 하기 때문에 주어는 I, movie, it 등 상황에 맞게 사용 • 영화에 대한 감상을 다양한 형용사와 과거형 시제를 사용하며 묘사
중요도	★★★★★

4 You indicated in the survey that you like to watch movies. Could you compare the movies made today to movies you watched while you were growing up? How have movies changed over the years? What are the differences and similarities?

당신은 영화 보는 것을 좋아한다고 말했습니다. 요즘 제작된 영화들과 자라면서 본 영화를 비교해 주세요. 몇 년 동안 영화는 어떻게 변했나요? 차이점과 유사점은 무엇인가요?

문항 유형	영화 작품들의 과거와 현재 변화 설명
문항 수준	Advanced
핵심 포인트	• 14번 기출문제 • '가장 좋아하는 영화 장르와 좋아하는 이유 설명'의 답변 그대로 활용 • 영화의 변화를 묘사하기 때문에 주어는 movies, they를 사용하며 과거와 현재 비교이기 때문에 과거형과 현재형 사용
중요도	★★★

5 When you talk to your friends about movies, what topics do you discuss? Why are these issues of interest or concern to you and your friends? What makes them so important?

친구들과 영화에 대해 이야기할 때, 어떤 주제에 대해 토론하나요? 왜 이러한 문제들이 당신과 친구들에게 관심거리인가요? 그 이슈들이 왜 그렇게 중요하나요?

문항 유형	친구들과 이야기하는 영화관련 대화 주제 설명
문항 수준	Advanced
핵심 포인트	• 15번 기출문제 • 음식점, 영화관과 같은 영업점을 묘사하는 표현 활용 • 영화관에 관해 이야기하기 때문에 현재형과 주어 movie theaters, they를 사용하며 현재형 시제로 묘사
중요도	★★★

OPIc 질문에 대한 모범 답변을 살펴본 후, 질문의 핵심 포인트를 파악하여 나만의 OPIc 답변을 만들어보세요.

1 **You indicated in the survey that you like to watch movies. What kinds of movies do** 🎧 MP3 09_Q1 **you like to watch? Why do you like those types of movies?**

당신은 영화 보는 것을 좋아한다고 말했습니다. 어떤 종류의 영화를 보는 것을 좋아하나요? 왜 그런 종류의 영화를 좋아하나요?

Structure		Idea
시작 문장	주제 문장 소개	when it comes to, just watch whatever is good
본문	평상시 자주 보는 영화의 종류를 나열하고 이유 설명	only types of, I do not like are, enjoy watching Korean movies, have become a lot better, fun, entertaining, doing well at the box office, Korean movies, being released overseas
마무리 문장	나의 답변 마무리	just watch whatever is good when it comes to

Model Answer 🎧 MP3 09_A1

❶ When it comes to movies, I just watch
❷ whatever is good.
❸ The only types of movies I do NOT
like are horror movies and sci-fi movies.
+ fantasy movies + action movies
+ animations + romantic comedies
Plus, I enjoy watching Korean movies.
❹ Korean movies have become a lot better
than in the past.
They are very fun to watch and
❺ entertaining.
They are doing very well at the box office.
Plus, some Korean movies are being released
overseas.
Once again, I just watch whatever is good
when it comes to movies.

Tips for Better Answer

* 음악과 TV에 나온 표현과 문장 최대한 활용

▶❶ 영화에 관한 이야기를 하기 위해 시작 문장에 핵심 표현인 movies 넣기
when it comes to 동명사 / 명사: ~에 관한 한
주제를 소개할 때 시작 표현으로 추천
평상시 좋아하는 종류의 영화이기 때문에 현재형 시제 사용
Ex: When it comes to travelling, I try to go somewhere at least once a year.
여행에 관한 한, 나는 최소한 일 년에 한 번은 어디인가를 가려고 한다.

▶❷ whatever is 형용사: (형용사) 한 것은 다
Ex: I just watch whatever is fun.
재미있는 것은 그냥 다 본다.

▶❸ 답변 양 확보를 위해 좋아하는 장르 또는 싫어하는 장르 나열
Ex: The only type of music I do NOT like is R&B.
내가 유일하게 좋아하지 않는 음악 장르는 R&B이다.

▶❹ '영화 작품들의 과거와 현재 변화 설명'에 쓰이는 문장 암기 필수!

▶❺ 〈영화를 묘사하는 다양한 형용사〉
amusing: 재미있는
surprising: 놀라운
thrilling: 매우 신나는
predictable: 예측 가능한
cliché: 상투적인
unrealistic: 비현실적인

Key Expressions

- **when it comes to** ~에 관한 한
- **whatever is good** 좋은 건 다
- **sci-fi movies** SF(공상과학)영화
- **become better** 좋아지다, 나아지다
- **entertaining** 재미있는
- **do very well** 선전하다, 잘하다
- **box office** 매표소, 박스오피스
- **be released** 출시하다, 개봉하다
- **overseas** 해외에서

영화에 관한 한, 저는 좋은 것은 뭐든지 봅니다. 유일하게 제가 좋아하지 않는 영화 종류는 공포영화와 공상과학 영화입니다. (+ 판타지 영화 + 액션 영화 + 애니메이션 + 로맨틱 코미디) 게다가, 저는 한국 영화를 보는 것을 즐깁니다. 한국 영화는 과거보다 훨씬 좋아졌습니다. 보는 게 재미있습니다. 또한 박스오피스에서 매우 선전하고 있습니다. 게다가, 일부 한국 영화들이 해외에서 개봉되고 있습니다. 다시 한번 말하자면, 저는 영화에 관해서는 좋은 것은 다 봅니다.

데이터와 트렌드로 쉽게 취득하는 OPIc IH

OPIc 질문에 대한 모범 답변을 살펴본 후, 질문의 핵심 포인트를 파악하여 나만의 OPIc 답변을 만들어보세요.

2 Tell me about when you went to the movies recently. Who did you go with and how was that day? What did you do before the movie and what did you do after?  MP3 09_Q2

최근에 영화 보러 간 경험에 대해 말해주세요. 누구와 함께 갔으며 그날은 어땠나요? 영화 보기 전에는 무엇을 하고 그 후에는 무엇을 했나요?

Structure		Idea
시작 문장	주제 문장 소개	remember watching a movie, recently
본문	영화 보러 가기 전 한 일과 영화 본 후 방문한 식당에 대해 묘사	before watching, popcorn, soft drinks, after watching, decent Thai restaurant, food tasted, starving, beef, juicy, tender, had some drinks, went well with
마무리 문장	나의 답변 마무리	a very enjoyable dinner

Model Answer 🎧 MP3 09_A2

❶ I remember watching a movie with my family recently.
❷ Before watching the movie, we got some popcorn.
We also got some nachos and soft drinks.
❸ After watching the movie, we went to a decent Thai restaurant.
They had the best Thai food in town.
+ Italian + Korean + Japanese + Chinese + American + Vietnamese
The food tasted so good because I was starving.
The beef I ordered was so ❹ juicy and tender.
+ fish + shrimp + crab + lobster + squid + octopus + steak
Plus, we had some drinks ❺ while we ate.
We ordered some beer. It went well with the food.
+ red / white wine + soft drinks + cocktails
It was a very enjoyable dinner.

Tips for Better Answer

▶❶ 최근에 본 영화에 대해 물었기 때문에 핵심 표현인 recently와 movie를 시작 문장에 넣기
여러 개의 영화가 아닌 특정 영화 하나를 묘사하기 때문에 movies가 아닌 a movie 사용
Ex: Recently, I watched a very fun movie with my friends.
최근에 친구들과 매우 재미있는 영화를 봤다.

▶❷ 영화 보러 가기 전에 한 일 묘사
Ex: Before watching the movie, we double checked the time and seat.
영화 보러 가기 전에 우리는 시간과 자리를 다시 한번 확인했다.
We always go to the restroom before watching the movie.
우리는 영화를 보기 전에 항상 화장실에 간다.

▶❸ 영화 보고 난 후 한 일 묘사
영화를 본 후 음식점에 간 경험은 '최근 간 음식점 경험'에 그대로 활용 가능
〈음식점 앞에 올 수 있는 형용사〉
fancy 화려한 / high-end 고급의 / newly-opened 새로 개업한
Ex: After watching the movie, we went to a newly-opened restaurant.
영화를 보고 난 후 새로 개업한 음식점에 갔다.

▶❹ 음식 표현하는 형용사로 음식점, 음식 주제에 활용 가능
bitter 쓴 / sweet 단 / dry 건조한 / bland 싱거운
spicy 매운 / savory 풍미 있는 / rich 맛이 진한
salty 짠 / greasy 느끼한 / crunchy 바삭한

▶❺ = while eating
특정한 행동을 하고 있는 중인 것을 강조하고 싶을 때에는 진행형이 어울림
Ex: We ordered more food while we were eating.
우리는 먹는 도중에 음식을 더 주문했다.

Key Expressions

- **recently** 최근에
- **get some popcorn** 팝콘을 사다
- **soft drinks** 탄산 음료
- **decent** 꽤 괜찮은
- **starving** 매우 배가 고픈
- **juicy** 즙이 많은
- **tender** 부드러운
- **go well with** ~와 잘 어울리다
- **enjoyable** 기분 좋은, 즐거운

최근에 가족과 함께 영화를 보러 갔던 것이 기억에 납니다. 영화를 보기 전에 우리는 팝콘을 샀습니다. 또한 나초와 탄산 음료를 샀습니다. 영화를 보고 나서 우리는 괜찮은 태국 음식점에 갔습니다. 그곳은 동네에서 가장 맛있는 태국 음식을 제공합니다. (+ 이탈리안 + 한국 + 일본 + 중국 + 미국 + 베트남) 배가 고파서 음식이 더 맛있었습니다. 우리가 주문한 소고기는 육즙이 많고 부드러웠습니다. (+ 생선 + 새우 + 게 + 랍스터 + 오징어 + 문어 + 스테이크) 또한, 우리는 식사와 함께 술을 좀 마셨습니다. 우리는 맥주를 조금 주문했습니다. 음식과 잘 어울렸습니다. (+ 레드 / 화이트 와인 + 탄산 음료 + 칵테일) 아주 즐거운 저녁 식사였습니다.

OPIc 질문에 대한 모범 답변을 살펴본 후, 질문의 핵심 포인트를 파악하여 나만의 OPIc 답변을 만들어보세요.

3 What was a memorable movie that you watched in the past? What was it about? 🎧 MP3 09_Q3
What was special about that movie?

과거에 봤던 기억에 남는 영화는 무엇인가요? 무엇에 관한 것이었나요? 그 영화의 특별한 점은 무엇인가요?

Structure		Idea
시작 문장	주제 문장 소개	remember watching the Avengers 3, recently
본문	기억에 남는 영화의 제목, 줄거리 설명 후 감상 말하기	starred, my favorite actors, the movie was about, joining forces, defeat, villain, full of entertaining scenes, storyline, twist, acting, action, funny lines, killer movie, did very well at the box office, hit
마무리 문장	나의 답변 마무리	looking back, memorable movies, my life

Model Answer 🎧 MP3 09_A3

I remember watching the Avengers 3: Infinity War recently.
It starred one of my favorite actors, Robert Downey Jr.
❶ The movie was about the Avengers joining forces to defeat a powerful ❷ villain.
The movie was ❸ full of entertaining scenes.
I really liked the ❹ storyline of the movie.
+ There was a big twist at the end.
+ I liked the acting and action scenes in the movie.
+ There were many funny lines in the movie.
I think it was a killer movie.
The movie did very well at the box office in Korea.
It was a box-office hit.
Looking back, ❺ it was one of the most memorable movies of my life.

Tips for Better Answer

▶❶ be about: ~에 관하여, ~에 관해서
영화의 줄거리에 대해 이야기할 때 사용할 수 있는 문법
Ex: The movie is about a conflict between two friends.
두 친구 사이의 갈등에 관한 영화다.

〈be about to 동사〉로 바뀌면 '~하려던 참이다'라는 의미로 바뀌기 때문에 유의하기
Ex: I was about to call you.
너한테 전화 하려던 참이었다.

▶❷ 영화의 역할을 설명할 때 유용한 단어
villain: 악당
main character: 주인공
supporting character: 조연
Ex: Even though he was not a main character, his performance was amazing.
그가 주인공이 아니었지만 그의 연기는 멋졌다.

▶❸ = packed with
Ex: The movie was packed with amazing scenes.
영화는 재미있는 장면들로 가득 차 있었다.

▶❹ 영화와 관련된 다양한 명사와 형용사 사용하여 감상 말하기
Ex: The storyline of the movie was shocking.
그 영화의 줄거리는 충격적이었다.
The original soundtrack of the movie was melodious.
영화의 배경음악은 감미로웠다.
There were many entertaining scenes.
재미있는 장면이 많았다.

▶❺ 기억에 남는 영화에 대해 물었기 때문에 핵심 단어인 memorable movie를 마지막 문장에 넣으며 마무리하기

- **recently** 최근에
- **join force** 힘을 합하다, 협력하다
- **defeat** 무찌르다
- **villain** 악당
- **full of** 가득 차 있는
- **entertaining** 재미있는

- **storyline** 줄거리
- **twist** 반전
- **lines** 대사
- **killer movie** 대박 영화 (죽여주는 영화)
- **do well at the box office** 박스오피스에서 선전하다
- **hit** 흥행

저는 최근에 '어벤저스 3: 인피니티 워'를 본 것을 기억합니다. 이 영화에는 제가 가장 좋아하는 배우 중 한 명인 로버트 다우니 주니어가 출연했습니다. 그 영화는 강력한 악당을 무찌르기 위해 힘을 합치는 어벤저스에 관한 것이었습니다. 그 영화는 재미있는 장면들로 가득 차 있었습니다. 저는 줄거리가 정말 좋았습니다. (+ 영화 속 마지막에는 큰 반전이 있습니다. + 영화 속 연기 장면과 액션 장면이 좋았습니다. + 재미있는 대사들이 많았습니다.) 저는 그것이 대박 (죽여주는) 영화였다고 생각합니다. 그 영화는 한국 박스 오피스에서 매우 선전했습니다. 그것은 흥행에 성공했습니다. 돌이켜보면, 그것은 제 인생에서 가장 기억에 남는 영화 중 하나입니다.

IH 이상 등급을 받기 위해 문장을 늘리는 연습을 해보세요.

Question 1

1. Plus, I enjoy watching Korean movies.
   → Plus, I enjoy watching Korean movies <u>as well as Hollywood movies</u>. (할리우드 영화뿐만 아니라)

2. Korean movies have become a lot better than in the past.
   → Korean movies have become a lot better <u>in so many ways</u> than in the past. (여러 방면에서)

3. Plus, some Korean movies are being released overseas.
   → Plus, some Korean movies are being released overseas <u>and a few Korean movies were remade in Hollywood</u>. (그리고 한국 영화 중 일부는 할리우드에서 리메이크 되었다.)

Question 2

1. Before watching the movie, we got some popcorn.
   → Before watching the movie, we <u>went to the restroom and then</u> got some popcorn.
   (화장실을 다녀오고 난 뒤에)

2. After watching the movie, we went to a decent Thai restaurant.
   → After watching the movie, we went to a decent Thai restaurant <u>just right across the movie theater</u>. (영화관 바로 건너편에 있는)

3. The beef I ordered was so juicy and tender.
   → The beef I ordered was so juicy and tender, <u>and the price was reasonable</u>. (가격도 합리적이었다.)

Question 3

1. The movie was full of entertaining scenes.
   → The movie was full of entertaining scenes <u>during the entire running time</u>. (상영 시간 내내)

2. I really liked the storyline of the movie.
   → I really liked the storyline of the movie <u>and the chemistry between actors</u>. (그리고 배우들간의 교감)

3. It was a box-office hit.
   → It was a box-office hit: <u>over 11 million people watched it only in Korea</u>. (한국에서만 1,100만 명이 넘는 사람들이 봤다.)

OPIc 질문에 대한 모범 답변을 살펴본 후, 질문의 핵심 포인트를 파악하여 나만의 OPIc 답변을 만들어보세요.

4 **You indicated in the survey that you like to watch movies. Could you compare the movies made today to movies you watched while you were growing up? How have movies changed over the years? What are the differences and similarities?** 🎧 MP3 09_Q4

당신은 영화 보는 것을 좋아한다고 말했습니다. 요즘 제작된 영화들과 자라면서 본 영화를 비교해 주세요. 몇 년 동안 영화는 어떻게 변했나요? 차이점과 유사점은 무엇인가요?

	Structure	Idea
시작 문장	주제 문장 소개	I was a kid, used to, Hollywood movies most of the time
본문	과거에는 할리우드 영화를 좋아했지만 현재 한국 영화를 더 좋아하는 나의 취향 변화에 대해 묘사	but now, enjoy watching Korean movies, have become, better than in the past, fun to watch, entertaining, doing very well, released overseas
마무리 문장	나의 답변 마무리	Korean movies, have become much better, years

Model Answer 🎧 MP3 09_A4

❶ When I was a kid, I used to watch Hollywood movies ❷ most of the time. But now, I also enjoy watching Korean movies. Korean movies have become a lot better than in the past. They are very fun to watch and entertaining. ❸ They are doing very well at the box office. ❹ Plus, some Korean movies are being released overseas. Once again, Korean movies ❺ have become much better over the years.

Tips for Better Answer

* 14번 기출문제

▶❶ 자라면서 본 영화에 대해 물었기 때문에 시작 문장에 과거를 나타내는 시간 표현 사용
Ex: when I was growing up 내가 자라면서
when I was a child 내가 아이였을 때
when I was young 내가 어렸을 때
이 표현 후에는 반드시 과거형 사용

▶❷ 〈most of the time〉은 '대부분의 시간'라는 뜻의 숙어
= usually, on most occasions
Ex: I sometimes go out for lunch, but most of the time, I bring my own lunch to work.
나는 가끔 점심을 나가서 사먹지만 대부분은 회사에 도시락을 싸온다.

▶❸ 〈do well at the box office〉는 '박스오피스에서 선전했다'라는 의미
'박스오피스에서 실패했다'라고 말하고 싶을 때에는 bomb at the box office라고 표현
Ex: The first movie was a hit but the sequel bombed.
첫 번째 영화는 성공했는데 후속은 실패했다.

▶❹ '가장 좋아하는 영화 장르와 좋아하는 이유 설명' 답변 중 일부를 해당 질문에서도 동일하게 활용 가능

▶❺ 과거와 현재의 영화를 비교해야 하기 때문에 핵심 단어인 have become better와 movies를 마지막 문장에 넣기

Key Expressions

- **used to** 과거에 ~하곤 했다
- **most of the time** 대부분의 시간을
- **become better** 더 나아지다
- **do very well** 선전하다, 잘하다
- **entertaining** 재미있는
- **box office** 매표소, 박스오피스
- **be released** 출시하다, 개봉하다

어렸을 때 저는 주로 할리우드 영화를 봤습니다. 하지만 지금은 한국 영화 보는 것도 좋아합니다. 한국 영화는 과거보다 훨씬 좋아졌습니다. 보는 게 재미있습니다. 박스오피스에서 매우 선전하고 있습니다. 일부 한국 영화들이 해외에서 개봉되고 있습니다. 다시 한번 말하자면, 한국 영화는 지난 몇 년 동안 훨씬 더 좋아졌습니다.

OPIc 질문에 대한 모범 답변을 살펴본 후, 질문의 핵심 포인트를 파악하여 나만의 OPIc 답변을 만들어보세요.

5 When you talk to your friends about movies, what topics do you discuss? Why are 🎧MP3 09_Q5 these issues of interest or concern to you and your friends? What makes them so important?

친구들과 영화에 대해 이야기할 때, 어떤 주제에 대해 토론하나요? 왜 이러한 문제들이 당신과 당신의 친구들에게 관심거리인가요? 그 이슈들이 왜 그렇게 중요하나요?

Structure		Idea
시작 문장	주제 문장 소개	talk about movies, often talk about movie theaters
본문	친구들과 대화하는 주제로 영화관 시설에 대해 자세하게 묘사	tons of movie theaters, everywhere, on busy streets, foot traffic, three major theater chains, good facilities, special seats, comfy seats, leg room
마무리 문장	나의 답변 마무리	movie theaters have become a lot better

Model Answer 🎧MP3 09_A5

❶ When my friends and I talk about movies, we often talk about movie theaters.

❷ There are tons of movie theaters in Korea.

They are everywhere these days.

Many movie theaters are on busy streets with a lot of foot traffic.

There are three major theater chains in Korea: CGV, Megabox, and Lotte Cinema.

They have good ❸ facilities.

+ They have 3D, 4D, and IMAX theaters.

+ Plus, they have special seats for couples.

+ Also, they have comfy seats with a lot of ❹ leg room.

So, movie theaters have become a lot better than in the past.

Tips for Better Answer

* 15번 기출문제

▶❶ 친구들과 이야기하는 영화 관련 대화에 대해 물었기 때문에 핵심 단어 friends, movies와 대화 주제인 movie theaters를 시작 문장에 넣기

Ex: My friends and I talk about movie theaters when we talk about movies.
친구들과 나는 영화에 대해 이야기할 때 영화관에 대해 이야기한다.

▶❷ 음식점, 영화관, 은행과 같이 영업점을 묘사하는 문단으로 활용도가 매우 높기 때문에 암기 필수!

▶❸ '시설'이란 뜻의 facilities는 공원, 음식점, 쇼핑센터 등을 묘사할 때 자주 쓰이는 중요 단어
entertaining facilities: 오락 시설
sports facilities: 운동 시설
useful facilities: 유용한 시설
Ex: There are so many sports and entertaining facilities at the hotel.
호텔에 운동 시설과 오락 시설이 매우 많다.

▶❹ legroom은 붙여서 한 단어로 쓰이기도 함
'다리를 뻗을 수 있는 공간'이라는 의미로 극장뿐만 아니라 비행기, 자동차의 공간을 묘사할 때 활용 가능
Ex: I want to get a big car because I need a lot of legroom.
나는 다리를 뻗을 수 있는 공간이 많이 필요해서 큰 자동차를 사고 싶다.

Key Expressions

- **movie theaters** 극장
- **tons of** 수없이 많은
- **on busy streets** 번화가에
- **a lot of foot traffic** 유동인구가 많은
- **major theater chains** 주요 극장 체인
- **facilities** 시설
- **comfy** 편안한
- **leg room** 앞뒤 간격이 넓은

친구들과 제가 영화에 대해 이야기할 때, 우리는 종종 영화관에 대해 이야기합니다. 한국에는 영화관이 수도 없이 많습니다. 요즘 어디에나 있습니다. 많은 영화관들이 유동인구가 많은 번화가에 있습니다. 한국에는 CGV, 메가박스, 롯데시네마 3개의 주요 극장 체인이 있습니다. 이 극장들은 시설이 좋습니다. (+ 3D, 4D, 아이맥스 극장을 가지고 있습니다. + 또한 커플을 위한 특별한 좌석이 있습니다. + 또한, 다리 공간이 넓은 편안한 좌석을 가지고 있습니다.) 그래서 영화관은 과거보다 훨씬 좋아졌습니다.

IH 이상 등급을 받기 위해 문장을 늘리는 연습을 해보세요.

Question 4

1. But now, I also enjoy watching Korean movies.
   → But now, I also enjoy watching Korean movies <u>because plots are intriguing and easy to follow.</u> (줄거리가 흥미롭고 이해하기 쉽기 때문에)

2. They are very fun to watch and entertaining.
   → They are very fun to watch and entertaining, <u>and the special effects are breathtaking.</u> (그리고 특수효과가 숨이 멎을 듯 굉장하다.)

3. They are doing very well at the box office.
   → They are doing very well at the box office <u>and making a lot of money.</u> (그리고 돈을 많이 번다.)

Question 5

1. There are tons of movie theaters in Korea.
   → There are tons of movie theaters in Korea <u>since Koreans love watching movies in their spare time.</u> (한국 사람들은 여가 시간에 영화 보는 것을 좋아하기 때문에)

2. Many movie theaters are on busy streets with a lot of foot traffic.
   → Many movie theaters are on busy streets with a lot of foot traffic, <u>so it is easy to get there.</u> (그래서 가기 쉽다.)

3. They have good facilities.
   → They have good facilities <u>that people can enjoy.</u> (사람들이 즐길 수 있는)

Chapter 10

Industry

빈출 주제 파악하기

질문을 제대로 파악하는 것만으로도 성공적으로 시험을 치를 수 있습니다. OPIc에서 자주 출제되는 질문들을 알아보세요.

1 Talk about one of the rising industries in your country. Why is that industry famous and what is special about it?

당신 나라의 떠오르는 산업에 대해 말해주세요. 왜 그 산업은 유명하고 무엇이 특별한가요?

문항 유형	우리나라 유망 산업 분야 묘사
문항 수준	Intermediate
핵심 포인트	• 우리나라의 유망 산업으로 영화계에 대해 말하기 • 한국의 현재 산업에 대해 묘사하기 때문에 주어는 Korea, they 그리고 시제는 현재형 사용
중요도	★

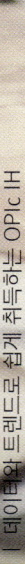

2 Talk about a well-known company in the industry you mentioned. What is special about that company?

방금 언급한 산업에서 잘 알려진 회사에 대해 이야기해주세요. 그 회사의 특별한 점은 무엇인가요?

문항 유형	그 산업의 잘 알려진 기업 묘사
문항 수준	Intermediate
핵심 포인트	• 영화 주제의 '친구들과 이야기하는 영화 관련 대화 주제 설명'의 영화관 묘사의 내용 활용
	• 영화관에 대해 이야기하기 때문에 주어는 movie theaters, they 사용하며 현재형 시제로 묘사
중요도	★

3 Tell me about the benefits that industry provides. What kind of good is it doing for your country?

그 산업이 주는 혜택에 대해 말해주세요. 그것이 당신 나라에 어떤 도움이 되나요?

문항 유형	그 산업이 주는 혜택 설명
문항 수준	Advanced
핵심 포인트	• 영화 업계에 대해 자세히 설명한 후 영화 산업이 우리나라에 가져오는 혜택 묘사
	• 현재 영화 산업에 대해 이야기하기 때문에 movie industry, it, they 등 상황에 맞는 다양한 주어를 사용하며 현재형 시제로 묘사
중요도	★★★

4 What kinds of companies do young people in your country want to work for? Why do they want to work for those companies?

당신 나라의 젊은이들은 어떤 회사에서 일하고 싶어 하나요? 왜 그들은 그 회사들을 위해 일하기를 원하나요?

문항 유형	요즘 젊은이들이 일하기를 원하는 기업 묘사
문항 수준	Intermediate
핵심 포인트	• 산업 주제의 '산업이 주는 혜택' 답변을 그대로 활용
	• 현재 젊은 사람들이 일하고 싶어하는 회사에 관한 질문이기 때문에 주어는 young people, they 위주로 사용하며 현재형 시제 사용
중요도	★

5 What kinds of efforts have you made to help your career in the past? Why did you do those things and how did they help you?

당신은 과거에 경력을 쌓기 위해 어떤 노력을 했나요? 왜 그런 것을 했고 그 행동이 어떻게 도움이 되었나요?

문항 유형	본인 커리어를 위해 해온 노력들 설명
문항 수준	Advanced
핵심 포인트	• 커리어를 위해 한 영어 공부 방법에 대해 설명
	• 본인의 경험이기 때문에 주어 I 사용하며 과거의 노력이기 때문에 과거형 시제 사용
중요도	★

6 Tell me about an industry you follow. Is it related to food, energy or mobile computing? How is it different from three years ago?

관심 가지고 있는 산업에 대해 말해주세요. 음식, 에너지 또는 모바일 컴퓨팅과 관련이 있나요? 그것이 3년 전과 어떻게 다른가요?

문항 유형	본인이 관심 갖고 있는 산업 최근 근황, 3년 전과 비교
문항 수준	Advanced
핵심 포인트	• 14번 기출문제
	• 영화 주제의 '영화 작품들의 과거와 현재 변화 설명'의 답변 활용
	• 본인이 관심 가지고 있는 산업이기 때문에 시작은 I 로 하나 영화에 관련된 답변을 할 때는 주어 movies, they로 변형
	• 과거와 현재를 비교하는 답변이기 때문에 과거형과 현재형 사용
중요도	★

7 Tell me about an incident that occurred in the industry you follow. Perhaps a game company released a new game, but the public was disappointed about it. Or, perhaps a company released a new device, but it didn't meet people's expectations. What was the incident and how did your community react to the incident?

당신이 관심있는 업계에서 발생한 사건에 대해 말해주세요. 한 게임회사가 새로운 게임을 출시했는데 사람들이 실망했을 수도 있습니다. 아니면 한 회사가 새로운 기기를 출시했지만, 사람들의 기대에 미치지 못했을 수도 있습니다. 어떤 사건이었고, 그 일에 대해 지역사회는 어떻게 반응했나요?

문항 유형	그 관심 업계에서 기대에 못 미친 상품 / 서비스 설명
문항 수준	Advanced
핵심 포인트	• 15번 기출문제 • 과거 흥행에 실패한 영화에 대한 사람들의 반응에 대해 설명 • 주어는 movie, it, people, they 사용하며 과거형 시제 사용
중요도	★

8 What do people do to improve themselves professionally? Do they get a general education? Do they receive specific training at companies? Or, do they go through training from a younger age? And how has this changed over the last five years?

전문성을 기르기 위해 사람들은 무엇을 하나요? 일반교육을 받나요? 회사에서 특정 훈련을 받나요? 아니면 어릴 때부터 훈련을 받나요? 지난 5년간 어떻게 변했나요?

문항 유형	사람들이 커리어를 위해서 하는 일, 5년 전과 비교
문항 수준	Advanced
핵심 포인트	• 14번 기출문제 • 산업 주제의 '본인 커리어를 위해 해온 노력들 설명'의 답변 활용 • 사람들의 노력에 관한 내용이기 때문에 주어는 people, they 사용 • 5년 전과 큰 변화가 없다고 말한 후 노력을 중점적으로 현재형을 사용하여 묘사
중요도	★

9 Tell me about the industries people talk about in your country. Why are they interested in those industries?

요즘 당신 나라 사람들이 관심을 가지고 있는 산업에 대해 말해주세요. 사람들이 왜 이 산업에 관심을 가지나요?

문항 유형	우리나라 사람들이 관심을 갖는 산업 분야 설명
문항 수준	Advanced
핵심 포인트	• 15번 기출문제 • 산업 주제의 '그 산업이 주는 혜택 설명'의 답변 활용 • 현재 우리나라 사람이 관심을 가지고 있는 영화 분야를 선택하고 주어는 people, they, movie industry, it 등 다양하게 사용하며 현재형 시제 사용
중요도	★

OPIc 질문에 대한 모범 답변을 살펴본 후, 질문의 핵심 포인트를 파악하여 나만의 OPIc 답변을 만들어보세요.

1 **Talk about one of the rising industries in your country. Why is that industry famous** 🎧 MP3 10_Q1
and what is special about it?

당신 나라의 떠오르는 산업에 대해 말해주세요. 왜 그 산업은 유명하고 무엇이 특별한가요?

	Structure	Idea
시작 문장	주제 문장 소개	one of the rising industries, movie industry
본문	한국의 떠오르는 산업으로 영화 업계 설명	Korean movies, become a lot better, fun, entertaining, doing very well, box office, being released overseas
마무리 문장	나의 답변 마무리	movie industry, one of the most promising industries

Model Answer 🎧 MP3 10_A1

❶ One of the rising industries in Korea is the movie industry.

❷ Korean movies have become a lot better than in the past.

They are very ❸ fun to watch and entertaining.

They are doing very well at the box office.

Plus, some Korean movies are ❹ being released overseas.

So, ❺ the movie industry is one of the most promising industries in Korea.

Tips for Better Answer

* '영화' 주제의 '가장 좋아하는 영화 장르와 좋아하는 이유 설명'의 답변 활용

▶❶ 한국의 떠오르는 산업에 대해 묻고 있기 때문에 핵심 단어 Korea, industry와 그에 대한 답변인 movie industry를 시작 문장에 넣기
〈rising 대신 사용할 수 있는 표현〉
Ex: The movie industry is on the rise. 영화 산업이 뜨고 있다.
The movie industry is prospering. 영화 산업이 번성하고 있다.

▶❷ 본문 내용은 '가장 좋아하는 영화 장르'에 쓰인 답변 활용하여 외울 내용 줄이기
현재 영화 산업에 대해 이야기하기 때문에 현재완료형 사용
have become 대신 have changed 사용 가능
Ex: The movie industry has changed in positive ways. 영화계는 긍정적인 쪽으로 바뀌었다.

▶❸ 영화 묘사할 때 다양한 형용사를 사용하여 등급 업!
intriguing: 흥미로운
easy to follow: 이해하기 쉬운
complex: 복잡한
touching: 감동적인

▶❹ release: 개봉하다, 출시하다
음악 주제에도 유용하게 활용 가능
Ex: Recently, she released a new album. 최근 그녀가 새로운 앨범을 냈다.

▶❺ 마무리 문장은 시작 문장과 같은 내용이지만 다른 문장 구조와 단어를 사용하여 답변의 단조로움을 피하기

Key Expressions

- **rising** 떠오르는
- **movie industry** 영화계, 영화 산업
- **become better** 더 나아지다
- **do very well** 선전하다, 잘하다

- **entertaining** 재미있는
- **box office** 매표소, 박스오피스
- **be released** 출시하다, 개봉하다

한국의 가장 떠오르는 산업 중 하나는 영화 산업입니다. 영화는 과거보다 훨씬 좋아졌습니다. 보는 게 재미있습니다. 박스오피스에서 매우 선전하고 있습니다. 게다가, 일부 한국 영화들이 해외에서 개봉되고 있습니다. 그래서 영화 산업은 한국에서 가장 유망한 산업 중 하나입니다.

OPIc 질문에 대한 모범 답변을 살펴본 후, 질문의 핵심 포인트를 파악하여 나만의 OPIc 답변을 만들어보세요.

2 Talk about a well-known company in the industry you mentioned. What is special about that company?

방금 언급한 산업에서 잘 알려진 회사에 대해 이야기해주세요. 그 회사의 특별한 점은 무엇인가요?

	Structure	Idea
시작 문장	주제 문장 소개	tons of movie theaters in Korea
본문	영화 산업에서 잘 알려진 회사로 영화관 소개	everywhere, on busy streets, foot traffic, three major theater chains, good facilities, special seats, comfy seats, leg room
마무리 문장	나의 답변 마무리	movie theaters have become a lot better

Model Answer 🎧 MP3 10_A2

There are tons of movie theaters in Korea.
❶ They are everywhere these days.
Many movie theaters are on busy streets with a lot of foot traffic.
There are three major theater chains in Korea: ❷ CGV, Megabox, and Lotte Cinema.
They have good facilities.
+ They have 3D, 4D, and IMAX theaters.
+ Plus, they ❸ have special seats for couples.
+ Also, they ❹ have comfy seats with a lot of leg room.
So, movie theaters have become a lot better than in the past.

Tips for Better Answer

* '영화' 주제의 '친구들과 이야기하는 영화관련 대화 주제 설명' 답변의 내용을 그대로 활용

▶❶ = You can see them everywhere you go.
어디를 가든지 볼 수 있다.
= No matter where you are, you can see them.
어디에 있든지 상관없이 그것을 볼 수 있다.

▶❷ 영화 분야에서 잘 알려진 회사에 대한 답변으로 한국의 극장 체인 나열하기
Ex: CGV, Megabox and Lotte Cinema are three major theater chains in Korea and all of them provide excellent services.
CGV, 메가박스, 롯데시네마가 한국의 3개 주요 극장 체인인데 모두 훌륭한 서비스를 제공한다.

▶❸ 〈special + 명사 + for 사람〉
특정한 장소나 물건의 명칭을 물을 때 정확한 설명이 어려울 경우에 활용
Ex: They have a special area where children can play.
(그 공간이 무엇인지 정확하지 않을 때) 아이들이 놀 수 있는 특별한 공간이 있다.
They have a playground for children.
(정확한 장소를 알 때는 장소 언급) 아이들을 위한 놀이터가 있다.

▶❹ 답변 양 확보를 위해 영화관에 있는 다양한 시설 나열
Ex: They have wide screens.
큰 스크린이 있다.
Dolby Atmos provides amazing movie sound systems in the theater.
돌비 아트모스는 극장에서 엄청난 영화 음향 장치를 제공한다.

Key Expressions

- **movie theaters** 극장
- **tons of** 수없이 많은
- **on busy streets** 번화가에
- **a lot of foot traffic** 유동인구가 많은
- **major theater chains** 주요 극장 체인
- **facilities** 시설
- **comfy** 편안한
- **leg room** 앞뒤 간격이 넓은

한국에는 영화관이 수도 없이 많습니다. 요즘에는 어디에나 있습니다. 많은 영화관들이 유동인구가 많은 번화가에 있습니다. 한국에는 CGV, 메가박스, 롯데시네마 3개의 주요 극장 체인이 있습니다. 이 극장들은 시설이 좋습니다. (+ 3D, 4D, 아이맥스 극장을 가지고 있습니다. + 또한 커플을 위한 특별한 좌석이 있습니다. + 또한, 다리 공간이 넓은 편안한 좌석을 가지고 있습니다.) 그래서 영화관은 과거보다 훨씬 좋아졌습니다.

데이터에 트렌드로 쉽게 취득하는 OPIc IH

OPIc 질문에 대한 모범 답변을 살펴본 후, 질문의 핵심 포인트를 파악하여 나만의 OPIc 답변을 만들어보세요.

3 Tell me about the benefits that industry provides. What kind of good is it doing for 🎧 MP3 10_Q3
your country?

그 산업이 주는 혜택에 대해 말해주세요. 그것이 당신 나라에 어떤 도움이 되나요?

	Structure	Idea
시작 문장	주제 문장 소개	movie industry, one of the fastest growing, in Korea
본문	한국 영화 시장의 크기와 한국 경제에 주는 혜택 설명	Korean movie market, third largest, go to, 4.2 times a year on average, highest numbers
마무리 문장	나의 답변 마무리	movie industry creates, benefits, economy

Model Answer 🎧 MP3 10_A3

❶ The movie industry is one of the fastest growing industries in Korea.
The Korean movie market is ❷ the third largest in the world.
❸ Koreans go to movie theaters 4.2 times a year on average.
This is one of the highest numbers in the world.
So, the movie industry creates a lot of benefits for the economy.

Tips for Better Answer

▶❶ 한국의 산업을 소개할 때 사용할 수 있는 유용한 문장
〈growing 대신 업계의 긍정적인 변화 묘사를 나타내는 표현〉
flourishing: 번창하는
thriving: 번성하는, 성대한
promising: 유망한
Ex: The movie industry is thriving in Korea these days.
요즘 한국의 영화 산업은 번성하고 있다.

▶❷ 〈the 서수 + 최상급 형용사〉: 몇 번째로 가장 (형용사)한
Ex: The Korean music market is the second biggest in Asia.
한국의 음악 시장은 아시아에서 두 번째로 크다.

▶❸ 정확한 통계 제공이 불가능한 경우에는 대략적인 추측이 들어간 예시 추가하기
Ex: I think most Koreans travel domestically at least once a year.
내 생각에 대부분의 한국 사람들은 최소한 1년에 한 번은 국내 여행을 간다고 본다.

정확한 통계 제공이 가능한 경우에는 출처를 밝히는 것이 답변의 신뢰도를 높일 수 있다.
Ex: According to a survey done in Korea, watching movies is one of the most common hobbies among youngsters.
한국에서 실시한 설문조사에 따르면, 영화 관람은 젊은 사람들 사이에서 가장 흔한 취미 중 하나이다.
It is reported that Koreans go to movie theaters 4.2 times a year on average.
한국인들이 평균적으로 일년에 4.2번 영화관에 간다고 보도되었다.

Key Expressions

• **growing** 성장하는
• **on average** 평균적으로
• **create** 창출하다, 만들어내다
• **benefits** 혜택
• **economy** 경제

영화 산업은 한국에서 가장 빠르게 성장하는 산업 중 하나입니다. 한국 영화 시장은 세계에서 세 번째로 큰 규모입니다. 한국인들은 평균적으로 일년에 4.2번 영화관에 갑니다. 이것은 세계에서 가장 높은 수치 중 하나입니다. 그래서 영화 산업은 경제적으로 많은 이익을 가져다 줍니다.

IH 이상 등급을 받기 위해 문장을 늘리는 연습을 해보세요.

Question 1

1. One of the rising industries in Korea is the movie industry.
   → One of the rising industries in Korea is the movie industry <u>and it is growing fast.</u> (그리고 그것은 빠르게 성장하고 있다.)

2. Korean movies have become a lot better than in the past.
   → Korean movies have become a lot better than in the past <u>thanks to the development of visual effects and sound effects.</u> (시각 효과와 음향 효과의 발달 덕분에)

3. So, the movie industry is one of the most promising industries in Korea.
   → So, the movie industry is one of the most promising <u>and the fastest growing</u> industries in Korea. (그리고 가장 빨리 성장하는)

Question 2

1. They are everywhere these days.
   → They are everywhere these days <u>because everyone enjoys watching movies.</u> (모든 사람들이 영화 보는 것을 즐기기 때문에)

2. They have good facilities.
   → They have good facilities <u>such as high-resolution screens and surround sound speakers</u>. (고해상도의 화면과 입체 사운드 스피커와 같은)

3. So, movie theaters have become a lot better than in the past.
   → So, movie theaters have become a lot better <u>and developed</u> than in the past. (그리고 발전된)

Question 3

1. The Korean movie market is the third largest in the world.
   → The Korean movie market is the third largest in the world <u>even though it is a small country</u>. (작은 나라임에도 불구하고)

2. Koreans go to movie theaters 4.2 times a year on average.
   → <u>According to the news</u>, Koreans go to movie theaters 4.2 times a year on average, <u>which is quite high</u>. (뉴스에 따르면 / 꽤 높은 수치이다.)

OPIc 질문에 대한 모범 답변을 살펴본 후, 질문의 핵심 포인트를 파악하여 나만의 OPIc 답변을 만들어보세요.

4 **What kinds of companies do young people in your country want to work for?**  MP3 10_Q4
Why do they want to work for those companies?

당신 나라의 젊은이들은 어떤 회사에서 일하고 싶어 하나요? 왜 그들은 그 회사들을 위해 일하기를 원하나요?

	Structure	Idea
시작 문장	주제 문장 소개	young Koreans, work for, in the movie industry
본문	한국의 젊은 사람들이 일하고 싶어하는 곳으로 영화 업계 선택 후 이유 묘사	Korean movie market, third largest, go to, 4.2 times a year, on average, highest numbers
마무리 문장	나의 답변 마무리	once again, young Koreans, work in the movie industry

Model Answer MP3 10_A4

❶ Many young Koreans want to work for companies in the movie industry.
❷ The movie industry is one of the fastest growing industries in Korea.
The Korean movie market is the third largest in the world.
Koreans go to movie theaters 4.2 times a year on average.
This is one of the highest numbers in the world.
Once again, ❸ many young Koreans want to work in the movie industry.

Tips for Better Answer

▶❶ 질문에서 묻는 핵심 단어를 답변의 서론에 언급하는 것이 좋음
즉, young people (young Koreans) want to work for을 시작 문장에 넣기
〈want to 대신 사용할 수 있는 동사〉
= hope to, wish to, would like to, be eager to
Ex: Many young people hope to work for movie production companies.
많은 젊은 사람들이 영화 제작사에서 일하기를 희망한다.

▶❷ 산업 주제의 '그 산업이 주는 혜택 설명'의 답변을 그대로 활용하여 답변 준비 시간 줄이기

▶❸ 핵심 단어인 young Korean people와 그들이 관심 가지고 있는 업계인 movie industry를 마무리 문장에 다시 한번 언급하여 마무리

Key Expressions
- **growing** 성장하는
- **on average** 평균적으로

많은 젊은 한국인들은 영화 산업의 회사에서 일하고 싶어합니다. 영화 산업은 한국에서 가장 빠르게 성장하는 산업 중 하나입니다. 한국 영화 시장은 세계에서 세 번째로 큰 규모입니다. 한국인들은 평균적으로 일년에 4.2번 영화관에 갑니다. 이것은 세계에서 가장 높은 수치 중 하나입니다. 다시 한번 말하자면, 많은 젊은 한국인들은 영화 산업에서 일하고 싶어합니다.

OPIc 질문에 대한 모범 답변을 살펴본 후, 질문의 핵심 포인트를 파악하여 나만의 OPIc 답변을 만들어보세요.

5 What kinds of efforts have you made to help your career in the past? Why did you do those things and how did they help you? 🎧 MP3 10_Q5

당신은 과거에 경력을 쌓기 위해 어떤 노력을 했나요? 왜 그런 것을 했고 그 행동이 어떻게 도움이 되었나요?

Structure		Idea
시작 문장	주제 문장 소개	have done various things, career, over the years
본문	커리어를 위해 한 영어 공부 방법 묘사	tried to improve my English, language schools, private tutoring, took online courses
마무리 문장	나의 답변 마무리	becoming better, has helped, career

Model Answer 🎧 MP3 10_A5

❶ I have done various things for my career over the years.
Among them, I ❷ have always tried to improve my English.
English was a subject in school.
❸ + I also went to language schools to learn English.
+ I also got private tutoring to learn English.
+ I also took online courses for English tests.
So, becoming better at English has helped my career.

Tips for Better Answer

➤❶ 지금까지 해왔던 경험을 묘사할 때는 현재완료형 사용
Ex: I have tried many things to get a job.
나는 직업을 가지기 위해 많은 것을 해봤다.

커리어를 위해 한 노력을 묘사하기 때문에 핵심 단어인 career를 시작 문장에 넣기

➤❷ 현재완료형 사용으로 인해 지금까지도 영어를 공부하고 있다는 의미를 포함
〈improve 대신 사용할 수 있는 동사〉
= enhance, build up
Ex: I want to enhance my English.
내 영어 실력을 향상시키고 싶다.

➤❸ 과거에 한 노력을 나열할 때는 과거형 시제 사용
답변 양 확보를 위해 영어 실력 향상을 위해 한 여러 가지 노력을 나열
Ex: I went to Australia for one year to study English.
영어를 공부하기 위해 호주에 1년 갔었다.

Key Expressions
- **career** 경력, 커리어
- **improve** 향상하다, 발전하다, 개선하다
- **subject** 과목
- **language school** 어학원
- **private tutoring** 과외
- **online classes** 온라인 수업

저는 여러 해 동안 경력을 위해 여러 가지를 했습니다. 그중에 하나로 항상 제 영어실력을 향상시키기 위해 노력해 왔습니다. 영어는 학교 과목 중 하나였습니다. (+ 영어를 배우기 위해 어학원도 다녔습니다. + 영어를 배우기 위해 과외도 받았습니다. + 영어 시험을 위한 온라인 강좌도 들었습니다.) 그래서 영어를 더 잘하게 된 것은 제 경력에 도움이 되었습니다.

OPIc 질문에 대한 모범 답변을 살펴본 후, 질문의 핵심 포인트를 파악하여 나만의 OPIc 답변을 만들어보세요.

6 **Tell me about an industry you follow. Is it related to food, energy or mobile computing? How is it different from three years ago?**

관심 가지고 있는 산업에 대해 말해주세요. 음식, 에너지 또는 모바일 컴퓨팅과 관련이 있나요? 그것이 3년 전과 어떻게 다른가요?

Structure		Idea
시작 문장	주제 문장 소개	follow, movie industry quite closely
본문	관심 가지고 있는 영화 분야를 3년 전과 현재 비교	compared to three years ago, become a lot better, fun, entertaining, doing very well, box office, being released overseas
마무리 문장	나의 답변 마무리	movie industry, one of the most promising, in Korea

Model Answer　　🎧 MP3 10_A6

I ❶follow the movie industry ❷quite closely. ❸Compared to three years ago, Korean movies ❹have become a lot better.

They are very fun to watch and entertaining.

They are doing very well at the box office.

Plus, some Korean movies are being released overseas.

The movie industry is one of the most promising industries in Korea.

Tips for Better Answer

* 14번 기출문제
* '산업' 주제의 '우리나라 유명 산업 분야 묘사'의 답변을 그대로 활용

▶❶ 관심 가지고 있는 산업에 대해 이야기할 때 쓸 수 있는 동사는 follow와 be interested in
　Ex: I follow the music industry closely.
　　　나는 음악 업계에 매우 관심을 가지고 있다.
　　　I am interested in the music industry.
　　　나는 음악 업계에 관심을 가지고 있다.

▶❷ quite은 closely를 꾸며주는 역할을 하는 부사
　〈quite closely 대신 follow와 함께 사용할 수 있는 표현〉
　eagerly: 열심히
　enthusiastically: 열정적으로
　with enthusiasm: 열정을 가지고
　Ex: Many sports fans eagerly follow their favorite teams' upcoming events.
　　　많은 스포츠 팬들은 그들이 좋아하는 팀의 곧 있을 일정에 대해 열정을 가지고 관심을 가진다.

▶❸ ~와 비교하여
　전치사 to 대신 with 사용 가능
　Ex: Compared with three years ago, many things have changed in the movie industry.
　　　3년 전과 비교해서 영화 업계에 많은 변화가 있었다.

▶❹ 과거와 현재를 비교하는 문장이기 때문에 현재완료형 사용
　Ex: Korean movies have developed compared to three years ago.
　　　3년 전과 비교해서 한국의 영화는 발전되었다.

Key Expressions

- **follow** 따르고 있다, 관심 가지고 있다
- **movie industry** 영화업계, 영화 산업
- **become better** 더 나아지다
- **do very well** 선전하다, 잘하다

- **entertaining** 재미있는
- **box office** 매표소, 박스오피스
- **be released** 출시하다, 개봉하다
- **promising** 유명한

저는 영화 산업에 매우 관심을 가지고 있습니다. 3년 전과 비교하면, 한국 영화는 과거보다 훨씬 좋아졌습니다. 보는 게 재미있습니다. 박스오피스에서 매우 선전하고 있습니다. 게다가, 일부 한국 영화들이 해외에서 개봉되고 있습니다. 그래서 영화 산업은 한국에서 가장 유망한 산업 중 하나입니다.

IH 이상 등급을 받기 위해 문장을 늘리는 연습을 해보세요.

Question 4

1. Many young Koreans want to work for companies in the movie industry.
    → Many young Koreans want to work for companies in the movie industry <u>because the companies provide many benefits and perks for their employees.</u> (회사들이 직원들을 위해 많은 복지와 혜택을 제공하기 때문에)

2. This is one of the highest numbers in the world.
    → This is one of the highest numbers in the world, <u>which is surprising.</u> (그것은 놀라운 것이다.)

Question 5

1. Among them, I have always tried to improve my English.
    → Among them, I have always tried to improve <u>my language skills like</u> English. (~와 같은 언어 실력)

2. English was a subject in school.
    → English was a subject in school, <u>and it was one of my favorite subjects.</u> (그리고 내가 좋아하는 과목들 중 하나였다.)

3. I also took online courses for English tests.
    → I also took online courses for <u>preparing for</u> English tests. (~을 대비하기 위해)

Question 6

1. I follow the movie industry quite closely.
    → I follow the movie <u>and music</u> industry quite closely <u>because I enjoy listening to original soundtracks of movies.</u> (그리고 음악 / 나는 영화의 배경음악을 즐겨 듣기 때문에)

2. Plus, some Korean movies are being released overseas.
    → Plus, some Korean movies are being released overseas <u>and even famous Hollywood actors have starred in Korean movies.</u> (그리고 유명한 할리우드 영화 배우들이 한국 영화에 출연하기도 했다.)

OPIc 질문에 대한 모범 답변을 살펴본 후, 질문의 핵심 포인트를 파악하여 나만의 OPIc 답변을 만들어보세요.

7 Tell me about an incident that occurred in the industry you follow. Perhaps a game 🎧 MP3 10_Q7 company released a new game, but the public was disappointed about it. Or, perhaps a company released a new device, but it didn't meet people's expectations. What was the incident and how did your community react to the incident?

당신이 관심있는 업계에서 발생한 사건에 대해 말해주세요. 한 게임회사가 새로운 게임을 출시했는데 하지만 사람들의 실망했을 수도 있습니다. 아니면 한 회사가 새로운 기기를 출시했지만, 사람들의 기대에 미치지 못했을 수도 있습니다. 어떤 사건이었고, 그 일에 대해 당신의 지역사회는 어떻게 반응했나요?

Structure		Idea
시작 문장	주제 문장 소개	remember, a movie did not meet, expectations
본문	흥행에 실패한 영화에 대해 이야기하기	before, released, hype surrounding, however, did not do very well, disappointed with
마무리 문장	나의 답변 마무리	some movies, fail like this from time to time

Model Answer 🎧 MP3 10_A7

I remember when ❶ a movie did NOT meet people's expectations.

Before ❷ it was released, there was a lot of ❸ hype surrounding the movie.

However, it did NOT do very well at the box office.

Many people were ❹ disappointed with the movie.

There are some movies that fail like this from time to time.

Tips for Better Answer

* 15번 기출문제

▶❶ 질문을 잘 들으면 답변을 구성할 수 있는 많은 주요한 단어를 캐치할 수 있다. 사람들의 기대에 미치지 못한 영화에 대해 이야기해야 하기 때문에 제시되는 didn't meet people's expectations을 시작 문장에 활용하기

▶❷ release: 출시하다, 개봉하다
be released: 출시되다, 개봉되다
Ex: Disney released a new movie.
디즈니가 새로운 영화를 개봉했다.
A new movie was released by Disney.
새로운 영화가 디즈니에 의해 개봉됐다.

▶❸ hype는 대대적이고 과장된 선전, 광고 또는 홍보를 나타내는 비격식 표현
Ex: There was too much hype about his new movie.
그의 새로운 영화에 대한 홍보가 너무 심했다.

▶❹ 〈disappointed + with / in〉
with는 일반적인 경우에 주로 쓰이며 with 뒤에 사람, 물건, 상황 등 다양한 경우가 올 수 있음
Ex: I was disappointed with the new movie.
새로 나온 영화에 실망했다.

in은 사람에게 주로 쓰이며 실망과 배신 당한 느낌을 포함
Ex: I was disappointed in you.
너에게 실망했다.

Key Expressions

- **meet expectations** 기대에 미치다, 부응하다
- **release** 출시하다, 개봉하다
- **hype** 홍보, 광고, 화제
- **be disappointed with** ~에 실망하다
- **fail** 실패하다
- **from time to time** 가끔

저는 영화가 사람들의 기대에 미치지 못했을 때를 기억합니다. 개봉 전부터 영화를 둘러싼 과대 홍보가 끊이지 않았습니다. 하지만 이 영화는 흥행에서 참패했습니다. 많은 사람들이 그 영화에 실망했습니다. 가끔 이렇게 실패하는 영화도 있습니다.

OPIc 질문에 대한 모범 답변을 살펴본 후, 질문의 핵심 포인트를 파악하여 나만의 OPIc 답변을 만들어보세요.

8 What do people do to improve themselves professionally? Do they get a general 🎧MP3 10_Q8 education? Do they receive specific training at companies? Or, do they go through training from a younger age? And how has this changed over the last five years?

전문성을 기르기 위해 사람들은 무엇을 하나요? 일반교육을 받나요? 회사에서 특정 훈련을 받나요? 아니면 어릴 때부터 훈련을 받나요? 지난 5년간 어떻게 변했나요?

Structure		Idea
시작 문장	주제 문장 소개	compared to five years ago, what people do, careers, pretty much the same
본문	사람들이 직업을 얻기 위해 현재 하는 일과 5년 전의 일 비교	various things, among them, try, improve their English, language schools, private tutoring
마무리 문장	나의 답변 마무리	becoming better at English, careers

Model Answer 🎧MP3 10_A8

❶ Compared to five years ago, ❷ what people do to help their careers is ❸ pretty much the same. People do various things for their careers. Among them, they often try to improve their English. English is a subject in school. + People also go to language schools to learn English. + People also get private tutoring to learn English. + People also take online courses for English tests. So, becoming better at English helps people's careers.

Tips for Better Answer

* 14번 기출문제

▶❶ 지난 5년간의 변화를 물었기 때문에 핵심 표현인 compared to five years ago를 시작 문장에 넣기

▶❷ '본인 커리어를 위해 해온 노력들 설명'의 답변 내용을 그대로 활용하지만 본인의 노력이 아닌 일반적인 사람들의 노력에 대해 말을 해야 하므로 주어 I 를 people로 변경

▶❸ pretty much the same: 거의 같은, 큰 차이가 없는
completely different: 완전히 다른
Ex: What I did 10 years ago and what I do now are pretty much the same.
내가 10년 전 한 일과 지금 한 일이 거의 같다.
Ex: Compared to 20 years ago, what people do for their health now is completely different.
20년 전과 비교해서 현재 사람들이 건강을 위해 하는 일은 완전히 다르다.

Key Expressions

- **career** 경력, 커리어
- **improve** 향상하다, 발전하다, 개선하다
- **subject** 과목
- **language school** 어학원
- **private tutoring** 과외
- **online classes** 온라인 수업

5년 전과 비교했을 때 사람들이 경력을 위해 하는 일은 거의 같습니다. 사람들은 경력을 위해 여러 가지 일을 합니다. 그중에 하나로 그들의 영어실력을 향상시키기 위해 많이 노력합니다. 영어는 학교 과목 중 하나입니다. (+ 영어를 배우기 위해 어학원도 다닙니다. + 영어를 배우기 위해 과외도 받습니다. + 영어 시험을 위한 온라인 강좌도 듣습니다.) 그래서 영어를 더 잘하게 되는 것은 사람들의 경력에 도움이 됩니다.

OPIc 질문에 대한 모범 답변을 살펴본 후, 질문의 핵심 포인트를 파악하여 나만의 OPIc 답변을 만들어보세요.

9 **Tell me about the industries people talk about in your country. Why are they interested in those industries?**

 MP3 10_Q9

요즘 당신 나라 사람들이 관심을 가지고 있는 산업에 대해 말해주세요. 사람들이 왜 이 산업에 관심을 가지나요?

Structure		Idea
시작 문장	주제 문장 소개	Koreans, interested in, movie industry
본문	한국 사람들이 관심있는 산업으로 영화 업계 설명	fastest growing industries, third largest, Koreans, 4.2 times a year on average, highest numbers, meanwhile, Korean movies have become, fun to watch, entertaining, doing very well at the box office, being released overseas
마무리 문장	나의 답변 마무리	once again, Koreans, interested in, movie industry

Model Answer 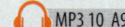 MP3 10_A9

❶ Many Koreans are interested in the movie industry.
❷ The movie industry is one of the fastest growing industries in Korea.
The Korean movie market is the third largest in the world.
Koreans go to movie theaters 4.2 times a year on average.
This is one of the highest numbers in the world.

❸ Meanwhile, Korean movies have become a lot better than in the past.
They are very fun to watch and entertaining.
They are doing very well at the box office.
Plus, ❹ some Korean movies are being released overseas.
Once again, many Koreans are interested in the movie industry.

Tips for Better Answer

* 15번 기출문제

❶ 질문에 나온 내용을 그대로 서론으로 말할 수도 있음
Ex: People in my country talk about the movie industry nowadays.
우리나라 사람들은 요즘 영화 산업에 대해 말한다.

❷ '산업' 주제의 '우리나라 유명 산업 분야 묘사'의 답변을 그대로 활용하여 사람들이 관심을 가지는 이유를 묘사
현재의 유명한 산업에 대한 내용이기 때문에 현재형 시제 유지

❸ 새로운 의견을 제시할 때 유용한 접속사
= on the other hand
Ex: On the other hand, people started to watch Korean movies.
한편으로 사람들이 한국 영화를 보기 시작했다.

❹ 모든 한국 영화가 해외에서 개봉하는 것이 아니기 때문에 some을 사용하여 일반화 피하기
Ex: Some Korean actors star in Hollywood movies.
어떤 한국 배우들은 할리우드 영화에 출연한다.

Key Expressions

- **growing** 성장하는
- **on average** 평균적으로
- **become better** 더 나아지다
- **entertaining** 재미있는
- **box office** 매표소, 박스오피스
- **be released** 출시하다, 개봉하다

많은 한국인들은 영화 산업에 관심을 가지고 있습니다. 영화 산업은 한국에서 가장 빠르게 성장하는 산업 중 하나입니다. 한국 영화 시장은 세계에서 세 번째로 큰 규모입니다. 한국인들은 평균적으로 일년에 4.2번 영화관에 갑니다. 이것은 세계에서 가장 높은 수치 중 하나입니다. 한편으로 한국 영화는 과거보다 훨씬 좋아졌습니다. 보는 게 재미있습니다. 박스오피스에서 매우 선전하고 있습니다. 게다가, 일부 한국 영화들이 해외에서 개봉되고 있습니다. 다시 한번 말하자면 많은 한국인들이 영화 산업에 관심을 가지고 있습니다.

IH 이상 등급을 받기 위해 문장을 늘리는 연습을 해보세요.

Question 7

1. I remember when a movie did NOT meet people's expectations.
   → I remember when a movie did NOT meet people's expectations <u>because it was too predictable</u>. (너무 예측 가능했기 때문에)

2. However, it did NOT do very well at the box office.
   → However, it did NOT do very well at the box office, <u>so the theatrical run was over in a few weeks</u>. (그래서 몇 주 만에 상영이 끝났다.)

3. Many people were disappointed with the movie.
   → Many people were disappointed with the movie <u>due to the boring storyline</u>. (지겨운 줄거리 때문에)

Question 8

1. People do various things for their careers.
   → People do various things for their careers <u>because they want to get good jobs</u>. (좋은 직업을 가지고 싶기 때문에)

2. Among them, they often try to improve their English.
   → Among them, they often try to <u>do their best to</u> improve their English <u>at all costs</u>. (~하기 위해 최선을 다하다 / 무슨 수를 써서라도)

3. So, becoming better at English helps people's careers.
   → So, becoming better at English <u>or getting certain licenses</u> helps people's careers. (또는 특정 자격증을 따는 것은)

Question 9

1. Many Koreans are interested in the movie industry.
   → Many Koreans are interested in the movie industry <u>and even people from overseas are paying attention to this industry</u>. (그리고 해외에 있는 사람들도 이 업계를 주목하고 있다.)

2. They are very fun to watch and entertaining.
   → They are very fun to watch and <u>action scenes are</u> entertaining. (액션 장면들은)

Chapter 11

Food

빈출 주제 파악하기

질문을 제대로 파악하는 것만으로도 성공적으로 시험을 치를 수 있습니다. OPIc에서 자주 출제되는 질문들을 알아보세요.

1 **Many people try to eat healthy these days. What kinds of foods are healthy and why are they healthy for us?**

요즘 많은 사람들이 건강하게 먹으려고 노력합니다. 어떤 종류의 음식이 건강에 좋고 왜 그것들이 우리의 건강에 좋을까요?

문항 유형 건강식 종류와 건강에 좋은 이유 설명

문항 수준 Intermediate

핵심 포인트
- 음식 주제의 '본인이 먹는 일상 음식 소개'와 같은 답변 활용
- 현재형 시제를 사용하여 채소, 과일, 생선 등 건강에 좋은 음식 나열 후 이유 설명
- 음식에 대해 이야기할 때에는 they, 본인이 먹는 음식에 대해 이야기할 때에는 I 사용

중요도 ★★★★★

2 Tell me how you found out about eating healthy. Did your family eat healthy when you were growing up? Describe to me in detail how you started to eat healthy.

건강한 식사에 대해 어떻게 알게 되었는지 말해주세요. 당신이 자랄 때 당신의 가족은 건강하게 먹었나요? 어떻게 건강하게 먹기 시작했는지 자세히 설명해주세요.

문항 유형	건강식을 먹게 된 계기 설명
문항 수준	Advanced
핵심 포인트	• 건강식을 먹게 된 계기 설명 후 현재 먹는 건강한 음식 나열 • 과거의 식습관은 과거형 시제로 묘사, 현재의 식습관은 현재형으로 묘사 • 가족과 본인의 식습관에 대해 이야기하기 때문에 주어는 parents, I, they 등 상황에 맞게 사용
중요도	★★★

3 When was the last time you had some healthy food? Who was it with and how did you feel? What was special about that experience?

마지막으로 몸에 좋은 음식을 먹은 게 언제인가요? 누구랑 같이 있었고 기분이 어땠나요? 그 경험에서 특별한 점은 무엇인가요?

문항 유형	건강식을 최근에 먹어 본 경험 묘사
문항 수준	Advanced
핵심 포인트	• 음식 주제의 '우리나라 대표적 음식'과 같은 답변 활용 • 우리나라 대표 음식 / 건강한 음식으로 김치를 선택하여 주어 kimchi, it 사용 • 평상시 먹는 건강한 음식이기 때문에 현재형 시제로 묘사
중요도	★★★★★

4 What is a popular dish in your country? What is special about the dish? Please describe that dish in detail.

당신의 나라에서 인기 있는 요리는 무엇인가요? 그 요리가 왜 특별하나요? 자세히 설명해주세요.

문항 유형	우리나라 대표음식 묘사
문항 수준	Intermediate
핵심 포인트	• 음식 주제의 '건강식을 최근에 먹어 본 경험 묘사'와 함께 답변 대비 • 우리나라 대표 음식 / 건강한 음식으로 김치를 선택하여 주어 kimchi, it 사용 • 평상시 먹는 건강한 음식이기 때문에 현재형 시제로 묘사
중요도	★★★★★

5 What do you eat on a regular day? Tell me everything that you eat in detail.

평소에 무엇을 먹나요? 먹는 모든 것을 자세히 말해주세요.

문항 유형	본인이 먹는 일상 음식 묘사
문항 수준	Intermediate
핵심 포인트	• 음식 주제의 '건강식 종류와 건강에 좋은 이유 설명'과 같은 답변 활용 • 현재형 시제를 사용하여 채소, 과일, 생선 등 건강에 좋은 음식 나열 후 이유 설명 • 음식에 대해 이야기할 때에는 they, 본인이 먹는 음식에 대해 이야기할 때에는 I 사용
중요도	★★★★★

6 Tell me about a memorable experience you had while eating something. It could be good or bad. What happened? Why was it so memorable or special? Tell me everything with lots of details.

무언가를 먹으면서 겪었던 기억에 남는 경험을 말해주세요. 좋은 일이거나 나쁜 일일 수도 있습니다. 무슨 일인가요? 왜 그렇게 기억에 남거나 특별했나요? 가능한 한 모든 것을 자세히 말해주세요.

문항 유형	음식 관련 기억에 남는 에피소드 묘사
문항 수준	Advanced
핵심 포인트	• 식중독에 걸려 고생한 경험 이야기하기 • 본인의 경험이기 때문에 주어 I 사용하며 과거형 시제 사용하여 묘사
중요도	★★★★★

7 How has food shopping changed over the last 20 years? What are the changes in how people buy their food? Describe those changes in as much detail as possible.

지난 20년 동안 식품 구매 방법은 어떻게 변했나요? 사람들이 음식을 사는 방법에 어떤 변화가 있나요? 이러한 변화를 가능한 한 자세히 설명해주세요.

문항 유형	지난 20년에 걸친 식품 구매 방식의 변화 설명
문항 수준	Advanced
핵심 포인트	• 14번 기출문제 • 과거와 현재의 식품 구매 방식을 비교해야 하기 때문에 과거형, 현재형, 현재완료형 다양하게 사용 • 사람들의 구매 방식에 대해 이야기하기 때문에 주어는 people, they 사용
중요도	★★★

8 There are sometimes news reports on food. Food can get contaminated or be affected by dangerous bacteria. Talk about a news report you watched regarding a food scare incident.

가끔 음식에 대한 뉴스 보도가 있습니다. 음식은 오염되거나 위험한 박테리아에 의해 영향을 받을 수 있습니다. 음식과 관련된 사건에 대한 뉴스에 대해 말해주세요.

문항 유형	식품 오염 사건 관련 뉴스 보도 설명
문항 수준	Advanced
핵심 포인트	• 15번 기출문제 • 식중독 사건 묘사 • 뉴스에 나온 이야기이기 때문에 주어는 people, they 등 상황에 맞게 사용하며 이미 발생한 사건이기 때문에 과거형 시제로 묘사
중요도	★★★★★

OPIc 질문에 대한 모범 답변을 살펴본 후, 질문의 핵심 포인트를 파악하여 나만의 OPIc 답변을 만들어보세요.

1-1 Many people try to eat healthy these days. What kinds of foods are healthy and why are they healthy for us? 🎧 MP3 11_Q1-1

요즘 많은 사람들이 건강하게 먹으려고 노력합니다. 어떤 종류의 음식이 건강에 좋고 왜 그것들이 우리에게 건강에 좋을까요?

1-2 What do you eat on a regular day? Tell me everything that you eat in detail. 🎧 MP3 11_Q1-2

평소에 무엇을 먹나요? 먹는 모든 것을 자세히 말해주세요.

Structure		Idea
시작 문장	주제 문장 소개	try to eat healthy, meals
본문	일상 음식으로 건강에 좋은 음식 선택 후 묘사	first, vegetables, fruits, contain, vitamins, fiber, eat fish, chicken breasts, rich in, protein, organic food, not grown with chemicals, healthier
마무리 문장	나의 답변 마무리	these are the types of food, healthy

Model Answer 🎧 MP3 11_A1

❶ I try to eat healthy when I have meals.

First, ❷ I try to eat vegetables and fruits as often as I can.

They contain a lot of vitamins and fiber.

Next, I try to eat ❸ fish and chicken breasts as much as I can.

+ beans + tofu + beef + pork

They are rich in healthy protein.

Also, I try to eat organic food ❹ whenever I can.

They are NOT grown with chemicals, so they are much healthier.

So, these are the types of food that are healthy.

Tips for Better Answer

▶❶ 본인이 먹는 건강한 음식을 물었을 때에는 주어 I 사용
사람들이 먹는 건강한 음식에 대해 답할 때에는 주어 people 사용
meals는 '끼니, 식사'라는 의미지만 eat 동사와는 쓰이지 않고 동사 have와 사용
Ex: I try to have healthy meals.
나는 건강한 식사를 하려고 노력한다.

▶❷ vegetables, fruits, vitamins는 가산 명사, fiber은 불가산 명사
가산 명사, 불가산 명사 수식 시 함께 쓸 수 있는 부사는 a lot of 또는 tons of
Ex: Fruits have tons of vitamin C and fiber.
과일에는 섬유질과 비타민 C가 많이 있다.

▶❸ 충분한 답변 양 확보를 위해 건강한 음식 종류를 나열
〈가산 명사와 불가산 명사 구분하기〉
fish, meat, pork, beef, chicken: 불가산 명사
chicken breasts, beans, vegetables, fruits: 가산 명사

▶❹ whenever + 주어 + 동사: (주어)가 (동사)할 때에는 언제든지
복합관계부사 사용으로 등급 업!
Ex: I try to drink water whenever I can.
할 수 있을 때마다 물을 마시려고 한다.

Key Expressions

- **meals** 식사
- **contain** 가지고 있다, 포함하다
- **fiber** 섬유질
- **rich in** ~이 풍부한
- **protein** 단백질
- **organic food** 유기농 음식
- **whenever I can** 내가 할 수 있을 때 언제든지
- **grow with chemicals** 화학약품을 써서 키우다

저는 식사를 할 때 건강하게 먹으려고 노력합니다. 첫 번째로 저는 야채와 과일을 최대한 자주 먹으려고 노력합니다. 그것들은 많은 비타민과 섬유질을 포함하고 있습니다. 게다가 생선이나 닭가슴살도 많이 먹으려고 합니다. (+ 콩 + 두부 + 소고기 + 돼지고기) 거기에는 건강한 단백질이 풍부합니다. 또한, 저는 유기농 음식을 많이 먹으려고 노력합니다. 그들은 화학약품을 사용하지 않기 때문에 훨씬 더 건강합니다. 즉 이것들이 건강에 좋은 음식의 종류입니다.

OPIc 질문에 대한 모범 답변을 살펴본 후, 질문의 핵심 포인트를 파악하여 나만의 OPIc 답변을 만들어보세요.

2 **Tell me how you found out about eating healthy. Did your family eat healthy when** 🎧 MP3 11_Q2 **you were growing up? Describe to me in detail how you started to eat healthy.**

건강한 식사에 대해 어떻게 알게 되었는지 말해주세요. 당신이 자랄 때 당신의 가족은 건강하게 먹었나요? 어떻게 건강하게 먹기 시작했는지 자세히 설명해주세요.

Structure		Idea
시작 문장	주제 문장 소개	parents, very health-conscious
본문	어렸을 때와 현재 식습관 비교	made me eat vegetables, fruits, made me drink milk, as I got older, eat healthy myself, cut back on, junk food
마무리 문장	나의 답변 마무리	I found out, eating healthy, kid

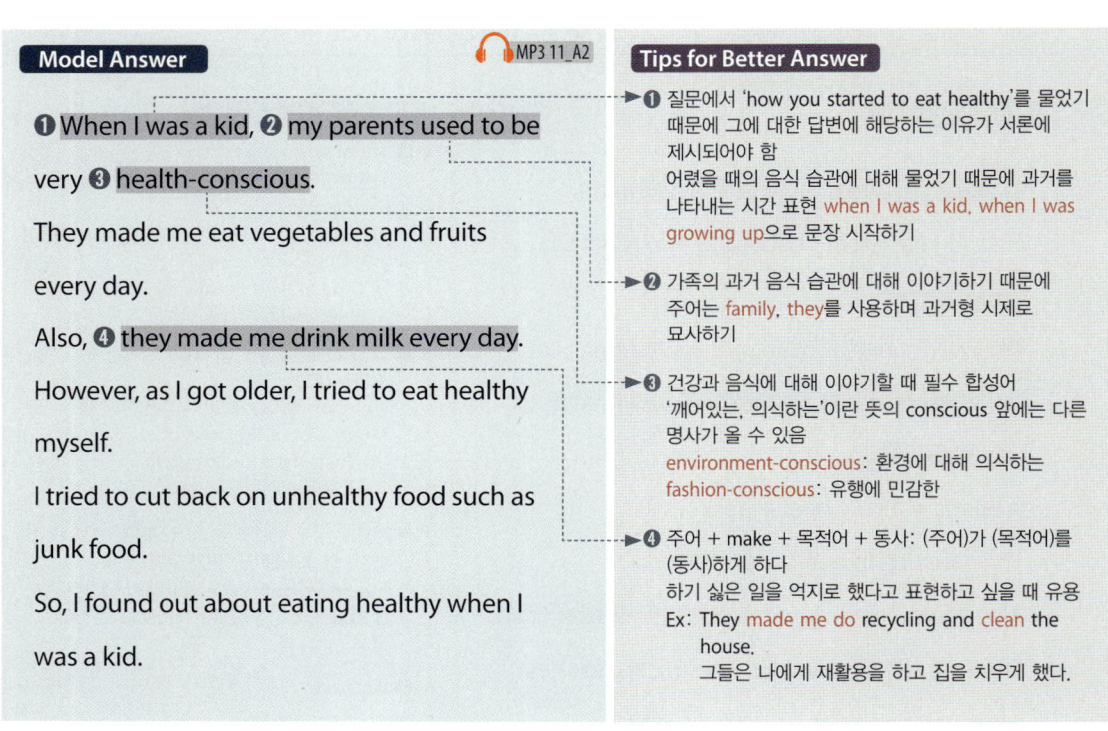

Model Answer 🎧 MP3 11_A2

❶When I was a kid, ❷my parents used to be very ❸health-conscious.

They made me eat vegetables and fruits every day.

Also, ❹they made me drink milk every day.

However, as I got older, I tried to eat healthy myself.

I tried to cut back on unhealthy food such as junk food.

So, I found out about eating healthy when I was a kid.

Tips for Better Answer

▶❶ 질문에서 'how you started to eat healthy'를 물었기 때문에 그에 대한 답변에 해당하는 이유가 서론에 제시되어야 함
어렸을 때의 음식 습관에 대해 물었기 때문에 과거를 나타내는 시간 표현 when I was a kid, when I was growing up으로 문장 시작하기

▶❷ 가족의 과거 음식 습관에 대해 이야기하기 때문에 주어는 family, they를 사용하며 과거형 시제로 묘사하기

▶❸ 건강과 음식에 대해 이야기할 때 필수 합성어 '깨어있는, 의식하는'이란 뜻의 conscious 앞에는 다른 명사가 올 수 있음
environment-conscious: 환경에 대해 의식하는
fashion-conscious: 유행에 민감한

▶❹ 주어 + make + 목적어 + 동사: (주어)가 (목적어)를 (동사)하게 하다
하기 싫은 일을 억지로 했다고 표현하고 싶을 때 유용
Ex: They made me do recycling and clean the house.
그들은 나에게 재활용을 하고 집을 치우게 했다.

Key Expressions

- **health-conscious** 건강을 의식하는
- **cut back on** ~을 줄이다
- **unhealthy** 건강하지 않은
- **find out** 알게 되다, 알아내다

어렸을 때, 저의 부모님은 건강에 매우 신경을 썼습니다. 그들은 제가 야채와 과일을 매일 먹도록 했습니다. 또한 매일 우유를 마시게 했습니다. 나이가 들면서 스스로 건강하게 건강하게 먹으려고 노력했습니다. 저는 정크 푸드 같은 건강에 좋지 않은 음식을 줄이려고 노력했습니다. 이렇게 해서 저는 어렸을 때 건강하게 먹는 것을 알게 되었습니다.

OPIc 모범 답변 학습하기

OPIc 질문에 대한 모범 답변을 살펴본 후, 질문의 핵심 포인트를 파악하여 나만의 OPIc 답변을 만들어보세요.

3-1 When was the last time you had some healthy food? Who was it with and how did you feel? What was special about that experience?

마지막으로 몸에 좋은 음식을 먹은 게 언제인가요? 누구와 같이 있었고 기분이 어땠나요? 그 경험에서 특별한 점은 무엇인가요?

3-2 What is a popular dish in your country? What is special about the dish? Please describe that dish in detail.

당신의 나라에서 인기 있는 요리는 무엇인가요? 그 요리가 왜 특별하나요? 자세히 설명해주세요.

Structure		Idea
시작 문장	주제 문장 소개	common foods in Korea, kimchi
본문	한국의 인기 있는 요리로 김치를 소개 후 최근 먹은 경험 묘사	rich in vitamins, fiber, good for our health, strengthens, immune system, selected, healthiest foods in the world, I have, every single day when I have meals, had some yesterday
마무리 문장	나의 답변 마무리	kimchi, one of the healthiest foods, every day

Model Answer 🎧 MP3 11_A3

❶ One of the most common foods in Korea is kimchi.

Kimchi is very ❷ rich in vitamins and fiber.

It is very good for our health and ❸ it strengthens our immune system.

In fact, ❹ kimchi was selected as one of the healthiest foods in the world.

I have kimchi every single day when I have meals.

I actually had some yesterday during dinner.

Once again, kimchi is one of the healthiest foods I have every day.

Tips for Better Answer

▶❶ 한국의 popular cishes에 대해 물었기 때문에 그에 대한 답변으로 시작 문장에 kimchi 넣기
common foods는 질문의 핵심 표현인 popular dishes 대신 쓰인 표현
Ex: One of the most popular dishes in Korea is kimchi.
한국의 가장 인기 있는 음식 중 하나는 김치다.

▶❷ '~이 풍부한'이란 뜻의 형용사
rich 뒤에는 항상 in이 쓰임
Ex: Beef is rich in protein.
소고기는 단백질이 풍부하다.

▶❸ 건강한 음식을 묘사할 때 필수 문장! 암기 필수

▶❹ 누가 김치를 건강한 음식으로 선정했는지 중요하지 않거나 알 수 없기 때문에 수동태 be selected 사용
누가 선정했는지 언급할 때에는 능동태 select 사용
Ex: A food magazine in America selected kimchi as one of the healthiest foods in the world.
미국의 한 음식 잡지가 세계에서 가장 건강한 음식 중 하나로 김치를 선정했다.

Key Expressions

- **common** 흔한
- **rich in** ~가 풍부한
- **vitamin** 비타민
- **fiber** 섬유질
- **strengthen** 강화하다, 튼튼하게 하다
- **immune system** 면역 체계
- **be selected** 선정되다
- **meal** 식사

한국에서 가장 흔한 음식 중 하나는 김치입니다. 김치는 비타민과 섬유질이 매우 풍부합니다. 김치는 우리의 건강에 매우 좋고 우리의 면역 체계를 강화시킵니다. 사실, 김치는 세계에서 가장 건강에 좋은 음식 중 하나로 선정되었습니다. 저는 매일 밥을 먹을 때 김치를 먹습니다. 사실 어제 저녁 식사 때도 먹었습니다. 다시 한번 말하지만, 김치는 제가 매일 먹는 가장 건강에 좋은 음식 중 하나입니다.

IH 이상 등급을 받기 위해 문장을 늘리는 연습을 해보세요.

Question 1

1. I try to eat healthy when I have meals.
   → I try to eat healthy when I have meals <u>since I am a health-conscious person.</u> (나는 건강을
   염려하는 사람이기 때문에)

2. They contain a lot of vitamins and fiber.
   → They contain a lot of vitamins and fiber <u>which are necessary to maintain people's health.</u>
   (사람들의 건강을 유지하기 위해 필수인)

3. Also, I try to eat organic food whenever I can.
   → Also, I try to eat organic food whenever I can <u>even though they are pricey.</u> (비싸더라도)

Question 2

1. They made me eat vegetables and fruits every day.
   → They made me eat vegetables and fruits every day <u>because they contain a lot of
   vitamins.</u> (그것에 비타민이 많이 포함되어 있기 때문에)

2. However, as I got older, I tried to eat healthy myself.
   → However, as I got older, I tried to eat healthy myself <u>because I got to know the
   importance of keeping the health.</u> (건강 유지의 중요성에 대해 알게 되었기 때문에)

3. I tried to cut back on unhealthy food such as junk food.
   → I tried to cut back on unhealthy food such as junk food, <u>sweet food or instant food.</u>
   (단 음식이나 인스턴트 음식)

Question 3

1. One of the most common foods in Korea is kimchi.
   → One of the most common <u>and popular</u> foods in Korea is kimchi. (그리고 유명한)

2. In fact, kimchi was selected as one of the healthiest foods in the world.
   → In fact, kimchi was selected as one of the healthiest foods in the world <u>by world-
   renowned nutrition experts a few years ago.</u> (몇 년 전에 세계적으로 유명한 영양학 전문가들로부터)

3. I have kimchi every single day when I have meals.
   → I have kimchi every single day when I have meals, <u>and I never get tired of it.</u> (그리고 절대
   질리지 않는다.)

OPIc 질문에 대한 모범 답변을 살펴본 후, 질문의 핵심 포인트를 파악하여 나만의 OPIc 답변을 만들어보세요.

4 Tell me about a memorable experience you had while eating something. It could 🎧 MP3 11_Q4
be good or bad. What happened? Why was it so memorable or special? Tell me everything
with lots of details.

무언가를 먹으면서 겪었던 기억에 남는 경험을 말해주세요. 좋은 일이거나 나쁜 일일 수도 있습니다. 무슨 일인가요? 왜 그렇게 기억에
남거나 특별했나요? 가능한 한 모든 것을 자세히 말해주세요.

Structure		Idea
시작 문장	주제 문장 소개	remember eating something wrong
본문	음식 때문에 고생한 경험 답변 활용	something that went bad, got food poisoning, pretty bad, stomach, upset, went to the drug store, got some medicine, took some, stay inside, get a lot of rest
마무리 문장	나의 답변 마무리	since then, try to be more careful, eating something

Model Answer 🎧 MP3 11_A4

❶ I remember eating ❷ something wrong last year.

I ate something that went bad.

+ eating too fast

+ eating too much

+ eating too much spicy food

+ eating something that ❸ I was allergic to

+ eating food that was undercooked

I got food poisoning and it was pretty bad.

+ got indigestion + got food allergies + got enteritis

My stomach was upset.

+ ❹ I felt like throwing up. + I had heartburn and got

a stomachache.

+ I got rashes and my body was itchy.

+ I had a fever and I felt light-headed.

+ I went to the bathroom over and over again

because I had the runs.

I went to the drug store and I got some medicine.

+ I went to see the doctor.

+ I got some medicine prescribed.

+ I got a shot.

+ ❺ I got an IV.

I took some medicine to get better.

I ❻ had to stay inside and get a lot of rest.

Since then, I try to be more careful when I'm eating

something.

Tips for Better Answer

* '음식에 관련된 기억에 남는 에피소드' 내용 활용

▶❶ remember, recall + 동명사: (동명사) 했던
기억이 난다
과거의 경험에 대해 이야기할 때 시작 문장으로
추천
이후에는 과거형 시제로 말하기

▶❷ 정확히 어떤 음식인지 말할 필요 없이
something으로 표현
Ex: I remember having something salty at
the restaurant.
식당에서 뭔가 짠 음식을 먹은 기억이 난다.
They seemed to discuss something
serious.
그들은 뭔가 심각한 것에 대해 논의하는 것
같아 보였다.

▶❸ be allergic to A: A에 알레르기가 있다
Ex: I am allergic to peaches.
복숭아에 알레르기가 있다.

▶❹ feel like + 동명사: (동명사) 할 것 같다
do not feel like + 동명사: (동명사) 할 기분이
아니다
Ex: I did not feel like going there because I
felt like throwing up.
구토할 것 같아서 그곳에 갈 기분이
아니었다.

▶❺ 링거는 broken English!
= get an IV (intravenous) shot

▶❻ 하고 싶지 않았어도 꼭 해야 했던 일에 대해
묘사할 때에는 had to + 동사원형 사용
내가 자발적으로 했다면 I stayed inside and
got a lot of rest. 로 표현

- **go bad** 상하다
- **spicy food** 매운 음식
- **be allergic to** ~에 알레르기가 있다
- **undercooked** 덜 익은
- **food poisoning** 식중독
- **indigestion** 소화불량
- **food allergies** 음식 알레르기
- **enteritis** 장염
- **stomach** 배
- **upset** 아픈
- **throw up** 토하다

- **light-headed** 머리가 어지러운
- **have a fever** 열이 나다
- **heartburn** (소화불량에 의한) 속 쓰림
- **stomachache** 복통
- **get rashes** 두드러기 나다
- **itchy** 간지럽다
- **had the runs** 설사하다
- **drug store** 약국
- **get a shot** 주사 맞다
- **get an IV** 정맥 주사 맞다
- **prescribed** 처방된

작년에 뭔가 잘못된 것을 먹은 기억이 납니다. 뭔가 상한 것을 먹었습니다. (+ 너무 빨리 먹은 + 너무 많이 먹은 + 매운 음식을 너무 많이 먹은 + 알레르기가 있는 것을 먹은 + 덜 익힌 것을 먹은) 식중독에 걸렸는데 꽤 심했습니다. (+ 소화불량 + 음식 알레르기 + 장염) 복통이 심했습니다. (+ 토할 것 같았습니다. + 속이 쓰리고 복통이 심했습니다. + 발진이 나서 몸이 가려웠습니다. + 열이 나서 머리가 어지러웠습니다. + 설사가 있어서 화장실을 몇 번이고 다녔습니다.) 약국에 가서 약을 샀습니다. (+ 병원에 갔습니다. + 약을 처방 받았습니다. + 주사를 맞았습니다. + 정맥 주사를 맞았습니다.) 낫기 위해 약을 먹었습니다. 실내에 있으면서 많이 쉬어야 했습니다. 그 이후로, 저는 무언가를 먹을 때 더 조심하려고 노력합니다.

OPIc 질문에 대한 모범 답변을 살펴본 후, 질문의 핵심 포인트를 파악하여 나만의 OPIc 답변을 만들어보세요.

5 How has food shopping changed over the last 20 years? What are the changes in 🎧 MP3 11_Q5
how people buy their food? Describe those changes in as much detail as possible.

지난 20년 동안 식품 구매 방법은 어떻게 변했나요? 사람들이 음식을 사는 방법에 어떤 변화가 있나요? 이러한 변화를 가능한 한 자세히
설명해주세요.

Structure		Idea
시작 문장	주제 문장 소개	back in the day, used to get groceries, local markets
본문	과거에는 직접 마트에 방문, 현재는 대형마트와 온라인으로 사는 쇼핑 방법 비교	get groceries, large discount stores, good prices, good-quality goods, a lot of options, great deals, meanwhile, online, order food, delivered to people's homes, takes, time, energy
마무리 문장	나의 답변 마무리	food shopping, become a lot easier, last 20 years

Model Answer 🎧 MP3 11_A5

❶ Back in the day, people used to get groceries at local markets.
❷ But these days, people get groceries at large discount stores.
They have good prices and good-quality goods.
There are a lot of options to choose from.
So, people can get great deals there.
❸ Meanwhile, people can also get groceries online these days.
They can also order food on home shopping channels.
The groceries are delivered to people's homes.
❹ It takes much less time and energy to buy food.
So, food shopping has become a lot easier over the last 20 years.

Tips for Better Answer

* 14번 기출문제

▶❶ 과거의 음식 구매 방법에 대해 이야기하기 때문에 과거의 시간을 나타내는 표현인 back in the day와 핵심 단어 groceries로 시작 문장 만들기
= In the past (20 years ago), people used to visit local markets in person to shop for food.
과거에는 (20년 전에는) 사람들은 음식을 사러 직접 동네 슈퍼에 가곤 했다.

▶❷ 현재 사람들의 음식 구매 방식에 대해 말하기 위해 현재의 시간을 나타내는 표현 but these days로 문장 시작
과거와 현재 음식 구매 방식의 차이로 local markets과 상반되는 large discount stores, online, home shopping channels 등을 다양하게 묘사

▶❸ 또 다른 의견을 제시할 때 쓰는 표현
= on the other hand
Ex: On the other hand, many people buy foods online.
한편으로, 많은 사람들이 온라인으로 음식을 산다.
= whereas, while
Ex: (While) Whereas people get groceries online these days, people in the past went to local markets in person to do so.
요즘은 사람들이 온라인으로 식료품을 사지만, 과거에는 사람들이 직접 동네 시장에 갔다.

▶❹ '무엇을 하는 데 시간과 힘이 덜 든다'라는 표현으로 음식, 쇼핑, 은행 등 인터넷 덕분에 편리해진 생활 습관 묘사에 유용
time, energy 대신 effort, money 등으로 바꾸어 사용 가능
Ex: It takes much less time and effort to buy foods when shopping online.
온라인으로 쇼핑을 할 때는 음식 사는 데 시간과 노력이 훨씬 덜 든다.

Key Expressions

- **local markets** 지역의, 동네의 시장
- **get groceries** 장 보다
- **large discount stores** 대형마트
- **good prices** 좋은 가격
- **good-quality goods** 좋은 품질의 물건
- **great deals** 큰 할인, 싼 가격
- **order food** 음식을 주문하다
- **home shopping channel** 홈쇼핑 채널
- **deliver** 배달하다
- **effort** 노력

옛날에 사람들은 동네 시장에서 식료품을 사곤 했습니다. 그런데 요즘은 대형마트에서 식료품을 삽니다. 그들은 좋은 가격과 좋은 품질의 상품을 가지고 있습니다. 선택할 수 있는 옵션이 많이 있습니다. 그래서 거기서 할인을 많이 받을 수 있습니다. 한편, 사람들은 요즘 온라인에서 식료품을 구입할 수도 있습니다. 사람들은 홈쇼핑 채널을 통해 음식을 주문할 수도 있습니다. 식료품들은 사람들의 집으로 배달됩니다. 이제는 음식을 사는 데 시간과 힘이 훨씬 덜 듭니다. 그래서, 지난 20년 동안 식품 구매는 훨씬 더 쉬워졌습니다.

OPIc 질문에 대한 모범 답변을 살펴본 후, 질문의 핵심 포인트를 파악하여 나만의 OPIc 답변을 만들어보세요.

6 There are sometimes news reports on food. Food can get contaminated or be affected by dangerous bacteria. Talk about a news report you watched regarding a food scare incident. 🎧 MP3 11_Q6

가끔 음식에 대한 뉴스 보도가 있습니다. 음식은 오염되거나 위험한 박테리아에 의해 영향을 받을 수 있습니다. 음식과 관련된 사건에 대한 뉴스에 대해 말해주세요.

	Structure	Idea
시작 문장	주제 문장 소개	remember watching the news, food poisoning incident recently
본문	뉴스에서 본 집단 식중독 사건에 대해 묘사	food went bad, school cafeterias, the weather was very hot, humid, contaminated by, were hospitalized, got seriously sick, stomach pain, high fever, vomiting
마무리 문장	나의 답변 마무리	since then, started to be more careful, eating something

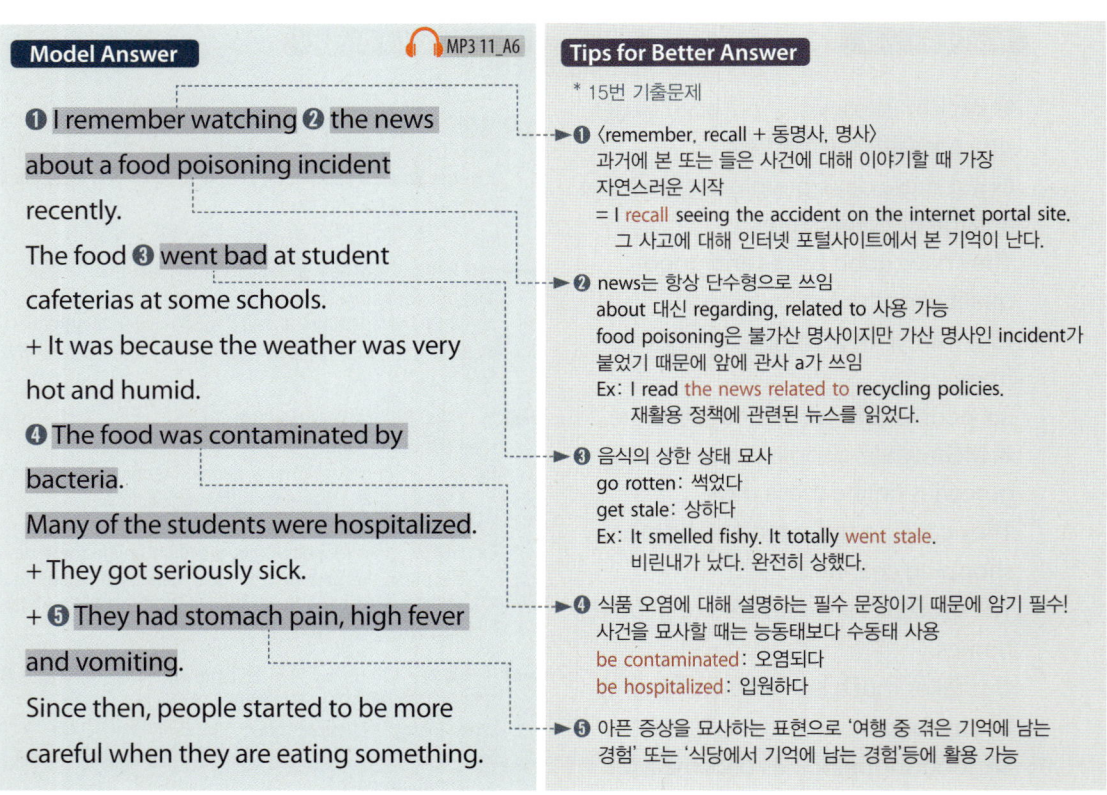

Model Answer 🎧 MP3 11_A6

❶ I remember watching ❷ the news about a food poisoning incident recently.
The food ❸ went bad at student cafeterias at some schools.
+ It was because the weather was very hot and humid.
❹ The food was contaminated by bacteria.
Many of the students were hospitalized.
+ They got seriously sick.
+ ❺ They had stomach pain, high fever and vomiting.
Since then, people started to be more careful when they are eating something.

Tips for Better Answer

* 15번 기출문제

► ❶ 〈remember, recall + 동명사, 명사〉
과거에 본 또는 들은 사건에 대해 이야기할 때 가장 자연스러운 시작
= I recall seeing the accident on the internet portal site.
그 사고에 대해 인터넷 포털사이트에서 본 기억이 난다.

► ❷ news는 항상 단수형으로 쓰임
about 대신 regarding, related to 사용 가능
food poisoning은 불가산 명사이지만 가산 명사인 incident가 붙었기 때문에 앞에 관사 a가 쓰임
Ex: I read the news related to recycling policies.
재활용 정책에 관련된 뉴스를 읽었다.

► ❸ 음식의 상한 상태 묘사
go rotten: 썩었다
get stale: 상하다
Ex: It smelled fishy. It totally went stale.
비린내가 났다. 완전히 상했다.

► ❹ 식품 오염에 대해 설명하는 필수 문장이기 때문에 암기 필수!
사건을 묘사할 때는 능동태보다 수동태 사용
be contaminated: 오염되다
be hospitalized: 입원하다

► ❺ 아픈 증상을 묘사하는 표현으로 '여행 중 겪은 기억에 남는 경험' 또는 '식당에서 기억에 남는 경험'등에 활용 가능

Key Expressions

- **food poisoning** 식중독
- **incident** 사건, 사고
- **recently** 최근에
- **go bad** 상하다
- **student cafeteria** (학교의) 학생 식당
- **hot and humid** 덥고 습한
- **be contaminated by A** A에 의해 오염되다
- **bacteria** 박테리아
- **be hospitalized** 입원하다
- **seriously** 심각하게
- **stomach pain** 복통
- **high fever** 고열
- **vomiting** 구토

저는 최근에 식중독 사건에 대한 뉴스를 보았던 것을 기억합니다. 몇몇 학교 식당에서 음식이 상했습니다. (+ 날씨가 매우 덥고 습했기 때문입니다.) 음식이 박테리아에 의해 오염되었습니다. 많은 학생들이 병원에 입원했습니다. (+ 그들은 심하게 아팠습니다. + 그들은 복통, 고열, 구토에 시달렸습니다.) 그때 이후로 사람들은 무엇인가 먹을 때 조심하기 시작했습니다.

IH 이상 등급을 받기 위해 문장을 늘리는 연습을 해보세요.

Question 4

1. I got food poisoning and it was pretty bad.
   → I got food poisoning <u>after eating some sushi</u> and it was pretty bad. (초밥을 먹고 난 이후)

2. I felt like throwing up.
   → I felt like throwing up <u>and I could not even drink water</u>. (그리고 물조차 마실 수 없었다.)

3. I had to stay inside and get a lot of rest.
   → I had to stay inside and get a lot of rest <u>during the whole weekend</u>. (주말 내내)

Question 5

1. Back in the day, people used to get groceries at local markets.
   → Back in the day, people used to get groceries at local markets <u>within walking distance from their houses</u>. (그들의 집에서 걸어서 갈 수 있는 거리에 있는)

2. They have good prices and good-quality goods.
   → They have good prices and good-quality goods <u>and they offer the free delivery service</u>. (그리고 무료로 배달 서비스도 제공한다.)

3. They can also order food on home shopping channels.
   → They can also order food on home shopping channels, <u>even for cheaper prices compared to local markets</u>. (심지어 동네 시장과 비교해서 더 저렴한 가격으로)

Question 6

1. The food went bad at student cafeterias at some schools.
   → The food went bad at student cafeterias at some schools <u>due to the hot weather</u>. (더운 날씨 때문에)

2. Many of the students were hospitalized.
   → Many of the students were hospitalized <u>and the cafeterias were closed</u>. (그리고 학생식당은 문을 닫았다.)

3. Many of the students were hospitalized.
   → Many of the students were hospitalized, <u>and some who were seriously sick had to be hospitalized for 2 weeks</u>. (그리고 증상이 심각했던 몇 명은 2주 동안 입원했다.)

Chapter **12**

Health

빈출 주제 파악하기

질문을 제대로 파악하는 것만으로도 성공적으로 시험을 치를 수 있습니다. OPIc에서 자주 출제되는 질문들을 알아보세요.

1 **Describe a healthy person you know of. What makes that person healthy? Tell me everything about the things that make that person healthier.**

당신이 알고 있는 건강한 사람을 묘사하세요. 왜 그 사람이 건강한가요? 그 사람을 더 건강하게 만드는 것에 대해 자세히 말해주세요.

문항 유형	본인이 아는 건강한 사람 습관 묘사
문항 수준	Intermediate
핵심 포인트	• 음식 주제의 '건강식을 먹게 된 계기'의 표현 활용 • 본인이 아는 건강한 사람의 운동 습관과 식습관을 현재형으로 묘사하며 주어는 he 또는 she 사용
중요도	★★

2 Have you ever changed a habit or a certain lifestyle for your health? Maybe you started to work out or started to eat healthy. Tell me about that change you made.

건강을 위해 습관이나 특정한 생활 방식을 바꾼 적이 있나요? 아마도 운동을 시작했거나 건강하게 먹기 시작했을 수도 있습니다. 변화에 대해 말해주세요.

문항 유형	본인이 건강을 위해 생활 방식에 변화를 준 경험
문항 수준	Advanced
핵심 포인트	• 건강 주제의 '본인이 건강을 위해 평상시 하는 일들 묘사' 답변 그대로 활용 • 과거의 습관보다는 현재의 좋은 습관 위주로 묘사하며 본인의 생활방식 변화이기 때문에 주어 I 사용
중요도	★★★★

3 Talk about one thing that you did for your health in detail. What kind of impact did it have on your health? Give me all the details about the effect that had on your health.

당신이 건강을 위해 한 일에 대해 자세히 말해주세요. 그것이 건강에 어떤 영향을 끼쳤나요? 당신의 건강에 미친 영향에 대해 자세하게 말해주세요.

문항 유형	본인이 건강을 위해서 했던 일 한 가지의 효과 설명
문항 수준	Advanced
핵심 포인트	• 음식 주제의 '건강식 종류와 건강에 좋은 이유 설명' 답변 그대로 활용 • 건강을 위해 본인이 했던 일에 대해 말하기 때문에 주어는 I 사용 • 과거의 노력이기 때문에 시제는 과거형 사용
중요도	★★

4 Different generations have different views on what is healthy. Some generations think people have to be skinny in order to be healthy, while others believe people must be muscular. What did your parents' generation think people have to be like to be healthy? How does that compare to what your generation believe?

세대마다 건강에 대한 견해가 다릅니다. 어떤 세대는 사람들이 건강하기 위해서는 마른 체형이어야 한다고 생각하는 반면, 다른 세대는 근육질이어야 한다고 생각합니다. 여러분의 부모님 세대는 건강해지기 위해서 어떻게 되어야 한다고 생각했나요? 당신 세대가 믿는 것과 비교하면 어떻게 다른가요?

문항 유형	건강에 대한 인식 과거와 현재 비교
문항 수준	Advanced
핵심 포인트	• 14번 기출문제 • 건강 주제의 '건강에 대한 사람들의 생각 / 행동 과거와 현재 비교'와 같은 답변 활용 • 세대간 비교이므로 시제는 과거형, 현재형, 현재완료형을 상황에 맞게 사용하며 사람들의 인식에 대해 말하기 때문에 주어 people, they 사용
중요도	★★★★

5 Tell me about a recent news story that you saw related to health issues. Describe what the issue was about in detail. How did your community react to the news?

최근에 본 건강 문제 뉴스에 대해 말해주세요. 무슨 이슈였는지 자세히 설명해주세요. 지역 사회는 그 뉴스에 어떻게 반응했나요?

문항 유형	건강 관련 뉴스 들은 내용 설명
문항 수준	Advanced
핵심 포인트	• 15번 기출문제 • 음식 주제의 '식품 오염 사건 관련 뉴스 보도 설명' 그대로 활용 • 뉴스에 나온 이야기이기 때문에 주어는 people, they 등 상황에 맞게 사용하며 이미 발생한 사건이기 때문에 과거형 시제 사용
중요도	★★

OPIc 질문에 대한 모범 답변을 살펴본 후, 질문의 핵심 포인트를 파악하여 나만의 OPIc 답변을 만들어보세요.

1 **Describe a healthy person you know of. What makes that person healthy? Tell me everything about the things that make that person healthier.** 🎧 MP3 12_Q1

당신이 알고 있는 건강한 사람을 묘사하세요. 왜 그 사람이 건강한가요? 그 사람을 더 건강하게 만드는 것에 대해 자세히 말해주세요.

Structure		Idea
시작 문장	주제 문장 소개	one of my friends, health-conscious
본문	본인이 아는 건강한 사람의 생활 습관 묘사	works out as often as, gets some exercise, tries to walk around, eats healthy, cut back on unhealthy food, junk food
마무리 문장	나의 답변 마무리	these are the things, make my friend healthy

Model Answer 🎧 MP3 12_A1

❶ One of my friends is very ❷ health-conscious.

+ my dad + my mom + my brother

+ my sister + my wife + my husband

First, ❸ my friend works out as often as he can.

He gets some exercise at the gym.

He also tries to walk around as much as he can.

Plus, he always ❹ eats healthy.

He also tries to cut back on unhealthy food such as junk food.

So, these are the things that make my friend healthy.

Tips for Better Answer

* '음식' 주제의 '건강식을 먹게 된 계기 설명'의 단어와 표현 최대한 활용

❶ 본인이 아는 건강한 사람이 누군지 묻는 질문이기 때문에 그에 대한 답변인 my friend를 시작 문장에 언급

❷ 건강과 음식에 대해 이야기할 때 쓰이는 필수 합성어
명사-conscious 또는 be conscious of + 명사 / 동명사로 쓸 수 있음
environment-conscious: 환경에 대해 의식하는
fashion-conscious: 유행에 민감한
Ex: He was not that health-conscious before but he has changed.
그가 예전에는 그렇게까지 건강을 의식하지 않았는데 많이 바뀌었다.
She's conscious of food ingredients since she's allergic to nuts.
그녀는 견과류에 알러지가 있어서 음식 재료에 신경을 쓴다.

❸ 습관에 관한 내용이기 때문에 현재형 시제 사용
Ex: He exercises regularly. 그는 정기적으로 운동한다.
He's exercising at the gym. 그는 체육관에서 운동하는 중이다.
(정기적인 것은 아님)

❹ 〈eat + healthy〉 vs. 〈eat + healthily〉
healthy는 형용사이며 healthily는 부사이나 미국 영어에서는
healthy를 부사로도 사용
Ex: You should eat more healthily. (부사)
You should eat more healthy food. (형용사)
You should eat healthy. (부사)
더 건강하게 (건강한 음식을) 먹어야 해.

Key Expressions

• **health-conscious** 건강을 의식하는
• **work out** 운동하다
• **walk around** 걸어서 다니다
• **eat healthy** 건강하게 먹다
• **cut back on A** A를 줄이다

친구 중 한 명이 건강에 신경을 많이 씁니다. (+ 아빠 + 엄마 + 남자 형제 + 여자 형제 + 아내 + 남편) 첫째, 제 친구는 운동을 자주 합니다. 헬스장에서 운동을 합니다. 또 최대한 많이 걸으려고 합니다. 게다가, 항상 건강하게 먹습니다. 정크푸드와 같은 건강에 좋지 않은 음식을 줄이려고도 노력합니다. 즉, 이러한 노력들이 제 친구를 건강하게 만듭니다.

OPIc 질문에 대한 모범 답변을 살펴본 후, 질문의 핵심 포인트를 파악하여 나만의 OPIc 답변을 만들어보세요.

2 **Have you ever changed a habit or a certain lifestyle for your health? Maybe you**  MP3 12_Q2
started to work out or started to eat healthy. Tell me about that change you made.

건강을 위해 습관이나 특정한 생활 방식을 바꾼 적이 있나요? 아마도 운동을 시작했거나 건강하게 먹기 시작했을 수도 있습니다. 변화에 대해 말해주세요.

	Structure	Idea
시작 문장	주제 문장 소개	to stay healthy, work out whenever I could
본문	건강을 위해 예전에는 하지 않았지만 지금은 하는 행동 묘사	tried to get some exercise, go for runs, tried to eat well and properly, have balanced meals, not to eat too much or too late, positive mindset, look on the bright side, able to get less stress
마무리 문장	나의 답변 마무리	these are the things, tried to stay healthy

 **Model Answer** MP3 12_A2

❶ To stay healthy, I tried to work out whenever I could. I tried to get some exercise at the gym. I tried to go for runs at the park.
❷ + ride bikes + go hiking + go swimming + play soccer/basketball + take yoga lessons + take Pilates classes + take cross-fit classes
Plus, I tried to eat well and properly.
I tried to have balanced meals.
❸ I tried NOT to eat too much or too late.
+ eat too fast or too salty + eat fatty or greasy food
Also, I tried to have a positive mindset.
I tried to look on the bright side of things.
This way, I was able to get less stress.
So, ❹ these are the things I have tried to stay healthy.

Tips for Better Answer

* '건강' 주제의 '본인이 건강을 위해 평상시 하는 일들 묘사' 답변 활용

➡❶ 건강을 위한 본인의 습관이나 생활 방식의 변화에 관한 답변이기 때문에 핵심 표현 stay healthy를 시작 문장에 넣기

➡❷ 답변 양 확보를 위해 본인이 한 운동의 종류 나열
Ex: I tried all kinds of exercises such as yoga and running.
나는 요가와 달리기 같이 모든 종류의 운동을 시도해봤다.

➡❸ 답변 양 확보를 위해 건강을 위해 먹지 않은 음식 또한 나열
Ex: I tried to avoid eating instant or junk food for my health.
건강을 위해 인스턴트나 정크푸드는 피하려고 했다.

➡❹ 본인이 한 행동을 나열한 후에 마무리 문장으로 자연스러운 문장
현재까지 이어져 온 행동에 대해 이야기할 때에는 현재완료형 사용
Ex: These are the things I have done using the internet.
이것이 내가 지금까지 인터넷으로 한 일들이다.

Key Expressions

- **go for runs** 조깅하다
- **eat well** 잘 먹다
- **balanced** 균형 잡힌
- **fatty** 기름진, 살찌는
- **greasy** 기름진, 느끼한
- **positive mindset** 긍정적인 마음, 사고방식
- **bright side** 좋은 면, 밝은 면

건강을 유지하기 위해서 할 수 있는 때마다 틈틈이 운동을 하려고 노력했습니다. 헬스장에서 운동을 하려고 노력했습니다. 공원에서 달리기를 하려고 노력했습니다. (+ 자전거를 타다 + 하이킹을 하다 + 수영을 하다 + 축구, 농구를 하다 + 요가 수업을 듣다 + 필라테스 수업을 듣다 + 크로스핏 수업을 듣다) 그리고 제대로 잘 먹으려고 노력했습니다. 저는 균형 잡힌 식사를 하려고 노력했습니다. 너무 많이 먹거나 너무 늦게 먹지 않도록 노력했습니다. (+ 너무 빨리 또는 너무 짜게 먹거나 + 살찌거나 기름진 음식을 먹거나) 또한, 저는 항상 긍정적인 사고방식을 가지려고 노력했습니다. 모든 것의 밝은 면을 보려고 노력했습니다. 그래서 스트레스를 덜 받을 수 있었습니다. 이것이 건강을 유지하기 위해 제가 노력한 것들입니다.

OPIc 질문에 대한 모범 답변을 살펴본 후, 질문의 핵심 포인트를 파악하여 나만의 OPIc 답변을 만들어보세요.

3 Talk about one thing that you did for your health in detail. What kind of impact did 🎧 MP3 12_Q3
it have on your health? Give me all the details about the effect that had on your health.

당신이 건강을 위해 한 일에 대해 자세히 말해주세요. 그것이 건강에 어떤 영향을 끼쳤나요? 당신의 건강에 미친 영향에 대해 말해주세요.

Structure		Idea
시작 문장	주제 문장 소개	eating healthy helped me stay healthy, lose some weight
본문	본인이 과거부터 지금까지 건강을 위해 했던 습관 묘사	tried to eat vegetables, fruits, contain, vitamins, fiber, fish, chicken breasts, rich in, protein, organic food, not grown with chemicals, much healthier
마무리 문장	나의 답변 마무리	eating healthy helped me stay healthy, lose some weight

Model Answer 🎧 MP3 12_A3

❶ Eating healthy ❷ helped me stay healthy and lose some weight.

First, I tried to eat vegetables and fruits as often as I could.

They contain a lot of ❸ vitamins and fiber.

Plus, I tried to eat fish and chicken breasts as much as I could.

+ beans + tofu + beef + pork

They are rich in healthy protein.

Also, I tried to eat organic food whenever I could.

They are NOT grown with chemicals, so they are much healthier.

❹ Once again, eating healthy helped me stay healthy and lose some weight.

Tips for Better Answer

* '음식' 주제의 '건강식 종류와 건강에 좋은 이유 설명'의 답변 활용

▶❶ 다양한 문장구조를 활용하여 문장 만들기
It is good for health to exercise regularly.
= Exercising regularly is good for health.
= It is good that we exercise regularly for health.
운동을 주기적으로 하면 건강에 좋다.

▶❷ 주어 + help + 목적어 + 동사원형: (주어)는 (목적어)가 (동사원형) 할 수 있게 도움을 주었다.
Ex: Eating enough vegetables helped me stay healthy.
충분한 양의 채소를 먹는 것은 내가 건강을 유지할 수 있게 도움을 주었다.

▶❸ 이외에 쓸 수 있는 다양한 영양소 종류 알기
calcium 칼슘 / iron 철분 / zinc 아연 / magnesium 마그네슘

▶❹ 시작 문장을 마무리 문장으로 그대로 활용 가능

Key Expressions

- **contain** 가지고 있다, 포함하다
- **fiber** 섬유질
- **healthy diet** 건강한 식단
- **chicken breast** 닭가슴살
- **protein** 단백질
- **organic food** 유기농 음식
- **grow with chemicals** 화학약품을 써서 키우다

건강하게 먹는 것은 건강을 유지하고 살을 빼는 데 도움이 되었습니다. 첫 번째로 저는 채소와 과일을 최대한 자주 먹으려고 노력했습니다. 비타민과 섬유질을 많이 포함하고 있으니까요. 게다가 해산물과 닭가슴살도 많이 먹으려고 했습니다. (+ 콩 + 두부 + 소고기 + 돼지고기) 이러한 음식들은 건강한 단백질이 풍부합니다. 또 유기농 음식을 먹으려고 틈틈이 노력했습니다. 화학약품을 사용하지 않았기 때문에 훨씬 더 건강합니다. 다시 한번 말하자면, 건강하게 먹으니 건강을 유지하고 살을 뺄 수 있었습니다.

IH 이상 등급을 받기 위해 문장을 늘리는 연습을 해보세요.

Question 1

1. One of my friends is very health-conscious.

   → One of my friends <u>from high school</u> is very health-conscious. (고등학교 때)

2. My friend works out as often as he can.

   → My friend works out <u>at a gym near his place</u> as often as he can. (그의 집 근처에 있는 헬스장에서)

3. He always eats healthy.

   → He always eats healthy <u>and exercises regularly</u>. (그리고 정기적으로 운동한다.)

Question 2

1. I tried to get some exercise at the gym.

   → I tried to get some exercise at the gym <u>at least three times a week after work</u>. (회사 마치고 적어도 일주일에 3번)

2. I tried to eat well and properly.

   → I tried to eat well and properly <u>for my physical health</u>. (나의 신체 건강을 위해)

3. I tried to have a positive mindset.

   → I tried to have a positive mindset <u>for my mental health</u>. (나의 정신 건강을 위해)

Question 3

1. I tried to eat vegetables and fruits as often as I could.

   → I tried to eat vegetables and fruits as often as I could <u>even though I did not like them</u>. (그것을 싫어했음에도 불구하고)

2. They are rich in healthy protein.

   → They are rich in healthy protein, <u>fiber and vitamins</u>. (식이섬유와 비타민)

3. They are NOT grown with chemicals, so they are much healthier.

   → They are NOT grown with chemicals <u>including pesticides and synthetic fertilizers</u>, so they are much healthier. (농약과 합성비료를 포함한)

OPIc 질문에 대한 모범 답변을 살펴본 후, 질문의 핵심 포인트를 파악하여 나만의 OPIc 답변을 만들어보세요.

4 **Different generations have different views on what is healthy. Some generations** 🎧 MP3 12_Q4
think people have to be skinny in order to be healthy, while others believe people must be
muscular. What did your parents' generation think people have to be like to be healthy? How
does that compare to what your generation believe?

세대마다 건강에 대한 견해가 다릅니다. 어떤 세대는 사람들이 건강하기 위해서는 마른 체형이어야 한다고 생각하는 반면, 다른 세대는 근육질이어야 한다고 생각합니다. 여러분의 부모님 세대는 건강해지기 위해서 어떻게 되어야 한다고 생각했나요? 당신 세대가 믿는 것과 비교하면 어떻게 다른가요?

	Structure	Idea
시작 문장	주제 문장 소개	past, being healthy, NOT being sick
본문	과거와 현재 건강에 대해 가지고 있는 인식의 차이 설명	people have become, health-conscious, get medical check-ups, maintain, health, health information, internet, find out about, easily
마무리 문장	나의 답변 마무리	people, much more conscious about their health

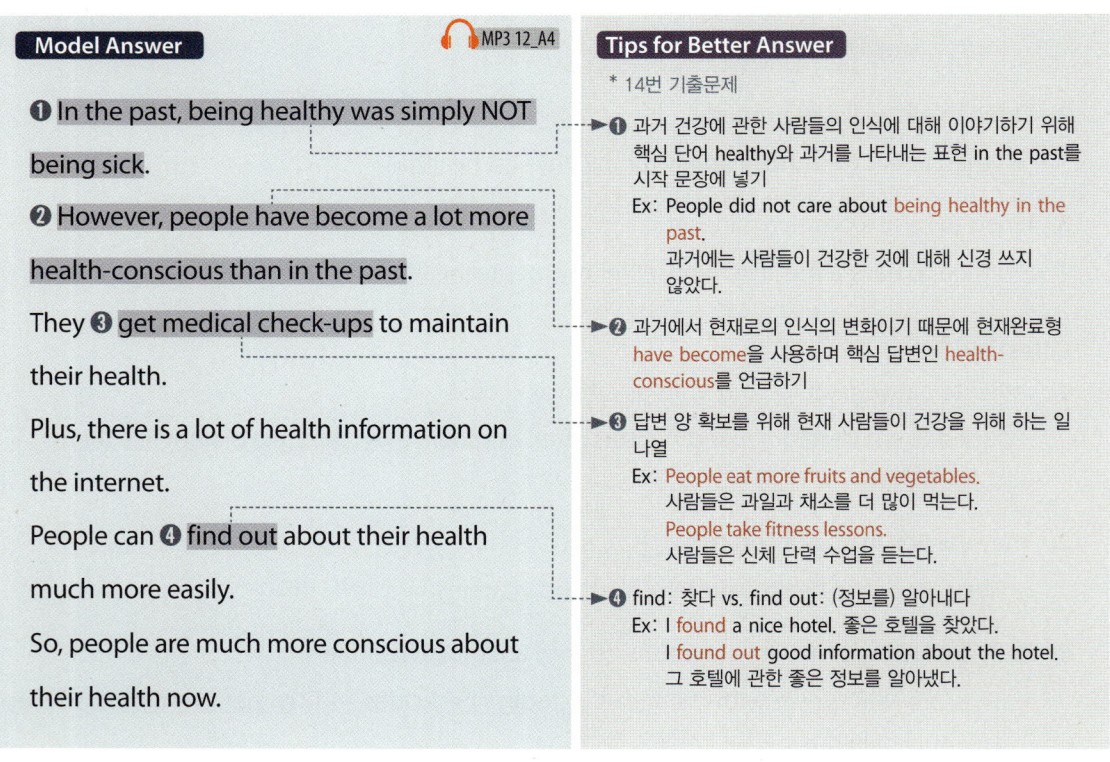

Model Answer 🎧 MP3 12_A4

❶ In the past, being healthy was simply NOT being sick.
❷ However, people have become a lot more health-conscious than in the past.
They ❸ get medical check-ups to maintain their health.
Plus, there is a lot of health information on the internet.
People can ❹ find out about their health much more easily.
So, people are much more conscious about their health now.

Tips for Better Answer

* 14번 기출문제

▶ ❶ 과거 건강에 관한 사람들의 인식에 대해 이야기하기 위해 핵심 단어 healthy와 과거를 나타내는 표현 in the past를 시작 문장에 넣기
Ex: People did not care about being healthy in the past.
과거에는 사람들이 건강한 것에 대해 신경 쓰지 않았다.

▶ ❷ 과거에서 현재로의 인식의 변화이기 때문에 현재완료형 have become을 사용하며 핵심 답변인 health-conscious를 언급하기

▶ ❸ 답변 양 확보를 위해 현재 사람들이 건강을 위해 하는 일 나열
Ex: People eat more fruits and vegetables.
사람들은 과일과 채소를 더 많이 먹는다.
People take fitness lessons.
사람들은 신체 단력 수업을 듣는다.

▶ ❹ find: 찾다 vs. find out: (정보를) 알아내다
Ex: I found a nice hotel. 좋은 호텔을 찾았다.
I found out good information about the hotel.
그 호텔에 관한 좋은 정보를 알아냈다.

Key Expressions

- **being healthy** 건강한 것
- **health-conscious** 건강을 의식하는
- **medical check-ups** 건강 검진
- **maintain** 유지하다

과거에는, 건강하다는 것은 단순히 아프지 않은 것이었습니다. 하지만 과거보다 현재 사람들은 건강을 훨씬 더 의식합니다. 그들은 건강을 유지하기 위해 건강 검진을 받습니다. 게다가 인터넷에는 건강에 관련된 정보가 많이 있습니다. 사람들은 자신의 건강에 대해 훨씬 쉽게 알아낼 수 있습니다. 즉, 사람들은 현재 건강에 대해 훨씬 더 많이 의식하고 있습니다.

OPlc 질문에 대한 모범 답변을 살펴본 후, 질문의 핵심 포인트를 파악하여 나만의 OPlc 답변을 만들어보세요.

5 Tell me about a recent news story that you saw related to health issues. Describe what the issue was about in detail. How did your community react to the news?  MP3 12_Q5

최근에 본 건강 문제 뉴스에 대해 말해주세요. 무슨 이슈였는지 자세히 설명해주세요. 지역 사회는 그 뉴스에 어떻게 반응했나요?

Structure		Idea
시작 문장	주제 문장 소개	remember watching the news, food poisoning incident recently
본문	뉴스에서 본 집단 식중독 사건에 대해 묘사	food went bad, student cafeterias, the weather was very hot, humid, contaminated by, were hospitalized, got seriously sick, stomach pain, high fever, vomiting
마무리 문장	나의 답변 마무리	since then, started to be more careful, eating something

Model Answer MP3 12_A5

❶ I remember watching the news about a food poisoning incident recently.

The food went bad at student cafeterias at some schools.

+ It was because the weather was very ❷ hot and humid.

The food was contaminated by bacteria.

Many of the students were hospitalized.

+ They got seriously sick.

+ ❸ They had stomach pain, high fever and vomiting.

Since then, people started to be more careful when they are eating something.

Tips for Better Answer

* 15번 기출문제
* '음식' 주제의 '식품 오염 관련 뉴스 보도 설명'의 답변 그대로 활용 가능

▶ ❶ 특정 주제에 관련된 이슈 또는 뉴스에 대한 질문이 주로 나오는 15번 기출문제를 대비해 암기 필수!
Ex: I remember watching the news about high rent prices in Korea.
한국의 비싼 임대료에 관한 뉴스를 본 기억이 난다.
I recall reading an article regarding side effects of social media.
소셜 미디어의 부작용에 대한 기사를 읽은 기억이 난다.

▶ ❷ 더운 날씨를 묘사할 때 쓰는 표현
scorching: 폭염, 매우 더운
sweltering: 무더운, 더위에 지친
Ex: It was scorching hot in summer.
여름에 매우 뜨거웠다.

▶ ❸ 답변 양 확보를 위해 다양한 증상 또는 학생들에게 미친 영향 나열하기
Ex: They could not go to school for days.
그들은 며칠 동안 학교에 못 갔다.
They were rushed to the ER (Emergency Room) by ambulance.
구급차를 타고 응급실로 실려갔다.

Key Expressions

- **food poisoning** 식중독
- **incident** 사건, 사고
- **recently** 최근에
- **go bad** 상하다
- **student cafeterias** (학교의) 학생 식당
- **hot and humid** 덥고 습한
- **be contaminated by A** A에 의해 오염되다
- **bacteria** 박테리아
- **be hospitalized** 입원하다
- **seriously** 심각하게
- **stomach pain** 복통
- **high fever** 고열
- **vomiting** 구토

저는 최근에 식중독 사건에 대한 뉴스를 보았던 것을 기억합니다. 몇몇 학교 식당에서 음식이 상했습니다. (+ 날씨가 매우 덥고 습했기 때문입니다.) 음식이 박테리아에 의해 오염되었습니다. 많은 학생들이 병원에 입원했습니다. (+ 그들은 심하게 아팠습니다. + 그들은 복통, 고열, 구토에 시달렸습니다.) 그때 이후로 사람들은 무언가 먹을 때 조심하기 시작했습니다.

IH 이상 등급을 받기 위해 문장을 늘리는 연습을 해보세요.

Question 4

1. They get medical check-ups to maintain their health.

   → They get medical check-ups <u>regularly</u> to maintain their health. (주기적으로)

2. Plus, there is a lot of health information on the internet.

   → Plus, there is a lot of <u>beneficial and useful</u> health information on the internet. (유익하고 유용한)

3. So, people are much more conscious about their health now.

   → So, people are much more conscious about their health now, <u>so they react immediately when some health problems occur</u>. (그래서 건강 문제가 나타나면 즉각적으로 대응한다.)

Question 5

1. I remember watching the news about a food poisoning incident recently.

   → I remember watching the news <u>on TV</u> about a food poisoning incident recently <u>which went into headlines for a couple of days</u>. (TV에서 / 이틀 동안 대서특필된)

2. They got seriously sick.

   → They got seriously sick <u>and suffered from diarrhea and nausea</u>. (그리고 설사와 구역질에 시달렸다.)

Chapter 13

Bars

빈출 주제 파악하기

질문을 제대로 파악하는 것만으로도 성공적으로 시험을 치를 수 있습니다. OPIc에서 자주 출제되는 질문들을 알아보세요.

1 **You indicated that you go to bars. Describe the bar you go to most often. Tell me everything about that place in detail.**

당신은 술집에 간다고 했습니다. 가장 즐겨 가는 술집을 설명해주세요. 그곳에 대해 자세히 말해주세요.

문항 유형	본인이 즐겨 가는 술집 묘사
문항 수준	Intermediate
핵심 포인트	• 술집 주제의 '본인이 자주 가는 맥주집 묘사'와 같은 답변 활용 • 음식점, 쇼핑센터에 쓰이는 영업점 묘사 표현 활용 • 한국의 술집 묘사이기 때문에 주어는 bars, pubs, they 위주로 사용하며 현재형 시제로 묘사
중요도	★★★★★

2 Tell me about what you normally do at bars. Who do you normally go with? Tell me everything about your experience of going to bars.

술집에서 주로 무엇을 하나요? 보통 누구와 가나요? 술집에 간 경험에 대해 전부 말해주세요.

문항 유형	술집에 주로 언제 가고 무엇을 하는지 묘사
문항 수준	Intermediate
핵심 포인트	• 술집 주제의 '본인이 맥주집에서 하는 일들 묘사'와 같은 답변 활용 • 본인의 술 마시는 습관에 대해 이야기하기 때문에 주어 I 와 현재형 시제 사용
중요도	★★★★★

3 Tell me about a memorable incident that happened at a bar. What exactly happened and why was it special? Tell me everything about that unforgettable incident at the bar.

술집에서 있었던 기억에 남는 사건에 대해 말해주세요. 정확히 무슨 일이 일어났고 왜 특별한가요? 술집에서 있었던 잊을 수 없는 사건에 대해 자세히 말해주세요.

문항 유형	술집에 있었던 에피소드 묘사
문항 수준	Advanced
핵심 포인트	• 술집 주제의 '최근 술집에서 한 기억에 남는 술자리 묘사'와 답변 같이 활용 • 과거에 본인이 겪은 경험이기 때문에 주어 I 와 과거형 시제로 묘사
중요도	★★★★★

4 Tell me about your favorite pub that you like to go to.

가장 좋아하는 맥주집에 대해 말해주세요.

문항 유형	본인이 자주 가는 맥주집 묘사
문항 수준	Intermediate
핵심 포인트	• 술집 주제의 '본인이 즐겨 가는 술집 묘사'와 같은 답변 활용 • 음식점, 쇼핑센터의 영업점 묘사 표현 활용 • 한국의 술집 묘사이기 때문에 주어는 bars, pubs, they 위주로 사용하며 현재형 시제로 묘사
중요도	★★★★★

5 What do you normally do when you have gatherings at pubs? Do you call your friends first? Talk about what you do before getting together with your friends at pubs.

맥주집에서 모임을 할 때 보통 무엇을 하나요? 친구에게 먼저 전화를 거나요? 친구들과 맥주집에서 만나기 전에 무엇을 하는지 이야기해주세요.

문항 유형	본인이 맥주집에서 하는 일들 묘사
문항 수준	Intermediate
핵심 포인트	• 술집 주제의 '술집에 주로 언제 가고 무엇을 하는지 묘사'와 같은 답변 활용 • 본인의 술 마시는 습관에 대해 이야기하기 때문에 주어 I 와 현재형 시제 사용
중요도	★★★★★

6 How have pubs changed over the years? How were they in the past and how are they now? What are the differences and the similarities?

몇 년 동안 맥주집은 어떻게 변했나요? 과거에는 어땠고 지금은 어떤가요? 차이점과 유사점은 무엇인가요?

문항 유형	맥주집 과거와 현재 비교
문항 수준	Advanced
핵심 포인트	• 14번 기출문제인 '5~10년 전 술집과 지금 술집 비교'와 '술집과 클럽이 주는 즐거움 과거와 현재 비교'의 답변을 함께 활용 • 과거와 현재 비교이기 때문에 과거형, 현재형, 현재완료형을 상황에 맞게 사용 • 술집 묘사이기 때문에 주어는 bars, pubs, people, they 위주로 사용
중요도	★★★★★

7 Most bars and pubs have a special area to make drinks. Tell me what this area looks like at your favorite bar or pub.

대부분 술집과 맥주집에는 술을 제조하는 특별한 장소가 있습니다. 가장 좋아하는 술집이나 맥주집의 그 공간에 대해 말해주세요.

문항 유형	본인이 가장 좋아하는 술집에 술 만드는 공간 묘사
문항 수준	Intermediate
핵심 포인트	• 좋아하는 술집에 술 만드는 공간이 없다고 말하기 • 술 만드는 공간이 있다면 현재형 시제로 그 공간에 대해 간단하게 묘사
중요도	★★★

8 Tell me about the first bar you remember going to. What did it look like? Describe the first bar you went to with lots of details.

기억나는 처음 갔던 술집에 대해 말해주세요. 어떻게 생겼었나요? 처음 가본 술집에 대해 자세히 설명해보세요.

문항 유형	본인이 처음으로 가본 술집 묘사
문항 수준	Advanced
핵심 포인트	• 처음 가본 술집이 기억에 나지 않는다고 말한 후 대학 때 가본 술집 이야기하기 • 본인의 경험이기 때문에 과거형 시제와 주어 I 사용
중요도	★★★

9 Tell me about a special visit to a bar or a pub. Maybe you celebrated your birthday there. Tell me what you did before and after your bar visit and how you spent your time at the bar. Tell me the whole story.

술집이나 맥주집에 방문한 특별한 경험에 대해 말해주세요. 아마 거기서 생일파티를 했을 수도 있습니다. 술집을 방문하기 전과 후에 무엇을 했는지, 그리고 거기서 어떻게 시간을 보냈는지 자초지종을 말해주세요.

문항 유형	최근 술집에서 한 기억에 남는 모임 묘사
문항 수준	Advanced
핵심 포인트	• 술집 주제의 '술집에서 있었던 에피소드 묘사'와 같이 답변 준비 • 과거에 본인이 겪은 경험이기 때문에 주어 I 와 과거형 시제로 묘사
중요도	★★★★★

10 Many people say that bars have changed a lot in recent years. How are bars these days different from bars 5 or 10 years ago?

최근 몇 년간 술집이 많이 바뀌었다고 말합니다. 요즘 술집이 5~10년 전 술집과 어떻게 다른가요?

문항 유형	5~10년 전 술집과 지금 술집 비교
문항 수준	Advanced
핵심 포인트	• 14번 기출문제 • 술집 주제의 '맥주집 과거와 현재 비교'와 '술집과 클럽이 주는 즐거움 과거와 현재 비교'의 답변 함께 활용 • 과거와 현재 비교이기 때문에 과거형, 현재형, 현재완료형을 상황에 맞게 사용 • 술집 묘사이기 때문에 주어는 bars, pubs, people, they 위주로 사용
중요도	★★★★★

11 The media often reports on bars or pubs. Tell me about a media report you recently heard about regarding bars or pubs. What happened? Where was it? Who was involved? Give me all the details about that report.

언론은 종종 술집이나 맥주집에 대해 보도합니다. 술집이나 맥주집에 관련된 최근 언론 보도에 대해 말해주세요. 무슨 일이 일어났고 어디에서 일어났나요? 누가 연루되었나요? 그 뉴스에 대해 상세히 말해주세요.

문항 유형	언론에서 본 술집 관련 보도 설명
· 문항 수준	Advanced
핵심 포인트	• 15번 기출문제 • 'TV / SNS에서 본 유명 술집 관련 방송 / 게시물 설명'과 '경찰이 술집을 단속한 뉴스 설명'의 답변을 함께 준비 • 술집에서 발생한 사건을 과거형 시제로 묘사 • 사건에 연루된 police, they, bar를 주어로 사용
중요도	★★★

172

데이터화 트렌드로 쉽게 취득하는 OPIc IH

12 Bars and clubs have changed a lot over the years in terms of the entertainment, the cost or the services they offer. Compare the similarities and differences between old-time bars and present bars or clubs.

술집과 클럽은 수년간 오락, 비용, 서비스 면에서 많이 변했습니다. 과거와 현재 술집 / 클럽의 유사점과 차이점을 비교해주세요.

문항 유형	술집과 클럽이 주는 즐거움 과거와 현재 비교
문항 수준	Advanced
핵심 포인트	• 14번 기출문제 • 술집 주제의 '맥주집 과거와 현재 비교'와 14번 기출문제인 '5~10년 전 술집과 지금 술집 비교'의 답변 함께 활용 • 과거와 현재 비교이기 때문에 과거형, 현재형, 현재완료형을 상황에 맞게 사용 • 술집 묘사이기 때문에 주어는 bars, pubs, people, they 위주로 사용
중요도	★★★

13 Popular bars and pubs are often featured on TV or social media such as Facebook. Tell me about a special occasion you have heard of or read about regarding a well-known bar or club on TV or social media. Perhaps there was a celebrity visit or a special party there. Describe in detail what happened from beginning to end.

인기 술집과 맥주집은 TV나 페이스북 같은 소셜 미디어에서 자주 등장합니다. TV나 소셜 미디어에서 잘 알려진 술집이나 클럽의 특별한 상황에 대해 들어보거나 읽은 적이 있다면 말해주세요. 아마도 그곳에 유명인사가 방문했거나 특별한 파티가 있었을 수도 있습니다. 무슨 일이 있었는지 처음부터 끝까지 자세히 설명해주세요.

문항 유형	TV나 SNS에서 본 유명 술집 방송 / 게시물 설명
문항 수준	Advanced
핵심 포인트	• 15번 기출문제 • '언론에서 본 술집 관련 보도 설명'과 '경찰이 술집을 단속한 뉴스 설명'의 답변과 함께 준비 • 술집에서 발생한 사건을 과거형 시제로 묘사 • 사건에 연루된 police, they, bar를 주어로 사용
중요도	★★★

14 People nowadays don't go to bars just to drink. What kinds of activities do they do now? How have those activities at bars changed over the years?

요즘 사람들은 술만 마시러 술집에 가지 않습니다. 거기서 무슨 활동을 하나요? 그 동안 술집에서의 활동은 어떻게 바뀌어왔나요?

문항 유형	술집에서 하는 일들 과거와 현재 비교
문항 수준	Advanced
핵심 포인트	• 술집에서 하는 일들은 크게 변하지 않았다고 답하기 • 현재 술집에서 사람들이 하는 일은 주어 people, they와 현재형 시제를 사용하여 묘사
중요도	★★★

15 The police sometimes have to raid bars for some reason. Tell me about a news you saw that involved both the police and a bar.

경찰은 가끔 어떠한 이유로 술집을 급습해야 합니다. 경찰과 술집이 관련된 뉴스에 대해 말해주세요.

문항 유형	경찰이 술집을 단속한 뉴스 설명
문항 수준	Advanced
핵심 포인트	• 15번 기출문제 • '언론에서 본 술집 관련 보도 설명'과 'TV / SNS에서 본 유명 술집 관련 방송 / 게시물 설명'의 답변을 함께 준비 • 술집에서 발생한 사건을 과거형 시제로 묘사하며 사건에 연루된 police, they, bar를 주어로 사용
중요도	★★★

OPIc 질문에 대한 모범 답변을 살펴본 후, 질문의 핵심 포인트를 파악하여 나만의 OPIc 답변을 만들어보세요.

1-1 You indicated that you go to bars. Describe the bar you go to most often. Tell me everything about that place in detail. 🎧 MP3 13_Q1-1

당신은 술집에 간다고 했습니다. 가장 즐겨 가는 가는 술집을 설명해주세요. 그곳에 대해 자세히 말해주세요.

1-2 Tell me about your favorite pub that you like to go to. 🎧 MP3 13_Q1-2

가장 좋아하는 맥주집에 대해 말해주세요.

Structure		Idea
시작 문장	주제 문장 소개	tons of bars in Korea
본문	평소 본인이 가는 술집과 맥주집에 대해 묘사	everywhere, on busy streets, foot traffic, personally, near my office, mood, a regular there, go there, once a month
마무리 문장	나의 답변 마무리	what my favorite bar looks like

Model Answer 🎧 MP3 13_A1

❶ There are tons of bars in Korea.

They are everywhere these days.

❷ Many bars are on busy streets with a lot of foot traffic.

❸ Personally, I like going to a ❹ pub near my office (house).

+ It is a nice pub that ❺ serves various types of beer.

+ It is a local pub that serves draft beer.

I like that place because I like the food and the mood.

+ Plus, it is close to my office (house).

+ Also, the staff are very friendly.

+ Plus, it is cheaper than other pubs.

I am a regular there. I think I go there once a month on average.

So, this is what my favorite bar looks like.

Tips for Better Answer

▶❶ 영업점을 묘사할 때 시작 문장으로 가장 유용한 문법은 〈there are + 복수 명사〉
Ex: There are many restaurants in Korea.
한국에는 음식점이 많다.

▶❷ 관용 문구인 on busy streets with a lot of foot traffic은 극장, 음식점과 같은 영업점 묘사에 필수로 쓰이는 문장이기 때문에 암기 필수!

▶❸ 개인적인 취향 또는 습관에 대해 말하고 싶을 때 유용한 부사
= in my case, in case of me, as for me
Ex: In my case, I like going to exotic restaurants.
내 경우에 이국적인 음식점에 가는 것을 좋아한다.

▶❹ 〈술집을 나타내는 다양한 표현〉
lounge bar 라운지 바 / sports bar 스포츠 바 / brew pub 맥주 선술집 / club 클럽 / live music joints 라이브 뮤직 바 / wine bar 와인 바 / neighborhood bar 동네에 있는 술집

▶❺ 특정 장소가 제공하는 서비스를 묘사할 때 유용한 동사
= have, offer, provide
Ex: The pub provides happy hour deals every day and you can score discounted beers.
그 펍은 매일 해피아워 이벤트를 제공해서 할인된 가격에 맥주를 마실 수 있다.

Key Expressions

- **tons of** 수많은
- **on busy streets** 번화가에
- **foot traffic** 유동인구
- **mood** 분위기
- **regular** 단골
- **on average** 평균적으로

한국에는 술집이 많습니다. 이제는 어디에나 있죠. 술집은 대부분 유동인구가 많은 번화가에 있습니다. 개인적으로 사무실(집) 근처에 있는 맥주집에 가는 것을 좋아합니다. (+ 다양한 종류의 맥주를 제공하는 멋진 맥주집입니다. + 생맥주를 파는 동네 맥주집입니다.) 음식도 맛있고 분위기도 좋아서 그곳을 좋아합니다. (+ 게다가, 제 사무실(집)과 가깝습니다. + 직원들도 매우 친절합니다. + 또한, 다른 술집보다 저렴합니다.) 저는 단골입니다. 평균적으로 한 달에 한 번은 가는 것 같습니다. 즉, 제가 좋아하는 술집은 이렇습니다.

네이티브 트렌드로 쉽게 취득하는 OPIc IH

OPIc 질문에 대한 모범 답변을 살펴본 후, 질문의 핵심 포인트를 파악하여 나만의 OPIc 답변을 만들어보세요.

2-1 Tell me about what you normally do at bars. Who do you normally go with? Tell me everything about your experience of going to bars.  MP3 13_Q2-1

술집에서 주로 무엇을 하나요? 보통 누구와 가나요? 술집에 간 경험에 대해 전부 말해주세요.

2-2 What do you normally do when you have gatherings at pubs? Do you call your 🎧 MP3 13_Q2-2
friends first? Talk about what you do before getting together with your friends at pubs.

맥주집에서 모임을 할 때 보통 무엇을 하나요? 친구에게 먼저 전화를 거나요? 친구들과 맥주집에서 만나기 전에 무엇을 하는지 이야기해주세요.

Structure		Idea
시작 문장	주제 문장 소개	go to bars, social gatherings
본문	평상시 술집에 누구와 가는지, 가서 무엇을 하는지 묘사	grab some drinks, break the ice, spice up, drinking games, several rounds, staff-dinners, after-parties, bond with, special occasions
마무리 문장	나의 답변 마무리	usually go to bars to hang out with

Model Answer 🎧 MP3 13_A2

I ❶ often go to bars for ❷ social gatherings.
I grab some drinks with my friends.
❸ Drinks break the ice and spice up the mood.
+ We ❹ sometimes play drinking games.
+ We sometimes do several rounds.
Plus, I sometimes go to bars for staff-dinners or after-parties.
It is a great chance to ❺ bond with co-workers.
Next, I sometimes go to bars for special occasions ❻ such as birthday parties.
+ year-end parties + anniversaries
+ welcome parties + farewell parties
So, I usually go to bars to hang out with my friends or co-workers.

Tips for Better Answer

❶ 평상시에 자주 하는 일이라는 것을 알려주기 위해 사용하는 빈도 부사
= normally, usually, generally, typically
Ex: I normally go to bars to have some beer.
나는 보통 맥주를 마시려고 술집에 간다.

❷ 생일파티, 송년회, 환영회 등 사람들이 모이는 모든 모임을 통칭하여 social gatherings라 표현
'모임을 가지다'에 어울리는 동사는 have
Ex: People like to have social gatherings.
사람들은 친목 도모를 위한 만남을 가지는 것을 좋아한다.

❸ 관용 문구 break the ice (어색함을 깨다)와 spice up the mood (분위기를 띄우다)는 모임 주제에서 유용하게 쓰이는 문장이기 때문에 암기 필수!
Ex: People drink to spice up the mood when they first meet.
사람들은 처음 만나면 분위기를 띄우기 위해 술을 마신다.

❹ 항상 하는 행동이 아니기 때문에 빈도 부사 sometimes를 사용하여 일반화 피하기

❺ 동사로 쓰일 경우 '가까워지다, 유대감을 형성하다'라는 의미
명사로 쓰일 경우 '유대감, 끈'이라는 의미
Ex: There is a strong bond between those two people.
저 두 명 사이에는 강한 유대감이 있다.

❻ 답변 양 확보를 위해 special occasions의 종류를 나열하며 하나의 특정한 모임이 아니기 때문에 복수 명사 사용
Ex: There are so many types of social gatherings, such as birthday parties and housewarming parties.
생일파티나 집들이처럼 친목 도모를 위한 모임의 종류가 매우 많다.

Key Expressions

- **social gathering** 사교 모임
- **grab drinks** 술을 조금 마시다
- **break the ice** 어색함을 깨다
- **spice up** 띄우다
- **do several rounds** 몇 차례 마시다
- **staff-dinners** 회식
- **after-parties** 파티 후의 또 다른 파티
- **bond with**
  ~와 친해지다, 유대감이 형성되다
- **special occasions** 특별한 경우
- **anniversaries** 기념일
- **farewell party** 송별회

저는 주로 친목 도모를 위해 술집에 갑니다. 친구들과 술을 마십니다. 술은 어색함을 깨고 분위기를 띄웁니다. (+ 우리는 가끔 술 게임을 합니다. + 가끔 몇 차까지 마십니다.) 또한, 저는 가끔 회식이나 뒤풀이를 위해 술집에 갑니다. 동료들과 친해질 수 있는 좋은 기회입니다. 또한 생일 파티 같이 특별한 날에도 술집에 갑니다. (+ 송년회 + 기념일 + 환영회 + 송별회) 즉, 저는 주로 친구나 직장 동료들과 어울리기 위해 술집에 갑니다.

OPIc 질문에 대한 모범 답변을 살펴본 후, 질문의 핵심 포인트를 파악하여 나만의 OPIc 답변을 만들어보세요.

3-1 Tell me about a memorable incident that happened at a bar. What exactly happened 🎧 MP3 13_Q3-1
and why was it special? Tell me everything about that unforgettable incident at the bar.

술집에서 있었던 기억에 남는 사건에 대해 말해주세요. 정확히 무슨 일이 일어났고 왜 특별한가요? 술집에서 있었던 잊을 수 없는
사건에 대해 자세히 말해주세요.

3-2 Tell me about a special visit to a bar or a pub. Maybe you celebrated your birthday 🎧 MP3 13_Q3-2
there. Tell me what you did before and after your bar visit and how you spent your time at
the bar. Tell me the whole story.

술집이나 맥주집에 방문한 특별한 경험에 대해 말해주세요. 아마 거기서 생일파티를 했을 수도 있습니다. 술집을 방문하기 전과 후에
무엇을 했는지, 그리고 거기서 어떻게 시간을 보냈는지 자초지종을 말해주세요.

	Structure	Idea
시작 문장	주제 문장 소개	remember, a gathering several weeks ago
본문	모임에 나가서 만취했던 경험 묘사	held at, drank beer, ended up drinking quite a lot, got very drunk, stomach, upset, dizzy, walk straight, hangover, took me quite a while, sober up
마무리 문장	나의 답변 마무리	try to be more careful, drinking

Model Answer 🎧 MP3 13_A3

I remember going to ❶ a gathering ❷ several weeks ago.
+ a staff-dinner + a year-end party + a birthday party
❸ It was held at a Korean bar and we drank beer there.
However, ❹ I ended up drinking quite a lot that day.
I ❺ got very drunk because I drank too much.
+ I drank too fast + I drank on an empty stomach
+ I mixed drinks
My stomach was upset.
+ I felt dizzy and I could NOT walk straight.
+ I ❻ got wasted and blacked out.
+ I do NOT even remember how I got home.
I had a hangover the next day.
It took me quite a while to sober up.
Since then, I try to be more careful when I'm drinking.

Tips for Better Answer

▶ ❶ = get-together
Ex: I had a get-together with my friends yesterday.
어제 친구들과 모임을 가졌다.

▶ ❷ 과거의 경험에 대해 이야기할 때에는 시작 문장에 언제 갔는지 (when) 언급하기
Ex: A few weeks ago, I went to a bar near my company.
몇 주 전에, 회사 근처에 있는 술집에 갔다.

▶ ❸ 〈be held at + 장소〉
특정한 이벤트나 모임이 열리는 장소에 대해 이야기할 때 쓰이는 수동태
Ex: The party was held at a wine bar.
와인 바에서 파티가 열렸다.

▶ ❹ ended up + 동명사: 결국 (동명사)하게 되었다
Ex: I ended up getting sick.
결국 아프게 되었다.

▶ ❺ '술에 취했다'는 언제나 I am drunk.
I am drunken. (x)
drunken 뒤에는 일반적으로 명사가 따라옴
Ex: I saw a drunken man.
나는 술 취한 남자를 봤다.

▶ ❻ 〈술 취한 상태를 묘사하는 형용사〉
tippy: 약간 취한　　beery: 맥주에 취한
stoned: 완전 취한

Key Expressions

- **gathering** 모임
- **end up** 결국 ~하게 되다
- **quite a lot** 꽤 많이
- **get drunk** 술에 취하다
- **empty stomach** 빈속
- **upset** 아픈, 화가 난
- **dizzy** 어지러운
- **get wasted** 만취하다
- **get blacked out** 정신을 잃다
- **hangover** 숙취
- **sober up** 술이 깨다

몇 주 전에 모임에 갔던 기억이 납니다. (+ 회식 + 연말파티 + 생일파티) 한국식 술집이었고 우리는 거기서 맥주를 마셨습니다. 결국 저는
그날 술을 꽤 많이 마셨습니다. 술을 너무 많이 마셔서 많이 취했습니다. (+ 너무 빨리 마셔서 + 빈속에 마셔서 + 섞어 마셔서) 속이 너무 안
좋았습니다. (+ 현기증이 나서 똑바로 걸을 수가 없었습니다. + 완전히 취해서 정신을 잃었습니다. + 집에 어떻게 왔는지 기억도 나지 않습니다.)
다음날 숙취에 시달렸습니다. 술이 깨는 데 꽤 오래 걸렸습니다. 그 이후로, 저는 술을 마실 때 더 조심하려고 노력합니다.

IH 이상 등급을 받기 위해 문장을 늘리는 연습을 해보세요.

Question 1

1. Personally, I like going to a pub near my office.
   → Personally, I like going to a pub near my office <u>because I can relieve stress after work by listening to some amazing live music there</u>. (그곳에서 멋진 라이브 음악을 들으며 퇴근 후 스트레스를 풀 수 있기 때문에)

2. Plus, it is close to my office.
   → Plus, <u>it takes only 5 minutes to get there on foot, so</u> it is <u>extremely</u> close to my office.
   (그곳에 가는데 도보로 5분밖에 안 걸린다. / 그래서 / 매우)

3. I am a regular there.
   → I am a regular there, <u>so I usually get some side dishes on the house</u>. (그래서 보통 사이드 메뉴를 서비스로 받는다.)

Question 2

1. I grab some drinks with my friends.
   → I grab some drinks with my friends <u>to do some catching up on a regular basis</u>. (정기적으로 밀린 이야기를 하기 위해)

2. We sometimes play drinking games.
   → We sometimes play drinking games, <u>and the loser of the games has to pick up the tab at the bar</u>. (그리고 게임에서 진 사람이 술집에서 돈을 다 내야 한다.)

3. It is a great chance to bond with co-workers.
   → It is a great chance to bond with co-workers <u>since we rarely have time to get to know each other in the office</u>. (사무실에서는 서로 알아갈 시간이 거의 없기 때문에)

Question 3

1. It was held at a Korean bar and we drank beer there.
   → It was held at a Korean bar <u>which was one of the hottest places among youngsters</u>, and we drank beer there. (젊은 사람들 사이에서 가장 인기 있는 장소들 중 하나였던)

2. My stomach was upset.
   → My stomach was <u>so</u> upset <u>that I wanted to throw up</u>. (너무 ~해서 토하고 싶었다.)

3. I had a hangover the next day.
   → I had a hangover the next day <u>and I regretted that I had one too many</u>. (그리고 과음한 것을 후회했다.)

OPIc 질문에 대한 모범 답변을 살펴본 후, 질문의 핵심 포인트를 파악하여 나만의 OPIc 답변을 만들어보세요.

4-1 How have pubs changed over the years? How were they in the past and how are they now? What are the differences and the similarities? 🎧 MP3 13_Q4-1

몇 년 동안 맥주집은 어떻게 변했나요? 과거에는 어땠고 지금은 어떤가요? 차이점과 유사점은 무엇인가요?

4-2 Many people say that bars have changed a lot in recent years. How are bars these days different from bars 5 or 10 years ago? 🎧 MP3 13_Q4-2

최근 몇 년간 술집이 많이 바뀌었다고 말합니다. 요즘 술집이 5~10년 전 술집과 어떻게 다른가요?

4-3 Bars and clubs have changed a lot over the years in terms of the entertainment, the cost or the services they offer. Compare the similarities and differences between old-time bars and present bars or clubs. 🎧 MP3 13_Q4-3

술집과 클럽은 수년간 오락, 비용, 서비스 면에서 많이 변했습니다. 과거와 현재 술집 / 클럽의 유사점과 차이점을 비교해주세요.

Structure		Idea
시작 문장	주제 문장 소개	bars, pubs, have changed, over the last 5 to 10 years
본문	맥주의 종류가 많지 않았던 과거의 맥주집과 반대의 상황인 현재 맥주집 묘사	past, served domestic beer, but these days, various types of, a lot of options, plus, in the past, most beer places, tons of beer chains, busy streets, food traffic
마무리 문장	나의 답변 마무리	bars, pubs, have become a lot better than in the past

Model Answer 🎧 MP3 13_A4

❶ Bars and pubs in Korea have changed a lot ❷ over the last 5 to 10 years.
In the past, they mostly served domestic ❸ beer.
But these days, they serve ❹ various types of beer from all over the world.
There are a lot of options to choose from.
❺ Plus, in the past, most beer places used to be local pubs.
But now, many of them are beer chains.
❻ There are tons of beer chains on busy streets with a lot of foot traffic.
So, bars and pubs ❼ have become a lot better than in the past.

Tips for Better Answer

▶❶ 과거와 현재의 차이점을 묻는 질문이기 때문에 핵심 표현인 bars, pubs, Korea와 현재완료형인 have changed를 시작 문장에 넣기

▶❷ 5년 또는 10년 전과 같이 질문에 정확히 비교할 기간이 정해져 있다면 반드시 시작 문장에 언급하기
Ex: Over the last 5 to 10 years, restaurants in Korea have changed a lot.
지난 5~10년 동안 한국의 음식점은 많이 바뀌었다.

▶❸ 맥주, 술과 같은 음료류는 불가산 명사임
alcohol, beer, liquor, coffee
술 / 음료의 양에 대해 말하려면 three bottles of beer, one cup of coffee 와 같이 사용해야 함

▶❹ 국산 맥주 (domestic beer)만 제공했던 과거와 다르게 지금은 세계의 다양한 맥주(various types of beer from all over the world)를 제공하는 것이 가장 큰 차이라는 것 언급하기

▶❺ 또 하나의 의견을 제시할 때 사용되는 접속사
= besides, in addition, meanwhile

▶❻ 음식점, 영화관 등의 영업점 묘사에 쓰인 문장 그대로 활용하기

▶❼ 과거와 현재를 비교하는 질문이기 때문에 현재완료형으로 문장 마무리!

Key Expressions

- **domestic beer** 국산 맥주
- **local pubs** 동네, 지역의 맥주집
- **beer chains** 맥주 체인점
- **busy streets** 번화가
- **foot traffic** 유동인구

한국의 술집과 맥주집은 지난 5년에서 10년 사이에 많이 변했습니다. 과거에는 주로 국산 맥주를 제공했습니다. 하지만 요즘, 맥주집은 전 세계의 다양한 맥주를 제공합니다. 이제 많은 선택권이 있습니다. 게다가 과거에는 대부분의 맥주집이 동네 술집이었습니다. 하지만 지금은 맥주 체인점이 많습니다. 유동인구가 많은 번화가에 맥주 체인점들이 많습니다. 즉, 술집과 맥주집은 과거보다 훨씬 좋아졌습니다.

데이터어 트렌드로 쉽게 취득하는 OPIc IH

OPIc 질문에 대한 모범 답변을 살펴본 후, 질문의 핵심 포인트를 파악하여 나만의 OPIc 답변을 만들어보세요.

5 **Most bars and pubs have a special area to make drinks. Tell me what this area looks** 🎧 MP3 13_Q5 **like at your favorite bar or pub.**

대부분 술집과 맥주집에는 술을 제조하는 특별한 장소가 있습니다. 가장 좋아하는 술집이나 맥주집의 그 공간에 대해 말해주세요.

Structure		Idea
시작 문장	주제 문장 소개	favorite, small bar area
본문	좋아하는 술집의 술 만드는 공간 묘사	enter, counter, right, behind, bartenders prepare, beverages, liquor shelves, various types
마무리 문장	나의 답변 마무리	this is, bar area

Model Answer

Answer 1 🎧 MP3 13_A5-1

At my favorite bar, there is NO bar area. They make the food and drinks inside the kitchen.

❶ So, I really do NOT have much to say about this topic.

Answer 2 🎧 MP3 13_A5-2

At my favorite bar, there is a very small bar area.

❷ When you enter the bar, you can see a counter ❸ on the right.

Behind the counter, ❹ bartenders prepare alcoholic or non-alcoholic beverages for customers.

There are liquor shelves, and you can see various types of alcohol.

So, this is what the bar area looks like.

Tips for Better Answer

Answer 1
* 경험해 본 적이 없거나 잘 알지 못하는 부분에 관한 질문이 나왔을 때 활용할 수 있는 답변

▶ ❶ 주제를 잘 이해하지 못했거나 할 이야기가 없을 때 사용할 수 있는 문장
   Ex: I am not interested in the housing market. So, I really do NOT have much to say about this topic.
   나는 주택 시장에 관심이 없다. 그래서 이 주제에 대해 별로 할 말이 없다.

Answer 2
▶ ❷ 거주지, 영화관과 같이 공간을 묘사할 때에는 주어 people 대신 you 사용 가능
   평소 모습이기 때문에 현재형 시제 사용
   Ex: When you enter the house, you will see a very spacious living room.
   집에 들어오면 매우 넓은 거실이 보일 것이다.

▶ ❸ 〈위치를 알려주는 다양한 전치사〉
   on the right / left 오른쪽 / 왼쪽에
   behind ~뒤에 / front ~앞에 / between ~사이에 (둘 사이) / among ~의 사이에 (셋 이상 사이)
   on ~위에 (표면에 닿은 상태) / over ~위에 (약간 떨어진 위) under ~아래에 / below ~보다 아래에 / near ~에서 가까이

▶ ❹ 답변 양 확보를 위해 바텐더가 만드는 술의 종류 나열 가능
   Ex: They make various types of drinks including cocktails.
   칵테일을 포함해서 다양한 종류의 술을 만든다.

Key Expressions

- **bar area** 술 만드는 구역
- **prepare** 준비하다
- **alcoholic** 술이 들어간
- **non-alcoholic** 술이 들어가지 않은
- **beverage** 음료
- **customer** 고객, 손님
- **liquor shelf** 술 놓는 선반

[Answer 1] 제가 좋아하는 술집에는 술을 만드는 구역이 없습니다. 부엌에서 음식과 음료를 만듭니다. 그래서 이 주제에 대해 별로 할 말이 없습니다.

[Answer 2] 제가 좋아하는 술집에 아주 작게 술을 만드는 구역이 있습니다. 술집에 들어가면 오른쪽에 카운터가 보입니다. 카운터 뒤에서 바텐더들이 손님들을 위해 알코올 또는 무 알코올 음료를 준비하고 있습니다. 술을 놓는 선반이 있고 많은 종류의 술을 볼 수 있습니다. 술을 만드는 장소는 이렇게 생겼습니다.

OPIc 질문에 대한 모범 답변을 살펴본 후, 질문의 핵심 포인트를 파악하여 나만의 OPIc 답변을 만들어보세요.

6 Tell me about the first bar you remember going to. What did it look like? Describe 🎧 MP3 13_Q6
the first bar you went to with lots of details.

기억나는 처음 갔던 술집에 대해 말해주세요. 어떻게 생겼었나요? 그곳에 대한 인상은 어땠어요? 처음 가본 술집에 대해 자세히 설명해 보세요.

	Structure	Idea
시작 문장	주제 문장 소개	remember, bar for the first time, freshman, college
본문	처음 간 술집의 분위기와 술 종류 묘사	went to a pub near, with my classmates, served various types of beer, liked that place, food and the mood, close to, the staff
마무리 문장	나의 답변 마무리	this was, first bar I went to

Model Answer 🎧 MP3 13_A6

❶ I remember going to a bar for the first time when I was a freshman in college.
I went to ❷ a pub near my school with my classmates.
+ It was a ❸ nice pub that served various types of beer.
+ It was a local pub that served draft beer.
I liked that place because I liked the food and the mood.
❹ + Plus, it was close to my school.
+ Next, the staff were very friendly.
+ Also, it was cheaper than other pubs.
So, this was the first bar I went to.

Tips for Better Answer

▶❶ 서론으로 쓸 수 있는 다른 문장들
Ex: The first bar I went to was a pub near my school in my freshman year of college.
내가 대학 신입생 때 처음 간 술집은 학교 근처의 펍이었다.

I had never been to a bar before I turned twenty-one.
21살이 되기 전에는 술집에 가 본 적이 없다.

▶❷ 처음으로 갔던 특정한 하나의 술집에 대해 이야기하기 때문에 단수 명사 사용

▶❸ 〈명사 + that / which + 동사〉
that / which는 명사를 수식
Ex: I went to the restaurant that / which served Mexican food.
나는 멕시코 음식을 제공하는 식당에 갔다.

▶❹ 답변 양 확보를 위해 그 술집을 좋아하는 다양한 이유 나열
Ex: Also, they used to play jazz music all the time at the bar.
또한 그들은 술집에서 항상 재즈 음악을 틀었다.

They used to offer free beer after midnight.
자정 후에는 맥주를 무료로 제공했다.

Key Expressions

- **freshman** 대학교 1학년
- **serve** 제공하다
- **draft beer** 생맥주
- **mood** 분위기
- **staff** 직원
- **friendly** 친절한

제가 대학 1학년 때 처음 술집에 간 것이 기억에 납니다. 학교 근처 맥주집에 학교 친구들과 갔습니다. (+ 다양한 종류의 맥주를 제공하는 괜찮은 맥주집이었습니다. + 생맥주를 파는 동네 맥주집이었습니다.) 음식도 맛있고 분위기도 좋아서 그곳을 좋아했습니다. (+ 게다가, 우리 학교와 가까웠습니다. + 직원들도 매우 친절했습니다. + 그리고, 다른 술집들보다 저렴했습니다.) 이곳이 제가 처음으로 간 술집입니다.

IH 이상 등급을 받기 위해 문장을 늘리는 연습을 해보세요.

Question 4

1. In the past, they mostly served domestic beer.
   → In the past, they mostly served domestic beer <u>which was a bit bland but cheap</u>. (조금 싱겁기는 했지만 저렴했던)

2. There are a lot of options to choose from.
   → There are a lot of options to choose from, <u>so people can even have authentic German beer here in Korea</u>. (그래서 사람들은 한국에서 전통 독일 맥주도 마실 수 있다.)

3. But now, many of them are beer chains.
   → But now, many of them are beer chains <u>which provide beer and food at reasonable prices</u>. (맥주와 음식을 합리적인 가격에 제공하는)

Question 5

1. At my favorite bar, there is no bar area.
   → At my favorite bar, there is no bar area <u>because there is not enough space for that</u>. (그것을 위한 충분한 공간이 없기 때문에)

2. When you enter the bar, you can see a counter on the right.
   → When you enter the bar, you can see a counter on the right <u>and some tables and chairs on the left</u>. (그리고 왼쪽에는 테이블과 의자가)

3. There are liquor shelves, and you can see various types of alcohol.
   → There are liquor shelves, and you can see various types of alcohol <u>including wine, hard liquors like whiskey, and soft liquors</u>. (와인, 위스키 같은 강한 술과 부드러운 술을 포함하는)

Question 6

1. I went to a pub near my school with my classmates.
   → I went to a <u>newly-opened</u> pub <u>that was playing rock music</u> near my school with my classmates. (새로 개업한 / 락 음악을 틀어주는)

2. It was a local pub that served draft beer.
   → It was an <u>exotic</u> local pub that served draft beer <u>and some finger food</u>. (이국적인 / 손으로 집어 먹을 수 있는 음식과)

3. I liked that place because I liked the food and the mood.
   → I liked that place because I liked the food and the mood, <u>which made me feel like I was in a local pub in Ireland</u>. (아일랜드의 술집에 있는 것처럼 느끼게 해주었다.)

OPIc 질문에 대한 모범 답변을 살펴본 후, 질문의 핵심 포인트를 파악하여 나만의 OPIc 답변을 만들어보세요.

7 People nowadays don't go to bars just to drink. What kinds of activities do they do 🎧 MP3 13_Q7
now? How have those activities at bars changed over the years?

요즘 사람들은 술만 마시러 술집에 가지 않습니다. 거기서 무슨 활동을 하나요? 그 동안 술집에서의 활동은 어떻게 바뀌어왔나요?

	Structure	Idea
시작 문장	주제 문장 소개	to be honest, activities, have NOT changed
본문	사람들이 술집에서 하는 일은 과거와 크게 다르지 않다고 답한 후 현재 술집에서 하는 활동 묘사	go to bars, social gatherings, grab some drinks, break the ice, spice up, drinking games, several rounds, staff-dinners, after-parties, bond with, special occasions
마무리 문장	나의 답변 마무리	activities at bar have not changed over the years

Model Answer 🎧 MP3 13_A7

❶ To be honest, activities at bars have NOT changed over the years.
❷ People often go to bars for social gatherings.
They grab some drinks with their friends.
Drinks break the ice and spice up the mood.
+ They sometimes play drinking games.
+ They sometimes do several rounds.
Plus, people sometimes go to bars for
❸ staff-dinners or after-parties.
It is a great chance to ❹ bond with co-workers.
Next, people sometimes go to bars for special occasions such as birthday parties.
+ year-end parties + anniversaries
+ welcome parties + farewell parties
Once again, activities at bars have NOT changed over the years.

Tips for Better Answer

* 14번 기출문제

▶ ❶ 과거와 현재를 비교할 때 변한 부분이 크게 없다면 사용할 수 있는 문장
Ex: To be honest, what people do at bars have NOT changed THAT much over the years.
솔직히 말하자면 지난 몇 년 동안 사람들이 술집에서 하는 일은 그렇게까지 바뀌지 않았다.

▶ ❷ '술집' 주제의 '술집에 주로 언제 가고 무엇을 하는지 묘사'의 답변 활용

▶ ❸ = company dinner, company get-together
Ex: My team often has get-togethers after work.
My team often get together after work. (동사로도 활용)
우리 팀은 퇴근 후 자주 회식을 한다.

▶ ❹ 비슷한 표현으로 get to know each other, strengthen the relationship, build up a rapport
Ex: I think attending company dinners is a great chance to get to know my co-workers.
회식에 참석하는 것은 나의 직장 동료를 잘 알 수 있는 기회라고 생각한다.

Key Expressions

- **social gathering** 사교 모임
- **grab drinks** 술을 조금 마시다
- **break the ice** 어색함을 깨다
- **spice up** 돋우다, 더 좋게 되다
- **do several rounds** 몇 차례 마시다
- **staff-dinners** 회식
- **after-parties** 파티 후의 또 다른 파티
- **bond with**
  ~와 친해지다, 유대감이 형성되다
- **special occasions** 특별한 경우
- **anniversaries** 기념일
- **farewell party** 송별회

솔직히 그동안 술집에서 사람들이 하는 활동은 변하지 않았습니다. 사람들은 주로 친목 도모를 위해 술집에 갑니다. 그들은 친구들과 술을 마십니다. 술은 어색함을 깨고 분위기를 돋웁니다. (+ 사람들은 가끔 술 게임을 합니다. + 가끔 몇 차까지 마십니다.) 또한, 가끔 회식이나 뒤풀이를 위해 술집에 갑니다. 동료들과 친해질 수 있는 좋은 기회입니다. 또한 생일 파티같이 특별한 날에는 가끔 술집에 갑니다. (+ 송년회 + 기념일 + 환영회 + 송별회) 다시 한번 말하지만, 술집에서의 활동은 몇 년 동안 변하지 않았습니다.

OPIc 질문에 대한 모범 답변을 살펴본 후, 질문의 핵심 포인트를 파악하여 나만의 OPIc 답변을 만들어보세요.

8-1 The media often reports on bars or pubs. Tell me about a media report you recently saw regarding bars or pubs. What happened? Where was it? Who was involved? Give me all the details about that report. 🎧 MP3 13_Q8-1

언론은 종종 술집이나 맥주집에 대해 보도합니다. 술집이나 맥주집에 관련된 최근 언론 보도에 대해 말해주세요. 무슨 일이 일어났고 어디에서 일어났나요? 누가 연루되었나요? 그 뉴스에 대해 상세히 말해주세요.

8-2 Popular bars and pubs are often featured on TV or social media such as Facebook.  MP3 13_Q8-2 Tell me about a special occasion you have heard of or read about regarding a well-known bar or club on TV or social media. Perhaps there was a celebrity visit or a special party there. Describe in detail what happened from beginning to end.

인기 술집과 맥주집은 TV나 페이스북 같은 소셜 미디어에서 자주 등장합니다. TV나 소셜 미디어에서 잘 알려진 술집이나 클럽의 특별한 상황에 대해 들어보거나 읽은 적이 있다면 말해주세요. 아마도 그곳에 유명인사가 방문했거나 특별한 파티가 있었을 수도 있습니다. 무슨 일이 있었는지 처음부터 끝까지 자세히 설명해주세요.

8-3 The police sometimes have to raid bars for some reason. Tell me about a news you saw that involved both the police and a bar. 🎧 MP3 13_Q8-3

경찰은 가끔 어떠한 이유로 술집을 급습해야 합니다. 경찰과 술집이 관련된 뉴스에 대해 말해주세요.

Structure		Idea
시작 문장	주제 문장 소개	remember watching the news on TV, police, bar
본문	술집으로 경찰이 출동했던 사건 묘사	cracking down, illegal prostitution, live video, crackdown, arrested at the scene, disturbing, shocking
마무리 문장	나의 답변 마무리	news I remember about the police and a bar

Model Answer 🎧 MP3 13_A8

❶ I remember watching the news on TV about the police and a bar.
The ❷ police were ❸ cracking down on illegal prostitution.
There was live video of ❹ the crackdown on the news.
❺ Many people were arrested at the scene.
It was quite disturbing and shocking.
So, this was the news I remember about the police and a bar.

Tips for Better Answer

▶ ❶ 술집과 경찰이 관련된 뉴스 이야기를 묻는 질문이기 때문에 핵심 단어 bar, police, TV를 시작 문장에 넣기

▶ ❷ police는 불가산명사지만 복수형을 뜻하므로 clothes, goods처럼 항상 복수형 동사와 쓰임
Ex: The police help people who are in trouble.
경찰은 곤경에 빠진 사람들을 돕는다.

▶ ❸ crack down: 단속하다 (동사)
뒤에 전치사 on이 나옴
Ex: I saw police cracking down on drug dealers.
마약거래자를 단속하는 경찰을 봤다.

▶ ❹ crackdown: 단속 (명사)
뒤에 전치사 of가 나옴
Ex: I saw the crackdown of gangsters on TV.
TV에서 폭력배 진압 과정을 봤다.

▶ ❺ arrest: 체포하다 (능동태)
be arrested: 체포되다 (수동태)
Ex: Police arrested many people at the scene.
경찰이 많은 사람들을 그 자리에서 체포했다.

Key Expressions

- **crack down** 단속하다
- **illegal** 불법
- **prostitution** 매춘
- **crackdown** 단속
- **arrest** 체포하다
- **at the scene** 그 자리에서, 현장에서
- **disturbing** 충격적인, 심란한, 불안한
- **shocking** 놀라운, 충격적인

TV에서 경찰과 술집에 대한 뉴스를 본 기억이 납니다. 경찰은 불법 매춘을 단속하고 있었습니다. 뉴스에 단속 영상이 생중계됐습니다. 현장에서 많은 사람들이 체포됐습니다. 그 장면은 상당히 심란했고 충격적이었습니다. 이것이 제가 기억하는 경찰과 술집에 관한 뉴스입니다.

IH 이상 등급을 받기 위해 문장을 늘리는 연습을 해보세요.

Question 7

1. Drinks break the ice and spice up the mood.
   → Drinks break the ice <u>because it makes people feel relaxed</u> and spice up the mood <u>in a short time</u>. (사람들의 긴장을 풀어주기 때문에 / 짧은 시간 안에)

2. Plus, people sometimes go to bars for staff-dinners or after-parties.
   → Plus, people sometimes go to bars for staff-dinners or after-parties, <u>and they talk about various things including their family and conflicts with co-workers</u>. (그리고 그들은 가족과 다른 동료와의 갈등 같은 다양한 것들에 대해 이야기한다.)

3. Once again, activities at bars have NOT changed over the years.
   → Once again, activities at bars have NOT changed over the years <u>because what bars offer to people is pretty much the same</u>. (술집이 사람들에게 제공하는 것이 거의 똑같기 때문에)

Question 8

1. I remember watching the news on TV about the police and a bar.
   → I remember watching the news on TV about the police and a bar <u>which grabbed everyone's attention at that time</u>. (그 당시에 모든 사람들의 관심을 사로 잡았던)

2. The police were cracking down on illegal prostitution.
   → The police were cracking down on illegal prostitution <u>which was the most concerning social problem</u>. (가장 걱정되는 사회적 문제였던)

3. It was quite disturbing and shocking.
   → It was quite disturbing and shocking <u>as it was my first time to watch people being arrested myself</u>. (직접 사람이 체포되는 것을 본 적이 처음이라서)

Chapter **14**

Restaurants

빈출 주제 파악하기

질문을 제대로 파악하는 것만으로도 성공적으로 시험을 치를 수 있습니다. OPIc에서 자주 출제되는 질문들을 알아보세요.

1 I would like to know about restaurants in your country. What do typical restaurants look like? What kinds of food do they commonly offer?

당신 나라의 음식점에 대해 알고 싶습니다. 일반적인 음식점들은 어떻게 생겼나요? 보통 어떤 종류의 음식을 제공하나요?

문항 유형	우리나라 보편적인 음식점 묘사
문항 수준	Intermediate
핵심 포인트	• 영업점 묘사 표현을 활용하여 바비큐 음식점 묘사
	• 한국의 음식점 묘사이기 때문에 현재형 시제로 묘사하며 주어는 restaurants, they 등 상황에 맞게 사용
중요도	★★★

2 Tell me about a restaurant you ate out at recently. What kind of restaurant was it? What was their menu and what did you eat? Who did you go with? Did you like how the food tasted?

최근에 갔던 음식점에 대해 말해주세요. 어떤 음식점이었나요? 메뉴는 무엇이었고 무엇을 먹었나요? 누구와 함께 갔었나요? 음식 맛은 어땠나요?

3 Now, tell me about a restaurant you used to go to as a child. What was it like? What did you eat? Who did you go with? What do you remember most about that place? Tell me about that restaurant in as much detail as possible.

어렸을 때 갔던 음식점에 대해 말해주세요. 그곳은 어땠나요? 무엇을 먹었나요? 누구와 같이 갔었나요? 그곳에서 가장 기억에 남는 것은 무엇인가요? 그 음식점에 대해 가능한 한 자세히 말해주세요.

4 Many restaurants are changing their menus to suit customers who are more health-conscious. Talk about the changes you notice about restaurants in your country related to this trend.

건강에 더 신경을 쓰는 손님들에게 맞춰 메뉴를 바꾸는 음식점이 많이 있습니다. 이러한 경향과 관련하여 당신 나라의 음식점에 대해 당신이 알아차린 변화에 대해 이야기해보세요.

5 Chain restaurants such as McDonald's have a set menu you can expect. On the other hand, small local restaurants have their own menus and you may not be able to know what to expect. Talk about your experience of going to a chain restaurant and a local restaurant. What was the biggest difference?

맥도날드 같은 체인 음식점에는 예상할 수 있는 세트 메뉴가 있습니다. 반면, 작은 동네 음식점들은 그들만의 메뉴가 따로 있어서 무엇을 주문해야 할지 모를 수도 있습니다. 체인 음식점과 동네 음식점에 간 경험에 대해 이야기해보세요. 가장 큰 차이점은 무엇인가요?

6 What kinds of changes in restaurants or eating out have you noticed over the last few years? How was eating out different in the past? What has brought about these changes?

지난 몇 년 동안 음식점이나 외식에 어떤 변화가 있었나요? 과거에 외식했던 것은 어떻게 달랐나요? 무엇이 이러한 변화를 가져왔나요?

7 When your friends or family discuss restaurants they like or dislike, what are some of the characteristics they discuss the most? How do these characteristics affect their dining experience?

친구나 가족이 그들이 좋아하거나 싫어하는 음식점에 대해 토론할 때, 가장 많이 토론하는 음식점의 특징은 무엇인가요? 이러한 특징이 식사 경험에 어떤 영향을 미치나요?

문항 유형	사람들과 음식점에 대해 언급하는 요소 설명
문항 수준	Advanced
핵심 포인트	• 15번 기출문제 • 가격, 분위기, 맛 등 사람들이 음식점에 대해 이야기할 때 고려하는 사항을 현재형 시제로 묘사 • 사람들이 토론하는 것에 대해 이야기하기 때문에 주어는 we 사용
중요도	★★★

8 Talk about your favorite take-out or delivery food restaurant. What is the place like? What kinds of food do they commonly offer?

가장 좋아하는 테이크아웃 음식점이나 배달 음식점에 대해 이야기해보세요. 그곳은 어떤 곳인가요? 보통 어떤 종류의 음식을 제공하나요?

문항 유형	좋아하는 테이크아웃 음식점 / 배달 음식점 묘사
문항 수준	Intermediate
핵심 포인트	• 영업점 묘사 표현 활용하여 테이크아웃 음식점을 현재형 시제 사용하여 묘사 • 본인의 습관을 이야기할 때에는 주어 I 사용하며 음식점을 묘사할 때에는 they 사용
중요도	★★★

9 Talk about the last time you used a take-out or a delivery food service. What did you get and where was it? What do you remember about that experience?

최근에 테이크아웃이나 배달 음식 서비스를 이용했던 경험에 대해 말해주세요. 무엇을 주문했고 어디에 있었나요? 그 경험에 대해 무엇을 기억하나요?

문항 유형	테이크아웃 / 배달 음식점에서 음식을 사본 경험
문항 수준	Advanced
핵심 포인트	• 음식점 주제의 '어렸을 때 갔던 음식점 묘사' 활용 • 어렸을 때 본인이 먹은 음식이기 때문에 주어 I 와 과거형 시제 사용
중요도	★★★

10 Talk about a time when you prepared for a special occasion using a take-out or a delivery service. What kinds of food did you get from the restaurant? Tell me about that experience with lots of details.

테이크아웃이나 배달 서비스를 이용해 특별한 행사를 준비했던 경험에 대해 이야기해보세요. 음식점에서 어떤 종류의 음식을 주문했나요? 그 경험을 자세히 말해주세요.

문항 유형	테이크아웃 / 배달 음식점을 통해 특별한 행사 준비 경험
문항 수준	Advanced
핵심 포인트	• 집 주제의 '집에서 가족들과 있었던 추억 묘사'의 답변 활용 • 여러 명이 과거에 한 파티에 대한 내용이기 때문에 주어 we와 과거형 시제 사용
중요도	★★★

11 Many fast-food, take-out or delivery restaurants are now offering healthy choices. Why do you think this change has come about in recent years? Was it a result of consumer pressure, market forces or something else?

많은 패스트푸드, 테이크아웃 음식점 또는 배달 음식점들이 현재 건강한 음식 선택을 제공하고 있습니다. 최근 몇 년 동안 이런 변화가 왜 생겼다고 생각하나요? 소비자의 요구, 시장의 힘 또는 다른 무언가 때문인가요?

문항 유형	테이크아웃 / 배달 음식점들의 건강 메뉴 추세 설명
문항 수준	Advanced

- 14번 기출문제
- 음식점 주제의 '음식점과 외식 문화의 변화 설명'과 '음식점들의 건강식 메뉴로의 변화 추세 설명'에 답변 활용
- 사람들과 음식점의 변화에 대해 이야기하기 때문에 주어는 people, they 사용
- 과거 음식점의 특징 묘사는 과거형 시제 사용하며 현재 추세는 현재형 시제 사용

중요도 ★★★★★

12 What are the latest trends people are talking about related to take-out or delivery food options? Perhaps it has to do with ordering online or an app. Or, it has to do with new kinds of offerings. Discuss the changes that you have observed recently regarding take-out and delivery food options.

테이크아웃 음식이나 배달 음식과 관련하여 사람들이 이야기하고 있는 최근 트렌드는 무엇인가요? 아마도 온라인이나 앱으로 주문하는 것과 관련이 있을 것입니다. 또는, 새로운 종류의 메뉴와 관련이 있을 수도 있습니다. 최근에 테이크아웃과 배달 옵션에 관련하여 알게 된 변화에 대해 이야기해주세요.

문항 유형 테이크아웃 / 배달 음식의 트랜드 변화 설명
문항 수준 Advanced
핵심 포인트
- 15번 기출문제
- 음식점과 사람들의 지불 방식에 대해 이야기하기 때문에 주어는 people, restaurants, they 사용
- 온라인 또는 배달 앱을 사용하여 음식 주문하는 현재 트랜드를 현재형으로 묘사

중요도 ★★★

13 How do busy working people usually get their meals on weekdays? Do they order food or go to restaurants? What do they usually do?

바쁜 사람들은 보통 평일에 어떻게 식사를 하나요? 음식을 주문하나요, 아니면 음식점에 가나요? 보통 무엇을 하나요?

문항 유형 직장인들이 평일 식사를 어떻게 해결하는지 묘사
문항 수준 Intermediate
핵심 포인트
- 직장인들이 식사하는 방식을 다양한 접속사를 사용하여 나열
- 직장인들의 평소 습관에 관한 내용이기 때문에 현재형 시제와 주어 people, they 사용

중요도 ★★★

14 What do you usually do for dinner during the week? Do you order food or go out to eat? Do you cook your own meals? Does someone else cook for you? Do you eat alone or eat with other people?

주로 주중에 저녁으로 무엇을 하나요? 음식을 주문하나요, 아니면 외식하러 나가나요? 스스로 요리를 하나요? 누군가 요리를 해 주나요? 혼자 먹어요, 아니면 다른 사람들과 먹어요?

문항 유형 본인이 주로 평일에 저녁식사를 어떻게 하는지 묘사
문항 수준 Intermediate
핵심 포인트
- 평소 식사하는 방식을 현재형 시제로 묘사
- 평소 본인의 습관이기 때문에 주어 I 사용

중요도 ★★★

15 Tell me about how you found out about a special food or grocery store. Maybe a new specialty store opened in your community or a new farmer's market opened and you wanted to check that place out. How did you find out about this new food or grocery store?

어떻게 특별한 식료품점에 대해 알게 되었는지 말해주세요. 아마도 지역에 새로운 전문 가게가 생겼거나 새로운 농산물 직판장이 생겨서 그곳에 가보고 싶어했을 수도 있습니다. 이 새로운 식료품점에 대해 어떻게 알게 되었나요?

문항 유형 새로운 식료품점을 알게 된 계기 설명
문항 수준 Advanced
핵심 포인트
- 식료품점을 어떻게 알게 되었는지 설명 후 그곳의 장점 묘사
- 본인이 한 행동을 이야기할 때에는 주어 I 사용하며 식료품점 묘사할 때에는 they 사용
- 과거에 찾은 장소이기 때문에 과거형 시제 사용

중요도 ★★★

OPIc 질문에 대한 모범 답변을 살펴본 후, 질문의 핵심 포인트를 파악하여 나만의 OPIc 답변을 만들어보세요.

1 I would like to know about restaurants in your country. What do typical restaurants 🎧MP3 14_Q1 look like? What kinds of food do they commonly offer?

당신 나라의 음식점에 대해 알고 싶습니다. 일반적인 음식점들은 어떻게 생겼나요? 보통 어떤 종류의 음식을 제공하나요?

	Structure	Idea
시작 문장	주제 문장 소개	tons of barbeque restaurants
본문	한국에 있는 바비큐 음식점의 특징 설명	everywhere, on busy streets, foot traffic, serve, meat, a barbeque grill, on the grill themselves
마무리 문장	나의 답변 마무리	barbeque places, most typical restaurants in Korea

Model Answer 🎧MP3 14_A1

❶ There are tons of barbeque restaurants in Korea.

They are everywhere these days.

Many barbeque places are on busy streets with ❷ a lot of foot traffic.

They ❸ serve various types of ❹ meat such as pork, beef, chicken, duck and lamb.

+ Among them, beef is my favorite.

At these restaurants, there is a barbeque grill on each table.

❺ Customers grill the meat on the grill themselves.

Once again, barbeque places are the most typical restaurants in Korea.

Tips for Better Answer

❶ 한국의 전형적인 음식점에 대해 묻는 질문이기 때문에 핵심 표현 restaurants와 Korea를 시작 문장에 넣기 일반적인 음식점에 대해 이야기하므로 복수 명사 사용
Ex: In Korea, there are many barbeque restaurants. 한국에서 바비큐 음식점이 많이 있다.

❷ foot traffic은 비즈니스 지역 또는 상업 지역에 사람들이 많이 걸어 다니는 것을 표현 불가산 명사이기 때문에 앞에 a lot of, lots of, much 사용하여 수식

❸ = have, provide, offer
Ex: They also provide various types of meat. 그들은 또한 다양한 종류의 고기를 제공한다. They also offer free parking. 그들은 또한 무료 주차를 제공한다.

❹ 답변 양 확보를 위해 다양한 고기의 종류 나열 such as 대신 including, like 사용 가능
Ex: They also have fresh vegetables including onions and sweet potatoes. 양파나 고구마 같은 신선한 채소도 있다.

❺ 손님들이 일반적으로 음식점에서 하는 일을 묘사하기 때문에 현재형 시제와 능동태로 묘사 부사 normally나 usually 추가하여 일반적임을 강조
Ex: Customers normally grill the seafood themselves. 손님들은 보통 스스로 해산물을 굽는다.

Key Expressions

- **tons of** 수많은
- **on busy streets** 번화가에
- **foot traffic** 유동인구
- **various** 다양한
- **duck** 오리
- **lamb** 양
- **grill** 굽다

한국에는 수많은 바비큐 음식점이 있습니다. 요즘은 어디에나 있습니다. 많은 바비큐 장소들이 유동인구가 많은 혼잡한 거리에 있습니다. 돼지고기, 소고기, 닭고기, 오리 그리고 양고기 같은 다양한 종류의 고기를 제공합니다. (+ 그중 소고기를 가장 좋아합니다.) 음식점에는 테이블마다 바비큐 그릴이 있습니다. 손님들은 그릴 위에서 직접 고기를 굽습니다. 다시 한번 말하자면, 바비큐 장소는 한국에서 가장 대표적인 음식점입니다.

데일리어 트랜드로 쉽게 취득하는 OPIc IH

OPIc 질문에 대한 모범 답변을 살펴본 후, 질문의 핵심 포인트를 파악하여 나만의 OPIc 답변을 만들어보세요.

2 Tell me about a restaurant you ate out at recently. What kind of restaurant was it? 🎧 MP3 14_Q2
What was their menu and what did you eat? Who did you go with? Did you like how the food tasted?

최근에 갔던 음식점에 대해 말해주세요. 어떤 음식점이었나요? 그들의 메뉴는 무엇이었고 무엇을 먹었나요? 누구와 함께 갔었나요? 음식 맛은 어땠나요?

	Structure	Idea
시작 문장	주제 문장 소개	gathering in the downtown, a few weeks ago
본문	최근 음식점에 간 경험 묘사	decent, restaurant, best, in town, food tasted so good, starving, ordered, juicy, tender, had some drinks, ordered beer, it went well with
마무리 문장	나의 답변 마무리	enjoyable dinner

Model Answer 🎧 MP3 14_A2

❶ My friends and I had a gathering in the downtown area ❷ a few weeks ago.
+ My family and I ❸ had dinner near my house last weekend.
+ My co-workers and I had a staff-dinner near my office a few days ago.
We went to a decent Thai restaurant.
They had the best Thai food in town.
+ Italian + Korean + Japanese + Chinese + American + Vietnamese
❹ The food tasted so good because I was starving. The beef I ordered was so juicy and tender.
+ fish + shrimp + crab + lobster + squid + octopus + steak
Plus, we had some drinks while having the meal.
We ordered beer. It went well with the food.
+ red/white wine + soft drinks + cocktails
❺ It was a very enjoyable dinner.

Tips for Better Answer

▶❶ I 외 다른 주어가 쓰일 때에는 언제나 I 가 제일 뒤로 감
my family and I (o)   I and my family (x)
친구들과 사적인 만남을 할 때는 appointment라는 표현을 쓰지 않음
appointment는 특정 서비스를 받기 위해 정확한 시간과 날짜를 정해 서비스 제공자를 만날 때 사용
Ex: hair appointment, doctor's appointment, dentist's appointment
사적인 만남은 meet up, have a gathering, have a get-together를 주로 사용
Ex: I am going to meet up my friends tonight.
오늘 밤에 친구들을 만날 예정이다.
My friends and I are having a get-together this weekend.
친구들과 나는 이번 주 주말에 모임을 가질 것이다.

▶❷ 과거의 경험에 대해 이야기할 때에는 시작 문장에 항상 언제 (when)에 관한 정보 제공하기

▶❸ eat dinner, lunch가 아닌 have dinner, lunch가 더 자연스러운 표현
eat은 특정 음식을 먹을 때 주로 사용
Ex: I want to eat some steak. 나는 스테이크가 먹고 싶어.

▶❹ 음식을 먹은 경험을 이야기하는 다른 주제에서도 유용하게 쓰이는 문장임. 암기 필수!

▶❺ 음식점뿐만 아니라 여행, 휴일에 대해 이야기할 때에도 유용한 마무리 문장
= pleasing
Ex: It was a very pleasing vacation. 매우 기분 좋은 휴가였다.
It was a very enjoyable trip. 매우 재미있었던 여행이었다.

Key Expressions

- **gathering** 모임
- **downtown** 시내
- **co-workers** 직장 동료
- **staff-dinner** 회식
- **decent** 꽤 괜찮은
- **be starving** 매우 배가 고프다
- **juicy** 즙이 많은
- **tender** 부드러운
- **have drinks** 술을 마시다
- **go well with A** A와 잘 어울리다
- **enjoyable** 즐거운

제 친구들과 저는 몇 주 전에 시내에서 모임을 가졌습니다. (+ 지난 주말에 가족과 집 근처에서 저녁을 먹었습니다. + 며칠 전 직장 동료들과 사무실 근처에서 회식을 했습니다.) 우리는 괜찮은 태국 음식점에 갔습니다. 그곳은 동네에서 가장 맛있는 태국 음식을 제공합니다. (+ 이탈리안 + 한국 + 일본 + 중국 + 미국 + 베트남) 배가 고파서 음식이 더 맛있었습니다. 내가 주문한 소고기는 육즙이 많고 부드러웠습니다. (+ 생선 + 새우 + 게 + 랍스터 + 오징어 + 문어 + 스테이크) 우리는 식사와 함께 술을 조금 마셨습니다. 우리는 맥주를 주문했습니다. 음식에 아주 잘 어울렸습니다. (+ 레드/화이트 와인 + 탄산음료 + 칵테일) 매우 즐거운 저녁 식사였습니다.

OPIc 질문에 대한 모범 답변을 살펴본 후, 질문의 핵심 포인트를 파악하여 나만의 OPIc 답변을 만들어보세요.

3 Now, tell me about a restaurant you used to go to as a child. What was it like? What 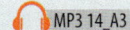 MP3 14_Q3 did you eat? Who did you go with? What do you remember most about that place? Tell me about that restaurant in as much detail as possible.

어렸을 때 갔던 음식점에 대해 말해주세요. 그곳은 어땠나요? 무엇을 먹었나요? 누구와 같이 갔었나요? 그곳에서 가장 기억에 남는 것은 무엇인가요? 그 음식점에 대해 가능한 한 자세히 말해주세요.

Structure		Idea
시작 문장	주제 문장 소개	remember, Burger King, when I was a kid
본문	패스트푸드점에 가서 주문한 음식 묘사	ordered, got a coke, chicken nuggets, side dish, tasted amazing, crispy, crunchy, other side dishes, remember how good
마무리 문장	나의 답변 마무리	looking back, memorable fast-food chains, childhood

Model Answer 🎧 MP3 14_A3

❶ I remember going to Burger King near my house when I was a kid.

+ I ❷ ordered a Whopper combo.

+ I got ❸ a coke for the drink.

+ I got chicken nuggets or tenders as a side dish.

The burger tasted ❹ amazing.

The french fries were so crispy and crunchy.

Other side dishes were very tasty as well.

I can still remember how good the food was.

❺ Looking back, it was one of the most memorable fast-food chains in my childhood.

Tips for Better Answer

▶❶ '테이크아웃 / 배달 음식점에서 최근 음식을 사본 경험'에 대한 답변과 함께 사용할 수 있도록 테이크아웃 가능한 음식점 선택 과거의 기억을 물어보므로 remember, recall 사용하여 말하기
Ex: I recall going to McDonald's when I was young.
어렸을 때 맥도날드에 갔던 기억이 난다.

▶❷ 주문한 음식에 대해 이야기할 때 쓰는 동사
= have, get, buy
Ex: I got some milk shake to go.
나는 밀크쉐이크를 포장 주문했다.

▶❸ 문법 상 coke, coffee, beer와 같은 음료는 불가산 명사이며 세기 위해서는 a can of coke, a cup of coffee, a bottle of beer라고 해야 함
하지만 원어민들이 bottle of / cup of를 제외하고 관사 a만 남겨서 말하는 습관이 있기 때문에 a coke라고 해도 무방

▶❹ 〈'맛있는' 맛을 묘사할 때 사용할 수 있는 형용사〉
super delicious, delish (delicious를 줄인 말),
yummy (비격식), tasty

▶❺ 어렸을 때 간 음식점이라는 것을 강조하기 위해 in my childhood를 마무리 문장에 다시 한번 언급
Ex: So, it was one of the most unforgettable restaurants I visited when I was young.
그래서 이곳이 내가 어렸을 때 방문했던 가장 기억에 남는 음식점 중 하나이다.

Key Expressions

- **order** 주문하다
- **side dish** 반찬, 사이드 메뉴
- **taste A** 맛이 A하다
- **crispy** 바삭바삭한
- **crunchy** 아삭아삭한
- **memorable** 기억에 남는

어렸을 때 집 근처에 있는 버거킹에 갔던 기억이 납니다. (+ 와퍼 콤보를 주문했습니다. + 음료수로는 콜라를 샀습니다. + 사이드로 치킨 너겟과 텐더를 샀습니다.) 버거 맛이 끝내줬습니다. 프렌치 프라이는 정말 바삭바삭하고 아삭아삭했습니다. 다른 사이드도 아주 맛있었습니다. 음식이 얼마나 맛있었는지 아직도 기억할 수 있습니다. 돌이켜보면, 제 어린 시절에 가장 기억에 남는 패스트푸드 체인점들 중 하나였습니다.

 **OPIc 문장 늘리기**

IH 이상 등급을 받기 위해 문장을 늘리는 연습을 해보세요.

Question 1

1. They are everywhere these days.
   → They are everywhere these days <u>since many Koreans go there whenever they have gatherings</u>. (모임이 있을 때마다 많은 한국 사람들이 그곳에 가기 때문에)

2. At these restaurants, there is a barbeque grill on each table.
   → At these restaurants, there is a barbeque grill on each table <u>which is rare to see in other countries</u>. (다른 나라에서는 보기 드문)

Question 2

1. My family and I had dinner near my house last weekend.
   → My family and I had dinner near my house last weekend <u>to celebrate my college graduation</u>. (대학 졸업을 축하하기 위해서)

2. We went to a decent Thai restaurant.
   → We went to a decent Thai restaurant <u>which served various types of authentic Thai food</u>.
   (다양한 종류의 정통 태국 음식을 제공하는)

3. We ordered beer. It went well with the food.
   → We ordered beer <u>that the server recommended</u>. It went well with the food. (직원이 추천한)

Question 3

1. I ordered a Whopper combo.
   → I ordered a Whopper combo <u>which is their signature menu</u>. (그들의 시그니처 메뉴인)

2. I got a coke for the drink.
   → I got a coke for the drink, <u>and I asked for less ice</u>. (그리고 얼음을 조금만 넣어달라고 했다.)

3. The burger tasted amazing.
   → The burger tasted amazing <u>even though it was a pre-made hamburger</u>. (이미 만들어져 있던 햄버거였음에도 불구하고)

OPIc 모범 답변 학습하기

OPIc 질문에 대한 모범 답변을 살펴본 후, 질문의 핵심 포인트를 파악하여 나만의 OPIc 답변을 만들어보세요.

4-1 Many restaurants are changing their menus to suit customers who are more health-conscious. Talk about the changes you notice about restaurants in your country related to this trend.   🎧 MP3 14_Q4-1

건강에 더 신경을 쓰는 손님들에게 맞춰 메뉴를 바꾸는 음식점이 많이 있습니다. 이러한 경향과 관련하여 당신 나라의 음식점들에 대해 알아차린 변화에 대해 이야기해보세요.

4-2 What kinds of changes in restaurants or eating out have you noticed over the last few years? How was eating out different in the past? What has brought about these changes?   🎧 MP3 14_Q4-2

지난 몇 년 동안 음식점이나 외식에 어떤 변화가 있었나요? 과거에 외식하는 것은 어떻게 달랐나요? 무엇이 이러한 변화를 가져왔나요?

4-3 Many fast-food, take-out or delivery restaurants are now offering healthy choices. Why do you think this change has come about in recent years? Was it a result of consumer pressure, market forces or something else?   🎧 MP3 14_Q4-3

많은 패스트푸드, 테이크아웃 또는 배달 음식점들이 현재 건강한 음식 선택을 제공하고 있습니다. 최근 몇 년 동안 이런 변화가 왜 생겼다고 생각하나요? 소비자의 요구, 시장의 힘 또는 다른 무언가 때문인가요?

	Structure	Idea
시작 문장	주제 문장 소개	people have become a lot busier, in the past
본문	사람들이 건강의 중요성을 인식하면서 변화된 음식점에 대해 묘사	do not have time, eat out, order in, more often, meanwhile, have become, health-conscious, think about their health, go out to eat, due to this trend, restaurants, developed, menus, promote, benefits
마무리 문장	나의 답변 마무리	restaurant food, become a lot better

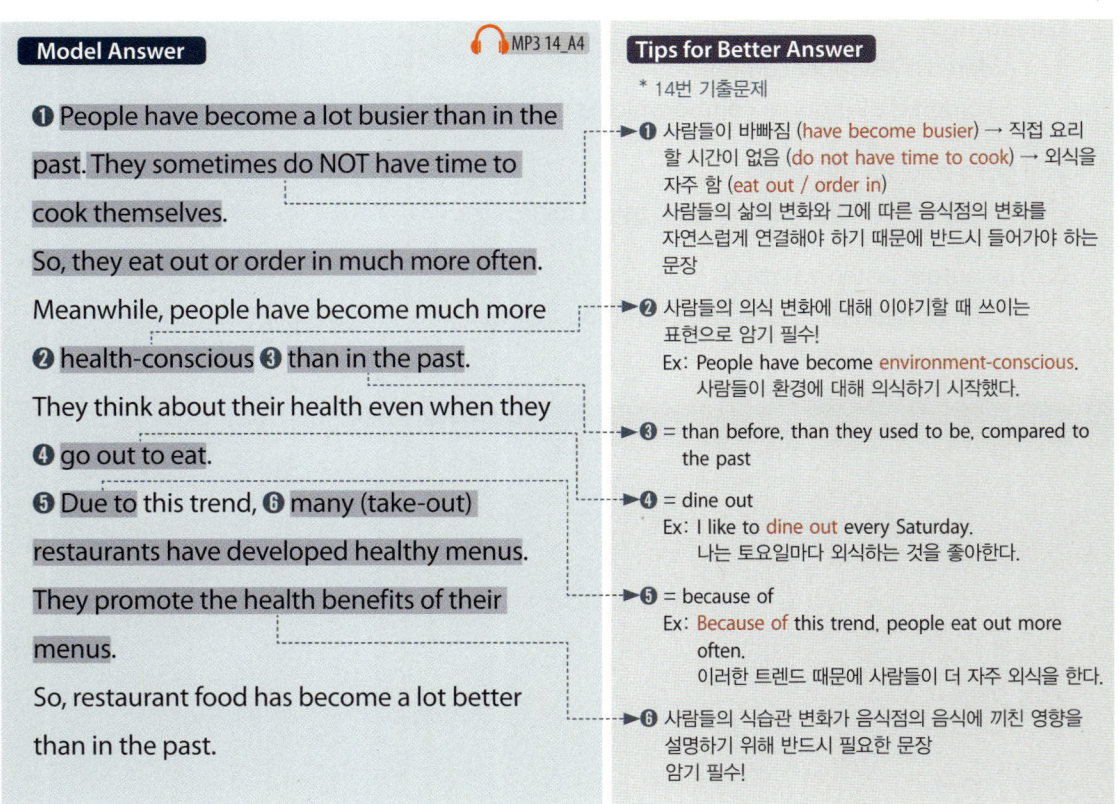

Model Answer   🎧 MP3 14_A4

❶ People have become a lot busier than in the past. They sometimes do NOT have time to cook themselves.
So, they eat out or order in much more often.
Meanwhile, people have become much more ❷ health-conscious ❸ than in the past.
They think about their health even when they ❹ go out to eat.
❺ Due to this trend, ❻ many (take-out) restaurants have developed healthy menus.
They promote the health benefits of their menus.
So, restaurant food has become a lot better than in the past.

Tips for Better Answer

* 14번 기출문제

▶❶ 사람들이 바빠짐 (have become busier) → 직접 요리할 시간이 없음 (do not have time to cook) → 외식을 자주 함 (eat out / order in)
사람들의 삶의 변화와 그에 따른 음식점의 변화를 자연스럽게 연결해야 하기 때문에 반드시 들어가야 하는 문장

▶❷ 사람들의 의식 변화에 대해 이야기할 때 쓰이는 표현으로 암기 필수!
Ex: People have become environment-conscious.
사람들이 환경에 대해 의식하기 시작했다.

▶❸ = than before, than they used to be, compared to the past

▶❹ = dine out
Ex: I like to dine out every Saturday.
나는 토요일마다 외식하는 것을 좋아한다.

▶❺ = because of
Ex: Because of this trend, people eat out more often.
이러한 트렌드 때문에 사람들이 더 자주 외식을 한다.

▶❻ 사람들의 식습관 변화가 음식점의 음식에 끼친 영향을 설명하기 위해 반드시 필요한 문장
암기 필수!

데이터와 트렌드로 쉽게 취득하는 OPIc IH

- **busier** 더 바빠진
- **eat out** 외식하다
- **order in** 배달 주문하다
- **meanwhile** 한편으로
- **health-conscious** 건강을 의식하는

- **healthy food** 건강한 음식
- **develop** 발달하다, 개발하다
- **promote** 장려하다, 홍보하다
- **benefits** 혜택, 이점

사람들은 과거보다 훨씬 더 바빠졌습니다. 직접 요리할 시간이 많이 없습니다. 그래서 외식을 하거나 음식 배달 주문을 훨씬 더 자주 합니다. 한편, 사람들은 과거에 비해 건강을 훨씬 더 의식하게 되었습니다. 외식하러 나갈 때도 자신의 건강에 대해 생각합니다. 이런 추세 때문에 많은 (테이크아웃) 음식점들이 건강한 메뉴를 개발했습니다. 음식점들은 고객들에게 그들의 음식이 지닌 건강상의 이점을 홍보합니다. 그래서 음식점의 음식은 과거보다 훨씬 좋아졌습니다.

OPIc 질문에 대한 모범 답변을 살펴본 후, 질문의 핵심 포인트를 파악하여 나만의 OPIc 답변을 만들어보세요.

5 Chain restaurants such as McDonald's have a set menu you can expect. On the other hand, small local restaurants have their own menus and you may not be able to know what to expect. Talk about your experience of going to a chain restaurant and a local restaurant. What was the biggest difference? 🎧MP3 14_Q5

맥도날드 같은 체인 음식점에는 예상할 수 있는 세트 메뉴가 있습니다. 반면, 작은 동네 음식점들은 그들만의 메뉴가 따로 있어서 무엇을 주문해야 할지 모를 수도 있습니다. 체인 음식점과 동네 음식점에 간 경험에 대해 이야기해보세요. 가장 큰 차이점은 무엇인가요?

Structure		Idea
시작 문장	주제 문장 소개	restaurant chains, what to get in advance, pre-set menu
본문	체인 음식점과 작은 음식점의 차이점 묘사	however, local restaurants, do not know what to get, pre-set menu, carefully
마무리 문장	나의 답변 마무리	differences between restaurant chains and local restaurants

Model Answer 🎧MP3 14_A5

❶ When I go to restaurant chains, I know ❷ what to get in advance. They have a pre-set menu. ❸ However, when I go to local restaurants, I do NOT know what to get. They do NOT have a pre-set menu. I have to ❹ look at the menu carefully to see what to get. ❺ So, these are the differences between restaurant chains and local restaurants.

Tips for Better Answer

* 15번 기출문제

❶ when 대신 복합관계부사 〈whenever+ 주어 + 동사〉로 대체 가능
   Ex: Whenever I go to restaurant chains, I always know what to get.
   나는 체인 음식점에 갈 때마다 무엇을 사야할지 항상 알고 있다.

❷ 〈의문사 what + to 부정사〉를 목적어로 사용
   Ex: I have no idea what to get.
   무엇을 사야 할지 전혀 모르겠다.
   I do not know what to do tomorrow.
   내일 무엇을 해야 할지 모르겠다.

❸ 체인 음식점과 작은 지역 음식점을 비교 하기 위해 문장 시작은 however, on the other hand, moreover, meanwhile 사용 가능
   Ex: On the other hand, I do not know what to get when I go to local restaurants.
   그와 반대로 동네 음식점에 가면 무엇을 주문해야 할지 모르겠다.

❹ look at: ~을 쳐다보다, 보다
   look for: ~을 찾다
   Ex: I am looking at the menu to look for the most popular one.
   나는 가장 인기 있는 것을 찾으려고 메뉴를 쳐다보고 있다.

❺ 〈these are the differences between A and B〉
   두 가지를 비교한 후에 자연스럽게 마무리할 수 있는 문장으로 암기 필수!
   Ex: So, these are the differences between small parks and big parks.
   이것들이 작은 공원과 큰 공원의 차이점이다.

Key Expressions

- **restaurant chains** 체인 음식점
- **in advance** 미리
- **pre-set menu** 미리 설정된 메뉴
- **what to get** 뭘 살지
- **carefully** 조심스럽게
- **local restaurant** 동네 음식점

체인 음식점에 가면 미리 무엇을 주문해야 할지 알고 있습니다. 미리 설정된 메뉴가 있기 때문입니다. 하지만 동네 음식점에 가면 뭘 사야 할지 모르겠습니다. 미리 설정된 메뉴가 없기 때문입니다. 메뉴를 자세히 봐야 뭘 주문할지 알 수 있습니다. 그래서 이것이 체인 음식점과 동네 음식점의 차이점입니다.

OPIc 질문에 대한 모범 답변을 살펴본 후, 질문의 핵심 포인트를 파악하여 나만의 OPIc 답변을 만들어보세요.

6 When your friends or family discuss restaurants they like or dislike, what are some 🎧 MP3 14_Q6
of the characteristics they discuss the most? How do these characteristics affect their dining
experience?

친구나 가족이 그들이 좋아하거나 싫어하는 음식점에 대해 토론할 때, 가장 많이 토론하는 음식점의 특징은 무엇인가요? 이러한 특징이 식사 경험에 어떤 영향을 미치나요?

	Structure	Idea
시작 문장	주제 문장 소개	when it comes to, my friends and I, the taste the most
본문	친구 또는 지인들과 음식점에 대해 이야기할 때 나오는 주제 묘사	dine at, serve tasty food, mood, enjoy the meal, price, great deals, go out to eat
마무리 문장	나의 답변 마무리	talk about the taste, mood, price, restaurants

Model Answer 🎧 MP3 14_A6

❶ When it comes to restaurants, my friends and
I talk about the taste the most.
We like to dine at restaurants that serve ❷ tasty
food.
Plus, ❸ we talk about the mood.
The mood helps us enjoy the meal.
Next, we talk about the price.
We like to ❹ get great deals when we go out to
eat.
So, ❺ we talk about the taste, mood, and price
when it comes to restaurants.

Tips for Better Answer

❶ 〈when it comes to + 명사 / 동명사〉
주제를 소개할 때 유용한 표현
= in terms of, regarding, in the case of, as for
Ex: In terms of recycling, people do it because it
is mandatory.
재활용에 대해 말하자면, 의무이기 때문에
사람들이 한다.

❷ taste: 맛 (명사) / 맛보다 (동사)
tasty: 맛있는 (형용사)
Ex: I tasted her food and the taste was strange. It
was not tasty.
그녀의 음식을 맛봤는데 맛이 이상했다. 맛있지
않았다.

❸ 시작 문장에 이미 언급된 음식점들의 taste, mood,
price에 이야기하기 때문에 관사 the 붙여서 말하기

❹ 큰 할인을 받다, 저렴한 가격에 사다
Ex: I got good deals because I am a regular
there.
내가 거기 단골이기 때문에 할인을 많이 받았다.

❺ 답변을 자연스럽게 마무리하기 위해 친구들과
토론하는 음식점의 특징인 taste, mood, price를
다시 한번 언급하기

Key Expressions

- **when it comes to** ~에 관한 한
- **talk about** ~에 대해 이야기하다
- **taste** 맛
- **dine** 식사하다
- **serve** 제공하다
- **tasty** 맛있는
- **mood** 분위기
- **meal** 식사
- **get great deals** 할인 받다
- **go out to eat** 외식하다

음식점에 관한 한 친구들과 저는 맛에 대해 가장 많이 이야기합니다. 우리는 맛있는 음식을 제공하는 음식점에서 식사하는 것을
좋아합니다. 또한 분위기 얘기도 합니다. 분위기는 우리가 식사를 즐길 수 있도록 도와줍니다. 가격에 대해서도 이야기합니다. 우리는
외식하러 나갈 때 할인 받는 것을 좋아합니다. 그래서 음식점에 관한 한 우리는 맛, 분위기, 가격에 대해서 이야기를 합니다.

IH 이상 등급을 받기 위해 문장을 늘리는 연습을 해보세요.

Question 4

1. People have become a lot busier than in the past.
   → People have become a lot busier than in the past <u>because everyone has a lot on their plate</u>.
   (각자 해야 할 일이 많기 때문에)

2. So, they eat out or order in much more often.
   → So, they eat out <u>at restaurants in their neighborhood</u> or order in <u>using delivery apps</u> much more often. (동네 식당에서 / 배달 앱을 사용해서)

3. Due to this trend, many (take-out) restaurants have developed healthy menus.
   → Due to this trend, many (take-out) restaurants have developed healthy menus <u>like low-calorie meals served with roast meat, whole grains and vegetables</u>. (구운 고기와 정제되지 않은 곡물과 야채로 만들어진 열량이 낮은 음식들과 같은)

Question 5

1. When I go to restaurant chains, I know what to get in advance.
   → When I go to restaurant chains <u>such as Burger King, McDonalds or Pizza Hut</u>, I know what to get in advance. (버거킹, 맥도날드, 피자헛과 같은)

2. They have a pre-set menu.
   → They have a pre-set menu <u>which usually includes one main dish, one drink and one side dish</u>. (일반적으로 메인 음식 하나, 음료 한잔, 사이드 하나를 포함한)

3. I have to look at the menu carefully to see what to get.
   → I have to look at the menu carefully to see what to get <u>because there are so many options to choose from</u>. (골라야 하는 선택지가 너무 많기 때문에)

Question 6

1. We like to dine at restaurants that serve tasty food.
   → We like to dine at restaurants that serve tasty food <u>because my friends and I are foodies</u>.
   (내 친구들과 나는 미식가이기 때문에)

2. Plus, we talk about the mood.
   → Plus, we talk about the mood <u>since we cannot stand eating at noisy places</u>. (시끄러운 장소에서 먹는 것을 참을 수 없어서)

3. Next, we talk about the price.
   → Next, we talk about the price <u>because we cannot afford to eat at high-end restaurants every time we meet</u>. (우리가 만날 때마다 고급 식당에 가는 것은 감당이 되지 않기 때문에)

OPIc 질문에 대한 모범 답변을 살펴본 후, 질문의 핵심 포인트를 파악하여 나만의 OPIc 답변을 만들어보세요.

7 Talk about your favorite take-out or delivery food restaurant. What is the place like? What kinds of food do they commonly offer?

가장 좋아하는 테이크아웃 음식점이나 배달 음식점에 대해 이야기해보세요. 그곳은 어떤 곳인가요? 보통 어떤 종류의 음식을 제공하나요?

Structure		Idea
시작 문장	주제 문장 소개	tons of take-out restaurants in Korea
본문	한국에 있는 테이크아웃 / 배달 음식점의 특징 묘사	everywhere, take-out places, busy streets, foot traffic, what to get, pre-set menu, for instance, always order, get the food to go, on the spot
마무리 문장	나의 답변 마무리	take-out places in Korea look like

Model Answer 🎧 MP3 14_A7

❶ There are tons of take-out restaurants in Korea.

❷ They are everywhere these days.

Many take-out places are on busy streets with a lot of foot traffic.

When I go to ❸ these places, I know ❹ what to get in advance.

They have a pre-set menu.

For instance, when I go to Burger King, I always order the Whopper combo.

I sometimes ❺ get the food to go or eat it on the spot.

So, this is what take-out places in Korea look like.

Tips for Better Answer

▶ ❶ 좋아하는 테이크아웃 음식점에 대해 물었기 때문에 핵심 표현 take-out을 시작 문장에 언급하기
평상시 자주 가는 음식점이기 때문에 현재형 시제 사용

▶ ❷ 술집, 카페 등 다른 영업점 묘사에서 반복되어 쓰이기 때문에 암기 필수

▶ ❸ 여러 음식점들의 공통적인 특징을 이야기하기 때문에 this가 아닌 these 복수형 사용

▶ ❹ 명사 역할을 하며 목적어로 쓰인 〈what + to 부정사〉 what 외에 다른 의문사도 사용 가능
how to 부정사: 어떻게 ~할지
where to 부정사: 어디서 (어디로) ~할지
who (whom) to 부정사: 누가 (누구를) ~할지
Ex: I asked a stranger how to get to the nearest subway station.
나는 모르는 사람에게 가장 가까운 지하철역으로 어떻게 가야 하는지 물었다.

Now I don't know whom to trust. 이제 나는 누구를 믿어야 할지 모르겠다.

▶ ❺ take out은 원어민이 사용하지 않는 표현이기 때문에 to go 사용하기
Ex: I got the burger to go. 햄버거를 포장했다.

Key Expressions

- **tons of** 수많은
- **on busy streets** 번화가에
- **foot traffic** 유동인구
- **in advance** 미리
- **pre-set menu** 미리 설정된 메뉴
- **to go** 포장하다
- **on the spot** 그 자리에서

한국에는 수많은 테이크아웃 음식점이 있습니다. 요즘은 어디에나 있습니다. 많은 테이크아웃 장소들이 유동인구가 많은 번화가에 있습니다. 그곳에 가면 미리 무엇을 주문해야 할지 알고 있습니다. 미리 설정된 메뉴가 있기 때문입니다. 예를 들어, 버거킹에 갈 때, 저는 항상 와퍼 콤보를 주문합니다. 저는 가끔 음식을 포장해 가거나 즉석에서 먹습니다. 즉 한국의 테이크아웃 음식점은 이렇습니다.

OPlc 질문에 대한 모범 답변을 살펴본 후, 질문의 핵심 포인트를 파악하여 나만의 OPlc 답변을 만들어보세요.

8 **Talk about the last time you used a take-out or a delivery food service. What did you get and where was it? What do you remember about that experience?** 🎧 MP3 14_Q8

최근에 테이크아웃 음식이나 배달 음식 서비스를 이용했던 경험에 대해 말해주세요. 무엇을 주문했고 어디에 있었나요? 그 경험에 대해 무엇을 기억하나요?

Structure		Idea
시작 문장	주제 문장 소개	remember, Burger King near
본문	패스트푸드점에 가서 주문한 음식 묘사	ordered, got a coke, chicken nuggets, side dish, tasted amazing, crispy, crunchy, other side dishes, remember how good
마무리 문장	나의 답변 마무리	enjoyable meal

Model Answer 🎧 MP3 14_A8

I remember going to Burger King near my house **❶** recently.

❷ + I ordered a Whopper combo.

+ I got a coke for the drink.

+ I got chicken nuggets as a side dish.

I got the food **❸** to go and

❹ left the restaurant.

The burger **❺** tasted amazing.

The french fries were so crispy and crunchy.

Other side dishes were very tasty as well.

I can still remember how good the food was.

It was a very enjoyable meal.

Tips for Better Answer

* '음식점' 주제의 '어렸을 때 갔던 음식점 묘사' 답변 그대로 활용

▶**❶** 최근의 경험에 대해 이야기하기 위해 부사 recently를 시작 문장에 언급
문장의 제일 앞으로 위치 변경 가능
Recently, I went to Burger King near my house.

▶**❷** 답변 양 확보를 위해 음식점에서 주문한 음식의 종류 나열하기
chicken nuggets의 경우 a side dish지만 하나를 시키면 여러 개가 나오기 때문에 복수 명사 사용

▶**❸** to go: 미국 영어 vs. takeaway: 영국 영어
Ex: I am going to get the Whopper combo to go.
나는 와퍼세트를 포장할 것이다.
You can buy takeaway food or eat at the table.
포장 음식을 사가거나 테이블에서 먹을 수 있다.

▶**❹** 특정한 장소를 떠날 때 쓰는 동사
Ex: I left the bank in a hurry.
나는 서둘러 은행을 떠났다.

▶**❺** 맛을 표현할 때에는 동사 taste 또는 be동사 사용
〈맛을 묘사할 때 사용할 수 있는 형용사〉
bland: 싱거운
refreshing: 상쾌한
Ex: The tea is very refreshing.
이 차는 매우 상쾌하다.

Key Expressions

- **order** 주문하다
- **side dish** 반찬, 사이드 메뉴
- **taste A** 맛이 A하다
- **crispy** 바삭바삭한
- **crunchy** 아삭아삭한

최근 집 근처에 있는 버거킹에 갔던 기억이 납니다. (+ 와퍼 콤보를 주문했습니다. + 음료수로는 콜라를 샀습니다. + 사이드로 치킨 너겟을 샀습니다.) 음식을 포장한 후 식당을 나왔습니다. 버거 맛이 끝내줬습니다. 프렌치 프라이가 너무 바삭바삭하고 아삭아삭했습니다. 다른 사이드도 아주 맛있었습니다. 음식이 얼마나 맛있었는지 아직도 기억납니다. 아주 즐거운 식사였습니다.

OPIc 질문에 대한 모범 답변을 살펴본 후, 질문의 핵심 포인트를 파악하여 나만의 OPIc 답변을 만들어보세요.

9 **Talk about a time when you prepared for a special occasion using a take-out or a delivery service. What kinds of food did you get from the restaurant? Tell me about that experience with lots of details.** 🎧 MP3 14_Q9

테이크아웃이나 배달 서비스를 이용해 특별한 행사를 준비했던 경험에 대해 이야기해보세요. 음식점에서 어떤 종류의 음식을 주문했나요? 그 경험을 자세히 말해주세요.

	Structure	Idea
시작 문장	주제 문장 소개	remember having, birthday party at home
본문	음식을 주문해서 집에서 가족들과 파티한 이야기	68th birthday, cooked some food, ordered in some, tasted so good, starving, after the party, leftovers, clean up
마무리 문장	나의 답변 마무리	enjoyable party

Model Answer 🎧 MP3 14_A9

I remember having my mom's birthday party ❶ at home.

+ dad's + son's + daughter's + sister's + brother's

+ wife's + husband's + father-in-law's

+ mother-in-law's

It was her 68th birthday.

We cooked some food for the party.

Plus, we ❷ ordered in some fried chicken.

❸ + some pizza + some Chinese food

+ some raw fish

The food tasted so good because I was starving.

After the party, there were ❹ a lot of leftovers.

I helped clean up after the party.

It was a very enjoyable party.

Tips for Better Answer

* '집' 주제의 '집에서 가족들과 있었던 추억 묘사' 답변 그대로 활용

▶❶ home 앞에는 전치사 to나 소유격 대명사 my가 쓰이지 않음
I go to home. (x) I go my home. (x)
I go home. (o) I go to my house. (o)

▶❷ order: 주문하다
order in: (전화로) 음식을 배달시키다
Ex: I ordered in some pizza. 피자를 배달 주문했다.
I ordered pizza over the phone.
I ordered pizza by the phone.
전화로 피자를 주문했다.

▶❸ 답변 양 확보를 위해 주문한 음식 종류 나열
Ex: We ordered in some Italian pizza and tomato pasta.
우리는 이탈리안 피자와 토마토 파스타를 배달 주문했다.

▶❹ 남은 음식을 의미하는 leftovers는 보통 복수형으로 사용

Key Expressions

- **birthday party** 생일파티
- **order in** 배달 주문하다
- **starving** 배가 고픈
- **leftovers** 남은 음식
- **clean up** 치우다
- **enjoyable** 재미있는, 즐거운

집에서 어머니의 생일 파티를 했던 기억이 납니다. (+ 아빠의 + 아들의 + 딸의 + 누나의 + 형의 + 아내의 + 남편의 + 장인어른 / 시아버지의 / 장모님 / 시어머니의) 그녀의 68번째 생일이었습니다. 우리는 파티를 위해 음식을 요리했습니다. 게다가, 우리는 후라이드 치킨을 주문했습니다. (+ 피자 + 중국 음식 + 회) 배가 고파서 음식이 더 맛있었습니다. 파티가 끝나고 음식이 많이 남았습니다. 저는 파티가 끝난 후 청소를 도왔습니다. 아주 즐거운 파티였습니다.

IH 이상 등급을 받기 위해 문장을 늘리는 연습을 해보세요.

Question 7

1. There are tons of take out restaurants in Korea.
   → There are tons of take out restaurants in Korea, like Korean, Mexican, Chinese, fast-food chains, you name it. (한식, 멕시코 음식, 중국 음식, 패스트푸드 체인 등 뭐든지 다 있다.)

2. I sometimes get the food to go or eat it on the spot.
   → I sometimes get the food to go or eat it on the spot when I have time to eat there. (거기서 먹을 시간이 있으면)

Question 8

1. I got chicken nuggets as a side dish.
   → I got chicken nuggets as a side dish since I had some money left. (돈이 조금 남아서)

2. I got the food to go and left the restaurant.
   → I got the food to go because I did not have enough time to eat there, and left the restaurant. (그곳에서 식사할 시간이 충분히 없었기 때문에)

3. I can still remember how good the food was.
   → I can still remember how good the food was, and I am thinking of having it soon again. (그리고 조만간 또 그것을 먹을 생각이다.)

Question 9

1. We cooked some food for the party.
   → We cooked some food for the party although we were not that good at cooking. (우리가 비록 요리를 그리 잘하지는 않았지만)

2. Plus, we ordered in some fried chicken.
   → Plus, we ordered in some fried chicken and the delivery took only about 30 minutes. (그리고 배달은 30분 정도만 걸렸다.)

OPlc 질문에 대한 모범 답변을 살펴본 후, 질문의 핵심 포인트를 파악하여 나만의 OPlc 답변을 만들어보세요.

10 **What are the latest trends people are talking about related to take-out or delivery** 🎧 MP3 14_Q10
food options? Perhaps it has to do with ordering online or an app. Or, it has to do with new
kinds of offerings. Discuss the changes that you have observed recently regarding take-out
and delivery food options.

테이크아웃이나 배달 음식과 관련되어 사람들이 이야기하고 있는 최신 트렌드는 무엇인가요? 아마도 온라인이나 앱으로 주문하는 것과
관련이 있을 것입니다. 또는, 새로운 종류의 메뉴와 관련이 있을 수도 있습니다. 최근에 테이크아웃과 배달 옵션에 관련하여 알게 된
변화에 대해 이야기해주세요.

Structure		Idea
시작 문장	주제 문장 소개	tons of delivery restaurants
본문	사람들이 사용하는 배달 음식 애플리케이션에 관해 설명	everywhere, delivery places, busy streets, foot traffic, meanwhile, use, food delivery apps, tons of menus, options, less time and energy
마무리 문장	나의 답변 마무리	ordering in, become a lot easier, the past

Model Answer 🎧 MP3 14_A10

There are tons of ❶ delivery restaurants in

Korea.

❷ They are everywhere these days.

Many delivery places are on busy streets with

a lot of foot traffic.

Meanwhile, people use ❸ various types of

food delivery apps to order in these days.

There are tons of menus on these apps.

There are a lot of options to choose from.

❹ It takes much less time and energy.

❺ So, ordering in has become a lot easier than

in the past.

Tips for Better Answer

▶❶ 한국의 배달 음식에 대해 이야기하기 때문에 핵심 단어인 delivery restaurant, Korea를 시작 문장에 언급

▶❷ 영업점 묘사에 쓰인 표현 및 문장 그대로 활용 일반적인 영업점 묘사이므로 현재형 시제 유지

▶❸ food delivery apps를 꾸밀 수 있는 표현
tons of: 매우 많은
useful: 유용한
high-tech: 최첨단의
Ex: There are so many high-tech food delivery apps. It takes only 10 seconds to order in. 최첨단의 음식 배달앱이 많다. 배달 주문하는 데 10초면 된다.

▶❹ time, energy를 대체할 수 있는 명사로 effort 사용
Ex: It takes less effort. 노력이 덜 든다.

▶❺ 배달 음식의 과거와 현재 비교를 묻는 질문이기 때문에 마무리 문장에 핵심 표현인 ordering in (또는 delivery food)과 has become (또는 has changed) 넣기

Key Expressions

- **tons of** 수많은
- **on busy streets** 번화가에
- **foot traffic** 유동인구
- **food delivery app** 음식 배달 앱
- **order in** 포장 주문하다
- **option** 선택권

한국에는 배달 음식점이 수없이 많습니다. 요즘 어디에나 있습니다. 많은 배달 음식점들은 유동인구가 많은 번화가에 있습니다.
한편, 요즘은 사람들이 다양한 종류의 음식 배달 앱을 이용해 주문하기도 합니다. 이런 앱에는 메뉴가 수없이 많습니다. 선택할
수 있는 옵션이 많이 있습니다. 시간과 힘이 훨씬 덜 듭니다. 그래서 배달 주문은 과거보다 훨씬 쉬워졌습니다.

OPIc 질문에 대한 모범 답변을 살펴본 후, 질문의 핵심 포인트를 파악하여 나만의 OPIc 답변을 만들어보세요.

11 How do busy working people usually get their meals on weekdays? Do they order 🎧 MP3 14_Q11 food or go to restaurants? What do they usually do?

바쁜 사람들은 보통 평일에 어떻게 식사를 하나요? 음식을 주문하나요, 아니면 음식점에 가요? 보통 무엇을 하나요?

Structure		Idea
시작 문장	주제 문장 소개	people have become a lot busier, in the past
본문	사람들이 건강의 중요성을 인식하면서 변화된 음식점에 대해 묘사	do not have time, eat out, order in, more often, meanwhile, have become much health-conscious, think about their health, go out to eat, due to this trend, restaurants, developed, menus, promote, benefits
마무리 문장	나의 답변 마무리	people, eat out or order in, quite often

Model Answer 🎧 MP3 14_A11

❶ People have become a lot busier than in the past.
They sometimes do NOT have time to cook themselves.
So, they ❷ eat out or order in much more often.
❸ Meanwhile, people have become much more health-conscious than in the past.
They think about their health even when they go out to eat.
Due to this trend, many restaurants have ❹ developed healthy menus.
They promote the health benefits of their menus.
❺ So, busy working people eat out or order in on weekdays quite often.

Tips for Better Answer

* '음식점' 주제의 '음식점들의 건강식 메뉴로의 변화 추세 설명'의 답변 활용

▶❶ 바쁜 사람들의 습관에 대해 묻기 때문에 주어 people과 핵심 표현 busy 사용
바쁜 것을 강조하기 위해 busier 앞에 a lot 추가
= much
Ex: People have become much busier than in the past.
사람들이 과거보다 훨씬 더 바빠졌다.

▶❷ dine out: (일반적으로 괜찮은) 음식점에서 식사를 하다
eat out: (패스트푸드점과 같은 장소를 포함한) 음식점에서 밥을 먹다
Ex: People like to dine out on special occasions.
사람들은 특별한 날 외식하는 것을 좋아한다.

▶❸ 사람들의 인식 변화에 대해 이야기할 때 쓰이는 문장
Ex: The way people think of their health has changed because they have become health-conscious.
사람들이 건강을 의식하기 때문에 건강에 대해 생각하는 방식이 바뀌었다.

▶❹ = create, make, come up with
Ex: Many restaurants have created menus for vegans.
많은 음식점이 채식주의자를 위한 메뉴를 만들었다.

▶❺ 바쁜 사람들이 어떻게 평일에 식사를 하는지 물었기 때문에 마지막에 그에 대한 답변을 하며 마무리

Key Expressions

- **busier** 더 바쁜
- **eat out** 외식하다
- **order in** 배달 주문하다
- **meanwhile** 한편으로
- **health-conscious** 건강을 의식하는
- **healthy food** 건강한 음식
- **develop** 발달하다, 개발하다
- **promote** 장려하다, 홍보하다
- **benefits** 혜택, 이점

사람들은 과거보다 훨씬 더 바빠졌습니다. 직접 요리할 시간이 많이 없습니다. 그래서 외식을 하거나 음식 배달 주문을 자주 합니다. 한편, 사람들은 과거에 비해 건강을 훨씬 더 의식하게 되었습니다. 외식하러 나갈 때도 자신의 건강에 대해 생각합니다. 이런 추세 때문에 많은 음식점들이 건강한 메뉴를 개발했습니다. 음식점들은 고객들에게 그들의 음식이 지닌 건강상의 이점을 홍보합니다. 그래서 바쁜 직장인들은 꽤 자주 평일에 외식하거나 음식을 시켜먹습니다.

OPIc 질문에 대한 모범 답변을 살펴본 후, 질문의 핵심 포인트를 파악하여 나만의 OPIc 답변을 만들어보세요.

12 **What do you usually do for dinner during the week? Do you order food or go out to eat? Do you cook your own meals? Does someone else cook for you? Do you eat alone or eat with other people?** 🎧 MP3 14_Q12

주로 주중에 저녁으로 무엇을 하나요? 음식을 주문하나요, 아니면 외식하러 나가나요? 스스로 요리를 하나요? 누군가 요리를 해주나요? 혼자 먹나요, 아니면 다른 사람들과 먹나요?

Structure		Idea
시작 문장	주제 문장 소개	think, fifty fifty, depends on the situation
본문	평상시에 본인이 식사하는 방법 묘사	sometimes eat out, order in, cook, busy schedule, grab a bite, on the other hand, have some time, cook, not a great cook, basic things
마무리 문장	나의 답변 마무리	what I do for dinner during the week

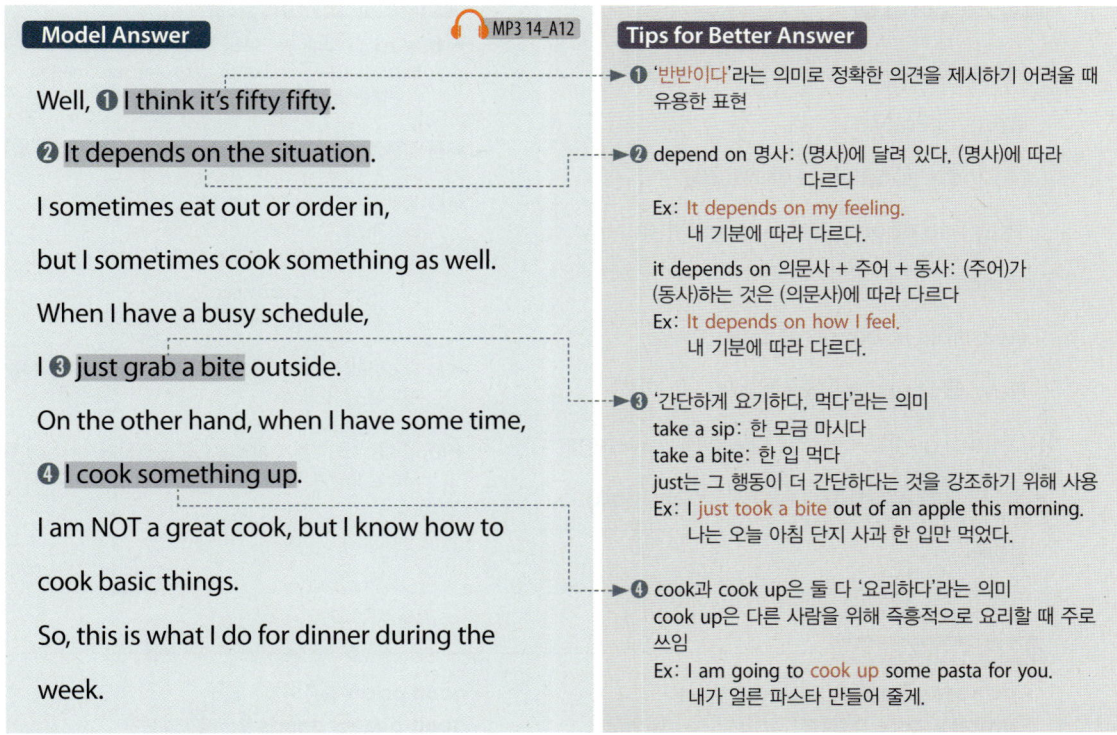

Model Answer 🎧 MP3 14_A12

Well, ❶ I think it's fifty fifty.

❷ It depends on the situation.

I sometimes eat out or order in,

but I sometimes cook something as well.

When I have a busy schedule,

I ❸ just grab a bite outside.

On the other hand, when I have some time,

❹ I cook something up.

I am NOT a great cook, but I know how to

cook basic things.

So, this is what I do for dinner during the

week.

Tips for Better Answer

▶ ❶ '반반이다'라는 의미로 정확한 의견을 제시하기 어려울 때 유용한 표현

▶ ❷ depend on 명사: (명사)에 달려 있다. (명사)에 따라 다르다
Ex: It depends on my feeling.
내 기분에 따라 다르다.

it depends on 의문사 + 주어 + 동사: (주어)가 (동사)하는 것은 (의문사)에 따라 다르다
Ex: It depends on how I feel.
내 기분에 따라 다르다.

▶ ❸ '간단하게 요기하다, 먹다'라는 의미
take a sip: 한 모금 마시다
take a bite: 한 입 먹다
just는 그 행동이 더 간단하다는 것을 강조하기 위해 사용
Ex: I just took a bite out of an apple this morning.
나는 오늘 아침 단지 사과 한 입만 먹었다.

▶ ❹ cook과 cook up은 둘 다 '요리하다'라는 의미
cook up은 다른 사람을 위해 즉흥적으로 요리할 때 주로 쓰임
Ex: I am going to cook up some pasta for you.
내가 얼른 파스타 만들어 줄게.

Key Expressions

- **fifty fifty** 반반
- **depend on** ~에 달려있다
- **eat out** 외식하다
- **order in** 배달 주문하다

- **busy schedule** 바쁜 스케줄
- **grab a bite** 간단하게 먹다
- **cook** 요리하다, 요리사
- **basic things** 기본적인 것들

음, 반반인 거 같습니다. 그건 상황에 따라 다릅니다. 가끔 외식을 하거나 주문하기도 하지만, 가끔 음식을 요리하기도 합니다. 바쁜 스케줄이 있을 때는 밖에서 간단히 먹습니다. 반면에, 시간이 날 때, 저는 무언가를 요리합니다. 저는 요리를 잘 하지는 않지만 기본적인 요리법은 알고 있습니다. 즉 이것이 제가 주중에 저녁식사를 위해 하는 일입니다.

OPIc 질문에 대한 모범 답변을 살펴본 후, 질문의 핵심 포인트를 파악하여 나만의 OPIc 답변을 만들어보세요.

13 Tell me about how you found out about a special food or grocery store. Maybe a 🎧 MP3 14_Q13
new specialty store opened in your community or a new farmer's market opened and you
wanted to check that place out. How did you find out about this new food or grocery store?

어떻게 특별한 식료품점에 대해 알게 되었는지 말해주세요. 아마도 지역에 새로운 전문 가게가 열렸거나 새로운 농산물 직판장이 열려서 그곳에 가보고 싶어했을 수도 있습니다. 이 새로운 식료품점에 대해 어떻게 알게 되었나요?

Structure		Idea
시작 문장	주제 문장 소개	search online, grocery store recently
본문	새로 알게 된 식료품점에 대해 설명	good place nearby, good prices, good-quality goods, get great deals, a regular, go there, on average
마무리 문장	나의 답변 마무리	how I found a new food store

Model Answer
🎧 MP3 14_A13

I ❶ did a search online for a ❷ grocery store recently.

I found a good place ❸ nearby.

They had good prices and good-quality goods.

I was able to get great deals there.

Now, ❹ I am a regular there.

I think I go there once a week on average.

So, ❺ this was how I found a new food store.

Tips for Better Answer

▶ ❶ = search, look up, seek, track down, explore
Ex: I searched online to get some information.
나는 정보를 찾기 위해 온라인 검색을 했다.

▶ ❷ 질문의 핵심 표현인 grocery store을 시작 문장에 넣기

▶ ❸ 정확히 어디 근처인지 언급하고 싶지 않을 때 유용
Ex: There is a store near my house.
우리 집 근처에 가게가 있다.

There is a store nearby.
근처에 가게가 있다. (어디 근처인지는 모름)

▶ ❹ 단골이라는 의미로 술집, 카페 주제에서 반복 활용되기 때문에 암기 필수!

▶ ❺ 식료품점을 어떻게 찾았는지 묻는 질문이기 때문에 핵심 표현인 found, food store을 마무리 문장에 넣기

Key Expressions

- **do a search online** 인터넷으로 검색하다
- **grocery store** 식료품점
- **recently** 최근에
- **nearby** 근처에
- **good prices** 좋은 가격
- **good-quality goods** 좋은 품질의 물건
- **regular** 단골
- **on average** 평균적으로

최근에 인터넷으로 식료품점을 검색했습니다. 근처에서 좋은 곳을 찾았습니다. 좋은 가격과 좋은 품질의 상품을 가지고 있었습니다. 거기서 많은 할인을 받을 수 있었습니다. 이제, 저는 그곳의 단골입니다. 평균적으로 일주일에 한 번은 가는 것 같습니다. 이렇게 해서 새로운 식료품점을 찾았습니다.

IH 이상 등급을 받기 위해 문장을 늘리는 연습을 해보세요.

Question 10

1. There are tons of menus on these apps.
   → There are tons of menus on these apps, <u>so I can taste various kinds of food.</u> (그래서 다양한 음식을 맛볼 수 있다.)

2. So, ordering in has become a lot easier than in the past.
   → So, ordering in has become a lot easier than in the past <u>thanks to the food delivery apps.</u> (음식 배달 앱 덕분에)

Question 11

1. They sometimes do NOT have time to cook themselves.
   → They sometimes do NOT have time to cook themselves <u>or to do grocery shopping.</u> (또는 장을 볼)

2. They think about their health even when they go out to eat.
   → They think about their health even when they go out to eat, <u>so they try to avoid eating at fast-food restaurants.</u> (그래서 그들은 패스트푸드 음식점에서 먹는 것을 피하려고 한다.)

3. They promote the health benefits of their menus.
   → They promote the health benefits of their menus <u>to get customers' attention.</u> (고객들의 관심을 끌기 위해)

Question 12

1. It depends on the situation.
   → It depends on the situation <u>since I sometimes have to work long hours.</u> (가끔 장시간 일을 해야 하기 때문에)

2. When I have a busy schedule, I just grab a bite outside.
   → When I have a busy schedule, I just grab a bite outside <u>because it is time-saving.</u> (시간을 절약할 수 있기 때문에)

3. I am NOT a great cook, but I know how to cook basic things.
   → I am NOT a great cook, but I know how to cook basic things <u>like some kinds of pasta and fried rice.</u> (파스타 몇 종류와 볶음밥 같은)

Question 13

1. I did a search online for a grocery store recently.
   → I did a search online for a grocery store recently <u>because I was not familiar with this neighborhood.</u> (이 동네에 익숙하지 않아서)

2. I found a good place nearby.
   → I found a good place nearby, <u>and it took only 5 minutes to get there on foot.</u> (그리고 그곳에 가는 데 도보로 5분 밖에 걸리지 않았다.)

Chapter 15

Coffee Shops

빈출 주제 파악하기

질문을 제대로 파악하는 것만으로도 성공적으로 시험을 치를 수 있습니다. OPIc에서 자주 출제되는 질문들을 알아보세요.

1 You indicated in the survey that you go to coffee shops. Tell me about the cafes or coffee houses in your community.

당신은 설문조사에서 커피숍에 간다고 했습니다. 당신의 동네에 있는 카페나 커피숍에 대해 말해주세요.

문항 유형	본인 동네 커피숍들 묘사
문항 수준	Intermediate
핵심 포인트	• 동네에 있는 커피 전문점을 현재형으로 묘사 • 커피숍에 관한 내용이기 때문에 주어는 they, coffee places 등 상황에 맞게 사용
중요도	★

데이터와 트렌드로 설계 취득하는 OPIc IH

2 **What do you normally do when you go to coffee shops? Do you have meetings or gatherings there? Tell me what you like to do.**

커피숍에 갈 때 보통 무엇을 하나요? 그곳에서 회의나 모임을 하나요? 커피숍에서 무엇을 하는 것을 좋아하는지 말해주세요.

문항 유형	커피숍에서 본인이 주로 하는 일 묘사
문항 수준	Intermediate
핵심 포인트	• 커피숍에서 하는 일 현재형으로 나열
	• 본인이 하는 일이기 때문에 주어 I 사용
중요도	★

3 **Tell me about a memorable incident that happened at a coffee shop. What happened? Who was involved? Tell me everything about what happened from beginning to end.**

커피숍에서 있었던 기억에 남는 사건에 대해 말해주세요. 무슨 일이 있었나요? 누가 관여되었나요? 무슨 일이 있었는지 처음부터 끝까지 이야기해주세요.

문항 유형	커피숍에서 있었던 기억에 남는 에피소드 묘사
문항 수준	Advanced
핵심 포인트	• 친구와 우연히 만난 경험을 과거형 시제로 묘사
	• 본인의 경험이기 때문에 주어 I 사용
중요도	★★★

4 **Talk about the first coffee shop you went to. What was special about that place? What do you remember most?**

처음 간 커피숍에 대해 이야기해보세요. 그곳의 어떤 점이 특별했나요? 무엇이 가장 기억에 남나요?

문항 유형	처음으로 가본 커피숍 묘사
문항 수준	Advanced
핵심 포인트	• 대학생 때 가본 커피숍의 특징 및 가서 한 일 묘사
	• 과거의 본인 경험이기 때문에 과거형 시제와 주어 I 사용
중요도	★

5 **How were cafes and coffee houses like in your childhood? Were they really popular? Describe what you remember in detail.**

어렸을 때 카페와 커피숍은 어땠나요? 인기가 많았나요? 기억나는 것을 자세히 묘사하세요.

문항 유형	어렸을 때 커피숍 묘사
문항 수준	Advanced
핵심 포인트	• 14번 기출문제
	• 과거의 작은 커피숍과 현재의 큰 커피숍 비교
	• 과거의 커피숍에 대한 내용이기 때문에 과거형 시제로 묘사하며 주어는 coffee shops, I 사용
중요도	★

6 Cafes and coffee houses today are often more than just places that serve coffee. They serve as mobile offices or meeting places. How has the role of cafes changed over the years?

오늘날 카페와 커피숍은 단순히 커피를 제공하는 장소 이상일 때가 많습니다. 이동 사무실이나 회의 장소 역할을 합니다. 카페의 역할은 몇 년 동안 어떻게 바뀌었나요?

문항 유형	커피숍의 과거와 현재 역할 변화
문항 수준	Advanced
핵심 포인트	• 15번 기출문제
	• '커피숍에서 본인이 주로 하는 일 묘사'의 표현 최대한 활용
	• 과거와 현재 커피숍의 차이를 과거형, 현재형, 현재완료형을 사용하여 묘사
	• 사람들이 가는 커피숍에 관한 이야기이기 때문에 주어는 people, coffee places, you 등 상황에 맞게 사용
중요도	★

7 Cafes and coffee houses have become popular all over the world. What has caused such an interest in cafes and coffee houses in your country? What is special about them?

카페와 커피숍이 전 세계적으로 인기를 끌고 있습니다. 당신 나라의 카페와 커피숍이 왜 그렇게 관심을 받게 되었나요? 특별한 점은 무엇인가요?

문항 유형	우리나라 커피숍들이 특별히 인기 있는 이유 설명
문항 수준	Advanced
핵심 포인트	• 15번 기출문제
	• '본인 동네 커피숍들 묘사'와 같은 답변 활용
	• 우리나라의 커피숍에 관한 내용이기 때문에 주어는 coffee places, these, people 등 상황에 맞게 사용
중요도	★

OPIc 질문에 대한 모범 답변을 살펴본 후, 질문의 핵심 포인트를 파악하여 나만의 OPIc 답변을 만들어보세요.

1 **You indicated in the survey that you go to coffee shops. Tell me about the cafes or coffee houses in your community.**  MP3 15_Q1

당신은 설문조사에서 커피숍에 간다고 했습니다. 동네에 있는 카페나 커피숍에 대해 말해주세요.

Structure		Idea
시작 문장	주제 문장 소개	tons of coffee shops, neighborhood
본문	동네의 커피숍 묘사	everywhere, coffee places, on busy streets, foot traffic, major coffee chains, Starbucks and Coffee Bean, quite big in size, various types of drinks
마무리 문장	나의 답변 마무리	coffee shops, neighborhood

Model Answer 🎧 MP3 15_A1

❶ There are tons of coffee shops in my neighborhood.
They are everywhere these days.
Many coffee places are on busy streets with a lot of foot traffic.
❷ Many of them are major coffee chains such as Starbucks and Coffee Bean.
These coffee shop chains are
❸ quite big in size.
People can get various types of drinks or food there.
❹ So, this is what my coffee shops in my neighborhood look like.

Tips for Better Answer

➤❶ 영업점을 묘사할 때 가장 자연스러운 시작은 〈there are + 복수 명사〉
동네의 커피숍에 관한 질문이기 때문에 핵심 표현인 coffee shops와 my neighborhood를 시작 문장에 넣기
하나의 특정한 커피숍을 설명하는 것이 아니기 때문에 복수 명사 사용

➤❷ 모든 커피숍이 체인점인 것은 아니기 때문에 일반화를 피하기 위해 many of them 사용
some of them, most of them, a few of them 등으로 바꿔서 활용 가능
Ex: Some of them are small local cafes.
그중 몇몇은 작은 동네 커피숍이다.

➤❸ '사이즈 면에서 꽤 크다'라는 의미
quite big 대신 다른 〈부사+ 형용사〉 조합으로 활용 가능
Ex: The cafes are quite small in size. (꽤 작은)
The cafes are very big in size. (매우 큰)
The cafes are extremely small in size. (매우 작은)
The cafes are a bit small in size. (약간 작은)

➤❹ 마무리 문장으로 유용하기 때문에 암기 필수
핵심 표현 coffee shops와 my neighborhood를 다시 한번 언급하기

Key Expressions

- **tons of** 수많은
- **on busy streets** 번화가에
- **foot traffic** 유동인구
- **big in size** 크기가 큰

우리 동네에는 커피숍이 많습니다. 이제 커피숍은 어디에나 있죠. 대부분 유동인구가 많은 번화가에 있습니다. 그들 중 다수는 스타벅스와 커피빈과 같은 주요 커피 체인점입니다. 이 커피숍 체인들은 크기가 꽤 큽니다. 사람들은 그곳에서 다양한 종류의 음료나 음식을 살 수 있습니다. 즉, 우리 동네의 커피숍은 이렇습니다.

OPIc 질문에 대한 모범 답변을 살펴본 후, 질문의 핵심 포인트를 파악하여 나만의 OPIc 답변을 만들어보세요.

2 **What do you normally do when you go to coffee shops? Do you have meetings or gatherings there? Tell me what you like to do.** 🎧 MP3 15_Q2

커피숍에 갈 때 보통 무엇을 하나요? 그곳에서 회의나 모임을 하나요? 커피숍에서 무엇을 하는 것을 좋아하는지 말해주세요.

Structure		Idea
시작 문장	주제 문장 소개	mostly go to coffee shops, hang out with
본문	커피숍에서 본인이 하는 일 나열	sometimes, to go, drink it on the spot, grab a bite, free Wi-Fi at most coffee places, get access, open 24/7
마무리 문장	나의 답변 마무리	these are, I do, coffee shops

Model Answer 🎧 MP3 15_A2

❶ I mostly go to coffee shops ❷ to hang out with my friends or co-workers.
I ❸ sometimes get coffee to go or sometimes drink it on the spot.
❹ I sometimes grab a bite when I am hungry.
+ Plus, I sometimes study or work at coffee places.
+ Also, I sometimes kill time at coffee places.
+ Plus, I sometimes have meetings at coffee places.
There is free Wi-Fi at most coffee places, so I can get access to the internet.
❺ Some places are open 24/7 (twenty-four-seven).
So, these are the things I do at coffee shops.

Tips for Better Answer

➊ 본인이 커피숍에서 하는 일을 나열하기 위해 시작 문장에는 핵심 표현인 I, coffee shops 언급하기 빈도 부사 mostly를 사용하여 일반화 피하기
〈다른 빈도 부사들〉
often 자주 / usually 보통 / generally 일반적으로 / sometimes 가끔

➋ '~와 어울려 놀다'는 hang out을 사용하며 누구와 어울리는지 언급할 때에는 전치사 with 사용 (play는 어린 아이들에게 사용)
Ex: I usually hang out with my friends at coffee shops or bars.
나는 보통 친구들과 카페나 술집에서 어울려 논다.

➌ 매번 같은 목적으로 커피숍에 가는 것이 아니기 때문에 빈도 부사 sometimes 사용하기

➍ 답변 양 확보를 위해 커피숍에서 하는 다양한 활동을 주어 I와 현재형 시제를 사용하여 나열하기

➎ '연중무휴'라는 의미이며 말할 때에는 twenty-four-seven으로 발음
특정 행동을 너무 많이 할 때 그 정도를 강조하기 위해 사용 가능
Ex: I feel like I work 24/7.
나 하루 종일 일하는 기분이야.

Key Expressions

- **hang out with** 어울려 놀다
- **to go** 테이크아웃, 포장
- **on the spot** 그 자리에서
- **grab a bite** 한 입 먹다, 간단하게 먹다
- **kill time** 시간을 때우다, 시간을 보내다
- **get access to the internet** 인터넷에 접속하다
- **24/7** 연중무휴 (하루 24시간, 7일 내내)

저는 주로 친구나 직장 동료들과 어울리기 위해 커피숍에 갑니다. 가끔 커피를 테이크아웃 하거나 그 자리에서 마시기도 합니다. 저는 가끔 배가 고플 때 간단하게 먹습니다. (+ 또한 저는 가끔 커피숍에서 공부하거나 일을 합니다. + 또한, 저는 가끔 커피숍에서 시간을 보냅니다. + 그리고, 저는 가끔 커피숍에서 회의를 합니다.) 대부분의 커피숍에는 무료 와이파이가 있어서 인터넷에 접속할 수 있습니다. 어떤 곳은 연중무휴로 영업합니다. 즉, 이것이 제가 커피숍에서 하는 일들입니다.

OPIc 질문에 대한 모범 답변을 살펴본 후, 질문의 핵심 포인트를 파악하여 나만의 OPIc 답변을 만들어보세요.

③ Tell me about a memorable incident that happened at a coffee shop. What happened? 🎧 MP3 15_Q3
Who was involved? Tell me everything about what happened from beginning to end.

커피숍에서 있었던 기억에 남는 사건에 대해 말해주세요. 무슨 일이 있었나요? 누가 관여되었나요? 무슨 일이 있었는지 처음부터 끝까지
이야기해주세요.

Structure		Idea
시작 문장	주제 문장 소개	remember bumping into, at a coffee shop
본문	커피숍에서 친구와 우연히 마주친 이야기 묘사	suddenly, saw one of my friends, went over to, very happy to, asked how each other was doing, catching up
마무리 문장	나의 답변 마무리	incident I remember

Model Answer 🎧 MP3 15_A3

❶ I remember bumping into my friend at a coffee shop.

+ my co-worker + my teacher

+ my professor + ex-boyfriend

+ **❷ I was chatting with my friend.**

+ I was waiting in line to make my order.

❸ Suddenly, I saw one of my friends there. I went over to her and said hi.

+ Suddenly, someone called my name.

I looked back and saw my friend.

I was very happy to see her.

❹ We asked how each other was doing and did a lot of catching up.

So, this was the **❺ incident** I remember.

Tips for Better Answer

▶ ❶ 우연히 누군가를 마주쳤을 때에는 bump into 사용
= run into, happen to meet
Ex: A few months ago, I ran into my friend at a coffee shop near my house.
몇 개월 전, 나는 집 근처에 있는 카페에서 친구와 마주쳤다.

▶ ❷ 마주친 당시에 본인이 하고 있었던 행동은 과거 진행형으로 묘사하기
앞 문장과 연결하여 좀 더 고급지게 표현 가능
Ex: I was chatting with my friend when I bumped into a friend at a coffee shop.
커피숍에서 친구를 우연히 마주쳤을 때 나는 내 친구와 이야기 중이었다.

▶ ❸ 예상하지 못한 사건이 발생할 때 부사 suddenly 활용
= but then, all of a sudden, unexpectedly

▶ ❹ 오랜만에 만난 친구와 할 수 있는 일 추가 나열
Ex: We went to a cafe nearby and talked about our school days.
근처에 있는 커피숍에 가서 학창시절 이야기를 했다.

We exchanged phone numbers and promised to keep in touch.
우리는 휴대폰 번호를 교환하고 계속 연락하기로 약속했다.

▶ ❺ incident: 간단한 사건이나 경험
accident: 심각하거나 좋지 않은 일에 주로 사용
Ex: I got into a car accident. 차 사고가 났다.
That was a funny incident. 웃긴 사건이었다.

Key Expressions

• **bump into** ~와 우연히 마주치다
• **suddenly** 갑자기
• **go over to** ~에게 다가가다
• **look back** 뒤돌아보다
• **do catching up** 못다 한 이야기를 하다
• **incident** 사건, 사고

커피숍에서 친구와 마주쳤던 기억이 납니다. (+ 동료 + 선생님 + 교수님 + 전 남자친구 + 친구와 대화하고 있었습니다. + 주문하려고 줄을 서서 기다리고 있었습니다.) 그곳에서 갑자기, 제 친구 중 한 명을 보았습니다. 저는 그녀에게 가서 인사했습니다. (+ 갑자기 누군가 제 이름을 불렀습니다. 뒤를 돌아보니 친구가 보였습니다.) 그녀를 만나서 매우 기뻤습니다. 서로 어떻게 지내는지 물어보고 못다 한 이야기를 했습니다. 그래서, 이것이 제가 기억하는 사건입니다.

IH 이상 등급을 받기 위해 문장을 늘리는 연습을 해보세요.

Question 1

1. Many of them are major coffee chains such as Starbucks and Coffee Bean.
   → Many of them are major coffee chains such as Starbucks and Coffee Bean, and these places are always packed with people. (그리고 이 장소들은 항상 사람들로 꽉 차있다.)

2. These coffee shop chains are quite big in size.
   → These coffee shop chains are quite big in size, so they can accommodate up to 100 people at once. (그래서 한 번에 100명까지 수용할 수 있다.)

Question 2

1. I sometimes grab a bite when I am hungry.
   → I sometimes grab a bite when I am hungry as they also offer light meals like sandwiches, bread, and soup. (샌드위치, 빵, 수프 같은 가벼운 음식도 제공하기 때문에)

2. Plus, I sometimes study or work at coffee places.
   → Plus, I sometimes study, read books or work at coffee places because they have comfortable chairs. (책을 읽거나 / 편안한 의자가 있기 때문에)

3. Some places are open 24/7 (twenty-four seven).
   → Some places are open 24/7 (twenty-four seven), so I can stay there all night long if I need to. (그래서 필요하면 거기서 밤을 샐 수도 있다.)

Question 3

1. I remember bumping into my friend at a coffee shop.
   → I remember bumping into my friend from high school at a coffee shop near my company. (고등학교 때 / 회사 근처에서)

2. I was chatting with my friend.
   → I was chatting with my friend about the trip we went on. (우리가 다녀온 여행에 대해서)

3. I was very happy to see her.
   → I was very happy to see her, and we exchanged phone numbers. (그리고 우리는 휴대폰 번호를 교환했다.)

OPIc 질문에 대한 모범 답변을 살펴본 후, 질문의 핵심 포인트를 파악하여 나만의 OPIc 답변을 만들어보세요.

4 Talk about the first coffee shop you went to. What was special about that place? What do you remember most?  MP3 15_Q4

처음 간 커피숍에 대해 이야기해보세요. 그곳이 어떤 점이 특별했나요? 무엇이 가장 기억에 남나요?

	Structure		Idea
시작 문장	주제 문장 소개		to be honest, do not remember, first coffee shop
본문	처음 간 커피숍이 잘 기억에 나지 않기 때문에 간단하게 설명		started to go to coffee shops, back then, usually went there, hang out with
마무리 문장	나의 답변 마무리		one of our hangouts

Model Answer MP3 15_A4

❶ To be honest, ❷ I do NOT remember the first coffee shop I went to.

❸ I think I started to go to ❹ coffee shops in college.

Back then, I usually went there to hang out with my friends.

❺ They were one of our hangouts.

Tips for Better Answer

▶❶ = honestly, frankly (speaking), actually
Ex: Actually, I cannot remember when it was.
사실 언제였는지 기억에 나지 않는다.

▶❷ 실제로 잘 기억이 나지 않는다면 억지로 경험을 지어내기보다는 잘 기억이 나지 않는다고 솔직하게 답변해도 됨
이때 핵심 표현인 first coffee shop을 시작 문장에 언급하기
Ex: I cannot remember the first coffee shop I visited.
내가 처음으로 갔던 커피숍이 기억에 나지 않는다.

There was nothing special about the first coffee shop I visited, so I cannot recall.
내가 처음으로 갔던 커피숍은 그리 특별하지 않아서 기억이 안 난다.

▶❸ 정확히 언제인지 확신이 없기 때문에 I think로 문장 시작
= I guess, probably, I presume, I assume
Ex: I guess it was when I was in high school.
내 생각에 내가 고등학생 때였던 것 같다.

▶❹ 특정한 하나의 커피숍에 대해 이야기하는 것이 아니기 때문에 복수 명사 사용

▶❺ hang out: 어울려 놀다 (동사) vs. hangout: 주기적으로 모여서 만남을 가지는 장소 (명사)
take out: 가지고 나가다 (동사) vs. takeout: 포장 가능한 음식을 파는 장소 (명사)
work out: 운동하다 (동사) vs. workout: 운동 (명사)

Key Expressions

- **honest** 솔직한
- **college** 대학

- **hang out with** ~와 어울려 놀다
- **hangouts** 사람들이 모이는 집합소, 장소

솔직히, 저는 제가 처음 간 커피숍을 기억하지 못합니다. 대학시절부터 커피숍에 다니기 시작한 것 같습니다. 그때에는 주로 친구들과 놀기 위해 갔었습니다. 그곳은 우리가 자주 어울려 놀던 장소였습니다.

OPIc 질문에 대한 모범 답변을 살펴본 후, 질문의 핵심 포인트를 파악하여 나만의 OPIc 답변을 만들어보세요.

5 **How were cafes and coffee houses like in your childhood? Were they really popular? Describe what you remember in detail.**

어렸을 때 카페와 커피숍은 어땠나요? 인기가 많았나요? 기억나는 것을 자세히 묘사하세요.

Structure		Idea
시작 문장	주제 문장 소개	kid, coffee shops, local stores
본문	과거의 커피숍의 특징 묘사	most of them, small in size, not that many take-out places
마무리 문장	나의 답변 마무리	what coffee shops looked like, kid

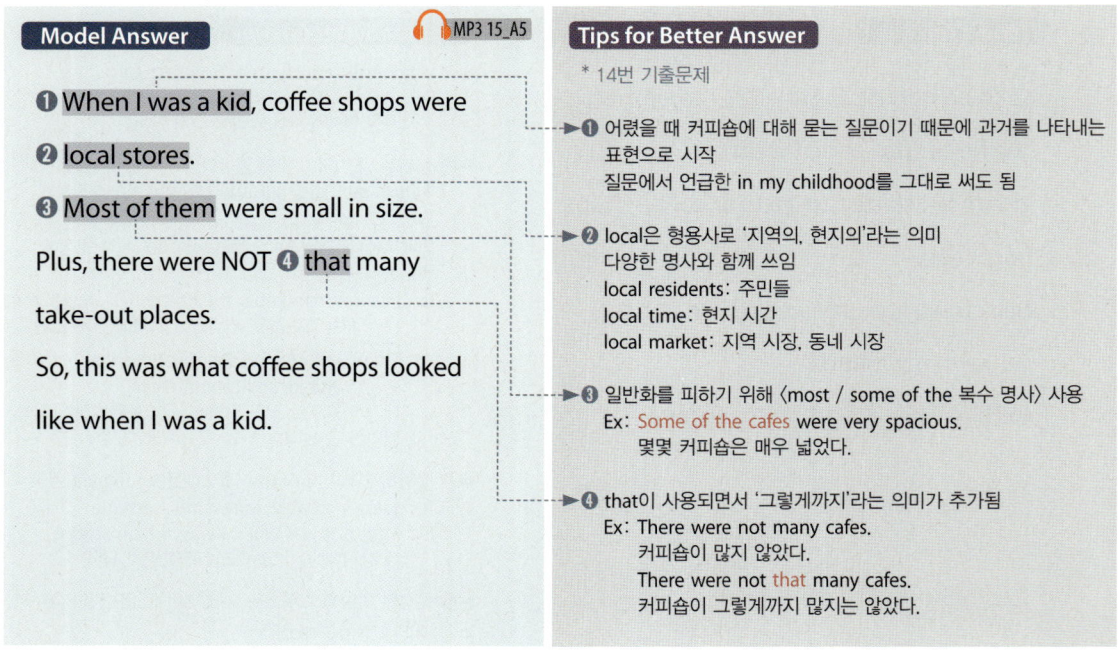

Model Answer MP3 15_A5

❶ When I was a kid, coffee shops were ❷ local stores. ❸ Most of them were small in size. Plus, there were NOT ❹ that many take-out places. So, this was what coffee shops looked like when I was a kid.

Tips for Better Answer

* 14번 기출문제

➤❶ 어렸을 때 커피숍에 대해 묻는 질문이기 때문에 과거를 나타내는 표현으로 시작
질문에서 언급한 in my childhood를 그대로 써도 됨

➤❷ local은 형용사로 '지역의, 현지의'라는 의미
다양한 명사와 함께 쓰임
local residents: 주민들
local time: 현지 시간
local market: 지역 시장, 동네 시장

➤❸ 일반화를 피하기 위해 〈most / some of the 복수 명사〉 사용
Ex: Some of the cafes were very spacious.
몇몇 커피숍은 매우 넓었다.

➤❹ that이 사용되면서 '그렇게까지'라는 의미가 추가됨
Ex: There were not many cafes.
커피숍이 많지 않았다.
There were not that many cafes.
커피숍이 그렇게까지 많지는 않았다.

Key Expressions

- **local** 지역의
- **in size** 크기는
- **take-out** 테이크아웃, 포장
- **look like** ~처럼 보이다, 생기다

제가 어렸을 때 커피숍들은 동네 가게였습니다. 대부분 규모가 작았습니다. 게다가 테이크아웃점들은 그리 많지 않았습니다. 제가 어렸을 때 커피숍은 이런 모습이었습니다.

OPIc 질문에 대한 모범 답변을 살펴본 후, 질문의 핵심 포인트를 파악하여 나만의 OPIc 답변을 만들어보세요.

6 Cafes and coffee houses today are often more than just places that serve coffee. 🎧 MP3 15_Q6
They serve as mobile offices or meeting places. How has the role of cafes changed over the years?

오늘날 카페와 커피숍은 단순히 커피를 제공하는 장소 이상일 때가 많습니다. 이동 사무실이나 회의 장소 역할을 합니다. 카페의 역할은 몇 년 동안 어떻게 바뀌었나요?

	Structure	Idea
시작 문장	주제 문장 소개	back in the day, went to coffee shops, drink coffee
본문	과거와 현재 커피숍의 차이점 묘사	but these days, sell food, grab a bite, hungry, get coffee to go, sometimes study or work, free Wi-Fi, get access to the internet, 24/7
마무리 문장	나의 답변 마무리	coffee shops have changed, over the years

Model Answer 🎧 MP3 15_A6

❶ Back in the day, ❷ people mostly went to coffee shops to drink coffee.
But these days, ❸ a lot of coffee places sell food as well.
❹ People can grab a bite if they are hungry. Also, they can get coffee to go.
Plus, people sometimes study or work at coffee places.
There is free Wi-Fi at most coffee shops, so you can get access to the internet.
Some places are open 24/7 (twenty-four-seven).
❺ So, coffee shops have changed a lot over the years.

Tips for Better Answer

* 15번 기출문제

▶ ❶ 과거에 대해 이야기한다는 것을 나타내기 위해 back in the day를 사용하며 이 표현 뒤에는 반드시 과거형 시제 사용
= in the past, back then, years ago

▶ ❷ 본인의 경험이 아니라, 일반적인 사람들이 하는 일에 대해 묘사해야 하므로 주어 people로 말하기
mostly 대신 generally, typically, usually, mainly를 사용할 수 있음

▶ ❸ '또한'이란 의미의 숙어 as well을 사용함으로써 커피라는 단어를 다시 언급하지 않아도 '커피뿐만 아니라 음식도'라는 의미를 줌
= A lot of coffee shops sell food, too.

▶ ❹ '커피숍에서 본인이 주로 하는 일 묘사'의 표현을 주어 people로 바꾼 후 그대로 활용하기

▶ ❺ 커피숍의 과거와 현재를 비교하는 답변이었기 때문에 핵심 표현 coffee shops, have changed를 마지막 문장에 언급하기

Key Expressions

• **sell** 판매하다, 팔다
• **grab a bite** 한 입 먹다, 간단하게 먹다
• **to go** 테이크아웃, 포장
• **get access to the internet** 인터넷에 접속하다
• **24/7** 연중무휴 (하루 24시간, 7일 내내)

예전에 사람들은 주로 커피를 마시러 커피숍에 갔습니다. 하지만 요즘, 많은 커피숍에서 음식도 팝니다. 사람들은 배가 고프면 간단하게 먹을 수 있습니다. 또한, 그들은 커피를 포장할 수 있습니다. 게다가, 사람들은 가끔 커피숍에서 공부를 하거나 일을 합니다. 대부분의 커피숍에는 무료 와이파이가 있기 때문에 인터넷에 접속할 수 있습니다. 어떤 곳은 연중무휴로 영업합니다. 즉, 커피숍은 지난 몇 년 동안 많이 변했습니다.

OPIc 질문에 대한 모범 답변을 살펴본 후, 질문의 핵심 포인트를 파악하여 나만의 OPIc 답변을 만들어보세요.

7 Cafes and coffee houses have become popular all over the world. What has caused 🎧 MP3 15_Q7 such an interest in cafes and coffee houses in your country? What is special about them?

카페와 커피숍이 전 세계적으로 인기를 끌고 있습니다. 당신 나라의 카페와 커피숍이 왜 그렇게 관심을 받게 되었나요? 특별한 점은 무엇인가요?

Structure		Idea
시작 문장	주제 문장 소개	coffee places, very popular
본문	한국의 커피숍 묘사와 인기 있는 이유 설명	tons of coffee shops, everywhere, coffee places, on busy streets, foot traffic, major coffee chains, Starbucks and Coffee Bean, quite big in size, various types of drinks
마무리 문장	나의 답변 마무리	this is why, Korea, popular these days

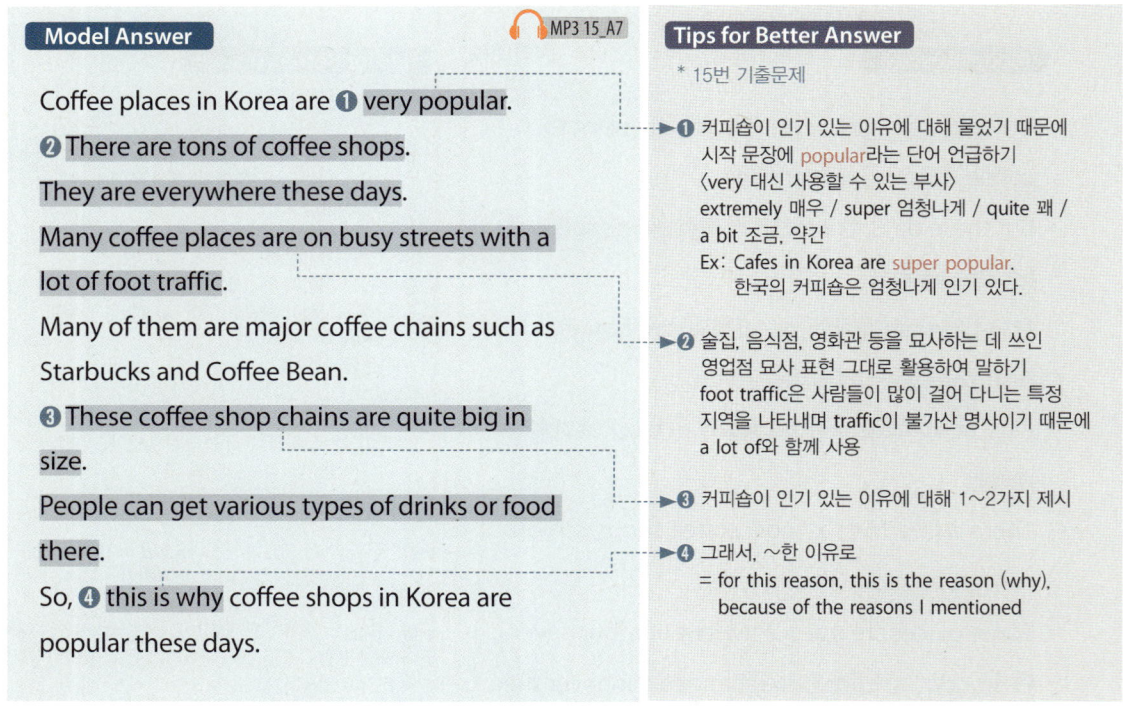

Model Answer 🎧 MP3 15_A7

Coffee places in Korea are ❶ very popular.
❷ There are tons of coffee shops.
They are everywhere these days.
Many coffee places are on busy streets with a lot of foot traffic.
Many of them are major coffee chains such as Starbucks and Coffee Bean.
❸ These coffee shop chains are quite big in size.
People can get various types of drinks or food there.
So, ❹ this is why coffee shops in Korea are popular these days.

Tips for Better Answer

* 15번 기출문제

▶❶ 커피숍이 인기 있는 이유에 대해 물었기 때문에 시작 문장에 popular라는 단어 언급하기
〈very 대신 사용할 수 있는 부사〉
extremely 매우 / super 엄청나게 / quite 꽤 / a bit 조금, 약간
Ex: Cafes in Korea are super popular.
한국의 커피숍은 엄청나게 인기 있다.

▶❷ 술집, 음식점, 영화관 등을 묘사하는 데 쓰인 영업점 묘사 표현 그대로 활용하여 말하기
foot traffic은 사람들이 많이 걸어 다니는 특정 지역을 나타내며 traffic이 불가산 명사이기 때문에 a lot of와 함께 사용

▶❸ 커피숍이 인기 있는 이유에 대해 1~2가지 제시

▶❹ 그래서, ~한 이유로
= for this reason, this is the reason (why), because of the reasons I mentioned

Key Expressions

- **popular** 인기 있는
- **tons of** 수많은
- **on busy streets** 번화가에
- **foot traffic** 유동인구
- **big in size** 크기가 큰
- **various** 다양한

한국의 커피 전문점은 매우 인기가 있습니다. 커피숍은 아주 많습니다. 이제는 어디에나 있죠. 커피숍 대부분 유동인구가 많은 번화가에 있습니다. 그들 중 다수는 스타벅스와 커피빈과 같은 주요 커피 체인점입니다. 이 커피 체인점들은 크기가 꽤 큽니다. 사람들은 그곳에서 다양한 종류의 음료나 음식을 살 수 있습니다. 이것이 요즘 한국에서 커피숍이 인기 있는 이유입니다.

IH 이상 등급을 받기 위해 문장을 늘리는 연습을 해보세요.

Question 4

1. To be honest, I do NOT remember the first coffee shop I went to.
   → To be honest, I do NOT remember the first coffee shop I went to <u>since it was such a long time ago</u>. (너무 오래전이었기 때문에)

2. Back then, I usually went there to hang out with my friends.
   → Back then, I usually went there to hang out with my friends <u>or just to kill time in between classes</u>. (또는 그냥 공강 시간을 때우기 위해)

Question 5

1. When I was a kid, coffee shops were local stores.
   → When I was a kid, coffee shops were local stores, <u>and it was almost impossible to find major coffee chains</u>. (그리고 주요 커피 체인점을 찾는 것은 거의 불가능했다.)

2. Most of them were small in size.
   → Most of them were small in size <u>and the types of coffee they served were limited</u>. (그리고 제공되는 커피의 종류는 제한적이었다.)

Question 6

1. But these days, a lot of coffee places sell food as well.
   → But these days, a lot of coffee places sell food as well <u>to attract more customers</u>. (더 많은 고객을 끌기 위해)

2. Also, they can get coffee to go.
   → Also, they can get coffee to go, <u>and some places even sell beer</u>. (그리고 어떤 곳은 맥주도 판다.)

3. Some places are open 24/7.
   → Some places are open 24/7, <u>so people do not need to worry about where to meet their friends even late at night</u>. (그래서 사람들은 밤늦게 친구를 만나도 어디서 만날지 걱정할 필요가 없다.)

Question 7

1. Coffee places in Korea are very popular.
   → Coffee places in Korea are very popular <u>because many people go there as a daily routine</u>. (많은 사람들이 하루 일과처럼 그곳에 가기 때문에)

2. So, this is why coffee shops in Korea are popular these days.
   → So, this is why coffee shops in Korea are popular these days, <u>and the number of cafes is increasing every year</u>. (그리고 커피숍의 수가 매년 증가하고 있다.)

Chapter 16

Gatherings

질문을 제대로 파악하는 것만으로도 성공적으로 시험을 치를 수 있습니다. OPIc에서 자주 출제되는 질문들을 알아보세요.

1 **Talk about gatherings or celebrations in your country. What do people do when they get together to celebrate things?**

당신의 나라에서 열리는 사교 모임이나 축하 행사에 대해 이야기해주세요. 사람들은 이러한 일들을 축하하기 위해 모였을 때 무엇을 하나요?

문항 유형	사람들이 가는 모임 묘사
문항 수준	Intermediate
핵심 포인트	• 모임 주제의 '사람들이 파티를 하는 보편적인 장소 묘사'와 같은 답변 활용 • 모임의 종류를 다양한 접속사와 현재형 시제 활용하여 나열 • 일반적인 모임 방법에 대해 묘사하기 때문에 주어 people, they 사용
중요도	★

2 **What did you do at your last gathering or celebration? What was the occasion? Give me all the details.**

지난번 사교 모임이나 축하 행사에서 무엇을 했나요? 무엇 때문에 모였나요? 자세하게 말해주세요.

문항 유형	지난번 모임에서 있었던 일들 묘사
문항 수준	Intermediate
핵심 포인트	• 음식점 주제의 '최근에 간 식당에서 먹은 음식과 맛 묘사' 답변 활용
	• 가족이나 직장 동료와 갔다면 주어는 we를 사용하며 식당에 대해 말할 때에는 주어 they를 사용
	• 과거의 경험이기 때문에 과거형 시제 사용
중요도	★

3 **Talk about a memorable incident that happened at a gathering or a celebration. Why was it memorable? What made it unforgettable?**

사교 모임이나 축하 행사에서 일어났던 기억에 남는 사건에 대해 이야기해보세요. 왜 기억에 남나요? 무엇이 이 일을 잊을 수 없게 하나요?

문항 유형	모임에서 기억나는 에피소드 묘사
문항 수준	Advanced
핵심 포인트	• 모임 주제의 '최근 본인이 간 휴일 파티에서 했던 일 묘사'와 같은 답변 활용
	• 술집 주제의 '최근 술집에서 한 기억에 남는 술자리 묘사'의 표현과 답변 최대한 활용
	• 본인이 겪은 경험이기 때문에 주어 I 와 과거형 시제로 묘사
중요도	★

4 **Where do people usually have celebrations or parties in the area where you live or work? Is it at someone's home, a park, or somewhere else? Tell me everything about that place in as much detail as you can.**

당신이 사는 곳이나 일하는 곳의 사람들은 주로 어디에서 축하 행사나 파티를 하나요? 누군가의 집, 공원, 아니면 다른 곳이 있나요? 그 장소에 대해 가능한 한 자세히 말해주세요.

문항 유형	사람들이 주로 가는 파티를 하는 장소 묘사
문항 수준	Intermediate
핵심 포인트	• 모임 주제의 '사람들이 가는 보편적인 모임들 묘사'와 같은 답변 활용
	• 모임의 종류를 다양한 접속사를 활용하여 나열
	• 사람들의 일반적인 모임 방법에 대해 묘사하기 때문에 현재형 시제와 주어 people, they 사용
중요도	★

5 **Tell me about the last holiday party or celebration that you attended. Give me lots of details about what happened. Who was there with you? Tell me about what you did from beginning to end.**

최근 참석한 휴일 파티나 축하 파티에 대해 말해주세요. 무슨 일이 있었고 누구와 함께 있었나요? 처음부터 끝까지 그때 한 일에 대해 말해주세요.

문항 유형	최근에 본인이 간 휴일 파티에서 했던 일 묘사
문항 수준	Advanced
핵심 포인트	• 모임 주제의 '본인이 참석한 모임에서 기억나는 에피소드 묘사'와 같은 답변 활용
	• 술집 주제의 '최근 술집에서 한 기억에 남는 술자리 묘사'의 표현과 답변 최대한 활용
	• 본인이 겪은 경험이기 때문에 주어 I 와 과거형 시제로 묘사
중요도	★

6 **Talk about a time when you helped prepare for a party or a celebration. Perhaps you helped invite people, or you helped decorate the venue, or you helped get the food or drinks. Tell me about this experience from the beginning to the end.**

직접 파티나 축하 행사의 준비를 도왔던 경험에 대해 이야기하세요. 아마도 손님 초대, 행사장 장식, 또는 음식이나 술을 준비하는 것을 도왔을 것입니다. 이 경험에 대해 처음부터 끝까지 말해주세요.

문항 유형	파티 준비를 도와준 경험 묘사
문항 수준	Advanced
핵심 포인트	• 음식점 주제의 '테이크아웃 / 배달 음식점을 통해 특별한 행사 준비 경험' 답변 내용 활용 • 음식을 준비했던 과거의 경험에 대해 이야기하기 때문에 과거형 시제 사용하며 여러 명이 참석한 파티에 관한 이야기이기 때문에 주어는 we 사용
중요도	★

7 **How were gatherings and celebrations when you were a kid? How are they different now? What kinds of events are popular more recently?**

어렸을 때 사교 모임과 축하 행사는 어땠나요? 지금과 어떻게 다른가요? 최근에는 어떤 행사가 더 일반적인가요?

문항 유형	어렸을 때 모임과 현재 모임 비교
문항 수준	Advanced
핵심 포인트	• 14번 기출문제 • 술집 주제의 '술집에서 하는 일들 과거와 현재 비교' 답변 그대로 활용 • 과거와 현재 모임 방법이 크게 바뀌지 않았다고 답변 • 술집에서 열리는 모임에 관한 내용이기 때문에 people, they, bar를 주어로 사용하며 현재형 시제로 묘사
중요도	★

8 **Gatherings and celebrations are important to people living in a city. However, the organization of these events takes time, energy and money. What are some issues related to organizing these events?**

사교 모임과 축하 행사는 도시에 사는 사람들에게 중요합니다. 하지만 이러한 행사를 준비하려면 시간과 노력과 돈이 듭니다. 이런 행사 준비와 관련된 이슈에는 어떤 것들이 있나요?

문항 유형	모임 준비할 때 어려운 점 설명
문항 수준	Advanced
핵심 포인트	• 15번 기출문제 • 소셜 미디어 덕분에 모임을 준비할 때 어려운 점이 없다고 답변 • 평상시 모임 준비 방법에 대해 묻기 때문에 주어는 gatherings, it, there 등 상황에 맞게 다양하게 사용하며 현재형 시제로 묘사
중요도	★

9 Gatherings and celebrations in small towns are often different from those in big cities. Tell me about some of the similarities and differences between the celebrations people have in small towns and in big cities in your country.

작은 마을에서 열리는 사교 모임과 축하 행사는 대도시에서 열리는 것과는 다릅니다. 작은 마을과 대도시에서 열리는 행사들의 유사점과 차이점에 대해 말해주세요.

문항 유형	작은 마을과 대도시 간 모임 비교
문항 수준	Advanced
핵심 포인트	• 14번 기출문제
	• 술집 주제의 '술집에서 하는 일들 과거와 현재 비교' 답변 그대로 활용
	• 작은 마을과 대도시에 열리는 모임에 차이가 없다고 답변
	• 사람들의 모임에 관한 답변이기 때문에 주어 people, they를 사용하며 현재형 시제로 묘사
중요도	★

10 What kinds of concerns do you hear people express when they have gatherings and celebrations in an area which you live? Do people complain about traffic, parking, noise, garbage or other problems? What do people in your area say about such celebrations?

사교 모임이나 축하 행사에 대해 사람들이 가지는 우려는 어떤 것들이 있나요? 교통, 주차, 소음, 쓰레기 또는 다른 문제들에 대해 불평하나요? 그러한 축하 모임에 대해 사람들은 어떻게 말하나요?

문항 유형	모임 관련 사람들이 갖고 있는 우려 설명
문항 수준	Advanced
핵심 포인트	• 15번 기출문제
	• 모임의 문제점으로 과음 선택 후 현재형 시제로 묘사
	• 사람들이 평소 가지고 있는 우려사항이기 때문에 주어 people, they를 사용
중요도	★

OPIc 질문에 대한 모범 답변을 살펴본 후, 질문의 핵심 포인트를 파악하여 나만의 OPIc 답변을 만들어보세요.

1-1 Talk about gatherings or celebrations in your country. What do people do when they get together to celebrate things? 🎧 MP3 16_Q1-1

당신의 나라에서 열리는 사교 모임이나 축하 행사에 대해 이야기해주세요. 사람들은 이러한 일들을 축하하기 위해 모였을 때 무엇을 하나요?

1-2 Where do people usually have celebrations or parties in the area where you live or work? Is it at someone's home, a park, or somewhere else? Tell me everything about that place in as much detail as you can. 🎧 MP3 16_Q1-2

당신이 사는 곳이나 일하는 곳의 사람들은 주로 어디에서 축하 행사나 파티를 하나요? 누군가의 집, 공원, 아니면 다른 곳이 있나요? 그 장소에 대해 가능한 한 자세히 말해주세요.

Structure		Idea
시작 문장	주제 문장 소개	people, go to bars, social gatherings
본문	사람들이 모임 가지는 장소로 술집 묘사	grab some drinks, break the ice, spice up, drinking games, several rounds, staff-dinners, after-parties, bond with, special occasions
마무리 문장	나의 답변 마무리	gatherings people have with friends, co-workers

Model Answer 🎧 MP3 16_A1

❶ People often go to bars for social gatherings. They ❷ grab some drinks with their friends. Drinks break the ice and spice up the ❸ mood.
+ They sometimes play drinking games.
+ They sometimes do several rounds.
Plus, people sometimes go to bars for ❹ staff-dinners or after-parties. It is a great chance to bond with co-workers. Next, people sometimes go to bars for special occasions such as birthday parties.
❺ + year-end parties + anniversaries + welcome parties + farewell parties
❻ So, these are the gatherings people have with friends or co-workers.

Tips for Better Answer

* '술집' 주제의 '술집에서 하는 일들 과거와 현재 비교' 답변 활용

▶❶ 사람들의 모임에 대해 묻는 질문이기 때문에 핵심 표현 people, social gatherings을 시작 문장에 넣기
Ex: People have social gatherings at various types of places.
사람들은 다양한 공간에서 사교 모임을 가진다.

▶❷ = have drinks, go for drinks
Ex: I am going to have drinks with my co-workers next Monday.
나는 다음주 월요일에 직장 동료들과 술을 마실 것이다.

▶❸ = atmosphere
Ex: People drink to make the atmosphere better.
사람들은 분위기를 더 좋게 하려고 술을 마신다.

▶❹ = company dinners 회식
한 번 하는 회식이 아닌 일반적인 회식 또는 모임에 대해 말하기 때문에 복수 명사 사용

▶❺ 답변 양 확보를 위해 다양한 종류의 gatherings 나열

▶❻ 핵심 표현 gatherings, people을 마무리 문장에 다시 한번 언급하기

Key Expressions

- **social gathering** 사교 모임
- **grab drinks** 술을 마시다
- **break the ice** 어색함을 깨다
- **spice up** 돋우다, 좋게 되다
- **do several rounds** 몇 차례 마시다

- **staff-dinners** 회식
- **after-parties** 파티 후의 또 다른 파티
- **bond with** ~와 친해지다, 유대감이 형성되다
- **special occasions** 특별한 경우

- **anniversaries** 기념일
- **farewell party** 송별회

사람들은 주로 친목 도모를 위해 술집에 갑니다. 친구들과 술을 마십니다. 술은 어색함을 깨고 분위기를 돋웁니다. (+ 사람들은 가끔 술 게임을 합니다. + 가끔 몇 차까지 마십니다.) 또한, 가끔 회식이나 뒤풀이를 위해 술집에 갑니다. 회식은 동료들과 친해질 수 있는 좋은 기회입니다. 또한 생일 파티 같이 특별한 날에도 술집에 갑니다. (+ 송년회 + 기념일 + 환영회 + 송별회) 그래서, 이러한 사교 모임들이 사람들이 친구들이나 동료들과 갖는 모임들입니다.

데이터와 트렌드로 쉽게 취득하는 OPIc IH

OPIc 질문에 대한 모범 답변을 살펴본 후, 질문의 핵심 포인트를 파악하여 나만의 OPIc 답변을 만들어보세요.

 What did you do at your last gathering or celebration? What was the occasion? Give me all the details.  MP3 16_Q2

지난번 사교 모임이나 축하 행사에서 무엇을 했나요? 무엇 때문에 모였나요? 자세하게 말해주세요.

Structure		Idea
시작 문장	주제 문장 소개	gathering in the downtown, a few weeks ago
본문	최근 음식점에 간 경험 묘사	decent, restaurant, best, in town, food tasted so good, starving, ordered, juicy, tender, had some drinks, ordered beer, it went well with
마무리 문장	나의 답변 마무리	enjoyable dinner

Model Answer   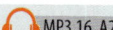 MP3 16_A2

❶ My friends and I had a gathering ❷ in the downtown area ❸ a few weeks ago.
+ My family and I had dinner near my house last weekend.
+ My co-workers and I had a staff-dinner near my office a few days ago.
We ❹ went to a decent Thai restaurant.
They had the best Thai food in town.
+ Italian + Korean + Japanese + Chinese
+ American + Vietnamese
❺ The food tasted so good because I was starving. The beef I ordered was so juicy and tender.
+ fish + shrimp + crab + lobster + squid + octopus
+ steak
Plus, we had some drinks while having the meal.
We ordered beer. It went well with the food.
+ red/white wine + soft drinks + cocktails
It was a very enjoyable dinner.

Tips for Better Answer

* '음식점' 주제의 '최근에 간 식당에서 먹은 음식과 맛 묘사' 답변 그대로 활용

▶❶ I가 다른 주어와 함께 쓰일 때에는 언제나 I가 제일 뒤로 감
= I had a gathering with my friends
하나의 특정한 모임을 묘사하기 때문에 단수 명사 사용
Ex: I have a gathering this weekend.
나는 이번 주말에 모임이 있다.

▶❷ 정확한 장소를 언급할 필요 없을 때 유용한 표현
around my company: 회사 근처에서
near my office: 회사 근처에서
near my friend's place: 친구네 집 근처에서

▶❸ 최근 가진 모임에 대해 묻는 질문이기 때문에 과거인 것을 나타내는 표현 사용
a few weeks ago로 문장을 시작하는 것도 추천
Ex: A few weeks ago, I had a gathering.
몇 주 전에 나는 모임이 있었다.

▶❹ = visited

▶❺ 음식점, 술집, 영화관 등 음식을 먹은 후의 느낌을 자세히 묘사하면 답변의 양을 늘릴 수 있음

Key Expressions

- **gathering** 모임
- **downtown** 시내
- **co-workers** 직장 동료
- **staff-dinner** 회식
- **decent** 꽤 괜찮은
- **be starving** 매우 배가 고프다
- **juicy** 즙이 많은
- **tender** 부드러운
- **have drinks** 술을 마시다
- **go well with A** A와 잘 어울리다
- **enjoyable** 즐거운

제 친구들과 저는 몇 주 전에 시내에서 모임을 가졌습니다. (+ 지난 주말에 가족과 집 근처에서 저녁을 먹었습니다. + 며칠 전 직장 동료들과 사무실 근처에서 회식을 했습니다.) 우리는 괜찮은 태국 음식점에 갔습니다. 그곳은 동네에서 가장 맛있는 태국 음식을 제공합니다. (+ 이탈리안 + 한국 + 일본 + 중국 + 미국 + 베트남) 배가 고파서 음식이 더 맛있었습니다. 우리가 주문한 소고기는 육즙이 많고 부드러웠습니다. (+ 생선 + 새우 + 게 + 랍스터 + 오징어 + 문어 + 스테이크) 우리는 식사와 함께 술을 조금 마셨습니다. 우리는 맥주를 주문했습니다. 음식에 아주 잘 어울렸습니다. (+ 레드/화이트 와인 + 탄산음료 + 칵테일) 매우 즐거운 저녁 식사였습니다.

OPIc 질문에 대한 모범 답변을 살펴본 후, 질문의 핵심 포인트를 파악하여 나만의 OPIc 답변을 만들어보세요.

3-1 Talk about a memorable incident that happened at a gathering or a celebration. 🎧 MP3 16_Q3-1
Why was it memorable? What made it unforgettable?

사교 모임이나 축하 행사에서 일어났던 기억에 남는 사건에 대해 이야기해보세요. 이 일이 왜 기억에 남거나 잊을 수 없나요?

3-2 Tell me about the last holiday party or celebration that you attended. Give me 🎧 MP3 16_Q3-2
lots of details about what happened. Who was there with you? Tell me about what you did
from beginning to end.

최근 참석한 명절 파티나 축하 파티에 대해 말해주세요. 무슨 일이 있었고 누구와 함께 있었나요? 처음부터 끝까지 그때 한 일에 대해 말해주세요.

Structure		Idea
시작 문장	주제 문장 소개	remember, gathering several weeks ago
본문	모임에 나가서 만취했던 경험 묘사	held at, drank beer, ended up drinking, got very drunk, stomach, upset, dizzy, walk straight, hangover, took me quite a while, sober up
마무리 문장	나의 답변 마무리	try to be more careful, drinking

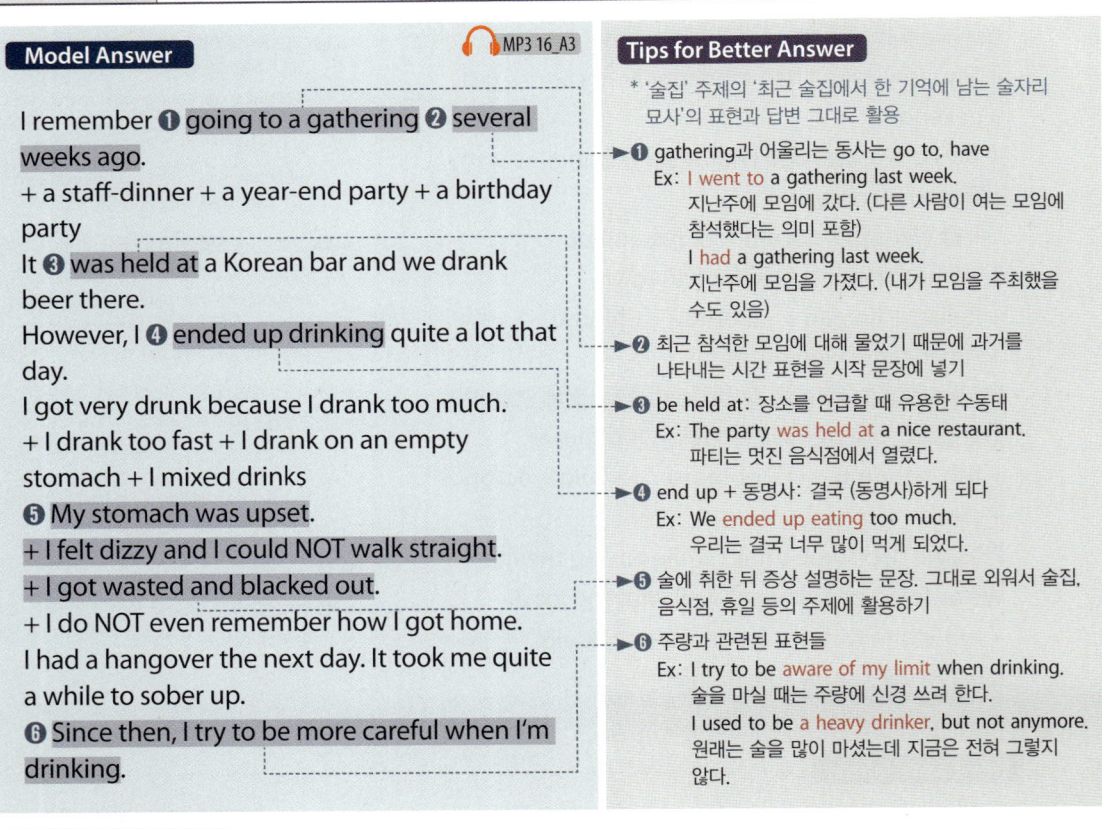

Model Answer 🎧 MP3 16_A3

I remember ❶ going to a gathering ❷ several weeks ago.
+ a staff-dinner + a year-end party + a birthday party
It ❸ was held at a Korean bar and we drank beer there.
However, I ❹ ended up drinking quite a lot that day.
I got very drunk because I drank too much.
+ I drank too fast + I drank on an empty stomach + I mixed drinks
❺ My stomach was upset.
+ I felt dizzy and I could NOT walk straight.
+ I got wasted and blacked out.
+ I do NOT even remember how I got home.
I had a hangover the next day. It took me quite a while to sober up.
❻ Since then, I try to be more careful when I'm drinking.

Tips for Better Answer

* '술집' 주제의 '최근 술집에서 한 기억에 남는 술자리 묘사'의 표현과 답변 그대로 활용

▶ ❶ gathering과 어울리는 동사는 go to, have
Ex: I went to a gathering last week.
지난주에 모임에 갔다. (다른 사람이 여는 모임에 참석했다는 의미 포함)
I had a gathering last week.
지난주에 모임을 가졌다. (내가 모임을 주최했을 수도 있음)

▶ ❷ 최근 참석한 모임에 대해 물었기 때문에 과거를 나타내는 시간 표현을 시작 문장에 넣기

▶ ❸ be held at: 장소를 언급할 때 유용한 수동태
Ex: The party was held at a nice restaurant.
파티는 멋진 음식점에서 열렸다.

▶ ❹ end up + 동명사: 결국 (동명사)하게 되다
Ex: We ended up eating too much.
우리는 결국 너무 많이 먹게 되었다.

▶ ❺ 술에 취한 뒤 증상 설명하는 문장. 그대로 외워서 술집, 음식점, 휴일 등의 주제에 활용하기

▶ ❻ 주량과 관련된 표현들
Ex: I try to be aware of my limit when drinking.
술을 마실 때는 주량에 신경 쓰려 한다.
I used to be a heavy drinker, but not anymore.
원래는 술을 많이 마셨는데 지금은 전혀 그렇지 않다.

Key Expressions

- **gathering** 모임
- **end up** 결국 ~하게 되다
- **quite a lot** 꽤 많이
- **get drunk** 술에 취하다
- **empty stomach** 빈속
- **upset** 아픈, 화가 난
- **dizzy** 어지러운
- **get wasted** 만취하다
- **get blacked out** 정신을 잃다
- **hangover** 숙취
- **sober up** 술이 깨다

몇 주 전에 모임에 갔던 기억이 납니다. (+ 회식 + 연말파티 + 생일파티) 한국식 술집이었고 저는 거기서 맥주를 마셨습니다. 결국 그날 술을 꽤 많이 마셨습니다. 술을 너무 많이 마셔서 많이 취했습니다. (+ 너무 빨리 마셔서 + 빈속에 마셔서 + 섞어 마셔서) 속이 너무 안 좋았습니다. (+ 현기증이 나서 똑바로 걸을 수가 없었습니다. + 완전히 취해서 정신을 잃었습니다. + 집에 어떻게 왔는지 기억도 나지 않습니다.) 다음날 숙취에 시달렸습니다. 술이 깨는 데 꽤 오래 걸렸습니다. 그 이후로, 저는 술을 마실 때 더 조심하려고 노력합니다.

IH 이상 등급을 받기 위해 문장을 늘리는 연습을 해보세요.

Question 1

1. People often go to bars for social gatherings.
   → People often go to bars for social gatherings <u>because many of them are people-persons</u>.
   (그들 중 대부분이 사람들과 어울리기를 좋아하기 때문에)

2. It is a great chance to bond with co-workers.
   → It is a great chance to bond with co-workers <u>and get to know each other</u>. (그리고 서로에 대해 알아갈)

Question 2

1. We went to a decent Thai restaurant.
   → We went to a decent Thai restaurant <u>which has been selected as a Michelin two-star restaurant for two years straight</u>. (2년 연속 미슐랭 별 2개 레스토랑으로 선정된)

2. Plus, we had some drinks while having the meal.
   → Plus, we had some drinks <u>including white wine</u> while having the meal. (화이트 와인을 포함하여)

Question 3

1. It was held at a Korean bar and we drank beer there.
   → It was held at a <u>very popular</u> Korean bar <u>in the downtown area</u> and we drank beer there.
   (아주 인기 있는 / 도심 지역에 있는)

2. However, I ended up drinking quite a lot that day.
   → However, I ended up drinking quite a lot that day <u>and I don't quite remember when and how I got home</u>. (그리고 집에 언제 어떻게 왔는지 제대로 기억나지 않는다.)

OPlc 질문에 대한 모범 답변을 살펴본 후, 질문의 핵심 포인트를 파악하여 나만의 OPlc 답변을 만들어보세요.

4 Talk about a time when you helped prepare for a party or a celebration. Perhaps 🎧MP3 16_Q4
you helped invite people, or you helped decorate the venue, or you helped get the food or
drinks. Tell me about this experience from the beginning to the end.

직접 파티나 축하 행사의 준비를 도왔던 경험에 대해 이야기하세요. 아마도 손님 초대, 행사장 장식, 또는 음식이나 술을 준비하는 것을
도왔을 것입니다. 이 경험에 대해 처음부터 끝까지 말해주세요.

Structure		Idea
시작 문장	주제 문장 소개	remember having, birthday party at home
본문	음식을 주문해서 집에서 가족들과 파티한 이야기	68th birthday, cooked some food, ordered in some, tasted so good, starving, after the party, leftovers, clean up
마무리 문장	나의 답변 마무리	enjoyable party

Model Answer 🎧MP3 16_A4

I remember ❶ having my mom's birthday party

at home.

+ dad's + son's + daughter's + sister's + brother's

+ wife's + husband's + father-in-law's + mother-

in-law's

It was her 68th birthday.

❷ We cooked some food for the party.

Plus, ❸ we ordered in some fried chicken.

+ some pizza + some Chinese food + some raw

fish

The food tasted so good because I was starving.

After the party, there were a lot of ❹ leftovers.

I helped clean up after the party.

It was a very enjoyable party.

Tips for Better Answer

* '음식점' 주제의 '테이크아웃 / 배달 음식점을 통해
특별한 행사 준비경험' 답변 그대로 활용

▶❶ party 앞에는 동사 have와 throw가 쓰임
Ex: I threw a small party for my younger sister.
내 여동생을 위해 작은 파티를 열었다.

▶❷ 답변 양을 늘리고 싶다면 직접 요리한 음식의 종류
나열하기
Ex: I made some Korean traditional food such
as bulgogi and japchae.
나는 불고기와 잡채 같은 한국 전통 음식을
요리했다.

▶❸ 음식을 배달 주문할 때에는 order in 사용

▶❹ 식사 후의 남은 음식이란 의미의 명사
가산 명사이기는 하나 주로 복수형으로 사용
leftover 뒤에 명사가 나올 때는 단수형 사용
Ex: There are some leftover vegetables.
채소가 조금 남았다.

Key Expressions

- **birthday party** 생일파티
- **order in** 배달 주문하다
- **starving** 배가 고픈
- **leftovers** 남은 음식
- **clean up** 치우다
- **enjoyable** 재미있는, 즐거운

집에서 어머니의 생일 파티를 했던 기억이 납니다. (+ 아빠의 + 아들의 + 딸의 + 자매의 + 남자 형제의 + 아내의 + 남편의
+ 장인어른, 시아버지의 + 장모님, 시어머니의) 그녀의 68번째 생일이었습니다. 우리는 파티를 위해 음식을 요리했습니다.
우리는 치킨도 주문했습니다. (+ 피자 + 중국 음식 + 회) 배가 고파서 음식이 더 맛있었습니다. 파티가 끝나고 음식이 많이
남았습니다. 저는 파티가 끝난 후 청소를 도왔습니다. 아주 즐거운 파티였습니다.

OPlc 질문에 대한 모범 답변을 살펴본 후, 질문의 핵심 포인트를 파악하여 나만의 OPlc 답변을 만들어보세요.

5 How were gatherings and celebrations when you were a kid? How are they different now? What kinds of events are popular more recently?

어렸을 때 사교 모임과 축하 행사는 어땠나요? 지금과 어떻게 다른가요? 최근에는 어떤 행사가 더 일반적인가요?

	Structure	Idea
시작 문장	주제 문장 소개	to be honest, gatherings, have not changed
본문	모임은 과거와 다르지 않다고 답한 후 술집에서 열리는 모임에 대해 묘사	go to bars, social gatherings, grab some drinks, break the ice, spice up, drinking games, several rounds, staff-dinners, after-parties, bond with, special occasions
마무리 문장	나의 답변 마무리	gatherings have not changed over the years

Model Answer
 MP3 16_A5

❶ To be honest, ❷ gatherings have NOT changed over the years.

❸ People often go to bars for social gatherings. They grab some drinks with their friends. Drinks break the ice and spice up the mood.

+ They sometimes play drinking games.

+ They sometimes do several ❹ rounds.

Plus, people sometimes go to bars for staff-dinners or after-parties.

It is a great chance to bond with co-workers.

Next, people sometimes go to bars for special occasions such as birthday parties.

+ year-end parties + anniversaries + welcome parties + farewell parties

❺ Once again, gatherings have NOT changed over the years.

Tips for Better Answer

* 14번 기출문제
* '술집' 주제의 '술집에서 하는 일들 과거와 현재 비교' 답변 그대로 활용

▶❶ = frankly speaking
actually로 문장을 시작하는 것도 자연스러움

▶❷ 과거와 현재 모임의 방식이 바뀌지 않았다고 말하며 현재완료형 have not changed 사용
핵심 단어인 gatherings를 시작 문장에 언급하기

▶❸ 과거와 현재의 활동이 다르지 않고 동일하므로 현재형 시제를 사용하여 묘사

▶❹ round: 한 차례
사람들이 함께 모여 비슷한 속도로 술을 한 잔씩 다 마셨을 때 a round라고 부름
round of drinks: 한 사람이 다른 사람들을 위해 술을 사는 것
Ex: This round is on me.
이번 차례는 내가 살게.

▶❺ 마무리 문장은 시작 문장을 그대로 반복하며 마무리 한다는 것을 알리기 위해 once again을 사용
= so, as I mentioned before, anyway, anyways
Ex: Anyways, gatherings have not changed that much.
그래서 모임은 그렇게 많이 바뀌지 않았다.

Key Expressions

- **social gathering** 사교 모임
- **grab drinks** 술을 조금 마시다
- **break the ice** 어색함을 깨다
- **spice up** 돋우다, 더 좋게 되다
- **do several rounds** 몇 차례 마시다
- **staff-dinners** 회식
- **after-parties** 파티 후의 또 다른 파티
- **bond with**
  ~와 친해지다, 유대감이 형성되다
- **special occasions** 특별한 경우
- **anniversaries** 기념일
- **farewell party** 송별회

솔직히 사교 모임은 지난 몇 년간 변하지 않았습니다. 사람들은 주로 친목 도모를 위해 술집에 갑니다. 친구들과 술을 마십니다. 술은 어색함을 깨고 분위기를 돋웁니다. (+ 사람들은 가끔 술 게임을 합니다. + 가끔 몇 차례까지 마십니다.) 또한, 가끔 회식이나 뒤풀이를 위해 술집에 갑니다. 동료들과 친해질 수 있는 좋은 기회입니다. 또한 생일 파티 같이 특별한 날에는 가끔 술집에 갑니다. (+ 송년회 + 기념일 + 환영회 + 송별회) 즉, 사교 모임은 몇 년 동안 변하지 않았습니다.

OPIc 질문에 대한 모범 답변을 살펴본 후, 질문의 핵심 포인트를 파악하여 나만의 OPIc 답변을 만들어보세요.

6 Gatherings and celebrations are important to people living in a city. However, the 🎧MP3 16_Q6 organization of these events takes time, energy and money. What are some issues related to organizing these events?

사교 모임과 축하 행사는 도시에 사는 사람들에게 중요합니다. 하지만 이러한 행사를 준비하려면 시간과 노력과 돈이 듭니다. 이런 행사 준비와 관련된 이슈에는 어떤 것들이 있나요?

Structure		Idea
시작 문장	주제 문장 소개	to be honest, do not think, problems when it comes to gatherings
본문	소셜 미디어 덕분에 쉬워진 모임 준비 설명	organizing gatherings, easier, social media, takes much less time and energy
마무리 문장	나의 답변 마무리	organizing gatherings has become much easier

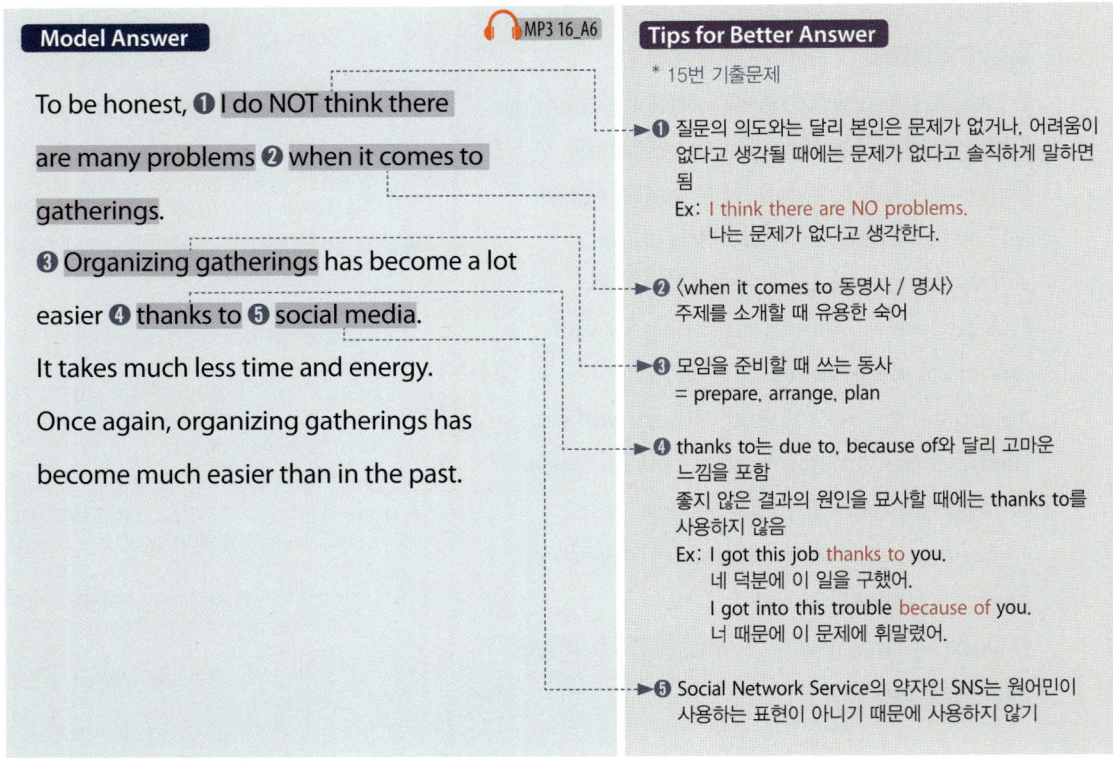

Model Answer 🎧MP3 16_A6

To be honest, ❶ I do NOT think there are many problems ❷ when it comes to gatherings. ❸ Organizing gatherings has become a lot easier ❹ thanks to ❺ social media. It takes much less time and energy. Once again, organizing gatherings has become much easier than in the past.

Tips for Better Answer

* 15번 기출문제

▶❶ 질문의 의도와는 달리 본인은 문제가 없거나, 어려움이 없다고 생각될 때에는 문제가 없다고 솔직하게 말하면 됨
Ex: I think there are NO problems.
나는 문제가 없다고 생각한다.

▶❷ ⟨when it comes to 동명사 / 명사⟩
주제를 소개할 때 유용한 숙어

▶❸ 모임을 준비할 때 쓰는 동사
= prepare, arrange, plan

▶❹ thanks to는 due to, because of와 달리 고마운 느낌을 포함
좋지 않은 결과의 원인을 묘사할 때에는 thanks to를 사용하지 않음
Ex: I got this job thanks to you.
네 덕분에 이 일을 구했어.
I got into this trouble because of you.
너 때문에 이 문제에 휘말렸어.

▶❺ Social Network Service의 약자인 SNS는 원어민이 사용하는 표현이 아니기 때문에 사용하지 않기

Key Expressions

• **when it comes to** ~에 관한 한
• **organize** 준비하다, 계획하다
• **thanks to** ~덕분에
• **social media** SNS, 소셜 미디어

솔직히 모임에 관한 한 문제점들이 많이 있다고 생각하지 않습니다. 모임 준비는 소셜 미디어 덕분에 예전보다 훨씬 쉬워졌습니다. 훨씬 시간과 힘이 덜 듭니다. 즉, 모임을 준비하는 것이 과거보다 훨씬 쉬워졌습니다.

IH 이상 등급을 받기 위해 문장을 늘리는 연습을 해보세요.

Question 4

1. After the party, there were a lot of leftovers.
   → After the party, there were a lot of leftovers, <u>so I had to put everything in the freezer</u>. (그래서 모든 것을 다 냉동실에 넣어야만 했다.)

2. I helped clean up after the party.
   → I helped clean up after the party <u>because two heads are better than one.</u> (한 명이 하는것 보다 두 명이 하는 것이 낫기 때문에)

Question 5

1. It is a great chance to bond with co-workers.
   → It is a great chance to bond with co-workers <u>because people can talk about their personal things.</u> (사람들은 개인적인 이야기를 할 수 있기 때문에)

2. Once again, gatherings have NOT changed over the years.
   → Once again, <u>the ways and places people have</u> gatherings have NOT changed over the years. (사람들이 모임을 갖는 방법과 장소는)

Question 6

1. Organizing gatherings has become a lot easier thanks to social media.
   → Organizing gatherings has become a lot easier thanks to social media <u>as people post a lot of useful information on it.</u> (사람들이 거기에 아주 많은 유용한 정보들을 올리기 때문에)

2. It takes much less time and energy.
   → It takes much less time and energy <u>unlike the old days when we could not get enough help.</u> (충분한 도움을 받을 수 없었던 예전과는 다르게)

OPlc 질문에 대한 모범 답변을 살펴본 후, 질문의 핵심 포인트를 파악하여 나만의 OPlc 답변을 만들어보세요.

7 Gatherings and celebrations in small towns are often different from those in big cities. Tell me about some of the similarities and differences between the celebrations people have in small towns and in big cities in your country. 🎧 MP3 16_Q7

작은 마을에서 열리는 사교 모임과 축하 행사는 대도시에서 열리는 것과는 다릅니다. 작은 마을과 대도시에서 열리는 행사들의 유사점과 차이점에 대해 말해주세요.

Structure		Idea
시작 문장	주제 문장 소개	to be honest, gatherings, pretty much the same
본문	두 도시간 모임의 차이가 없기 때문에 일반적인 모임 방법 묘사	go to bars, social gatherings, grab some drinks, break the ice, spice up, drinking games, several rounds, staff-dinners, after-parties, bond with, special occasions
마무리 문장	나의 답변 마무리	gatherings, pretty much the same

Model Answer 🎧 MP3 16_A7

To be honest, gatherings are ❶ pretty much the same ❷ wherever you are.
❸ People often go to bars for social gatherings.
They grab some drinks with their friends.
Drinks break the ice and spice up the mood.
+ They sometimes play drinking games.
+ They sometimes do several rounds.
Plus, people sometimes go to bars for staff-dinners or after-parties.
It is a great chance to bond with co-workers.
Next, people sometimes go to bars for special occasions such as birthday parties.
+ year-end parties + anniversaries + welcome parties + farewell parties
❹ Once again, gatherings are pretty much the same wherever you are.

Tips for Better Answer

* 14번 기출문제

❶ 과거와 현재 비교 질문이 나왔을 때 변한 부분이 크게 없다면 사용할 수 있는 문장
the same: 완전 같은, 똑같은
= exactly the same
pretty much the same: 거의 같은, 거의 똑같은
= almost the same
Ex: Drinks at bars are almost the same.
술집에 있는 술은 거의 다 똑같다.
What we do here is exactly the same.
우리가 여기서 하는 것은 완전 똑같다.

❷ wherever 주어+ 동사: 어디에서 (동사)를 하든지 복합관계부사 사용으로 등급 업!
Ex: I have gatherings wherever I go.
나는 어디를 가든지 모임을 가진다.
= no matter where you are

❸ 일반적으로 하는 행동이므로 현재형으로 묘사
술집에서 할 수 있는 다양한 행동을 설명
Ex: Some people buy a round for everyone in the bar.
어떤 사람들은 술집에 있는 모든 사람들에게 술을 산다.
People can listen to some live music at the bar.
술집에서 라이브 뮤직을 들을 수 있다.
Some people play darts.
어떤 사람들은 다트를 한다.

❹ 마무리 문장에는 답변의 핵심 단어인 gatherings, pretty much the same, wherever를 다시 한번 언급하기

Key Expressions

- **social gathering** 사교 모임
- **grab drinks** 술을 조금 마시다
- **break the ice** 어색함을 깨다
- **spice up** 돋우다, 더 좋게 되다
- **do several rounds** 몇 차례 마시다
- **staff-dinners** 회식
- **after-parties** 파티 후의 또 다른 파티
- **bond with**
  ~와 친해지다, 유대감이 형성되다
- **special occasions** 특별한 경우
- **anniversaries** 기념일
- **farewell party** 송별회

솔직히 어디에 있든지 모임은 거의 똑같습니다. 사람들은 주로 친목 도모를 위해 술집에 갑니다. 친구들과 술을 마십니다. 술은 어색함을 깨고 분위기를 돋웁니다. (+ 사람들은 가끔 술 게임을 합니다. + 가끔 몇 차까지 마십니다.) 또한, 가끔 회식이나 뒤풀이를 위해 술집에 갑니다. 회식은 동료들과 친해질 수 있는 좋은 기회입니다. 또한 생일 파티 같이 특별한 날에는 가끔 술집에 갑니다. (+ 송년회 + 기념일 + 환영회 + 송별회) 즉, 장소에 상관없이 사교 모임은 거의 똑같습니다.

데이터와 트렌드로 쉽게 취득하는 OPlc IH

OPIc 질문에 대한 모범 답변을 살펴본 후, 질문의 핵심 포인트를 파악하여 나만의 OPIc 답변을 만들어보세요.

8 What kinds of concerns do you hear people express when they have gatherings and celebrations in an area which you live? Do people complain about traffic, parking, noise, garbage or other problems? What do people in your area say about such celebrations? **MP3 16_Q8**

사교 모임이나 축하 행사에 대해 사람들이 가지는 우려는 어떤 것들이 있나요? 교통, 주차, 소음, 쓰레기 또는 다른 문제들에 대해 불평하나요? 그러한 축하 모임에 대해 사람들은 어떻게 말하나요?

Structure		Idea
시작 문장	주제 문장 소개	biggest concerns, overdrinking when it comes to gatherings
본문	모임에 나가 술에 취한 사람들로 인해 생기는 문제점 설명	often, get drunk, when they get drunk, make mistakes, cause trouble, get into fights
마무리 문장	나의 답변 마무리	should, drink in moderation at gatherings

Model Answer **MP3 16_A8**

One of the biggest concerns is ❶ overdrinking when it comes to gatherings.
❷ People often drink too much and get drunk.
❸ When they ❹ get drunk, they can make mistakes.
+ They can also cause trouble.
+ Some people even get into fights.
People should always drink ❺ in moderation at gatherings.

Tips for Better Answer

* 15번 기출문제

▶❶ = too much drinking, excessive drinking, binge drinking
Ex: My stomach is upset by the excessive drinking.
과음을 해서 속이 좋지 않다.

▶❷ 만취하는 일이 항상 발생하지 않기 때문에 빈도 부사 often 사용하여 일반화 피하기
술에 취하면 발생하는 일반적인 사건, 사고에 대해 말할 때에는 현재형 시제 사용

▶❸ 술에 취하는 것은 발생할 가능성이 높은 일이기 때문에 if 가 아닌 when 사용
Ex: If I got drunk, I would cause trouble.
내가 술에 취한다면 문제를 일으킬 것이다. (거의 술에 취할 확률이 없음)

When I get drunk, I cause trouble.
나는 술에 취하면 문제를 일으킨다. (문제를 일으키는 일이 많다는 뜻)

▶❹ get drunken (x)
'술에 취하다'는 언제나 get drunk 또는 be drunk 사용
drunken은 명사 앞에서 쓰임

▶❺ = moderately, properly

Key Expressions

- **concern** 걱정거리
- **overdrinking** 술을 많이 마시는 것, 과음
- **get drunk** 술에 취하다
- **make mistakes** 실수하다
- **cause** 유발하다, 야기하다
- **trouble** 문제점
- **get into fights** 싸움에 휘말리다
- **in moderation** 적당히, 적절하게

모임과 관련하여 가장 큰 문제 중 하나는 과음하는 것입니다. 사람들은 종종 술을 너무 많이 마시고 취합니다. 술에 취하면 실수를 할 수 있습니다. (+ 문제를 일으킬 수도 있습니다. + 어떤 술 취한 사람들은 심지어 싸움을 하기도 합니다.) 사람들은 모임에서 항상 적당히 술을 마셔야 합니다.

IH 이상 등급을 받기 위해 문장을 늘리는 연습을 해보세요.

Question 7

1. Drinks break the ice and spice up the mood.
   → Drinks break the ice and spice up the mood, <u>so it helps people open their minds more easily</u>. (그래서 사람들이 더 쉽게 마음의 문을 열게 한다.)

2. They sometimes play drinking games.
   → They sometimes play drinking games, <u>and they sometimes have a bet with others</u>. (그리고 다른 사람들과 내기를 하기도 한다.)

Question 8

1. When they get drunk, they can make mistakes.
   → When they get drunk, they can make mistakes <u>such as losing things or making a slip of the tongue</u>. (물건을 잃어버리거나 말 실수를 하는 것과 같은)

2. They can also cause trouble.
   → They can also cause trouble <u>because they cannot think straight</u>. (똑바로 생각할 수 없기 때문에)

Chapter 17

Parks / Walking

질문을 제대로 파악하는 것만으로도 성공적으로 시험을 치를 수 있습니다. OPIc에서 자주 출제되는 질문들을 알아보세요.

Parks

1 **You indicated in the survey that you go to parks with adults. Tell me about the kinds of parks that you like to visit. What do the parks look like?**

당신은 설문조사에서 어른들과 함께 공원에 간다고 했습니다. 즐겨 찾는 공원에 대해 말해주세요. 공원은 어떻게 생겼나요?

문항 유형	본인이 즐겨 가는 공원들 묘사
문항 수준	Intermediate
핵심 포인트	• 걷기 주제의 '본인의 평상시 산책 습관 묘사'와 함께 답변 대비
	• 본인이 공원에 가서 산책 하는 습관에 대해 묘사하기 때문에 주어 I 와 현재형 시제 사용
중요도	★★★

2 Describe what a typical visit to a park is like for you. Tell me about the things you do and see at parks.

일반적인 당신의 공원 방문에 대해 묘사해보세요. 공원에서 무엇을 하고 보는지에 대해 말해주세요.

문항 유형	공원에 가서 주로 하는 활동, 보는 것들 묘사
문항 수준	Intermediate
핵심 포인트	• 공원에 가서 할 수 있는 활동을 다양한 접속사를 사용하여 나열 • 평소 본인의 활동이기 때문에 주어 I 와 현재형 시제 사용하여 묘사
중요도	★

3 Tell me about the last time you went to a park. Which park was it? When was it that you went? Tell me everything you did from the moment you arrived at the park to the time you left.

최근 공원에 간 경험에 대해 말해주세요. 어떤 공원이었나요? 언제 갔나요? 공원에 도착한 순간부터 떠나기 전까지 한 모든 것을 말해주세요.

문항 유형	가장 최근에 공원에 가서 했던 일 묘사
문항 수준	Advanced
핵심 포인트	• 걷기 주제의 '최근 산책 경험 묘사'와 함께 답변 준비 • 과거에 공원에서 산책한 경험을 이야기하기 때문에 주어 I 와 과거형 시제 사용
중요도	★

4 How did you first start going to parks? What made you visit parks in the first place? Why do you go to parks now?

어떻게 처음 공원에 가기 시작했나요? 무엇 때문에 공원을 방문했나요? 요즘에는 왜 공원에 가나요?

문항 유형	공원에 처음 가기 시작한 계기와 이유 변화 설명
문항 수준	Advanced
핵심 포인트	• 산책 주제의 '처음으로 산책을 하게 된 계기와 이유 변화 설명'과 같은 답변 준비 • 처음 공원에 간 경험은 과거형 시제, 현재 공원에 가서 걷는 습관은 현재형 시제로 묘사 • 본인의 경험이기 때문에 주어는 I 사용
중요도	★★★

5 Tell me about a memorable experience you had at a park. Maybe there was a special event, or maybe something unexpected happened. Begin by giving me some background about when and where it was. And then, give me all the details about what happened.

공원에서 겪었던 기억에 남는 경험을 말해주세요. 특별한 행사가 있었을 수도 있고, 예상치 못한 일이 발생했을 수도 있습니다. 언제, 어디에 있었는지 사건의 배경에 대해 알려주세요. 그리고 나서, 무슨 일이 일어났는지 자세히 말해주세요.

문항 유형	공원에서 기억에 남는 에피소드 설명
문항 수준	Advanced
핵심 포인트	• 공원에서 우연히 아는 사람을 마주친 경험 설명 • 과거 경험이기 때문에 주어 I 와 과거형 시제 사용하여 묘사
중요도	★

6 Pick two popular parks that you know of. Tell me about their similarities and differences.

유명한 공원 두 곳을 고르고 유사점과 차이점에 대해 말해주세요.

문항 유형	본인이 알고 있는 두 공원 비교
문항 수준	Advanced
핵심 포인트	• 14번 기출문제 • 공원 주제의 '본인이 즐겨 가는 공원들 묘사'와 걷기 주제의 '본인의 평상시 산책 습관 묘사'와 함께 답변 대비 • 평상시 산책하러 가는 공원 2곳의 유사점과 차이점을 현재형 시제로 묘사
중요도	★★★

7 I would like to know about one of the issues parks are faced with. What are the challenges public parks are facing these days? Discuss what has caused those concerns. What kinds of steps need to be taken to address those issues?

공원이 직면하고 있는 문제들 중 하나에 대해 말해주세요. 요즘 공원이 직면하고 있는 문제점은 무엇인가요? 무엇이 그러한 우려를 야기하는지 말해주세요. 이러한 문제를 해결하기 위해 어떤 조치를 취해야 하나요?

문항 유형	공원들이 직면하고 있는 이슈 설명
문항 수준	Advanced
핵심 포인트	• 15번 기출문제 • 문제점으로 공원의 쓰레기에 관해 묘사 • 사람들이 걱정하는 현재 공원의 문제점이기 때문에 주어 people, parks, they 등 상황에 맞게 사용하며 현재형 시제로 묘사
중요도	★★★

8 Compare the activities that children do at parks to activities that adults do while they are there. What are the differences? How are the facilities at parks for children and adults different?

공원에서 어린이들이 하는 활동과 어른들이 하는 활동을 비교해보세요. 어떤 차이가 있나요? 어린이를 위한 시설과 어른을 위한 시설은 어떻게 다른가요?

문항 유형	공원에서 어른과 아이들 활동 / 시설 비교
문항 수준	Advanced
핵심 포인트	• 14번 기출문제 • 연령별로 공원에서 하는 다양한 활동들을 현재형 시제로 묘사 • 아이들, 어른들이 공원에서 하는 일이기 때문에 주어 adults, people, children, parks, they 등 상황에 맞게 사용
중요도	★

데이터와 트렌드로 쉽게 취득하는 OPIc IH

Walking

1 You indicated in the survey that you like to take walks. Talk about the things you do when you go for walks. Where do you normally go and how do you feel after taking walks?

설문조사를 통해 당신은 산책하는 것을 좋아한다고 했습니다. 산책할 때 하는 것들에 대해 이야기하세요. 보통 어디를 가고, 산책을 한 후의 기분은 어떤가요?

문항 유형	본인의 평상시 산책 습관 묘사
문항 수준	Intermediate
핵심 포인트	• 공원 주제의 '본인이 즐겨 가는 공원들 묘사'와 '본인이 알고 있는 두 공원 비교'와 함께 답변 대비 • 본인이 공원에 가서 산책 하는 습관에 대해 묘사하기 때문에 주어 I 위주로 묘사하며 현재형 시제 사용
중요도	★★★

2 Tell me about the last time you went for a walk. Where did you go to and what happened? What did you do to prepare for the walk? What did you do after you were done?

최근 산책을 갔던 경험에 대해 말해주세요. 어디로 갔고, 무슨 일이 있었나요? 산책 준비로 무엇을 했나요? 끝난 후에 무엇을 했나요?

문항 유형	최근 산책 경험 묘사
문항 수준	Advanced
핵심 포인트	• 공원 주제의 '가장 최근 공원에 가서 했던 일 묘사'와 함께 답변 준비 • 본인이 과거에 공원에서 산책한 경험을 이야기하기 때문에 주어 I 와 과거형 시제 사용
중요도	★

3 Now, tell me why you started to take walks in the first place. How has your interest in taking walks changed over the years? Why do you take walks now?

왜 산책을 처음 시작하게 되었는지 말해주세요. 지난 몇 년간 산책에 대한 당신의 관심은 어떻게 바뀌었나요? 지금은 왜 산책을 하나요?

문항 유형	처음으로 산책을 하게 된 계기와 이유 변화 설명
문항 수준	Advanced
핵심 포인트	• 공원 주제의 '공원에 처음 가기 시작한 계기와 이유 변화 설명'과 같은 답변 준비 • 처음 공원에 간 경험은 과거형 시제로, 현재의 공원에 가서 걷는 습관은 현재형 시제로 묘사 • 본인의 경험이기 때문에 주어는 I 사용
중요도	★★★

OPlc 질문에 대한 모범 답변을 살펴본 후, 질문의 핵심 포인트를 파악하여 나만의 OPlc 답변을 만들어보세요.

1-1 You indicated in the survey that you go to parks with adults. Tell me about the kinds of parks that you like to visit. What do the parks look like? 🎧 MP3 17_Q1-1
당신은 설문조사에서 어른들과 함께 공원에 간다고 했습니다. 즐겨가는 공원에 대해 말해주세요. 공원은 어떻게 생겼나요?

1-2 You indicated in the survey that you like to take walks. Talk about the things you do when you go for walks. Where do you normally go and how do you feel after taking walks? 🎧 MP3 17_Q1-2
설문조사를 통해 당신은 산책하는 것을 좋아한다고 했습니다. 산책할 때 하는 것들에 대해 이야기하세요. 보통 어디를 가고, 산책을 한 후의 기분은 어떤가요?

1-3 Pick two popular parks that you know of. Tell me about their similarities and differences. 🎧 MP3 17_Q1-3
유명한 공원 두 곳을 고르고 유사점과 차이점에 대해 말해주세요.

Structure		Idea
시작 문장	주제 문장 소개	park, my neighborhood, take walks
본문	산책하기 위해 자주 가는 공원 두 개 비교	exercise, walk my dog, sports facilities, another park, bigger, riverside park, nice view, take walks, sculptures, fountains, camping grounds, swimming pools, bridges
마무리 문장	나의 답변 마무리	two parks, take walks

Model Answer 🎧 MP3 17_A1

❶ There is a park in my neighborhood
❷ where I can take walks.
I can get ❸ some ❹ exercise there.
+ I often walk my dog there as well.
+ ❺ There are a lot of sports facilities at the park such as tennis courts.
❻ Meanwhile, there is another park that is much bigger.
It is a riverside park along the river.
I can enjoy the nice view when I take walks there.
+ There are some sculptures and fountains at that park.
+ There are also camping grounds and outdoor swimming pools.
+ There are also bridges crossing the river.
So, these are the two parks where I take walks.

Tips for Better Answer

* 14번 기출문제

▶ ❶ 〈there is + 단수 명사〉
동네에 있는 하나의 공원을 묘사하기 때문에 단수 명사 사용

▶ ❷ 핵심 표현 a park와 take walks을 동시에 언급하여 공원과 걷기 주제에 함께 사용 가능
산책을 한 번만 하는 것이 아닌 습관적으로 하기 때문에 take a walk가 아닌 take walks 사용

▶ ❸ some은 '조금, 약간의'라는 의미를 지닌 한정사로 불가산 명사, 복수 명사와 함께 쓰일 수 있음
some information, some water, some coffee, some money, some sleep 등 다양한 명사를 수식함
Ex: I exercise at the company gym.
회사 체육관에서 운동한다. (항상 그곳에서 한다.)
I get some exercise at the company gym, but I mostly work out at home.
회사 체육관에서도 운동을 하지만 주로 집에서 운동한다.

▶ ❹ = work out (cf. workout: 운동 (명사))
Ex: I can work out there.
나는 거기서 운동할 수 있다.
This workout helps you lose weight.
이 운동은 네가 살을 빼는 데 도움이 된다.

▶ ❺ 공원의 다양한 시설 나열
Ex: There are various types of sports facilities at the park such as tennis courts, basketball courts, and a jogging track.
공원에는 테니스장, 농구장, 조깅 트랙 같은 다양한 종류의 운동 시설이 있다.

▶ ❻ 앞서 언급한 것과 상반되는 것을 언급할 때에는 meanwhile, on the other hand로 문장 시작

| 데이터와 트렌드로 쉽게 취득하는 OPlc IH

- **neighborhood** 동네
- **exercise** 운동하다
- **walk dogs** 강아지를 산책시키다
- **sports facilities** 운동 시설
- **riverside park** 강가에 있는 공원, 강변 공원
- **take walks** 산책하다

- **sculptures** 조각품
- **fountains** 분수
- **camping grounds** 캠핑장
- **bridges** 다리

우리 동네에는 산책할 수 있는 공원이 있습니다. 그곳에서 운동을 할 수 있습니다. (+ 종종 그곳에서 강아지 산책을 시킵니다. + 공원에는 테니스 코트 등 스포츠 시설이 많습니다.) 한편, 훨씬 더 큰 공원이 하나 더 있습니다. 강을 따라 있는 강변 공원입니다. 거기서 산책을 하면 멋진 경치를 즐길 수 있습니다. (+ 공원에는 조각품과 분수가 있습니다. + 캠핑장과 야외수영장도 있습니다. + 강을 가로지르는 다리도 있습니다.) 이 곳들이 제가 산책하는 두 곳의 공원입니다.

OPIc 질문에 대한 모범 답변을 살펴본 후, 질문의 핵심 포인트를 파악하여 나만의 OPIc 답변을 만들어보세요.

2 Describe what a typical visit to a park is like for you. Tell me about the things you do and see at parks. 🎧 MP3 17_Q2

일반적인 당신의 공원 방문에 대해 묘사해보세요. 공원에서 무엇을 하고 보는지에 대해 말해주세요.

Structure		Idea
시작 문장	주제 문장 소개	go to parks, fresh air
본문	평소 공원에서 하는 활동 나열	take walks, walk my dog, sit, relax, enjoy the breeze, trees and flowers, pictures, from time to time
마무리 문장	나의 답변 마무리	these are, typically

Model Answer 🎧 MP3 17_A2

I ❶ usually go to ❷ parks to get some fresh air.

I ❸ sometimes take walks at the park.

Also, I sometimes walk my dog there.

Plus, I sometimes sit on a bench and relax.

Also, I sometimes just enjoy the breeze.

Plus, I sometimes just enjoy the trees and flowers.

Also, ❹ I take pictures at the park from time to time.

❺ So, these are the things I typically do at parks.

Tips for Better Answer

❶ 평소의 습관에 대해 묘사하기 때문에 부사 usually 사용
= normally, often, typically
Ex: I often go to parks to take walks.
나는 산책하기 위해 공원에 자주 간다.

❷ 하나의 특정한 공원에 대해 이야기하는 것이 아닌 평상시 가는 공원에 대해 이야기하기 때문에 복수형 parks와 현재형 시제 사용하기

❸ sometimes는 usually 보다 낮은 빈도수를 의미
= from time to time
Ex: I go to parks from time to time.
나는 가끔 공원에 간다.

❹ 사진은 보통 한 장만 찍는 것이 아니기 때문에 반드시 복수 명사 사용
Ex: I take a picture. 나는 사진을 한 장만 찍는다.
I take pictures. 나는 사진(들)을 찍는다.

❺ these are the things + 주어 + 동사: (주어)가 (동사)일 때 하는 것들이다
다양한 활동 나열 후 마무리 문장으로 추천
Ex: These are the things I do when I have staycations.
이것이 내가 집에서 휴가 보낼 때 하는 일이다.

Key Expressions
- **get some fresh air** 신선한 공기를 마시다
- **take walks** 산책하다
- **walk dog** 강아지를 산책 시키다
- **breeze** 상쾌한 바람
- **from time to time** 가끔
- **typically** 일반적으로, 전형적으로

저는 보통 신선한 공기를 마시러 공원에 갑니다. 저는 가끔 공원에서 산책을 합니다. 가끔 개를 산책시키기도 합니다. 또한, 저는 가끔 벤치에 앉아서 휴식을 취합니다. 가끔 상쾌한 바람도 즐깁니다. 또한 가끔 나무와 꽃을 즐깁니다. 공원에서 가끔 사진도 찍습니다. 이런 것들이 제가 일반적으로 공원에서 하는 것들입니다.

OPIc 질문에 대한 모범 답변을 살펴본 후, 질문의 핵심 포인트를 파악하여 나만의 OPIc 답변을 만들어보세요.

3-1 Tell me about the last time you went to a park. Which park was it? When was it 🎧 MP3 17_Q3-1 that you went? Tell me everything you did from the moment you arrived at the park to the time you left.

최근 공원에 간 경험에 대해 말해주세요. 어떤 공원이었나요? 언제 갔나요? 공원에 도착한 순간부터 떠나기 전까지 한 모든 것을 말해주세요.

3-2 Tell me about the last time you went for a walk. Where did you go to and what 🎧 MP3 17_Q3-2 happened? What did you do to prepare for the walk? What did you do after you were done?

최근 산책을 갔던 경험에 대해 말해주세요. 어디로 갔고, 무슨 일이 있었나요? 산책 준비로 무엇을 했나요? 끝난 후에 무엇을 했나요?

Structure		Idea
시작 문장	주제 문장 소개	remember, park, take a walk
본문	최근 공원에 가서 산책했던 경험 묘사	went there, after dinner, able to get, burn some calories, refreshed after the walk, parks, exercise
마무리 문장	나의 답변 마무리	what I did, park, recently

Model Answer 🎧 MP3 17_A3

I remember going to the park ❶ recently to ❷ take a walk.

❸ I went there with my family after dinner.

+ with my friend + with my co-worker

+ by myself

+ after lunch + in the evening

I ❹ was able to get some exercise and burn some calories.

I ❺ felt very refreshed after the walk.

I think parks are great places for exercise.

So, this was what I did at the park recently.

Tips for Better Answer

▶❶ 최근의 경험을 물었기 때문에 recently를 시작 문장에 사용하며 이 후에는 과거형 시제로 말하기

▶❷ 평상시 하는 산책이 아닌 최근에 한 특정 산책 경험에 대해 이야기하기 때문에 take walks가 아닌 take a walk 사용

▶❸ 질문에서 언제, 누구와 함께 갔는지 물었기 때문에 내용 추가 〈산책 준비로 쓸 수 있는 다양한 답변들〉
Ex: I changed into suitable clothes for walking.
나는 산책에 맞는 옷으로 갈아입었다.
I brought a bottle of water and some snack just in case.
혹시 몰라 물 한 병과 간식을 좀 챙겼다.

▶❹ 〈be able to + 동사 원형〉
조동사 can과 같은 의미이나 과거, 현재, 미래를 자유롭게 나타낼 수 있기 때문에 유용
Ex: I was able to travel alone.
나는 혼자서 여행할 수 있었다.
I am able to travel alone.
나는 혼자서 여행할 수 있다.
I will be able to travel alone.
나는 혼자서 여행할 수 있을 것이다.

▶❺ 사람의 감정을 나타낼 때에는 〈feel + 동사-ed〉로 표현
feel relaxed 긴장이 풀리다 / feel stressed 긴장을 하다 /
feel excited 신난다 / feel bored 심심하다

Key Expressions

- **recently** 최근에
- **take a walk** 산책하다
- **co-worker** 직장 동료
- **be able to** 할 수 있다
- **get exercise** 운동하다
- **burn calories** 칼로리를 태우다
- **refreshed** 상쾌한

최근에 산책하러 공원에 간 기억이 납니다. 저녁을 먹고 가족들과 함께 갔습니다. (+ 친구와 + 직장 동료와 + 혼자 + 점심식사 후에 + 저녁에) 운동도 하고 칼로리도 태울 수 있었습니다. 산책하고 나서 기분이 아주 상쾌했습니다. 저는 공원이 운동을 하기에 좋은 장소라고 생각합니다. 이것이 제가 최근에 공원에서 했던 일입니다.

IH 이상 등급을 받기 위해 문장을 늘리는 연습을 해보세요.

Question 1

1. I often walk my dog there as well.
   → I often walk my dog there as well <u>because there are off-leash areas</u>. (줄을 풀어 놓을 수 있는 공간이 있기 때문에)

2. There are a lot of sports facilities at the park such as tennis courts.
   → There are a lot of <u>fun and useful</u> sports facilities at the park <u>such as</u> tennis courts, <u>a bicycle track and a jogging track</u>. (재미있고 유용한 / 예를 들어 / 자전거 도로와 조깅 트랙)

3. It is a riverside park along the river.
   → It is a riverside park along the river, <u>so you can see people enjoying river cruising and yachting</u>. (그래서 유람선이나 요트를 즐기는 사람들을 볼 수 있다.)

Question 2

1. I usually go to parks to get some fresh air.
   → I usually go to parks <u>at night</u> to get some fresh air <u>because there are fewer people at that time</u>. (밤에 / 그때에는 사람들이 더 적기 때문에)

2. Plus, I sometimes sit on a bench and relax.
   → Plus, I sometimes sit on a bench and relax <u>because it helps me clear my head</u>. (머리를 맑게 하는 데 도움이 되기 때문에)

3. Also, I take pictures at the park from time to time.
   → Also, I take pictures <u>of myself working out and the scenery</u> at the park from time to time. (운동을 하는 나 자신과 경치를)

Question 3

1. I went there with my family after dinner.
   → I went there with my family after <u>having</u> dinner <u>at a decent Chinese restaurant</u>. (먹은 / 꽤 괜찮은 중식당에서)

2. I was able to get some exercise and burn some calories.
   → I was able to get some exercise <u>since there are many sports facilities</u> and burn some calories. (스포츠 시설이 많이 있기 때문에)

3. I felt very refreshed after the walk.
   → I felt very refreshed after the walk, <u>and it helped me sleep better at night</u>. (그리고 밤에 잠을 잘 자게 해주었다.)

OPIc 질문에 대한 모범 답변을 살펴본 후, 질문의 핵심 포인트를 파악하여 나만의 OPIc 답변을 만들어보세요.

4 **Tell me about a memorable experience you had at a park. Maybe there was a special** 🎧 MP3 17_Q4
event, or maybe something unexpected happened. Begin by giving me some background
about when and where it was. And then, give me all the details about what happened.

공원에서 겪었던 기억에 남는 경험을 말해주세요. 특별한 행사가 있었을 수도 있고, 예상치 못한 일이 발생했을 수도 있습니다. 언제, 어디에 있었는지 사건의 배경에 대해 알려주세요. 그리고 나서, 무슨 일이 일어났는지 자세히 말해주세요.

	Structure	Idea
시작 문장	주제 문장 소개	bumping into, park
본문	공원에서 우연히 친구를 마주친 경험 묘사	taking a walk, exercise, suddenly, saw, went over to, happy to see, asked, catching up
마무리 문장	나의 답변 마무리	incident, remember

Model Answer 🎧 MP3 17_A4

I remember ❶ bumping into my friend at a
park.
+ my co-worker + my teacher
+ my professor + my ex-boyfriend
❷ I was taking a walk to get some exercise.
❸ Suddenly, I saw one of my friends there.
I ❹ went over to her and said hi.
+ Suddenly, someone called my name.
I looked back and saw my friend.
I was very happy to see her.
We asked how each other was doing and
did a lot of catching up.
❺ So, this was the incident I remember.

Tips for Better Answer

▶❶ 〈bump into 명사〉
(누군가)와 우연히 마주치다 또는 (무언가에) 부딪히다
Ex: I bumped into my teacher from high school.
고등학교 때 선생님과 우연히 마주쳤다.
I bumped into something at night while driving.
밤에 운전하다가 어딘가에 부딪혔다.

▶❷ 사건이 생기기 전의 상황은 과거 진행형 사용하기
Ex: I was getting some fresh air at the park.
나는 공원에서 신선한 공기를 마시고 있었다.

▶❸ 예상하지 못했던 경험에 대해 말하기 전에 나오는 부사
= unexpectedly, out of the blue
Ex: I bumped into my friend unexpectedly.
나는 우연치 않게 친구와 마주쳤다.

▶❹ go over to 명사: (모임, 장소 등)으로 건너가다, 넘어가다, 향하다
'over'가 쓰여서 '~로 넘어가다'는 의미가 더 명확히 나타남
= approached, went to, went close to

▶❺ 간단하게 So, this is what I remember. 이라고 해도 됨

Key Expressions

- **bump into** 우연히 마주치다
- **co-worker** 직장 동료
- **go over to** ~에게 다가가다
- **look back** 뒤돌아보다
- **do catching up** 못다 한 이야기하다
- **incident** 사건

공원에서 친구와 마주쳤던 기억이 납니다. (+ 동료 + 선생님 + 교수님 + 예전 남자친구) 운동을 위해 산책 중이었습니다. 갑자기, 그곳에서 제 친구들 중 한 명을 보았습니다. 그녀에게 가서 인사했습니다. (+ 갑자기 누군가 제 이름을 불렀습니다. 뒤를 돌아보니 친구가 보였습니다.) 그녀를 만나서 매우 기뻤습니다. 우리는 서로 어떻게 지내는지 물어보고 못다 한 이야기를 했습니다. 이것이 제가 기억하는 사건입니다.

OPIc 질문에 대한 모범 답변을 살펴본 후, 질문의 핵심 포인트를 파악하여 나만의 OPIc 답변을 만들어보세요.

5-1 How did you first start going to parks? What made you visit parks in the first place? Why do you go to parks now?　🎧 MP3 17_Q5-1

어떻게 처음 공원에 가기 시작했나요? 무엇 때문에 공원을 방문했나요? 요즘에는 왜 공원에 가나요?

5-2 Now, tell me why you started to take walks in the first place. How has your interest in taking walks changed over the years? Why do you take walks now?　🎧 MP3 17_Q5-2

왜 산책을 처음 시작하게 되었는지 말해주세요. 지난 몇 년간 산책에 대한 당신의 관심은 어떻게 바뀌었나요? 지금은 왜 산책을 하나요?

Structure		Idea
시작 문장	주제 문장 소개	first, parks, fresh air
본문	처음 공원에 가서 한 일과 현재 공원에 가면 하는 일 비교	enjoyed, trees, flowers, sat on, the breeze, but these days, get some exercise, take walks, refreshed
마무리 문장	나의 답변 마무리	started to take walks

Model Answer　🎧 MP3 17_A5

I ❶ first ❷ started to go to parks to get some fresh air.
❸ I enjoyed the trees and flowers there.
I usually sat on a bench and enjoyed the breeze.
❹ But these days, I go to parks to get some exercise.
I go there to take walks whenever I can.
I feel very refreshed after I take walks.
So, this is why I started to take walks at parks.

Tips for Better Answer

❶ 처음 걷기를 시작하거나 공원에 가기 시작한 경험을 묻기 때문에 시작 문장에 핵심 표현인 first 넣기
Ex: I first got interested in listening to K-pop because of my friend.
나는 친구 덕분에 처음 K-pop에 관심을 가지기 시작했다.

❷ go 앞에 start를 넣음으로써 단순히 공원에 간 것이 아니라 가기 시작했다는 계기를 더 상세히 설명
Ex: I first went to parks.
나는 처음 공원에 갔다.
I first started to go to parks.
나는 처음으로 공원에 가기 시작했다.

❸ 과거에 한 행동이므로 used to 동사를 사용해도 됨
Ex: I used to go to parks to get some fresh air.
나는 상쾌한 공기를 마시기 위해 공원에 가곤 했었다.

❹ 현재 왜 공원에 가는지에 대해서 설명해야 하므로 But now, But these days를 넣어 내용 반전
Ex: But now, I go there to take walks.
하지만 이제 나는 산책을 하기 위해 간다.

Key Expressions

- **get some fresh air** 상쾌한 공기를 마시다
- **breeze** 상쾌한 공기
- **get exercise** 운동하다
- **take walks** 산책하다
- **refreshed** 상쾌한

저는 신선한 공기를 마시기 위해 처음 공원에 가기 시작했습니다. 그곳에서 나무와 꽃을 즐겼습니다. 보통 벤치에 앉아서 상쾌한 공기를 즐겼습니다. 하지만 요즘은 운동을 하러 공원에 갑니다. 저는 틈만 나면 산책을 하러 갑니다. 산책을 하고 나면 기분이 매우 상쾌해집니다. 즉, 이것이 제가 공원에서 산책하기 시작한 이유입니다.

OPIc 질문에 대한 모범 답변을 살펴본 후, 질문의 핵심 포인트를 파악하여 나만의 OPIc 답변을 만들어보세요.

6 Compare the activities that children do at parks to activities that adults do while ⌂ MP3 17_Q6 they are there. What are the differences? How are the facilities at parks for children and adults different?

공원에서 어린이들이 하는 활동과 어른들이 하는 활동을 비교해보세요. 어떤 차이가 나나요? 어린이를 위한 시설과 어른을 위한 시설은 어떻게 다른가요?

Structure		Idea
시작 문장	주제 문장 소개	adults, exercise, fresh air
본문	어른들과 어린이들이 공원에서 하는 활동 비교	some people take walks, bikes, walk their dogs, do various sports, sports facilities, such as, on the other hand, children, hang out, playgrounds, go on rides, swings, slides, sand, ball
마무리 문장	나의 답변 마무리	adults, children, different reasons

Model Answer ⌂ MP3 17_A6

❶ Adults go to parks to get some exercise or get some fresh air.

❷ Some people ❸ take walks or ride bikes.

Some people walk their dogs.

❹ Some people do various sports.

There are a lot of sports facilities for adults such as tennis courts.

❺ On the other hand, children go to parks to hang out with their peers.

Parks have playgrounds for kids.

They go on rides such as swings or slides.

They also play with the sand or play with a ball there.

So, adults and children go to parks for different reasons.

Tips for Better Answer

* 14번 기출문제

▶❶ 어른들이 공원에 가서 하는 일들에 대해 이야기하기 위해 핵심 표현인 adults와 parks를 시작 문장에 넣기
Ex: In case of adults, they go to parks to get some exercise.
어른들의 경우에는, 운동을 하기 위해 공원에 간다.
평상시 하는 일이기 때문에 현재형 시제 사용

▶❷ 모든 사람들이 하는 행동이 아닌 몇몇 사람들이 하는 행동이기 때문에 한정사 some 사용
일반화를 피하기 위해 most, some, many와 같은 다양한 한정사 사용
Ex: People like travelling.
(모든) 사람들이 여행을 좋아한다.
Some people like travelling.
어떤 사람들은 여행을 좋아한다.

▶❸ 공원에서 자주 하는 일들이기 때문에 복수 명사 (take walks, ride bikes, dogs, sports, tennis courts) 사용

▶❹ 답변 양 확보를 위해 공원에서 사람들이 하는 다양한 운동의 종류 나열
Ex: Some people play tennis and some people play basketball.
어떤 사람들은 테니스를 치고 어떤 사람들은 농구를 한다.

▶❺ 반대로 아이들이 공원에서 하는 행동에 대해 언급하기 때문에 내용 전환을 위한 접속사 활용
핵심 표현인 children, go to parks 언급하기

Key Expressions

- **adult** 어른
- **take walks** 산책하다
- **ride bikes** 자전거 타다
- **walk their dogs** 강아지를 산책시키다
- **sports facilities** 스포츠 시설
- **on the other hand** 그와 반면에
- **hang out** 어울려 놀다
- **playgrounds** 놀이터
- **go on rides** 놀이기구를 타다
- **swings** 그네
- **slides** 미끄럼틀

어른들은 운동을 하거나 신선한 공기를 마시러 공원에 갑니다. 어떤 사람들은 산책을 하거나 자전거를 탑니다. 어떤 사람들은 개를 산책시킵니다. 어떤 사람들은 다양한 스포츠를 합니다. 테니스장 같은 어른들을 위한 스포츠 시설들이 많이 있습니다. 반면에, 어린이들은 친구들과 어울려 놀기 위해 공원에 갑니다. 공원에는 아이들을 위한 놀이터가 있습니다. 아이들은 그네나 미끄럼틀 같은 놀이기구를 탑니다. 또한 모래를 가지고 놀거나 공을 가지고 놀기도 합니다. 즉, 어른들과 아이들은 다른 이유로 공원에 갑니다.

OPIc 질문에 대한 모범 답변을 살펴본 후, 질문의 핵심 포인트를 파악하여 나만의 OPIc 답변을 만들어보세요.

7 I would like to know about one of the issues parks are faced with. What are the challenges public parks are facing these days? Discuss what has caused those concerns. What kinds of steps need to be taken to address those issues?

🎧 MP3 17_Q7

공원이 직면하고 있는 문제들 중 하나에 대해 말해주세요. 요즘 공원이 직면하고 있는 문제점은 무엇인가요? 무엇이 그러한 우려를 야기하는지 말해주세요. 이러한 문제를 해결하기 위해 어떤 조치를 취해야 하나요?

Structure		Idea
시작 문장	주제 문장 소개	biggest issues, garbage
본문	공원의 쓰레기 문제에 대해 설명	throw away, do not know any better, littering, irresponsible, be punished
마무리 문장	나의 답변 마무리	biggest issues, garbage

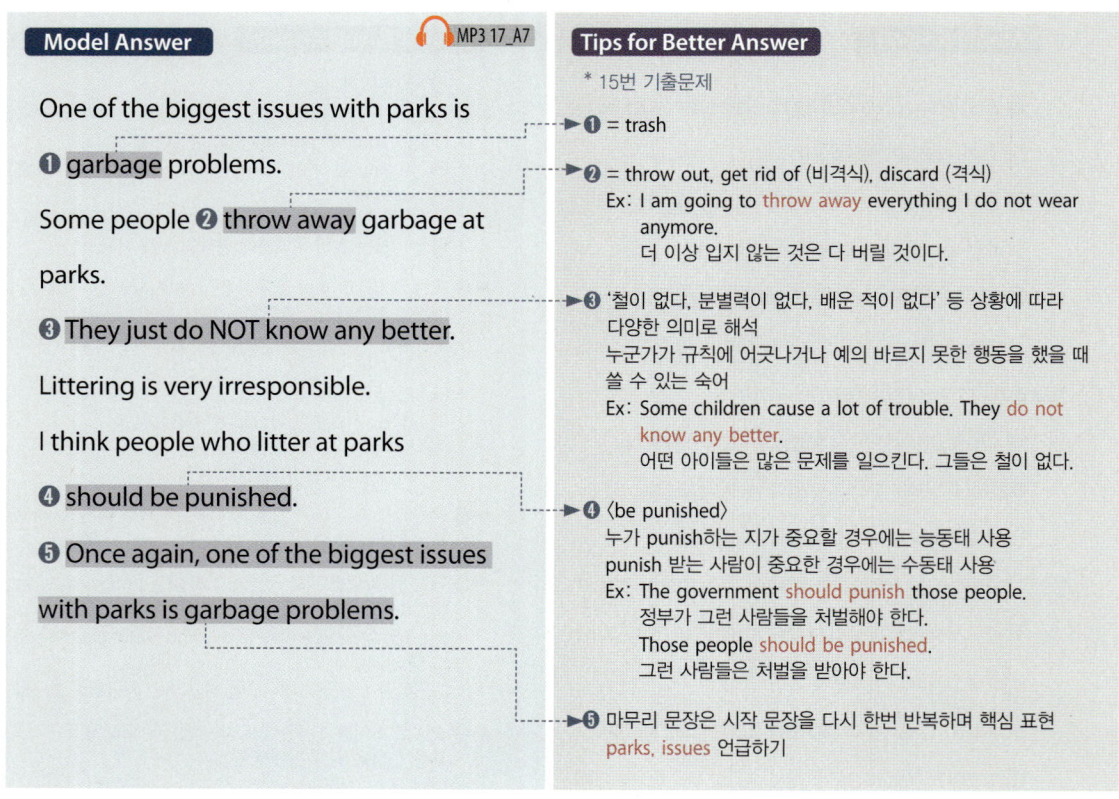

Model Answer 🎧 MP3 17_A7

One of the biggest issues with parks is

❶ garbage problems.

Some people ❷ throw away garbage at

parks.

❸ They just do NOT know any better.

Littering is very irresponsible.

I think people who litter at parks

❹ should be punished.

❺ Once again, one of the biggest issues

with parks is garbage problems.

Tips for Better Answer

* 15번 기출문제

▶❶ = trash

▶❷ = throw out, get rid of (비격식), discard (격식)
Ex: I am going to throw away everything I do not wear anymore.
더 이상 입지 않는 것은 다 버릴 것이다.

▶❸ '철이 없다, 분별력이 없다, 배운 적이 없다' 등 상황에 따라 다양한 의미로 해석
누군가가 규칙에 어긋나거나 예의 바르지 못한 행동을 했을 때 쓸 수 있는 숙어
Ex: Some children cause a lot of trouble. They do not know any better.
어떤 아이들은 많은 문제를 일으킨다. 그들은 철이 없다.

▶❹ 〈be punished〉
누가 punish하는 지가 중요할 경우에는 능동태 사용
punish 받는 사람이 중요한 경우에는 수동태 사용
Ex: The government should punish those people.
정부가 그런 사람들을 처벌해야 한다.
Those people should be punished.
그런 사람들은 처벌을 받아야 한다.

▶❺ 마무리 문장은 시작 문장을 다시 한번 반복하며 핵심 표현
parks, issues 언급하기

Key Expressions

- **garbage** 쓰레기
- **throw away** 버리다
- **littering** 쓰레기를 버리는 것
- **irresponsible** 책임감 없는
- **litter** 버리다
- **be punished** 처벌 받다

공원의 가장 큰 문제 중 하나는 쓰레기 문제입니다. 어떤 사람들은 공원에서 쓰레기를 버립니다. 그들은 분별력이 없습니다. 쓰레기를 버리는 것은 매우 무책임한 일입니다. 공원에서 쓰레기를 버리는 사람들은 처벌을 받아야 한다고 생각합니다. 즉, 공원의 가장 큰 문제 중 하나는 쓰레기 문제입니다.

IH 이상 등급을 받기 위해 문장을 늘리는 연습을 해보세요.

Question 4

1. I was very happy to see her.
   → I was very happy to see her <u>because I had not seen her for ages</u>. (아주 오랫동안 그녀를 보지 못했었기 때문에)

2. So, this was the incident I remember.
   → So, this was the incident I remember <u>which happened at the park I often visit</u>. (내가 자주 방문하는 공원에서 발생한)

Question 5

1. I first started to go to parks to get some fresh air.
   → I first started to go to parks to get some fresh air <u>and take some pictures</u>. (그리고 사진을 찍기 위해)

2. But these days, I go to parks to get some exercise.
   → But these days, I go to parks <u>which have various types of sports facilities</u> to get some exercise <u>for my health</u>. (다양한 종류의 운동 시설이 있는 / 나의 건강을 위해)

Question 6

1. Adults go to parks to get some exercise or get some fresh air.
   → Adults go to parks to get some exercise or get some fresh air, <u>mostly by themselves</u>. (주로 각자)

2. Some people do various sports.
   → Some people do various sports <u>like skateboarding, riding bikes, and jogging</u>. (스케이트보드 타기, 자전거 타기 그리고 조깅과 같은)

3. Parks have playgrounds for kids.
   → Parks have playgrounds <u>and many fun facilities</u> for kids. (그리고 다양한 재미있는 시설들)

Question 7

1. One of the biggest issues with parks is garbage problems.
   → One of the biggest <u>and the most serious</u> issues with parks <u>in the city</u> is garbage problems. (그리고 가장 심각한 / 도시에 있는)

2. Some people throw away garbage at parks.
   → Some people throw away garbage at parks <u>even though there are trash cans</u>. (쓰레기통이 있음에도 불구하고)

Chapter 18

Domestic Trips

빈출 주제 파악하기

질문을 제대로 파악하는 것만으로도 성공적으로 시험을 치를 수 있습니다. OPIc에서 자주 출제되는 질문들을 알아보세요.

1 **You indicated in the survey that you like to travel domestically. Tell me about some of the places you like to travel to and why you like going there.**

당신은 국내에서 휴가를 보낸다고 했습니다. 여행 가기 좋아하는 장소가 어디인지, 왜 좋아하는지 말해주세요.

문항 유형	좋아하는 국내 여행 장소들 묘사
문항 수준	Intermediate
핵심 포인트	• 본인이 평소에 자주 가는 장소에 대해 묻기 때문에 현재형 시제와 주어 I 사용
	• 해변 묘사에 어울리는 형용사를 많이 사용
중요도	★★★

데이터와 트렌드로 합격을 취득하는 OPIc IH

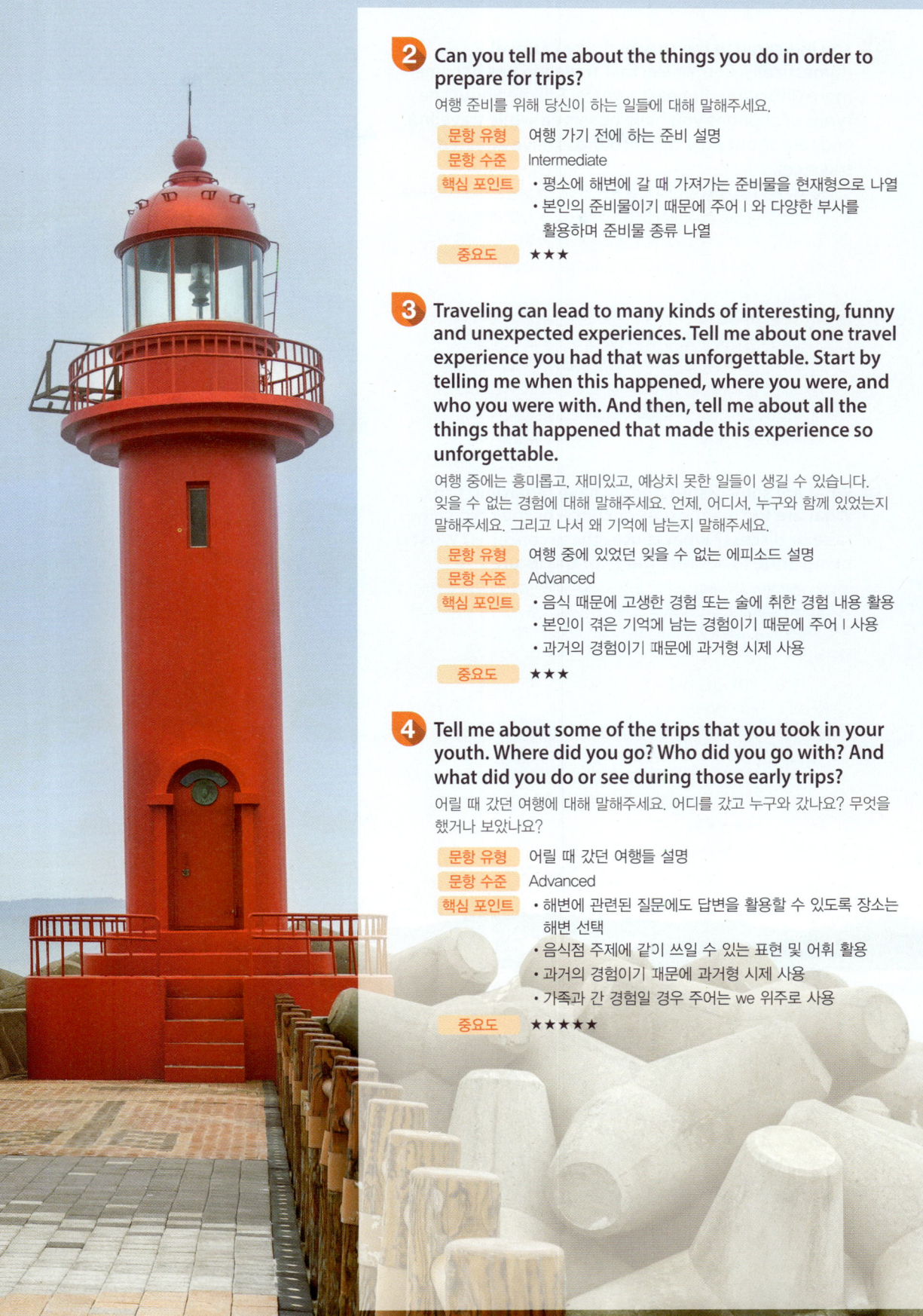

2 Can you tell me about the things you do in order to prepare for trips?

여행 준비를 위해 당신이 하는 일들에 대해 말해주세요.

문항 유형	여행 가기 전에 하는 준비 설명
문항 수준	Intermediate
핵심 포인트	• 평소에 해변에 갈 때 가져가는 준비물을 현재형으로 나열 • 본인의 준비물이기 때문에 주어 I 와 다양한 부사를 활용하며 준비물 종류 나열
중요도	★★★

3 Traveling can lead to many kinds of interesting, funny and unexpected experiences. Tell me about one travel experience you had that was unforgettable. Start by telling me when this happened, where you were, and who you were with. And then, tell me about all the things that happened that made this experience so unforgettable.

여행 중에는 흥미롭고, 재미있고, 예상치 못한 일들이 생길 수 있습니다. 잊을 수 없는 경험에 대해 말해주세요. 언제, 어디서, 누구와 함께 있었는지 말해주세요. 그리고 나서 왜 기억에 남는지 말해주세요.

문항 유형	여행 중에 있었던 잊을 수 없는 에피소드 설명
문항 수준	Advanced
핵심 포인트	• 음식 때문에 고생한 경험 또는 술에 취한 경험 내용 활용 • 본인이 겪은 기억에 남는 경험이기 때문에 주어 I 사용 • 과거의 경험이기 때문에 과거형 시제 사용
중요도	★★★

4 Tell me about some of the trips that you took in your youth. Where did you go? Who did you go with? And what did you do or see during those early trips?

어릴 때 갔던 여행에 대해 말해주세요. 어디를 갔고 누구와 갔나요? 무엇을 했거나 보았나요?

문항 유형	어릴 때 갔던 여행들 설명
문항 수준	Advanced
핵심 포인트	• 해변에 관련된 질문에도 답변을 활용할 수 있도록 장소는 해변 선택 • 음식점 주제에 같이 쓰일 수 있는 표현 및 어휘 활용 • 과거의 경험이기 때문에 과거형 시제 사용 • 가족과 간 경험일 경우 주어는 we 위주로 사용
중요도	★★★★★

5 You indicated in the survey that you travel domestically. People say that traveling has become more difficult in the past 5 years. Tell me about the types of changes you have observed while traveling and talk about how these changes have affected travelers.

당신은 사전 조사를 통해 국내에서 휴가를 보낸다고 답했습니다. 사람들은 지난 5년 동안 여행이 더 어려워졌다고 말합니다. 당신이 여행 중에 느낀 변화와 이러한 변화가 여행자들에게 어떤 영향을 미쳤는지 말해주세요.

| 문항 유형 | 지난 5년간 여행이 더 어려워진 이유 설명 |

| 문항 수준 | Advanced |

핵심 포인트
- 여행이 오히려 더 편해졌다는 답변으로 바꾸기
- 현재 여행 특징에 대해 말할 때에는 현재형으로 묘사
- 과거와 현재의 차이점을 비교할 때에는 현재완료형 사용
- traveling, transportation, driving 등 여행과 관련된 다양한 주어 사용

| 중요도 | ★★★★★ |

6 What are some issues people have regarding trips? What are the main issues or concerns they typically raise or discuss? What causes these concerns? What is being done to address them for the future?

여행과 관련하여 사람들이 가지고 있는 이슈는 무엇인가요? 일반적으로 제기하거나 토론하는 주요 이슈나 우려 사항은 무엇인가요? 이러한 우려는 무엇 때문인가요? 미래를 위해 그러한 우려 사항이 어떻게 다루어지고 있나요?

| 문항 유형 | 여행 관련해서 사람들이 갖고 있는 걱정 설명 |

| 문항 수준 | Advanced |

핵심 포인트
- 사람들이 관심 가지는 이슈에 대해 말하기 때문에 주어는 people, they 사용
- 현재 관심을 가지고 있고 아직 해결되지 못한 문제이기 때문에 현재형과 현재완료형 시제 사용

| 중요도 | ★★★★★ |

OPIc 질문에 대한 모범 답변을 살펴본 후, 질문의 핵심 포인트를 파악하여 나만의 OPIc 답변을 만들어보세요.

1 **You indicated in the survey that you like to travel domestically. Tell me about some of the places you like to travel to and why you like going there.**  MP3 18_Q1

당신은 국내에서 휴가를 보낸다고 하였습니다. 여행 가기 좋아하는 장소가 어디인지, 왜 좋아하는지 말해주세요.

Structure		Idea
시작 문장	주제 문장 소개	tons of beaches, peninsula
본문	좋아하는 여행 장소로 해변 선택 후 장소 묘사 및 자주 가는 식당 묘사	go to the beach, south coast of Korea, well-known beaches, gets extremely crowded, things to do
마무리 문장	나의 답변 마무리	my favorite beach

Model Answer
MP3 18_A1

Korea has ❶ tons of beaches because it is a peninsula.

I like to go to the beach in the summer.

❷ One of my favorite beaches is Haeundae.

It is in a coastal city called Busan, which is on the ❸ south coast of Korea.

It is one of the most ❹ well-known beaches in Korea.

It gets extremely crowded during the peak season.

There are tons of things to do near the beach.

So, this is what my favorite beach looks like.

Tips for Better Answer

* 해변 주제가 나왔을 때 활용할 수 있도록 좋아하는 국내 여행 장소는 해변을 위주로 묘사

▶❶ 매우 많은, 수많은
= many, a lot of, numerous
Ex: Korea has numerous beaches on the east side.
한국의 동쪽에는 수없이 많은 해변이 있다.

▶❷ one of the + 최상급 형용사 + 복수 명사: 가장 (형용사)한 (명사)들 중의 하나
Ex: It is one of the most famous restaurants in my town.
우리 동네에서 가장 유명한 식당들 중 하나이다.

▶❸ 남쪽 해안가
= southern coast
southeastern 동남의 / southwestern 서남의
northeastern 북동의 / northwestern 북서의

▶❹ 해변 또는 다른 장소도 묘사할 수 있는 다양한 형용사 활용
popular, famous 유명한 / picturesque 그림 같은 / spectacular 장관의 / stunning 놀라운
Ex: Halla Mountain is one of the most picturesque and stunning mountains in Korea.
한라산은 한국에서 가장 그림 같고 놀라운 산들 중 하나다.

Key Expressions

- **peninsula** 반도
- **favorite** 가장 좋아하는
- **coastal city** 해안 도시
- **well-known** 잘 알려진
- **get crowded** 사람들로 북적이다, 혼잡해지다
- **peak season** 성수기

한국은 반도이기 때문에 해변이 많습니다. 저는 여름에 해변에 가는 것을 좋아합니다. 제가 제일 좋아하는 해변 중 하나는 해운대입니다. 이곳은 부산이라고 하는 해안 도시에 있으며, 이 도시는 한국의 남쪽 해안가에 있습니다. 이곳은 한국에서 가장 잘 알려진 해변들 중 하나입니다. 성수기 때는 매우 혼잡해집니다. 해변 근처에서는 할 수 있는 일이 매우 많습니다. 제가 좋아하는 해변은 이렇게 생겼습니다.

OPIc 질문에 대한 모범 답변을 살펴본 후, 질문의 핵심 포인트를 파악하여 나만의 OPIc 답변을 만들어보세요.

2 Tell me about some of the trips that you took in your youth. Where did you go? Who did you go with? And what did you do or see during those early trips?

어릴 때 갔던 여행에 대해 말해주세요. 어디를 갔고 누구와 갔나요? 무엇을 했거나 보았나요?

Structure		Idea
시작 문장	주제 문장 소개	dinner, remember, going to the beach quite often, when I was a kid
본문	어릴 때 갔던 해변에서 한 일들과 즐겨 먹었던 음식 묘사	stayed at a beachside hotel, ocean view, cabin, used to swim, play in the sand, play with a ball, go on some water rides, barbeque, juicy, tender, play all night long, firecrackers, fireworks
마무리 문장	나의 답변 마무리	looking back, most memorable trips in my childhood

Model Answer 🎧 MP3 18_A2

❶ I remember going to the beach quite often with my family when I was a kid.
We often stayed at a beachside hotel that had a great ocean view.
+ We often stayed at a beachside ❷ cabin right in front of the beach.
During the day, ❸ we used to swim in the ocean.
+ Also, we used to play in the sand on the beach.
+ Plus, we used to play with a ball on the beach.
+ Also, we used to ❹ go on some water rides.
+ Also, we used to pick up seashells on the seashore.
+ Plus, we used to catch some clams and crabs on the beach.
For lunch, we used to go out for some food.
❺ I remember having steak, pizza, hamburgers and pasta.
+ raw fish + shrimp + octopus + squid
+ lobster + crab + shell fish

Tips for Better Answer

* '어릴 때 간 해변에서의 경험'을 묻는 질문에도 동시에 대비할 수 있도록 방문한 장소를 해변으로 묘사

▶❶ 과거의 경험을 이야기할 때 시작 문장에는 언제, 누구와, 어디를 갔는지 한 줄로 요약해서 말하기 연습 필수
　　Ex: I remember going to a nice restaurant with my friend last week.
　　　　지난주에 친구와 멋진 음식점에 간 기억이 난다.

▶❷ 펜션은 broken English!
　　cabin이라고 표현하기
　　〈다양한 호텔의 종류〉
　　budget and value hotel 가성비 좋은 호텔
　　resort hotel 리조트 호텔
　　business hotel 비즈니스 호텔
　　bed and breakfast 민박 (간단한 잠자리와 식사를 제공)
　　chain hotels 체인 호텔

▶❸ used to 동사: 과거에 (동사)하곤 했었다
　　과거에 반복적으로 했던 행동을 묘사할 때 주로 활용
　　과거의 경험을 묻는 질문이 나올 때 자주 사용하면 등급 업!
　　Ex: My family used to eat out once a week.
　　　　우리 가족은 일주일에 한 번 외식을 하곤 했다.

▶❹ get on (go on) some rides: 놀이기구를 타다
　　amusement park: 놀이동산
　　Ex: When I was young, I used to get on (go on) some rides at the amusement park.
　　　　어릴 때 놀이동산에서 놀이기구를 타곤 했다.

▶❺ 가장 쉽게 충분한 답변 양을 확보하는 방법
　　다양한 종류의 음식을 생각하듯이 천천히 말하기

For dinner, we used to have a barbeque at our cabin.

+ We grilled meat, sausages and mushrooms on the grill.

+ The meat was so ❻ juicy and tender.

The food always tasted extra good because I was starving.

After having dinner, we used to play all night long.

+ Plus, we played with some firecrackers on the beach.

+ Also, we watched fireworks near the beach.

❼ Looking back, it was some of the most memorable trips in my childhood.

▶ ❻ 육즙이 많고 부드러운
음식을 표현하는 형용사로 음식점, 음식 주제에 활용가능
bitter 쓴 / sweet 단 / dry 건조한 / bland 싱거운
spicy 매운 / savory 풍미 있는 / rich 맛이 진한
salty 짠 / greasy 느끼한 / crunchy 바삭한

▶ ❼ 과거의 경험을 이야기한 후 마무리할 때 가장 유용한
문장이기 때문에 반드시 외우기!
Ex: Looking back, it was one of the most unforgettable experiences I had.
뒤돌아 보면, 가장 기억에 남는 경험 중 하나였다.

Key Expressions

- **quite often** 꽤 자주
- **beachside** 해안가 옆
- **ocean view** 해변이 보이는 경치
- **seashell** 조개
- **seashore** 바닷가
- **play with the sand** 모래를 가지고 놀다
- **play with a ball** 공을 가지고 놀다
- **clam** 조개
- **crab** 게
- **water rides** 물놀이 기구
- **go out** 나가다

- **raw fish** 회
- **octopus** 문어
- **squid** 오징어
- **grill** 화로, 굽다
- **juicy** 육즙이 많은
- **tender** 부드러운
- **be starving** 배가 매우 고프다
- **all night long** 밤새도록
- **firecracker** 불꽃놀이
- **memorable** 기억에 남는

어릴 때 가족들과 함께 바닷가에 자주 갔던 기억이 납니다. 우리는 종종 바다가 보이는 해변가 호텔에 묵었습니다. (+ 바다가 바로 앞에 있는 해변가 펜션에 종종 묵었습니다.) 낮에는 바다에서 수영을 하곤 했습니다. (+ 또한, 우리는 해변에서 모래를 가지고 놀았습니다. + 또한 우리는 해변에서 공을 가지고 놀았습니다. + 또한, 우리는 물놀이 기구도 탔습니다. + 또한, 우리는 바닷가에서 조개를 줍곤 했습니다. + 그리고 우리는 해변에서 조개와 게를 잡곤 했습니다.)
점심때에는 외식을 했습니다. 그때 스테이크, 피자, 햄버거, 파스타를 먹은 기억이 납니다. (+ 회, 새우, 문어, 오징어, 랍스터, 게, 조개) 저녁으로는 숙소에서 바비큐를 하곤 했습니다. (+ 고기, 소시지, 버섯을 구웠습니다. + 고기가 육즙이 많고 부드러웠습니다.) 저는 항상 배가 고팠기 때문에 음식이 매우 맛있었습니다. 저녁을 먹은 후에는 밤새 놀았습니다. (+ 게다가 우리는 해변에서 불꽃놀이를 했습니다. + 또한 해변 근처에서 불꽃놀이를 보았습니다.) 뒤돌아보면, 이 여행이 어릴 때 간 가장 기억에 남는 여행 중 하나였습니다.

OPIc 질문에 대한 모범 답변을 살펴본 후, 질문의 핵심 포인트를 파악하여 나만의 OPIc 답변을 만들어보세요.

3 **Can you tell me about the things you do in order to prepare for trips?** 🎧 MP3 18_Q3

여행 준비를 위해 당신이 하는 일들에 대해 말해주세요.

Structure		Idea
시작 문장	주제 문장 소개	pack tons of things, heavy packer
본문	평상시 여행을 갈 때 가져가는 준비물 나열	suitable clothes, swimsuit, sunglasses, flip-flops, warm jacket, rash guard, toiletries and cosmetics pouch, toothbrush, toothpaste, shampoo, towel, sunblock
마무리 문장	나의 답변 마무리	these are the things I pack

Model Answer 🎧 MP3 18_A3

I pack tons of things before I go on ❶ trips.

I am a ❷ heavy packer.

+ I do NOT pack ❸ that many things before

I go on trips. I am a light packer.

First, I pack ❹ suitable clothes for the weather.

I ❺ make sure to pack my swimsuit and my

sunglasses.

+ a cap + a hat + a warm jacket

+ my flip-flops + my rash guard

Also, I pack my toiletries and cosmetics pouch.

I pack my razor, shaving cream, toothbrush,

toothpaste and shampoo.

I also pack my own towel and some sunblock.

Plus, I make sure to pack some emergency

medicine.

So, these are the things I pack before I go on

trips.

Tips for Better Answer

* '해변에 갈 때 가져가는 준비물'과 동시에 대비할 수 있도록 여행 갈 때 가져가는 준비물로 해변과 관련된 물건 반드시 언급하기

▶❶ 한 번의 여행이 아닌 여행을 갈 때마다 가져가는 준비물을 묘사하는 것이기 때문에 trip도 복수 명사 사용

▶❷ pack + 부사: (부사)하게 짐을 싸다
Ex: I tend to pack heavy(heavily). 나는 무겁게 짐을 싸는 경향이 있다.

형용사 + packer: (형용사)하게 짐을 싸는 사람
Ex: heavy / light packer 짐을 무겁게 / 가볍게 싸는 사람
heavy drinker 술을 많이 마시는 사람

▶❸ that: '그렇게 까지는, 그 정도까지는' 이라는 의미로 many things를 꾸밈
부정문에 특히 많이 쓰임
Ex: I do not bring many things when I travel.
난 여행 갈 때 많이 가져가지 않는다.
I do not bring that many things when I travel.
난 여행 갈 때 그렇게까지 많이 가져가지는 않는다.

▶❹ 발음 유의
suitable 슈터블 (x) 쑤~터블 (o)

▶❺ make sure to + 동사 / make sure 주어 + 동사
누가 (주어) 그 행동 (동사)을 하는지가 중요할 때는 make sure 주어 + 동사 활용
Ex: I make sure to email you. 너에게 이메일을 보내겠다. (누가 보낼 것인지 명확하지 않음)
I make sure I will email you. 내가 너에게 이메일을 보내겠다. (내가 보낼 것임이 명확)

Key Expressions

- **heavy packer** 짐을 무겁게 싸는 사람
- **light packer** 짐을 가볍게 싸는 사람
- **pack** 싸다, 가져가다
- **suitable** 어울리는
- **make sure** ~를 확실히 하다
- **swimsuit** 수영복
- **toiletries** 세면도구
- **razor** 면도기
- **shaving cream** 면도 크림
- **emergency medicine** 비상약품

저는 여행을 가기 전에 짐을 많이 쌉니다. 저는 짐을 무겁게 싸는 사람입니다. (+ 저는 짐을 가볍게 쌉니다. 여행을 가기 전에 짐을 그렇게 많이 싸지 않습니다.) 먼저, 저는 날씨에 맞는 옷을 쌉니다. 수영복과 선글라스를 꼭 챙깁니다. (+ 캡모자, 모자, 따뜻한 재킷, 슬리퍼 샌들, 래시가드) 세면도구와 화장품 파우치도 가져갑니다. 면도기, 면도 크림, 칫솔, 치약, 샴푸를 쌉니다. 제가 쓰는 수건과 선크림을 가져갑니다. 또한 저는 응급 약품을 꼭 가져갑니다. 이것들이 제가 여행을 가기 전에 싸는 것입니다.

네이티브 트렌드로 쉽게 취득하는 OPIc IH

IH 이상 등급을 받기 위해 문장을 늘리는 연습을 해보세요.

Question 1

1. I like to go to the beach in the summer.
   → I like to go to the beach in the summer <u>because I enjoy various types of water activities</u>.
   (다양한 수중 활동을 즐기기 때문에)

2. One of my favorite beaches is Haeundae.
   → One of my favorite beaches is Haeundae, <u>which is well-known for having fresh seafood and picturesque beaches</u>. (신선한 해산물과 그림 같은 해변으로 잘 알려진)

3. It gets extremely crowded during the peak season.
   → It gets extremely crowded during the peak season, <u>and it is not easy to find accommodations.</u> (그리고 숙소 찾는 것이 쉽지 않다.)

Question 2

1. We often stayed at a beachside hotel that had a great ocean view.
   → We often stayed at a beachside hotel that had a great ocean view, <u>and the price of the hotel was reasonable</u>. (그리고 호텔의 비용은 적당했다.)

2. For lunch, we used to go out for some food.
   → For lunch, we used to go out for some food <u>because there were tons of exotic and affordable restaurants alongside the coast</u>. (해안가를 따라서 저렴하면서 이국적인 식당들이 많았기 때문에)

3. The meat was so juicy and tender.
   → The meat was so juicy and tender <u>and the seafood was so savory and fresh</u>. (그리고 해산물은 풍미가 좋고 신선했다.)

Question 3

1. First, I pack suitable clothes for the weather.
   → First, I pack suitable clothes for the weather, <u>and I usually wear comfortable dresses when I go to the beaches</u>. (그리고 해변에 갈 때에는 보통 편한 드레스를 입는다.)

2. I also pack my own towel and some sunblock.
   → I also pack my own towel and some sunblock <u>because I hate getting tanned</u>. (살 타는 것이 싫어서)

3. So, these are the things I pack before I go on trips.
   → So, these are the things I pack before I go on trips, <u>and I always make a checklist to make sure I pack everything</u>. (그리고 다 잘 챙겼는지 확인할 체크리스트를 항상 만든다.)

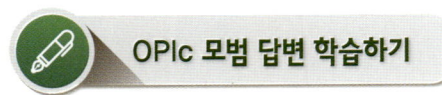

OPIc 질문에 대한 모범 답변을 살펴본 후, 질문의 핵심 포인트를 파악하여 나만의 OPIc 답변을 만들어보세요.

4 🎧MP3 18_Q4

Traveling can lead to many kinds of interesting, funny and unexpected experiences. Tell me about one travel experience you had that was unforgettable. Start by telling me when this happened, where you were, and who you were with. And then, tell me about all the things that happened that made this experience so unforgettable.

여행 중에는 흥미롭고, 재미있고, 예상치 못한 일들이 생길 수 있습니다. 잊을 수 없는 경험에 대해 말해주세요. 언제, 어디서, 누구와 함께 있었는지 말해주세요. 그리고 나서 왜 기억에 남는지 말해주세요.

Structure		Idea
시작 문장	주제 문장 소개	remember, eating something wrong
본문	음식 때문에 고생한 경험 답변 활용	food poisoning, pretty bad, stomach, upset, fever, light-headed, went to the bathroom, had the runs, went to the drug store, took some medicine, get a lot of rest
마무리 문장	나의 답변 마무리	since then, try to be more careful, eating something

Model Answer 🎧MP3 18_A4

I remember eating ❶ something wrong during a trip.
+ eating too fast + eating too much
I think I ate something that went bad.
I got food poisoning and it was ❷ pretty bad.
+ got indigestion + got enteritis
My stomach was upset.
+ I had a fever and I felt light-headed.
+ I went to the bathroom ❸ over and over again because I had the runs.
I went to the drug store and I got some medicine.
I took some medicine to get better.
I had to stay inside and get a lot of rest.
❹ Since then, I try to be more careful when I'm eating something.

Tips for Better Answer

* '음식에 관련된 기억에 남는 에피소드'에도 동일하게 답변 활용이 가능함

▶ ❶ 무엇인지 정확히 모르지만 잘못된
정확히 무엇인지, 어떤 문제가 있는지 설명할 필요 없이 something과 wrong으로 표현 가능
Ex: Something went wrong in the office, but I don't know what it is exactly.
사무실에서 뭔가 잘못되었는데 어떤 건지 정확히 모르겠다.

something + 형용사: (형용사)한 무언가
Ex: something sweet 단 무언가
something unique 독특한 무언가

▶ ❷ pretty가 형용사와 함께 쓰이면 부사의 역할로 '꽤'란 의미
Ex: The concert was pretty good.
그 콘서트는 꽤 괜찮았다.

▶ ❸ 같은 행동이 여러 번 반복되었다는 것을 강조하고 싶을 때 쓰는 표현
Ex: I called you over and over.
너에게 계속해서 전화를 걸었다.
동사 / 동명사를 2번 반복해서 강조 할 수 있음
Ex: I kept calling and calling, but she did not answer.
계속 전화했지만 그녀가 받지 않았다.
I tried and tried but failed. 계속 시도했지만 실패했다.

▶ ❹ 사건이나 사고에 관련된 경험을 이야기한 후에는 반드시 마무리 문장을 말해서 답변 정리하기

Key Expressions

• **something wrong** 무엇인가 잘못된
• **go bad** 상하다
• **food poisoning** 식중독
• **indigestion** 소화불량
• **enteritis** 장염
• **stomach** 배
• **upset** 아픈
• **light-headed** 머리가 어지러운
• **have a fever** 열이 나다
• **drug store** 약국

여행 중에 뭔가 잘못된 것을 먹었던 기억이 납니다. (+ 너무 빨리 먹은 + 너무 많이 먹은) 뭔가 상한 것을 먹은 것 같습니다. 식중독에 걸렸는데 꽤 심했습니다. (+ 소화불량 + 장염) 배가 아팠습니다. (+ 열이 나고 머리가 어지러웠습니다. + 설사 때문에 화장실을 들락날락했습니다.) 약국에 가서 약을 샀습니다. 낫기 위해 약을 먹었습니다. 실내에 있으면서 많이 쉬어야 했습니다. 그 이후로, 저는 무언가를 먹을 때 더 조심하려고 노력합니다.

데이터어 트렌드로 쉽게 취득하는 OPIc IH

OPIc 질문에 대한 모범 답변을 살펴본 후, 질문의 핵심 포인트를 파악하여 나만의 OPIc 답변을 만들어보세요.

5 You indicated in the survey that you travel domestically. People say that traveling 🎧 MP3 18_Q5 has become more difficult in the past 5 years. Tell me about the types of changes you have observed while traveling and talk about how these changes have affected travelers.

당신은 사전 조사를 통해 국내에서 휴가를 보낸다고 답했습니다. 사람들은 지난 5년 동안 여행이 더 어려워졌다고 말합니다. 여행 중에 느낀 변화와 이러한 변화가 여행자들에게 어떤 영향을 미쳤는지 말해주세요.

Structure		Idea
시작 문장	주제 문장 소개	traveling, has become much easier than 5 years ago
본문	질문과 다르게 여행이 더 쉬워졌다고 답변 과거에 비해 지금이 더 쉬운 이유 묘사	transportation, has become a lot better, trains, faster, takes half the time, plane tickets, cheaper, low-cost carriers, costs half the price, driving, easier, GPS
마무리 문장	나의 답변 마무리	once again, travelling has become a lot easier than

Model Answer 🎧 MP3 18_A5

To be honest, ❶ traveling has become much easier than 5 years ago.

First, transportation ❷ has become a lot better over the years.

❸ For example, trains have become much faster than in the past.

+ It takes half the time to get somewhere now.

Plus, plane tickets have become much cheaper ❹ thanks to low-cost carriers.

+ Some flights only cost half the price.

Also, driving has become much easier because we now have GPS.

+ The GPS tells them where to go.

❺ Once again, traveling has become a lot easier than in the past.

Tips for Better Answer

* 14번 기출문제

▶❶ 여행에 관한 질문이기 때문에 traveling, transportation, plane tickets, driving같이 여행에 관련된 명사를 주어로 사용
Ex: Plane tickets are expensive during the peak season.
성수기에 비행기표 값이 비싸다.

▶❷ 과거와 현재를 비교하는 14번 질문에서 높은 등급을 받기 위해 현재완료형을 최대한 많이 사용
또한 마무리 문장에서도 현재완료형 사용하기
Ex: Once again, travelling in Korea has become much better.
다시 한번 말하자면, 한국에서 여행하는 것이 훨씬 나아졌다.

▶❸ 답변 양을 늘리기 위해서 주제와 관련된 예시 나열
Ex: For instance, trains were not punctual back in the day.
예를 들어, 과거에는 기차가 시간을 정확히 지키지 않았다.

▶❹ = due to, because of

▶❺ 스토리를 마무리 하고 싶을 때 좋은 표현
= anyway, anyways, so
Ex: Anyway, I think online shopping has become easier.
아무튼 내 생각에 온라인 쇼핑은 더 쉬워졌다.

Key Expressions

- **to be honest** 솔직히 말해서
- **transportation** 교통수단
- **a lot better** 훨씬 좋아지다
- **take half the time** 원래 걸리는 시간의 반이 걸리다
- **low-cost carriers** 저가 항공사
- **cost half the price** 원래 비용의 반만 들다
- **GPS** 내비게이션

솔직히 말해서, 여행은 5년 전보다 훨씬 쉬워졌습니다. 첫 번째로 교통수단이 많이 좋아졌습니다. 예를 들어, 기차는 과거보다 훨씬 빨라졌습니다. (+ 지금은 어디론가 가는 데 시간이 절반밖에 안 걸립니다.) 게다가 저가 항공사들 덕분에 비행기표 값도 훨씬 저렴해졌습니다. (+ 일부 항공편은 반값밖에 안 합니다.) 또한, 내비게이션을 사용하기 때문에 운전이 훨씬 더 쉬워졌습니다. (+ 내비게이션이 어디로 가야 하는지 알려줍니다.) 다시 한번 말하자면, 여행은 과거보다 훨씬 더 쉬워졌습니다.

OPIc 모범 답변 학습하기

OPIc 질문에 대한 모범 답변을 살펴본 후, 질문의 핵심 포인트를 파악하여 나만의 OPIc 답변을 만들어보세요.

6 What are some issues people have regarding trips? What are the main issues or concerns they typically raise or discuss? What causes these concerns? What is being done to address them for the future?   🎧MP3 18_Q6

여행과 관련하여 사람들이 가지고 있는 이슈는 무엇인가요? 일반적으로 제기하거나 토론하는 주요 이슈나 우려 사항은 무엇인가요? 이러한 우려는 무엇 때문인가요? 미래를 위해 그러한 우려 사항이 어떻게 다루어지고 있나요?

Structure		Idea
시작 문장	주제 문장 소개	when it comes to, concerns, safety
본문	사람들이 여행을 가서 걱정하는 안전문제에 대해 묘사	take precautions, for example, warm up, go into the water, get cramps, keep an eye on, get into trouble, food safety, food poisoning
마무리 문장	나의 답변 마무리	once again, safety, concerns, when it comes to

Model Answer   🎧MP3 18_A6

❶When it comes to traveling, ❷one of the biggest concerns is safety. People have to ❸take precautions to be safe. For example, people have to warm up before they go into the water. If not, they ❹could get cramps. Next, parents ❺must always keep an eye on their children. If not, children may get into trouble in the water. Meanwhile, another concern is food safety. People must make sure to eat safe food. If not, they could get food poisoning. Once again, safety is one of the biggest concerns when it comes to traveling.

Tips for Better Answer

* 15번 기출문제

▶❶ 주제를 소개하고 싶을 때 가장 유용한 표현
when it comes to 명사, 동명사
Ex: When it comes to renting places in the city, people only care about the location and costs.
도시에서 집을 빌리는 것에 관한 한, 사람들은 오직 위치와 비용만을 신경 쓴다.

▶❷ one of the 최상급 형용사 + 복수 명사 + 단수 동사: 최고로 (형용사)한 (명사) 중 하나는…
Ex: One of the biggest problems on the internet is hacking.
인터넷의 가장 큰 문제점들 중 하나는 해킹이다.

▶❸ be careful보다 고급 표현
= be cautious, watch out

▶❹ 발생할 가능성을 낮추기 위해 앞에 could 사용
could를 동사 앞에 사용하면 가능성(possibility)이 낮아짐
Ex: I am late. 나 늦었다.
I could be late. 나 늦을 수도 있다.

▶❺ 어떠한 행동을 해야 하는 것을 강조하기 위해 must 사용
= should, have to (조금 더 약한 제안)
if not, 주어+ 동사: 그렇게 하지 않으면, (주어+ 동사)하게 된다
Ex: You should study English now. If not, it will be harder later.
지금 영어 공부해. 그렇지 않으면 나중에 더 힘들어질 거야.

Key Expressions
- **when it comes to~** ~에 관한 한, ~에 대해서라면
- **biggest concern** 가장 큰 걱정거리
- **safety** 안전
- **take precautions** 사전에 예방 조치하다
- **warm up** 몸을 따뜻하게 하다
- **get cramps** 근육에 경련이 생기다
- **keep an eye on** 예의 주시하다
- **get into trouble** 문제가 생기다, 위험에 빠지다
- **food poisoning** 식중독

여행에 관해 이야기할 때 가장 큰 걱정거리 중 하나는 안전입니다. 사람들은 안전을 위해 사전에 예방 조치를 취해야 합니다. 예를 들어, 물에 들어가기 전에 몸을 따뜻하게 해야 합니다. 그렇지 않으면, 경련이 일어날 수 있습니다. 또한, 부모들은 항상 아이들을 주시해야 합니다. 그렇지 않다면, 물 안에서 자녀들에게 문제가 생길 수 있습니다. 또 다른 걱정거리는 식품 안전입니다. 사람들은 안전하게 음식을 먹어야 합니다. 그렇지 않다면, 식중독에 걸릴 수 있습니다. 다시 한번 말하자면, 여행에 관한 한, 안전이 가장 큰 걱정거리 중 하나입니다.

IH 이상 등급을 받기 위해 문장을 늘리는 연습을 해보세요.

Question 4

1. I remember eating something wrong during a trip.
   → I remember eating something wrong <u>when I visited a seafood restaurant near the beach</u> during a trip. (해변 근처에 있는 해산물 식당에 방문했을 때)

2. I went to the drug store to get some medicine.
   → I went to the drug store to get some medicine, <u>and the pharmacist there was very helpful</u>. (그리고 그곳에 있던 약사가 큰 도움이 되었다.)

3. Since then, I try to be more careful when I'm eating something.
   → Since then, I try to be more careful when I'm eating something <u>especially in summer because I do not want to get sick again</u>. (특히 여름에 / 다시 아프고 싶지 않기 때문에)

Question 5

1. First, transportation has become a lot better over the years.
   → First, <u>public</u> transportations, <u>such as trains, buses and subways,</u> have become a lot better over the years. (대중 / 예를 들어 기차, 버스, 지하철 같은)

2. Some flights only cost half the price.
   → Some flights only cost half the price <u>because they have great deals from time to time</u>. (때때로 할인을 많이 하기 때문에)

3. The GPS tells them where to go.
   → The GPS tells them where to go, <u>and now you don't need to worry about getting lost</u>. (그래서 이제 길 잃을 걱정은 할 필요 없다.)

Question 6

1. When it comes to traveling, one of the biggest concerns is safety.
   → When it comes to traveling, one of the biggest concerns is safety <u>as so many unpredictable things can happen.</u> (예상하지 못했던 일들이 많이 발생하기 때문에)

2. Next, parents must always keep an eye on their children.
   → Next, parents must always keep an eye on their children <u>and make sure they warm up before getting into the water</u>. (그리고 물에 들어가기 전에 운동하도록 확실히 해야 한다.)

3. Meanwhile, another concern is food safety.
   → Meanwhile, another concern is food safety <u>which is a quite common problem in summer</u>. (여름에 꽤 흔한 문제점인)

Chapter **19**

Overseas Trips

빈출 주제 파악하기

질문을 제대로 파악하는 것만으로도 성공적으로 시험을 치를 수 있습니다. OPIc에서 자주 출제되는 질문들을 알아보세요.

1 **You indicated in the survey that you travel internationally. Could you describe for me one of the countries you've visited? What did it look like? And what were the people like there?**

설문조사를 통해 당신은 해외로 휴가를 간다고 했습니다. 방문한 나라들 중 한 곳을 설명해 주시겠어요? 어떤 모습이었나요? 그곳 사람들은 어땠나요?

문항 유형	본인이 가본 해외 국가나 도시, 현지인 묘사
문항 수준	Intermediate
핵심 포인트	• 본인이 가본 해외여행지의 특징 및 가서 할 수 있는 일 묘사
	• 본인의 경험이기 때문에 주어 I 사용하며 국가를 묘사할 때는 현재형 사용
중요도	★★★★★

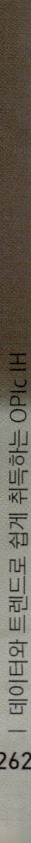

2 Talk about the things that you typically do when you visit another country or overseas city.

다른 나라나 해외 도시를 방문할 때 주로 하는 것들에 대해 말해주세요.

문항 유형	해외여행지에 가서 본인이 주로 하는 일들 묘사
문항 수준	Intermediate
핵심 포인트	• 어떤 나라를 선택해도 통용해서 쓸 수 있는 표현 활용 • 본인의 경험이기 때문에 주어 I 사용하며 평상시 습관을 묘사할 때는 현재형 사용
중요도	★★★★★

3 Tell me about your first trip to another country or city. When did you go? Where did you visit? What did you do there? Who did you go with? Tell me about that trip with lots of details.

다른 나라나 도시를 처음 여행한 경험에 대해 말해주세요. 언제 어디로 갔나요? 무엇을 했나요? 누구와 같이 갔나요? 그 여행에 대해 자세히 말해주세요.

문항 유형	처음으로 가본 해외 국가나 도시 묘사
문항 수준	Advanced
핵심 포인트	• 실제 가봤던 장소 선택 후 가서 한 활동 설명 • 과거의 경험이기 때문에 과거형 사용하며 혼자 간 여행이라면 주어는 I, 여러 명이 간 여행이라면 주어 we 사용
중요도	★★★★★

4 Sometimes, something out of the ordinary happens while traveling. I wonder if you have ever experienced anything surprising, unexpected or unusual during a trip. Tell me the story of that experience in detail. Start by telling when and where you were traveling, and then give me all the details of that experience.

여행 중에 예상치 못한 일이 종종 생길 수 있습니다. 여행 중에 놀랍거나 예상치 못했거나 특이했던 경험을 한 적이 있다면 그 경험에 대해 말해주세요. 언제 어디를 여행하고 있었는지, 그리고 경험에 대해 자세히 말해주세요.

문항 유형	해외여행 중에 겪은 잊을 수 없는 에피소드 설명
문항 수준	Advanced
핵심 포인트	• 국내 여행 주제에 나온 '음식 때문에 고생한 경험' 내용 활용 • 본인이 과거에 겪은 기억에 남는 경험이기 때문에 주어 I 사용하며 과거형 시제로 묘사
중요도	★★★

5 Tell me about a popular place tourists like to go to when traveling outside your country. Why do they like visiting those locations?

해외여행 시, 관광객들이 좋아하는 인기 있는 장소에 대해 말해주세요. 왜 그러한 곳에 가는 것을 좋아하나요?

문항 유형	우리나라 사람들이 주로 가는 해외여행지 묘사
문항 수준	Intermediate
핵심 포인트	• '본인이 가본 해외 국가나 도시, 현지인 묘사'와 같은 답변 활용 • 평소 사람들이 즐겨 가는 여행지이기 때문에 현재형 사용 • 우리나라 사람들이 좋아하는 여행지 묘사이기 때문에 주어는 we 사용
중요도	★★★

6 Think about another country that you visited when you were young. Describe what that country was like with lots of details. What were your impressions of the place?

어릴 때 방문했던 나라를 생각해보세요. 그 나라에 대해 자세히 설명해주세요. 그곳은 어땠나요?

문항 유형	본인이 어렸을 때 가보았던 해외 국가 묘사
문항 수준	Advanced
핵심 포인트	• '본인이 처음으로 가보았던 해외 국가나 도시 묘사'와 같은 답변 활용 • 어렸을 때 경험이기 때문에 과거형 시제 사용하며 가족여행일 경우 주어 we 사용
중요도	★★★★★

7 Tell me a specific story about a time when you traveled outside your country. Perhaps, something happened that was funny, interesting, frightening, etc. Tell me the story of what happened from beginning to end.

외국 여행 중에 겪었던 구체적인 경험에 대해 말해주세요. 아마도 재미있거나, 흥미롭거나, 무서운 일이 일어났을 수도 있습니다. 무슨 일이 있었는지 처음부터 끝까지 말해주세요.

문항 유형	해외여행 중에 겪은 잊을 수 없는 에피소드 설명
문항 수준	Advanced
핵심 포인트	• 국내 여행 주제에 나온 '음식 때문에 고생한 경험' 내용 활용 • 본인이 과거에 겪은 기억에 남는 경험이기 때문에 주어 I 와 과거형 시제 사용
중요도	★★★

8 Tell me about where tourists go and what they do on their overseas trips.

해외여행 시 관광객들이 어디로 가고 무엇을 하는지 알려주세요.

문항 유형	우리나라 관광객들이 해외여행지에서 하는 일들 묘사
문항 수준	Advanced
핵심 포인트	• '해외로 나가는 여행객들이 관심 갖는 것들 묘사'와 같은 답변 활용 • 우리나라 사람들이 좋아하는 여행지 묘사이기 때문에 현재형 시제와 주어 we 사용
중요도	★★★

9 You indicated in the survey that you take vacations internationally. How has traveling to other countries changed over the years? Is it easier or more difficult? Describe what traveling was like in the past and what changes you have seen over the years.

당신은 설문조사에서 해외로 휴가를 간다고 했습니다. 지난 몇 년간 해외여행은 어떻게 바뀌었나요? 더 쉬워졌나요, 아니면 더 어려워졌나요? 과거의 여행은 어땠는지, 지난 몇 년간 해외여행에 어떤 변화가 있었는지 말해주세요.

문항 유형	해외여행 과거와 현재 비교
문항 수준	Advanced
핵심 포인트	• 14번 기출문제 • 국내 여행의 '지난 5년간 여행이 더 어려워진 이유 설명'의 답변 그대로 활용 • traveling, trains, planes 등 여행과 관련된 다양한 주어 사용 • 과거의 여행 특징에 대해 말할 때에는 과거형을 사용하고 현재 여행 특징에 대해 말할 때에는 현재형으로 묘사
중요도	★★★

10 When people discuss traveling to other countries, what are the things that they are mostly interested in doing or seeing? Why are these things of such interest or importance to travelers?

사람들이 외국 여행에 대해 얘기할 때, 가장 관심을 가지는 것은 무엇인가요? 왜 이런 것들이 여행자들에게 흥미롭거나 중요한가요?

문항 유형	해외로 나가는 여행객들이 관심 갖는 것들 묘사
문항 수준	Advanced
핵심 포인트	• 15번 기출문제 • '우리나라 관광객들이 해외여행지에서 하는 일들 묘사'와 같은 답변으로 활용 • 사람들이 평상시 관심 가지는 일이기 때문에 현재형 시제와 주어 people, they 사용하여 묘사
중요도	★★★

OPIc 질문에 대한 모범 답변을 살펴본 후, 질문의 핵심 포인트를 파악하여 나만의 OPIc 답변을 만들어보세요.

1 **You indicated in the survey that you travel internationally. Could you describe for me one of the countries you've visited? What did it look like? And what were the people like there?** 🎧MP3 19_Q1

설문조사를 통해 당신은 해외로 휴가를 간다고 했습니다. 방문한 나라들 중 한 곳을 설명해 주시겠어요? 어떤 모습이었나요? 그곳 사람들은 어땠나요?

Structure		Idea
시작 문장	주제 문장 소개	remember going to Japan with my friends, years ago
본문	해외여행 가본 장소의 위치, 특징 설명	our closest neighboring countries, many mountains, island nation, tons of beaches, popular vacation spots, coastline, scenic, meanwhile, Japanese people, friendly in general, impression I got from
마무리 문장	나의 답변 마무리	the country I have been to

Model Answer 🎧MP3 19_A1

❶ I remember going to Japan with my friends a few years ago.

Japan is ❷ one of our closest neighboring countries.

There are many mountains in Japan. In fact, ❸ roughly half of Japan is mountains.

Also, Japan is ❹ an island nation, so there are tons of beaches.

Some beaches are popular vacation spots. The coastline is very scenic.

People often go on vacations to coastal areas.

Meanwhile, Japanese people are quite friendly in general.

That's the impression I got from the Japanese.

So, ❺ Japan is the country I have been to.

Tips for Better Answer

❶ 과거에 방문한 장소에 대해 이야기할 때에는 시작 문장에 where, when, with whom에 관한 정보 제공하기
Ex: I remember visiting Jeju Island(어디로) with my friends(누구와) a few weeks ago(언제).
몇 주 전 친구들과 제주도에 갔던 기억이 난다.

❷ 나라의 위치 묘사
Ex: It takes only 2 hours by plane to get to Japan as it is close to my country.
우리나라와 가까워서 일본까지 비행기로 2시간이면 간다.
The distance from Seoul To New York is about 11,000km. 서울에서 뉴욕까지의 거리는 약 11,000km이다.
The time difference between the two cities is 13 hours. 두 도시의 시차는 13시간이다.

❸ roughly를 대체할 수 있는 부사
approximately: 대략적으로
about: 약

❹ 일본은 하나만 있는 나라이기 때문에 단수 명사를 사용하나 beach, mountain은 곳곳에 있기 때문에 복수 명사 사용

❺ 특정한 장소를 방문했고 그 방문이 완전히 마무리 된 경험에 대해 설명할 때는 무조건 have been to 사용
여행을 갔지만 아직 돌아오지 않았다면 have been to 대신 have gone to 사용
Ex: I have just been to the bakery.
방금 빵집에 다녀왔다. (갔다가 돌아옴)
She has just gone to the shop.
그녀는 방금 상점에 갔다. (아직 돌아오지 않음)

Key Expressions

- **closest** 가장 가까운
- **neighboring** 이웃
- **mountains** 산
- **roughly** 대략적으로
- **island nation** 섬나라
- **popular** 인기 있는
- **vacation spot** 휴가 장소
- **coastline** 해안선
- **scenic** 경치 좋은
- **coastal area** 해안 지역
- **quite** 꽤
- **friendly** 친절한
- **in general** 일반적으로
- **impression** 인상

몇 년 전 친구들과 일본에 갔던 기억이 납니다. 일본은 한국에서 가까운 이웃 국가들 중 하나입니다. 일본에는 산이 많습니다. 사실, 일본의 대략 절반은 산입니다. 또한 일본은 섬나라이기 때문에 해변이 많습니다. 몇몇 해변은 유명한 휴양지입니다. 해안선은 매우 경치가 좋습니다. 사람들은 종종 해안 지역으로 휴가를 갑니다. 한편, 일본 사람들은 대체로 꽤 친절한 편입니다. 이것이 제가 일본 사람들로부터 받은 인상입니다. 즉, 제가 가 본 곳은 일본입니다.

OPIc 질문에 대한 모범 답변을 살펴본 후, 질문의 핵심 포인트를 파악하여 나만의 OPIc 답변을 만들어보세요.

2 **Talk about the things that you typically do when you visit another country or overseas city.**  MP3 19_Q2

다른 나라나 해외 도시를 방문할 때 주로 하는 것들에 대해 말해주세요.

Structure		Idea
시작 문장	주제 문장 소개	like to go, tourist attractions, travel overseas
본문	여행을 가서 하는 다양한 활동 나열	historic sites, landmarks, take a lot of pictures, do a lot of shopping, buy some souvenirs, duty free shops, get gifts, go to decent restaurants, local food
마무리 문장	나의 답변 마무리	these are the things I do, travel overseas

Model Answer MP3 19_A2

❶ I like to go to ❷ tourist attractions when I travel overseas.

I go to ❷ historic sites or landmarks in the country.

I take a lot of pictures there.

❸ Plus, I do a lot of shopping and buy some souvenirs.

Also, I go to duty free shops at airports to get gifts.

Next, I go to ❹ decent restaurants to enjoy the local food.

So, these are the things I do when I travel overseas.

Tips for Better Answer

* 어느 도시, 나라를 묘사해도 어울리는 답변

▶❶ 실제 본인이 가는 여행지를 선택해서 시작 문장에 추가로 언급하여 답변의 양 늘림
　　Ex: One of my favorite places to travel is Paris.
　　내가 여행하기 좋아하는 장소들 중 하나는 파리이다.

▶❷ 여러 여행지, 유적지를 방문하기 때문에 모두 복수 명사 사용
　　〈attraction과 함께 쓰일 수 있는 유용한 표현〉
　　must-visit attractions: 반드시 방문해야 하는 명소
　　popular attractions: 인기 있는 명소
　　Ex: There are so many popular attractions in China.
　　중국에는 인기 있는 명소가 많이 있다.

▶❸ 답변 양 확보를 위해 여행지에서 할 수 있는 다양한 활동 나열
　　평상시 여행 때 하는 일이기 때문에 현재형 시제 유지하기
　　활동을 나열할 때에는 plus, also, next 등 다양한 접속사 사용하기

▶❹ 〈장소 묘사에 유용한 형용사〉
　　high-end restaurants: 고급 식당
　　affordable restaurants: (비용이) 부담 없는 식당
　　Ex: Whenever I travel abroad, I really want to go to high-end restaurants even if it exceeds my budget.
　　해외여행을 갈 때마다 예산을 초과하더라도 나는 고급 식당에 가고 싶다.

Key Expressions

- **tourist attractions** 관광 명소
- **travel overseas** 해외여행 가다
- **historical sites** 유적지
- **landmarks** 명소
- **souvenirs** 기념품
- **duty free shops** 면세점
- **get gifts** 선물 사다
- **decent** 꽤 괜찮은
- **local food** 지역의 음식 (로컬 음식)

저는 해외에 가면 관광 명소에 가는 것을 좋아합니다. 저는 그 나라의 유적지나 명소에 갑니다. 그곳에서 사진을 많이 찍습니다. 게다가, 저는 쇼핑을 많이 하고 기념품을 삽니다. 또, 선물을 사기 위해 공항 면세점에 갑니다. 다음으로, 저는 현지 음식을 즐기기 위해 괜찮은 음식점에 갑니다. 이러한 일들이 제가 해외여행을 갈 때 하는 일들입니다.

OPIc 질문에 대한 모범 답변을 살펴본 후, 질문의 핵심 포인트를 파악하여 나만의 OPIc 답변을 만들어보세요.

3-1 Tell me about your first trip to another country or city. When did you go? Where 🎧 MP3 19_Q3-1
did you visit? What did you do there? Who did you go with? Tell me about that trip with lots of
details.

다른 나라나 도시를 처음 여행한 경험에 대해 말해주세요. 언제 어디로 갔나요? 무엇을 했나요? 누구와 같이 갔나요? 그 여행에 대해
자세히 말해주세요.

3-2 Think about another country that you visited when you were young. Describe 🎧 MP3 19_Q3-2
what that country was like with lots of details. What were your impressions of the place?

어릴 때 방문했던 나라를 생각해보세요. 그 나라에 대해 자세히 설명해주세요. 그곳은 어땠나요?

Structure		Idea
시작 문장	주제 문장 소개	remember going on a trip to Thailand, kid
본문	어렸을 때 또는 처음으로 가본 해외 국가나 도시 묘사	one of my first trips, excited, arrived, went straight to the hotel, check in, went on a tour, amused by the things, dining at, restaurants, local food, exotic
마무리 문장	나의 답변 마무리	looking back, one of the most memorable trips, childhood

Model Answer 🎧 MP3 19_A3

I remember ❶ going on a trip to Thailand
❷ when I was a kid.
It was one of my first trips overseas, and
❸ I was very excited.
When we arrived, we ❹ went straight to
the hotel to check in.
And then, we went on a tour.
I was very amused by the things that I
saw there.
I also remember dining at various types
of restaurants.
The local food tasted ❺ exotic.
❻ Looking back, it was one of the most
memorable trips in my childhood.

Tips for Better Answer

▶ ❶ = travel, go on a holiday, go sightseeing
　Ex: I remember travelling in Europe by myself.
　　혼자서 유럽 여행하던 기억이 난다.

▶ ❷ 과거를 나타내는 시간 표현을 시작 문장에 언급하기
　정확한 나이나 연도를 언급해도 됨
　Ex: When I was 10 years old, I visited America with my
　　family. 내가 10살일 때 가족들과 미국을 방문했다.

▶ ❸ 〈감정을 나타내는 형용사〉
　thrilled 신나는 nervous 긴장되는
　Ex: Since it was my first trip abroad, I was a bit nervous.
　　처음으로 가는 해외여행이었기 때문에 나는 약간
　　긴장했었다.

▶ ❹ = went directly to, headed straight to
　Ex: Instead of going to the hotel, I went directly to the
　　restaurant because I was hungry.
　　호텔로 가는 대신 나는 배가 고파서 바로 음식점으로 갔다.

▶ ❺ 맛뿐만 아니라 장소 묘사에도 유용하게 쓰이는 형용사
　Ex: I really enjoyed that country because it was so exotic.
　　그 나라는 굉장히 이국적이어서 너무 재미있었다.

▶ ❻ 과거의 특별한 경험에 대해 이야기한 후 쓰이는 마무리 문장
　활용도가 높기 때문에 암기 필수!

Key Expressions

- **go on a trip** 여행 가다
- **excited** 신난, 흥분된
- **arrive** 도착하다
- **go straight to**
　~로 바로 가다
- **check in** 체크인하다
- **go on a tour** 관광하다
- **amused** 신기한, 놀란
- **dining** 외식
- **local food** 지역의 음식
- **exotic** 이국적인

어릴 때 태국에 여행 간 기억이 납니다. 첫 해외여행이었기 때문에 무척 신이 났습니다. 도착하자마자 우리는 체크인하기
위해 곧장 호텔로 갔습니다. 그리고 나서, 투어를 했습니다. 거기서 본 것들이 너무 재미있었습니다. 다양한 종류의 음식점에서
식사를 했던 것도 기억납니다. 현지 음식은 이국적이었습니다. 돌이켜보면, 제 어린 시절에 가장 기억에 남는 여행 중
하나였습니다.

IH 이상 등급을 받기 위해 문장을 늘리는 연습을 해보세요.

Question 1

1. Japan is one of our closest neighboring countries.
   → Japan is one of our closest neighboring countries <u>and it takes only about two hours to get there by flights</u>. (그리고 비행기를 타고 2시간 정도만 걸린다.)

2. There are many mountains in Japan.
   → There are many mountains in Japan, <u>and one of the tallest mountains is Fuji Mountain</u>. (그리고 그중 가장 높은 산중의 하나는 후지산이다.)

3. The coastline is very scenic.
   → The coastline is very scenic <u>and picturesque, so people take a lot of pictures there</u>. (그리고 그림 같은 / 그래서 사람들이 그곳에서 사진을 많이 찍는다.)

Question 2

1. I go to historic sites or landmarks in the country.
   → I go to historic sites or landmarks in the country <u>because I am into arts and history</u>. (나는 예술과 역사를 좋아하기 때문에)

2. I take a lot of pictures there.
   → I take a lot of pictures there <u>because they can jog my memory years later</u>. (몇 년이 지난 후에 내 기억을 되살리게 할 수 있기 때문에)

3. Plus, I do a lot of shopping and buy some souvenirs.
   → Plus, I do a lot of shopping <u>for myself</u> and buy some souvenirs <u>for my friends and co-workers</u>. (나 자신을 위해 / 친구들과 직장 동료들을 위해)

Question 3

1. And then, we went on a tour.
   → And then, we went on a tour <u>right away because we did not want to waste time</u>. (바로 / 우리는 시간 낭비를 하고 싶지 않았기 때문에)

2. I was very amused by the things that I saw there.
   → I was very amused by the things that I saw there, <u>and I was thrilled to see the things I only saw on TV before with my own eyes</u>. (그리고 예전에 TV를 통해서만 보던 것들을 내 눈으로 직접 보는 것이 너무 즐거웠다.)

3. The local food tasted exotic.
   → The local food tasted exotic, <u>and the prices were pretty affordable</u>. (그리고 가격은 꽤 적정했다.)

OPIc 질문에 대한 모범 답변을 살펴본 후, 질문의 핵심 포인트를 파악하여 나만의 OPIc 답변을 만들어보세요.

4-1 Sometimes, something out of the ordinary happens while traveling. I wonder if 🎧 MP3 19_Q4-1
you have ever experienced anything surprising, unexpected or unusual during a trip. Tell me
the story of that experience in detail. Start by telling when and where you were traveling,
and then give me all the details of that experience.

여행 중에 예상치 못한 일이 종종 생길 수 있습니다. 여행 중에 놀랍거나 예상치 못했거나 특이했던 경험을 한 적이 있다면 그 경험에
대해 말해주세요. 언제 어디를 여행하고 있었는지, 그리고 그 경험에 대해 자세히 말해주세요.

4-2 Tell me a specific story about a time when you traveled outside your country. 🎧 MP3 19_Q4-2
Perhaps, something happened that was funny, interesting, frightening, etc. Tell me the story
of what happened from beginning to end.

외국 여행 중에 겪었던 구체적인 경험에 대해 말해주세요. 아마도 재미있거나, 흥미롭거나, 무서운 일이 일어났을 수도 있습니다. 무슨
일이 있었는지 처음부터 끝까지 말해주세요.

Structure		Idea
시작 문장	주제 문장 소개	remember eating something wrong
본문	음식 때문에 고생한 이야기하기	went bad, food poisoning, pretty bad, stomach, upset, went to the drug store, took some medicine to get better, stay inside, get a lot of rest
마무리 문장	나의 답변 마무리	since then, try to be more careful, eating something

Model Answer 🎧 MP3 19_A4

I remember eating ❶ something wrong

during a trip ❷ overseas.

+ eating too fast + eating too much

I think I ate something that went bad.

I got food poisoning and it was

❸ pretty bad.

+ got indigestion + got enteritis

❹ My stomach was upset.

+ I had a fever and I felt light-headed.

+ I went to the bathroom over and over

again because I had the runs.

Tips for Better Answer

* '음식에 관련된 기억에 남는 에피소드'의 내용을 답변에 그대로
활용

▶❶ 〈something + 형용사〉
'(형용사)한 무언가'라는 의미로 정확히 어떤 음식인지 말할 필요
없이 something으로 표현
Ex: I had something sweet at the cafe, but I don't remember
what exactly it was.
카페에서 무언가 단 걸 먹었는데 정확히 무엇이었는지
기억나지 않는다.

▶❷ = abroad, internationally
abroad와 overseas 둘 다 의미는 같지만 해외여행에 대해
이야기할 때에는 overseas가 주로 쓰임
Ex: I like travelling abroad whenever I have some free time.
나는 자유시간이 있을 때마다 해외여행 가는 것을 좋아한다.

international은 국가간의 공식적인 방문을 표현할 때 주로 쓰임
Ex: It was his first international trip since the election.
선거 이후 그의 첫 해외순방이다.

▶❸ 형용사 bad를 꾸미는 부사
[강도에 따라] extremely 〉 very 〉 quite 〉 pretty, fairly 〉
somewhat
Ex: The movie was fairly good.
영화가 적당히 괜찮았다.

▶❹ 식중독에 걸린 후 증상 설명하는 표현
다른 주제에서도 유용하게 활용되기 때문에 암기 필수!

❺ I went to the drug store and I got some medicine.

I took some medicine to get better.

I had to stay inside and get a lot of rest.

❻ Since then, I try to be more careful when I'm eating something.

▶❺ pharmacy, drug store 약국
〈약을 지칭하는 다양한 표현들〉
medicine 특정 질병을 치료하기 위해 만든 약
drugs 약 (치료를 위해 쓰일 수도 있지만 아닌 경우도 있음)
pills 알약
over-the-counter medicine 의사 처방전 없이 살 수 있는 약
prescribed medication 처방약

▶❻ 사건이나 사고에 관련된 경험을 이야기한 후에는 마무리 문장을 말해서 답변 정리하기
Ex: Since then, I try not to eat too fast.
그때 이후로, 너무 빠르게 먹지 않으려고 한다.

Key Expressions

- **something wrong** 무엇인가 잘못된
- **go bad** 상하다
- **food poisoning** 식중독
- **indigestion** 소화불량
- **enteritis** 장염
- **stomach** 배
- **upset** 아픈
- **light-headed** 머리가 어지러운
- **have a fever** 열이 나다
- **drug store** 약국

해외여행 중에 음식을 잘못 먹은 기억이 납니다. (+ 너무 빨리 먹은 + 너무 많이 먹은) 상한 음식을 먹은 것 같습니다. 식중독에 걸렸는데 꽤 심했습니다. (+ 소화불량 + 장염) 배가 아팠습니다. (+ 열이 나서 머리가 어지러웠습니다. + 설사 때문에 화장실을 들락날락했습니다.) 약국에 가서 약을 샀습니다. 낫기 위해 약을 먹었습니다. 실내에 있으면서 많이 쉬어야 했습니다. 그 이후로, 저는 무언가를 먹을 때 더 조심하려고 노력합니다.

OPIc 모범 답변 학습하기

OPIc 질문에 대한 모범 답변을 살펴본 후, 질문의 핵심 포인트를 파악하여 나만의 OPIc 답변을 만들어보세요.

5 **Tell me about a popular place tourists like to go to when traveling outside your country. Why do they like visiting those locations?**
해외여행 시, 관광객들이 좋아하는 인기 있는 장소에 대해 말해주세요. 왜 그러한 곳에 가는 것을 좋아하나요?

	Structure	Idea
시작 문장	주제 문장 소개	Koreans, go to Japan, travel overseas
본문	한국 사람들이 좋아하는 해외여행지의 지리적 특징과 유명한 장소 묘사	our closest neighboring countries, many mountains, island nation, tons of beaches, popular vacation spots, coastline, scenic, often go on vacations, coastal areas
마무리 문장	나의 답변 마무리	Koreans often go to Japan, travel overseas

Model Answer 🎧 MP3 19_A5

❶ Koreans often go to Japan when they travel overseas.

❷ Japan is one of our closest neighboring countries.

There are many mountains in Japan. In fact, roughly ❸ half of Japan is mountains.

Also, Japan is an island nation, so there are tons of beaches.

Some beaches are popular vacation spots.

The ❹ coastline is very ❺ scenic.

People often go on vacations to coastal areas.

❻ Once again, Koreans often go to Japan when they travel overseas.

Tips for Better Answer

* '본인이 가본 해외 국가나 도시, 현지인 묘사'의 답변 그대로 활용

▶ ❶ 시작 문장에 사람들이 좋아하는 여행지 (Japan) 장소를 말하며 이때 주어는 Koreans 사용
평상시 좋아하는 여행지이기 때문에 현재형 시제 유지
Ex: Many Koreans choose Japan as their travel destination.
많은 한국 사람들이 여행지로 일본을 선택한다. (Many Koreans를 사용하여 일반화 피함)

▶ ❷ '이웃 국가 모습'을 묘사해야 하는 답변에서 꼭 쓰여야 하는 필수 문장!
neighbor 이웃 / neighborhood 인근, 주변 / neighboring 이웃의, 근접한

▶ ❸ '절반'을 나타내는 분배 한정사
one third 1/3
three fourth 3/4
분수를 나타낼 때에는 분자는 기수, 분모는 서수로 표현

▶ ❹ 〈해변 관련 표현들〉
seashore 해안 / coastal land 해안 지역 / shore 해안 / dock 부두 / boardwalk 해변에 판자를 깔아 사람들이 걸을 수 있게 만든 길 / hit the beach 해변에 가다

▶ ❺ 〈장소 묘사에 쓸 수 있는 추가 형용사〉
magnificent 참으로 아름다운 / extraordinary 기이한 / unique 특이한
Ex: The view from the top of the mountain was magnificent.
산 정상에서 본 경치는 놀라웠다.

▶ ❻ 마지막 문장에서는 시작 문장을 다시 한번 반복하며 핵심 답변인 Koreans와 Japan 언급하기

Key Expressions

- **closest** 가장 가까운
- **neighboring** 이웃
- **mountains** 산
- **roughly** 대략적으로
- **island nation** 섬나라
- **popular** 인기 있는
- **vacation spot** 휴가 장소
- **coastline** 해안선
- **scenic** 경치 좋은
- **coastal area** 해안 지역

한국인들은 종종 일본으로 해외여행을 갑니다. 일본은 우리나라에서 가장 가까운 이웃 국가들 중 하나입니다. 일본에는 산이 많습니다. 사실, 일본의 대략 절반은 산입니다. 또한 일본은 섬나라이기 때문에 해변이 많습니다. 몇몇 해변은 유명한 휴양지입니다. 해안선은 매우 경치가 좋습니다. 사람들은 종종 해안 지역으로 휴가를 갑니다. 다시 한번 말하자면, 한국인들은 자주 해외여행으로 일본을 갑니다.

OPIc 질문에 대한 모범 답변을 살펴본 후, 질문의 핵심 포인트를 파악하여 나만의 OPIc 답변을 만들어보세요.

6-1 Tell me about where tourists go and what they do on their overseas trips. 🎧 MP3 19_Q6-1

해외여행 시 관광객들이 어디로 가고 무엇을 하는지 알려주세요.

6-2 When people discuss traveling to other countries, what are the things that they 🎧 MP3 19_Q6-2
are mostly interested in doing or seeing? Why are these things of such interest or importance
to travelers?

사람들이 외국 여행에 대해 얘기할 때, 가장 관심을 가지는 것은 무엇인가요? 왜 이런 것들이 여행자들에게 흥미롭거나 중요한가요?

Structure		Idea
시작 문장	주제 문장 소개	Koreans, go to tourist attractions, travel overseas
본문	여행가서 할 수 있는 다양한 활동 나열	historic sites, landmarks, take a lot of pictures, do a lot of shopping, buy some souvenirs, duty free shops, get gifts, decent restaurants, enjoy the local food
마무리 문장	나의 답변 마무리	these are the things people do, travel overseas

Model Answer 🎧 MP3 19_A6

❶ Koreans like to go to tourist attractions when they travel overseas.

They go to historic sites or landmarks in the country.

They take a lot of pictures ❷ there.

Plus, they do a lot of shopping and buy some ❸ souvenirs.

Also, they go to duty free shops at airports to get gifts.

Next, they go to decent restaurants to enjoy the local food.

❹ So, these are the things people do when they travel overseas.

Tips for Better Answer

* 15번 기출문제
* '본인이 해외여행지에 가서 주로 하는 일들 묘사'의 답변 그대로 활용

▶❶ 본인의 경험을 묻는 질문이 아닌 사람들이 좋아하는 해외여행지를 묘사해야 하기 때문에 주어는 people로 시작하며 현재형 시제 유지하여 말하기
  Ex: Most Koreans enjoy visiting tourist attractions whenever they travel overseas.
  대부분의 한국 사람들은 해외로 여행을 가면 관광지에 가는 것을 즐긴다.

▶❷ '그곳에서' 하는 일이므로 there를 빼먹지 않기!

▶❸ '여행' 주제에서 꼭 쓰이는 필수 단어이므로 꼭 암기
  〈여행 관련 단어들〉
  go sightseeing 관광하다
  package holiday 패키지 여행
  itinerary 일정표
  travel insurance 여행자보험

▶❹ 특정 장소에서 사람들이 하는 여러 가지 일을 나열한 후 사용할 수 있는 유용한 마무리 문장이므로 암기 필수!
  Ex: So, these are the things people do when they travel in Korea.
  이것이 사람들이 한국에서 여행할 때 하는 일들이다.

Key Expressions

- **tourist attractions** 관광 명소
- **travel overseas** 해외여행 가다
- **historical sites** 유적지
- **landmarks** 명소
- **souvenirs** 기념품
- **duty free shops** 면세점
- **get gifts** 선물을 사다
- **decent** 꽤 괜찮은
- **local food** 지역의 음식 (로컬 음식)

한국인들은 해외여행을 할 때 관광지에 가는 것을 좋아합니다. 그들은 그 나라의 역사적인 유적지나 명소에 갑니다. 그곳에서 사진을 많이 찍습니다. 게다가, 사람들은 쇼핑을 많이 하고 기념품을 삽니다. 또, 공항 면세점에 가서 선물을 삽니다. 다음으로, 그들은 현지 음식을 즐기기 위해 괜찮은 음식점에 갑니다. 이러한 일들이 사람들이 해외여행을 가면 하는 일들입니다.

OPIc 질문에 대한 모범 답변을 살펴본 후, 질문의 핵심 포인트를 파악하여 나만의 OPIc 답변을 만들어보세요.

7 You indicated in the survey that you take vacations internationally. How has traveling 🎧 MP3 19_Q7
to other countries changed over the years? Is it easier or more difficult? Describe what
traveling was like in the past and what changes you have seen over the years.

당신은 설문조사에서 해외로 휴가를 간다고 했습니다. 지난 몇 년간 해외여행은 어떻게 바뀌었나요? 더 쉬워졌나요, 아니면 더
어려워졌나요? 과거의 여행은 어땠는지, 지난 몇 년간 해외여행에는 어떤 변화가 있었는지 말해주세요.

Structure		Idea
시작 문장	주제 문장 소개	traveling overseas has become much easier, the past
본문	교통의 발달로 쉬워진 해외여행에 대해 묘사	transportation has become a lot better, for example, trains, faster, half the time, plane tickets, cheaper thanks to low-cost carriers, half the price, driving, much easier, GPS, tells us where to go
마무리 문장	나의 답변 마무리	once again, travelling overseas has become, easier, the past

Model Answer 🎧 MP3 19_A7

❶ Travelling overseas has become much easier than in the past.
❷ First, transportation has become a lot ❸ better over the years.
For example, trains have become much faster than in the past.
+ It takes half the time to get somewhere now.
Plus, plane tickets have become much cheaper ❹ thanks to low-cost carriers.
+ ❺ Some flights only cost half the price.
Also, driving has become much easier because we now have GPS.
+ The GPS tells us where to go.
❻ Once again, travelling overseas has become a lot easier than in the past.

Tips for Better Answer

* 14번 기출문제
* '국내 여행' 주제의 '지난 5년간 여행이 더 어려워진 이유 설명'의 답변 그대로 활용

▶❶ 해외여행의 과거와 현재의 차이점을 묻는 질문이기 때문에 시작 문장에 핵심 표현인 traveling overseas와 변화를 나타내는 현재완료형 has become과 비교급 easier than 사용

▶❷ 교통 발전이 현재 여행 방식에 영향을 계속 주고 있기 때문에 현재완료형 has become 사용
Ex: The development of transportations has changed the way people travel.
교통의 발전은 사람들이 여행하는 방식을 바꿨다.

▶❸ better 대신 교통의 발전을 더 정확하게 표현하는 형용사
= developed, organized, sophisticated
Ex: Transportation in Korea has developed dramatically.
한국의 교통이 극적으로 발전되었다.

▶❹ = due to, because of
thanks to는 고마운 느낌이 포함됨

▶❺ 정확한 가격을 말하지 않고도 과거와 현재 가격을 비교할 수 있는 문장
Ex: Some hotels cost only half the price.
어떤 호텔은 반값밖에 안 한다.
I chose the Business class seat even though it was twice the price of the Economy class seat, as it is much more comforting.
비즈니스 클래스 좌석이 이코노미 클래스 좌석보다 2배 비싸지만 훨씬 더 편하기 때문에 비즈니스 클래스 좌석을 샀다.

▶❻ 마무리 문장에는 반드시 주제의 핵심 표현인 travelling overseas와 변화 has become a lot easier 언급하기

Key Expressions

- **has become easier** 더 쉬워졌다
- **transportation** 교통수단
- **half the time** 절반의 시간
- **low-cost carriers** 저가 항공사
- **GPS** 내비게이션

해외여행은 과거보다 훨씬 쉬워졌습니다. 첫째로, 지난 몇 년 동안 교통수단이 많이 좋아졌습니다. 예를 들어, 기차는 과거보다 훨씬 빨라졌습니다. (+ 지금은 어디론가 가는 데 시간이 절반밖에 안 걸립니다.) 게다가 저가 항공사들 덕분에 비행기표 값도 훨씬 저렴해졌습니다. (+ 일부 항공편은 반값밖에 안 합니다.) 또한, 내비게이션을 사용해서 운전이 훨씬 더 쉬워졌습니다. (+ 내비게이션이 어디로 가야 하는지 알려줍니다.) 다시 한번 말하자면, 해외여행은 과거보다 훨씬 쉬워졌습니다.

IH 이상 등급을 받기 위해 문장을 늘리는 연습을 해보세요.

Question 4

1. I think I ate something that went bad.
   → I think I ate something that went bad <u>when I visited a local restaurant that served fish</u>.
   (생선을 제공했던 현지 식당에 방문했을 때)

2. I had a fever and I felt light-headed.
   → I had a fever and I felt light-headed, <u>so I could not even walk straight</u>. (그래서 똑바로 걸을 수도 없었다.)

3. I went to the drug store and I got some medicine.
   → I went to the drug store <u>which was right next to the hotel</u> and I got some medicine.
   (호텔 바로 옆에 있던)

Question 5

1. There are many mountains in Japan.
   → There are many <u>tall and beautiful</u> mountains in Japan <u>just like Korea</u>. (높고 아름다운 / 한국처럼)

2. Some beaches are popular vacation spots.
   → Some beaches are popular vacation spots, <u>and people from all over the world visit there in summer</u>. (그래서 전 세계의 사람들이 여름에 그곳을 방문한다.)

3. People often go on vacations to coastal areas.
   → People often go on vacations to coastal areas <u>because there are so many outdoor activities they can do there</u>. (그곳에서 할 수 있는 야외 활동이 많기 때문에)

Question 6

1. Also, they go to duty free shops at airports to get gifts.
   → Also, they go to duty free shops at airports to get gifts <u>because it is much cheaper to buy things as they don't have to pay taxes there</u>. (그곳에서는 세금을 낼 필요가 없어서 훨씬 싸게 살 수 있어서)

2. Next, they go to decent restaurants to enjoy the local food.
   → Next, they go to decent restaurants to enjoy the local food, <u>and some people like to dress up when they go there</u>. (그리고 어떤 사람들은 그곳에 갈 때 차려입는 것을 좋아한다.)

Question 7

1. Travelling overseas has become much easier than in the past.
   → Travelling overseas has become much easier <u>as the ways of moving around have developed in so many ways</u> than in the past. (이동 방식이 여러 방면에서 발전되었기 때문에)

2. For example, trains have become much faster than in the past.
   → For example, trains have become much faster, <u>cleaner, and more punctual</u> than in the past.
   (더 깨끗해지고 더 정확해진)

3. Also, driving has become much easier because we now have GPS.
   → Also, driving has become much easier because we now have GPS <u>which provides the fastest driving directions in various languages</u>. (다양한 언어로 가장 빨리 가는 방법을 제공하는)

Chapter 20

Geography

질문을 제대로 파악하는 것만으로도 성공적으로 시험을 치를 수 있습니다. OPIc에서 자주 출제되는 질문들을 알아보세요.

1 **Describe your country's geography for me. Are there mountains, lakes or rivers? What is your country like?**

당신 나라의 지형에 대해 설명해주세요. 산, 호수, 강이 있나요? 어떻게 생겼나요?

문항 유형	우리나라의 지형적 특징 묘사
문항 수준	Intermediate
핵심 포인트	• 산과 바다가 많은 한국의 지형적 특징을 현재형 시제로 묘사
	• 한국의 지형 묘사이기 때문에 주어는 Korea 위주로 사용
중요도	★★

2 I would like you to pick a favorite place in your country from your childhood. Describe that place in detail. What was your memory of that place?

어릴 때부터 좋아했던 장소를 선택하고 그곳에 대해 자세히 설명해주세요. 어떤 기억이 있나요?

문항 유형 어렸을 때 국내에서 가보았던 가장 좋았던 장소 묘사
문항 수준 Advanced
핵심 포인트 • 국내 여행 주제의 '좋아하는 국내 여행 장소들 묘사'의 답변 최대한 활용
• 지형 주제의 '어렸을 때 기억나는 지형 관련 추억 묘사'와 같은 답변 준비
• 본인의 과거 경험이기 때문에 주어 I 와 과거형 시제 사용하여 답변
중요도 ★★

3 People often have memorable or moving experiences when they explore their country's geography. You might have climbed a famous mountain or might have swum at a beautiful beach. Tell me a memorable story of when you visited a natural place in your country.

사람들은 종종 국내를 여행하면서 기억에 남거나 감동적인 경험을 합니다. 유명한 산을 올랐을 수도 있고 아름다운 해변에서 수영했을 수도 있습니다. 자연적인 장소에 방문했을 때 겪은 기억에 남는 경험에 대해 말해주세요.

문항 유형 최근 가보았던 지형적으로 유명한 장소에서의 추억 묘사
문항 수준 Advanced
핵심 포인트 • 국내 여행 주제의 '어렸을 때 갔었던 여행들 설명' 답변의 표현과 어휘 최대한 활용
• 본인의 과거 경험에 대해 이야기하기 때문에 주어 I 와 과거형 시제 사용
중요도 ★★

4 Tell me about the outdoor activities that are popular in your country. Do people go hiking, bike or swim? What do people typically do outdoors?

인기 있는 야외 활동에 대해 말해주세요. 사람들은 하이킹을 가나요, 자전거를 타나요, 아니면 수영을 하나요? 사람들은 보통 야외에서 무엇을 하나요?

문항 유형 우리나라 사람들의 보편적인 야외 활동 묘사
문항 수준 Intermediate
핵심 포인트 • 지형 주제의 '우리나라 사람들이 시간이 날 때 하는 활동 묘사'와 같은 답변 준비
• 사람들이 보편적으로 하는 야외 활동을 다양한 접속사와 현재형 시제를 사용하여 나열
• 주어는 people, they, there 등 상황에 맞게 사용
중요도 ★★

5 Tell me about an early memory of your country's geography. Perhaps it was a special place or an important landmark. What were your memories about that place?

당신 나라의 지형과 관련된 어릴 적 기억에 대해 말해주세요. 아마도 특별한 곳이었거나 중요한 랜드마크였을 수도 있습니다. 그곳에 대한 기억은 어땠나요?

문항 유형 어렸을 때 기억나는 지형 관련 추억 묘사
문항 수준 Advanced
핵심 포인트 • 국내 여행 주제의 '좋아하는 국내 여행 장소들 묘사'의 답변 최대한 활용
• 지형 주제의 '어렸을 때 국내에서 가보았던 가장 좋았던 장소 묘사'와 같은 답변 대비
• 어렸을 때 본인의 경험이기 때문에 주어 I 와 과거형 시제 사용하여 답변
중요도 ★★

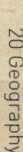

6 Tell me a little bit about a country close to your country. Talk about what the country looks like, and about its people and some of its traditions.

당신이 이웃 나라에 대해 말해주세요. 그 나라는 어떤지, 사람들은 어떤지, 전통은 어떠한지에 대해 이야기해주세요.

문항 유형	이웃 국가 모습과 그 나라 사람들 성향 / 전통 묘사
문항 수준	Intermediate
핵심 포인트	• 이웃 나라로 일본을 선택하여 그 나라의 지형적 특징을 현재형 시제로 묘사 • 나라의 지형적 특징을 묘사하기 때문에 Japan, they, beach, mountains 등 지형과 관련된 명사를 주어로 사용
중요도	★★

7 Please tell me about what kinds of free time activities people in your country do.

당신 나라 사람들이 여가 시간에 즐기는 활동의 종류에 대해 말해주세요.

문항 유형	우리나라 사람들이 시간이 날 때 하는 활동 묘사
문항 수준	Intermediate
핵심 포인트	• 지형 주제의 '우리나라 사람들의 보편적인 야외 활동 묘사'와 같은 답변 준비 • 사람들이 보편적으로 하는 야외 활동을 다양한 접속사와 현재형 시제를 사용하여 묘사 • 주어는 people, they, there 등 상황에 맞게 사용
중요도	★★

8 How has your country changed in the past decade? Perhaps there were changes in urban development, tourism, or any other area. Choose one area of change and describe it with a lot of details.

지난 10년간 당신의 나라는 어떻게 변했나요? 아마도 도시 개발, 관광 또는 다른 분야에서 변화가 있었을 것입니다. 변화의 한 분야를 선택하여 자세히 말해주세요.

문항 유형	우리나라가 최근 10년간 겪은 변화 중 하나 설명
문항 수준	Advanced
핵심 포인트	• 국내 여행 주제의 '지난 5년간 여행이 더 어려워진 이유 설명'의 답변 활용 • 교통수단의 변화에 대해 이야기하기 때문에 주어는 Korea, transportation, trains, plane tickets, driving 등 상황에 맞게 다양하게 사용 • 과거에 대해 이야기할 때에는 과거형 시제, 현재에 대해 이야기할 때에는 현재형 시제 사용
중요도	★★

9 Talk about a country that is geographically similar to your country. What are the changes the country has gone through in recent years?

당신 나라의 지형과 비슷한 나라에 대해 이야기해주세요. 최근 몇 년간 그 나라가 겪은 변화는 무엇인가요?

문항 유형	지형적으로 유사한 이웃 국가 묘사, 변화 추세 설명
문항 수준	Advanced
핵심 포인트	• 14번 기출문제 • 지형 주제의 '이웃 국가 모습과 그 나라 사람들 성향 / 전통 묘사'의 표현과 문장 최대한 활용 • 이웃 국가로 일본을 선택하여 묘사할 시, 주어는 Japan, there, people를 사용하며 현재형 시제로 묘사
중요도	★★

데이터와 트렌드로 쉽게 취득하는 OPIc

10 Tell me about an article you read about the country you have mentioned. What was the issue about? How was it related to the politics or the economy of the country?

앞서 언급한 나라에 관련되어 읽은 기사에 대해 말해주세요. 그 기사는 무엇에 관한 것이었나요? 정치나 국가 경제와 어떻게 관련이 있었나요?

문항 유형	이웃 국가 시사 문제 신문기사 읽은 내용
문항 수준	Advanced
핵심 포인트	• 15번 기출문제 • 지형 주제의 '우리나라와 다른 국가와의 관계와 관계 변화 설명'과 같은 답변 준비 • 한국과 일본에 대한 이야기를 할 때에는 주어는 Korea, Japan, there 등 내용에 맞게 사용하며 현재형 시제로 묘사
중요도	★★★★

11 Tell me in detail about changes you have observed concerning the relationship between your country and other countries. The change could be related to the economy, sports, arts, culture or politics. Describe the changes in detail.

다른 나라와의 관계에 대해 변한 부분에 대해 자세히 말해주세요. 경제, 스포츠, 예술, 문화, 정치와 관련된 변화일 수 있습니다. 변화된 부분을 자세히 설명해주세요.

문항 유형	우리나라와 다른 국가와의 관계와 관계변화 설명
문항 수준	Advanced
핵심 포인트	• 14번 기출문제 • 지형 주제의 '이웃 국가 시사 문제 신문기사 읽은 내용'과 같은 답변 준비 • 한국과 일본에 대한 이야기를 할 때에는 주어는 Korea, Japan, there 등 내용에 맞게 사용하며 현재형 시제로 묘사
중요도	★★

12 I would like for you to think about a specific historic event that has affected the relationship between your country and one of its neighboring nations. It could be a treaty signed between two countries, a cultural event or a visit of another country's minister or president. Tell me in detail about everything that happened.

이웃 국가와의 관계에 영향을 준 구체적인 역사적 사건에 대해 생각해보세요. 두 나라 사이에 체결된 조약이나 문화 행사 또는 다른 나라의 장관이나 대통령 방문일 수도 있습니다. 무슨 일이 있었는지 자세히 말해주세요.

문항 유형	우리나라와 다른 국가 사이에 있었던 역사적 사건과 파장 및 여파
문항 수준	Advanced
핵심 포인트	• 15번 기출문제 • 한반도 비핵화 이슈에 대해 과거형 시제를 사용하여 설명 • 국가들 사이의 사건이기 때문에 주어는 Korea, war, people, there 등 내용에 맞게 사용
중요도	★★★★

OPIc 질문에 대한 모범 답변을 살펴본 후, 질문의 핵심 포인트를 파악하여 나만의 OPIc 답변을 만들어보세요.

1 Describe your country's geography for me. Are there mountains, lakes or rivers? ⌾MP3 20_Q1
What is your country like?

당신 나라의 지형에 대해 설명해주세요. 산, 호수, 강이 있나요? 어떻게 생겼나요?

Structure		Idea
시작 문장	주제 문장 소개	Korea, diverse geography
본문	산과 바다가 많은 한국의 지형적 특징 묘사	first, there are, mountains, 70 percent, plus, Korea is a peninsula, tons of beaches, popular vacation spots, coastline, scenic, rivers that run through
마무리 문장	나의 답변 마무리	Korea, diverse geography

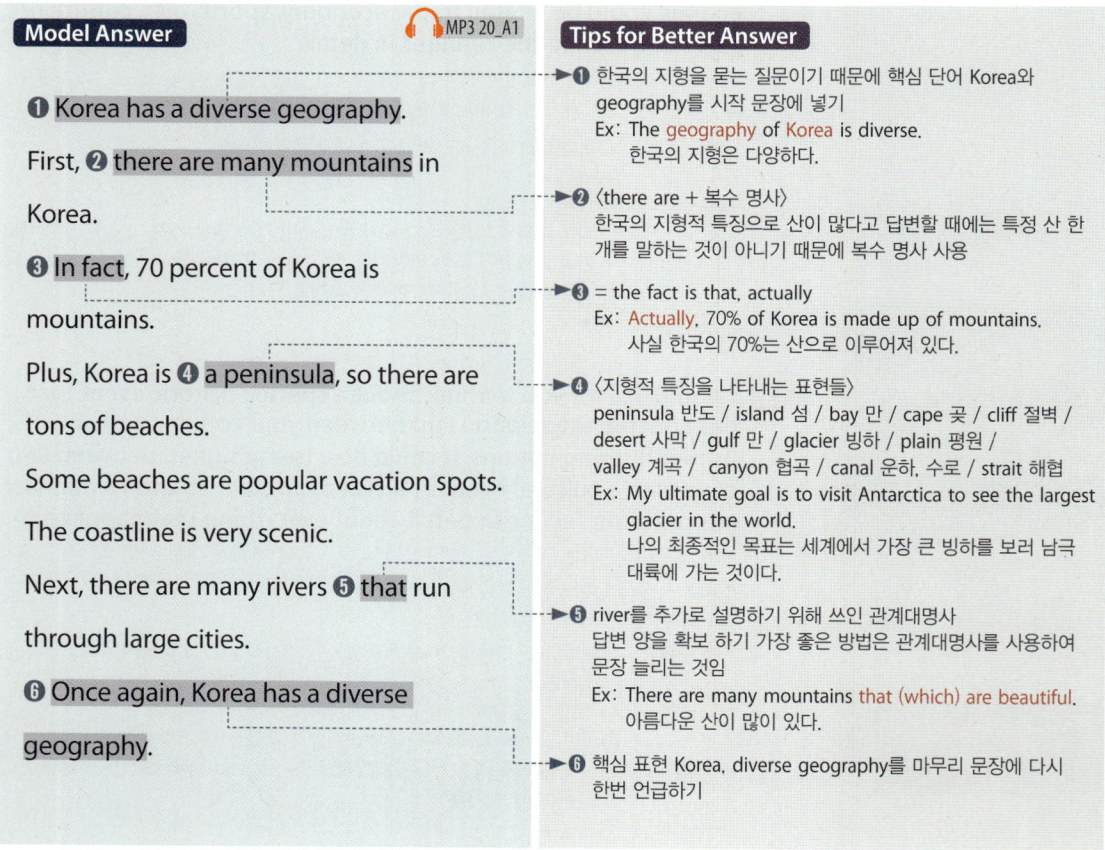

Model Answer ⌾MP3 20_A1

❶ Korea has a diverse geography.

First, ❷ there are many mountains in Korea.

❸ In fact, 70 percent of Korea is mountains.

Plus, Korea is ❹ a peninsula, so there are tons of beaches.

Some beaches are popular vacation spots. The coastline is very scenic.

Next, there are many rivers ❺ that run through large cities.

❻ Once again, Korea has a diverse geography.

Tips for Better Answer

▶❶ 한국의 지형을 묻는 질문이기 때문에 핵심 단어 Korea와 geography를 시작 문장에 넣기
Ex: The geography of Korea is diverse.
　　한국의 지형은 다양하다.

▶❷ 〈there are + 복수 명사〉
한국의 지형적 특징으로 산이 많다고 답변할 때에는 특정 산 한 개를 말하는 것이 아니기 때문에 복수 명사 사용

▶❸ = the fact is that, actually
Ex: Actually, 70% of Korea is made up of mountains.
　　사실 한국의 70%는 산으로 이루어져 있다.

▶❹ 〈지형적 특징을 나타내는 표현들〉
peninsula 반도 / island 섬 / bay 만 / cape 곶 / cliff 절벽 / desert 사막 / gulf 만 / glacier 빙하 / plain 평원 / valley 계곡 / canyon 협곡 / canal 운하, 수로 / strait 해협
Ex: My ultimate goal is to visit Antarctica to see the largest glacier in the world.
　　나의 최종적인 목표는 세계에서 가장 큰 빙하를 보러 남극 대륙에 가는 것이다.

▶❺ river를 추가로 설명하기 위해 쓰인 관계대명사
답변 양을 확보 하기 가장 좋은 방법은 관계대명사를 사용하여 문장 늘리는 것임
Ex: There are many mountains that (which) are beautiful.
　　아름다운 산이 많이 있다.

▶❻ 핵심 표현 Korea, diverse geography를 마무리 문장에 다시 한번 언급하기

Key Expressions

• **diverse** 다양한
• **peninsula** 반도
• **popular** 인기 있는
• **vacation spots** 휴가 장소

• **coastline** 해안가
• **scenic** 경치 좋은, 멋진
• **run through** ~를 따라 흐르는

한국에는 다양한 지형이 있습니다. 첫째, 한국에는 산이 많습니다. 사실 한국의 70%는 산입니다. 게다가 한국은 반도이기 때문에 해변이 수없이 많습니다. 몇몇 해변은 유명한 휴양지입니다. 해안선은 매우 경치가 좋습니다. 다음으로 대도시를 흐르는 강이 많습니다. 즉, 한국에는 지형이 다양합니다.

OPIc 질문에 대한 모범 답변을 살펴본 후, 질문의 핵심 포인트를 파악하여 나만의 OPIc 답변을 만들어보세요.

2 Tell me a little bit about a country close to your country. Talk about what the country 🎧MP3 20_Q2 looks like, and about its people and some of its traditions.

당신의 이웃 나라에 대해 말해주세요. 그 나라는 어떤지, 사람들은 어떤지, 전통은 어떠한지에 대해 이야기해주세요.

Structure		Idea
시작 문장	주제 문장 소개	Japan, one of our closest neighboring
본문	이웃 국가인 일본을 선택하여 특징 묘사	many mountains, island nation, tons of beaches, popular vacation spots, coastline, scenic, meanwhile, Japanese people, friendly in general
마무리 문장	나의 답변 마무리	impression I got from the Japanese

Model Answer 🎧MP3 20_A2

❶ Japan is ❷ one of our closest neighboring countries.
❸ There are many mountains in Japan.
In fact, roughly half of Japan is mountains.
Also, ❹ Japan is an island nation, so there are tons of beaches.
Some beaches are popular vacation spots.
The coastline is very scenic.
People often go on vacations to coastal areas.
❺ Meanwhile, Japanese people are quite friendly in general.
That's the ❻ impression I got from the Japanese.

Tips for Better Answer

❶ 한국과 가까운 나라를 하나 선택하여 시작 문장에 언급
이 답변에서는 Japan 선택

❷ 질문에 나온 a country close to your country라는 표현 대신 neighboring countries로 바꾸어 시작 문장에 사용
질문에 나온 표현을 그대로 시작 문장에 넣는 것도 좋은 전략!
Ex: Japan is a country that is close to Korea.
일본은 한국과 가까운 나라다.

❸ 질문에서 그곳의 지형, 사람 등에 대해 설명하라고 했기 때문에 그 나라의 지형적 특성, 사람들의 인상 등에 대해 자세히 설명하기

❹ 한국과의 비교를 해준다면 더 높은 점수를 받을 수 있음!
Ex: Unlike Korea, which is a peninsula, Japan is an island nation.
반도인 한국과는 다르게 일본은 섬나라이다.

❺ 그 나라 사람들의 성향에 대해 물었기 때문에 추가되어야 하는 문장
Ex: Also, people from Japan are quite generous.
또한 일본에서 온 사람들은 꽤 너그럽다.

❻ impression: 감명, 인상, 느낌 (명사)
impress: 감동시키다, 감명시키다 (동사)
be impressed by: ~에 감동받다, 감명받다 (동사)
impressive: 감동적인, 감동적인 (형용사)
Ex: I was impressed by her generosity.
나는 그녀의 너그러움에 감동받았다.
Her generosity impressed me.
그녀의 너그러움은 나를 감동시켰다.
Her generosity was impressive to me.
그녀의 너그러움은 나에게 감동적이었다.
The impression I got from her was generosity.
내가 그녀로부터 받은 인상은 너그러움이었다.

Key Expressions

- **closest** 가장 가까운
- **neighboring** 이웃
- **mountains** 산
- **roughly** 대략적으로
- **island nation** 섬나라
- **popular** 인기 있는
- **vacation spot** 휴가 장소
- **coastline** 해안선
- **scenic** 경치 좋은
- **coastal area** 해안 지역
- **quite** 꽤
- **friendly** 친절한
- **in general** 일반적으로
- **impression** 인상

일본은 우리나라에서 가까운 이웃 국가들 중 하나입니다. 일본에는 산이 많습니다. 사실, 일본의 대략 절반은 산입니다. 또한 일본은 섬나라이기 때문에 해변이 많습니다. 몇몇 해변은 유명한 휴양지입니다. 해안선은 매우 경치가 좋습니다. 사람들은 종종 해안 지역으로 휴가를 갑니다. 한편, 일본 사람들은 대체로 꽤 친절한 편입니다. 이것이 제가 일본 사람들로부터 받은 인상입니다.

OPIc 모범 답변 학습하기

OPIc 질문에 대한 모범 답변을 살펴본 후, 질문의 핵심 포인트를 파악하여 나만의 OPIc 답변을 만들어보세요.

3-1 **Tell me about the outdoor activities that are popular in your country. Do people** 🎧 MP3 20_Q3-1
go hiking, bike or swim? What do people typically do outdoors?
인기 있는 야외 활동에 대해 말해주세요. 사람들은 하이킹을 가나요, 자전거를 타나요, 아니면 수영을 하나요? 사람들은 보통 야외에서 무엇을 하나요?

3-2 **Please tell me about what kinds of free time activities people in your country do.** 🎧 MP3 20_Q3-2
당신 나라 사람들이 여가 시간에 즐기는 활동의 종류에 대해 말해주세요.

Structure		Idea
시작 문장	주제 문장 소개	Koreans, various types of outdoor activities
본문	사람들이 자유시간에 즐길 수 있는 다양한 야외 활동 나열	because, many mountains, go hiking, camping to the mountains, next, beaches, go on vacations to coastal areas, many rivers, riverside parks, exercise there
마무리 문장	나의 답변 마무리	Koreans, various types of outdoor activities

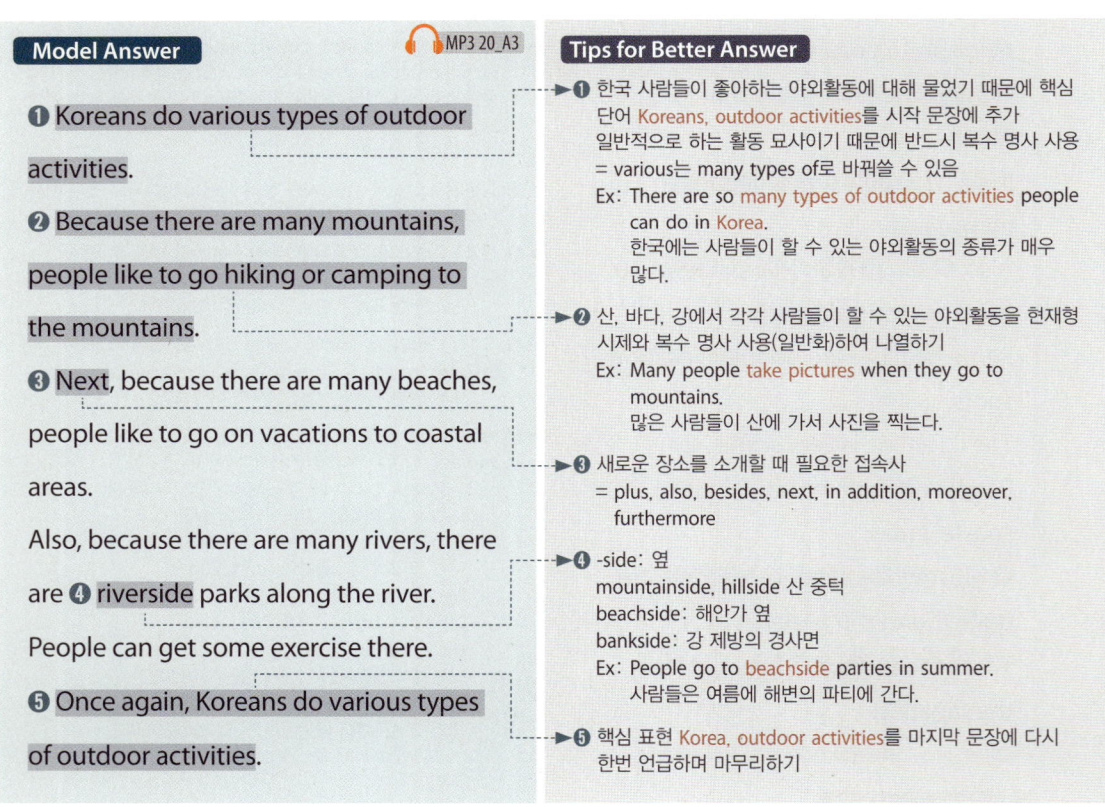

Model Answer 🎧 MP3 20_A3

❶ Koreans do various types of outdoor activities.

❷ Because there are many mountains, people like to go hiking or camping to the mountains.

❸ Next, because there are many beaches, people like to go on vacations to coastal areas.

Also, because there are many rivers, there are ❹ riverside parks along the river.

People can get some exercise there.

❺ Once again, Koreans do various types of outdoor activities.

Tips for Better Answer

❶ 한국 사람들이 좋아하는 야외활동에 대해 물었기 때문에 핵심 단어 Koreans, outdoor activities를 시작 문장에 추가
일반적으로 하는 활동 묘사이기 때문에 반드시 복수 명사 사용
= various는 many types of로 바꿔쓸 수 있음
Ex: There are so many types of outdoor activities people can do in Korea.
한국에는 사람들이 할 수 있는 야외활동의 종류가 매우 많다.

❷ 산, 바다, 강에서 각각 사람들이 할 수 있는 야외활동을 현재형 시제와 복수 명사 사용(일반화)하여 나열하기
Ex: Many people take pictures when they go to mountains.
많은 사람들이 산에 가서 사진을 찍는다.

❸ 새로운 장소를 소개할 때 필요한 접속사
= plus, also, besides, next, in addition, moreover, furthermore

❹ -side: 옆
mountainside, hillside 산 중턱
beachside: 해안가 옆
bankside: 강 제방의 경사면
Ex: People go to beachside parties in summer.
사람들은 여름에 해변의 파티에 간다.

❺ 핵심 표현 Korea, outdoor activities를 마지막 문장에 다시 한번 언급하며 마무리하기

Key Expressions

• **outdoor activities** 야외 활동   • **riverside park** 강가 공원
• **coastal areas** 해안 지역   • **exercise** 운동하다

한국인들은 다양한 종류의 야외 활동을 합니다. 산이 많기 때문에 사람들은 산으로 등산이나 캠핑하러 가는 것을 좋아합니다. 그리고 해변이 많기 때문에, 사람들은 해안 지역으로 휴가를 가는 것을 좋아합니다. 또한, 강이 많기 때문에, 강을 따라 강가 공원이 있습니다. 사람들은 그곳에서 운동을 할 수 있습니다. 즉, 한국인들은 다양한 종류의 야외 활동을 합니다.

데이터 기반 트렌드로 쉽게 취득하는 OPIc IH

IH 이상 등급을 받기 위해 문장을 늘리는 연습을 해보세요.

Question 1

1. Korea has a diverse geography.
→ Korea has a diverse geography <u>even though it is a small country</u>. (작은 나라임에도 불구하고)

2. In fact, 70 percent of Korea is mountains.
→ In fact, 70 percent of Korea is mountains, <u>so you can see mountains everywhere you go</u>.
(그래서 어디를 가든지 산을 볼 수 있다.)

3. Next, there are many rivers that run through large cities.
→ Next, there are many rivers that run through large cities, <u>which makes the night views of the cities even more beautiful</u>. (도시의 야경을 더 아름답게 보이게 만드는)

Question 2

1. Meanwhile, Japanese people are quite friendly in general.
→ Meanwhile, Japanese people are quite friendly in general, <u>and they seem to be polite</u>.
(그리고 예의 바르게 보인다.)

2. That's the impression I got from the Japanese.
→ That's the impression I got from the Japanese, <u>and their kindness was quite impressive</u>.
(그리고 그들의 친절은 꽤 인상적이었다.)

Question 3

1. Koreans do various types of outdoor activities.
→ Koreans do various types of outdoor activities <u>because many places are surrounded by mountains and rivers</u>. (많은 곳들이 산과 강으로 둘러싸여져 있기 때문에)

2. People can get some exercise there.
→ People can get some exercise there <u>such as riding bicycles, playing tennis and swimming</u>. (자전거를 타거나, 테니스를 치거나 수영 같은)

OPIc 질문에 대한 모범 답변을 살펴본 후, 질문의 핵심 포인트를 파악하여 나만의 OPIc 답변을 만들어보세요.

4-1 I would like you to pick a favorite place in your country from your childhood. Describe that place in detail. What was your memory of that place? 🎧 MP3 20_Q4-1
어릴 때부터 좋아했던 장소를 선택하고 그곳에 대해 자세히 설명해주세요. 어떤 기억이 있나요?

4-2 Tell me about an early memory of your country's geography. Perhaps it was a special place or an important landmark. What were your memories about that place? 🎧 MP3 20_Q4-2
당신 나라의 지형과 관련된 어릴 적 기억에 대해 말해주세요. 아마도 특별한 곳이었거나 중요한 랜드마크였을 수도 있습니다. 그곳에 대한 기억은 어땠나요?

Structure		Idea
시작 문장	주제 문장 소개	remember going to the beach quite often, when I was a kid
본문	어렸을 때 가본 장소로 해변 선택하여 묘사	one of my favorite, used to be, coastal city called, south coast, most well-known, extremely crowded, peak season, coastline, scenic, breathtaking
마무리 문장	나의 답변 마무리	remember going to the beach, when I was a kid

Model Answer 🎧 MP3 20_A4

❶ I remember going to the beach quite often with my family when I was a kid. One of my favorite beaches ❷ used to be Haeundae.
It was in a coastal city called Busan, ❸ which was on the south coast of Korea.
The beach was one of the most well-known beaches in Korea.
It got extremely crowded during the peak season.
The coastline was very ❹ scenic.
The sunset (the sunrise) was breathtaking.
❺ Once again, I remember going to the beach quite often when I was a kid.

Tips for Better Answer
* '국내 여행' 주제의 '좋아하는 국내 여행 장소들 묘사'의 답변 최대한 활용

▶❶ 과거의 경험이기 때문에 〈remember + 동명사〉로 문장 시작
여행 간 장소를 선택하여 시작 문장에 언급하기
　Ex: I remember going to the mountains.
　　　산에 간 기억이 난다.

▶❷ 과거에 자주 갔다는 느낌을 주기 위해 be 동사가 아닌 used to be 사용
　Ex: I went to Haeundae.
　　　해운대에 갔다. (몇 번 갔는지 알 수 없음)
　　　I used to go to Haeundae.
　　　해운대에 가고는 했다. (정기적으로 여러 번 갔음)

▶❸ 답변 양 확보를 위해 관계 대명사 which 사용하며 문장 늘리기
이때 which 뒤에 올 수 있는 추가 정보는 앞에 언급된 장소의 자세한 위치나 특징
　Ex: My favorite vacation place is Busan, which is located on the southern part of Korea.
　　　내가 좋아하는 휴가지는 부산인데 이곳은 한국의 남쪽에 위치해 있다.

▶❹ 〈자연을 묘사할 때 쓰는 형용사〉
stunning: 놀라운　picturesque: 그림 같은
impressive: 인상적인

▶❺ 핵심 표현인 when I was a kid, beach 사용하여 마무리 문장 만들기

Key Expressions
- **south coast** 남해안
- **well-known** 유명한, 잘 알려진
- **get crowded** 복잡해지다, 북적이다
- **peak season** 성수기
- **coastline** 해안가
- **scenic** 멋진
- **breathtaking** 숨이 멎을 듯한

어렸을 때 가족들과 꽤 자주 바닷가에 갔던 기억이 납니다. 제가 가장 좋아했던 해변은 해운대였습니다. 한국의 남해안에 위치한 해안 도시인 부산에 있었습니다. 그곳은 우리나라에서 가장 유명한 해변 중 하나였습니다. 성수기 때는 매우 붐볐습니다. 해안 지대는 경치가 좋았습니다. 일몰 (일출)은 숨이 멎을 듯 아름다웠습니다. 다시 한번 말하자면, 어렸을 때 꽤 자주 바닷가에 갔던 기억이 납니다.

| 네이티브 트렌드로 쉽게 취득하는 OPIc IH

OPIc 질문에 대한 모범 답변을 살펴본 후, 질문의 핵심 포인트를 파악하여 나만의 OPIc 답변을 만들어보세요.

5 People often have memorable or moving experiences when they explore their country's 🎧MP3 20_Q5 geography. You might have climbed a famous mountain or might have swum at a beautiful beach. Tell me a memorable story of when you visited a natural place in your country.

사람들은 종종 국내를 여행하면서 기억에 남거나 감동적인 경험을 합니다. 유명한 산을 올랐을 수도 있고 아름다운 해변에 갔을 수도 있습니다. 자연적인 장소에 방문했을 때 겪은 기억에 남는 경험에 대해 말해주세요.

Structure		Idea
시작 문장	주제 문장 소개	remember going to the beach, two years ago
본문	지형적으로 유명한 장소로 여행 가서 한 일 묘사	stayed, beachside hotel, great ocean view, during the day, took a walk, took a lot of pictures, went out for some seafood, raw fish, shrimp, for dinner, barbeque, food tasted, starving, had some drinks, after having dinner, partied
마무리 문장	나의 답변 마무리	looking back, one of the most memorable trips

Model Answer 🎧MP3 20_A5

I remember going ❶ to the beach with my friends two years ago.

We stayed at ❷ a beachside hotel ❸ that had a great ocean view.

During the day, we took a walk along the beach.

Plus, we took a lot of pictures near the beach.

For lunch, we ❹ went out for some seafood.

We had some raw fish and shrimp.

For dinner, we had a barbeque at our cabin.

The food tasted so good because I was starving.

We had some drinks while having the meal.

After having dinner, we partied all night long.

❺ Looking back, it was one of the most memorable trips in my life.

Tips for Better Answer

➤❶ 과거의 경험에 대해 이야기할 때 시작 문장에 when, with whom, where에 대한 정보를 간단하게 제공하기
Ex: I remember going to Halla Mountain (어디로) with my family (누구와) last year (언제).
작년에 가족들과 한라산에 간 기억이 난다.

➤❷ 〈호텔 앞에 나올 수 있는 다양한 형용사〉
5-star hotel: 5성급 호텔
affordable hotel: 가격이 합리적인 호텔
riverside hotel: 강가에 있는 호텔
100-story hotel: 100층짜리 호텔

➤❸ 관계대명사 that / which를 사용하여 cabin에 대한 추가 정보 제시
Ex: We stayed at a hotel which / that had an amazing view of the beach.
우리는 해변의 멋진 경치가 보이는 호텔에 머물렀다.

➤❹ = dine out, eat out
Ex: We decided to eat out.
우리는 외식하기로 결정했다.

➤❺ 과거를 회상하는 표현
= in retrospect, looking backward, in hindsight

Key Expressions

- **beachside** 해안가
- **ocean view** 바다 경치
- **raw fish** 회, 익히지 않은 생선
- **starving** 배가 많이 고픈
- **have drinks** 술을 마시다
- **meal** 식사
- **all night long** 밤새도록
- **memorable** 기억에 남는

2년 전 친구들과 바닷가에 갔던 기억이 납니다. 우리는 바다가 내다보이는 해변 쪽 호텔에 머물렀습니다. 낮에는 바다를 따라 산책했습니다. 또한, 우리는 해변 근처에서 사진을 많이 찍었습니다. 점심으로, 우리는 해산물을 먹으러 나갔습니다. 회와 새우를 먹었습니다. 저녁으로, 우리는 펜션에서 바비큐를 했습니다. 배가 고파서 음식이 더 맛있었습니다. 식사를 하면서 술을 좀 마셨습니다. 저녁을 먹고 나서, 밤새도록 파티를 했습니다. 돌이켜보면, 이것이 제 인생에서 가장 기억에 남는 여행 중 하나였습니다.

OPIc 질문에 대한 모범 답변을 살펴본 후, 질문의 핵심 포인트를 파악하여 나만의 OPIc 답변을 만들어보세요.

6 How has your country changed in the past decade? Perhaps there were changes in 🎧 MP3 20_Q6 urban development, tourism, or any other area. Choose one area of change and describe it with a lot of details.

지난 10년간 당신의 나라는 어떻게 변했나요? 아마도 도시 개발, 관광 또는 다른 분야에서 변화가 있었을 것입니다. 변화의 한 분야를 선택하여 자세히 말해주세요.

Structure		Idea
시작 문장	주제 문장 소개	Korea has changed, past decade
본문	한국의 변화로 교통수단 묘사	transportation has become a lot better, for example, trains, faster, half the time, plane tickets, cheaper thanks to low-cost carriers, half the price, driving, much easier, GPS, tells us where to go
마무리 문장	나의 답변 마무리	transportation has changed, last 10 years

Model Answer 🎧 MP3 20_A6

❶ Korea has changed a lot in the past decade.
First, ❷ transportation has become a lot better over the years.
For example, ❸ trains have become much faster than in the past.
+ ❹ It takes half the time to get somewhere now.
Plus, plane tickets have become much cheaper thanks to low-cost carriers.
+ Some flights only cost half the price.
Also, driving has become much easier because we now have GPS.
+ The GPS tells us where to go.
❺ So, transportation has changed a lot over the last 10 years.

Tips for Better Answer

* '국내 여행' 주제의 '지난 5년간 여행이 더 어려워진 이유 설명' 답변 그대로 활용

▶❶ 지난 10년 동안 한국의 변화를 묻는 질문이기 때문에 핵심 단어인 Korea, changed, decade를 시작 문장에 넣기
a decade = 10 years
변화에 대해 묻기 때문에 현재완료형 시제 사용
Ex: For the last 10 years, many things have changed in Korea.
지난 10년 동안, 한국에는 많은 것이 변했다.

▶❷ 한국의 변화 중 하나로 transportation을 선택한 후 과거와 현재를 비교하기 위해 현재완료형 has become 사용

▶❸ transportation이 좋아진 이유를 설명하기 위해 다양한 예시 제공하기 (trains, plane tickets, GPS)

▶❹ 답변 양 확보를 위해 교통이 더 좋아진 것을 나타내는 예시 추가하기
Ex: It takes 3 hours to get to Busan, but in the past it took more than 5 hours.
부산에 가는 데 3시간이면 가지만 예전에는 5시간 이상 걸렸다.

▶❺ 스토리를 마무리하고 싶을 때 좋은 표현
= anyway, anyways
마무리 문장에 핵심 표현 transportation, has changed, 10 years 넣기
Ex: Anyway, I think transportations have changed a lot over the last 10 years.
아무튼 내 생각에 지난 10년 동안 교통수단이 많이 바뀐 것 같다.

Key Expressions

• **past decade** 지난 10년
• **has become easier** 쉬워졌다
• **transportation** 교통수단
• **half the time** 절반의 시간
• **low-cost carriers** 저가 항공사
• **GPS** 내비게이션

한국은 지난 10년 동안 많이 변했습니다. 첫째, 지난 몇 년 동안 교통수단이 많이 좋아졌습니다. 예를 들어, 기차는 과거보다 훨씬 빨라졌습니다. (+ 지금은 어디론가 가는 데 시간이 절반밖에 안 걸립니다.) 게다가 저가 항공사들 덕분에 비행기 표 값도 훨씬 저렴해졌습니다. (+ 일부 항공편은 반값밖에 안 합니다.) 또한, 내비게이션을 사용해서 운전이 훨씬 더 쉬워졌습니다. (+ 내비게이션이 어디로 가야 하는지 알려줍니다.) 즉, 교통수단은 지난 10년 동안 많이 변했습니다.

네이티브 트렌드로 쉽게 취득하는 OPIc IH

IH 이상 등급을 받기 위해 문장을 늘리는 연습을 해보세요.

Question 4

1. One of my favorite beaches used to be Haeundae.
   → One of my favorite beaches used to be Haeundae <u>because it was not that far from my place</u>. (우리 집에서 그렇게까지 멀지 않았기 때문에)

2. It got extremely crowded during the peak season.
   → It got extremely crowded <u>and the hotel prices skyrocketed</u> during the peak season. (그리고 호텔 값이 치솟았다.)

3. The sunset (the sunrise) was breathtaking.
   → The sunset (the sunrise) <u>from the beach</u> was breathtaking <u>and stunning</u>. (해변에서 본 / 그리고 놀라운)

Question 5

1. During the day, we took a walk along the beach.
   → During the day, we took a walk along the beach <u>because it was not that hot outside</u>. (밖이 그렇게까지 덥지 않았기 때문에)

2. For lunch, we went out for some seafood.
   → For lunch, we went out for some seafood, <u>and we could enjoy it at reasonable prices</u>. (그리고 우리는 적당한 가격에 그것을 즐길 수 있었다.)

Question 6

1. Korea has changed a lot in the past decade.
   → Korea has changed a lot <u>and in many positive ways</u> in the past decade. (그리고 많은 긍정적인 쪽으로)

2. The GPS tells us where to go.
   → The GPS tells us where to go, <u>so we do not need to worry about getting lost</u>. (그래서 우리는 길 잃을 걱정을 할 필요가 없다.)

OPIc 질문에 대한 모범 답변을 살펴본 후, 질문의 핵심 포인트를 파악하여 나만의 OPIc 답변을 만들어보세요.

7 Talk about a country that is geographically similar to your country. What are the
changes the country has gone through in recent years? 🎧 MP3 20_Q7

당신 나라의 지형과 비슷한 나라에 대해 이야기해주세요. 최근 몇 년간 그 나라가 겪은 변화는 무엇인가요?

	Structure	Idea
시작 문장	주제 문장 소개	Japan, one of our closest neighboring countries
본문	한국과 지형적으로 비슷한 나라인 일본의 고령화 묘사	mountains, roughly half, mountains, island nation, vacation spots, coastline, scenic, go on vacations, meanwhile, population, aging rapidly, one of the fastest aging countries
마무리 문장	나의 답변 마무리	is causing many social problems

Model Answer 🎧 MP3 20_A7

❶ Japan is one of our closest neighboring countries.
There are many mountains in Japan.
In fact, roughly half of Japan is mountains.
Also, Japan is an island nation, so there are tons of beaches.
Some beaches are popular vacation spots.
The coastline is very scenic.
People often go on vacations to coastal areas.
❷ Meanwhile, ❸ Japan's population is aging ❹ rapidly.
It is ❺ one of the fastest aging countries in the world.
❻ This is causing many social problems in the country.

Tips for Better Answer

* 14번 기출문제

▶❶ 본문의 내용은 '지형' 주제의 '이웃 국가 모습과 그 나라 사람들 성향 / 전통 묘사'의 답변을 그대로 활용하기
국내 지형과 비슷한 나라로 Japan 선택한 후 현재형 시제로 묘사

▶❷ 지형에 대해 언급하다가 다른 주제인 일본이 겪은 변화에 대해 이야기하기 위해 부사 meanwhile로 문장 시작
= on the other hand
Ex: Meanwhile, there are some serious issues in Japan.
한편으로 일본에는 심각한 문제가 있습니다.

▶❸ Japan이 겪은 변화 추세로 고령화에 대해 설명
이때 핵심 단어인 population, aging을 언급하며 현재도 진행되고 있는 문제이기 때문에 현재진행형 사용
〈세계적으로 일어날 수 있는 다른 문제들〉
malnutrition 영양실조 / air-pollution 공기오염
noise pollution 소음공해 / deforestation 산림 파괴
poverty 가난 / global warming 지구온난화
acid rain 산성비 / climate change 기후 변화

▶❹ = dramatically, drastically

▶❺ 고령화가 진행되고 있는 나라는 aging countries 또는 aging societies로 표현 가능

▶❻ 현재 고령화가 계속해서 사회적 문제를 일으키고 있다는 것을 강조하기 위해 현재진행형 is causing 사용

Key Expressions

- **closest** 가장 가까운
- **neighboring** 이웃의
- **in fact** 사실은
- **roughly** 대략적으로
- **island nation** 섬나라
- **vacation spots** 휴양지
- **coastal areas** 해안 지역
- **population** 인구
- **aging** 고령화되고 있는
- **rapidly** 빠르게
- **cause** 야기하다, 유발하다
- **social problem** 사회적 문제

일본은 가장 가까운 이웃 국가들 중 하나입니다. 일본에는 산이 많습니다. 사실, 일본의 대략 절반은 산입니다. 또한 일본은 섬나라이기 때문에 해변이 많습니다. 몇몇 해변은 유명한 휴양지입니다. 해안선은 매우 경치가 좋습니다. 사람들은 종종 해안 지역으로 휴가를 갑니다. 한편, 일본의 인구는 급속히 고령화되고 있습니다. 세계에서 가장 빨리 고령화되는 국가 중 하나입니다. 이것은 국가적으로 많은 사회적 문제를 일으키고 있습니다.

OPIc 질문에 대한 모범 답변을 살펴본 후, 질문의 핵심 포인트를 파악하여 나만의 OPIc 답변을 만들어보세요.

8 **Tell me about an article you read about the country you have mentioned. What was the issue about? How was it related to the politics or the economy of the country?** 🎧 MP3 20_Q8

앞서 언급한 나라에 관련되어 읽은 기사에 대해 말해주세요. 그 기사는 무엇에 관한 것이었나요? 정치나 국가 경제와 어떻게 관련이 있었나요?

Structure		Idea
시작 문장	주제 문장 소개	small island between Korea, Japan, Dokdo
본문	한국과 일본의 영토 분쟁 묘사	Japan argues, island, its territory, not, belongs to, nonetheless, keeps on arguing, a major dispute between, recently read, about this issue
마무리 문장	나의 답변 마무리	gave me more insight, relationship between

Model Answer 🎧 MP3 20_A8

❶ There is a small island between Korea and Japan called Dokdo.

❷ Japan argues that the island is

❸ its territory, but it is NOT. The island belongs to Korea.

❹ Nonetheless, Japan

❺ keeps on arguing that the island belongs to them.

This is a major ❻ dispute between the two countries.

I recently read an article about this issue.

It gave me more insight about the relationship between Korea and Japan.

Tips for Better Answer

* 15번 기출문제

▶ ❶ 앞서 언급한 나라 일본과 관련된 기사로 독도에 관해 설명
핵심 단어인 Korea, Japan, 그리고 Dokdo를 시작 문장에 언급하기
Ex: I will talk about conflicts between Korea and Japan.
한국과 일본의 갈등에 대해 말하겠다.

▶ ❷ 오랜 기간 변함없이 주장해오고 있기 때문에 현재형 시제 사용
최근 제시된 주장일 때는 is arguing 사용
Ex: Japan argues that the island is theirs.
일본은 그 섬이 자기들 것이라고 주장한다. (계속 주장해옴)
Japan is arguing that everything they did in the past was done legally.
일본은 과거에 자신들이 한 일이 모두 합법적으로 이루어졌다고 주장하고 있다. (지금 하고 있음)

▶ ❸ 영토 문제라는 것을 말하기 위해 필수로 알아야 하는 단어
암기 필수!

▶ ❹ '그럼에도 불구하고', '그렇지만'이라는 의미로 주로 문장의 앞에 나옴
= nevertheless, yet, but still

▶ ❺ 계속 argue 하고 있다는 것을 강조하기 위해 동사 〈keep on 동명사〉 사용
= keep ~ing, continue ~ing, maintain
Ex: Japan is maintaining their stance.
일본은 그들의 입장을 유지하고 있다.

▶ ❻ = conflict, disagreement, argument

Key Expressions

- **argue** 주장하다
- **territory** 영토, 지역
- **nonetheless** 그럼에도 불구하고
- **belong to** ~에 소유되어 있다
- **major dispute** 주요 분쟁
- **article** 신문 기사
- **insight** 통찰력

한국과 일본 사이에는 독도라는 작은 섬이 있습니다. 일본은 이 섬이 자국의 영토라고 주장하지만, 그렇지 않습니다. 그 섬은 한국의 섬입니다. 그럼에도 불구하고, 일본은 이 섬이 자국의 영토라고 계속 주장하고 있습니다. 이것이 두 나라 사이의 주요 분쟁입니다. 최근에 이 문제에 관한 기사를 읽었습니다. 그것은 한국과 일본의 관계에 대해 많은 통찰력을 주었습니다.

OPIc 질문에 대한 모범 답변을 살펴본 후, 질문의 핵심 포인트를 파악하여 나만의 OPIc 답변을 만들어보세요.

9 Tell me in detail about changes you have observed concerning the relationship 🎧 MP3 20_Q9
between your country and other countries. The change could be related to the economy,
sports, arts, culture or politics. Describe the changes in detail.

다른 나라와의 관계에 대해 변한 부분에 대해 자세히 말해주세요. 경제, 스포츠, 예술, 문화, 정치와 관련된 변화일수 있습니다. 변화된
부분을 자세히 설명해주세요.

Structure		Idea
시작 문장	주제 문장 소개	Japan one of our closest
본문	한국과 일본의 영토 분쟁 묘사	relations between Korea, Japan, tons of issues between, ongoing dispute, a small island between Korea and Japan called Dokdo, Japan argues, its territory, not, belongs to, nonetheless, keeps on arguing
마무리 문장	나의 답변 마무리	major dispute between

Model Answer 🎧 MP3 20_A9

Japan is one of our closest neighboring countries.
❶ Relations between Korea and Japan
❷ have gone through many ups and downs.
There are tons of issues ❸ between the two countries.
❸ Among them, here is an ❹ ongoing dispute between Korea and Japan.
❺ There is a small island between Korea and Japan called Dokdo.
Japan argues that the island is its territory, but it is NOT.
The island belongs to Korea.
Nonetheless, Japan keeps on arguing that the island belongs to them.
This is a major dispute between the two countries.

Tips for Better Answer

* 14번 기출문제
* '지형' 주제의 '이웃 국가 시사 문제 신문기사 읽은 내용'의 답변 최대한 활용

▶❶ 〈relations between A and B〉
두 사람, 집단, 또는 국가 사이의 관계
= relationship
일본과 한국의 관계에 대해 묘사하기 위해 핵심 표현인 Korea, Japan, relations 언급하기
Ex: I will talk about the relationship between Korea and Japan.
한국과 일본의 관계에 대해 말하겠다.

▶❷ '우여곡절을 겪었다'라는 의미로 현재까지 이어져 오는 상황이기 때문에 현재완료형 시제 사용
go through 대신 experience, have 사용 가능
Ex: They have experienced so many vicissitudes.
그들은 많은 우여곡절을 경험했다.

▶❸ 두 가지 사이일 때는 between 사용
두 국가 사이의 아주 많은 문제 중 하나를 말하기 때문에 among 사용

▶❹ 현재 진행되고 있다는 것을 강조하기 위해 명사 앞에 ongoing 사용
Ex: There are some ongoing issues between China and America.
중국과 미국 사이에 계속 진행되고 있는 문제들이 있다.
A dispute is ongoing between them. 그들 사이에 논쟁이 진행 중이다.

▶❺ 한국과 일본의 영토 분쟁에 대해 설명하기 위해 암기 필수!

Key Expressions
- **relations** 관계
- **go through** 겪다, 경험하다
- **ups and downs** 우여곡절
- **argue** 주장하다
- **belong to** ~에 소유되어 있다
- **major dispute** 주요 분쟁

일본은 우리나라와 가장 가까운 이웃 국가들 중 하나입니다. 한일 관계는 많은 우여곡절을 겪었습니다. 양국 사이에는 수많은 문제점이 있습니다. 그중 한국과 일본 사이에 계속되는 분쟁이 있습니다. 한국과 일본 사이에는 독도라는 작은 섬이 있습니다. 일본은 이 섬이 자국의 영토라고 주장하지만, 그렇지 않습니다. 그 섬은 한국의 섬입니다. 그럼에도 불구하고, 일본은 이 섬이 자국의 영토라고 계속 주장하고 있습니다. 이것이 두 나라 사이의 주요 분쟁입니다.

OPlc 질문에 대한 모범 답변을 살펴본 후, 질문의 핵심 포인트를 파악하여 나만의 OPlc 답변을 만들어보세요.

10 I would like for you to think about a specific historic event that has affected the relationship between your country and one of its neighboring nations. It could be a treaty signed between two countries, a cultural event or a visit of another country's minister or president. Tell me in detail about everything that happened. 🎧 MP3 20_Q10

이웃 국가와의 관계에 영향을 준 구체적인 역사적 사건에 대해 생각해보세요. 두 나라 사이에 체결된 조약이나 문화 행사 또는 다른 나라의 장관이나 대통령 방문일 수도 있습니다. 무슨 일이 있었는지 자세히 말해주세요.

Structure		Idea
시작 문장	주제 문장 소개	turning point in Korean history, Korean War
본문	한반도 비핵화 이슈에 대해 설명	back in 1950, war broke out, backed by, lasted for, lost their lives, two sides signed a ceasefire treaty in 1953, still divided into, recently, efforts to bring peace on the Korean peninsula, several summits aimed at, denuclearization
마무리 문장	나의 답변 마무리	high-level diplomatic talks, going on to reach

Model Answer 🎧 MP3 20_A10

❶ A major turning point in Korean history was the Korean War.

Back in 1950, a ❷ war broke out between the North and the South.

+ The North was ❸ backed by the Soviet Union and China.

+ The South was backed by the US.

❹ The war lasted for 3 years.

+ Many people lost their lives in the war.

The two sides signed a ceasefire treaty in 1953.

Korea is still divided into two sides: North and South Korea.

❺ More recently, there are efforts to bring peace on the Korean peninsula.

There were several summits aimed at North Korea's denuclearization.

High-level diplomatic talks have been going on to reach this goal.

Tips for Better Answer

* 15번 기출문제
* 한국과 북한의 역사적 사건으로 한국전쟁과 북한의 비핵화에 대해 묘사
  어려운 주제를 설명할수록 등급 업!

▶❶ Korean War에 대해 이야기할 것이라는 것을 시작 문장에 미리 언급하기
  답변이 바로 생각나지 않을 때 쓸 수 있는 문장
  Ex: There have been so many historic events in Korea, so it is hard to choose just one. I guess one of the most significant events is the Korean War.
  한국에 역사적 사건이 많이 있었기 때문에 하나만 고르기 어렵다. 그래도 가장 중대한 사건 중 하나는 한국전쟁인 것 같다.

▶❷ a war break out between A and B: A와 B 사이에 전쟁이 발발하다
  한국전쟁에 대해 설명하기 위해 알아야 하는 문장이기 때문에 암기 필수!
  과거의 일이기 때문에 과거형 시제로 묘사

▶❸ '~의 도움을 받다'라는 의미
  = supported by, got help by, assisted by

▶❹ 특정한 사건이나 사고가 지속된 기간에 대해 이야기할 때에는 동사 last 사용
  Ex: The war between Yemen and America lasted for 10 years.
  미국과 예맨 사이의 전쟁은 10년 동안 지속되었다.

▶❺ 한국과 북한에 관련된 최신 뉴스 제공
  최신 뉴스를 어려운 표현을 사용하여 세세하게 설명할수록 등급 업이 가능하기 때문에 암기 필수!

한국 역사의 주요 전환점은 한국전쟁입니다. 1950년에 남북 간에 전쟁이 발발했습니다. (+ 북한은 소련과 중국의 도움을 받았습니다. + 남한은 미국의 도움을 받았습니다.) 전쟁은 3년 동안 지속되었습니다. (+ 많은 사람들이 전쟁에서 목숨을 잃었습니다.) 양측은 1953년에 휴전 조약을 맺었습니다. 한국은 여전히 북한과 남한으로 나뉘어져 있습니다. 최근에는 한반도 평화를 위한 노력이 있었습니다. 북한의 비핵화를 목표로 여러 번의 정상회담이 있었습니다. 이 목표를 이루기 위해 고위급 외교적 회담은 여전히 진행 중입니다.

IH 이상 등급을 받기 위해 문장을 늘리는 연습을 해보세요.

Question 7

1. Meanwhile, Japan's population is aging rapidly.
    → Meanwhile, Japan's population is aging rapidly <u>and the birth rate is dropping dramatically</u>. (그리고 출생률은 빠르게 하락하고 있다.)

2. This is causing many social problems in the country.
    → This is causing many social problems in the country, <u>so the government is trying to find ways to increase the birth rate</u>. (그래서 정부는 출생률을 높일 수 있는 방법을 찾으려고 한다.)

Question 8

1. The island belongs to Korea.
    → The island belongs to Korea <u>and there are many evidences proving that</u>. (그리고 그것을 증명하는 증거가 많이 있다.)

2. This is a major dispute between the two countries.
    → This is a major dispute between the two countries, <u>and it is getting more serious every year</u>. (그리고 이것은 매년 더 심각해지고 있다.)

Question 9

1. Japan is one of our closest neighboring countries.
    → Japan is one of our closest neighboring countries, <u>but in terms of cultural and ethical aspects, Koreans and the Japanese are totally different</u>. (그러나 문화적, 인종적 면에서 보면 한국인과 일본인은 완전히 다르다.)

2. There are tons of issues between the two countries.
    → There are tons of issues between the two countries, <u>such as historical and economic issues</u>. (역사적, 경제 이슈와 같은)

Question 10

1. Many people lost their lives in the war.
    → Many people lost their lives in the war, <u>and many were injured</u>. (그리고 많은 사람들이 다쳤다.)

2. There were several summits aimed at North Korea's denuclearization.
    → There were several summits <u>among North Korea, South Korea and America</u> aimed at North Korea's denuclearization. (북한, 남한, 미국 사이에)

Chapter 21

Vacations at Home

빈출 주제 파악하기

질문을 제대로 파악하는 것만으로도 성공적으로 시험을 치를 수 있습니다. OPIc에서 자주 출제되는 질문들을 알아보세요.

1 You indicated that you take vacations at home. Who are the people you would like to see and spend time with on your vacation?

설문조사를 통해 당신은 집에서 휴가를 보낸다고 했습니다. 누구와 함께 휴가 때 시간을 보내고 싶나요?

문항 유형	집에서 보내는 휴가 중 만나고 싶은 사람 묘사
문항 수준	Intermediate
핵심 포인트	• 문자 주제의 '친구들과 주고받는 문자 메시지 주제 묘사'의 답변 그대로 활용 • 평상시 하는 행동이기 때문에 현재형 사용하며 주어 I, we 사용
중요도	★★★★★

데이터와 트렌드로 쉽게 취득하는 OPIc IH

2 Describe exactly what you did during the last vacation that you spent at home. Give me a description of what you did from the first to the last day. Talk about all the people you saw and everything that you did.

최근 집에서 보낸 휴가 때 무엇을 했는지 자세히 말해주세요. 첫날부터 마지막 날까지 무엇을 했는지 설명해주세요. 그때 만난 사람들과 한 모든 것에 대해 말해주세요.

문항 유형	지난 번 휴가 때 했던 일들 자세히 묘사
문항 수준	Advanced
핵심 포인트	• 영화 주제의 '최근 영화관에 영화 보러 가서 한 일들 설명'의 답변 그대로 활용
	• 본인이 다른 사람들과 과거에 한 일이기 때문에 주어 I, we 사용하며 과거형 시제로 묘사
중요도	★★★

3 Could you tell me about an unusual or unexpected experience you had during a vacation you had at home? What happened? Who was involved? And why was this experience so memorable?

집에서 보낸 휴가 때 겪었던 이상하거나 예상치 못한 경험에 대해 말해주세요. 무슨 일이 생겼나요? 누가 연관되어 있나요? 그리고 왜 이 경험이 기억에 남나요?

문항 유형	집에서 보낸 휴가 중에 기억에 남는 경험 묘사
문항 수준	Advanced
핵심 포인트	• 해외여행 주제의 '잊을 수 없는 에피소드'인 음식 때문에 고생한 경험 답변 활용
	• 본인이 과거에 겪은 기억에 남는 경험이기 때문에 주어 I 사용하며 과거형 시제로 묘사
중요도	★★★

4 You indicated that you take vacations at home. What do people in your country normally do on their vacations? How has the way they spend vacations changed over the years? Give me specific examples.

당신은 집에서 휴가를 보낸다고 했습니다. 당신 나라의 사람들은 보통 휴가 때 무엇을 하나요? 사람들이 휴가를 보내는 방식이 지난 몇 년 동안 어떻게 바뀌었나요? 구체적인 예시를 들어주세요.

문항 유형	사람들이 휴가를 보내는 방법의 변화 설명
문항 수준	Advanced
핵심 포인트	• 14번 기출문제
	• 집에서 보내는 휴가 중 '만나고 싶은 사람 묘사'의 답변 활용
	• 본인이 아닌 사람들이 휴가를 보내는 방법을 이야기하기 때문에 주어 people, they 사용
중요도	★★★

5 Experts state that vacations are important for one's health and one's relationship with others. Why do you think vacations are important? Talk for a minute to discuss your view on the importance of vacations.

전문가들은 휴가는 우리의 건강과 다른 사람과의 관계를 위해 중요하다고 말합니다. 당신은 왜 휴가가 중요하다고 생각하나요? 휴가가 중요하다고 생각하는 이유에 대해 이야기해주세요.

문항 유형	휴가가 중요하다고 생각하는 이유 설명
문항 수준	Advanced
핵심 포인트	• 15번 기출문제
	• 휴가가 중요한 이유를 현재형 시제로 묘사
	• 휴가와 관련된 주어인 vacations, people, they 사용
중요도	★★★★★

OPIc 질문에 대한 모범 답변을 살펴본 후, 질문의 핵심 포인트를 파악하여 나만의 OPIc 답변을 만들어보세요.

1 You indicated that you take vacations at home. Who are the people you would like 🎧 MP3 21_Q1 to see and spend time with on your vacation?

설문조사를 통해 당신은 집에서 휴가를 보낸다고 했습니다. 누구와 함께 휴가 때 시간을 보내고 싶나요?

Structure		Idea
시작 문장	주제 문장 소개	vacations at home, meet up with
본문	집에서 휴가를 보낼 때 친구들과 하는 일에 대해 나열	some catching up, talk about, work, career goals, family, friends, going out with, marriage plans, movies, decent restaurants, gatherings, trips, sports, music
마무리 문장	나의 답변 마무리	these are the things, with my friends, meet up

Model Answer 🎧 MP3 21_A1

During ❶ my vacations at home, I normally ❷ meet up with my close friends. ❸ We ask how each other is doing and do some catching up. ❹ + Plus, we talk about our work or career goals.
+ Also, we talk about our family members or children.
+ Also, we talk about our mutual friends.
+ Also, we talk about people we ❺ are going out with.
+ Plus, we talk about each other's ❻ marriage plans.
+ Plus, we talk about movies we watched recently.
+ Plus, we talk about decent restaurants or nice bars / clubs.
+ Next, we talk about gatherings we went to.
+ Next, we talk about trips we went on.
+ Next, we talk about sports or music we both like.
So, these are the things I do with my friends when we meet up.

Tips for Better Answer

* '문자' 주제의 '친구들과 주고받는 문자 메시지 주제 묘사'의 답변을 많이 활용

▶ ❶ 집에서 보내는 휴가를 표현하는 방법
= staycation
Ex: Whenever I have staycations, I hang out with my friends.
나는 집에서 휴가를 보낼 때마다 친구들과 논다.

▶ ❷ 구동사
meet: 만나다
meet up with: ~와 (목적을 가지고, 약속을 잡고) 만나다
모임을 가질 때에는 meet up with가 주로 쓰임
Ex: I am going to meet up with my friends this Saturday.
나 이번 주 토요일에 친구들 만날 거야.

▶ ❸ catch up은 오랜만에 만난 사람과 못다 한 이야기를 할 때 쓰이며 동사/명사로 쓰임
Ex: We met up to catch up. (동사)
우리는 못다 한 이야기를 하기 위해 만났다.

▶ ❹ 답변 양 확보를 위해 친구들과 이야기하는 다양한 주제를 접속사를 사용하여 나열하기
친구들과 가볍게 하는 대화는 talk about 사용
심각하거나 토론이 필요할 경우 discuss 사용

▶ ❺ = see, date
Ex: I'm seeing someone these days. 요즘 나는 누구를 만나고 있다.

▶ ❻ 친구들과 나누는 대화 주제가 가산 명사일 경우에는 (family members, friends, marriage plans, restaurants, gatherings, trips, sports) 모두 복수 명사 사용하기

Key Expressions

- **do catching up** 못 다 한 이야기를 하다
- **career goal** 직업의 목표
- **mutual friends** 같이 아는 친구
- **go out with** ~와 사귀다
- **marriage plan** 결혼 계획
- **decent** 꽤 괜찮은, (수준, 질이) 제대로 된

집에서 휴가를 보낼 때 저는 보통 친한 친구들을 만납니다. 서로 어떻게 지내는지 묻고 못 다 한 이야기를 합니다. (+ 또한, 우리의 일이나 직업 목표에 대해 이야기합니다. + 또한, 가족이나 아이들에 대해 이야기합니다. + 또한, 서로 아는 친구에 대해 이야기합니다. + 또한, 사귀는 사람들에 대해서도 이야기합니다. + 그리고, 서로의 결혼 계획에 대해 이야기합니다. + 또한, 최근에 본 영화에 대해 이야기합니다. + 또한, 괜찮은 레스토랑이나 멋진 술집 / 클럽에 대해 이야기합니다. + 다음으로, 우리가 갔던 모임에 대해 이야기합니다. + 그리고, 우리가 갔던 여행에 대해 이야기합니다. + 또한, 모두가 좋아하는 스포츠나 음악에 대해 이야기합니다.) 이것이 제가 친구들을 만나면 하는 일들입니다.

데이티어 트렌드로 쉽게 취득하는 OPIc IH

OPIc 질문에 대한 모범 답변을 살펴본 후, 질문의 핵심 포인트를 파악하여 나만의 OPIc 답변을 만들어보세요.

2 **Describe exactly what you did during the last vacation that you spent at home.** 🎧 MP3 21_Q2
Give me a description of what you did from the first to the last day. Talk about all the people you saw and everything that you did.

최근 집에서 보낸 휴가 때 무엇을 했는지 자세히 말해주세요. 첫날부터 마지막 날까지 무엇을 했는지 설명해주세요. 그때 만난 사람들과 한 모든 것에 대해 말해주세요.

Structure		Idea
시작 문장	주제 문장 소개	remember, watching a movie
본문	최근 휴가 때 영화 본 후 음식점에 간 경험 묘사	before watching, popcorn, soft drinks, after watching, decent, restaurant, food tasted, starving, beef, juicy, tender, had some drinks, went well with
마무리 문장	나의 답변 마무리	a very enjoyable dinner

Model Answer 🎧 MP3 21_A2

I remember ❶ watching a movie with my family during my last vacation.
❷ Before watching the movie, we got some popcorn.
We also got some nachos and soft drinks.
After watching the movie, ❸ we went to a decent Thai restaurant.
They had the best Thai food in town.
+ Italian + Korean + Japanese + Chinese + American + Vietnamese
The food tasted so good because I was starving.
The beef I ordered was so ❹ juicy and tender.
+ fish + shrimp + crab + lobster + squid + octopus + steak
Plus, we had some drinks while having the meal.
We ordered beer. It went well with the food.
+ red / white wine + soft drinks + cocktails
❺ It was a very enjoyable dinner.

Tips for Better Answer

* '영화' 주제의 '최근 영화관에 영화 보러 가서 한 일들 설명' 답변 그대로 활용

▶❶ 최근 휴가 때 생긴 일이기 때문에 핵심 표현 during my last vacation을 시작 문장에 넣기 과거에 본 영화 이야기를 할 때에는 한 편에 대해 이야기하기 때문에 복수 명사가 아닌 단수 명사 a movie 사용하기
= during my recent vacation

▶❷ 답변 양 확보를 위해 영화 보러 가기 전에 한 일 묘사하기
명사 사용 시, 가산 / 불가산 명사 구분하여 사용하기
가산 명사 (nachos, soft drinks)와 불가산 명사(pop-corn)를 다 수식할 수 있는 some 사용

▶❸ 영화를 본 후 '최근 간 음식점 경험'의 답변 그대로 활용
암기 필수!

▶❹ 〈음식을 표현하는 형용사〉
greasy 느끼한 / bitter 쓴 / sweet 단 / bland 싱거운 / spicy 매운 / savory 풍미 있는 / rich 맛이 진한

▶❺ 마무리 문장에 vacation at home 또는 staycation을 다시 언급하는 것도 좋은 방법
Ex : So, I had a very enjoyable dinner during the last staycation.
그래서 나는 최근 집에서 휴가를 보낼 때 즐거운 저녁식사를 했다.

Key Expressions

- **get some popcorn** 팝콘을 사다
- **soft drinks** 탄산 음료
- **decent** 꽤 괜찮은
- **starving** 매우 배가 고픈
- **juicy** 즙이 많은
- **tender** 부드러운
- **go well with** ~와 잘 어울리다
- **enjoyable** 기분 좋은, 즐거운

지난 휴가 중에 가족과 함께 영화를 보러 갔던 것이 기억에 납니다. 영화를 보기 전에 우리는 팝콘을 샀습니다. 또한 나초와 탄산음료를 샀습니다. 영화를 보고 나서 우리는 괜찮은 태국 음식점으로 갔습니다. 그곳은 동네에서 가장 맛있는 태국 음식을 제공합니다. (+ 이탈리안 + 한국 + 일본 + 중국 + 미국 + 베트남) 배가 고파서 음식이 더 맛있었습니다. 우리가 주문한 소고기는 육즙이 많고 부드러웠습니다. (+ 생선 + 새우 + 게 + 랍스터 + 오징어 + 문어 + 스테이크) 또한, 우리는 식사와 함께 술을 좀 마셨습니다. 우리는 맥주도 조금 주문했습니다. 음식과 잘 어울렸습니다. (+ 레드 / 화이트 와인 + 탄산 음료 + 칵테일) 아주 즐거운 저녁 식사였습니다.

OPIc 질문에 대한 모범 답변을 살펴본 후, 질문의 핵심 포인트를 파악하여 나만의 OPIc 답변을 만들어보세요.

3 Could you tell me about an unusual or unexpected experience you had during a vacation you had at home? What happened? Who was involved? And why was this experience so memorable? 🎧 MP3 21_Q3

집에서 보낸 휴가 때 겪었던 이상하거나 예상치 못한 경험에 대해 말해주세요. 무슨 일이 생겼나요? 누가 연관되어 있나요? 그리고 왜 이 경험이 기억에 남나요?

Structure		Idea
시작 문장	주제 문장 소개	remember eating something wrong
본문	음식 때문에 고생한 이야기하기	went bad, food poisoning, pretty bad, stomach, upset, went to the drug store, took some medicine to get better, stay inside, get a lot of rest
마무리 문장	나의 답변 마무리	since then, try to be more careful, eating something

Model Answer 🎧 MP3 21_A3

I remember eating ❶ something wrong during my vacation at home.
+ eating too fast + eating too much
I think I ate something that went bad.
I ❷ got food poisoning and it was pretty bad.
+ got indigestion + got enteritis
❸ My stomach was upset.
+ I had a fever and I felt light headed.
+ I went to the bathroom over and over again because I had the runs.
I went to the drug store and I got some medicine.
I took some medicine to get better.
I had to stay inside and ❹ get a lot of rest.
❺ Since then, I try to be more careful when I'm eating something.

Tips for Better Answer

* '음식에 관련된 기억에 남는 에피소드' 내용을 이 답변에 그대로 활용

▶❶ something + 형용사: ~한 무언가
Ex: There's something suspicious going on here.
여기 뭔가 미심쩍은 것이 있다.

▶❷ 병 (sickness)와 관련된 이야기를 할 때 어울리는 동사는 have와 get
Ex: I got the flu.
나는 독감에 걸렸다.
I have a sore eye, so I cannot go to work today.
나는 눈병이 걸려서 오늘 출근을 못한다.

▶❸ 아픈 증상을 묘사하는 표현으로 활용도가 높기 때문에 암기 필수!

▶❹ take a rest는 broken English이기 때문에 절대 사용하지 않기
= get some rest, relax, rest
Ex: She is so sick, so she needs to get some rest.
그녀는 너무 아프기 때문에 좀 쉬어야 한다.

▶❺ 사건이나 사고에 관련된 경험을 이야기한 후에는 마무리 문장을 말해서 답변 정리하기
Ex: Since then, I try not to eat something greasy.
그때 이후로, 기름진 음식은 먹지 않으려고 한다.
Since then, I never eat raw fish.
그때 이후로, 회는 절대 안 먹는다.

Key Expressions

- **something wrong** 무엇인가 잘못된
- **go bad** 상하다
- **food poisoning** 식중독
- **indigestion** 소화불량
- **enteritis** 장염
- **stomach** 배
- **upset** 아픈
- **light-headed** 머리가 어지러운
- **have a fever** 열이 나다
- **drug store** 약국

집에서 휴가를 보내던 중에 잘못된 음식을 먹은 기억이 납니다. (+ 너무 빨리 먹은 + 너무 많이 먹은) 상한 음식을 먹은 것 같습니다. 식중독에 걸렸는데 꽤 심했습니다. (+ 소화불량 + 장염) 배가 아팠습니다. (+ 열이 나서 머리가 어지러웠습니다. + 설사 때문에 화장실을 들락날락했습니다.) 약국에 가서 약을 샀고, 낫기 위해 약을 먹었습니다. 실내에 있으면서 많이 쉬어야 했습니다. 그 이후로, 저는 무언가를 먹을 때 더 조심하려고 노력합니다.

IH 이상 등급을 받기 위해 문장을 늘리는 연습을 해보세요.

Question 1

1. Plus, we talk about our work or career goals.
   → Plus, we talk about our work or career goals <u>because all of us work in the same field</u>. (우리 모두 같은 분야에서 일하기 때문에)

2. Next, we talk about sports or music we both like.
   → Next, we talk about sports or music we both like <u>because all of us are big fans of K-pop</u>. (우리는 모두 K-pop 팬이기 때문에)

Question 2

1. We also got some nachos and soft drinks.
   → We also got some <u>snacks like</u> nachos <u>with cheese</u> and soft drinks. (~와 같은 간식 / 치즈가 올라간)

2. The beef I ordered was so juicy and tender.
   → The beef I ordered was so juicy and tender, <u>and the fish was very savory</u>. (그리고 생선은 풍미가 좋았다.)

3. It was a very enjoyable dinner.
   → It was a very enjoyable <u>and pleasing</u> dinner <u>I had during the staycation</u>. (그리고 기분 좋은 / 집에서 보낸 휴가 도중에 가진)

Question 3

1. My stomach was upset.
   → My stomach was upset <u>and I felt like throwing up</u>. (그리고 토할 것 같았다.)

2. I had to stay inside and get a lot of rest.
   → I had to stay inside and get a lot of rest, <u>so it was the worst staycation</u>. (그래서 집에서 보낸 휴가 중 최악이었다.)

OPIc 질문에 대한 모범 답변을 살펴본 후, 질문의 핵심 포인트를 파악하여 나만의 OPIc 답변을 만들어보세요.

4 You indicated that you take vacations at home. What do people in your country 🎧 MP3 21_Q4
normally do on their vacations? How has the way they spend vacations changed over the
years? Give me specific examples.

당신은 집에서 휴가를 보낸다고 했습니다. 당신 나라의 사람들은 보통 휴가 때 무엇을 하나요? 사람들이 휴가를 보내는 방식이 지난 몇 년
동안 어떻게 바뀌었나요? 구체적인 예시를 들어주세요.

Structure		Idea
시작 문장	주제 문장 소개	the way, spend vacations has not changed
본문	사람들이 휴가 때 하는 일의 변화에 대해 묘사	normally meet up, on their vacations, catching up, talk about, work, career goals, family, mutual friends, they are going out with, marriage plans, movies, decent restaurants, gatherings, trips both went on, sports, music
마무리 문장	나의 답변 마무리	these are the things people do, vacations

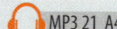

Model Answer 🎧 MP3 21_A4

❶ To be honest, the way people spend vacations

❷ has NOT changed that much.

❸ People normally meet up with their close friends
on their vacations.

They ask how each other is doing and do some
catching up.

+ Plus, ❹ they talk about their work or career goals.

+ Also, they talk about their family members or
children.

+ Also, they talk about their ❺ mutual friends.

+ Also, they talk about people they are going out
with.

+ Plus, they talk about each other's marriage plans.

+ Plus, they talk about movies they watched
recently.

+ Plus, they talk about decent restaurants or nice
bars / clubs.

+ Next, they talk about gatherings both went to.

+ Next, they talk about trips both went on.

+ Next, they talk about sports or music they both
like.

So, these are things people do on their vacations.

Tips for Better Answer

* 14번 기출문제
* 문자 주제의 '친구들과 주고받는 문자 메시지 주제
묘사'의 답변 활용

▶❶ 사람들이 휴가 보내는 방식의 변화에 대해
이야기하기 때문에 핵심 표현 the way people
spend vacations를 시작 문장에 넣기
〈the way + 주어 + 동사〉는 방식의 변화를
이야기할 때 필수 문법
Ex: The way people travel has changed.
사람들이 여행하는 방식이 바뀌었다.

▶❷ 과거와 현재를 비교할 때 변화가 많지 않다고
답하기 위해 필요한 표현
전혀 바뀌지 않았다면 not much 대신 at all,
조금 바뀌었다면 a bit 사용
Ex: It has not changed at all.
전혀 바뀌지 않았다.
Ex: Things have changed a bit.
조금 바뀌었다.

▶❸ 일반적인 사람들에 대해 이야기하기 때문에
주어를 people, they로 사용하며 현재형 시제
유지해서 말하기

▶❹ tell vs. talk
일반적으로 tell 뒤에는 who가 나옴
Ex: Tell me about it.
나한테 말해봐.
talk 뒤에는 전치사 about이 주로 나오며
누구(who)보다 무엇(what)에 대해 이야기하는
지가 더 중요함
Ex: I want to talk about movies.
영화에 대해 이야기하자.

▶❺ 대화에 참여한 사람이 모두 알고 있는 특정한
사람을 지칭할 때 mutual friend라고 표현
= common friends

데이터와 트렌드로 쉽게 취득하는 OPIc IH

Key Expressions

- **do catching up** 못 다한 이야기를 하다
- **career goal** 직업의 목표
- **mutual friends** 같이 아는 친구

- **go out with** ~와 사귀다
- **marriage plan** 결혼 계획
- **decent** 꽤 괜찮은, (수준, 질이) 제대로 된

솔직히 말해서 사람들이 휴가를 보내는 방식은 그리 크게 변하지 않았습니다. 사람들은 보통 휴가를 보낼 때 친한 친구들을 만납니다. 서로 어떻게 지내는지 묻고 못 다한 이야기를 합니다. (+ 또한, 그들의 일이나 직업 목표에 대해 이야기합니다. + 또한, 가족이나 아이들에 대해 이야기합니다. + 또한, 서로 아는 친구에 대해 이야기합니다. + 또한, 사귀는 사람들에 대해서도 이야기합니다. + 그리고, 서로의 결혼 계획에 대해 이야기합니다. + 또한, 최근에 본 영화에 대해 이야기합니다. + 또한, 괜찮은 레스토랑이나 멋진 술집 / 클럽에 대해 이야기합니다. + 다음으로, 그들이 갔던 모임에 대해 이야기합니다. + 그리고, 그들이 갔던 여행에 대해 이야기합니다. + 또한, 모두가 좋아하는 스포츠나 음악에 대해 이야기합니다.) 이것이 사람들이 휴가 때 하는 것들입니다.

OPIc 질문에 대한 모범 답변을 살펴본 후, 질문의 핵심 포인트를 파악하여 나만의 OPIc 답변을 만들어보세요.

5 Experts state that vacations are important for one's health and one's relationship 🎧 MP3 21_Q5
with others. Why do you think vacations are important? Talk for a minute to discuss your view
on the importance of vacations.

전문가들은 휴가는 우리의 건강과 다른 사람과의 관계를 위해 중요하다고 말합니다. 당신은 왜 휴가가 중요하다고 생각하나요? 휴가가
중요하다고 생각하는 이유에 대해 이야기해주세요.

Structure		Idea
시작 문장	주제 문장 소개	vacations, very important
본문	사람들이 휴가가 중요하다고 생각하는 이유 설명	because, need to get some rest, continue to work, get burnt out, help people, energy, be motivated, work harder, a good vacation, work more efficiently, productively
마무리 문장	나의 답변 마무리	once again, vacations, very important

Model Answer 🎧 MP3 21_A5

❶ I think vacations are very

❷ important.

That's because people need to get

some rest.

❸ If they continue to work without

vacations, they can get burnt out.

Vacations help people ❹ regain their

energy.

❺ They will be motivated to work

harder after a good vacation.

They can work more efficiently and

productively.

Once again, I think vacations are very

important.

Tips for Better Answer

* 15번 기출문제

▶❶ 〈의견을 말할 때 쓰는 표현들〉
I guess, I think, in my opinion (강한 어조는 아님)
I believe, I must say (강하게 말하고 싶을 때)
the way I see it 내 생각에는
Ex: I guess she is busy these days.
　　요즘 그녀가 바쁜가 보다.
　　I must say she's busy these days.
　　그녀는 요즘 바쁘다.

▶❷ 〈중요하다는 것을 의미하는 형용사〉
necessary: 필요한　　essential: 필수인
Ex: I believe vacations are essential for everyone.
　　나는 휴가는 모두에게 중요하다고 생각한다.

▶❸ 〈if + 주어 + 현재형 동사, 주어 + will / 조동사 + 동사원형〉
if 가정법에 현재형 시제가 쓰인다면 가정하는 그 일이 일어날지
일어나지 않을지 확실히 알 수 없지만 확률이 50% 정도임을 나타냄
Ex: If we take the bus, it can be faster.
　　만약 우리가 버스를 탄다면, 조금 더 빨리 갈 수도 있다.

▶❹ = recharge their batteries
　　'에너지를 충전하다'는 숙어

▶❺ 휴가가 필요한 이유를 설명할 때 필요한 표현
motivate: 동기를 부여하다
be motivated: 자극을 받다. 동기가 부여되다
Ex: Vacations motivate people to work hard.
　　휴가는 사람들이 열심히 일하도록 동기를 부여한다.
　　People are motivated to work hard if they have enough vacations.
　　휴가가 충분하다면 사람들은 열심히 일하도록 동기가 부여된다.

Key Expressions

• **vacations** 휴가
• **important** 중요한
• **continue** 계속하다
• **get burnt out** 지치다
• **regain energy** 힘을 다시 얻다
• **be motivated** 동기 부여되다
• **efficiently** 효율적으로
• **productively** 생산적으로

저는 휴가가 매우 중요하다고 생각합니다. 사람들은 좀 쉬어야 하기 때문입니다. 휴가도 없이 계속 일하면 지칠 수 있습니다.
휴가는 사람들이 기운을 되찾는 데 도움이 됩니다. 좋은 휴가를 보낸 후에 더 열심히 일할 수 있는 동기 부여가 될 것입니다.
사람들은 보다 효율적이고 생산적으로 일할 수 있습니다. 다시 한번 말하자면, 저는 휴가가 매우 중요하다고 생각합니다.

데이터와 트렌드로 쉽게 취득하는 OPIc IH

IH 이상 등급을 받기 위해 문장을 늘리는 연습을 해보세요.

Question 4

1. Also, they talk about their family members or children.
   → Also, they talk about their family members or children, <u>such as their work life and school life</u>. (그들의 회사나 학교 생활 같은)

2. Next, they talk about trips both went on.
   → Next, they talk about trips both went on <u>and plan upcoming trips</u>. (그리고 이후에 갈 여행을 계획한다.)

3. So, these are things people do on their vacations.
   → So, these are things people do on their vacations <u>and it helps them become closer to each other.</u> (그리고 서로 더 가까워지게 한다.)

Question 5

1. I think vacations are very important.
   → I think vacations are <u>super</u> important <u>and necessary</u>. (매우 / 그리고 필요한)

2. Vacations help people regain their energy.
   → Vacations help people regain their energy <u>and refresh their mind</u>. (그리고 정신을 맑게 한다.)

3. They can work more efficiently and productively.
   → They can work more efficiently and productively, <u>which is also beneficial for companies</u>. (회사에도 이득이다.)

Chapter **22**

Weather

질문을 제대로 파악하는 것만으로도 성공적으로 시험을 치를 수 있습니다. OPIc에서 자주 출제되는 질문들을 알아보세요.

1 Tell me about the weather at where you live. What is the weather like in each season? Which season do you personally like?

당신이 사는 곳의 날씨에 대해 말해주세요. 각 계절의 날씨는 어떤가요? 개인적으로 당신은 어떤 계절을 좋아하나요?

문항 유형	우리나라 계절 묘사
문항 수준	Intermediate
핵심 포인트	• 각 계절의 특징을 현재형 시제로 묘사 • 우리나라의 계절 묘사이기 때문에 주어 Korea, weather을 사용
중요도	★

2 How is the weather today at where you are? Is it cold, is it warm? Talk about today's weather in detail.

지금 당신이 있는 곳의 오늘 날씨는 어떤가요? 추운가요, 따뜻한가요? 오늘 날씨를 자세히 이야기해보세요.

문항 유형	오늘 날씨 묘사
문항 수준	Intermediate
핵심 포인트	• 오늘 날씨를 현재형으로 묘사 • 날씨이기 때문에 주어는 weather, it 사용
중요도	★

3 Severe weather conditions can do a lot of damage. Tell me about an experience you had related to severe weather conditions. Perhaps a city was flooded, or maybe businesses or schools were closed due to heavy snow. What was the problem? How did people deal with the situation?

악천후로 인해 피해가 발생할 수 있습니다. 궂은 날씨와 관련된 경험을 말해주세요. 어쩌면 도시가 물에 잠겼거나, 폭설로 인해 가게나 학교가 문을 닫았을 수도 있습니다. 무엇이 문제였고 어떻게 그 상황에 대처했나요?

문항 유형	극단적 날씨 관련 경험 설명
문항 수준	Advanced
핵심 포인트	• 날씨와 사건에 관한 내용이기 때문에 상황에 따라 weather, rivers, it, there 등 다양한 주어 사용 • 과거에 날씨로 인해 발생한 사건과 사고를 과거형 시제로 묘사
중요도	★★★

4 How has the weather in your country changed over the years? What was the weather like when you were a child? How was it different from what it is now?

몇 년 동안 당신 나라의 날씨는 어떻게 변했나요? 어렸을 때 날씨는 어땠나요? 지금 날씨와 어떻게 달랐나요?

문항 유형	어렸을 때 날씨와 최근 날씨 비교
문항 수준	Advanced
핵심 포인트	• 과거와 현재 달라진 날씨에 대해 과거형과 현재형을 사용하여 묘사 • 변화된 날씨에 대해 설명할 때에는 현재완료형 사용
중요도	★

OPIc 질문에 대한 모범 답변을 살펴본 후, 질문의 핵심 포인트를 파악하여 나만의 OPIc 답변을 만들어보세요.

1 **Tell me about the weather at where you live. What is the weather like in each season?** 🎧MP3 22_Q1
Which season do you personally like?

당신이 사는 곳의 날씨에 대해 말해주세요. 각 계절의 날씨는 어떤가요? 개인적으로 당신은 어떤 계절을 좋아하나요?

Structure		Idea
시작 문장	주제 문장 소개	Korea, distinct seasons: spring, summer, fall, winter
본문	한국의 사계절 특장 묘사	weather, nice, spring, fall, temperatures, mild, great for outdoor activities, on the other hand, summer, humid and sticky, rainy season, pours, opposite
마무리 문장	나의 답변 마무리	freezing cold, get a lot of snow

Model Answer 🎧MP3 22_A1

❶ Korea has four distinct seasons: spring, summer, fall, and winter.

❷ The weather is very nice in spring and fall.

The temperatures are very mild.

It is great for ❸ outdoor activities.

On the other hand, summer is extremely hot.

It is very humid and sticky.

We have the rainy season in summer and

❹ it pours.

Winter is the complete opposite.

It is freezing cold and we get a lot of snow in winter.

Tips for Better Answer

▶ ❶ 한국의 계절을 묘사하는 답변이기 때문에 핵심 단어 Korea와 weather을 시작 문장에 넣기
= distinctive
Ex: There are four distinctive seasons in Korea.
한국에는 뚜렷한 사계절이 있다.

▶ ❷ 날씨를 묘사하기 위해 각 계절에 맞는 표현 암기 필수!
봄: nice, clear skies, breezy
여름: hot, rainy, sunny, humid
가을: chilly, cool, quite warm, cloudy
겨울: freezing cold, snowy, windy

▶ ❸ 답변 양 확보를 위해 계절 별로 사람들이 즐길 수 있는 활동 나열
Ex: Many people enjoy camping and hiking in spring and fall.
많은 사람들이 봄과 가을에 캠핑과 등산을 즐긴다.
Many people go snowboarding in winter.
많은 사람들이 겨울에 스노우보드를 타러 간다.

▶ ❹ 오늘의 날씨를 묘사할 때에는 주어 it 사용
Ex: The weather is hot today. (x)
문법상 틀리지는 않지만 어색한 표현
It is hot today. (o)

* 마무리 문장을 쉽게 만드는 방법은 so로 문장을 시작한 후 시작 문장 반복하기
Ex: So, Korea has four distinct seasons.
즉, 한국의 사계절이 뚜렷하다.

Key Expressions

- **distinct** 뚜렷한, 명확한
- **weather** 날씨
- **temperatures** 온도
- **mild** 온화한
- **outdoor activities** 야외활동
- **on the other hand** 반면에
- **humid** 습한
- **sticky** 끈적이는
- **rainy season** 장마
- **pour** 쏟아지다
- **compete** 완전한
- **opposite** 반대
- **freezing cold** 매우 추운

한국은 봄, 여름, 가을, 겨울의 뚜렷한 사계절이 있습니다. 봄과 가을은 날씨가 매우 좋습니다. 기온이 매우 온화합니다. 야외 활동을 즐기기 좋습니다. 반면 여름은 매우 덥습니다. 매우 습하고 끈적거립니다. 여름에는 장마가 있고 이때에는 비가 쏟아집니다. 겨울은 완전히 정반대입니다. 날씨가 몹시 춥고 눈이 많이 내립니다.

데이터베어 트렌드로 쉽게 취득하는 OPIc IH

OPIc 질문에 대한 모범 답변을 살펴본 후, 질문의 핵심 포인트를 파악하여 나만의 OPIc 답변을 만들어보세요.

2 **How is the weather today at where you are? Is it cold, is it warm? Talk about today's** 🎧 MP3 22_Q2 **weather in detail.**

지금 당신이 있는 곳의 오늘 날씨는 어떤가요? 추운가요, 따뜻한가요? 오늘 날씨를 자세히 이야기해보세요.

Structure		Idea
시작 문장	주제 문장 소개	late-fall, Korea right now
본문	현재 날씨 간단하게 묘사	sunny today, clear skies, the weather, getting colder and colder, will be early-winter
마무리 문장	나의 답변 마무리	weather forecast, going to rain tomorrow

Model Answer 🎧 MP3 22_A2

It is ❶ late-fall here in Korea right now.

+ early-winter + mid-spring + late-summer

❷ It is very sunny today and we have clear skies.

+ It is ❸ very hot and humid today.

+ It is a little chilly today.

+ It is quite warm today.

+ It is freezing cold today.

+ It is cloudy and windy today.

+ It is raining outside right now.

The weather is ❹ getting colder and colder every day.

+ cooler and cooler + hotter and hotter

+ warmer and warmer

Soon, it will be early-winter.

+ early-fall + mid-spring + late-summer

❺ The weather forecast says it's going to rain tomorrow.

Tips for Better Answer

▶❶ 현재 계절을 시작 문장에 언급
계절에 대해 말할 때 주어는 it 사용
Ex: It is late summer in Korea.
한국은 늦여름이다.

▶❷ 오늘의 날씨를 물었기 때문에 today 언급 필수
Ex: It is sweltering hot today.
오늘은 엄청 무덥다.

▶❸ 날씨의 정도를 알 수 있도록 다양한 부사 사용
= quite, extremely, super
Ex: It is extremely cold today.
오늘은 매우 춥다.

▶❹ 변화하고 있는 날씨 묘사를 위해 비교급 형용사 2번 반복
Ex: Summer is getting hotter and hotter every year.
여름이 매년 더 더워지고 있다.

▶❺ 답변 양 확보를 위해 내일 날씨를 간략하게 언급
Ex: According to the weather forecast, it is going to rain a lot tomorrow.
일기예보에 따르면 내일은 비가 많이 내린다고 한다.

Key Expressions

- **late** 늦은
- **early** 초반, 이른
- **mid** 중순
- **sunny** 해가 쨍쨍한

- **cloudy** 구름 많은
- **windy** 바람 부는
- **chilly** 쌀쌀한
- **quite** 꽤

- **humid** 습한
- **freezing cold** 매우 추운
- **weather forecast** 일기예보

한국은 지금 늦가을입니다. (+ 초겨울 + 봄중순 + 늦여름) 오늘은 날씨가 매우 맑고 하늘이 깨끗합니다. (+ 오늘은 매우 덥고 습합니다. + 오늘은 조금 쌀쌀합니다. + 오늘은 꽤 따뜻합니다. + 오늘은 몹시 춥습니다. + 오늘은 흐리고 바람이 붑니다. + 지금 밖에 비가 내리고 있습니다.) 날씨가 매일 추워지고 있습니다. (+ 더 시원해지다 + 더 더워지다 + 더 따뜻해지다) 이제 곧, 초겨울이 될 것입니다. (+ 초가을 + 봄중순 + 늦여름) 일기예보에서 내일 비가 온다고 합니다.

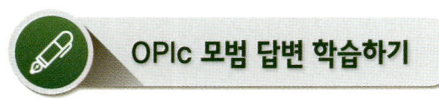

OPIc 질문에 대한 모범 답변을 살펴본 후, 질문의 핵심 포인트를 파악하여 나만의 OPIc 답변을 만들어보세요.

3 **How has the weather in your country changed over the years? What was the weather** 🎧MP3 22_Q3
like when you were a child? How was it different from what it is now?
몇 년 동안 당신 나라의 날씨는 어떻게 변했나요? 어렸을 때 날씨는 어땠나요? 지금 날씨와 어떻게 달랐나요?

	Structure	Idea
시작 문장	주제 문장 소개	still, distinct seasons in Korea
본문	몇 년 전과 비교해서 바뀐 계절 묘사	spring, fall have become shorter, on the other hand, summer, winter have become longer, seems to rain
마무리 문장	나의 답변 마무리	spring and fall, shorter, while summer and winter, longer

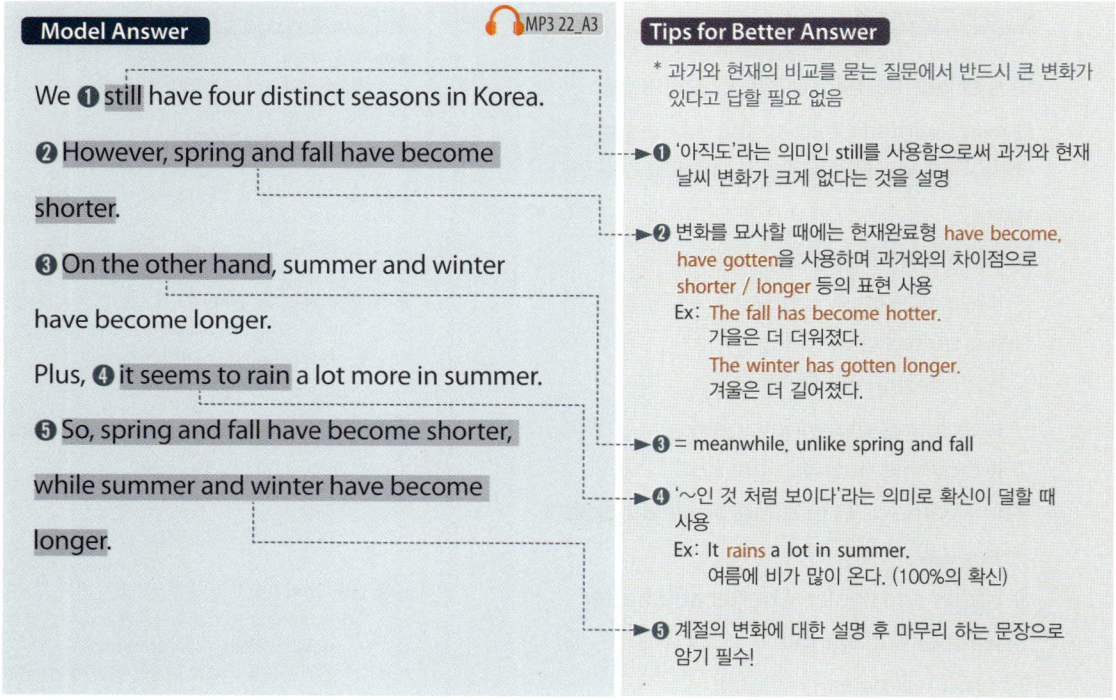

Model Answer 🎧MP3 22_A3

We ❶ still have four distinct seasons in Korea.

❷ However, spring and fall have become shorter.

❸ On the other hand, summer and winter have become longer.

Plus, ❹ it seems to rain a lot more in summer.

❺ So, spring and fall have become shorter, while summer and winter have become longer.

Tips for Better Answer

* 과거와 현재의 비교를 묻는 질문에서 반드시 큰 변화가 있다고 답할 필요 없음

▶❶ '아직도'라는 의미인 still를 사용함으로써 과거와 현재 날씨 변화가 크게 없다는 것을 설명

▶❷ 변화를 묘사할 때에는 현재완료형 have become, have gotten을 사용하며 과거와의 차이점으로 shorter / longer 등의 표현 사용
Ex: The fall has become hotter.
가을은 더 더워졌다.
The winter has gotten longer.
겨울은 더 길어졌다.

▶❸ = meanwhile, unlike spring and fall

▶❹ '~인 것 처럼 보이다'라는 의미로 확신이 덜할 때 사용
Ex: It rains a lot in summer.
여름에 비가 많이 온다. (100%의 확신)

▶❺ 계절의 변화에 대한 설명 후 마무리 하는 문장으로 암기 필수!

Key Expressions

• **distinct** 뚜렷한, 명확한
• **on the other hand** 그와 반대로, 이와 반면에

한국은 여전히 사계절이 뚜렷합니다. 하지만 봄과 가을은 짧아졌습니다. 반면 여름과 겨울은 더 길어졌습니다. 게다가 여름에는 비가 더 많이 오는 것 같습니다. 즉 봄과 가을은 점점 짧아지고 여름과 겨울은 점점 길어졌습니다.

 OPIc 모범 답변 학습하기

OPIc 질문에 대한 모범 답변을 살펴본 후, 질문의 핵심 포인트를 파악하여 나만의 OPIc 답변을 만들어보세요.

4 Severe weather conditions can do a lot of damage. Tell me about an experience 🎧 MP3 22_Q4
you had related to severe weather conditions. Perhaps a city was flooded, or maybe
businesses or schools were closed due to heavy snow. What was the problem? How did
people deal with the situation?

악천후로 인해 많은 피해가 발생할 수 있습니다. 궂은 날씨와 관련된 경험을 말해주세요. 어쩌면 도시가 물에 잠겼거나, 폭설로 인해
가게나 학교가 문을 닫았을 수도 있습니다. 무엇이 문제였고 어떻게 그 상황에 대처했나요?

	Structure	Idea
시작 문장	주제 문장 소개	remember, strong typhoon hit Korea this year
본문	날씨로 인해 발생한 다양한 사건과 사고 묘사	strong winds, heavy rainfall, floods all over the place, went underwater, nerve-racking
마무리 문장	나의 답변 마무리	took a long time, recover, damage

Model Answer 🎧 MP3 22_A4

❶ I remember when a strong typhoon hit Korea ❷ this year.
There were strong winds and heavy rainfalls.
There were floods all over the place.
❸ Many houses and cars went underwater.
It was very ❹ nerve-racking.
It took a long time to recover from the ❺ damage.

Tips for Better Answer

▶❶ 〈다양한 날씨 관련 자연재해〉
hurricanes 허리케인 / floods 홍수 / tornadoes 회오리바람 /
tsunamis 쓰나미 / earthquakes 지진 / wildfires 산불 /
drought 가뭄 / tropical storms 열대 지방의 폭풍우

▶❷ 시간을 나타내는 표현 앞에 this, last, next와 같은 대명사가 쓰일
때에는 전치사 in이 생략됨
Ex: I am going to travel a lot in this year. (x)
I am going to travel a lot this year. (o)
올해 여행을 많이 할 것이다.

▶❸ 자연재해로 인한 피해 나열
Ex: Due to the typhoon, many people lost their houses.
태풍으로 인해 많은 사람들이 집을 잃었다.

▶❹ 긴장되고 걱정되는 마음을 표현하는 형용사로 nervous 보다 더
긴장되는 느낌
Ex: My first presentation at work was nerve-racking.
회사에서 처음으로 프레젠테이션을 하는 것이 매우 긴장되었다.
frightening: 두려운
unnerving: 불안한
distressing: 고통스러운, 괴로움을 주는

▶❺ damage: 피해, 손상 (명사)
damage: 피해주다 (동사 / 능동태)
be damaged: 피해를 입다 (동사 / 수동태)
Ex: The typhoon damaged the whole city. People's houses
were damaged and it was hard to evaluate the total
damage.
태풍이 도시 전체에 피해를 줬다. 사람들의 집이 피해를 입었고
전체 피해규모를 평가하기 쉽지 않았다.

Key Expressions

• **typhoon** 태풍
• **heavy rainfall** 폭우
• **go underwater** 물 아래로 빠지다

• **nerve-racking** 긴장되는, 안절부절 못하게 되는
• **recover** 회복하다

이번 여름 강력한 태풍이 한국을 강타했을 때를 기억합니다. 강한 바람과 폭우가 쏟아졌습니다. 곳곳에서 홍수가 났습니다.
많은 집과 차들이 물속에 잠겼습니다. 매우 긴장되는 상황이었습니다. 피해 복구에 오랜 시간이 걸렸습니다.

IH 이상 등급을 받기 위해 문장을 늘리는 연습을 해보세요.

Question 1

1. It is great for outdoor activities.

→ It is great for outdoor activities <u>such as hiking, walking and camping</u>. (등산, 산책, 캠핑 같은)

2. It is very humid and sticky.

→ It is very humid and sticky <u>that it is almost impossible to walk outside</u>. (밖에서 걷는 것이 거의 불가능한)

Question 2

1. It is late-fall here in Korea right now.

→ It is late-fall here in Korea right now, <u>and it is the best season to see the leaves change colors</u>. (그리고 단풍을 볼 수 있는 최고의 계절이다.)

2. It is a little chilly today.

→ It is a little chilly today, <u>so I brought a jacket just in case</u>. (그래서 만일을 위해서 재킷을 가져왔다.)

Question 3

1. We still have four distinct seasons in Korea.

→ We still have four distinct seasons in Korea, <u>but the weather is changing slightly every year due to the global warming</u>. (하지만 지구온난화 때문에 날씨가 매년 조금씩 바뀌고 있다.)

2. Plus, it seems to rain a lot more in summer.

→ Plus, it seems to rain a lot more in summer <u>as if we had a tropical climate</u>. (마치 열대기후인 것처럼)

Question 4

1. I remember when a strong typhoon hit Korea this year.

→ I remember when a strong typhoon hit <u>and caused a lot of damage in</u> Korea this year. (그리고 ~에 많은 피해를 입혔던)

2. It was very nerve-racking.

→ It was very nerve-racking <u>that I could not even sleep at night</u>. (그래서 밤에 잠을 잘 수도 없었던)

3. It took a long time to recover from the damage.

→ It took a long time to recover from the damage, <u>and it was hard to assess the total damage</u>. (그리고 전체 손상 정도를 가늠하기도 어려웠다.)

Chapter 23

Transportation

질문을 제대로 파악하는 것만으로도 성공적으로 시험을 치를 수 있습니다. OPIc에서 자주 출제되는 질문들을 알아보세요.

1 Tell me about how people get around in your country. Do they drive their own cars or take trains? What are some typical means of transportation to get around?

당신 나라의 사람들이 어떻게 이동하며 다니는지 말해주세요. 자가용 운전을 하나요, 아니면 기차를 타나요? 전형적인 교통수단은 무엇인가요?

문항 유형	우리나라 사람들 교통 수단 묘사
문항 수준	Intermediate
핵심 포인트	• 한국의 대중교통 종류를 현재형 시제로 나열
	• 평소에 사람들이 주로 이용하는 대중교통이기 때문에 주어 people, public transportation, they를 사용
중요도	★★

데이터 허 트렌드로 쉽게 취득하는 OPIc IH

2 **What means of transportation do you use to get around? Do you drive or take public transportation?**

당신은 평소 어떤 교통수단을 이용하나요? 자가용을 운전하나요, 아니면 대중교통을 이용하나요?

문항 유형	본인이 자주 이용하는 교통 수단 묘사
문항 수준	Intermediate
핵심 포인트	• 평소에 자주 사용하는 교통수단을 현재형 시제로 묘사 • 본인의 평소 경험이기 때문에 주어 I 사용
중요도	★★

3 **How did you travel when you were a child? Were the types of transportation different back then? Describe for me how people used to get around in your city or town.**

당신이 어렸을 때는 어떻게 여행했나요? 그 당시 교통수단은 달랐나요? 도시나 마을에서 사람들이 어떻게 돌아다녔는지 설명해주세요.

문항 유형	어렸을 때의 교통 수단 묘사
문항 수준	Advanced
핵심 포인트	• 국내 여행 주제의 '지난 5년간 여행이 더 어려워진 이유 설명'의 답변 최대한 활용 • 교통이 불편했던 어렸을 때의 경험과 발전된 현재의 교통수단을 과거형, 현재형, 현재완료형을 사용하여 비교 • 상황에 따라 plane tickets, trains 등 교통과 관련된 주어 사용
중요도	★★★★

4 **Problems related to transportation often arise. Cars break down, trains run late or traffic could get bad. Tell me about a transportation problem that you once had. What did you do to deal with the situation?**

교통과 관련된 문제는 종종 발생합니다. 차가 고장 나거나, 기차가 연착되거나, 교통 체증이 생길 수도 있습니다. 직접 겪었던 교통 문제에 대해 말해주세요. 그 상황을 어떻게 대처했나요?

문항 유형	교통편 사용 중 겪은 문제 설명
문항 수준	Advanced
핵심 포인트	• 차가 많이 막혔던 경험을 과거형 시제로 묘사 • 본인의 과거 경험이기 때문에 주어 I 와 교통 상황 묘사를 위해 it 사용
중요도	★★

OPIc 질문에 대한 모범 답변을 살펴본 후, 질문의 핵심 포인트를 파악하여 나만의 OPIc 답변을 만들어보세요.

1 Tell me about how people get around in your country. Do they drive their own cars 🎧 MP3 23_Q1
or take trains? What are some typical means of transportation to get around?
당신 나라의 사람들이 어떻게 이동하며 다니는지 말해주세요. 자가용 운전을 하나요, 아니면 기차를 타나요? 전형적인 교통수단은 무엇인가요?

Structure		Idea
시작 문장	주제 문장 소개	get around, various ways in Korea
본문	한국의 다양한 대중교통 소개	public transportation, well-organized, take the bus, subway, drive their own cars, traffic gets, bad, parking
마무리 문장	나의 답변 마무리	use public transportation, drive their own car, get around

Model Answer 🎧 MP3 23_A1

❶ People get around in various ways in Korea.

Public transportation is very ❷ well-organized.

People ❸ take the bus or take the subway.

Plus, some people drive their own cars.

However, ❹ traffic gets very bad sometimes.

Parking can be a problem as well.

So, people use public transportation or drive their own cars to get around.

Tips for Better Answer

❶ 우리나라 사람들의 교통 수단을 묘사해야 하기 때문에 주어는 people를 사용하며 현재형 시제로 말하기
get around 대신 move around 사용 가능
한국의 교통에 대해 물었기 때문에 Korea 또는 in my country를 시작 문장에 언급하기
Ex: People move around using various types of transportation in my country.
우리나라에서 사람들은 다양한 종류의 교통수단으로 움직인다.

❷ 〈교통 묘사에 사용할 수 있는 형용사〉
well-developed: 잘 발달된
punctual: 정확한
reliable: 믿을 수 있는
disorganized: 체계적이지 못한
poor: 빈약한
Ex: Public transportation in Korea is well-developed.
한국의 대중교통은 잘 발달되어 있다.

❸ bus, subway와 같은 대중교통 단어 앞에는 관사 the가 항상 함께 쓰임
타다: take, get on
내리다: get off (택시의 경우 get out)

❹ '차가 막히다'라는 다양한 표현 활용
휴일 또는 여행에 대해 이야기할 때 유용하게 쓰임
Ex: Traffic was super heavy because it was the holiday.
휴일이라서 차가 엄청 막혔다.
Bumper-to-bumper traffic is inescapable during rush hour.
출근 시간에 차가 막히는 것은 피할 수 없다.

Key Expressions

• **get around** 돌아다니다
• **various** 다양한
• **public transportation** 대중교통
• **well-organized** 잘 짜여진, 잘 정돈된

한국에서 사람들은 다양한 방법으로 돌아다닙니다. 대중교통은 매우 잘 정리되어 있습니다. 사람들은 버스를 타거나 지하철을 탑니다. 많은 사람들이 자신의 차도 운전합니다. 하지만, 때로로 차가 막힙니다. 주차도 문제가 될 수 있습니다. 결론적으로 사람들은 돌아다니기 위해 대중교통 또는 자가용을 이용합니다.

OPIc 질문에 대한 모범 답변을 살펴본 후, 질문의 핵심 포인트를 파악하여 나만의 OPIc 답변을 만들어보세요.

2 **What means of transportation do you use to get around? Do you drive or take public transportation?**  MP3 23_Q2

당신은 평소 어떤 교통수단을 이용합니까? 자가용을 운전하나요, 아니면 대중교통을 이용하나요?

Structure		Idea
시작 문장	주제 문장 소개	personally take the subway
본문	본인이 평소 이용하는 교통수단 묘사	convenient, I can go wherever I want to, one of the cheapest, drive my own car, got my driver's license
마무리 문장	나의 답변 마무리	public transportation to get around

Model Answer 🎧 MP3 23_A2

I ❶ personally take the subway

❷ most often.

+ take the bus + take the train

It is very ❸ convenient because I

can go wherever I want to.

It is one of the cheapest ways to

❹ get around.

Plus, I sometimes drive my own

car.

I got my driver's license in 2002.

So, I mostly use public

transportation to get around.

+ I use public transportation or

drive my own car to get around.

Tips for Better Answer

❶ 본인의 개인적인 경험 또는 습관을 강조하기에 좋은 표현
= in my case, in case of me
Ex: In my case, I take the bus most often.
   나의 경우에는 버스를 가장 많이 탄다.

❷ = in most cases, mostly
〈빈도 부사의 종류〉
100%: always, all the time
90%: usually
70~80%: normally, generally, often, frequently
50%: sometimes
30%: occasionally
10%: seldom
5%: rarely
0%: never
Ex: I always take the subway because I get car sick in the bus.
   나는 버스에서는 멀미를 하기 때문에 항상 지하철을 탄다.

❸ 〈대중교통 묘사에 쓸 수 있는 형용사〉
time-saving: 시간을 절약하는
time-consuming: 시간이 많이 드는
cost-efficient: 비용을 절약하는
clean: 깨끗한
safe: 안전한
user-friendly: 사용하기 편리한
eco-friendly: 자연친화적인

❹ = move around, go around
walk around: 걸어서 돌아다니다
wander around: (목적 없이) 돌아다니다
Ex: We went around downtown by subway.
   우리는 지하철을 타고 시내를 돌아다녔다.

Key Expressions

- **personally** 개인적으로
- **convenient** 편리한
- **cheap** 저렴한
- **get around** 돌아다니다
- **driver's license** 운전면허증
- **public transportation** 대중교통

저는 개인적으로 지하철을 가장 자주 탑니다. (+ 버스를 탑니다 + 기차를 탑니다) 지하철로 어디든 갈 수 있기 때문에 매우 편리합니다. 이것은 가장 저렴한 교통수단 중 하나입니다. 저는 가끔 제 차도 운전합니다. 2002년에 운전면허를 땄습니다. 즉, 저는 주로 대중교통을 이용합니다. (+ 저는 대중교통을 이용하거나 차를 몰고 다닙니다.)

OPIc 질문에 대한 모범 답변을 살펴본 후, 질문의 핵심 포인트를 파악하여 나만의 OPIc 답변을 만들어보세요.

3 How did you travel when you were a child? Were the types of transportation 🎧 MP3 23_Q3
different back then? Describe for me how people used to get around in your city or town.

당신이 어렸을 때는 어떻게 여행했나요? 그 당시 교통수단은 달랐나요? 도시나 마을에서 사람들이 어떻게 돌아다녔는지 설명해주세요.

Structure		Idea
시작 문장	주제 문장 소개	kid, trains used to be slower
본문	과거에 비해 좋아진 현재의 교통수단 묘사	but now, bullet trains called the KTX and SRT, much faster than, plane tickets used to be, have become much cheaper thanks to, people used to use paper maps, has become much easier, GPS, tells, where to go
마무리 문장	나의 답변 마무리	transportation has become a lot better

Model Answer 🎧 MP3 23_A3

❶ When I was a kid, trains used to be slower.
❷ But now, Korea has bullet trains called the KTX and SRT.
Trains have become much faster than in the past.
+ ❸ It takes half the time to get somewhere now.
Plus, when I was a kid, plane tickets used to be very expensive.
But now, plane tickets have become much cheaper thanks to low-cost carriers.
+ ❸ Some flights only cost half the price.
Next, when I was a kid, people used to use paper maps.
But these days, driving has become much easier because we now have GPS.
+ The GPS tells us where to go.
❹ So, transportation has become a lot better over the years.

Tips for Better Answer

* '국내 여행'의 '지난 5년간 여행이 더 어려워진 이유 설명'의 답변 활용

▶❶ 어렸을 때의 대중교통에 대해 묻기 때문에 과거를 나타내는 표현 넣기
〈used to 동사〉
과거에 반복적으로 한 일 또는 습관을 묘사할 때 유용한 문법
Ex: Back in the day, trains used to be slow.
과거에는 기차가 느렸다.

▶❷ 현재의 대중교통에 대해 묘사하기 위해 but now를 사용한 후 이 이후에는 현재형 또는 현재완료형 시제 사용
〈대중교통 변화를 묘사할 때 어울리는 동사 / 형용사〉
have become faster, have become better, have become cheaper, have developed

▶❸ 시간 / 비용의 변화를 예시로 들고 싶을 때 유용한 문장
Ex: It takes half the time to make appointments.
예약하는 데 시간이 절반밖에 안 걸린다.
It is twice more expensive to take the bullet train.
고속열차는 2배 비싸다.
Some hotels only cost half the price.
어떤 호텔은 반값밖에 안 한다.

▶❹ 답변의 핵심 단어인 transportation과 현재완료형 has become better를 사용하여 마무리 문장 만들기

Key Expressions

- **used to be** ~하곤 했었다
- **bullet train** 고속열차
- **take half the time** 원래 걸리는 시간의 반이 걸리다
- **expensive** 비싼
- **low-cost carriers** 저가 항공사
- **cost half the price** 원래 비용의 반만 들다
- **paper map** 종이 지도
- **GPS** 내비게이션

제가 어렸을 때, 기차는 지금보다 느렸습니다. 하지만 지금 한국에는 KTX와 SRT라고 불리는 고속열차가 있습니다. 기차는 과거보다 훨씬 빨라졌습니다. (+ 지금은 어디론가 가는데 시간이 절반밖에 안 걸립니다.) 게다가, 제가 어렸을 때 비행기표는 매우 비쌌습니다. 하지만 지금은 저가 항공사들 덕분에 비행기표 값도 훨씬 저렴해졌습니다. (+ 일부 항공편은 반값밖에 안 합니다.) 또한 제가 어렸을 때에는 사람들이 종이 지도를 보고 운전을 했습니다. 하지만 요즘은 내비게이션을 사용하기 때문에 운전이 훨씬 더 쉬워졌습니다. (+ 내비게이션이 어디로 가야 하는지 알려줍니다.) 즉, 교통수단은 시간이 지나면서 훨씬 더 좋아졌습니다.

OPIc 질문에 대한 모범 답변을 살펴본 후, 질문의 핵심 포인트를 파악하여 나만의 OPIc 답변을 만들어보세요.

4 Problems related to transportation often arise. Cars break down, trains run late or ⏵MP3 23_Q4
traffic could get bad. Tell me about a transportation problem that you once had. What did
you do to deal with the situation?

교통과 관련된 문제는 종종 발생합니다. 차가 고장 나거나, 기차가 연착되거나, 교통 체증이 생길 수도 있습니다. 직접 겪었던 교통 문제에 대해 말해주세요. 그 상황을 어떻게 대처했나요?

Structure		Idea
시작 문장	주제 문장 소개	remember, stuck in traffic for a long time
본문	교통 체증으로 인하여 고생했던 경험 묘사	holidays, heading to, took, much longer than usual, to get to my destination
마무리 문장	나의 답변 마무리	head out early during the holidays

Model Answer ⏵MP3 23_A4

I remember ❶ when I was stuck in traffic for a
long time.

It was ❷ during the holidays.

I ❸ was heading to my grandparents' place.

+ I was heading to my hometown.

+ I was heading home from my parents' place.

+ I was going on a trip with my friends/family.

+ I was heading home from a trip.

❹ It took me much longer than usual.

It took almost 4 hours to get to my destination.

Since then, I always ❺ head out early during

the holidays.

Tips for Better Answer

❶ '교통체증에 걸리다, 차가 꽉 막히다'라는 의미의
다양한 표현 사용
Ex: The traffic was extremely heavy.
차가 엄청 막혔다.
There was a heavy congestion.
심한 교통체증이 있었다.
The cars were bumper to bumper.
차가 아주 많았다.

❷ vacation, break 등 정해진 기간이 있을 때에는
during 사용

❸ = on my way to
head는 '~로 향하다'는 동사

❹ 시간이 평소보다 오래 걸렸다는 것을 표현하기 위해
필요한 문장
답변 양 확보를 위해 걸린 시간에 대한 자세한 정보
제시
Ex: It took more than 5 hours to drive 100
kilometers.
100킬로미터를 운전하는 데 5시간 넘게 걸렸다.
I drove 7 hours straight from Seoul to Busan.
서울에서 부산까지 7시간 동안 쉬지 않고 운전했다.

❺ 목적지가 중요한 go to와 다르게 head out은
목적지보다 '나온다, 떠난다'라는 행동에 중점을 주고
싶을 때 사용
Ex: I am heading out!
나 나간다!

Key Expressions

- **be stuck in traffic** 교통체증에 시달리다
- **head to** ~로 향하다
- **go on a trip** 여행가다
- **destination** 목적지
- **head out** 출발하다, 나오다

오랫동안 교통체증에 시달렸던 기억이 납니다. 연휴 기간이었습니다. 조부모님 댁으로 가는 길이였습니다. (+ 고향으로 가고 있었습니다. + 부모님 댁에서 집으로 가고 있었습니다. + 친구 / 가족과 함께 여행을 가고 있었습니다. + 여행 후 집으로 가고 있었습니다.) 평소보다 훨씬 오래 걸렸습니다. 목적지까지 거의 4시간이나 걸렸습니다. 그때 이후로, 저는 연휴 기간에는 항상 일찍 출발합니다.

IH 이상 등급을 받기 위해 문장을 늘리는 연습을 해보세요.

Question 1

1. People get around in various ways in Korea.
   → People get around in various ways in Korea <u>because there are buses, subways and taxis everywhere</u>. (버스, 지하철, 택시가 어디에나 있기 때문에)

2. People take the bus or take the subway.
   → People take the bus or take the subway <u>because these are the most common types of public transportation in Korea</u>. (한국에서 가장 흔한 대중교통 종류이기 때문에)

3. Parking can be a problem as well.
   → Parking can be a problem as well <u>as there is not enough parking space in the city</u>. (도시에는 충분한 주차 자리가 없기 때문에)

Question 2

1. I personally take the subway most often.
   → I personally take the subway most often <u>as it is faster than taking the bus</u>. (버스보다 빠르기 때문에)

2. It is one of the cheapest ways to get around.
   → It is one of the cheapest <u>and the most efficient</u> ways to get around. (그리고 가장 효율적인)

3. Plus, I sometimes drive my own car.
   → Plus, I sometimes drive my own car <u>because it is much more comfortable</u>. (훨씬 더 편안하기 때문에)

Question 3

1. When I was a kid, trains used to be slower.
   → When I was a kid, trains used to be slower <u>and it was always delayed</u>. (그리고 항상 연착되었다.)

2. Next, when I was a kid, people used to use paper maps.
   → Next, when I was a kid, people used to use paper maps, <u>so it was very likely that they got lost</u>. (그래서 길을 잃은 적이 많았다.)

3. So, transportation has become a lot better over the years.
   → So, transportation has become a lot better <u>in so many ways</u> over the years. (여러 가지 면에서)

Question 4

1. I was heading to my grandparents' place.
   → I was heading to my grandparents' place <u>to have a gathering with my relatives</u>. (친척들과 모임을 가지기 위해)

2. It took almost 4 hours to get to my destination.
   → It took almost 4 hours to get to my destination, <u>and I was so exhausted that I could not do anything for the whole day</u>. (그리고 나는 너무 지쳤기 때문에 하루 종일 아무것도 할 수 없었다.)

Chapter 24

Banks

질문을 제대로 파악하는 것만으로도 성공적으로 시험을 치를 수 있습니다. OPIc에서 자주 출제되는 질문들을 알아보세요.

1 **Tell me about the banks in your country. What do they typically look like? Where are they usually located?**

당신 나라의 은행에 대해 말해주세요. 일반적으로 어떻게 생겼나요? 보통 어디에 위치해 있나요?

문항 유형	우리나라 보편적인 은행들 묘사
문항 수준	Intermediate
핵심 포인트	• 영업점 묘사에 쓰이는 표현을 활용하여 한국 은행은 현재형 시제로 묘사 • 은행 묘사이기 때문에 주어는 banks, they 사용
중요도	★★

2 What do you do from the moment you walk into the bank until you walk out? Tell me everything about what goes on when you visit the bank.

은행에 들어가는 순간부터 걸어나갈 때까지 무엇을 하나요? 은행을 방문할 때 어떤 일이 일어나는지 모두 이야기해주세요.

문항 유형	본인이 은행에 가서 하는 업무 묘사
문항 수준	Intermediate
핵심 포인트	• 본인이 은행에 가서 하는 일을 주어 I 로 묘사
	• 은행에 가서 하는 업무를 다양한 접속사와 현재형 시제를 사용하여 나열
중요도	★★★★

3 Banks have definitely changed over time. Tell me about a bank you remember from your childhood. What did the bank look like? How was it different from banks today?

은행은 시간이 지남에 따라 확실히 변했습니다. 어린 시절의 은행에 대해 기억나는 것을 말해주세요. 은행은 어떻게 생겼고 오늘날의 은행과는 어떻게 달랐나요?

문항 유형	어렸을 때 은행과 지금 은행과의 비교
문항 수준	Advanced
핵심 포인트	• 온라인 뱅킹 전과 후 비교
	• 본인이 어렸을 때 간 은행에 대해 묘사하기 때문에 주어 I, banks 사용
	• 온라인 뱅킹 전에 대해 이야기할 때에는 과거형, 현재 온라인 뱅킹에 대해 이야기할 때에는 현재형 시제 사용
중요도	★★★★

4 Sometimes, problems can rise when you are at the bank. Tell me in detail about a problem you had that involved your bank. Maybe the bank was closed or perhaps the bank might have made some kind of problem. Tell me about how you solved that problem.

때로는 당신이 은행에 있을 때 문제가 발생할 수 있습니다. 은행과 관련된 문제에 대해 말해주세요. 은행이 문을 닫았거나, 어쩌면 은행에 문제가 있었을 수도 있습니다. 그 문제를 어떻게 처리했는지 말해주세요.

문항 유형	은행 업무 중 있었던 문제 설명
문항 수준	Advanced
핵심 포인트	• 은행에 사람이 많아 오래 기다렸던 경험 묘사
	• 본인의 과거 경험이기 때문에 주어 I 와 과거형 시제 사용
중요도	★★

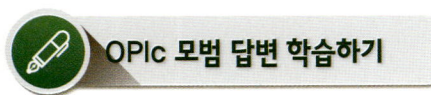

OPlc 질문에 대한 모범 답변을 살펴본 후, 질문의 핵심 포인트를 파악하여 나만의 OPlc 답변을 만들어보세요.

1 **Tell me about the banks in your country. What do they typically look like? Where are they usually located?** MP3 24_Q1

당신 나라의 은행에 대해 말해주세요. 일반적으로 어떻게 생겼나요? 보통 어디에 위치해 있나요?

Structure		Idea
시작 문장	주제 문장 소개	tons of banks in Korea
본문	한국의 일반적인 은행 모습 묘사	everywhere, busy streets, foot traffic, ATMs, get cash
마무리 문장	나의 답변 마무리	banks in Korea look like

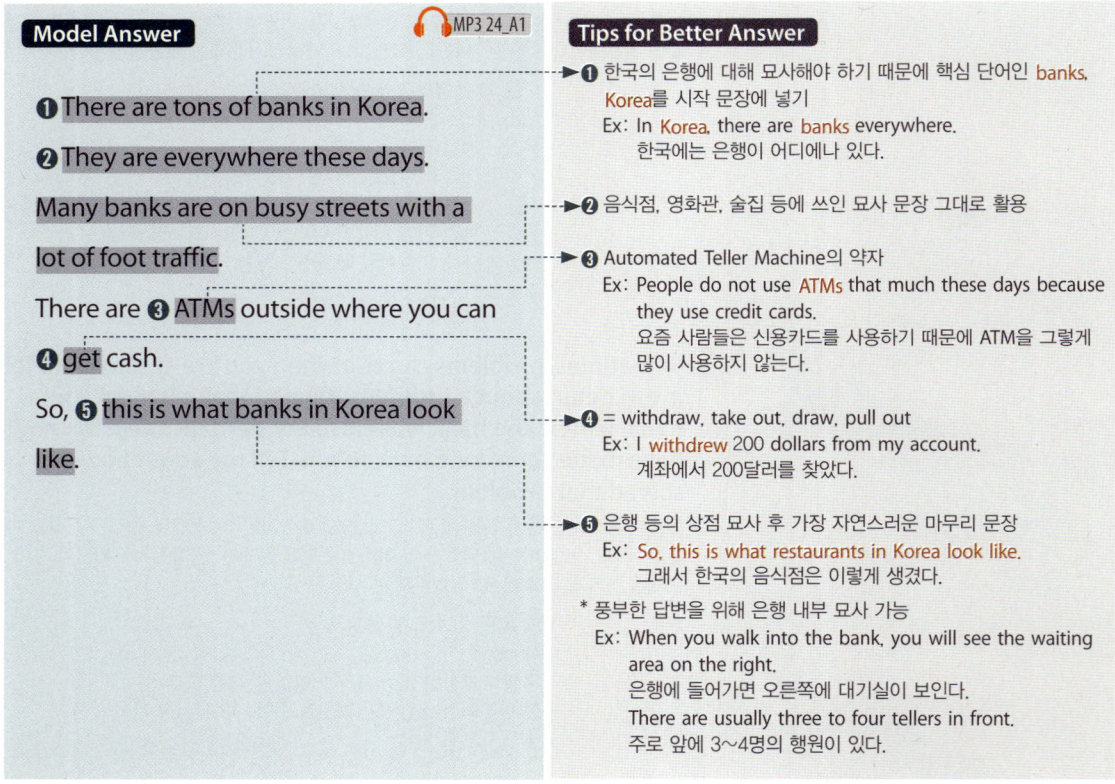

Model Answer　MP3 24_A1

❶ There are tons of banks in Korea.

❷ They are everywhere these days. Many banks are on busy streets with a lot of foot traffic.

There are ❸ ATMs outside where you can ❹ get cash.

So, ❺ this is what banks in Korea look like.

Tips for Better Answer

➤❶ 한국의 은행에 대해 묘사해야 하기 때문에 핵심 단어인 banks, Korea를 시작 문장에 넣기
Ex: In Korea, there are banks everywhere.
　　한국에는 은행이 어디에나 있다.

➤❷ 음식점, 영화관, 술집 등에 쓰인 묘사 문장 그대로 활용

➤❸ Automated Teller Machine의 약자
Ex: People do not use ATMs that much these days because they use credit cards.
　　요즘 사람들은 신용카드를 사용하기 때문에 ATM을 그렇게 많이 사용하지 않는다.

➤❹ = withdraw, take out, draw, pull out
Ex: I withdrew 200 dollars from my account.
　　계좌에서 200달러를 찾았다.

➤❺ 은행 등의 상점 묘사 후 가장 자연스러운 마무리 문장
Ex: So, this is what restaurants in Korea look like.
　　그래서 한국의 음식점은 이렇게 생겼다.

* 풍부한 답변을 위해 은행 내부 묘사 가능
Ex: When you walk into the bank, you will see the waiting area on the right.
　　은행에 들어가면 오른쪽에 대기실이 보인다.
There are usually three to four tellers in front.
　　주로 앞에 3~4명의 행원이 있다.

Key Expressions

• **busy streets** 번화가
• **foot traffic** 유동인구
• **ATMs** 현금인출기
• **get cash** 현금 인출하다

한국에는 은행이 많습니다. 이제는 어디에나 있죠. 은행은 대부분 유동인구가 많은 번화가에 있습니다. 은행 밖에는 돈을 인출할 수 있는 현금인출기가 있습니다. 즉, 한국의 은행들은 이렇게 생겼습니다.

OPIc 질문에 대한 모범 답변을 살펴본 후, 질문의 핵심 포인트를 파악하여 나만의 OPIc 답변을 만들어보세요.

 What do you do from the moment you walk into the bank until you walk out?
Tell me everything about what goes on when you visit the bank.

은행에 들어가는 순간부터 걸어나갈 때까지 무엇을 하나요? 은행을 방문할 때 어떤 일이 일어나는지 모두 이야기해주세요.

Structure		Idea
시작 문장	주제 문장 소개	first pull out a number, wait for my turn
본문	은행에 가서 하는 다양한 업무 나열	call my number, teller, take care of my business, most often check, wire transfers, open, account, deposit, withdraw, exchange foreign currency, get a loan, get my card issued, pay bills, traffic tickets
마무리 문장	나의 답변 마무리	these are the things I do, banks

Model Answer

When I ❶ go to banks, I ❷ first pull out a number
and wait for my turn.

When they call my number, I go up to the teller and
❸ take care of my business.

I most often check my balance or make wire

transfers.

❹ + Plus, I sometimes open or close an account.

+ Plus, I sometimes deposit or withdraw money.

+ Also, I sometimes exchange foreign currency.

+ Also, I sometimes get a loan.

+ Plus, I sometimes get my card issued.

+ Plus, I sometimes pay bills or traffic tickets.

So, these are things I do when I go to banks.

Tips for Better Answer

❶ 평상시 은행에 가서 하는 일이기 때문에
현재형 시제 유지

❷ 은행에 가서 하는 일을 순서대로 나열하기
위해 다양한 접속사 활용
first, second, third, and then, later, next,
after, lastly, in the end…

❸ 정확히 은행에서 어떤 일을 하는지 언급할
필요 없을 때 사용하는 표현
Ex: I took care of my banking business
and left the bank.
내 은행 업무를 처리한 후에 은행을
나왔다.

❹ 답변 양 확보를 위해 은행에서 할 수 있는
일을 다양한 접속사와 현재형 시제를 사용하여
하나씩 나열
본인이 하는 일이기 때문에 주어 I 를 사용하며
일의 빈도에 따라 빈도 부사 always, usually,
often, sometimes를 적절히 사용

Key Expressions

- **pull out** 뽑다
- **my turn** 내 차례
- **go up to** ~에게 다가가다
- **teller** 은행원, 창구 직원
- **take care of** ~을 돌보다, 처리하다
- **check balance** 계좌 잔고를 확인하다
- **make wire transfers** 이체하다
- **deposit** 입금하다
- **checking account** 당좌 예금 계좌
- **exchange foreign currency** 환전하다
- **get a loan** 대출받다
- **bill** 청구서
- **traffic tickets** 과태료

은행에 가면 먼저 번호를 뽑고 차례를 기다립니다. 제 번호가 불리면, 창구 직원에게 가서 은행 업무를 처리합니다. 저는 주로 잔고를 확인하거나 송금을 합니다. (+ 가끔 새 계좌를 열거나 닫습니다. + 가끔 돈을 입금하거나 인출합니다. + 또한 가끔 환전을 합니다. + 대출도 가끔 받습니다. + 가끔 카드를 발급받기도 합니다. + 또한, 가끔 공과금이나 교통 과태료를 지불합니다.) 즉, 저는 은행에 가서 이러한 일들을 처리합니다.

OPIc 질문에 대한 모범 답변을 살펴본 후, 질문의 핵심 포인트를 파악하여 나만의 OPIc 답변을 만들어보세요.

3 Banks have definitely changed over time. Tell me about a bank you remember from 🎧 MP3 24_Q3
your childhood. What did the bank look like? How was it different from banks today?

은행은 시간이 지남에 따라 확실히 변했습니다. 어린 시절의 은행에 대해 기억나는 것을 말해주세요. 은행은 어떻게 생겼었고 오늘날의 은행과는 어떻게 달랐나요?

Structure		Idea
시작 문장	주제 문장 소개	past, actual banks to do banking
본문	인터넷 뱅킹이 생긴 후 편해진 은행 업무 처리 방법 묘사	do mobile banking, has become a lot easier, takes much less time and energy, need a password, security card, wire transfers, through mobile banking
마무리 문장	나의 답변 마무리	mobile banking, one of the biggest changes

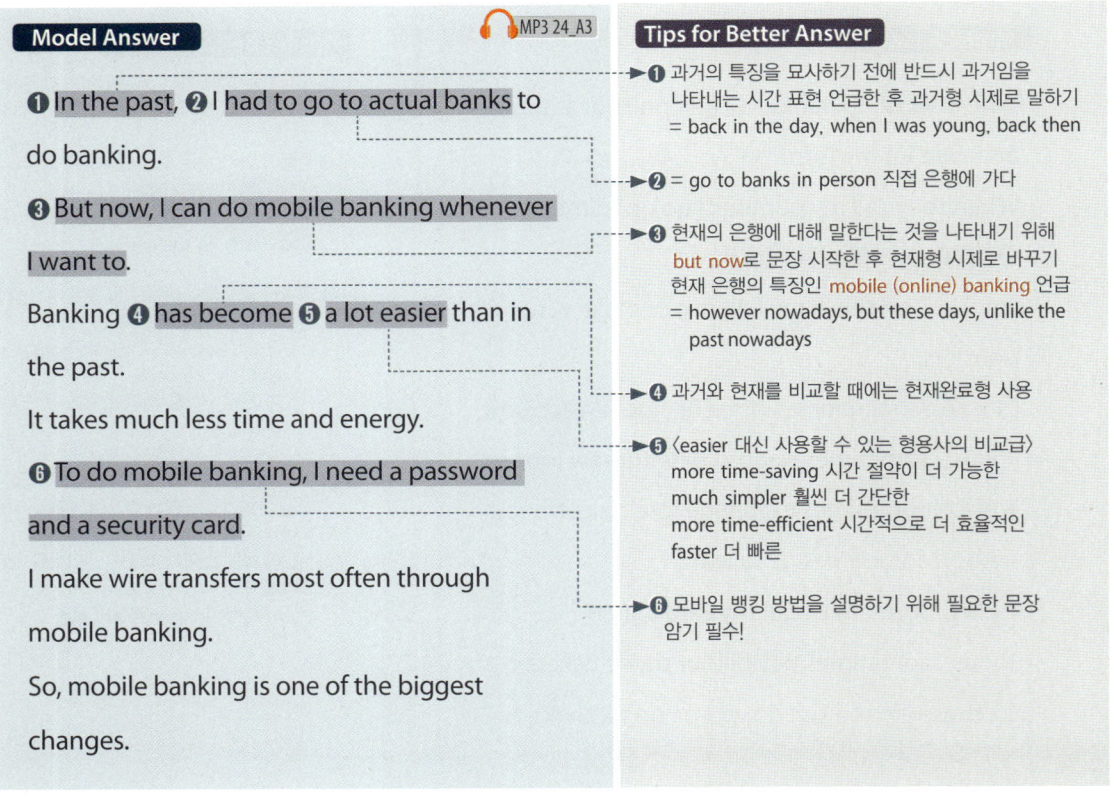

Model Answer 🎧 MP3 24_A3

❶ In the past, ❷ I had to go to actual banks to do banking.

❸ But now, I can do mobile banking whenever I want to.
Banking ❹ has become ❺ a lot easier than in the past.
It takes much less time and energy.
❻ To do mobile banking, I need a password and a security card.
I make wire transfers most often through mobile banking.
So, mobile banking is one of the biggest changes.

Tips for Better Answer

▶❶ 과거의 특징을 묘사하기 전에 반드시 과거임을 나타내는 시간 표현 언급한 후 과거형 시제로 말하기
= back in the day, when I was young, back then

▶❷ = go to banks in person 직접 은행에 가다

▶❸ 현재의 은행에 대해 말한다는 것을 나타내기 위해 but now로 문장 시작한 후 현재형 시제로 바꾸기 현재 은행의 특징인 mobile (online) banking 언급
= however nowadays, but these days, unlike the past nowadays

▶❹ 과거와 현재를 비교할 때에는 현재완료형 사용

▶❺ 〈easier 대신 사용할 수 있는 형용사의 비교급〉
more time-saving 시간 절약이 더 가능한
much simpler 훨씬 더 간단한
more time-efficient 시간적으로 더 효율적인
faster 더 빠른

▶❻ 모바일 뱅킹 방법을 설명하기 위해 필요한 문장 암기 필수!

Key Expressions

• **actual bank** 실제 은행
• **do mobile banking** 모바일 뱅킹 하다
• **passwords** 비밀번호
• **make wire transfers** 이체하다

과거에는 은행 업무를 보기 위해 은행에 직접 가야 했습니다. 하지만 요즘은 언제든지 모바일 뱅킹으로 은행 업무를 처리할 수 있습니다. 은행 업무는 과거보다 훨씬 쉬워졌습니다. 시간과 힘이 훨씬 적게 듭니다. 모바일 뱅킹을 하기 위해서는 비밀번호와 보안카드가 필요합니다. 저는 모바일 뱅킹으로 송금을 가장 많이 합니다. 그래서 모바일 뱅킹이 은행의 가장 큰 변화 중 하나입니다.

데이터와 트렌드로 쉽게 취득하는 OPIc IH

OPIc 모범 답변 학습하기

OPIc 질문에 대한 모범 답변을 살펴본 후, 질문의 핵심 포인트를 파악하여 나만의 OPIc 답변을 만들어보세요.

4 Sometimes, problems can rise when you are at the bank. Tell me in detail about a problem you had that involved your bank. Maybe the bank was closed or perhaps the bank might have made some kind of problem. Tell me about how you solved that problem. 🎧 MP3 24_Q4

때로는 당신이 은행에 있을 때 문제가 발생할 수 있습니다. 은행과 관련된 문제에 대해 말해주세요. 은행이 문을 닫았거나, 은행에 문제가 있었을 수도 있습니다. 그 문제를 어떻게 처리했는지 말해주세요.

	Structure	Idea
시작 문장	주제 문장 소개	remember going to the bank, pay a bill
본문	은행에 사람이 너무 많아 업무 처리를 못한 경험 묘사	so many people, pulled out a number, ten people waiting in front of, waited, still not my turn, leave
마무리 문장	나의 답변 마무리	try to avoid busy hours

Model Answer 🎧 MP3 24_A4

I ❶ remember going to the bank to pay ❷ a bill.

However, ❸ there were so many people at the bank.

I first pulled out a number.

However, there were ten people waiting in front of me.

❹ I waited and waited, but it was ❺ still NOT my turn.

I just had to leave the bank.

Since then, I try to avoid busy hours at the bank.

Tips for Better Answer

❶ = remember I went
과거의 경험을 나타내기 위해 one day, once, the other day라는 시점을 추가해도 좋음

❷ 고지서, 청구서, 계산서 등 상황에 따라 의미가 바뀜
hotel bill 호텔 숙박비
medical bill 병원비
utility bill 공과금
cf. fee: 누군가에 의한 서비스를 제공 받은 후에 내는 금액 (의사, 변호사와 같은 전문직 포함)
tuition fee 등록금
a doctor's fee 의사의 진료비
application fee 신청비

❸ 관계대명사 who를 사용하여 추가 설명하기
Ex: There were so many people (who were) waiting in line.
줄 서 있는 사람들이 많이 있었다.
There were so many people (who) looked very busy.
바빠 보이는 사람들이 많이 있었다.

❹ 특정한 행동이 반복 또는 지속되었다는 것을 강조할 때에는 동사 2번 이상 반복

❺ '여전히, 아직도'라는 뜻으로 부정문에서 주로 사용
= yet
Ex: It was not my turn, yet. (문장 뒤에 위치함)

Key Expressions

- **pay a bill** 청구서 내다, 공과금 내다
- **pull out** 뽑다
- **in front of** 앞에
- **turn** 차례
- **leave** 떠나다, 나가다
- **avoid** 피하다
- **busy hours** 바쁜 시간

최근에 공과금을 내러 은행에 간 기억이 납니다. 하지만, 은행에 사람들이 너무 많았습니다. 우선 번호를 뽑았습니다. 하지만 제 앞에 10명의 사람들이 기다리고 있었습니다. 기다리고 기다렸지만 여전히 제 차례가 오지 않았습니다. 그냥 은행을 나와야만 했습니다. 그 이후로, 저는 은행이 붐빌 때는 가지 않으려고 노력합니다.

IH 이상 등급을 받기 위해 문장을 늘리는 연습을 해보세요.

Question 1

1. There are tons of banks in Korea.
   → There are tons of banks in Korea, <u>so they are easy to locate</u>. (그래서 쉽게 방문할 수 있다.)

2. There are ATMs outside where you can get cash.
   → There are ATMs outside where you can get, <u>withdraw, and transfer</u> cash. (출금과 이체)

Question 2

1. Plus, I sometimes open or close an account.
   → Plus, I sometimes open or close an account, <u>by uploading certain documents that are required to do so</u>. (그 일을 위해 필요한 특정 서류를 업로드하면서)

2. Also, I sometimes exchange foreign currency.
   → Also, I sometimes exchange foreign currency <u>when I prepare for travelling abroad</u>.
   (해외여행 준비를 할 때)

3. Also, I sometimes get a loan.
   → Also, I sometimes get a loan <u>when money's tight</u>. (돈이 쪼들릴 때)

Question 3

1. In the past, I had to go to actual banks to do banking.
   → In the past, I had to go to actual banks to do banking <u>which was time-consuming and bothering</u>. (시간 걸리고 귀찮았던)

2. It takes much less time and energy.
   → It takes much less time and energy <u>since you can do almost everything using the mobile banking</u>. (모바일 뱅킹으로 거의 모든 것을 할 수 있기 때문에)

3. I make wire transfers most often through mobile banking.
   → I make wire transfers most often through mobile banking, <u>and it takes only 10 seconds and there's no fee for that most of the time</u>. (그리고 10초 정도밖에 걸리지 않고 대부분 수수료가 없다.)

Question 4

1. However, there were so many people at the bank.
   → However, there were so many people at the bank <u>because it is the end of the month</u>.
   (월말이라서)

2. However, there were ten people waiting in front of me.
   → However, there were ten people waiting in front of me, <u>and there was only one teller working at the counter</u>. (그리고 카운터에서 일하고 있는 은행 직원은 한 명밖에 없었다.)

3. I just had to leave the bank.
   → I just had to leave the bank <u>and had to come back later on that day</u>. (그리고 그 날 나중에 다시 와야만 했다.)

Chapter 25

Hotels

빈출 주제 파악하기

질문을 제대로 파악하는 것만으로도 성공적으로 시험을 치를 수 있습니다. OPIc에서 자주 출제되는 질문들을 알아보세요.

1 **Tell me about hotels in your country. What do they look like? Where are they located?**

당신 나라의 호텔에 대해 말해주세요. 어떻게 생겼고 어디에 있나요?

문항 유형	우리나라의 보편적인 호텔들 묘사
문항 수준	Intermediate
핵심 포인트	• 영업점 묘사에 쓰이는 표현을 활용하여 한국 호텔을 현재형 시제로 묘사
	• 한국 호텔 묘사이기 때문에 주어는 hotels, they를 사용
중요도	★★

2 **Tell me what you typically do when you go to a hotel. What do you do first, second, et cetera? When do you usually stay at hotels?**

호텔에 가면 주로 무엇을 하나요? 무엇을 먼저 하고 그 다음에는 무엇을 하나요? 보통 언제 호텔에 묵나요?

문항 유형	호텔에 도착해서 하는 일들, 언제 투숙하는지 설명
문항 수준	Intermediate
핵심 포인트	• 본인이 호텔에 투숙할 때 하는 일을 주어 I 사용하여 묘사
	• 도착해서 하는 일들을 다양한 접속사와 현재형 시제를 사용하여 나열
중요도	★★

3 **When was the last time you stayed at a hotel? Where were you, why were you there, and what did you do there? Tell me the whole story from beginning to end.**

언제 마지막으로 호텔에 묵었나요? 어디에 있었고, 왜 거기 있었고, 무엇을 했나요? 처음부터 끝까지 자세히 말해주세요.

문항 유형	최근에 갔었던 호텔에 묵은 경험 설명
문항 수준	Advanced
핵심 포인트	• 호텔 주제의 '호텔에 도착해서 하는 일들, 언제 투숙하는지 설명' 내용 활용
	• 최근 호텔에 가서 체크인 한 순간부터 방에 들어가서 한 일까지 순서대로 나열
	• 본인의 과거 경험이기 때문에 주어 I 와 과거형 시제 사용
중요도	★★★★

4 **People often have memories of beautiful or interesting hotels. Tell me about a hotel that you remember for some reason. Where was it located? What was it like? Describe it for me in as much detail as possible.**

사람들은 종종 아름답거나 재미있었던 호텔에 대한 추억을 가지고 있습니다. 기억나는 호텔에 대해 말해주세요. 어디에 있었고 어땠나요? 그 호텔을 가능한 한 자세히 설명해주세요.

문항 유형	기억에 남는 호텔 묘사, 기억에 남는 이유 설명
문항 수준	Advanced
핵심 포인트	• 즐거운 경험을 했던 호텔 과거형으로 묘사
	• 본인의 과거 경험이기 때문에 주어 I 사용
중요도	★★

OPIc 질문에 대한 모범 답변을 살펴본 후, 질문의 핵심 포인트를 파악하여 나만의 OPIc 답변을 만들어보세요.

1 **Tell me about hotels in your country. What do they look like? Where are they located?**

당신 나라의 호텔에 대해 말해주세요. 어떻게 생겼고 어디에 있나요?

Structure		Idea
시작 문장	주제 문장 소개	tons of hotels in Korea
본문	한국의 일반적인 호텔 모습 묘사	everywhere, on busy streets, foot traffic, normally, large in size, hundreds of guest rooms, popular vacation spots, get very crowded during the peak season, charge higher rates
마무리 문장	나의 답변 마무리	hotels in Korea look like

Model Answer 🎧 MP3 25_A1

❶ There are tons of hotels in Korea.

❷ They are everywhere these days.

Many hotels are on busy streets with a lot of foot traffic.

These hotels are normally very large ❸ in size.

They have ❹ hundreds of guest rooms.

Plus, there are many hotels at popular vacation spots.

They get very crowded during the peak season.

They charge higher ❺ rates.

So, this is what hotels in Korea look like.

Tips for Better Answer

▶❶ 한국의 호텔에 대해 묘사해야 하기 때문에 핵심 단어인 hotels, Korea를 시작 문장에 넣기
tons of 대신 various types of, many, a lot of 사용 가능

▶❷ 음식점, 영화관 등의 주제에 반복적으로 쓰이는 표현임
모든 호텔이 유동인구가 많은 곳에 있는 것이 아니기 때문에 일반화를 피하기 위해 many 사용

▶❸ '크기 면에서'라는 의미로 size, quality, quantity 앞에 전치사 in을 붙여서 사용 가능
Ex: It lacks in quantity.
　　수량이 부족하다.
　　They vary in size.
　　크기 면에서 다양하다.
　　They are different in quality.
　　질적인 면에서 다르다.

▶❹ = a lot of, tons of, numerous

▶❺ 호텔의 숙박비에 대해 이야기할 때에는 price, cost보다 rate을 주로 사용
Ex: The hotel rates on weekends cost a fortune.
　　호텔의 주말 숙박비는 엄청나게 비싸다.

Key Expressions

- **busy streets** 번화가
- **foot traffic** 유동인구
- **in size** 크기 면에서
- **popular** 인기 있는
- **vacation spot** 휴양지, 휴가 장소
- **get crowded** 사람들로 북적거리다
- **peak season** 성수기
- **charge** 부과하다
- **rates** 요금

한국에는 호텔이 많습니다. 이제는 어디에나 있죠. 호텔들은 대부분 유동인구가 많은 번화가에 있습니다. 호텔들은 보통 매우 큽니다. 수백 개의 객실을 가지고 있죠. 유명한 휴양지에도 호텔이 많습니다. 성수기 동안 매우 붐비고, 더 높은 요금을 부과합니다. 한국의 호텔은 이렇습니다.

OPIc 모범 답변 학습하기

OPIc 질문에 대한 모범 답변을 살펴본 후, 질문의 핵심 포인트를 파악하여 나만의 OPIc 답변을 만들어보세요.

2 Tell me what you typically do when you go to a hotel. What do you do first, second, et cetera? When do you usually stay at hotels?

호텔에 가면 주로 무엇을 하나요? 무엇을 먼저 하고 그 다음에는 무엇을 하나요? 보통 언제 호텔에 묵나요?

Structure		Idea
시작 문장	주제 문장 소개	normally stay at hotels, go on vacations
본문	호텔에 가서 하는 일을 체크인부터 순서대로 묘사	arrive at a hotel, go to the front desk, give, name, credit card, get my room key, head to, get to, first look around, take a look at the view, unpack, change into comfortable clothes
마무리 문장	나의 답변 마무리	these are the things I do, at a hotel

Model Answer 🎧 MP3 25_A2

I ❶ normally stay ❷ at hotels when I go on vacations.
When I arrive ❸ at a hotel, I ❹ first go to the front desk to check in.
I give them my name and my credit card.
I get my room keys and head to my room.
When I get to my room, I first ❺ look around.
Plus, I ❺ take a look at the view outside.
After that, I unpack my things.
And then, I change into comfortable clothes.
So, these are the things I do when I am at a hotel.

Tips for Better Answer

▶ ❶ 평상시 습관을 나타내는 유용한 부사
= usually, often, generally
Ex: I often stay at guesthouses when I travel.
나는 여행을 가면 게스트하우스에 자주 머문다.
I usually book 5-star hotels when I go abroad.
나는 보통 해외에 갈 때 5성급 호텔을 예약한다.

▶ ❷ 휴가를 갈 때마다 머무는 다양한 호텔에 대해 이야기하기 때문에 복수 명사 사용

▶ ❸ 호텔에 도착해서 하는 일을 설명해 주기 위해 하나의 특정한 호텔 선택
이때에는 단수 명사를 사용하기 때문에 관사 a 추가

▶ ❹ 호텔 도착 후 하는 일을 다양한 접속사를 사용하여 나열하며 현재형 시제 유지하여 말하기
= first, second, and then, after that, lastly, finally

▶ ❺ 시간을 들여 무엇인가를 살펴볼 때에는 look around
짧은 순간 무엇인가를 보는 것은 take a look
Ex: I looked around the city.
도시를 둘러봤다. (길게)
Take a look at this picture!
이 사진 좀 봐! (짧게)

Key Expressions

- **normally** 일반적으로, 보통
- **go on vacations** 휴가를 가다
- **arrive at** ~에 도착하다
- **check in** 체크인하다
- **credit card** 신용카드
- **head to** ~로 향하다
- **get to** ~에 도착하다
- **look around** 둘러보다
- **take a look** 살펴보다, 살짝 보다
- **unpack** 짐을 풀다
- **change into** ~로 갈아입다
- **comfortable** 편안한

저는 보통 휴가를 가면 호텔에 묵습니다. 호텔에 도착하면 먼저 프런트에 가서 체크인을 합니다. 이름을 알려주고 신용카드를 줍니다. 방 열쇠를 가지고 방으로 향합니다. 방에 도착하면 먼저 방을 둘러봅니다. 그리고 바깥 풍경도 살펴봅니다. 그 후에는 짐을 풀죠. 그리고 나서 편안한 옷으로 갈아입습니다. 이것이 호텔에 도착해서 하는 일들입니다.

OPIc 질문에 대한 모범 답변을 살펴본 후, 질문의 핵심 포인트를 파악하여 나만의 OPIc 답변을 만들어보세요.

3 When was the last time you stayed at a hotel? Where were you, why were you there, 🎧 MP3 25_Q3
and what did you do there? Tell me the whole story from beginning to end.
언제 마지막으로 호텔에 들었나요? 어디에 있었고, 왜 거기에 있었고, 무엇을 했나요? 처음부터 끝까지 자세히 말해주세요.

Structure		Idea
시작 문장	주제 문장 소개	remember staying at a beachside hotel, recent vacation
본문	최근 호텔에 가서 한 일을 체크인부터 나열	nice and pretty, arrived at the hotel, went to the front desk, gave, name, credit card, got my room key, headed to, got to, first looked around, took a look at, amazing, unpacked, changed into comfortable clothes
마무리 문장	나의 답변 마무리	last time I stayed at a hotel

Model Answer 🎧 MP3 25_A3

I remember staying at ❶ a beachside hotel

❷ on my recent vacation.

+ riverside + lakeside + mountainside

The hotel was very ❸ nice and pretty.

When I arrived at the hotel, I first went to the

front desk to check in.

I ❹ gave them my name and my credit card.

I got my room keys and headed to my room.

When I got to my room, I first looked around.

Plus, I took a look at the view outside. It was

amazing.

After that, I unpacked my things.

And then, I changed into comfortable clothes.

❺ So, this was the last time I stayed at a hotel.

Tips for Better Answer

* '호텔' 주제의 '호텔에 도착해서 하는 일들, 언제 투숙하는지 설명' 내용을 활용

▶❶ 과거에 방문한 특정 호텔에 관한 답변이므로 a hotel 사용

▶❷ 〈과거인 것을 나타내는 시간 표현〉
during the last vacation 지난 휴가(방학) 동안
when I had a day off 하루 휴가를 냈을 때
last Thanksgiving 지난 추수감사절에

▶❸ 〈호텔 묘사에 사용할 수 있는 형용사〉
newly-opened 새로 개업한 / modern 현대적인 /
sophisticated 세련된 / cozy 안락한 / spacious 넓은 /
luxurious 럭셔리한
Ex: It was a newly-opened hotel so it was clean and modern.
새로 연 호텔이라 깨끗하고 현대적이었다.

▶❹ = told, informed, notified of
Ex: I notified them of my recent address.
그들에게 최근 주소를 알려주었다.

▶❺ 최근 경험에 대해 이야기한 후 마무리로 좋은 문장
Ex: So, this was the last time I went to the bank in person.
이게 내가 직접 은행에 간 마지막 경험이다.

Key Expressions

- **beachside** 해안가의
- **on vacation** 휴가 중에
- **arrive at** 도착하다
- **check in** 체크인하다
- **credit card** 신용카드
- **head to** ~로 향하다
- **get to** ~에 도착하다
- **look around** 둘러보다
- **take a look** 살펴보다, 살짝 보다
- **unpack** 짐을 풀다
- **change into** ~로 갈아입다
- **comfortable** 편안한

최근 휴가 때 해변가에 있는 호텔에 묵었던 기억이 납니다. (+ 강가 + 호숫가 + 산 중턱) 그 호텔은 매우 좋고 예뻤습니다. 호텔에 도착했을 때, 먼저 체크인하기 위해 프런트로 갔습니다. 이름을 알려주고 신용카드를 주었습니다. 방 열쇠를 가지고 방으로 향했습니다. 방에 도착했을 때, 먼저 주위를 둘러보았습니다. 바깥 경치도 살펴봤습니다. 경치가 아주 좋았습니다. 그 후에, 짐을 풀었습니다. 그리고 나서 편안한 옷으로 갈아입었습니다. 이것이 제가 호텔에 머문 가장 최근의 경험이었습니다.

OPIc 질문에 대한 모범 답변을 살펴본 후, 질문의 핵심 포인트를 파악하여 나만의 OPIc 답변을 만들어보세요.

4 People often have memories of beautiful or interesting hotels. Tell me about a hotel that you remember for some reason. Where was it located? What was it like? Describe it for me in as much detail as possible.   🎧 MP3 25_Q4

사람들은 종종 아름답거나 재미있었던 호텔에 대한 추억을 가지고 있습니다. 기억나는 호텔에 대해 말해주세요. 어디에 있었고 어땠나요? 그 호텔을 가능한 한 자세히 설명해주세요.

Structure		Idea
시작 문장	주제 문장 소개	remember staying at a beachside hotel
본문	방문했던 호텔 중 제일 좋았던 호텔과 그곳에서 한 일 묘사	one of the best hotels, view, amazing, see the sunrise, sunset, ate at some restaurants, tasted incredible, got a massage, went swimming
마무리 문장	나의 답변 마무리	looking back, one of the most memorable, worth the money

Model Answer   🎧 MP3 25_A4

I remember staying at a beachside hotel several years ago.

+ riverside + lakeside + mountainside

It was one of the ❶ best hotels there.

❷ The view from the room was amazing.

I could see the sunrise and the sunset from the window.

I ate at some restaurants in the hotel.

The food tasted incredible.

❸ + I also got a massage at the spa.

+ I also went swimming in the swimming pool.

Looking back, it was one of the most memorable hotels in my life.

❹ It was worth the money I spent.

Tips for Better Answer

▶❶ = finest, top, most leading
Ex: It was one of the finest hotels there.
그곳에서 가장 훌륭한 호텔 중 하나였다.

▶❷ 어느 호텔에서 있었던 일인지 명확하기 때문에 처음 언급되는 단어 (room, view, window)라도 관사 a가 아닌 the 사용

▶❸ 풍부한 답변을 위해 호텔에서 한 일들 자세히 묘사
Ex: I went to a gym and worked out for one hour.
나는 헬스장에서 한 시간 동안 운동했다.
And then, I got hungry so I went to a buffet on the rooftop.
그리고 나서 배가 고파서 옥상에 있는 뷔페에 갔다.

▶❹ '가치가 있다'는 관용어
Ex: I spent a lot of money on travelling, but it was worthwhile.
나는 여행에 돈을 많이 썼지만 그럴만한 가치가 있었다.
The food was terrible. It was totally not worth the money.
음식이 최악이었다. 돈이 너무 아까웠다.

Key Expressions

- **several** 몇 개의, 여러
- **amazing** 멋진
- **sunrise** 일출
- **sunset** 일몰
- **incredible** 엄청난
- **worth** ~한 가치가 있는

몇 년 전에 해변가에 있는 호텔에 묵었던 기억이 납니다. (+ 강가 + 호숫가 + 산 중턱) 그 호텔은 거기서 가장 좋은 호텔들 중 한 곳이었습니다. 방에서 내려다 본 경치는 정말 놀라웠습니다. 창가에서 일출과 일몰을 볼 수 있었습니다. 호텔에 있는 레스토랑에서 식사를 했습니다. 음식이 정말 맛있었습니다. (+ 또한 스파에서 마사지도 받았습니다. + 또한 수영장에서 수영도 했습니다.) 돌이켜보면, 제 인생에서 가장 기억에 남는 호텔 중 하나였습니다. 제 값을 했습니다.

IH 이상 등급을 받기 위해 문장을 늘리는 연습을 해보세요.

Question 1

1. These hotels are normally very large in size.
   → These hotels are normally very large in size <u>and extremely excellent in quality</u>. (그리고 질적으로 매우 뛰어난)

2. They have hundreds of guest rooms.
   → They have hundreds of guest rooms <u>to accommodate thousands of visitors every year</u>. (매년 수천 명의 방문객을 수용하기 위해)

3. They charge higher rates.
   → They charge higher rates <u>when the demand is high</u>. (수요가 높을 때)

Question 2

1. I normally stay at hotels when I go on vacations.
   → I normally stay at <u>affordable and clean</u> hotels when I go on vacations <u>in summer</u>. (가격이 적당하고 깨끗한 / 여름에)

2. I give them my name and my credit card.
   → I give them my name and my credit card, <u>and sometimes I have to show them my passport</u>. (그리고 가끔은 내 여권을 보여줘야 한다.)

3. When I get to my room, I first look around.
   → When I get to my room, I first look around <u>and see if there are any problems</u>. (그리고 혹시 문제가 있는지 본다.)

Question 3

1. The hotel was very nice and pretty.
   → The <u>beachside</u> hotel was very nice and pretty, <u>and the best part was that the rate was reasonable</u>. (해안가의 / 그리고 가장 좋은 점은 숙박비가 합리적이었다는 것이다.)

2. After that, I unpacked my things.
   → After that, I unpacked <u>all of</u> my things <u>like clothing, cosmetics and shoes</u>. (모든 / 옷, 화장품, 신발 같은)

3. So, this was the last time I stayed at a hotel.
   → So, this was the last time I stayed at a hotel, <u>and I am planning to go there again next month</u>. (그리고 다음 달에 다시 갈 계획이다.)

Question 4

1. It was one of the best hotels there.
   → It was one of the best hotels there <u>because you could enjoy the ocean view from each room</u>. (모든 룸에서 오션 뷰를 즐길 수 있기 때문에)

2. The view from the room was amazing.
   → The view from the room was <u>so</u> amazing <u>and refreshing that I could relieve stress by just looking at it</u>. (매우 / 그리고 상쾌하여 그것을 보는 것만으로도 스트레스를 풀 수 있었다.)

Chapter 26

Appointment

빈출 주제 파악하기

질문을 제대로 파악하는 것만으로도 성공적으로 시험을 치를 수 있습니다. OPIc에서 자주 출제되는 질문들을 알아보세요.

1 **What kinds of appointments do you make in your life?**
Where do you go to make your appointments?

평소에 어떤 예약을 하나요? 예약을 하러 어디로 가나요?

문항 유형	본인이 평소에 하는 예약 종류들 묘사
문항 수준	Intermediate
핵심 포인트	• 병원, 치과, 미용실 등 예약 하는 방법 현재형 시제로 묘사 • 본인이 주로 하는 예약이기 때문에 주어 I 사용
중요도	★

2 **What kinds of things do you do when you make appointments? Tell me what you exactly do when you make these appointments.**

예약을 할 때 어떤 일들을 하나요? 예약 할 때 정확히 무엇을 하는지 말해주세요.

문항 유형	본인이 평소에 예약을 하는 방법 구체적으로 묘사
문항 수준	Advanced
핵심 포인트	• 특정한 장소에 예약을 하기 전 그 장소를 어떻게 찾는지 현재형 시제로 묘사 • 본인이 평소에 예약하는 방법이기 때문에 주어 I 사용
중요도	★

3 **Talk about an appointment you made as a child. What was the appointment for? Was it for a doctor, a dentist or a new school? What did you actually do and what happened when you got to your appointment?**

어릴 때 했던 예약에 대해 말해주세요. 무슨 예약이었나요? 병원, 치과, 새로운 학교를 위한 것이었나요? 예약된 곳에 도착했을 때 당신은 무엇을 했고 어떤 일이 발생했나요?

문항 유형	어렸을 때 했던 예약 경험 묘사
문항 수준	Advanced
핵심 포인트	• 어렸을 때 미용실에 간 경험을 과거형 시제로 묘사 • 나의 경험이기 때문에 주어 I 사용하여 미용실에서 한 일을 순서대로 나열
중요도	★

4 **Unexpected things can happen when you make an appointment. Talk about a memorable incident related to an appointment. What exactly happened and how did you deal with the situation?**

예약을 할 때 예상치 못한 일이 생길 수 있습니다. 예약과 관련하여 기억에 남는 사건에 대해 말해주세요. 정확히 무슨 일이 일어났고 어떻게 그 상황을 처리했나요?

문항 유형	예약 관련 기억에 남는 에피소드 설명
문항 수준	Advanced
핵심 포인트	• 예약을 하고 특정한 장소에 갔는데 갑자기 못 가게 된 경험을 과거형 시제로 묘사 • 본인의 과거 경험이기 때문에 주어 I 사용
중요도	★★★

OPIc 질문에 대한 모범 답변을 살펴본 후, 질문의 핵심 포인트를 파악하여 나만의 OPIc 답변을 만들어보세요.

1 **What kinds of appointments do you make in your life? Where do you go to make your appointments?** 🎧 MP3 26_Q1

평소에 어떤 예약을 하나요? 예약을 하러 어디로 가나요?

Structure		Idea
시작 문장	주제 문장 소개	I make various, appointments, my life
본문	평상시에 정기적으로 예약하는 장소인 병원, 치과, 미용실에 대해 묘사	make doctor appointments, when I am sick, get some tests, dentist appointments, toothache, get my teeth cleaned, hair appointments, get my hair done, haircut, get a perm, get my hair dyed, get my roots done
마무리 문장	나의 답변 마무리	these are, appointments I make, my life

Model Answer 🎧 MP3 26_A1

❶ I make various types of appointments in my life. First, I ❷ make doctor appointments. I do that when I am sick or when I need to ❸ get some tests done. Also, I make dentist appointments. I do that when I have a toothache or when I need to ❹ get my teeth cleaned. Plus, I make hair appointments. I do that when I need to ❺ get my hair done.
+ I sometimes get a haircut or get a perm.
+ I sometimes get my hair dyed or get my roots done.
So, these are the appointments I make in my life.

Tips for Better Answer

❶ appointment는 특정 서비스를 받기 위해 정확한 시간과 날짜를 정해서 서비스 제공자를 만날 때 사용
Ex: hospitals, dentist clinics, massage shops, hair shops
친구들, 직장 동료들과 만나는 약속에 대해서는 쓰이지 않음
* reservation은 특정 서비스가 아닌 공간, 테이블, 방 같은 장소를 예약할 때 주로 씀
Ex: I made a reservation at a nice restaurant for my birthday party.
나의 생일 파티를 위해 근사한 식당을 예약했다.

❷ 본인이 직접 예약을 했다는 것을 언급하고 싶을 때에는 make를 사용
단순히 예약이 있다고만 말하고 싶을 때에는 have 사용
Ex: I made an appointment at the hospital.
내가 병원에 예약했다. (직접 예약함)
I have a dentist appointment tomorrow. 내일 치과 예약이 있다.

❸ 정확히 어떤 검사인지 언급할 필요 없을 때 get some tests done 사용
〈병원을 가는 다양한 표현들〉
Ex: I'm going to have a CT scan. CT를 찍을 것이다.
I saw the doctor for an ultrasound scan once a month during the pregnancy. 나는 임신 중에 한 달에 한 번 초음파를 하러 병원에 갔다.
I got a shot to prevent the flu. 독감 예방을 위해 주사를 맞았다.

❹ 스케일링은 broken English!
Ex: I get my teeth cleaned once a year.
나는 1년에 한 번 치석 제거를 받는다.

❺ 〈get + 목적어 + 과거분사〉
치과, 병원, 미용실 등 다른 사람이 제공하는 서비스에 대해 이야기할 때에 쓰는 문법
Ex: I permed my hair. (내가 직접) 파마했다.
I got my hair permed. (다른 사람이 내 머리를) 파마했다.

Key Expressions

- **various** 다양한
- **appointment** 예약
- **doctor appointment** 병원 예약
- **get some tests done** 검사를 받다

- **dentist appointment** 치과 예약
- **toothache** 치통
- **get my teeth cleaned** 치석 제거, 스케일링 하다
- **hair appointment** 미용실 예약

- **get a perm** 파마하다
- **get my hair done** 머리를 손질하다
- **get my hair dyed** 머리 염색하다
- **get my roots done** 뿌리 염색하다

저는 살면서 다양한 종류의 예약을 합니다. 먼저, 병원 예약을 합니다. 아플 때나 어떤 검사를 받아야 할 때 합니다. 또, 치과 예약을 합니다. 치통이 있거나 치석 제거를 해야 할 때 합니다. 그리고 저는 머리 예약을 합니다. 머리 손질이 필요할 때 예약을 합니다. (+ 가끔 머리를 자르거나 파마를 합니다. + 가끔 머리를 염색하거나 뿌리 염색을 합니다.) 이러한 것들이 제가 하는 예약입니다.

데이터와 트렌드로 쉽게 취득하는 OPIc IH

OPIc 질문에 대한 모범 답변을 살펴본 후, 질문의 핵심 포인트를 파악하여 나만의 OPIc 답변을 만들어보세요.

2 **What kinds of things do you do when you make appointments?**
Tell me what you exactly do when you make these appointments.

예약을 할 때 어떤 일들을 하나요? 예약할 때 정확히 무엇을 하는지 말해주세요.

	Structure	Idea
시작 문장	주제 문장 소개	have to make appointments, look for a phone number
본문	전화하기, 시간 정하기 등 예약할 때 해야 하는 행동 묘사	have it on, do a search, then, make a phone call to, ask them, available, when I want to come in, hang up
마무리 문장	나의 답변 마무리	that is what I do, make appointments

Model Answer　MP3 26_A2

When I have to make appointments, I first

❶ look for a phone number.

Sometimes, I have it ❷ on my phone.

❸ If not, I have to ❹ do a search online.

And then, ❺ I make a phone call to make an

appointment.

I ask them when they are available.

I tell them when I want to come in and hang up.

+ I usually get a text confirming my

appointment.

So, this is what I do when I make appointments.

Tips for Better Answer

▶❶ = find
Ex: I couldn't find any information about the clinic. Maybe it's out of business.
병원에 대한 어떤 정보도 찾을 수 없었다. 아마 폐업했나 보다.

▶❷ 기기, 기계 앞에는 전치사 on 사용
Ex: There is a lot of useful information on the internet.
인터넷에는 유용한 정보가 많이 있다.

▶❸ '그렇지 않다면, (주어)가 (동사)하다'라는 뜻으로 다른 의견이나 반대되는 내용을 제시할 때 사용

▶❹ 정보를 찾고자 할 때 사용할 수 있는 동사
= search, look, explore, quest, inquire, pursue, seek

▶❺ 예약하는 방법을 순서대로 나열하기
암기 필수!

Key Expressions

- **look for** ~을 찾다
- **phone number** 전화번호
- **have it on** ~에 있다
- **available** 가능한
- **come in** 방문하다
- **hang up** 전화를 끊다
- **text** 문자, 문자를 보내다
- **confirm** 확인하다

예약을 해야 할 때 먼저 전화번호를 찾습니다. 그 번호가 가끔 제 휴대폰에 있을 때가 있습니다. 없으면 온라인으로 검색을 해야 합니다. 그리고 나서, 저는 예약을 하기 위해 전화를 합니다. 언제 시간이 되는지 물어봅니다. 제가 언제 가고 싶은지 얘기하고 전화를 끊습니다. (+ 보통 예약 확인 문자를 받습니다.) 이것이 제가 예약하는 방법입니다.

OPIc 모범 답변 학습하기

OPIc 질문에 대한 모범 답변을 살펴본 후, 질문의 핵심 포인트를 파악하여 나만의 OPIc 답변을 만들어보세요.

3 Talk about an appointment you made as a child. What was the appointment for? 🎧 MP3 26_Q3
Was it for a doctor, a dentist or a new school? What did you actually do and what happened
when you got to your appointment?

어릴 때 했던 예약에 대해 말해주세요. 무슨 예약이었나요? 병원, 치과, 새로운 학교를 위한 것이었나요? 예약된 곳에 도착했을 때 당신은
무엇을 했고 어떤 일이 발생했나요?

	Structure	Idea
시작 문장	주제 문장 소개	making a hair appointment, a kid
본문	최근 미용실에 가서 머리한 경험 묘사	needed to get my hair done, went to, on time, first, hair stylist shampooed, cut, shampooed my hair again, dried and styled, did a good job
마무리 문장	나의 답변 마무리	happy with my new look

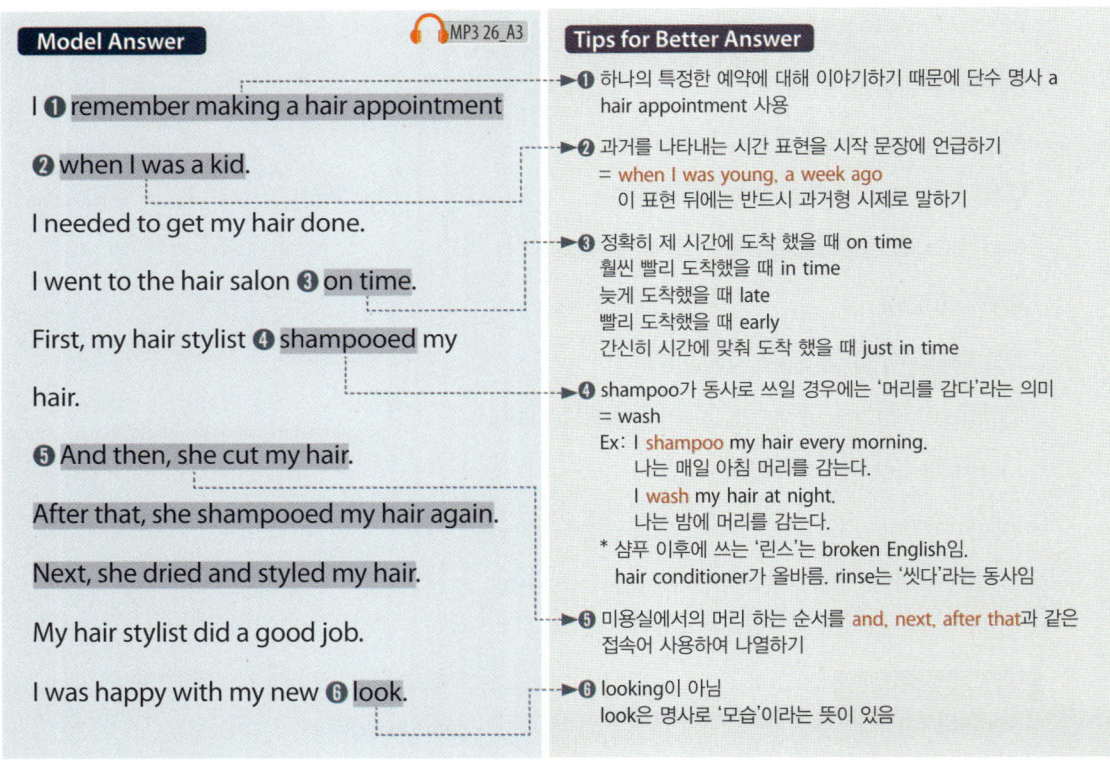

Model Answer 🎧 MP3 26_A3

I ❶ remember making a hair appointment

❷ when I was a kid.

I needed to get my hair done.

I went to the hair salon ❸ on time.

First, my hair stylist ❹ shampooed my hair.

❺ And then, she cut my hair.

After that, she shampooed my hair again.

Next, she dried and styled my hair.

My hair stylist did a good job.

I was happy with my new ❻ look.

Tips for Better Answer

▶❶ 하나의 특정한 예약에 대해 이야기하기 때문에 단수 명사 a hair appointment 사용

▶❷ 과거를 나타내는 시간 표현을 시작 문장에 언급하기
= when I was young, a week ago
이 표현 뒤에는 반드시 과거형 시제로 말하기

▶❸ 정확히 제 시간에 도착 했을 때 on time
훨씬 빨리 도착했을 때 in time
늦게 도착했을 때 late
빨리 도착했을 때 early
간신히 시간에 맞춰 도착했을 때 just in time

▶❹ shampoo가 동사로 쓰일 경우에는 '머리를 감다'라는 의미
= wash
Ex: I shampoo my hair every morning.
나는 매일 아침 머리를 감는다.
I wash my hair at night.
나는 밤에 머리를 감는다.
* 샴푸 이후에 쓰는 '린스'는 broken English임.
hair conditioner가 올바름. rinse는 '씻다'라는 동사임

▶❺ 미용실에서의 머리 하는 순서를 and, next, after that과 같은 접속어 사용하여 나열하기

▶❻ looking이 아님
look은 명사로 '모습'이라는 뜻이 있음

Key Expressions

- **get my hair done** 머리 하다
- **on time** 제 시간에
- **shampoo** 머리 감다
- **cut hair** 머리 자르다
- **dry** 머리 말리다
- **new look** 새로운 모습

어릴 때 미용실에서 머리를 했던 기억이 납니다. 머리 손질이 필요했습니다. 예약 시간에 맞춰 미용실에 갔습니다. 먼저,
미용사가 머리를 감겨 주었습니다. 그 후, 머리를 잘랐습니다. 그리고 다시 머리를 감겨 주었습니다. 그리고 나서, 머리를
말리고 스타일링 해주었습니다. 미용사가 머리를 잘 해주었습니다. 저는 새로운 모습에 만족했습니다.

데이터와 트렌드로 쉽게 취득하는 OPIc IH

OPIc 질문에 대한 모범 답변을 살펴본 후, 질문의 핵심 포인트를 파악하여 나만의 OPIc 답변을 만들어보세요.

4 Unexpected things can happen when you make an appointment. Talk about a memorable incident related to an appointment. What exactly happened and how did you deal with the situation?

🎧 MP3 26_Q4

예약을 할 때 예상치 못한 일이 생길 수 있습니다. 예약과 관련하여 기억에 남는 사건에 대해 말해주세요. 정확히 무슨 일이 일어났고 어떻게 그 상황을 처리했나요?

Structure		Idea
시작 문장	주제 문장 소개	remember making a hair appointment recently
본문	예약을 한 장소와 이유를 말한 후 왜 못 가게 되었는지 사건 묘사	however, something came up, could not make it, called the hair salon, told them, could not go
마무리 문장	나의 답변 마무리	in the end, made a new appointment, went another time

Model Answer 🎧 MP3 26_A4

❶ I remember making a hair appointment recently.

+ making a doctor appointment
+ making a dentist appointment
+ making an appointment for a massage
+ making an appointment for a manicure/pedicure.

❷ However, something came up suddenly. So, I ❸ could NOT make it to my appointment.

I called the hair salon and told them that I could NOT go.

+ the clinic + the hospital + the dentist + the spa

In the end, I made a new appointment and went another time.

Tips for Better Answer

► ❶ remember를 사용하지 않고 과거 기억에 대해 말하는 표현들
Ex: Something frustrating happened last week when I had a hair appointment.
저번 주 미용실 예약이 있었을 때 조금 짜증나는 일이 생겼다.
I experienced some annoying things at a clinic the other day.
최근에 병원에서 좀 짜증나는 일을 경험했다.

* 답변 양 확보를 위해 예약 장소에 대한 추가 정보를 제공할 수 있음
Ex: The hospital was not far from my place and my appointment was at 9 am.
병원은 우리 집에서 멀지 않았고 내 예약은 오전 9시였다.

► ❷ 무슨 일이 발생했는지 정확히 묘사할 필요가 없을 때 유용한 표현
something을 설명하는 형용사를 추가로 사용할 수 있음
Ex: Something important came up.
뭔가 중요한 일이 생겼다.
Something urgent popped up.
급한 일이 생겼다.

► ❸ make it to~: ~을 성공하다, 해내다
Ex: Can you make it to the dinner? 저녁식사에 올 수 있어?
I am sorry. I can't make it. I am swamped at work.
미안. 나 못 가. 회사에 일이 너무 많아.

Key Expressions

- **hair appointment** 미용실 예약
- **doctor appointment** 병원 예약
- **dentist appointment** 치과 예약
- **make it** 성공하다, 해내다
- **come up** 발생하다, 생기다
- **clinic** 작은 병원, 개인 병원

최근에 미용실 예약을 했던 기억이 납니다. (+ 병원 예약한 것 + 치과 예약한 것 + 마사지 예약한 것 + 매니큐어 / 페디큐어 예약한 것) 그런데 갑자기 일이 생겼습니다. 예약에 맞춰 갈 수가 없었습니다. 미용실에 전화해서 못 간다고 했습니다. (+ 클리닉 + 병원 + 치과 + 스파) 결국 다시 예약을 하고 다른 시간에 갔습니다.

IH 이상 등급을 받기 위해 문장을 늘리는 연습을 해보세요.

Question 1

1. First, I make doctor appointments.
   → First, I make <u>various types of</u> doctor appointments <u>for my children</u>. (다양한 종류의 / 아이들을 위해)

2. Plus, I make hair appointments.
   → Plus, I make hair appointments <u>every month because my hair grows fast</u>. (매달 / 왜냐하면 머리가 빨리 자라서)

Question 2

1. Sometimes, I have it on my phone.
   → Sometimes, I have it on my phone <u>because I usually save phone numbers of the places I frequently visit</u>. (자주 가는 곳의 전화번호는 보통 저장하기 때문에)

2. If not, I have to do a search online.
   → If not, I have to do a search online <u>but it does not take much time since I already know the name of the place</u>. (하지만 그 장소의 이름을 이미 알기 때문에 시간이 많이 걸리지 않는다.)

3. I ask them when they are available.
   → I ask them when they are available, <u>and I try not to go there when they are busy</u>. (그리고 그들이 바쁠 때에는 그곳에 가지 않으려고 한다.)

Question 3

1. I needed to get my hair done.
   → I needed to get my hair done, <u>because it was too long and it was getting hot outside</u>. (머리 길이가 너무 길고 밖이 더워지고 있었기 때문에)

2. I went to the hair salon on time.
   → I went to the hair salon on time, <u>but I had to wait for 30 minutes because there were too many people</u>. (하지만 사람이 너무 많아서 30분 정도 기다려야만 했다.)

Question 4

1. However, something came up suddenly.
   → However, something came up suddenly <u>and I had to go back to the office</u>. (그래서 회사로 돌아가야만 했다.)

2. So, I could NOT make it to my appointment.
   → So, I could NOT make it to my appointment <u>due to the urgent matter that I had to take care of as soon as possible</u>. (내가 최대한 빨리 처리해야 했던 급한 사안 때문에)

Chapter 27

Free Time

빈출 주제 파악하기

질문을 제대로 파악하는 것만으로도 성공적으로 시험을 치를 수 있습니다. OPIc에서 자주 출제되는 질문들을 알아보세요.

1 **Where do people in your country go to in their free time? Do they go to beaches? Do they go to parks or any other places? What are some popular locations that people go in their free time?**

당신 나라의 사람들은 자유시간에 어디를 가나요? 해변에 가나요? 공원이나 다른 곳에 가나요? 사람들이 자유시간에 방문하기 좋아하는 인기 있는 장소는 어디인가요?

문항 유형	우리나라 사람들이 자유시간에 가는 장소 묘사
문항 수준	Intermediate
핵심 포인트	• '우리나라 사람들이 자유시간에 하는 일들 묘사'와 같은 답변 대비
	• 술집 주제의 '술집에 주로 언제 가고 무엇을 하는지 묘사'의 답변 그대로 활용
	• 사람들이 하는 일이기 때문에 주어 people, they 사용하며 현재형 시제로 묘사
중요도	★

2 Talk about your free time in the past. Did you have more free time or less free time back then? How was it different from your free time now?

과거의 자유시간은 어땠나요? 그때는 자유시간이 더 많았나요, 아니면 부족했나요? 지금 당신의 자유시간과 어떻게 달랐나요?

문항 유형	과거 자유시간이 어떠하였는지 묘사
문항 수준	Advanced
핵심 포인트	• 본인이 자유시간에 한 일이기 때문에 주어 I 사용
	• 어렸을 때의 자유시간에 대해 이야기하기 때문에 과거형 시제로 묘사
중요도	★

3 Tell me about the last time you had some free time. When was it? What did you do? Who did you spend time with?

최근 가졌던 자유시간에 대해 말해주세요. 언제였으며 무엇을 했나요? 누구와 시간을 보냈나요?

문항 유형	기억에 남는 최근 자유시간에 한 일 설명
문항 수준	Advanced
핵심 포인트	• 가족 / 친구 주제의 '가족 / 친구와 최근에 했던 일 묘사'의 답변 그대로 활용
	• 과거의 경험이므로 과거형과 주어 we 사용하여 묘사
중요도	★

4 What do people in your country typically do in their free time? What is special about those activities?

당신 나라의 사람들은 보통 자유시간에 무엇을 하나요? 그 활동들의 특별한 점은 무엇인가요?

문항 유형	우리나라 사람들이 자유시간에 하는 일들 묘사
문항 수준	Intermediate
핵심 포인트	• '우리나라 사람들이 자유시간에 가는 장소 묘사'와 같은 답변 대비
	• 술집 주제의 '술집에 주로 언제 가고 무엇을 하는지 묘사'의 답변 그대로 활용
	• 사람들이 하는 일이기 때문에 주어 people, they 사용하며 현재형 시제로 묘사
중요도	★

OPIc 질문에 대한 모범 답변을 살펴본 후, 질문의 핵심 포인트를 파악하여 나만의 OPIc 답변을 만들어보세요.

1-1 Where do people in your country go to in their free time? Do they go to beaches? Do they go to parks or any other places? What are some popular locations that people go in their free time? 🎧 MP3 27_Q1-1

당신 나라의 사람들은 자유시간에 어디를 가나요? 해변에 가나요? 공원이나 다른 곳에 가나요? 사람들이 자유시간에 방문하기 좋아하는 인기 있는 장소는 어디인가요?

1-2 What do people in your country typically do in their free time? What is special about those activities? 🎧 MP3 27_Q1-2

당신 나라의 사람들은 보통 자유시간에 무엇을 하나요? 그 활동들의 특별한 점은 무엇인가요?

	Structure	Idea
시작 문장	주제 문장 소개	social gatherings
본문	평상시 자유시간에 어디에 가는지, 가서 무엇을 하는지 묘사	grab some drinks, break the ice, spice up, staff-dinners, after-parties, bond with, special occasions
마무리 문장	나의 답변 마무리	bars to hang out with

Model Answer 🎧 MP3 27_A1

❶ People often go to bars for social gatherings.
They grab some ❷ drinks with their friends.
❸ Drinks break the ice and spice up the mood.
+ They sometimes play drinking games.
+ They sometimes do several rounds.
Plus, people sometimes go to bars for staff-dinners or after-parties.
It is a great chance to bond with co-workers.
Next, people sometimes go to bars for special occasions such as birthday parties.
❹ + year-end parties + anniversaries
+ welcome parties + farewell parties
So, people often go to bars to ❺ hang out with people in their ❻ free time.

Tips for Better Answer

* '술집' 주제의 '술집에 주로 언제 가고 무엇을 하는지 묘사'의 답변 그대로 활용

▶ ❶ 다양한 빈도부사를 사용하여 일반화 피하기
= normally, usually, generally, in general, typically, most of the time, frequently
Ex: People usually go to cafes when they have free time.
보통 사람들은 자유시간이 있을 때 카페에 갑니다.

▶ ❷ 일반적으로 drink만 쓰이면 '술을 마신다'는 의미가 내포됨
Ex: I drank too much last night. 어제 밤에 술을 너무 많이 마셨다.
술 외에 특정 음료를 마실 경우, 그 음료를 꼭 언급해야 함
Ex: I drink water right after I wake up.
일어나면 바로 물을 마신다.

▶ ❸ 〈술자리에 사용되는 유용한 관용 문구들〉
mingle with people 사람들과 섞이다, 어우러지다
wind down 긴장을 풀다
connect with other people 다른 사람들과 소통하다
root for their favorite sports teams 좋아하는 팀을 응원하다

▶ ❹ 발화량 확보를 위해 special occasions의 종류 나열
weddings 결혼식 / silver wedding 은혼식(25주년) / golden wedding 금혼식(50주년) / graduation ceremony 졸업식 / entrance ceremony 입학식 / New Year's Eve party 신년전야 파티 / housewarming parties 집들이

▶ ❺ 관용 문구 hang out (주로 어른들이 모여서 노는 것을 말함)
= meet up, socialize, get along with

▶ ❻ 자유시간에 대한 답변이기 때문에 핵심 단어 free time을 마지막 문장에 다시 한번 언급하기

Key Expressions

- **break the ice** 어색함을 깨다
- **spice up** 돋우다, 더 좋게 하다
- **do several rounds** 몇 차례 마시다
- **bond with** ~와 친해지다, 유대감이 형성되다
- **special occasions** 특별한 경우

사람들은 주로 친목 도모를 위해 술집에 갑니다. 그들은 친구들과 술을 마십니다. 술은 어색함을 깨고 분위기를 돋웁니다. (+ 그들은 가끔 술게임을 합니다. + 가끔 몇 차례까지 마십니다.) 또한, 사람들은 가끔 회식이나 뒤풀이를 위해 술집에 갑니다. 회식은 동료들과 친해질 수 있는 좋은 기회입니다. 또한 생일 파티 같이 특별한 날에는 가끔 술집에 갑니다. (+ 송년회 + 기념일 + 환영회 + 송별회) 즉, 사람들은 자유시간에 사람들과 어울리기 위해 술집에 갑니다.

| 데이터화 트렌드로 쉽게 취득하는 OPIc IH

OPIc 질문에 대한 모범 답변을 살펴본 후, 질문의 핵심 포인트를 파악하여 나만의 OPIc 답변을 만들어보세요.

2 **Talk about your free time in the past. Did you have more free time or less free time back then? How was it different from your free time now?** 🎧 MP3 27_Q2

과거의 자유시간은 어땠나요? 그때는 자유시간이 더 많았나요, 아니면 부족했나요? 지금 당신의 자유시간과 어떻게 달랐나요?

	Structure	Idea
시작 문장	주제 문장 소개	free time when I was a kid
본문	어렸을 때 주로 공부를 해서 부족했던 자유시간 묘사	went to school, came back, late at night, cram school, online courses, private tutoring, college entrance exam
마무리 문장	나의 답변 마무리	free time when I was a kid

Model Answer 🎧 MP3 27_A2

❶ I did NOT have that much free time when I was a kid.

I ❷ had to study ❸ day and night.

I ❹ went to school early in the morning and came back home late at night.

+ I also went to cram schools after class.

+ I also took online courses for exams.

+ I also got some private tutoring.

I especially did NOT have much free time in my senior year of high school.

+ I ❺ was busy studying for the college entrance exam.

Once again, I did NOT have that much free time when I was a kid.

Tips for Better Answer

➊ 〈시간의 양에 대한 표현들〉
any 전혀 없는 / that much 그렇게 많지는 않은 / much 많은 / enough 충분한
Ex: I did not have any free time.
자유시간이 전혀 없었다.
I had much free time.
자유시간이 많았다.

➋ 하기 싫은 일을 억지로 했다는 느낌을 주기 위해 〈have to + 동사〉 사용
= was forced to, couldn't help but, coerce, make, press, urge

➌ '주야로', '끊임없이' 표현의 관용어
일, 취미, 공부 등 다양한 주제에 사용되므로 암기 필수!
Ex: I worked day and night for the last week to meet the deadline.
마감기한을 맞추기 위해 지난주에 밤새도록 일했다.

➍ '등교하다 / 하교하다'라는 일반적인 의미로 쓰일 경우 관사 the 생략

➎ 〈be busy + 동명사〉
busy와 자주 쓰이는 동명사는 trying, doing, working 등이 있음
Ex: I was busy working out. 운동하느라 바빴다.
I was busy trying to earn a living. 생계를 유지하느라 바빴다.

Key Expressions

- **go to school** 학교 가다
- **cram school** 학원 (입시 준비 학원)
- **take online courses** 온라인 수업을 듣다
- **get private tutoring** 개인 과외 받다
- **day and night** 밤낮으로
- **busy ~ing** ~하느라 바쁜
- **college entrance exam** 대학 입학 시험

제가 어렸을 때에는 그렇게 많은 자유시간을 갖지 못했습니다. 밤낮으로 공부해야 했습니다. 아침 일찍 학교에 갔다가 밤늦게 집에 돌아왔습니다. (+ 수업이 끝난 후 학원도 갔습니다. + 또한 시험을 위해 온라인 강좌를 들었습니다. + 과외를 받았습니다.) 저는 특히 고등학교 3학년 때 자유시간이 많지 않았습니다. (+ 저는 대학 입학 시험 공부를 하느라 바빴습니다.) 다시 한번 말하자면, 저는 어렸을 때 그렇게 많은 자유시간을 갖지 못했습니다.

OPIc 질문에 대한 모범 답변을 살펴본 후, 질문의 핵심 포인트를 파악하여 나만의 OPIc 답변을 만들어보세요.

3 **Tell me about the last time you had some free time. When was it? What did you do? Who did you spend time with?**
 MP3 27_Q3

최근 가졌던 자유시간에 대해 말해주세요. 언제였으며 무엇을 했나요? 누구와 시간을 보냈나요?

Structure		Idea
시작 문장	주제 문장 소개	remember watching a movie, recently
본문	최근 자유시간 때 영화 본 후 식당에 간 경험 묘사	watching the movie, popcorn, soft drinks, decent, restaurant, best, in town, food tasted, starving, juicy, tender
마무리 문장	나의 답변 마무리	enjoyable dinner

Model Answer
MP3 27_A3

❶ I remember watching a movie with my family recently.
Before watching the movie, we got some popcorn.
We also got some nachos and soft drinks.
After watching the movie, we went to a decent Thai restaurant.
They ❷ had the best Thai food in town.
The food tasted so good because I was ❸ starving.
The beef I ordered was so juicy and tender.
+ fish + shrimp + crab + lobster + squid + octopus + steak
Plus, we had some drinks while we ate.
We ordered some beer. ❹ It went well with the food.
+ red/white wine + soft drinks + cocktails
It was a very enjoyable dinner.

Tips for Better Answer

* 자유시간에 한 일을 묘사하기 때문에 영화 보기, 식당 가기, 술집 가기 등 다른 주제의 답변 활용

▶❶ 최근에 한 일에 대해 물었기 때문에 시작 문장에 핵심 표현인 recently 넣기
recently는 문장 제일 앞에 와도 됨
Ex: Recently, I took a day off to watch a movie.
최근에 하루 휴가를 내서 영화를 봤다.

▶❷ = serve, provide, offer
주어를 I 로 변경할 경우 동사로 can have 사용
Ex: I can have the best Italian food there.
그곳에서 가장 맛있는 이탈리안 음식을 먹을 수 있다.
I was served with the best French food.
나는 최고의 프랑스 음식을 제공받았다.

▶❸ hungry보다 더 배가 고플 때 사용
Ex: I am starving to death. 죽을 만큼 배가 고프다.
I am close to starvation. 아사 직전이다.
I am going to die of hunger. 배가 고파 죽을 지경이다.

▶❹ 〈go well with + 명사〉
'(명사)와 잘 어울린다'는 의미로 패션에서도 유용하게 사용 가능
Ex: Your hat goes well with your jacket.
네 모자랑 자켓이 잘 어울린다.

Key Expressions
- **decent** 꽤 괜찮은
- **be starving** 매우 배가 고프다
- **juicy** 즙이 많은
- **tender** 부드러운
- **go well with A** A와 잘 어울리다
- **enjoyable** 즐거운

제가 최근에 가족과 함께 영화를 보러 갔던 것이 기억에 납니다. 영화를 보기 전에 우리는 팝콘을 샀습니다. 또한 나초와 탄산음료를 샀습니다. 영화를 보고 나서 우리는 괜찮은 태국 음식점으로 갔습니다. 그곳은 동네에서 가장 맛있는 태국 음식을 제공합니다. 배가 고파서 음식이 더 맛있었습니다. 우리가 주문한 소고기는 육즙이 많고 부드러웠습니다. (+ 생선 + 새우 + 게 + 랍스터 + 오징어 + 문어 + 스테이크) 또한, 우리는 식사와 함께 술을 좀 마셨습니다. 우리는 맥주를 주문했습니다. 음식과 잘 어울렸습니다. (+ 레드 / 화이트 와인 + 탄산음료 + 칵테일) 아주 즐거운 저녁 식사였습니다.

IH 이상 등급을 받기 위해 문장을 늘리는 연습을 해보세요.

Question 1

1. They grab some drinks with their friends.
→ They grab some drinks with their friends <u>and order some foods that go well with the drinks</u>. (그리고 술과 어울리는 음식을 시킨다.)

2. Drinks break the ice and spice up the mood.
→ Drinks break the ice and spice up the mood, <u>if people drink lightly</u>. (사람들이 술을 가볍게 마신다면)

Question 2

1. I had to study day and night.
→ I had to study day and night, <u>and I always had a lot on my plate</u>. (그리고 항상 해야 할 일이 너무 많았다.)

2. I also got some private tutoring.
→ I also got some private tutoring <u>to improve the things I am lack of</u>. (부족한 부분을 개선하기 위해)

3. I was busy studying for the college entrance exam.
→ I was busy studying for the college entrance exam <u>which was the one and only way of going to college I was aiming for</u>. (내가 목표로 하는 대학에 가는 유일한 방법인)

Question 3

1. We also got some nachos and soft drinks.
→ We also got some nachos and soft drinks <u>because food is allowed in the movie theater in Korea</u>. (한국의 극장에서는 음식 반입이 허용되기 때문에)

2. It was a very enjoyable dinner.
→ It was a very enjoyable dinner, <u>and we became a regular at the restaurant</u>. (그리고 우리는 그 식당의 단골이 되었다.)

Chapter 28

Holidays

질문을 제대로 파악하는 것만으로도 성공적으로 시험을 치를 수 있습니다. OPIc에서 자주 출제되는 질문들을 알아보세요.

1 **Tell me about some popular holidays in your country. Where do people typically celebrate these holidays? What kinds of things do they do to celebrate?**

당신 나라의 널리 알려진 휴일에 대해 말해주세요. 사람들은 보통 이런 휴일을 어디에서 기념하고 무엇을 하나요?

문항 유형	우리나라 사람들이 휴일을 보내는 장소 / 활동 묘사
문항 수준	Intermediate
핵심 포인트	• 휴일 주제의 '우리나라 휴일 종류, 사람들이 하는 일들 묘사'와 같은 답변 대비 • 한국의 휴일을 묘사하기 때문에 주어는 Korea, family, people 등 상황에 맞게 다양하며 사용하며 현재형 시제 사용
중요도	★★★

2 **Talk about a holiday memory from your childhood. Tell me where you were and what that place looked like. Tell me everything that you remember from that holiday scene.**

어린 시절 기억에 남는 휴일에 대해 이야기해보세요. 어디에 있었고 그곳이 어떻게 생겼는지 말해주세요. 그 휴일에 대해 기억나는 모든 것을 말해주세요.

> 문항 유형   어렸을 때 휴일을 보냈던 장소 / 추억 묘사
> 문항 수준   Advanced
> 핵심 포인트   • 해외여행 주제의 '잊을 수 없는 에피소드'인 음식 때문에 고생한 경험 답변 활용
>   • 과거의 본인 경험이기 때문에 주어 I 사용하며 과거형 시제로 묘사
> 중요도   ★

3 **Talk about the most recent holiday you celebrated. Why was that holiday memorable? Was there anything special about that day? Talk about why that holiday was particularly unforgettable.**

가장 최근에 보낸 휴일에 대해 이야기해보세요. 왜 그 휴일이 기억에 남나요? 특별한 일이 있었나요? 왜 특별히 기억에 남는지 이야기해보세요.

> 문항 유형   가장 최근 휴일을 보낸 방법 설명
> 문항 수준   Advanced
> 핵심 포인트   • 영화, 음식점, 술집, 해변 여행 등 다양한 주제에서 활용된 '최근 음식점에 간 경험'의 답변 사용
>   • 최근 가족과 함께 한 경험에 대해 이야기하기 때문에 주어는 I, we를 사용하며 과거형 시제로 묘사
> 중요도   ★

4 **What are some holidays in your country? What do people do during these holidays? What is special about them?**

당신 나라에는 어떤 휴일이 있나요? 휴일에 사람들은 무엇을 하나요? 무엇이 특별한가요?

> 문항 유형   우리나라 휴일 종류, 사람들이 하는 일들 묘사
> 문항 수준   Advanced
> 핵심 포인트   • 14번 기출문제
>   • 휴일 주제의 '우리나라 사람들이 휴일을 보내는 장소 / 활동 묘사'와 같은 답변 대비
>   • 한국의 휴일을 묘사하기 때문에 주어는 Korea, family, people 등 상황에 맞게 다양하게 사용하며 현재형 시제 사용
> 중요도   ★★★

5 **What are some issues or concerns people have regarding holidays? What do people do to address those issues or concerns?**

휴일에 관한 걱정거리나 이슈는 무엇인가요? 이러한 문제나 우려를 다루기 위해 무엇을 하나요?

> 문항 유형   휴일 관련 사람들의 우려 / 걱정 묘사
> 문항 수준   Advanced
> 핵심 포인트   • 15번 기출문제
>   • 국내 여행의 '여행 관련해서 사람들이 갖고 있는 걱정 설명' 답변 그대로 활용
>   • 사람들이 평소 가지고 있는 문제점에 대해 이야기하기 때문에 주어는 people 위주로 사용하며 현재형 시제로 묘사

OPIc 모범 답변 학습하기

OPIc 질문에 대한 모범 답변을 살펴본 후, 질문의 핵심 포인트를 파악하여 나만의 OPIc 답변을 만들어보세요.

1-1 Tell me about some popular holidays in your country. Where do people typically 🎧 MP3 28_Q1-1
celebrate these holidays? What kinds of things do they do to celebrate?
당신 나라에 널리 알려진 인기 있는 휴일에 대해 말해주세요. 사람들은 보통 이런 휴일을 어디에서 기념하고 무엇을 하나요?

1-2 What are some holidays in your country? What do people do during these 🎧 MP3 28_Q1-2
holidays? What is special about them?
당신 나라에는 어떤 휴일이 있나요? 휴일에 사람들은 무엇을 하나요? 무엇이 특별한가요?

Structure		Idea
시작 문장	주제 문장 소개	two big family holidays, Korea
본문	휴일에 사람들이 하는 일 묘사	New Year's Day, Korean Thanksgiving, family, get together, celebrate these holidays, ask how each other, do some catching up, cook holiday food, enjoy meals, exchange, presents
마무리 문장	나의 답변 마무리	two big family holidays, Korea

Model Answer 🎧 MP3 28_A1

There are ❶ two big family holidays in Korea.
One is New Year's Day and the other is Korean Thanksgiving.
Family members ❷ get together to celebrate these holidays.
They ask how each other is doing and do some catching up.
They cook ❸ holiday food and enjoy meals together.
Plus, they exchange a lot of presents.
So, ❹ these are the two big family holidays in Korea.

Tips for Better Answer

▶❶ 시작 문장에 휴일에 대해 직접적으로 언급하기
Ex: Korean people celebrate Lunar New Year and Korean Thanksgiving Day.
한국 사람들은 설날과 추석을 기념한다.
One of the biggest holidays in Korea is New Year's Day and another one is Thanksgiving Day.
한국에서 가장 큰 명절 중 하나는 설날이며 또 다른 하나는 추석이다.

▶❷ get together to 동사: (동사)를 하기 위해 모이다
= gather, meet
Ex: We gathered to celebrate his birthday.
우리는 그의 생일을 축하하기 위해 모였다.

▶❸ 휴일에 주로 하는 음식은 holiday food
한국의 전통 음식은 traditional food
Ex: Songpyun (rice cake) is a traditional Korean dish people eat during the holiday.
송편은 사람들이 명절에 먹는 한국의 전통 음식이다.

▶❹ 휴일에 할 수 있는 다양한 일을 나열 한 후에 핵심 표현인 two big family holidays를 마지막 문장에 다시 한번 언급하기

Key Expressions

- **family holiday** 가족 휴일, 가족들이 함께 보내는 휴일
- **New Year's Day** 설날
- **Thanksgiving** 추수감사절
- **get together** 모이다
- **celebrate** 축하하다
- **do catching up** 따라잡다, 못다 한 이야기를 하다
- **holiday food** 휴일 음식
- **exchange** 교환하다

한국에는 두 종류의 대 명절이 있습니다. 설날과 추석입니다. 가족들은 명절을 기념하기 위해 모입니다. 서로의 안부를 묻고 못다 한 이야기를 합니다. 사람들은 명절 음식을 요리하고 함께 식사를 즐깁니다. 선물도 교환합니다. 이것이 한국의 큰 두 종류의 대 명절입니다.

데이터와 트렌드로 쉽게 취득하는 OPIc IH

OPlc 질문에 대한 모범 답변을 살펴본 후, 질문의 핵심 포인트를 파악하여 나만의 OPlc 답변을 만들어보세요.

2 Talk about a holiday memory from your childhood. Tell me where you were and what that place looked like. Tell me everything that you remember from that holiday scene.　🎧MP3 28_Q2

어린 시절 기억에 남는 휴일에 대해 이야기해보세요. 어디에 있었고 그곳이 어떻게 생겼는지 말해주세요. 그 휴일에 대해 기억나는 모든 것을 말해주세요.

Structure		Idea
시작 문장	주제 문장 소개	remember eating something wrong, holidays
본문	휴일에 음식 때문에 고생한 경험 묘사	went bad, food poisoning, pretty bad, stomach, upset, took some medicine to get better, stay inside, get a lot of rest
마무리 문장	나의 답변 마무리	try to be more careful, eating something

Model Answer　🎧MP3 28_A2

I remember eating ❶something wrong during the holidays when I was a kid. ❷I think I ate something that went bad. I got food poisoning and it was pretty bad. ❸My stomach was upset. + I had a fever and I felt light-headed. + I went to the bathroom over and over again because I had the runs. I took some medicine to get better. I had to stay inside and get a lot of rest. ❹Since then, I try to be more careful when I'm eating something.

Tips for Better Answer

* '음식에 관련된 기억에 남는 에피소드'의 답변을 그대로 활용

❶ something / somewhere / someone + 형용사: (형용사)한 무엇인가 / 어딘가 / 누군가
Ex: I met someone nice. 멋진 누군가를 만났다.
We went somewhere nice. 멋진 어딘가에 갔다.

❷ 확신이 없거나 단호하게 말하고 싶지 않을 때에는 I think로 문장 시작하기
Ex: It is quite expensive. 이거 꽤 비싸다. (확신)
I think it is quite expensive. 내 생각에 이건 꽤 비싼 거 같다. (비확신)

❸ 〈복통 관련 표현들〉
I had a stomachache.
I've got a bellyache.
I feel sick to my stomach.
I had abdominal pain.
I had pain in my belly.

❹ 사건 / 사고 후 마무리 문장 시 쓸 수 있는 접속사
= from that time, from the moment, from then on, thereafter, from then, eventually

Key Expressions

- **something wrong** 무엇인가 잘못된
- **go bad** 상하다
- **food poisoning** 식중독
- **stomach** 배
- **upset** 아픈
- **light-headed** 머리가 어지러운
- **have a fever** 열이 나다
- **had the runs** 설사하다

어렸을 때 명절 동안 잘못된 음식을 먹은 기억이 납니다. 상한 음식을 먹었던 것 같습니다. 식중독에 걸렸는데 꽤 심했습니다. 배가 아팠습니다. (+ 열이 나서 머리가 어지러웠습니다. + 설사 때문에 화장실을 들락날락했습니다.) 낫기 위해 약을 먹었습니다. 실내에 있으면서 많이 쉬어야 했습니다. 그 이후로, 저는 무언가를 먹을 때 더 조심하려고 노력합니다.

OPIc 질문에 대한 모범 답변을 살펴본 후, 질문의 핵심 포인트를 파악하여 나만의 OPIc 답변을 만들어보세요.

3 Talk about the most recent holiday you celebrated. Why was that holiday memorable? Was there anything special about that day? Talk about why that holiday was particularly unforgettable. 🎧 MP3 28_Q3

가장 최근에 보낸 휴일에 대해 이야기해보세요. 왜 그 휴일이 기억에 남아요? 특별한 일이 있었나요? 왜 특별히 기억에 남는지 이야기해보세요.

Structure		Idea
시작 문장	주제 문장 소개	remember watching a movie, my family, holidays
본문	휴일 때 영화를 본 후 식당에 간 경험 묘사	watching the movie, some popcorn, nachos and soft drinks, after watching the movie, went to a decent, restaurant, best, in town, food tasted, starving, I ordered, juicy, tender, had some drinks, ordered some beer, went well with
마무리 문장	나의 답변 마무리	enjoyable dinner

Model Answer 🎧 MP3 28_A3

I remember watching ❶ a movie with my family during the holidays.
❷ Before watching the movie, we got some popcorn.
We also got some nachos and soft drinks.
After watching the movie, we went to ❸ a decent Thai restaurant.
They had the best Thai food in town.
The food tasted so good because I was starving.
The beef I ordered was so juicy and tender.
+ fish + shrimp + crab + lobster + squid + octopus + steak
Plus, ❹ we had some drinks  while we ate.
We ordered some beer. It went well with the food.
+ red/white wine + soft drinks + cocktails
It was a very enjoyable dinner.

Tips for Better Answer

* 영화 보기, 해변 가기, 식당 가기, 여행 가기 등 다른 주제의 답변 활용 가능

▶❶ 지난 휴일에 한 일이 핵심 표현이기 때문에 시작 문장에 during the holidays 넣기
정확히 어떤 휴일이었는지 언급하는 것도 가능
Ex: On the New Year's Day, I binge-watched movies and dramas.
설날에 영화와 드라마를 몰아서 봤다.

▶❷ '영화' 주제의 '최근 영화관에 영화 보러 가서 한 일들 설명' 내용 그대로 활용
발화량 확보를 위해 '기억에 남는 영화'의 답변 추가 가능

▶❸ 〈음식점 묘사에 쓰일 수 있는 형용사〉
small local restaurant: 작은 동네 식당
traditional Korean restaurant: 전통 한식당
the restaurant owned by a famous chef: 유명한 요리사가 운영하는 음식점
한 음식점에 대해 이야기하기 때문에 단수 명사 사용

▶❹ 특별히 alcohol이란 단어가 나오지 않아도 have drinks는 일반적으로 술을 의미

Key Expressions

• **decent** 꽤 괜찮은
• **be starving** 매우 배가 고프다
• **juicy** 즙이 많은
• **tender** 부드러운
• **go well with A** A와 잘 어울리다
• **enjoyable** 즐거운

휴일에 가족과 함께 영화를 보러 갔던 기억이 납니다. 영화를 보기 전에 우리는 팝콘을 샀습니다. 또한 나초와 탄산음료를 샀습니다. 영화를 보고 나서 우리는 괜찮은 태국 음식점으로 갔습니다. 그곳은 동네에서 가장 맛있는 태국 음식을 제공합니다. 배가 고파서 음식이 더 맛있었습니다. 우리가 주문한 소고기는 육즙이 많고 부드러웠습니다. (+ 생선 + 새우 + 게 + 랍스터 + 오징어 + 문어 + 스테이크) 또한, 우리는 식사와 함께 술을 좀 마셨습니다. 우리는 맥주를 주문했습니다. 음식과 잘 어울렸습니다. (+ 레드 / 화이트 와인 + 탄산음료 + 칵테일) 아주 즐거운 저녁 식사였습니다.

OPIc 질문에 대한 모범 답변을 살펴본 후, 질문의 핵심 포인트를 파악하여 나만의 OPIc 답변을 만들어보세요.

4 **What are some issues or concerns people have regarding holidays?**  MP3 28_Q4
What do people do to address those issues or concerns?

휴일에 관한 걱정거리나 이슈는 무엇인가요? 이러한 문제나 우려를 다루기 위해 무엇을 하나요?

Structure		Idea
시작 문장	주제 문장 소개	when it comes to, one of the biggest concerns, safety
본문	휴일에 발생할 수 있는 안전문제에 대해 묘사	take precautions to be safe, for example, have to warm up, go into the water, get cramps, must always keep an eye on, get into trouble, another concern, food safety, make sure to eat, food poisoning
마무리 문장	나의 답변 마무리	once again, safety, one of the biggest concerns, when it comes to

Model Answer   MP3 28_A4

When it comes to holidays, one of the biggest concerns is safety.

People ❶ have to take precautions to be safe.

❷ For example, people have to warm up before they go into the water.

If not, they ❸ could get cramps.

Next, parents must always keep an eye on their children.

If not, children may get into trouble in the water.

❹ Meanwhile, another concern is food safety.

People must make sure to eat safe food.

❺ If not, they could get food poisoning.

Once again, ❻ safety is one of the biggest concerns when it comes to holidays.

Tips for Better Answer

* 15번 기출문제

▶❶ 반드시 해야 한다는 것을 강조하기 위해 〈have to + 동사〉 사용
= must, should, ought to

▶❷ 예시를 제공하면서 답변의 양 확보!

▶❸ 발생 가능성이 낮은 경우 could 사용
확신의 정도: must 〉 will 〉 would 〉 ought to 〉 should 〉 can 〉 could 〉 may 〉 might

▶❹ 새로운 의견을 제시할 때 쓰는 접속어
= moreover, on the other hand

▶❺ = otherwise, or else, failing that
Ex: Failing that, you might get food poisoning.
그렇지 않으면 식중독에 걸릴 수도 있다.

▶❻ 주요 표현 safety, concerns를 넣어 답변 마무리하기
Ex: One of the biggest concerns is safety since many incidents happen during the holidays.
휴일 때 많은 사건이 발생하기 때문에 가장 큰 걱정거리 중 하나는 안전이다.

Key Expressions

- **when it comes to~** ~에 관한 한, ~에 대해서라면
- **biggest concern** 가장 큰 걱정거리
- **safety** 안전
- **take precautions** 예방조치하다
- **warm up** 몸을 따뜻하게 하다
- **get cramps** 근육에 경련이 생기다
- **keep an eye on** ~에 예의 주시하다
- **food poisoning** 식중독

휴일에 관해 이야기할 때 가장 큰 걱정거리 중 하나는 안전입니다. 사람들은 안전을 위해 사전에 예방 조치를 취해야 합니다. 예를 들어, 물에 들어가기 전에 몸을 따뜻하게 해야 합니다. 그렇지 않으면, 경련이 일어날 수 있습니다. 또한, 부모들은 항상 아이들을 주시해야 합니다. 그렇지 않다면, 아이들이 물에서 곤경에 빠질 수 있습니다. 또 다른 걱정거리는 식품 안전입니다. 사람들은 안전하게 음식을 먹어야 합니다. 그렇지 않다면, 식중독에 걸릴 수 있습니다. 다시 한번 말하자면, 안전이 휴일의 가장 큰 걱정거리 중 하나입니다.

IH 이상 등급을 받기 위해 문장을 늘리는 연습을 해보세요.

Question 1

1. Family members get together to celebrate these holidays.
   → <u>Even though they do not live nearby, all the</u> family members get together to celebrate these holidays. (근처에 살고 있지 않더라도 / 모든)

2. They cook holiday food and enjoy meals together.
   → They cook <u>various types of</u> holiday food <u>such as beef marinated with soy sauce</u> and enjoy meals together. (다양한 종류의 / 간장 양념된 소고기 같은)

3. Plus, they exchange a lot of presents.
   → Plus, they exchange a lot of presents <u>to express their affection and gratitude.</u> (그들의 애정과 감사를 표현하기 위해)

Question 2

1. I got food poisoning and it was pretty bad.
   → I got food poisoning <u>because of the seafood I had for lunch</u> and it was pretty bad.
   (점심에 먹은 해산물 때문에)

2. I took some medicine to get better.
   → I took some medicine <u>prescribed by a doctor</u> to get better. (의사에게서 처방 받은)

Question 3

1. I remember watching a movie with my family during the holidays.
   → I remember watching a <u>recently released</u> movie <u>about the Korean War</u> with my family during the holidays. (최근 개봉한 / 한국전쟁에 관한)

2. After watching the movie, we went to a decent Thai restaurant.
   → After watching the movie <u>which lasted for two and a half hours and made us all hungry,</u> we went to a decent Thai restaurant. (두 시간 반 동안 해서 우리 모두를 배고프게 만든)

Question 4

1. People have to take precautions to be safe.
   → People have to take precautions to be safe <u>because many accidents happen during the holidays.</u> (휴일 때 많은 사고가 발생하기 때문에)

2. If not, they could get cramps.
   → If not, they could get cramps <u>which can be extremely dangerous and take lives.</u> (매우 위험할 수 있고 생명을 앗아갈 수 있는)

Chapter **29**

Family / Friends

빈출 주제 파악하기

질문을 제대로 파악하는 것만으로도 성공적으로 시험을 치를 수 있습니다. OPIc에서 자주 출제되는 질문들을 알아보세요.

 Describe a family member or a friend you have. What is he or she like? What is special about that person?

가족이나 친구를 묘사하세요. 어떤 사람인가요? 그 사람의 특별한 점은 무엇인가요?

문항 유형	가족 / 친구 묘사
문항 수준	Intermediate
핵심 포인트	• 부모님의 성격과 취미 생활 비교 • '가족 / 친구 2명 비교'와 같은 답변 준비 • 사람 비교이므로 주어 he, she, they 등 상황에 맞게 다양하게 사용 • 평상시 모습이기 때문에 현재형 시제로 묘사
중요도	★★★★

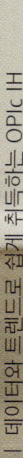

데이터와 트렌드로 쉽게 취득하는 OPIc IH

358

2 Tell me about what you commonly do with your friends or family members when you get together with them.

친구나 가족과 함께 모였을 때 보통 무엇을 자주 하는지 말해주세요.

문항 유형	가족 / 친구를 만나면 주로 하는 일들 묘사
문항 수준	Intermediate
핵심 포인트	• 모임 주제의 '사람들이 가는 보편적인 모임들 묘사'의 답변 활용 • 평상시에 본인이 하는 행동이기 때문에 주어 I 와 현재형 시제 사용하여 묘사
중요도	★★

3 Talk about what you did with your family members or friends recently. Tell me about the activities you did with them.

최근에 가족이나 친구들과 무엇을 했는지 이야기해보세요. 그들과 함께 한 활동에 대해 말해주세요.

문항 유형	가족 / 친구와 최근에 했던 일 묘사
문항 수준	Advanced
핵심 포인트	• 영화 보기, 해변가기, 식당가기, 여행 가기 등 다른 주제의 답변 활용 가능 • 가족 또는 친구들과 과거에 한 일을 묘사하기 때문에 주어 I, we와 과거형 시제 사용
중요도	★★

4 Talk about a time when you visited a friend or a family member recently. What did you do when you visited them? What was memorable about that visit? Tell me everything from beginning to end.

최근에 친구나 가족을 방문했던 경험에 대해 이야기해보세요. 그들을 방문했을 때 무엇을 했나요? 방문에서 기억에 남는 것은 무엇인가요? 처음부터 끝까지 자세하게 말해주세요.

문항 유형	가족 / 친구의 집에 최근 방문했던 경험 설명
문항 수준	Advanced
핵심 포인트	• 영화 보기, 해변가기, 식당가기, 여행 가기 등 다른 주제의 답변 활용 가능 • 가족 또는 친구들과 과거에 한 일을 묘사하기 때문에 주어 I, we와 과거형 시제 사용
중요도	★★

5 Tell me about visiting a friend's or a family member's house. What do you normally do when you go there?

친구나 가족의 집에 방문하는 것에 대해 말해주세요. 당신은 그곳에 갈 때 보통 무엇을 하나요?

문항 유형	가족 / 친구의 집에 방문해서 주로 하는 일 묘사
문항 수준	Intermediate
핵심 포인트	• 휴일 주제의 '우리나라 사람들이 휴일을 보내는 장소 / 활동 묘사' 답변 그대로 활용 • 평상시 휴일에 하는 일을 묘사하기 때문에 주어 we를 사용하며 현재형으로 묘사
중요도	★★

6 Talk about a visit to a friend or a family member from your childhood. Who did you visit and whom did you go with? What do you remember about that visit? What made the visit special?

어렸을 때 친구나 가족을 방문했던 경험에 대해 이야기해보세요. 누구를 방문했고 누구와 갔나요? 그 방문에서 기억에 남는 것은 무엇이고 왜 기억에 남나요?

문항 유형	가족 / 친구 집에 어렸을 때 방문했던 경험 설명
문항 수준	Advanced
핵심 포인트	• '음식 때문에 고생한 에피소드' 활용 • 과거에 본인이 한 경험이기 때문에 과거형 시제와 주어 I 사용하여 묘사
중요도	★★

7 Describe two different friends or family members. Describe each of them in as much detail as you can. And then, tell me about the things they have in common and the differences between them.

두 명의 다른 친구나 가족을 묘사하세요. 가능한 한 자세히 설명해주세요. 그들의 공통점과 차이점에 대해 말해주세요.

문항 유형	가족 / 친구 2명 비교
문항 수준	Advanced
핵심 포인트	• 14번 기출문제 • 부모님의 성격과 취미 생활 비교 • 두 명을 비교하기 때문에 주어 he, she, they 등 상황에 맞게 다양하게 사용하며 현재형 시제로 묘사
중요도	★★★★

8 When you get together with friends or family, what are some of the topics or interests you discuss? Why are these things of interest or concern to you? How do these things affect your life?

친구나 가족과 함께 모일 때 토론하는 주제나 관심사는 무엇인가요? 왜 이런 주제들에 대해 관심이 있나요? 이러한 관심사가 삶에 어떤 영향을 끼치나요?

문항 유형	가족 / 친구들과 대화 주제 설명
문항 수준	Advanced
핵심 포인트	• 15번 기출문제 • 전화기 주제의 '친구들과 전화 통화 주제 묘사'의 답변 그대로 활용 • 사람들과 만나서 이야기하는 다양한 주제를 현재형 시제 사용하여 나열
중요도	★★

OPIc 질문에 대한 모범 답변을 살펴본 후, 질문의 핵심 포인트를 파악하여 나만의 OPIc 답변을 만들어보세요.

1-1 Describe a family member or a friend you have. What is he or she like? What is special about that person?

가족이나 친구를 묘사하세요. 어떤 사람인가요? 그 사람의 특별한 점은 무엇인가요?

1-2 Describe two different friends or family members. Describe each of them in as much detail as you can. And then, tell me about the things they have in common and the differences between them.

두 명의 다른 친구나 가족을 묘사하세요. 가능한 한 자세히 설명해주세요. 그들의 공통점과 차이점에 대해 말해주세요.

Structure		Idea
시작 문장	주제 문장 소개	tell, parents
본문	가족 중 두 명을 선택한 후 성격과 취미 생활 묘사	mom, dad, similar, family-oriented, family gatherings, active, outdoor activities, hiking, go on trips, different in some ways, animals
마무리 문장	나의 답변 마무리	what, mom, dad, like

Model Answer   MP3 29_A1

❶ Let me tell you about my parents.

My mom and dad are ❷ similar

❸ in some ways.

First, my parents are very

❹ family-oriented.

+ They like to have family gatherings.

Plus, they are both very active.

+ They like to do outdoor activities.

+ They like to go hiking and go on trips.

❺ On the other hand, my mom and

dad are different in some ways.

My mom likes animals, but my dad does

NOT.

+ sports + seafood + coffee + drinking

+ travelling

So, this is what my mom and dad are like.

Tips for Better Answer

* 14번 기출문제

▶❶ 두 명을 비교해야 하기 때문에 시작 문장에 누구와 누구를 비교할지 언급
이때 사용할 수 있는 동사는 compare, tell, talk
Ex: I will compare my younger sister and my older brother.
내 여동생과 오빠를 비교하겠다.
I want to talk about my parents.
우리 부모님에 대해 이야기하겠다.

▶❷ 〈차이의 여부에 대한 표현들〉
similar, close, alike 유사한
different, unlike 다른
the same, identical 같은
same 앞에는 항상 the가 필요
Ex: We are the same in terms of characters.
우리는 성격 면에서 똑같다.

▶❸ 정도의 차이에 따라 가산명사를 수식하는 다른 한정사 사용
many, quite a few 많은 / a few, some 조금
(much, a little은 쓰일 수 없음)

▶❹ oriented 앞에 명사를 붙이면 '(명사)를 지향하는'이란 의미
future-oriented 미래지향적인
detail-oriented 꼼꼼한
Ex: My boss is very detail-oriented.
나의 상사는 매우 꼼꼼한 사람이다.

▶❺ 공통점뿐만 아니라 차이점도 물었기 때문에 반드시 들어가야 하는 문장
= meanwhile, however
Ex: Meanwhile, there are differences between them.
그와 반면에, 그들 사이에는 차이점이 있다.

Key Expressions

- **similar** 비슷한
- **in some ways** 어떤 면에서는
- **family-oriented** 가족지향적인, 가정적인
- **active** 활동적인

저의 부모님에 대해 말하겠습니다. 어머니와 아버지는 어떤 면에서는 비슷합니다. 첫째, 부모님은 매우 가정적입니다. (+ 가족 모임을 갖는 것을 좋아합니다.) 게다가, 두 분 다 매우 활동적입니다. (+ 야외 활동을 좋아합니다. + 등산과 여행을 좋아합니다.) 반면에 어머니와 아버지는 어떤 면에서는 다릅니다. 어머니는 동물을 좋아하지만 아버지는 좋아하지 않습니다. (+ 스포츠 + 해산물 + 커피 + 술 + 여행) 저의 어머니와 아버지는 이렇습니다.

OPIc 질문에 대한 모범 답변을 살펴본 후, 질문의 핵심 포인트를 파악하여 나만의 OPIc 답변을 만들어보세요.

2 **Tell me about what you commonly do with your friends or family members when you get together with them.** 🎧 MP3 29_Q2

친구나 가족과 함께 모였을 때 보통 무엇을 자주 하는지 말해주세요.

Structure		Idea
시작 문장	주제 문장 소개	social gatherings
본문	평상시 친구들과 술집에 가서 하는 일 설명	grab some drinks, break the ice, spice up, drinking games, several rounds, special occasions
마무리 문장	나의 답변 마무리	bars to hang out with

Model Answer 🎧 MP3 29_A2

❶ I often go to bars for ❷ social gatherings.

I ❸ grab some drinks with my friends.

❹ Drinks break the ice and spice up the

mood.

+ I sometimes play drinking games.

+ I sometimes do several rounds.

Plus, I sometimes go to bars for special

occasions such as birthday parties.

+ year-end parties + anniversaries

+ welcome parties + farewell parties

So, ❺ I usually go to bars to hang out with

my friends.

Tips for Better Answer

* '술집' 주제의 '술집에 주로 언제 가고 무엇을 하는지 묘사'의 답변 그대로 활용

▶❶ 질문에 나온 표현을 그대로 반복하여 제시하는 것도 좋은 전략
　Ex: I commonly go to bars with my friends when I get together with them.
　　 나는 보통 친구들과 만나면 술집에 간다.

▶❷ 일반적인 모임을 뜻하므로 복수형 social gatherings 사용
　Ex: I have a gathering tonight.
　　 나는 오늘 밤에 모임이 있다.

▶❸ 〈음주에 대한 다른 표현들〉
　Ex: I end up boozing all the time. 항상 술을 진탕 마시게 된다.
　　 I used to drink like a fish. 나는 술고래였다.
　　 My face turns red after a couple glasses of wine. 와인 몇 잔을 마시고 나면 얼굴이 빨개진다.

▶❹ 술집에서 하는 일을 묘사할 때 반복되어 쓰이는 관용 문구 암기 필수!
　Ex: Drinking and talking help people break the ice. 음주와 대화는 사람들이 어색함을 깰 수 있게 도와준다.

▶❺ 친구 또는 가족들과 하는 일에 대해 물었기 때문에 핵심 표현 with friends와 질문에 대한 답변인 go to bars를 마무리 문장에 언급하기

Key Expressions

- **social gathering** 사교 모임
- **grab drinks** 술을 마시다
- **break the ice** 어색함을 깨다
- **spice up** 돋우다, 더 좋게 되다
- **do several rounds** 몇 차례 마시다
- **special occasions** 특별한 경우

저는 주로 친목 도모를 위해 술집에 갑니다. 친구들과 술을 마십니다. 술은 어색함을 깨고 분위기를 더 좋게 합니다. (+ 우리는 가끔 술 게임을 합니다. + 가끔 몇 차까지 마십니다.) 또한, 생일 파티 같은 특별한 날에도 술집에 갑니다. (+ 송년회 + 기념일 + 환영회 + 송별회) 즉, 저는 주로 친구들과 어울리기 위해 술집에 갑니다.

OPIc 질문에 대한 모범 답변을 살펴본 후, 질문의 핵심 포인트를 파악하여 나만의 OPIc 답변을 만들어보세요.

3 **Talk about what you did with your family members or friends recently. Tell me about the activities you did with them.**

최근에 가족이나 친구들과 무엇을 했는지 이야기해보세요. 그들과 함께 한 활동에 대해 말해주세요.

Structure		Idea
시작 문장	주제 문장 소개	remember, watching a movie, recently
본문	최근 모임 때 영화 본 후 음식점에 간 경험 묘사	watching the movie, popcorn, soft drinks, decent, restaurant, best, in town, food tasted, starving, juicy, tender
마무리 문장	나의 답변 마무리	enjoyable dinner

Model Answer MP3 29_A3

❶ I remember watching a movie with my family recently.

Before watching the movie, we

❷ got some popcorn.

We also got some nachos and soft drinks.

After watching the movie, we went to a decent Thai restaurant.

They had the best Thai food ❸ in town.

The food tasted so good because I was starving.

The ❹ beef I ordered was so juicy and tender.

+ fish + shrimp + crab + lobster + squid

+ octopus + steak

Plus, we had some drinks while we ate.

We ordered some beer. It went well with the food.

+ red/white wine + soft drinks + cocktails

It was a very enjoyable dinner.

Tips for Better Answer

* 모임에서 한 일을 묘사하기 때문에 영화 보기, 해변가기, 식당가기, 여행 가기 등 다른 주제의 답변 활용

* '영화' 주제의 '최근 영화관에 영화 보러 가서 한 일들 설명' 내용 그대로 활용

▶ ❶ 최근 가족과 한 활동의 핵심 단어인 a movie, recently, family를 시작 문장에 넣기

▶ ❷ = buy
some은 '조금, 약간'의 의미로 가산 / 불가산 명사 앞에 올 수 있어서 아주 흔히 사용되는 한정사
Ex: I bought some coffee. 커피를 샀다.
I got some candies. 사탕을 좀 샀다.

▶ ❸ '도시에서', '동네에서'를 지칭하는 관용어구
= in the city, in my neighborhood
Ex: They serve the best pizza in my neighborhood.
우리 동네에서 제일 맛있는 피자를 제공한다.

▶ ❹ beef (which / that) I ordered (목적격 관계대명사 생략 가능)
Ex: The grocery I ordered got delivered late.
주문한 식료품이 늦게 배달되었다.

Key Expressions

• **decent** 꽤 괜찮은
• **be starving** 매우 배가 고프다
• **juicy** 즙이 많은

• **tender** 부드러운
• **go well with A** A와 잘 어울리다
• **enjoyable** 즐거운

제가 최근에 가족과 함께 영화를 보러 갔던 것이 기억에 납니다. 영화를 보기 전에 우리는 팝콘을 샀습니다. 또한 나초와 탄산음료를 샀습니다. 영화를 보고 나서 우리는 괜찮은 태국 음식점으로 갔습니다. 그곳은 동네에서 가장 맛있는 태국 음식을 제공합니다. 배가 고파서 음식이 더 맛있었습니다. 우리가 주문한 소고기는 육즙이 많고 부드러웠습니다. (생선 + 새우 + 게 + 랍스터 + 오징어 + 문어 + 스테이크) 또한, 우리는 식사와 함께 술을 좀 마셨습니다. 우리는 맥주를 주문했습니다. 음식과 잘 어울렸습니다. (+ 레드 / 화이트 와인 + 탄산 음료 + 칵테일) 아주 즐거운 저녁 식사였습니다.

IH 이상 등급을 받기 위해 문장을 늘리는 연습을 해보세요.

Question 1

1. First, my parents are very family-oriented.
   → First, my parents are very family-oriented <u>and their first priority is the family.</u> (그리고 그들의 최우선 순위는 가족이다.)

2. Plus, they are both very active.
   → Plus, they are both very active, <u>so they try to find something fun to do together whenever they have time.</u> (그래서 시간이 있을 때마다 함께 할 재미있는 무언가를 찾으려고 한다.)

3. They like to go hiking and go on trips.
   → They like to go hiking <u>in spring and fall</u>, and go on trips <u>as often as possible.</u> (봄과 가을에 / 가능한 자주)

Question 2

1. I grab some drinks with my friends.
   → I grab some drinks with my friends <u>at least once or twice a month.</u> (한 달에 최소한 한 번이나 두 번)

2. So, I usually go to bars to hang out with my friends.
   → So, I usually go to bars to hang out with my friends <u>and spend some quality time together.</u> (그리고 함께 의미 있는 시간을 보낸다.)

Question 3

1. They had the best Thai food in town.
   → They had the best <u>and authentic</u> Thai food in town <u>for sure.</u> (그리고 정통적인 / 확실히)

2. It was a very enjoyable dinner.
   → It was a very enjoyable dinner, <u>and I recommended the place to other friends.</u> (그리고 다른 친구들에게 이 장소를 추천했다.)

OPIc 질문에 대한 모범 답변을 살펴본 후, 질문의 핵심 포인트를 파악하여 나만의 OPIc 답변을 만들어보세요.

4 **Tell me about visiting a friend's or a family member's house. What do you normally do when you go there?** MP3 29_Q4

친구나 가족의 집에 방문하는 것에 대해 말해주세요. 그곳에 가서 보통 무엇을 하나요?

Structure		Idea
시작 문장	주제 문장 소개	grandparents' place, family holidays
본문	휴일에 가족과 한 일 묘사	New Year's Day, Korean Thanksgiving, get together, celebrate these holidays, ask how each other, catching up, cook, holiday food, meals together, exchange
마무리 문장	나의 답변 마무리	these are the things I do

Model Answer 🎧MP3 29_A4

❶ I always go to my grandparents' place during the family holidays.

+ my parents' place + my uncle's place + my aunt's place

❷ There are two big family holidays in Korea. One is New Year's Day and the other is Korean Thanksgiving.

My family members get together to celebrate these holidays.

❸ We ask how each other is doing and do some catching up.

We ❹cook holiday food and enjoy meals together.

Plus, we exchange a lot of presents.

❺ So, these are the things I do when I go to my grandparents' place.

Tips for Better Answer

* '휴일' 주제의 '우리나라 사람들이 휴일을 보내는 장소 / 활동 묘사' 답변 그대로 활용

▶❶ 어디에 가서 무엇을 하는지 묻기 때문에 첫 문장에 어디로 가는지 명확히 묘사 with를 사용해 누구와 가는지도 함께 묘사하면 더 좋음
Ex: I go to my parents' place with my children.
나는 아이들과 부모님 댁에 간다.

▶❷ '우리나라의 휴일 묘사'에 나온 내용을 그대로 활용

▶❸ 본인과 가족들이 하는 일이기 때문에 주어 we를 사용하며 현재형 시제 유지해서 말하기

▶❹ = prepare, make

▶❺ 여러 가지 일들을 나열한 후 마무리 문장
Ex: So, I do these kinds of things when I visit my grandparents'.
즉, 조부모님을 방문할 때 나는 이러한 일들을 한다.
Therefore, these are what I do during the holiday.
그러므로 이러한 것들이 내가 휴일에 하는 것이다.

Key Expressions

- **family holiday** 가족 휴일, 가족이 함께 보내는 휴일
- **New Year's Day** 설날
- **Thanksgiving** 추수감사절
- **get together** 모이다
- **celebrate** 축하하다
- **do catching up** 따라잡다, 못다 한 이야기를 하다
- **holiday food** 휴일 음식
- **exchange** 교환하다

저는 가족과 휴일을 보낼 때 항상 조부모님 댁에 갑니다. (+ 부모님댁 + 삼촌댁 + 이모댁) 한국에는 두 종류의 큰 명절이 있습니다. 설날과 추석입니다. 우리 가족은 명절을 기념하기 위해 모입니다. 서로의 안부를 묻고 못다 한 이야기를 합니다. 우리는 휴일 음식을 요리하고 함께 식사를 즐깁니다. 우리는 많은 선물도 교환합니다. 저는 조부모님 댁에 갈 때 이런 일을 합니다.

OPIc 질문에 대한 모범 답변을 살펴본 후, 질문의 핵심 포인트를 파악하여 나만의 OPIc 답변을 만들어보세요.

5 Talk about a visit to a friend or a family member from your childhood. 🎧 MP3 29_Q5
Who did you visit and whom did you go with? What do you remember about that visit? What made the visit special?

어렸을 때 친구나 가족을 방문했던 경험에 대해 이야기해보세요. 누구를 방문했고 누구와 갔나요? 그 방문에서 기억에 남는 것은 무엇이고 왜 기억에 남나요?

Structure		Idea
시작 문장	주제 문장 소개	remember, place, kid
본문	음식 때문에 체한 경험 묘사	dinner together, too fast, indigestion, pretty bad, stomach, upset, throwing up, light-headed, took some medicine, get a lot of rest
마무리 문장	나의 답변 마무리	since then, more careful, eating something

Model Answer 🎧 MP3 29_A5

I remember going to
❶ my grandmother's place when I was a kid.
We ❷ had dinner together.
However, ❸ I think I ate too fast.
I got indigestion and it was pretty bad.
❹ My stomach was upset.
＋ I felt like throwing up.
＋ I had a fever and I felt light-headed.
I ❺ took some medicine to get better.
I had to stay inside and get a lot of rest.
Since then, I try to be more careful when I'm eating something.

Tips for Better Answer

* '음식에 관련된 기억에 남는 에피소드'의 표현 최대한 활용

▶❶ 가족을 방문 했을 때 생긴 경험에 대해 말해야 하기 때문에 시작 문장에 어디에 방문했는지 언급하기 (my grandmother's place)
또한 어렸을 때의 경험에 대해 물었기 때문에 when I was a kid, in my childhood 등을 시작 문장에 언급하기

▶❷ dinner 앞에는 have가 주로 쓰임
eat은 특정한 음식에 대해 이야기할 때 더 어울리는 동사
Ex: I had breakfast. I ate omelet.
아침식사를 했다. 오믈렛을 먹었다.

▶❸ 음식과 관련된 문제점 설명하는 방법
Ex: I think I had spoiled milk.
상한 우유를 마신 것 같다.
I think I ate something undercooked.
덜 익힌 것을 먹은 것 같다.
I ate something too spicy.
너무 매운 것을 먹었다.

▶❹ 아픈 증상 설명하는 표현으로 활용도가 높기 때문에 암기 필수
〈stomach이 들어간 표현〉
My stomach is in knots. (보통 긴장해서) 배가 당기고 불편하다.
I have butterflies in my stomach. 마음이 조마조마하다, 안절부절 못하다.
My stomach hurts. 배가 아프다.

▶❺ medicine과 함께 쓰이는 동사는 take
주사와 함께 쓰이는 동사는 get
Ex: I got a shot and took some medicine.
나는 주사를 맞고 약을 먹었다.

Key Expressions

- **indigestion** 소화불량
- **stomach** 배
- **upset** 아픈
- **throw up** 토하다
- **light-headed** 머리가 어지러운
- **have a fever** 열이 나다

어렸을 때 할머니 댁에 갔던 기억이 납니다. 우리는 함께 저녁을 먹었습니다. 하지만, 너무 빨리 먹었던 것 같습니다. 소화불량이었는데 꽤 심했고, 배가 아팠습니다. (＋ 토할 것 같았습니다. ＋ 열이 나서 머리가 어지러웠습니다.) 낫기 위해 약을 먹었습니다. 실내에 있으면서 많이 쉬어야 했습니다. 그 이후로, 저는 무언가를 먹을 때 더 조심하려고 노력합니다.

데이터와 트렌드로 쉽게 취득하는 OPIc IH

OPIc 질문에 대한 모범 답변을 살펴본 후, 질문의 핵심 포인트를 파악하여 나만의 OPIc 답변을 만들어보세요.

6 Talk about a time when you visited a friend or a family member recently.
What did you do when you visited them? What was memorable about that visit? Tell me everything from beginning to end. 🎧 MP3 29_Q6

최근에 친구나 가족을 방문했던 경험에 대해 이야기해보세요. 그곳에 가서 무엇을 했나요? 그 방문에서 기억에 남는 것은 무엇인가요? 처음부터 끝까지 자세하게 말해주세요.

Structure		Idea
시작 문장	주제 문장 소개	remember, friend's house
본문	친구네 집에 방문해서 술 마신 경험 묘사	dinner together, had some drinks, ended up drinking, got very drunk, stomach, upset, dizzy, hangover, sober up
마무리 문장	나의 답변 마무리	try, more careful

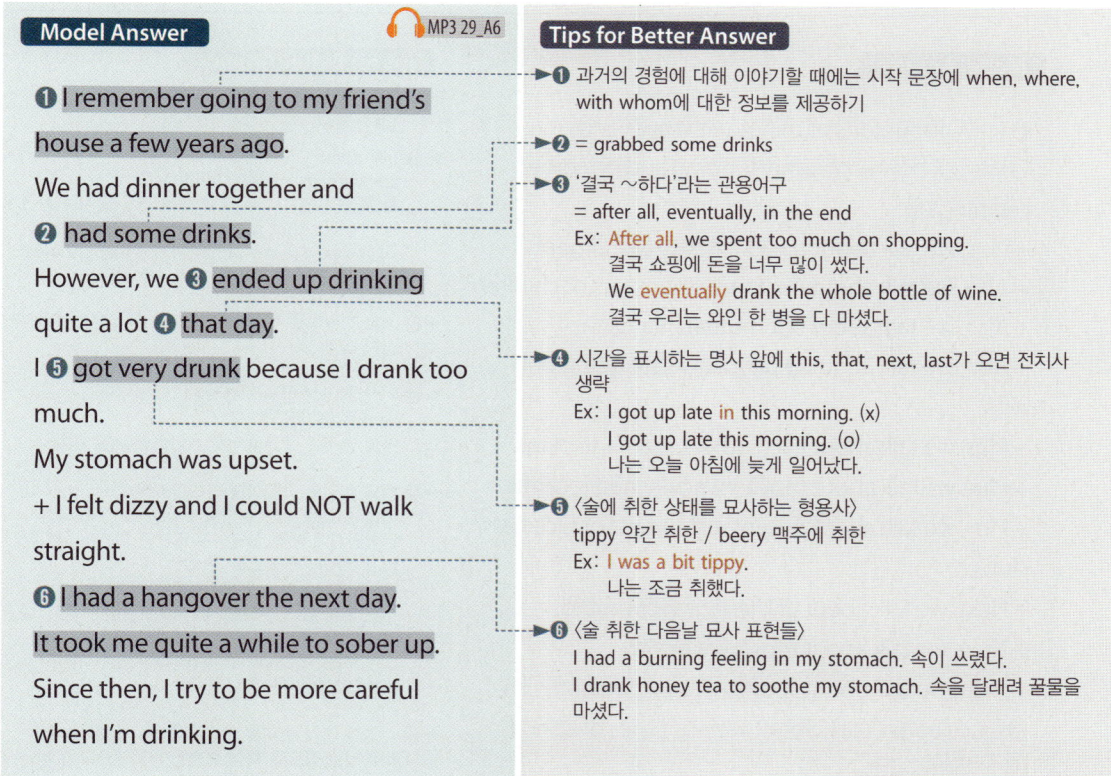

Model Answer 🎧 MP3 29_A6

❶ I remember going to my friend's house a few years ago.
We had dinner together and ❷ had some drinks.
However, we ❸ ended up drinking quite a lot ❹ that day.
I ❺ got very drunk because I drank too much.
My stomach was upset.
+ I felt dizzy and I could NOT walk straight.
❻ I had a hangover the next day.
It took me quite a while to sober up.
Since then, I try to be more careful when I'm drinking.

Tips for Better Answer

▶❶ 과거의 경험에 대해 이야기할 때에는 시작 문장에 when, where, with whom에 대한 정보를 제공하기

▶❷ = grabbed some drinks

▶❸ '결국 ~하다'라는 관용어구
= after all, eventually, in the end
Ex: After all, we spent too much on shopping.
결국 쇼핑에 돈을 너무 많이 썼다.
We eventually drank the whole bottle of wine.
결국 우리는 와인 한 병을 다 마셨다.

▶❹ 시간을 표시하는 명사 앞에 this, that, next, last가 오면 전치사 생략
Ex: I got up late in this morning. (x)
I got up late this morning. (o)
나는 오늘 아침에 늦게 일어났다.

▶❺ 〈술에 취한 상태를 묘사하는 형용사〉
tippy 약간 취한 / beery 맥주에 취한
Ex: I was a bit tippy.
나는 조금 취했다.

▶❻ 〈술 취한 다음날 묘사 표현들〉
I had a burning feeling in my stomach. 속이 쓰렸다.
I drank honey tea to soothe my stomach. 속을 달래려 꿀물을 마셨다.

Key Expressions

• **end up** 결국 ~하게 되다
• **quite a lot** 꽤 많이
• **upset** 아픈, 화가 난
• **get drunk** 술에 취하다

• **dizzy** 어지러운
• **hangover** 숙취
• **sober up** 술이 깨다

몇 년 전에 친구 집에 갔던 기억이 납니다. 저녁도 같이 먹고 술도 좀 마셨는데, 결국 그날 술을 꽤 많이 마셨습니다. 술을 너무 많이 마셔서 저는 완전히 취했습니다. 속이 안 좋았습니다. (+ 현기증이 나서 똑바로 걸을 수가 없었습니다.) 다음날 숙취에 시달렸습니다. 술이 깨는 데 꽤 오래 걸렸습니다. 그 이후로, 저는 술을 마실 때 더 조심하려고 노력합니다.

OPIc 질문에 대한 모범 답변을 살펴본 후, 질문의 핵심 포인트를 파악하여 나만의 OPIc 답변을 만들어보세요.

7 When you get together with friends or family, what are some of the topics or interests you discuss? Why are these things of interest or concern to you? How do these things affect your life? 🎧 MP3 29_Q7

친구나 가족이 함께 모일 때 토론하는 주제나 관심사는 무엇인가요? 왜 이런 주제들에 대해 관심이 있나요? 이러한 관심사가 삶에 어떤 영향을 끼쳤나요?

Structure		Idea
시작 문장	주제 문장 소개	tons of things
본문	친구들과 대화하는 다양한 주제 나열	ask how each other is doing, catching up, work, career goals, family members, children, mutual friends, going out with, marriage plans, movies, decent restaurants, gatherings, trips, sports, music
마무리 문장	나의 답변 마무리	talk about, things with my friends

Model Answer 🎧 MP3 29_A7

❶ I talk about tons of things with my friends.
❷ We ask how each other is doing and do some catching up.
+ Plus, we talk about our ❸ work or career goals.
+ Also, we talk about our family members or children.
+ Also, we talk about our mutual friends.
+ Also, we talk about ❹ people we are going out with.
+ Plus, we talk about each other's marriage plans.
+ Plus, we talk about movies we watched recently.
+ Plus, we talk about decent restaurants or nice bars/ clubs.
+ Next, we talk about gatherings we went to.
+ Next, we talk about trips we went on.
+ Next, we talk about sports or music we both like.
❺ Once again, I talk about various types of things with my friends.

Tips for Better Answer

* '전화기' 주제의 '친구들과 전화 통화 주제 묘사'의 답변 그대로 활용

▶❶ talk about: ~에 대해 이야기하다
talk with/to: ~와 이야기하다
한 문장에 전치사 두 개가 쓰일 경우 순서는 상관 없음
Ex: I talk about many things with my family.
I talk with my family about many things.
나는 가족들과 많은 이야기를 한다.

▶❷ 서로의 안부를 물을 때 항상 쓰이는 문장이기 때문에 암기 필수!

▶❸ 가산/불가산 명사 구별하기!
work은 불가산 명사임
가산 명사로 쓰고 싶다면 companies로 대체

▶❹ 필요한 경우 목적어를 꼭 설명해주기
대화 주제로, 어떤 사람들에 대한 것인지, 어떤 영화인지에 대해 설명하지 않으면 답변이 명확하지 않고 부실하게 되므로 꼭 설명
Ex: hobbies we all like 우리 모두가 좋아하는 취미들
beaches we went to last summer 지난 여름에 간 해변들
online games we log onto every night 매일 밤 접속하는 온라인 게임들

▶❺ 다양한 대화 주제를 언급한 후에 사용할 수 있는 마무리 문장으로 핵심 표현인 talk about, with friends 넣기

Key Expressions

- **do catching up** 못다 한 이야기를 하다
- **career goal** 직업의 목표
- **mutual** 상호간의, 서로의
- **go out with** ~와 사귀다
- **marriage plan** 결혼 계획
- **decent** 꽤 괜찮은, (수준, 질이) 제대로 된
- **gatherings** 모임

저는 친구들과 수많은 것들에 대해 이야기합니다. 서로 어떻게 지내는지 묻고 못다 한 이야기를 합니다. (+ 또한, 우리의 일이나 직업 목표에 대해 이야기합니다. + 또한, 가족이나 아이들에 대해 이야기합니다. + 또한, 서로 아는 친구에 대해 이야기합니다. + 또한, 사귀는 사람들에 대해서도 이야기합니다. + 그리고, 서로의 결혼 계획에 대해 이야기합니다. + 또한, 최근에 본 영화에 대해 이야기합니다. + 또한, 괜찮은 레스토랑이나 멋진 술집/클럽에 대해 이야기합니다. + 다음으로, 우리가 갔던 모임에 대해 이야기합니다. + 그리고, 우리가 갔던 여행에 대해 이야기합니다. + 또한, 모두가 좋아하는 스포츠나 음악에 대해 이야기합니다.) 다시 한번 말하자면, 저는 친구들과 여러 가지 이야기를 나눕니다.

데이터베이스 트렌드로 쉽게 취득하는 OPIc IH

IH 이상 등급을 받기 위해 문장을 늘리는 연습을 해보세요.

Question 4

1. I always go to my grandparents' place during the family holidays.
   → I always go to my grandparents' place during the family holidays <u>and I can't wait to see them</u>. (그리고 그들을 보러 가는 것이 너무 좋다.)

2. We ask how each other is doing and do some catching up.
   → We ask how each other is doing and do some catching up <u>since we get to see each other only once a year</u>. (우리는 겨우 1년에 한 번 만나기 때문에)

Question 5

1. We had dinner together.
   → We had dinner <u>at a popular local restaurant</u> together. (유명한 동네 식당에서)

2. However, I think I ate too fast.
   → However, I think I ate too fast <u>because I was starving</u>. (배가 너무 고팠기 때문에)

3. I had to stay inside and get a lot of rest.
   → I had to stay inside and get a lot of rest <u>instead of going somewhere with my family</u>. (가족들과 어딘가에 가는 대신에)

Question 6

1. I remember going to my friend's house a few years ago.
   → I remember going to my friend's house a few years ago <u>because he threw a housewarming party</u>. (그가 집들이 파티를 열어서)

2. I had a hangover the next day.
   → I had a <u>serious</u> hangover the next day, <u>so I had to take a day off</u>. (심각한 / 그래서 연차를 써야 했다.)

3. My stomach was upset.
   → My stomach was upset, <u>and I threw up several times</u>. (그리고 몇 번 토했다.)

Question 7

1. I talk about tons of things with my friends.
   → I talk about tons of things with my friends <u>because we don't keep secrets from each other</u>. (우리는 서로에게 비밀이 없어서)

2. Next, we talk about trips we went on.
   → Next, we talk about trips we went on <u>because we travel together once a year</u>. (우리는 일 년에 한 번씩 함께 여행을 가기 때문에)

Chapter 30

Work

질문을 제대로 파악하는 것만으로도 성공적으로 시험을 치를 수 있습니다. OPIc에서 자주 출제되는 질문들을 알아보세요.

1 You indicated that you work. I would like to know about your company. What kind of company is it? When was it founded? Where is it located? What products or services does it offer?

당신은 일을 하고 있다고 했습니다. 당신 회사에 대해 알고 싶습니다. 어떤 회사인가요? 언제 설립 됐나요? 어디에 위치해 있나요? 어떤 제품이나 서비스를 제공하나요?

문항 유형	회사 소개 (업종, 위치, 제품 / 서비스, 설립 배경)
문항 수준	Intermediate
핵심 포인트	• 현재 근무하는 회사에 대한 정보를 현재형 시제로 나열 • 회사에 대한 이야기이기 때문에 주어는 company, it 사용
중요도	★

2 Tell me about your daily routine at work. What kind of work do you engage in on a normal workday? What do you typically do as soon as you arrive at the office? Tell me everything about your day at work.

직장에서의 일상루틴에 대해 말해주세요. 평상시에는 어떤 일을 하나요? 당신은 사무실에 도착하자마자 주로 무엇을 하나요? 근무시간에 대한 모든 것을 말해주세요.

문항 유형	회사에서 본인이 하는 업무 일과 묘사
문항 수준	Intermediate
핵심 포인트	• 현재 회사에서 맡고 있는 업무 묘사
	• 다양한 접속사를 사용하여 회사 일과를 현재형 시제로 나열
	• 본인이 매일 하는 일이기 때문에 주어 I 사용
중요도	★

3 Now, tell me about a project you did at work last week. What kind of project was it? How did it go? What did you have to do for the project? Did you have any meetings to attend for the project?

지난주에 회사에서 했던 프로젝트에 대해 말해주세요. 어떤 프로젝트였나요? 어떻게 됐나요? 그 프로젝트를 위해 무엇을 해야 했나요? 그 프로젝트를 위해 참석한 회의가 있었나요?

문항 유형	지난주에 진행한 업무 설명 (서류, 발표, 데드라인, 미팅)
문항 수준	Advanced
핵심 포인트	• 진행한 프로젝트가 무엇인지 자세하게 설명하지 않아도 됨
	• 프로젝트를 위해 한 일반적인 일을 과거형 시제로 나열
	• 본인이 한 일이기 때문에 주어 I 사용
중요도	★

OPIc 질문에 대한 모범 답변을 살펴본 후, 질문의 핵심 포인트를 파악하여 나만의 OPIc 답변을 만들어보세요.

1 You indicated that you work. I would like to know about your company. What kind 🎧MP3 30_Q1 of company is it? When was it founded? Where is it located? What products or services does it offer?

당신은 일을 하고 있다고 했습니다. 당신 회사에 대해 알고 싶습니다. 어떤 회사인가요? 그것은 언제 설립 됐나요? 그것은 어디에 위치해 있나요? 어떤 제품이나 서비스를 제공하나요?

	Structure	Idea
시작 문장	주제 문장 소개	work for a large electronics company
본문	근무하는 회사 창립 년도, 제공하는 서비스 묘사	have worked, years, a global company, business worldwide, one of the market leaders, cellphones, home appliances, was founded back in, small in size, first started, huge enterprise, come a long way, headquarters is located in, R&D centers, production lines, several
마무리 문장	나의 답변 마무리	these are, details about the company, work for

Model Answer 🎧MP3 30_A1

❶ I work for a large electronics company.
❷ I have worked here for 7 years now.
Our company is a global company ❸ that does business worldwide.
It is one of the market leaders in cellphones and home appliances.
❹ Our company was founded back in the late 1960s.
It was small in size when it first started.
Now, it is a huge enterprise. ❺ It has come a long way.
Our company headquarters is located in Seoul, Korea.
We have R&D centers and production lines in several other cities.
So, these are some details about the company I work for.

Tips for Better Answer

▶❶ 실제 근무하고 있는 회사의 이름 또는 업계 소개
Ex: I work for an electronics company called Samsung.
나는 삼성이라고 하는 전자회사에서 일한다.

▶❷ 과거부터 현재까지 계속 일한 기간을 말할 때에는 반드시 현재완료형 사용
Ex: I worked there for 10 years.
그곳에서 10년을 일했다. (지금은 일하고 있지 않음)
I have worked in the marketing field for the last 10 years.
지난 10년 간 마케팅 분야에서 일해왔다. (지금도 일하고 있음)

▶❸ 관계대명사 that / which를 사용하여 문장 늘리기 연습
Ex: I work for a fashion company which mostly sells children clothing.
나는 주로 유아복을 파는 패션 회사에 근무한다.

▶❹ 회사의 역사에 대해 이야기할 때에는 수동태 사용
Ex: The company was founded in 1966.
회사는 1966년에 설립됐다.
설립자가 중요할 때에는 능동태 사용
Ex: Lee Byung Chul found the company in 1938.
이병철이 1938년에 회사를 창립했다.

▶❺ '많은 발전을 거듭하다'라는 의미의 관용 문구

Key Expressions

- **electronics company** 전자 회사
- **global company** 글로벌 기업
- **worldwide** 전 세계에서
- **market leader** 선도 업체
- **home appliances** 가전제품
- **be founded** 설립되다
- **start** 생기다, 시작하다
- **enterprise** 기업
- **come a long way** 먼 길을 왔다
- **headquarters** 본사
- **R&D centers** 연구개발 센터
- **production lines** 생산라인

저는 대형 전자 회사에서 일하고 있습니다. 여기서 7년째 일하고 있습니다. 우리 회사는 전 세계에서 사업을 하는 글로벌 기업입니다. 휴대폰과 가전제품 시장 선도업체 중 하나입니다. 우리 회사는 1960년대 후반에 설립되었습니다. 처음 세워졌을 때에는 규모가 작았지만 이제 이곳은 거대 기업입니다. 먼 길을 왔습니다. 우리 회사 본사는 한국의 서울에 있습니다. 다른 여러 도시에 연구개발 센터와 생산라인이 있습니다. 이것이 제가 일하는 회사에 대한 몇 가지 세부 사항입니다.

OPIc 질문에 대한 모범 답변을 살펴본 후, 질문의 핵심 포인트를 파악하여 나만의 OPIc 답변을 만들어보세요.

2 **Tell me about your daily routine at work. What kind of work do you engage in on a normal workday? What do you typically do as soon as you arrive at the office? Tell me everything about your day at work.**

직장에서의 당신의 일상 루틴에 대해 말해주세요. 평상시에는 어떤 일을 하나요? 당신은 사무실에 도착하자마자 주로 무엇을 하나요? 근무시간에 대한 모든 것을 말해주세요.

Structure		Idea
시작 문장	주제 문장 소개	work in the sales department
본문	출근 후부터 퇴근 때까지 주로 하는 업무 묘사	work shift, flexible, get to my office, in the morning, go over the things, normally, to-do list, paperwork, have regular meetings, ad-hoc meetings, get off work at, there are, have to work late
마무리 문장	나의 답변 마무리	these are the things I do at work

Model Answer 🎧 MP3 30_A2

I currently ❶ work in the sales department.
My work shift is quite flexible.
I usually ❷ get to my office at 8 or 9 in the morning.
First, I ❸ go over the things I have to do that day.
I normally have ❹ a to-do list on my desk.
I typically have a lot of paperwork.
Plus, ❺ I have regular meetings with my co-workers.
We sometimes have ad-hoc meetings when there are some new issues.
I get off work at 4 or 5 every day.
However, there are times when I have to work late.
So, these are the things I do at work.

Tips for Better Answer

➤❶ 〈work와 쓰이는 다양한 전치사〉
work at 장소
work for 회사 / 일하는 이유 / 상사
work in 부서 / 분야
work on 현재 맡은 업무
work with 장비 / 동료

➤❷ 출근하다: get to work, arrive at work, go to work
퇴근하다: get off work

➤❸ = review, go through
Ex: I review the paperwork as soon as I arrive at the office.
사무실에 도착하자마자 서류작업을 검토한다.

➤❹ '해야 할 일'이라는 합성어
Ex: I write things on my to-do list first, and then erase each one of them when done.
먼저 해야할 일 리스트에 업무를 쓰고 나서 작업이 완료되면 하나씩 지운다.

➤❺ 〈회의를 나타내는 다양한 표현들〉
ad-hoc meetings 임시 회의
regular meeting 정기 회의
weekly meeting 주간 회의
status update meeting 상황 업데이트를 위한 회의
decision making meeting 무엇인가를 결정하기 위한 회의
innovation meeting 아이디어 회의

Key Expressions

- **sales** 판매, 영업
- **work shift** 교대 근무
- **flexible** 유동적인
- **get to my office** 출근하다
- **to-do list** 해야 할일 목록
- **do paperwork** 서류작업 하다
- **regular meeting** 정기 회의
- **ad-hoc meeting** 즉석, 임시 회의
- **get off work** 퇴근하다
- **work late** 야근하다

현재 저는 영업 부서에서 일하고 있습니다. 저는 탄력근무를 합니다. 저는 보통 아침 8시나 9시쯤에 출근합니다. 먼저 그날 해야 할 일들을 점검합니다. 보통 제 책상 위에 할 일 목록이 있습니다. 보통 서류 작업이 많습니다. 게다가, 저는 팀원들과 정기적으로 회의를 합니다. 우리는 가끔 새로운 문제가 있을 때 임시 회의를 합니다. 보통 매일 4시나 5시쯤에 퇴근합니다. 하지만, 늦게까지 일해야 할 때가 있습니다. 이것들이 제가 직장에서 하는 것들입니다.

OPIc 모범 답변 학습하기

OPIc 질문에 대한 모범 답변을 살펴본 후, 질문의 핵심 포인트를 파악하여 나만의 OPIc 답변을 만들어보세요.

3 Now, tell me about a project you did at work last week. What kind of project was it? 🎧 MP3 30_Q3
How did it go? What did you have to do for the project? Did you have any meetings
to attend for the project?

지난주에 회사에서 했던 프로젝트에 대해 말해주세요. 어떤 프로젝트였나요? 어떻게 됐나요? 그 프로젝트를 위해 무엇을 해야 했나요?
그 프로젝트를 위해 참석한 회의가 있었나요?

Structure		Idea
시작 문장	주제 문장 소개	a hectic work schedule
본문	최근 회사에서 맡은 프로젝트로 인해 바쁜 경험 묘사	lots of things to take care of, a lot on my plate, make phone calls, attend back-to-back meetings, make briefings, supervisor, managed to finish, some ups and downs, turned out okay
마무리 문장	나의 답변 마무리	this is what I did at work

Model Answer 🎧 MP3 30_A3

I had a ❶ hectic work schedule last week.
There were lots of things to take care of.
❷ I had a lot on my plate.
First, I had to make phone calls ❸ here and there.
Plus, I had to attend ❹ back-to-back meetings.
Also, I had to make briefings to my supervisor every day.
I ❺ managed to finish my work at the end of the week.
There were ❻ some ups and downs along the way, but everything turned out okay.
So, this is what I did at work last week.

Tips for Better Answer

▶ ❶ '정신없이 바쁜, 빡빡한'이란 의미의 형용사/동사
= super busy, be swamped, flooded with work, snowed under
Ex: It has been really super busy at work.
회사에서 정말 정신 없이 바빴다.
I'll be flooded with work until next week.
다음주까지는 정신 없이 바쁠 것이다.

▶ ❷ '해야 할 일이 산더미처럼 (충분히) 있다'는 의미의 관용구

▶ ❸ '여기저기에, 사방으로'란 의미의 관용 어구
Ex: I visited here and there to sell our new product.
나는 신상품을 팔기 위해 사방으로 다녔다.

▶ ❹ '연이어, 꼬리를 물고'의 의미의 관용 어구
= in a row
Ex: I was exhausted after a marathon meeting.
마라톤 회의 후 나는 너무 지쳤다.
I had five meetings in a row. 연속으로 5개의 미팅을 했다.

▶ ❺ '가까스로 ~하다'
Ex: We finally managed to come up with a solution after a 3 hours of meeting.
우리는 3시간의 회의 끝에 해결책을 마침내 찾아낼 수 있었다.

= succeed in (큰 문제 없이 해냈을 경우)
Ex: There were many ups and downs along the way, but we finally succeeded in our new business.
그 과정에서 우여곡절이 있었지만 마침내 우리의 새로운 사업이 성공했다.

▶ ❻ '우여곡절'이란 의미의 관용 문구
Ex: I had some ups and downs in my life. 인생에 우여곡절이 있었다.

Key Expressions

- **take care of** ~을 처리하다
- **have a lot on my plate** 할 일이 많다
- **hectic** 정신 없는
- **here and there** 여기저기
- **back-to-back meetings** 연속 회의
- **briefings** 브리핑 (정보나 지식 전달하는 회의)
- **supervisor** 상사
- **ups and downs** 우여곡절
- **turn out** 결국 ~하게 되다

지난주 근무 시간에 정신이 없었습니다. 처리해야 할 일이 너무 많았습니다. 할 일이 매우 많았습니다. 우선, 이곳 저곳에 전화를 해야
했습니다. 게다가 연속 회의에 참석해야 했습니다. 또한, 저는 매일 상사에게 브리핑을 해야 했습니다. 이번 주 마지막 날에 가까스로
일을 끝냈습니다. 도중에 약간의 우여곡절이 있었지만, 결국 모든 것이 잘 되었습니다. 이것이 지난주에 회사에서 한 일입니다.

IH 이상 등급을 받기 위해 문장을 늘리는 연습을 해보세요.

Question 1

1. Our company is a global company that does business worldwide.
   → Our company is a global company that does business worldwide, <u>and there are more than 50 overseas branches</u>. (그리고 해외 지점이 50개가 넘는다.)

2. Our company headquarters is located in Seoul, Korea.
   → Our company headquarters is located in Seoul, Korea, <u>and more than 50,000 employees are working there at the moment</u>. (그리고 현재 5만 명 이상의 직원들이 일하고 있다.)

Question 2

1. My work shift is quite flexible.
   → My work shift is quite flexible <u>since the company adopted the flexible working policy a few years ago</u>. (몇 년 전에 회사가 유연근무제를 도입했기 때문에)

2. I normally have a to-do list on my desk.
   → I normally have a to-do list on my desk, <u>so that I can easily cross off items on it</u>. (그래서 항목들을 쉽게 지울 수 있다.)

3. Plus, I have regular meetings with my co-workers.
   → Plus, I have regular meetings with my co-workers <u>to discuss ongoing projects</u>. (현재 진행되고 있는 프로젝트에 대해 의논하기 위해)

Question 3

1. I had a hectic work schedule last week.
   → I had a hectic work schedule last week <u>because one of my coworkers was away on vacation</u>. (직장 동료 한 명이 휴가를 가서)

2. I had a lot on my plate.
   → I had a lot on my plate <u>because the deadline was too tight</u>. (마감 시간이 너무 촉박했기 때문에)

3. Plus, I had to attend back-to-back meetings.
   → Plus, I had to attend back-to-back meetings, <u>take minutes and write reports</u>. (회의록을 작성하고 보고서를 써야)

Role Play

31 Role Play Master Key 템플릿

롤플레이에서 자주 출제되는 질문 유형을 알아보고 유형별, 주제별로 다양하게 사용할 수 있는 Master Key 템플릿을 학습해보세요.

 Role Play 문제 유형 1

영업점 (제품) - 교환/환불 요청

(예) 휴대폰 대리점, 가구점, 상점, 음식점, 커피숍, 렌터카 회사, 영화관

| **11. 제품 문의 (전화/현장)** | **영업점 메시지 시작 (전화)**

- Hi there, I'm calling to ask about the movie tonight. I would like to get two tickets.
  여보세요. 오늘 밤 영화에 대해 문의하려고 전화 드립니다. 티켓 2장을 구매하고 싶습니다.

- Hi there, I'm calling to ask about the package trips. I would like to go to Europe.
  여보세요. 패키지 여행에 대해 문의하려고 전화 드립니다. 유럽에 가고 싶습니다.

- Hello, I am calling because I would like to ask you some questions about the trip. I am thinking of going to America.
  여보세요. 여행에 관해 질문을 하고 싶어서 전화 드립니다. 미국으로 갈 생각입니다.

- Hello, I am calling because I would like to ask you some questions about some furniture. I am thinking of getting a new bed.
  여보세요. 가구에 관해 질문을 하고 싶어서 전화 드립니다. 새 침대를 구매할 생각입니다.

영업점 메시지 시작 (현장)

- Hi there, I would like to get some new clothes. 안녕하세요. 새 옷을 구매하고 싶습니다.

- Hello, I would like to stay at this hotel. 안녕하세요. 이 호텔에 머물고 싶습니다.

- Excuse me, I would like to buy some furniture. 실례합니다. 가구를 구매하고 싶습니다.

- Excuse me. I wonder if you have any vacancies at the hotel.
  실례합니다. 빈 객실이 있는지 궁금합니다.

- Hi there, I am thinking of getting a new desk. 안녕하세요. 새 책상을 살까 합니다.

영업점 메시지 마무리 (전화)

- Please call me back as soon as possible. Thank you.
  가능한 한 빨리 전화 주세요. 고맙습니다.

- Please give me a call. Thanks. 전화 주세요. 고맙습니다.

영업점 메시지 마무리 (현장)

- Thank you for your help. Bye. 도움 주셔서 고맙습니다. 안녕히 계세요.

- That's all. You were very helpful. Thank you.
  이게 다입니다. 도움이 많이 되었습니다. 고맙습니다. |

12. 제품 문제점 설명 +
교환/환불요청 (전화)

영업점 메시지 시작 (전화/현장)

- Hello, I'm a person who got a new bed at your store.
  안녕하세요(여보세요). 상점에서 새 침대를 사간 사람입니다.

- Hello, I'm a person who booked a package trip.
  안녕하세요(여보세요). 패키지 여행을 예약한 사람입니다.

- Hello, I'm a person who went to your restaurant last night.
  안녕하세요(여보세요). 어젯밤에 당신의 음식점에 갔던 사람입니다.

영업점 메시지 마무리 (전화)

- Please call me back as soon as possible. Thank you.
  가능한 한 빨리 전화 주세요. 고맙습니다.

- Call me back when you get this. Thanks. 이 메시지 받으면 전화 주세요. 고맙습니다.

영업점 메시지 마무리 (현장)

- I will be waiting for your call. Thanks. 전화 기다리고 있을게요. 고맙습니다.

- Please call me back when you get this. Thank you.
  이 메시지 받으면 전화 주세요. 고맙습니다.

영업점 교환/환불 요청

- I'm afraid there is something wrong with the bed.
- I think I got the wrong bed.

- I would like to come in to get an exchange.
- I wonder if I could get a refund if I want to.

- Would that be possible?
- I'm sorry for all the trouble.
- Can you tell me when I can visit your store?

- What are your business hours?
- How late are you open?

안타깝지만, 침대에 문제가 있는 것 같습니다. 침대가 잘못 온 것 같습니다. 교환을 받으러 가고 싶습니다. 제가 원하면 환불을 받을 수 있을지 궁금합니다. 그게 가능할까요? 번거롭게 해드려 죄송합니다. 언제 상점에 방문할 수 있는지 말해 주실 수 있나요? 영업 시간이 언제인가요? 몇 시까지 영업을 하나요?

13. 본인 유사 경험 묘사

- 본인의 구매 물건 혹은 받은 서비스 불만 경험 묘사 (물건 교환/환불한 경험 활용)
- 고장 나거나 손상된 물건을 구매했던 경험
- 기억에 남는 본인 쇼핑 경험 묘사 (물건 교환/환불한 경험 활용)
- 본인이 가는 식료품점에 대한 설명
- 기억에 남는 커피숍 에피소드 설명 (지인 마주친 경험 활용)
- 사전 주문해 놓은 것이 가보니 없었던 경험 설명
- 최근에 간 음식점에서 한 일 묘사
- 음식점에서 있었던 예기치 않았던 에피소드 묘사
- 본인이 가장 좋아하는 술집 묘사
- 술집에서 있었던 기억에 남는 에피소드 묘사 (술에 취한 경험 활용)
- 주문한 가구에 문제가 있었던 경험 묘사
- 본인의 집에 뭔가 깨져 있거나, 깨 본 경험 설명 (접시 깨트린 경험 활용)
- 인터넷을 이용해서 진행한 과거 프로젝트 설명
- 새로운 제품, 기술이 마음에 들지 않았던 경험

영업점 (서비스) – 일정 변경 요청

(예) 여행사, 병원, 회사 면접, 피트니스센터, 헬스클럽, 영양사

11. 서비스/일정 문의
(전화/현장)
	영업점 일반 질문
	
	- (상품 종류) What kinds of beds do you have available?
	  어떤 종류의 침대를 구매 가능한가요?
	
	- (상품 종류) What kinds of phones do you have available?
	  어떤 종류의 휴대폰을 구매 가능한가요?
	
	- (가격) Can you tell me how much they are? 얼마인지 알려주실 수 있나요?
	
	- (추천) Can you recommend anything? 추천해 주실 거 있나요?
	
	- (홈페이지) Is there perhaps a website I can see? 혹시 제가 볼 수 있는 홈페이지가 있나요?
	
	- (프로모션) I wonder if there are any promotions going on.
	  진행되고 있는 프로모션이 있는지 궁금합니다.
	
	- (영업시간) What are your business hours? How late are you open?
	  영업 시간이 언제인가요? 얼마나 늦게까지 여나요?

12. 서비스 일정 변경 요청 **(전화)**	**영업점 일정 변경 요청** - I DON'T think I can make it to my trip. - Something has come up suddenly. - I would like to reschedule my trip. - Would that be possible? - I'm sorry for all the trouble. - Can you tell me when I can visit your office? - What are your business hours? - How late are you open? 여행을 갈 수 없을 것 같습니다. 갑자기 일이 생겼습니다. 여행 일정을 재조정하고 싶습니다. 그게 가능할까요? 번거롭게 해서 죄송합니다. 언제 사무실에 방문할 수 있는지 말해 주실 수 있나요? 업무 시간이 언제인가요? 몇 시까지 영업을 하나요?
13. 본인 유사 경험 묘사	- 여행을 계획하는 단계에서 겪어본 어려움 묘사 (술에 취한 경험 활용) - 항공편이 취소되어 본인이 겪어 본 불편 설명 - 여행 중에 있었던 특이했던 에피소드 자세히 묘사 (식중독에 걸린 경험 활용) - 본인의 렌터카 이용 경험 묘사 - 중요한 약속이나 미팅 취소, 변경 경험 묘사 - 본인이 건강을 위해 한 일들 묘사 - 본인의 과거 식습관이나 운동에 변화를 준 경험 설명 - 예약 변경 경험 설명

영업점 (제품/서비스) – 분실물 도움 요청

(예) 상점, 식료품점, 음식점, 택시회사

11. 제품/서비스 문의 (전화)	**영업점 위치 질문**
	- Can you <u>give me directions</u> to your store? 상점까지 가는 길을 알려주시겠어요?
	- <u>I wonder if</u> I could bring my car. 제 차를 가져가도 되는지 궁금합니다.
	- If not, I'll just <u>take public transportation</u>. 그렇지 않으면 대중교통을 이용하겠습니다.
	- Can you <u>give me directions</u> to your office? 사무실까지 가는 길을 알려주시겠어요?
	- Is it <u>close to</u> the subway station? 지하철역에서 가깝나요?
	- Is it <u>within walking distance</u>? 걸어서 갈 수 있는 거리에 있나요?
12. 분실물 도움 요청 (전화)	**영업점 분실물 도움 요청**
	- I'm afraid <u>I left</u> my wallet <u>behind at</u> your restaurant.
	+ It's a black leather wallet.
	- Could you please <u>check if you have</u> my wallet?
	- If so, I'll <u>drop by to get it</u> right away.
	- Would that be possible?
	- I'm sorry for all the trouble.
	- Can you tell me <u>when I can visit</u> your restaurant?
	- What are your <u>business hours</u>?
	- How late are you open?
	안타깝지만 제 지갑을 음식점에 두고 온 것 같습니다. (+ 검정 가죽 지갑입니다.) 제 지갑이 있는지 확인해 주시겠어요? 만약 있다면, 바로 찾으러 가겠습니다. 그게 가능할까요? 번거롭게 해드려 죄송합니다. 언제 음식점에 방문할 수 있는지 말해 주실 수 있나요? 영업 시간이 언제인가요? 몇 시까지 영업을 하나요?
13. 본인 유사 경험 묘사	- 은행 계좌나 신용카드 사용 중 문제 설명
	- 카드나 ATM 사용 중 문제가 생겼던 에피소드 설명

(예) 공연장, 호텔, 여행, 이동통신사

11. 영업점에 문의 (전화)	**호텔** - Do you have <u>any vacancies</u> for tonight? 오늘 밤에 남는 방 있나요? - <u>What kinds of</u> `rooms` do you have <u>available</u>? 어떤 종류의 방이 남아 있나요? - <u>What kinds of</u> `tours` do you have <u>available</u>? 어떤 종류의 투어가 가능한가요? - Do you have any rooms available? 남아 있는 방이 있나요? - Do you have any interesting tour programs? 재미있는 투어 프로그램이 있나요? - <u>What types of</u> `rooms` do you have? 어떤 종류의 방이 있나요? **여행사** - <u>What kinds of</u> `package trips` do you have <u>available</u>? 어떤 종류의 패키지 여행이 가능한가요? - <u>What types of</u> `package trips` do you have? 어떤 종류의 패키지 여행이 있나요? **기차역, 공연장** - <u>What kinds of</u> `tickets` do you have available? 어떤 종류의 티켓이 남아 있나요? - <u>What types of</u> `tickets` do you have? 어떤 종류의 티켓이 있나요?

12. 지인에게 문제 상황 설명 + 대안 제시 (전화)	**지인 메시지 시작**
	- Hello, Jake. This is Brian. I have <u>some bad news</u>.
	  안녕, 제이크. 브라이언이야. 나쁜 소식이 있어.
	
	문제상황 설명 내용
	(예약이 차 있을 경우) It is fully booked. 예약이 꽉 차 있대.
	(아픈 경우) I am very sick right now. 내가 지금 너무 아파.
	(장소에 불만족스러운 경우)
	- It is not cleaned properly. 제대로 치워지지 않았대.
	- It is smaller than I had thought. 내 생각보다 더 작아.
	- I am very unhappy with the room. 방에 만족스럽지 않아.
	
	대안 제시
	- Should we just get an exchange? 우리 그냥 교환을 받을까?
	- Do you think we should get a refund? 환불을 받아야 한다고 생각해?
	- How about checking out another hotel? 다른 호텔 가보는 게 어때?
	- I think we should ask for a different room. 다른 방으로 바꿔달라고 해야 된다고 생각해.
	
	지인 메시지 마무리
	- Can you tell me <u>what you think</u>? 어떻게 생각하는지 말해줄래?
	- I'm fine with <u>whatever you decide.</u> Call me back when you get this. Thanks.
	  네가 어떻게 결정하든지 나는 다 괜찮아. 이거 받으면 전화 줘. 고마워.

13. 본인 유사 경험 묘사	- 여행 계획이 뜻대로 되지 않은 경험 묘사 - 본인이 무엇인가를 어디에 두고 온 경험 묘사 (우산, 지갑, 카드를 두고 온 경험 활용) - 호텔에서 기억에 남는 에피소드 묘사 (식중독에 걸린 경험 활용) - 예상치 못한 날씨로 인한 본인 에피소드 묘사 (우산 두고 온 경험 활용) - 외국 국가와 우리나라와 지형적 특징 비교 - 본인이 인터넷을 하면서 겪은 불편 묘사 - 본인의 과거 계획 취소 경험 (술에 취한 경험 활용)

지인 – 불참/지각 통보 + 대안 제시

(예) 해변, 공원, 친구 약속, 생일파티, 휴일파티, 술집

11. 지인에게 질문 (전화)	**지인과 만날 시간 약속 질문**
	- Can you tell me when you want to go (meet)? 언제 갈 수 (만날 수) 있는지 말해줄 수 있어?
	- I'm free on Saturday. Are you available that day? 나는 토요일에 시간 돼. 그날 너 시간 돼?
	- If not, I can make some time on Sunday. How about you? 안 된다면, 일요일에 시간을 조금 낼 수 있어. 넌 어때?
	지인과 하고 싶은 일 질문
	- Can you tell me what you want to do? 무엇을 하고 싶은지 말해줄 수 있어?
	- Would you like to go on a picnic? 소풍 가고 싶어?
	- Do you want to get some sandwiches? 샌드위치 만들어 가고 싶어?
	- How about going to the beach? 해변에 가는 건 어때?
12. 지인에게 불참/지각 통보 + 대안 제시 (전화)	**지인에게 약속 불참/지각 통보**
	- I DON'T think I can make it to your birthday party. 네 생일파티에 못 갈 것 같아.
	- I DON'T think I can make it to your place on time. 제 시간에 너네 집에 못 갈 것 같아.
	- I cannot be there on time. 제 시간에 못 갈 것 같아.
	- I think I cannot make it to your housewarming party. 네 집들이파티에 못 갈 것 같아.
	- Something has come up suddenly. 갑자기 일이 생겼어.
	지인에게 대안 제시
	불참
	- Can you tell me what you want to do? 네가 어떻게 하고 싶은지 말해줄래?
	- Why DON'T we go next time? 다음 번에 가는 건 어때?
	- What do you say we go next week? 다음 주에 가는 건 어때?
	- Or, maybe we could go another time. 아니면 다른 때에 가도 돼.
	지각
	- Can you tell me what you want to do? 네가 어떻게 하고 싶은지 말해줄래?
	- Why DON'T you have dinner by yourself? 너 혼자서 저녁 식사 하는 건 어때?
	- What do you say we grab some drinks later on? 나중에 같이 술 마시는 건 어떨까?
	- Or, maybe we could just have coffee. 아니면 그냥 커피를 마셔도 돼.
13. 본인 유사 경험 묘사	- 공원에서 있었던 본인 에피소드 묘사 (지인 만난 경험 활용)
	- 나쁜 날씨 때문에 해변 여행을 취소한 경험 묘사
	- 누군가의 약속을 취소한 경험 묘사 (술에 취한 경험 활용)
	- 일이 생겨서 파티나 여행 취소 경험 묘사 (술에 취한 경험 활용)
	- 본인이 여행 중 교통편을 놓쳐서 생긴 문제 설명

지인 – 문제 상황 설명 + 대안 제시

(예) MP3 플레이어, 자전거, 친척집, 재활용, 해외출장

11. 지인에게 질문 (전화)	**지인 메시지 시작** - Hi there, Jim. This is Liz. 　여보세요. 짐. 리즈야. - I'm calling to ask about your birthday party. 　너의 생일파티에 대해 물어보려고 전화했어. - I'm calling to ask about your MP3 player. 　너의 MP3 플레이어에 대해 물어보려고 전화했어. - I'm calling to ask about the new store. 　새 상점에 대해 물어보려고 전화했어. - I'm calling to ask about going to the beach. 　해변 가는 것에 대해 물어보려고 전화했어. - I am calling because I want to ask you some questions about the party. 　파티에 대해 너에게 물어보고 싶은 질문이 있어서 전화했어. - I am calling because I have some questions about the trip. 　여행에 대해 질문이 있어서 전화했어. **지인 메시지 마무리** - Give me a call when you get this. Thanks. 이 메시지 받으면 연락 줘. 고마워.
12. 지인에게 특수 상황에 대한 문제 설명 + 대안 제시 (전화)	**상황 설명** 빌린 MP3 플레이어 고장 낸 상황 - I broke your MP3 player by mistake. I dropped it on the street and a truck ran over it. I am so sorry about what happened. 　내가 실수로 네 MP3 플레이어를 망가뜨렸어. 길에 떨어트렸는데 트럭이 밟고 지나갔어. 이런 일이 생겨서 정말 미안해. 빌린 자전거 고장 낸 상황 - I parked your bike at the shopping mall, but a truck ran over it. I am so sorry about what happened. 　네 자전거를 쇼핑몰에 주차했는데 트럭이 밟고 지나갔어. 이런 일이 생겨서 정말 미안해. 집의 열쇠를 못 찾는 상황 - I cannot find the keys to the house and I cannot get in. 　집 열쇠를 찾을 수가 없어서 들어갈 수가 없어. 새 입주자에게 재활용 정책에 대해 설명하는 상황 - People are very upset because you are not recycling properly. 　당신이 제대로 재활용을 하지 않아서 사람들이 매우 화가 나 있어요.

대안 제시

MP3 플레이어/자전거 고장 낸 상황

- Why DON'T I buy you a new one? Or, why DON'T I pay you money instead?

내가 너에게 새로 사주는 거 어때? 아니면 대신 돈을 주는 게 어떨까?

집의 열쇠를 못 찾는 상황

- I wonder if there is a spare key somewhere. If not, do you have a door that's NOT locked?

어딘가에 여분의 키가 있는지 궁금해. 만약 없다면 잠기지 않은 문이 있니?

새 입주자에게 재활용 정책에 대해 설명하는 상황

- You have to gather plastics, bottles, cans, paper and glass. And then, you have to take them out separately.

플라스틱, 캔, 종이 그리고 유리를 모아야 합니다. 그리고 나서 따로 버려야 합니다.

---

13. 본인 유사 경험 묘사

- 해외출장이나 여행 중에 겪어본 문제와 해결 방법 설명
- 본인의 기계, 기기 고장 경험 설명
- 자전거나 다른 교통수단 관련 겪은 어려움 묘사 (교통체증에 걸린 경험 활용)
- 가족이나 친구와의 약속을 못 지켰던 경험 묘사 (술에 취한 경험 활용)
- 어렸을 때 재활용 경험 설명
- 본인이 재활용 중 있었던 문제 설명

32 Role Play 호텔

 **Role Play Master Key Patterns**

롤플레이 답변 시에 활용할 수 있는 주제별 Key Patterns을 학습해보세요.

1. 호텔에 빈 객실이 있는지 물을 때 사용할 수 있는 표현

〈vacancies for〉 ～때의 빈 객실
- Do you have any vacancies for tomorrow night? 내일 저녁에 빈 객실이 있나요?
- I wonder if you have any vacancies for tonight. 오늘 밤에 빈 객실이 있나 궁금합니다.

* **vacancy**는 호텔뿐만 아니라 공석인 자리 (job position)나 비행기 내의 화장실이 비어 있을 때에도 사용
- There are no job vacancies. 빈 일자리가 없습니다.

* 정확한 인원 수를 언급하고 싶을 때에는 전치사 for 사용
- Do you have any vacancies for 2 adults? 어른 2명이 머물 빈 객실이 있나요?

2. 호텔과 객실에 대한 정보를 얻기 위해 할 수 있는 질문
- What kinds of rooms do you have available? 어떤 종류의 객실이 있나요?
- Can you tell me how much they are? 얼마인지 말해 주실 수 있나요?
- Is there perhaps a website I can see? 혹시 제가 볼 수 있는 웹사이트가 있나요?
- How much does it cost per night? 하루에 얼마인가요?

3. 원하는 객실의 종류를 정확하게 요구할 때 사용할 수 있는 표현
- I would like to stay at a room with a double-sized bed. 더블 사이즈 침대가 있는 객실에 머물고 싶습니다.
- I want the room to be near the elevator. 객실이 엘리베이터 근처였으면 좋겠습니다.
- I want the room with the view of the city. 도시 경치를 볼 수 있는 객실을 원합니다.

4. 호텔이 만실일 때 사용할 수 있는 표현

〈be fully/completely booked〉 예약이 꽉 차다
- Unfortunately, the hotel is fully booked. 불행히도 호텔이 만실입니다.
- They said that the hotel is completely booked. 그들이 호텔이 만실이라고 말했습니다.

5. 호텔이 만실인 사실을 다른 일행들에게 전달할 때 사용할 수 있는 표현

〈tell + 목적어 + that + 주어 + 동사〉 (주어)가 (동사)하다고 (목적어)에게 말하다
〈주어1 + say + that + 주어2 + 동사〉 (주어2)가 (동사)하다고 (주어1)이 말하다
듣는 사람 (목적어)이 누구인지 중요할 때에는 tell
누군가 한 말을 단순히 전달만 할 때에는 say

- I told my friends that the hotel is completely booked. 제가 친구들에게 호텔이 만실이라고 말했습니다.
  (친구들에게 말한 것이 중요)
- They said that the hotel is fully booked. 그들은 호텔이 만실이라고 말했습니다. (누구한테 말했는지 중요하지 않음)

6. 일정을 바꿀 수 있도록 의견 제시하는 방법

〈why don't + 주어 + 동사?〉 (주어)가 (동사) 해보는게 어때?
- Why don't we go next time? 우리가 다음에 가는 건 어때?

〈what do you say + 주어 + 동사?〉 (주어)가 (동사) 해보는 건 어떨까?
- What do you say we go another time? 우리가 다음 번에 가는 건 어떨까?

7. 만족스럽지 못한 객실 상태에 대해 이야기할 때 사용할 수 있는 표현

〈be not cleaned up〉 치워져 있지 않다 〈properly〉 제대로 〈be smaller than〉 ~보다 작다
- The hotel room is not cleaned up properly and it is much smaller than I thought (I expected).
  호텔 객실이 제대로 치워져 있지 않고 제 생각보다 (예상보다) 훨씬 작습니다.

〈unhappy with〉 ~에 불만족스러운 〈disappointed with〉 ~에 실망한 〈not satisfied with〉 ~에 만족하지 않은
- I am disappointed with the service of the hotel. 호텔의 서비스에 실망했습니다.

8. 호텔 프런트에 가서 자유시간에 할 수 있는 일에 대해 물을 때 사용할 수 있는 표현

〈what kinds of + 복수 명사 + do you have available?〉 어떤 종류의 (명사)를 이용할 수 있나요?
〈tour〉 투어 〈day tour〉 일일투어 〈tour programs〉 투어 프로그램 〈activities〉 활동
- What kinds of tours do you have available? 어떤 종류의 투어를 이용할 수 있나요?

9. 택시에 가방을 두고 내려서 찾으러 갈 때 사용할 수 있는 표현

〈leave A behind〉 A를 두고 가다, 떠나다 〈drop by〉 들르다
- I left my bag behind in the taxi. I will drop by to get it right away.
  제가 택시에 가방을 두고 내렸습니다. 찾으러 바로 들르겠습니다.

10. 무언가를 어디에 두고 온 경험과 예상치 못한 날씨로 인한 에피소드에 대해 이야기할 때 쓰이는 표현

〈leave + 명사 + behind〉 (명사)를 두고 가다
- I left my umbrella behind at the store. 상점에 우산을 두고 왔다.
- I left my wallet behind at the restaurant. 음식점에 지갑을 두고 왔다.

* behind 빼고 leave만 사용해서 됨
* leave는 '떠나다'라는 의미도 있음
- I totally forget about it when I left the place. 그 장소를 떠날 때 그것에 관해 완전히 잊었다.

OPIc 질문에 대한 모범 답변을 살펴본 후, 질문의 핵심 포인트를 파악하여 나만의 OPIc 답변을 만들어보세요.

Hotel 호텔 현장 문의 1

1 I'd like to give you a situation and ask you to act it out. You have arrived in a new city and you're trying to find a hotel for the night. Go to the reception desk of the hotel. Describe the room you want and ask three or four questions to get information about what is available. 🎧 MP3 32_Q1

상황을 하나 드릴 테니 연기해 보세요. 당신은 새로운 도시에 도착했고 하룻밤 묵을 호텔을 찾고 있습니다. 호텔의 프런트에 가세요. 원하는 룸에 대해 설명하고 이용 가능한 룸에 대한 정보를 얻기 위해 서너 가지 질문을 하세요.

문항 유형	호텔에 예약 없이 감. 프런트에 그 호텔 숙박 문의
문항 수준	Intermediate
핵심 포인트	• 호텔의 직원에게 머물 수 있는 객실이 있는지 물어보기
	• 원하는 객실의 종류와 비용에 대해 질문하기
중요도	★★★

Model Answer 🎧 MP3 32_A1

Hello, I would like to stay at this hotel.
Do you have any vacancies for tonight?
I would like to stay for two nights.
I would like to check in around 6pm.
What kinds of rooms do you have available?
Can you tell me how much they are?
Can you recommend anything?
Is there perhaps a website I can see?
I wonder if there are any promotions.

Translation

안녕하세요. 이 호텔에 묵고 싶습니다.
오늘 밤 빈 객실이 있나요?
이틀 밤을 묵고 싶습니다.
오후 6시쯤에 체크인하고 싶습니다.
어떤 종류의 객실이 있나요?
그것이 얼마인지 말해줄 수 있나요?
추천해 주실 것이 있나요?
혹시 제가 볼 수 있는 웹사이트가 있나요?
프로모션이 있는지 궁금합니다.

Key Expressions

- **stay** 머무르다
- **vacancy** 빈 객실
- **would like to** ~를 하고 싶다
- **check in** 체크인하다
- **around** 대략, 약
- **available** 이용 가능한
- **recommend** 추천하다
- **wonder** 궁금하다
- **promotion** 프로모션

2 I'm sorry, but there is a problem I need you to resolve. You've learned that there are no rooms available in this hotel. Call your travel companions to let them know about the situation. Leave a message to describe the situation and propose alternative solutions to the problem.  MP3 32_Q2

안타깝지만 당신이 해결해야 하는 문제가 생겼습니다. 이 호텔에는 이용 가능한 객실이 없다는 것을 알게 되었습니다. 여행 동료들에게 전화를 걸어 상황을 알려 주세요. 메시지를 남겨 상황을 설명하고 문제에 대한 몇 가지 대안을 제안하세요.

문항 유형	여행 일행들에게 호텔 만실 알리기, 대안 제시
문항 수준	Advanced
핵심 포인트	• 여행 일행들에게 메시지를 남겨서 문제 상황 설명하기
	• 대안으로 다른 호텔 찾는 방법 제시하기
중요도	★★★

Model Answer

Hello, guys. I have some bad news.
I just talked to the hotel.
They told me that the hotel is fully booked.
Can you tell me what you want to do?
Why DON'T we go next time?
What do you say we go next week?
Or, maybe we could go another time.
Can you tell me what you think?
I'm fine with whatever you decide.
Give me a call when you get this. Thanks.

Translation

여보세요, 얘들아. 나쁜 소식이 있어.
방금 호텔과 얘기했어.
호텔 예약이 꽉 찼다고 하네.
어떻게 하고 싶은지 말해줄래?
다음에 가는 게 어떨까?
다음 주에 가는 건 어때?
아니면, 다음에 갈 수 있을 때 가자.
어떻게 생각하는지 말해줄래?
너희들이 어떤 결정을 내리든 난 다 괜찮아.
이 메시지를 받으면 전화 줘. 고마워.

Key Expressions

- **bad news** 나쁜 소식
- **another time** 다음 번에
- **decide** 결정하다
- **fully booked** 예약이 꽉 찬
- **whatever** 무엇이든지
- **give a call** 전화하다

---

3 That's the end of the situation. Think about a time when your travel plans did not 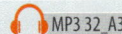 MP3 32_Q3
work out as expected. What happened? Tell me all about the circumstances,
what you and the others did, and how the situation was finally resolved.

상황이 종료되었습니다. 여행 계획이 예상대로 잘 되지 않았던 때를 생각해보세요. 무슨 일이 있었나요? 당시의 상황, 당신과 다른
사람들이 한 일, 그리고 상황이 최종적으로 어떻게 해결됐는지 말해주세요.

문항 유형	여행 계획이 뜻대로 되지 않은 경험 묘사
문항 수준	Advanced
핵심 포인트	• 숙취 때문에 여행 못 간 경험 묘사하기 • 본인의 과거 경험이기 때문에 주어 I 와 현재형 시제 사용
중요도	★★★★★

Model Answer

MP3 32_A3

I remember when I was supposed to go on a
trip with my friends.
However, I got sick because I drank a lot the
night before.
I had a bad hangover.
My stomach was upset and I felt dizzy.
I felt bad about missing the trip, but there was
nothing I could do.
I told my friends that I could NOT make it and
said I was sorry.
Looking back, I regret missing the trip that time.

Translation

친구들과 함께 여행을 가기로 했던 때가 생각납니다.
하지만 전날 밤에 술을 많이 마셔서 아팠습니다.
숙취가 매우 심했습니다.
배탈이 나고 어지러웠습니다.
여행을 놓쳐 아쉬웠지만 어쩔 수 없었습니다.
친구들에게 못 간다고 말하고 미안하다고 했습니다.
되돌아보면, 그때 여행을 놓친 것이 후회됩니다.

Key Expressions

- **be supposed to** ~하기로 되어 있다
- **hangover** 숙취
- **feel bad** 미안함을 느끼다
- **go on a trip** 여행 가다
- **stomach** 배
- **miss** 놓치다
- **get sick** 아프다
- **upset** 아픈
- **make it** 성공하다, 해내다
- **drink a lot** 술을 많이 마시다
- **dizzy** 어지러운
- **regret** 후회하다

4 I'd like to give you a situation and ask you to act it out. You are staying at a hotel and have a free day to explore the city. Go to the front desk and ask three or four questions about what to do.  MP3 32_Q4

상황을 하나 드릴 테니 연기해 보세요. 호텔에 머물고 있는데 도시를 탐험할 수 있는 하루의 자유시간이 생겼습니다. 프런트 데스크로 가서 무엇을 해야 할지 서너 가지 질문을 하세요.

문항 유형	호텔 프런트에 가서 자유시간에 할 수 있는 활동 문의
문항 수준	Intermediate
핵심 포인트	• 호텔 프런트의 직원에게 투어에 대해 물어보기 • 투어의 종류와 비용에 대해 질문하기
중요도	★★★

Model Answer MP3 32_A4

Hello, I would like to do something in my free time.
I have a free day to explore the city.
I would like to go on a city tour.
What kinds of tours do you have available?
Can you tell me how much they are?
Can you recommend anything?
Is there perhaps a website I can see?
I wonder if there are any promotions.

Translation

안녕하세요, 저는 자유시간에 뭔가를 하고 싶습니다.
도시를 탐험할 수 있는 하루의 자유시간이 있습니다.
시티 투어를 하고 싶습니다.
어떤 종류의 투어가 있나요?
그것이 얼마인지 말해줄 수 있나요?
추천해 주실 것이 있나요?
혹시 제가 볼 수 있는 웹사이트가 있나요?
프로모션이 있는지 궁금합니다.

Key Expressions

- **free time** 자유시간
- **explore** 탐험하다
- **city tour** 시티 투어
- **would like to** ~를 하고 싶다
- **available** 이용 가능한
- **recommend** 추천하다
- **wonder** 궁금하다, 궁금해하다
- **promotion** 프로모션

5 I'm sorry, but there is a problem I need you to resolve. You left your bag in the taxi that brought you back to the hotel. Call the taxi company and explain what happened. Ask them how you can get it back. MP3 32_Q5

안타깝지만 당신이 해결해야 하는 문제가 생겼습니다. 호텔로 돌아오는 길에 택시에 가방을 두고 내렸습니다. 택시 회사에 전화해서 무슨 일이 있었는지 설명하세요. 어떻게 해야 가방을 되찾을 수 있는지 물어보세요.

문항 유형	택시에 가방을 두고 내림. 택시 회사에 전화해서 도움 요청
문항 수준	Advanced
핵심 포인트	• 택시 회사에 전화해서 문제 상황 설명하기 • 직접 찾으러 갈 수 있도록 회사에 대한 정보 묻기
중요도	★★★

Model Answer MP3 32_A5

Hello, I'm a person who took one of your taxis.
I'm afraid I left my bag behind in the taxi.
+ It's a black leather bag.
Could you please check if you have my bag?

Translation

여보세요, 저는 당신의 택시를 탄 사람입니다.
안타깝지만 제가 택시에 가방을 두고 내린 것 같습니다.
(+ 검정색 가죽 가방입니다.)
제 가방을 가지고 계신지 확인해 주시겠어요?

If so, I'll drop by to get it right away.
Would that be possible?
I'm sorry for all the trouble.
Can you tell me when I can visit your office?
What are your business hours? How late are you open?
Please call me back as soon as possible. Thank you.

만약 그렇다면, 바로 찾으러 갈게요.
그게 가능할까요?
번거롭게 해드려 죄송합니다.
언제 사무실에 방문할 수 있는지 말해 주실 수 있나요?
업무 시간이 언제인가요? 얼마나 늦게까지 여나요?
가능한 한 빨리 전화를 주세요. 고맙습니다.

Key Expressions

- **take a taxi** 택시를 타다
- **leave behind** 두고 내리다
- **check** 확인하다
- **drop by** 들르다
- **right away** 즉시, 바로
- **possible** 가능한
- **trouble** 문제점, 골칫거리
- **business hours** 영업 시간
- **call back** 다시 전화 주다
- **as soon as possible** 가능한 한 빨리

---

6 That's the end of the situation. Have you ever lost something somewhere or could not find something important? Tell me about when you lost or forgot something important.  MP3 32_Q6

상황이 종료되었습니다. 어딘가에서 무언가를 잃어버린 적이 있거나 중요한 것을 찾지 못한 적이 있나요? 중요한 것을 잃어버렸거나 잊어버린 때에 대해 말해주세요.

문항 유형	본인이 무엇인가를 어디에 두고 온 경험 묘사
문항 수준	Advanced
핵심 포인트	• 비 오는 날 우산 두고 온 경험 묘사하기 • 본인의 과거 경험이기 때문에 주어 I 와 과거형 시제 사용
중요도	★★★★★

Model Answer MP3 32_A6

I remember when I left my umbrella behind at a store.
+ at a restaurant + on the subway + on the bus
+ in a taxi + at home
I completely forgot to pack it when I left the store.
+ I got off the subway + I got off the bus
+ I left home
It was pouring outside and I got a little wet.
Since then, I try to be more careful.

Translation

상점에 우산을 놓고 왔을 때가 생각납니다.
(+ 레스토랑에서 + 지하철에서 + 버스에서 + 택시에서
+ 집에서)
상점을 나서면서 짐을 챙기는 것을 완전히
잊어버렸습니다.
(+ 지하철에서 내리면서 + 버스에서 내리면서
+ 집에서 나오면서)
밖에 비가 쏟아져서 조금 젖었습니다.
그 이후로, 저는 조금 더 조심하려고 노력합니다.

Key Expressions

- **leave** 두고 오다, 떠나다
- **completely** 완전히
- **forget** 잊어버리다
- **pack** 싸다, 챙기다
- **get off** 내리다
- **pour** 비가 쏟아지다
- **wet** 젖은
- **careful** 조심하는

7 I'd like to give you a situation and ask you to act it out. You are visiting a new city and need a hotel room for the night. Call a hotel and ask three or four questions to find out about its rooms and services.  MP3 32_Q7

상황을 하나 드릴 테니 연기해 보세요. 당신은 새로운 도시를 방문 중이고 하룻밤 묵을 호텔 객실이 필요합니다. 호텔에 전화해서 호텔 객실과 서비스에 대해 알아보기 위해 서너 가지 질문을 하세요.

문항 유형	호텔 투숙 전화 문의
문항 수준	Intermediate
핵심 포인트	• 호텔에 전화해서 묵고 싶은 객실에 대해 문의하기 • 이용 가능한 객실, 비용, 할인 등에 대해 질문하기
중요도	★★★

Model Answer MP3 32_A7

Hello, I'm calling to ask about staying at your hotel.
I would like to stay there for my vacation.
Do you have any vacancies for this weekend?
I would like to stay for two nights.
I would like to check in around 6pm.
What kinds of rooms do you have available?
Can you tell me how much they are?
Can you recommend anything?
Is there perhaps a website I can see?
I wonder if there are any promotions.
Please call me back as soon as possible. Thank you.

Translation

여보세요, 호텔에 묵는 것에 대해 문의하려고 전화 드렸습니다.
휴가를 위해 그곳에 머물고 싶습니다.
이번 주말에 빈 객실이 있나요?
이틀 밤을 묵고 싶습니다.
오후 6시쯤에 체크인하고 싶습니다.
어떤 종류의 객실이 있나요?
그것이 얼마인지 말해줄 수 있나요?
추천해 주실 것이 있나요?
혹시 제가 볼 수 있는 웹사이트가 있나요?
프로모션이 있는지 궁금합니다.
가능한 한 빨리 전화 주세요. 고맙습니다.

Key Expressions

- **stay** 머무르다
- **vacancy** 빈 객실
- **would like to** ~를 하고 싶다
- **check in** 체크인하다
- **around** 대략, 약
- **available** 이용 가능한
- **recommend** 추천하다
- **wonder** 궁금하다, 궁금해하다
- **promotion** 프로모션
- **call back** 다시 전화 주다
- **as soon as possible** 가능한 한 빨리

8 I'm sorry, but there is a problem I need you to resolve. When you get to your hotel room, it is very small and not clean at all. Call the front desk and describe what you have found in detail. Then make some suggestions as to how you can resolve the situation. MP3 32_Q8

안타깝지만 당신이 해결해야 하는 문제가 생겼습니다. 호텔 객실에 도착했는데, 객실이 매우 작고 전혀 깨끗하지 않았습니다. 프런트 데스크에 전화를 걸어 무엇을 찾았는지 자세히 설명해주세요. 그 후, 이 상황을 어떻게 해결할 수 있는지에 대해 몇 가지 제안을 하세요.

문항 유형	호텔 객실 작고 지저분함. 전화로 문제 해결
문항 수준	Advanced
핵심 포인트	• 프런트 객실에 전화로 문제 상황 설명하기 • 대안으로 객실 교환 또는 환불 요청하기
중요도	★★★

Model Answer MP3 32_A8

Hello, I'm a person who is staying at the hotel.
I'm afraid there's something wrong with my room.
+ The room is NOT cleaned properly.

Translation

여보세요, 저는 지금 호텔에 묵고 있는 사람입니다.
안타깝지만, 객실이 뭔가 잘못 되었습니다.
(+ 제대로 정리되지 않았습니다.

데이타워 트렌드로 쉽게 취득하는 OPIc IH

+ It is also smaller than I had thought.
+ I'm very unhappy with the room.
I would like to come in to get an exchange.
I wonder if I could get a refund if I want to.
Would that be possible?
I'm sorry for all the trouble.
Please call me back as soon as possible. Thank you.

+ 또한 제 생각보다 작습니다.
+ 저는 이 객실이 매우 마음에 들지 않습니다.)
교환을 받으러 가고 싶습니다.
제가 원하면 환불을 받을 수 있을지 궁금합니다.
그게 가능할까요?
번거롭게 해드려 죄송합니다.
가능한 한 빨리 전화 주세요. 고맙습니다.

Key Expressions

- **I'm afraid** 미안하지만, 안타깝지만
- **problem** 문제
- **clean up** 치우다
- **properly** 제대로
- **smaller than** ~보다 작은
- **unhappy with** ~에 불만족스러운, 마음에 들지 않는
- **get an exchange** 교환하다
- **wonder** 궁금하다
- **get a refund** 환불 받다
- **possible** 가능한
- **trouble** 문제점, 골칫거리
- **call back** 다시 전화 주다
- **as soon as possible** 가능한 한 빨리

---

9 That's the end of the situation. Sometimes, surprising or unexpected things can happen when you stay at a hotel. Tell me about a memorable experience you had while staying at a hotel. Maybe there was a problem with your room. Maybe you met some other guests. Tell me the whole story of an interesting hotel visit.

상황이 종료되었습니다. 때때로, 호텔에 머물 때 놀라거나 예상치 못한 일들이 일어날 수 있습니다. 호텔에서 지내면서 겪었던 기억에 남는 경험을 말해주세요. 객실에 문제가 있었을 수도 있습니다. 다른 손님들을 만났을 수도 있습니다. 흥미로웠던 호텔 방문에 대해 말해주세요.

문항 유형	호텔에서 기억에 남는 에피소드 묘사
문항 수준	Advanced
핵심 포인트	• 식중독 걸린 경험 설명 • 본인의 과거 경험이기 때문에 주어 I 와 과거형 시제 사용
중요도	★★★

Model Answer

I remember eating something wrong at a hotel.
+ eating too fast + eating too much
I think I ate something that went bad.
I got food poisoning and it was pretty bad.
+ got indigestion + got enteritis
My stomach was upset.
+ I had a fever and I felt light headed.
+ I went to the bathroom over and over again because I had the runs.
I went to the drug store and I got some medicine.
I took some medicine to get better.
I had to stay inside and get a lot of rest.
Since then, I try to be more careful when I'm eating something.

Translation

호텔에서 잘못된 것을 먹은 기억이 납니다.
(+ 너무 빨리 먹은 + 너무 많이 먹은)
상한 것을 먹었던 것 같습니다.
식중독에 걸렸는데 꽤 심했습니다.
(+ 소화불량 + 장염)
복통이 있었습니다.
(+ 열이 나고 머리가 어지러웠습니다.
+ 설사 때문에 화장실을 들락날락했습니다.)
약국에 가서 약을 구했습니다.
낫기 위해 약을 먹었습니다.
실내에 있으면서 많이 쉬어야 했습니다.
그 이후로, 저는 무언가를 먹을 때 더 조심하려고 노력합니다.

Key Expressions

- **something wrong** 무엇인가 잘못된
- **go bad** 상하다
- **food poisoning** 식중독
- **indigestion** 소화불량
- **enteritis** 장염
- **stomach** 배
- **upset** 아픈
- **light-headed** 머리가 어지러운
- **have a fever** 열이 나다
- **drug store** 약국
- **take medicine** 약을 먹다
- **get rest** 쉬다
- **careful** 조심하는

10 I'd like to give you a situation and ask you to act it out. You are going on a vacation to another country. Call a hotel in that country and ask what the weather is like there. You want to know what clothes you should bring on your trip. Ask two or three more questions regarding your travel plans.

🎧 MP3 32_Q10

상황을 하나 드릴 테니 연기해 보세요. 다른 나라로 휴가를 가게 되었습니다. 그 나라의 호텔에 전화해서 그곳의 날씨가 어떤지 물어보세요. 당신은 여행할 때 어떤 옷을 가져가야 하는지 알고 싶습니다. 여행 계획에 대해 두세 가지 질문을 하세요.

문항 유형	호텔에 전화해서 현지 날씨 문의
문항 수준	Intermediate
핵심 포인트	• 호텔에 전화해서 문의하기 • 현지 날씨와 그곳에서 할 수 있는 활동에 대해 질문하기
중요도	★★★

Model Answer 🎧 MP3 32_A10

Hello, I'm calling to ask about the weather near the hotel.
+ What are the temperatures like?
+ Is it hot and humid?
+ Is it rainy and windy?
I would like to know what clothes I should take.
Can you recommend anything?
Please call me back as soon as possible. Thank you.

Translation

여보세요, 호텔 근처의 날씨에 대해 문의하려고 전화 드렸습니다.
(+ 온도는 어떤가요?
+ 덥고 습한가요?
+ 비가 오고 바람이 부나요?)
어떤 옷을 가져가야 하는지 알고 싶습니다.
추천해 주실 수 있나요?
가능한 한 빨리 전화 주세요. 고맙습니다.

Key Expressions

- **weather** 날씨
- **temperature** 온도
- **hot** 더운
- **humid** 습한
- **rainy** 비 오는
- **windy** 바람이 부는
- **take** 가져가다
- **recommend** 추천하다
- **call back** 다시 전화 주다
- **as soon as possible** 가능한 한 빨리

11 I'm sorry but there is a problem I need you to resolve. The clothes that you have brought with you on your vacation are not suitable for the weather. Call a clothing store and explain the situation. Ask two or three questions about the kinds of clothes they have on sale.

🎧 MP3 32_Q11

안타깝지만, 당신이 해결해야 하는 문제가 생겼습니다. 휴가 때 가지고 온 옷이 날씨에 적합하지 않습니다. 옷 가게에 전화해서 상황을 설명하세요. 세일 중인 옷의 종류에 대해 두세 가지 질문을 하세요.

문항 유형	현지 옷 가게에 옷 관련 문의
문항 수준	Advanced
핵심 포인트	• 옷 가게에 전화해서 물어보기 • 구매할 수 있는 옷과 옷 가게에 대해 질문하기
중요도	★★★

Model Answer 🎧 MP3 32_A11

Hello, I'm calling to ask about some new clothes.
I would like to get some new clothes.
What kinds of clothes do you have available?
Can you tell me how much they are?

Translation

여보세요, 새 옷에 대해 문의하려고 전화 드렸습니다.
저는 새 옷을 구매하고 싶습니다.
어떤 종류의 옷이 있나요?
그것이 얼마인지 말해줄 수 있나요?

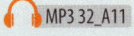

Can you recommend anything?	추천해 주실 것이 있나요?
Is there perhaps a website I can see?	혹시 제가 볼 수 있는 웹사이트가 있나요?
I wonder if there are any promotions.	프로모션이 있는지 궁금합니다.
Plus, can you give me directions to your store?	또한, 상점으로 가는 길 좀 알려 주실래요?
Is it close to the subway station?	지하철역에서 가깝나요?
Is it within walking distance?	걸어서 갈 수 있는 거리에 있나요?
Please call me back as soon as possible. Thank you.	가능한 한 빨리 전화 주세요. 고맙습니다.

Key Expressions

- **ask about** ~에 대해 문의하다
- **get new clothes** 새 옷을 사다
- **available** 이용 가능한
- **recommend** 추천하다
- **wonder** 궁금하다, 궁금해하다

- **promotion** 프로모션
- **direction** 위치, 찾아가는 방법
- **walking distance** 도보로 갈 수 있는 거리
- **call back** 다시 전화 주다
- **as soon as possible** 가능한 한 빨리

---

12 That's the end of the situation. Have you ever had any trouble due to unexpected weather? What happened? Who were you with? How did you deal with the situation? Tell me everything about what happened due to the unexpected weather.

상황이 종료되었습니다. 예상치 못한 날씨로 인해 어려움을 겪은 적이 있나요? 무슨 일이 있었나요? 누구와 함께 있었나요? 그 상황을 어떻게 대처했나요? 예상치 못한 날씨로 인해 무슨 일이 있었는지 말해주세요.

문항 유형	예상치 못한 날씨로 인한 본인 에피소드 묘사
문항 수준	Advanced
핵심 포인트	• 우산 두고 온 경험 묘사하기 • 본인의 과거 경험이기 때문에 과거형 시제와 주어 I 사용
중요도	★★★

Model Answer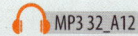

I remember when I left my umbrella behind at a store.
+ at a restaurant + on the subway + on the bus + in a taxi + at home
I completely forgot to pack it when I left the store.
+ I got off the subway + I got off the bus + I left home
It was pouring outside and I got a little wet. Since then, I try to be more careful.

Translation

상점에 우산을 놓고 왔을 때가 생각납니다.
(+ 레스토랑에서 + 지하철에서 + 버스에서 + 택시에서 + 집에서)
상점을 나서면서 짐을 챙기는 것을 완전히 잊어버렸습니다.
(+ 지하철에서 내리면서 + 버스에서 내리면서 + 집에서 나오면서)
밖에 비가 쏟아져서 좀 젖었습니다.
그 이후로, 저는 조금 더 조심하려고 노력합니다.

Key Expressions

- **leave behind** 두고 오다
- **completely** 완전히
- **forget** 잊어버리다
- **pack** 싸다, 챙기다
- **get off** 내리다

- **leave** 떠나다
- **pour** 비가 쏟아지다
- **wet** 젖은
- **careful** 조심하는

13 You are going on a trip on business to another country. Call a hotel that you want 🎧 MP3 32_Q13
to stay at and ask three or four questions about the hotel.

다른 나라로 출장을 가게 되었습니다. 머물고 싶은 호텔에 전화를 걸어 그 호텔에 대해 서너 가지 질문을 하세요.

문항 유형	해외출장 중에 머무를 호텔에 전화해서 호텔에 대해 문의
문항 수준	Intermediate
핵심 포인트	• 호텔에 전화해서 문의하기 • 머물 수 있는 객실이 있는지, 얼마인지, 할인이 있는지 질문하기
중요도	★★★

Model Answer 🎧 MP3 32_A13

Hello, I'm calling to ask about staying at your hotel.
I would like to stay there for my business trip.
Do you have any vacancies for next Monday?
I would like to stay for two nights.
I would like to check in around 6pm.
What kinds of rooms do you have available?
Can you tell me how much they are?
Can you recommend anything?
Is there perhaps a website I can see?
I wonder if there are any promotions.
Please call me back as soon as possible. Thank you.

Translation

여보세요, 호텔에 묵는 것에 대해 문의하려고 전화드렸습니다.
출장 때문에 그곳에 묵고 싶습니다.
다음 주 월요일에 빈 객실이 있나요?
이틀 밤을 묵고 싶습니다.
오후 6시쯤에 체크인하고 싶습니다.
어떤 종류의 객실이 있나요?
그것이 얼마인지 말해줄 수 있나요?
추천해 주실 것이 있나요?
혹시 제가 볼 수 있는 웹사이트가 있나요?
프로모션이 있는지 궁금합니다.
가능한 한 빨리 전화 주세요. 고맙습니다.

Key Expressions

- **stay** 머무르다
- **business trip** 출장
- **vacancy** 빈 객실
- **would like to** ~를 하고 싶다
- **check in** 체크인하다
- **around** 대략, 약
- **available** 이용 가능한
- **recommend** 추천하다
- **wonder** 궁금하다, 궁금해하다
- **promotion** 프로모션
- **call back** 다시 전화 주다
- **as soon as possible** 가능한 한 빨리

14 You were supposed to go on the business trip to another country with your boss. 🎧MP3 32_Q14
However, something came up suddenly and you can't go. Call your boss, explain
the situation, and make two to three suggestions that will help you continue your
business with the company overseas.

당신은 상사와 함께 다른 나라로 출장을 가기로 되어 있었습니다. 하지만 갑자기 일이 생겨서 갈 수 없게 되었습니다. 상사에게 전화를
걸어 상황을 설명하고, 해외에 있는 회사와 거래를 지속하는 데 도움이 될 두세 가지의 제안을 하세요.

문항 유형	상사에게 해외출장 못 가게 된 상황 전화로 설명. 고객사를 잃지 않기 위해 대안 제시
문항 수준	Advanced
핵심 포인트	• 상사에게 전화하여 문제 상황 설명하기 • 대안으로 스케줄 조정 제안하기
중요도	★★★

Model Answer 🎧MP3 32_A14

Hello, boss. This is Brian.
I have some bad news.
I don't think I can make it to the business trip.
Something has come up suddenly.
I think we should reschedule our meeting with
our client company.
I can call them and make new arrangements.
Would that be possible?
I'm sorry for all the trouble.
Can you tell me what you think?
I'm fine with whatever you decide.
Call me back when you get this. Thanks.

Translation

여보세요, 보스. 브라이언입니다.
나쁜 소식이 있습니다.
출장에 못 갈 것 같습니다.
갑자기 일이 생겼습니다.
고객사와의 회의 일정을 다시 잡아야 할 것 같습니다.
제가 그들에게 전화해서 새로 일정을 짤 수 있습니다.
그게 가능할까요?
번거롭게 해드려 죄송합니다.
어떻게 생각하시는지 말씀해 주시겠어요?
어떤 결정을 하시든지 전 괜찮습니다.
이 메시지를 받으시면 다시 전화주세요. 고맙습니다.

Key Expressions

- **make it** 성공하다, 해내다
- **business trip** 출장
- **reschedule** 새로 일정을 짜다
- **client company** 고객사
- **arrangement** 준비, 조정
- **possible** 가능한
- **whatever** 무엇이든지
- **decide** 결정하다
- **call back** 다시 전화하다

33 Role Play 상점

 Role Play Master Key Patterns

롤플레이 답변 시에 활용할 수 있는 주제별 Key Patterns을 학습해보세요.

1. 상점을 직접 방문해서 **구매하고 싶은 옷과 세일 중인 옷**에 관해 문의를 할 때 사용할 수 있는 표현

〈would like to get / buy + 명사〉 (명사)를 사고 싶다
- I would like to get a new shirt. 새 셔츠를 사고 싶습니다.
- I would like to buy some new clothes. 새 옷을 사고 싶습니다.

2. **구매하고 싶은 옷**이 있는지 상점에 물어볼 때 사용할 수 있는 표현

〈what kinds of + 복수 명사 + do you have available?〉 어떤 종류의 (명사)가 있나요?
〈what kinds of + 복수 명사 + are available?〉 어떤 종류의 (명사)가 있나요?
〈what kinds of + 복수 명사 + are in stock?〉 어떤 종류의 (명사)가 재고가 있나요?
- What kinds of shirts do you have available? 어떤 종류의 셔츠가 있나요?
- What kinds of shirts are available? 어떤 종류의 셔츠가 있나요?

3. **구매하고 싶은 옷**의 가격을 문의할 때 사용할 수 있는 표현

〈how much〉 얼마인지
- Please tell me how much they are. 그것이 얼마인지 말해주세요.
- Can you tell me how much they are? 그것이 얼마인지 말해줄 수 있나요?
- How much does it cost? 얼마인가요?

4. **프로모션 또는 할인** 여부를 물을 때 사용할 수 있는 표현

〈I wonder if + 주어 + 동사〉 (주어)가 (동사)인지 궁금하다
- I wonder if there are any promotions. 프로모션이 있는지 궁금합니다.
- I wonder if there are any products that are on sale. 할인 중인 물품이 있는지 궁금합니다.
- I wonder if you would offer me any discounts. 혹시 당신이 할인을 해줄 수 있는지 궁금합니다.

데이터테어 트렌드로 쉽게 취득하는 OPIc IH

5. 문제가 있는 옷에 대해 설명할 때 사용할 수 있는 표현

〈something wrong with + 명사〉(명사)에 어떤 문제가 있는

• There is something wrong with my shirt. 제 셔츠에 어떤 문제가 있습니다.

* 정중한 느낌을 주기 위해 **I'm afraid**로 문장 시작

• I'm afraid there is something wrong with my new shirt. 안타깝지만 제 새 셔츠에 어떤 문제가 있습니다.

* 정확한 문제점이 있다면 언급하기

• There is a rip on the right sleeve. 오른쪽 소매가 찢어졌습니다.

6. 문제가 있는 옷의 교환 및 환불을 요청할 때 사용할 수 있는 표현

〈get an exchange〉교환하다
〈get a refund〉환불 받다

• I would like to get an exchange. 저는 교환을 받고 싶습니다.
• I wonder if I can get a refund if I want to. 제가 원하면 환불을 받을 수 있는지 궁금합니다.

7. 옷 가게/세일 중인 상점/식료품점에 대해 추가 질문하기

• What are your business hours? 영업 시간이 어떻게 되요?
• How late are you open? 얼마나 늦게까지 여나요?
• Can you give me directions to the store? 상점까지 가는 방법을 알려 줄 수 있나요?

8. 물건을 사러 갔는데 품절되었던 경험에 대해 이야기할 때 쓰이는 추가 표현

* 물건을 사러 가는 표현
〈shop for 명사〉〈to buy + 명사〉〈to get + 명사〉(명사)를 사러 가다

• I went there to shop for some new clothes. 새 옷을 사기 위해 그곳에 갔다.
• I wanted to get some new clothes. 새 옷을 사고 싶었다.

* 품절된 경우
〈in stock〉재고에 있는 〈sold-out〉매진 〈not get + 명사 + 주어 + wanted〉(주어)가 원하는 (명사)를 사지 못한다

• The store did not have my size in stock. 가게에는 내 사이즈가 없었다.
• The shoes I wanted to buy were sold-out. 내가 사고 싶었던 신발은 매진이었다.
• I could not get the shirt I wanted. I had to buy a different one. 갖고 싶었던 셔츠를 사지 못하고 다른 것을 샀다.

9. 전화로 대화를 마무리할 때 쓰이는 표현

• Please call me back as soon as possible. 가능한 한 빨리 연락주세요.
• Give me a call when you get this. 이거 들으면 전화주세요.

OPIc 질문에 대한 모범 답변을 살펴본 후, 질문의 핵심 포인트를 파악하여 나만의 OPIc 답변을 만들어보세요.

Clothing Store 옷가게

1 I'd like to give you a situation and ask you to act it out. You are at a clothing store and need to get some clothes. Ask two to three questions about the clothes you would like to buy.  MP3 33_Q1

상황을 하나 드릴 테니 연기해 보세요. 당신이 옷 가게에 있는데 옷을 사야 합니다. 사고 싶은 옷에 대해 두세 개의 질문을 하세요.

문항 유형	옷가게 현장 직원에게 옷 구매에 대해 문의
문항 수준	Intermediate
핵심 포인트	• 옷 가게에서 직원에게 구매하고 싶은 옷에 대해 질문하기 • 옷의 종류, 비용 등에 대해 문의하기
중요도	★★★★★

Model Answer   MP3 33_A1

Hello, I would like to get some new clothes.
I would like to get a new shirt.
What kinds of shirts do you have available?
Can you tell me how much they are?
Can you recommend anything?
Is there perhaps a website I can see?
I wonder if there are any promotions.

Translation

안녕하세요, 새 옷을 사고 싶습니다.
새 셔츠를 사고 싶습니다.
어떤 종류의 셔츠를 구매할 수 있나요?
그것이 얼마인지 말해줄 수 있나요?
추천해 주실 것이 있나요?
혹시 제가 볼 수 있는 웹사이트가 있나요?
프로모션이 있는지 궁금합니다.

Key Expressions

- **would like to** ~를 하고 싶다
- **clothes** 옷
- **available** 이용 가능한
- **recommend** 추천하다
- **wonder** 알고 싶다, 궁금하다
- **promotion** 프로모션

2 I'm sorry, but there is a problem I need you to resolve. The clothes you have ordered have arrived, but one of the shirts has a problem. Call the clothing store and explain the problem. Give two to three alternatives to solve the problem. MP3 33_Q2

안타깝지만 당신이 해결해야 하는 문제가 생겼습니다. 주문한 옷이 도착했는데 셔츠 중 하나에 문제가 있습니다. 옷 가게에 전화해서 문제를 설명하세요. 그 문제를 해결하기 위해 두세 가지의 대안을 제시하세요.

문항 유형	배달된 여러 옷 중 셔츠에 문제가 있음. 전화 문제 해결
문항 수준	Advanced
핵심 포인트	• 옷 가게에 전화해서 옷의 문제점에 대해 설명하기 • 대안으로 교환과 환불 제시하기
중요도	★★★★★

Model Answer    MP3 33_A2

Hello, I'm a person who got some new clothes at your store.
I'm afraid there is something wrong with my shirt.

Translation

여보세요, 저는 당신의 상점에서 새 옷을 샀던 사람입니다.
제 셔츠에 문제가 있는 것 같습니다.

I think I got the wrong shirt.	셔츠가 잘못 온 것 같습니다.
I would like to come in to get an exchange.	교환을 받으러 가고 싶습니다.
I wonder if I could get a refund if I want to.	제가 원하면 환불을 받을 수 있을지 궁금합니다.
Would that be possible?	그게 가능할까요?
I'm sorry for all the trouble.	번거롭게 해드려 죄송합니다.
Can you tell me when I can visit your store?	언제 상점에 방문할 수 있는지 말해 주실 수 있나요?
What are your business hours?	업무 시간이 언제인가요?
How late are you open?	얼마나 늦게까지 여나요?
Please call me back as soon as possible. Thank you.	가능한 한 빨리 전화해 주세요. 고맙습니다.

Key Expressions

- **I'm afraid** 미안하지만, 안타깝지만
- **wrong** 잘못된
- **come in** 방문하다
- **get an exchange** 교환 받다
- **wonder** 궁금하다
- **get a refund** 환불 받다
- **trouble** 문제점, 골칫거리
- **business hours** 영업 시간
- **as soon as possible** 최대한 빨리

3 That's the end of the situation. Have you ever been unhappy with something that you bought or some service you received? What was the problem? How did you deal with the situation? Tell me everything in detail. 🎧 MP3 33_Q3

상황이 종료되었습니다. 당신이 구매한 물건이나 받았던 서비스에 불만이었던 적이 있나요? 무엇이 문제였나요? 그 상황을 어떻게 해결했나요? 모든 것에 대해 자세히 말해주세요.

문항 유형 본인의 구매 물건 혹은 받은 서비스 불만 경험 묘사
문항 수준 Advanced
핵심 포인트 • 구매하려고 했던 물건이 품절이었던 경험을 과거형 시제로 묘사
• 이미 구매한 물건에 문제가 생겨 환불 받아야 했던 경험을 과거형 시제로 묘사
중요도 ★★★

Model Answer 🎧 MP3 33_A3

I remember shopping for some shoes recently.
There were a pair of running shoes I wanted to get.
However, the store did NOT have my size in stock.
They were sold-out.
I could NOT get the shoes I wanted.
+ I had to get them online later on.
Plus, I remember getting a shirt online.
I tried it on at home, but it did NOT fit me.
+ It was too tight and short.
+ It did NOT look good on me.
I sent it back to get a refund.

Translation

최근에 운동화를 사러 갔던 기억이 납니다.
제가 사고 싶었던 운동화 한 켤레가 있었습니다.
하지만, 상점에 제 사이즈가 없었습니다.
다 팔렸던 겁니다.
제가 원하던 신발을 구할 수 없었습니다.
(+ 나중에 온라인으로 사야 했습니다.)
뿐만 아니라, 온라인에서 셔츠를 산 기억이 납니다.
집에서 입어보니 잘 맞지 않았습니다.
(+ 너무 끼고 짧았습니다.)
(+ 저에게 어울리지 않았습니다.)
환불 받기 위해 반품했습니다.

Key Expressions

- **running shoes** 운동화
- **a pair of** 한 쌍의
- **in stock** 재고에
- **sold-out** 품절
- **later on** 나중에
- **try on** 입어보다
- **fit** 잘 맞다
- **tight** 끼는
- **send back** 돌려보내다
- **refund** 환불

4 I'd like to give you a situation and ask you to act it out. You see a sign at your favorite store that says that they are having a big sale. Go to the store and ask three or four questions to get as much information as possible about the sale.  MP3 33_Q4

상황을 하나 드릴 테니 연기해 보세요. 당신이 가장 좋아하는 상점에서 세일을 크게 한다는 것을 알았습니다. 상점에 가서 세일에 관한 정보를 얻기 위해 서너 개의 질문을 하세요.

문항 유형	좋아하는 상점에 직접 가서 세일 관련 질문
문항 수준	Intermediate
핵심 포인트	• 상점에서 직원에게 세일 중인 옷에 대해 질문하기 • 세일 중인 옷의 종류, 비용 등에 대해 문의하기
중요도	★★★

Model Answer MP3 33_A4

Hello, I would like to ask about the sale.
I would like to get a new shirt.
What kinds of shirts do you have available?
Can you tell me how much they are?
Can you recommend anything?
Is there perhaps a website I can see?
I wonder if there are any promotions.

Translation

안녕하세요, 세일에 대해 묻고 싶습니다.
새 셔츠를 사고 싶습니다.
어떤 종류의 셔츠가 있나요?
그것이 얼마인지 말해줄 수 있나요?
추천해 주실 것이 있나요?
혹시 제가 볼 수 있는 웹사이트가 있나요?
프로모션이 있는지 궁금합니다.

Key Expressions

- **would like to** ~를 하고 싶다
- **clothes** 옷
- **available** 이용 가능한
- **recommend** 추천하다
- **wonder** 궁금하다, 알고 싶다
- **promotion** 프로모션

5 I'm sorry, but there is a problem I need you to resolve. Once you get home with an item you bought, you realize that the item is damaged. Call the store and explain the situation and state what you want to do to resolve the situation. 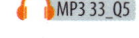 MP3 33_Q5

안타깝지만 당신이 해결해야 하는 문제가 생겼습니다. 구입한 물건을 가지고 집에 돌아온 후에 물건이 파손된 것을 알게 되었습니다. 상점에 전화를 걸어 상황을 설명하고, 문제 해결을 위해 무엇을 하고 싶은지 설명하세요.

문항 유형	구매한 물품이 손상되어 있음. 상점에 전화로 문제 해결
문항 수준	Advanced
핵심 포인트	• 옷 가게에 전화해서 옷의 문제점에 대해 설명하기 • 대안으로 교환과 환불 제시하기
중요도	★★★

Model Answer  MP3 33_A5

Hello, I'm a person who got a shirt at your store.
I'm afraid there is something wrong with my shirt.
There is a rip on the right sleeve.
I would like to come in to get an exchange.
I wonder if I could get a refund if I want to.
Would that be possible?
I'm sorry for all the trouble.

Translation

여보세요. 저는 당신의 상점에서 셔츠를 산 사람입니다.
안타깝지만 제 셔츠에 문제가 있는 것 같습니다.
오른쪽 소매가 찢어졌습니다.
교환을 받으러 가고 싶습니다.
제가 원하면 환불을 받을 수 있을지 궁금합니다.
그게 가능할까요?
번거롭게 해드려 죄송합니다.

Can you tell me when I can visit your store?
What are your business hours?
How late are you open?
Please call me back as soon as possible.
Thank you.

언제 상점에 방문할 수 있는지 말해 주실 수 있나요?
영업 시간이 언제인가요?
몇 시까지 영업을 하나요?
가능한 한 빨리 전화해 주세요.
고맙습니다.

Key Expressions

- **I'm afraid** 미안하지만, 안타깝지만
- **wrong** 잘못된
- **come in** 방문하다
- **get an exchange** 교환 받다
- **wonder** 궁금하다
- **get a refund** 환불 받다
- **trouble** 문제점, 골칫거리
- **business hours** 영업 시간
- **as soon as possible** 최대한 빨리

6 That's the end of the situation. Have you ever bought something that did not work 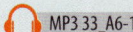 MP3 33_Q6 or was damaged? Tell me about the item you bought that did not function properly or was damaged. Explain what the item was, what was wrong and what you did to resolve the situation.

상황이 종료되었습니다. 제대로 작동하지 않거나 손상된 물건을 산 적이 있나요? 제대로 작동하지 않았거나 손상된 물건을 구매한 경험에 대해 말해주세요. 그 물건이 무엇이었는지, 무엇이 문제였는지, 그리고 상황을 해결하기 위해 무엇을 했는지 설명해주세요.

문항 유형	고장이 나거나 손상된 물건을 구매했던 경험 설명
문항 수준	Advanced
핵심 포인트	• 고장이 나거나 손상된 물건을 구매했던 경험이 없다고 답하기 • 만약 그러한 경험이 있다면 무엇이 문제였는지, 어떻게 해결했는지 설명하기
중요도	★★★★★

Model Answer

Answer 1 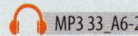 MP3 33_A6-1

To be honest, I have never had that kind of experience.
I think I was lucky.
So, I really don't have much to say about this topic.

Answer 2 MP3 33_A6-2

A few weeks ago, I bought a new smartphone online.
However, the screen was cracked.
Something must have happened during the delivery.
I asked for an exchange right away.
I had to wait another week to get another phone.
It was very frustrating.
So, this was my experience of getting something damaged.

Translation

Answer 1

솔직히 말해서, 저는 그런 경험을 한 적이 없습니다.
운이 좋은 것 같습니다.
그래서, 저는 이 주제에 대해 별로 할 말이 없습니다.

Answer 2

몇 주 전에 저는 온라인으로 새 스마트폰을 구매했습니다.
하지만 스크린에 금이 가 있었습니다.
배송 도중에 무슨 일이 생긴 것이 분명했습니다.
바로 교환 신청을 했습니다.
다른 휴대폰을 받기 위해 한 주를 더 기다려야 했습니다.
매우 짜증이 났습니다.
즉, 이것이 제가 손상된 물건을 받은 경험입니다.

Key Expressions

- **to be honest** 솔직히 말해서
- **experience** 경험
- **lucky** 운이 좋은
- **screen** 화면
- **crack** 금이 가다
- **delivery** 배송
- **exchange** 교환
- **frustrating** 짜증나는
- **damage** 손상

7 I'd like to give you a situation and ask you to act it out. There is a newly opened store. Call your friend who knows about the new store and ask some questions about the store to get some information.  MP3 33_Q7

상황을 하나 드릴 테니 연기해 보세요. 새로 문을 연 상점이 있습니다. 새 상점에 대해 알고 있는 친구에게 전화를 걸어 그 상점에 대한 정보를 얻기 위해 몇 가지 질문을 하세요.

문항 유형	새로 오픈한 상점에 대해 친구에게 전화로 질문
문항 수준	Intermediate
핵심 포인트	• 친구에게 전화로 질문하기 • 새로 오픈한 상점의 물건, 할인, 위치 등에 대해 질문하기
중요도	★★★★★

Model Answer  MP3 33_A7

Hello, Liz. This is Brian.
I'm calling to ask about the new store.
I would like to get some new clothes.
What kinds of clothes do they have available?
Can you tell me how much they are?
Can you recommend anything?
Is there perhaps a website I can see?
I wonder if there are any promotions.
Plus, can you give me directions to the store?
I wonder if I could bring my car.
If not, I'll just take public transportation.
Give me a call when you get this. Thanks.

Translation

여보세요, 리즈, 브라이언이야.
새로 생긴 상점에 대해 물어보려고 전화했어.
나는 새 옷을 사고 싶어.
거기에 어떤 종류의 옷이 있어?
얼마인지 말해줄 수 있어?
추천해 줄 것이 있어?
혹시 내가 볼 수 있는 웹사이트가 있어?
프로모션이 있는지 궁금해.
그리고, 상점으로 가는 길 좀 알려 줄래?
내 차를 가져가도 되는지 궁금해.
그렇지 않으면 대중교통을 이용할게.
이 메시지를 받으면 전화 줘. 고마워.

Key Expressions

- **would like to** ~를 하고 싶다
- **clothes** 옷
- **available** 이용 가능한
- **recommend** 추천하다
- **wonder** 궁금하다, 궁금해하다
- **promotion** 프로모션
- **direction** 위치, 찾아가는 방법
- **bring** 가져가다
- **take public transportation** 대중교통을 타고 가다
- **give a call** 전화하다, 전화를 주다

8 I'm sorry, but there is a problem I need you to resolve. You got some items from the store, but you accidentally left one item behind. Call the store and explain the situation. Ask them when you can visit the store to get your missing item.  MP3 33_Q8

안타깝지만 당신이 해결해야 하는 문제가 생겼습니다. 당신이 상점에서 물건을 몇 개 샀는데 실수로 한 개를 두고 왔습니다. 상점에 전화해서 상황을 설명하세요. 두고온 물건을 가지러 언제 상점에 갈 수 있는지 물어보세요.

문항 유형	구매한 물건 중 하나 상점에 두고 옴. 전화로 도움 요청
문항 수준	Advanced
핵심 포인트	• 상점에 전화해서 문제 상황 설명하기 • 물건을 가지러 가기 위해 필요한 질문하기
중요도	★★★

Model Answer  MP3 33_A8

Hello, I'm a person who got some clothes at your store.

Translation

여보세요, 저는 당신의 상점에서 옷을 샀던 사람입니다.

I'm afraid I left my new shirt behind at your store.
+ It's a black T-shirt.
Could you please check if you have my shirt?
If so, I'll drop by to get it right away.
Would that be possible?
I'm sorry for all the trouble.
Can you tell me when I can visit your store?
What are your business hours?
How late are you open?
Please call me back as soon as possible. Thank you.

죄송하지만 새로 산 셔츠를 당신 상점에 두고 온 것 같습니다. (+ 검정색 티셔츠입니다.)
제 셔츠가 있는지 확인해 주시겠어요?
만약 있다면, 바로 찾으러 가겠습니다.
그게 가능할까요?
번거롭게 해드려 죄송합니다.
언제 상점에 방문할 수 있는지 말해 주실 수 있나요?
영업 시간이 언제인가요?
얼마나 늦게까지 여나요?
가능한 한 빨리 전화주세요. 고맙습니다.

Key Expressions

- **I'm afraid** 미안하지만, 안타깝지만
- **leave behind** 남기고 오다, 두고 오다
- **check** 확인하다
- **drop by** 잠깐 들르다
- **trouble** 문제점, 골칫거리
- **business hours** 영업 시간
- **as soon as possible** 가능한 한 빨리

---

9 I'm sorry, but there is a problem I need you to resolve. You left your wallet behind at the store. Call the store and explain your situation. Give several alternatives to solve the problem.  MP3 33_Q9

안타깝지만 당신이 해결해야 하는 문제가 생겼습니다. 상점에 당신의 지갑을 두고 왔습니다. 상점에 전화해서 상황을 설명하세요. 문제를 해결하기 위해 몇 가지 대안을 제시하세요.

문항 유형	지갑을 상점에 두고 옴. 전화로 도움 요청
문항 수준	Advanced
핵심 포인트	• 상점에 전화해서 문제 상황 설명하기 • 물건을 가지러 가기 위해 필요한 질문하기
중요도	★★★★★

Model Answer  MP3 33_A9

Hello, I'm a person who got some clothes at your store.
I'm afraid I left my wallet behind at your store.
+ It's a black leather wallet.
Could you please check if you have my wallet?
If so, I'll drop by to get it right away.
Would that be possible?
I'm sorry for all the trouble.
Can you tell me when I can visit your store?
What are your business hours?
How late are you open?
Please call me back as soon as possible. Thank you.

Translation

안녕하세요, 저는 당신의 상점에서 옷을 샀던 사람입니다.
죄송하지만 지갑을 당신 상점에 두고 온 것 같습니다. (+ 검정색 가죽 지갑입니다.)
제 지갑이 있는지 확인해 주시겠어요?
만약 있다면, 바로 찾으러 가겠습니다.
그게 가능할까요?
번거롭게 해드려 죄송합니다.
언제 상점에 방문할 수 있는지 말해 주실 수 있나요?
영업 시간이 언제인가요?
얼마나 늦게까지 여나요?
가능한 한 빨리 전화 주세요. 고맙습니다.

Key Expressions

- **I'm afraid** 미안하지만, 안타깝지만
- **leave behind** 남기고 오다, 두고 오다
- **wallet** 지갑
- **drop by** 잠깐 들르다
- **trouble** 문제점, 골칫거리
- **business hours** 영업 시간
- **as soon as possible** 가능한 한 빨리

That's the end of the situation. What was a memorable shopping incident you had? You might have gotten something as a gift for someone. What did you get? Who did you go with? Tell me about that shopping experience in detail.

상황이 종료되었습니다. 기억에 남는 쇼핑 관련 사건은 무엇인가요? 아마도 누군가를 위해 선물로 무언가를 구매했을지도 모릅니다. 무엇을 샀나요? 누구와 같이 갔나요? 그 쇼핑 경험에 대해 자세히 말해주세요.

문항 유형	기억에 남는 본인 쇼핑 경험 묘사
문항 수준	Advanced
핵심 포인트	• 구매하려고 했던 물건이 품절이었던 경험을 과거형 시제로 묘사 • 이미 구매한 물건에 문제가 생겨 환불 받아야 했던 경험을 과거형 시제로 묘사
중요도	★★★

Model Answer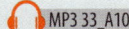

I remember shopping for some shoes recently.
There were a pair of running shoes I wanted to get.
However, the store did NOT have my size in stock.
They were sold-out.
I could NOT get the shoes I wanted.
+ I had to get them online later on.
Plus, I remember getting a shirt online.
I tried it on at home, but it did NOT fit me.
+ It was too tight and short.
+ It did NOT look good on me.
I sent it back to get a refund.

Translation

최근에 신발을 사러 갔던 기억이 납니다.
제가 사고 싶었던 운동화 한 켤레가 있었습니다.
하지만, 상점에 제 사이즈가 없었습니다.
다 팔렸던 겁니다.
제가 원하던 신발을 구할 수 없었습니다.
(+ 나중에 온라인으로 사야 했습니다.)
뿐만 아니라, 온라인에서 셔츠를 산 기억이 납니다.
집에서 입어보니 잘 맞지 않았습니다.
(+ 너무 끼고 짧았습니다.
+ 저에게 전혀 어울리지 않았습니다.)
환불 받기 위해 반품했습니다.

Key Expressions

- **running shoes** 운동화
- **a pair of** 한 쌍의
- **in stock** 재고에
- **sold-out** 품절
- **later on** 나중에
- **try on** 입어보다
- **fit** 잘 맞다
- **tight** 끼는
- **send back** 돌려보내다
- **refund** 환불

11 **That's the end of the situation. Have you ever left something behind at a restaurant or at a store? It could be your wallet, your cell phone or anything that was important. Give me all the details.**

상황이 종료되었습니다. 식당이나 상점에 무언가를 두고 온 적이 있나요? 지갑, 휴대폰이나 다른 중요한 물건이었을 수도 있습니다. 자세하게 말해주세요.

문항 유형	본인이 무엇인가를 어디에 두고 온 경험 묘사
문항 수준	Advanced
핵심 포인트	• 상점에 물건 두고 온 경험 묘사
	• 본인의 과거 경험이기 때문에 주어 I 와 과거형 시제 사용
중요도	★★★★★

Model Answer 🎧 MP3 33_A11

I remember when I left my umbrella behind at a store.
+ at a restaurant + on the subway + on the bus + in a taxi + at home
I completely forgot to pack it when I left the store.
+ I got off the subway + I got off the bus + I left home
It was pouring outside and I got a little wet.
Since then, I try to be more careful.

Translation

상점에 우산을 놓고 왔을 때가 생각납니다.
(+ 레스토랑에서 + 지하철에서 + 버스에서 + 택시에서 + 집에서)
상점을 나서면서 짐을 챙기는 것을 완전히 잊어버렸습니다.
(+ 지하철에서 내리면서 + 버스에서 내리면서 + 집에서 나오면서)
밖에 비가 쏟아져서 조금 젖었습니다.
그 이후로, 저는 조금 더 조심하려고 노력합니다.

Key Expressions

- **leave behind** 두고 오다
- **completely** 완전히
- **forget** 잊어버리다
- **pack** 싸다, 챙기다
- **get off** 내리다

- **leave** 떠나다
- **pour** 비가 쏟아지다
- **wet** 젖은
- **careful** 조심하는

12 I'd like to give you a situation and ask you to act it out. Your friend told you about a food store that he or she goes to. Call your friend and ask about the food store to get some information. 🎧 MP3 33_Q12

상황을 하나 드릴 테니 연기해 보세요. 친구가 가는 식료품점에 대해 알려줬습니다. 친구에게 전화해서 식료품점에 대해 물어보세요.

문항 유형	식료품점에 대해 친구에게 전화 질문
문항 수준	Intermediate
핵심 포인트	• 친구에게 전화로 질문하기 • 식료품점에서 파는 음식 재료와 매장의 위치에 대해 묻기
중요도	★★★

Model Answer 🎧 MP3 33_A12

Hello, Liz. This is Brian.
I'm calling to ask about the food store you talked about.
I would like to get groceries there.
What kinds of groceries do they have available?
Can you tell me how much they are?
Can you recommend anything?
Is there perhaps a website I can see?
I wonder if there are any promotions.
Plus, can you give me directions to the store?
Is it close to the subway station?
Is it within walking distance?
Give me a call when you get this. Thanks.

Translation

여보세요, 리즈. 브라이언이야.
네가 그때 말한 식료품점에 대해 물어보려고 전화했어.
거기서 장을 보고 싶어.
거기에 어떤 종류의 식료품이 있어?
얼마인지 말해줄 수 있어?
추천해 줄 것이 있어?
혹시 내가 볼 수 있는 웹사이트가 있어?
프로모션이 있는지 궁금해.
그리고, 상점으로 가는 길 좀 알려 줄래?
지하철역에서 가까워?
도보로 갈 수 있는 거리야?
이 메시지를 받으면 전화 줘. 고마워.

Key Expressions

• **would like to** ~를 하고 싶다
• **get groceries** 장을 보다
• **available** 이용 가능한
• **recommend** 추천하다
• **wonder** 궁금하다, 궁금해하다

• **promotion** 프로모션
• **direction** 위치, 찾아가는 방법
• **close** 가까운
• **walking distance** 도보로 갈 수 있는 거리

13 I'm sorry, but there is a problem I need you to resolve. You have accidentally left your groceries behind at the food store. Call the food store and explain the situation. Give two to three solutions. 🎧 MP3 33_Q13

안타깝지만 당신이 해결해야 하는 문제가 생겼습니다. 당신이 구매한 식료품을 식료품점에 두고 왔습니다. 식료품점에 전화해서 상황을 설명하세요. 문제를 해결하기 위해 두세 가지의 대안을 제시하세요.

문항 유형	식료품점에 구매한 물품 두고 옴. 전화 도움 요청
문항 수준	Advanced
핵심 포인트	• 식료품점에 전화해서 문제 상황 설명하기 • 물건을 가지러 가기 위해 필요한 질문하기
중요도	★★★

Model Answer 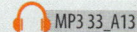 MP3 33_A13

Hello, I'm a person who got groceries at your store.
I'm afraid I left my groceries behind at your store.
+ I got some bread, meat and some wine.
Could you please check if you have my groceries?
If so, I'll drop by to get it right away.
Would that be possible?
I'm sorry for all the trouble.
Can you tell me when I can visit your store?
What are your business hours?
How late are you open?
Please call me back as soon as possible. Thank you.

Translation

안녕하세요, 저는 당신 상점에서 식료품을 산 사람입니다.
죄송하지만 상점에 식료품을 두고 온 것 같습니다.
(+ 빵, 고기, 와인을 샀습니다.)
제 식료품이 있는지 확인해 주시겠어요?
만약 있다면 바로 가지러 가겠습니다.
그게 가능할까요?
번거롭게 해드려 죄송합니다.
언제 상점에 방문할 수 있는지 말해 주실 수 있나요?
영업 시간이 언제인가요?
얼마나 늦게까지 여나요?
가능한 한 빨리 전화를 주세요. 고맙습니다.

Key Expressions

- **I'm afraid** 미안하지만, 안타깝지만
- **leave behind** 남기고 오다, 두고 오다
- **groceries** 식료품
- **check** 확인하다
- **drop by** 잠깐 들르다
- **trouble** 문제점, 골칫거리
- **business hours** 영업 시간
- **as soon as possible** 가능한 한 빨리

---

14 That's the end of the situation. Talk about the food store you go to. How did you first go there? What was special about that place?  MP3 33_Q14

상황이 종료되었습니다. 당신이 가는 식료품점에 대해 이야기해보세요. 어떻게 처음 그곳에 가게 되었나요? 그 상점의 어떤 점이 특별했나요?

문항 유형	본인이 가는 식료품점에 대한 설명
문항 수준	Advanced
핵심 포인트	• 본인이 가는 식료품점에 대해 주어 I, they 사용하여 설명 • 평상시 가는 곳이기 때문에 현재형 시제로 묘사
중요도	★★★

Model Answer 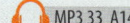 MP3 33_A14

I get groceries at a local supermarket.
I go there because it is close to my house.
They have good prices and good-quality goods.
I can get great deals there.
I am a regular there.
I think I go there once a month on average.

Translation

저는 동네 슈퍼마켓에서 식료품을 삽니다.
그곳이 집에서 가까워서 갑니다.
좋은 가격과 좋은 품질의 상품을 가지고 있습니다.
거기서 많은 할인을 받을 수 있습니다.
저는 그곳의 단골입니다.
저는 평균적으로 한 달에 한 번은 그곳에 가는 것 같습니다.

Key Expressions

- **get groceries** 장을 보다
- **local supermarket** 동네 슈퍼마켓
- **good prices** 좋은 가격
- **good-quality goods** 좋은 품질의 물건
- **regular** 단골
- **on average** 평균적으로

34 Role Play 여행

 **Role Play Master Key Patterns**

롤플레이 답변 시에 활용할 수 있는 주제별 Key Patterns을 학습해보세요.

1. 여행사에 전화해서 전화를 건 목적을 말할 때 사용할 수 있는 표현

〈ask + 목적어 + about〉 (목적어에게) ~에 대해 묻다

- I am calling to ask about package trips. 패키지 여행에 대해 묻기 위해 전화 했습니다.
- I would like to ask you about package trips. 패키지 여행에 대해 묻고 싶습니다.
- Can I ask you about package trips? 당신에게 패키지 여행에 대해 물어도 될까요?

* **ask** 대신 **inquire** 사용 가능

- Can I inquire about a trip to America? 미국 가는 여행에 대해 물어도 될까요?

2. 패키지 여행의 종류에 관해 질문할 때 사용할 수 있는 표현

〈kinds of + 명사〉 〈types of + 명사〉 (명사)의 종류

- What kinds of package trips do you have available? 어떤 종류의 패키지 여행이 있나요?
- Can I ask you about the types of package trips you offer? 당신이 제공하는 패키지 여행의 종류에 대해 물어봐도 될까요?
- Would you please tell me about the types of package trips you provide? 당신이 제공하는 패키지 여행의 종류에 대해 말해 주실 수 있나요?

3. 패키지 여행의 비용에 관해 질문할 때 사용할 수 있는 표현

〈how much〉 얼마인지

- Can you tell me how much they are? 얼마인지 말해 주실 수 있나요?
- I wonder how much they are. 얼마인지 궁금합니다.
- How much does it cost per person? 한 사람당 얼마인가요?
- How much should I pay per person? 한 사람당 얼마를 내야 하나요?

4. 여행에 못 가게 됐을 때 사용할 수 있는 표현

〈be fully booked〉〈be completely booked〉 완전히 예약이 꽉 차다
- The travel agency told me that the package trip is fully booked. 패키지 여행 예약이 꽉 찼다고 여행사에서 말했어.

〈come up〉 생기다, 발생하다
- Something has come up suddenly. I cannot make it to my trip. 일이 갑자기 생겼어. 여행을 못 가게 됐어.

* **something** 뒤에 형용사를 추가해서 더 자세하게 설명 가능
something important 중요한 무언가 / something urgent 급한 무언가 / something serious 심각한 무언가

5. 여행 일정을 다시 잡을 때 사용할 수 있는 표현

〈reschedule〉 일정을 다시 잡다 〈possible〉 가능한
- I would like to reschedule my trip. Would that be possible? 여행 일정을 다시 잡고 싶습니다. 가능할까요?
- Is it possible to reschedule my trip? 제 여행 일정을 다시 잡는 것이 가능할까요?
- I wonder if it is possible to reschedule my trip. 제 여행 일정을 다시 잡는 것이 가능한지 궁금합니다.

6. 기차/비행기/렌터카에 문제가 발생했을 때 사용할 수 있는 표현

(기차) 〈miss + 명사〉 명사를 놓치다
- I just missed the train I had to take. 타야 하는 기차를 방금 놓쳤습니다.

(비행기) 〈be canceled〉 취소되다
- My flight has been cancelled. Other flights are fully booked as well. 제 항공편이 취소됐습니다. 다른 항공편도 모두 꽉 찼습니다.

(렌터카) 〈clean properly〉 제대로 치우다
- The car is not cleaned properly. 차가 제대로 치워지지 않았습니다.

7. 여행사/렌터카에 방문하기 위해 필요한 질문 하기

- Can you tell me when I can visit your office? 언제 사무실에 방문해도 되는지 말해 주실 수 있나요?
- Can you give me directions to the office? 사무실까지 가는 방법을 알려 줄 수 있나요?
- Is it close to the subway station? 지하철역에서 가깝나요?
- Is it within walking distance? 도보로 갈 수 있는 거리인가요?
- What are your business hours? 영업 시간이 어떻게 되나요?
- How late are you open? 얼마나 늦게까지 여나요?

8. 외국 국가와 우리나라의 지형적 특징을 비교할 때 쓰이는 추가 표현

〈be similar to + 명사〉 (명사)와 비슷하다
- The geography of Korea is similar to that of Japan. 한국의 지형은 일본의 지형과 비슷하다.

〈the same as + 명사〉〈just like + 명사〉 명사와 같다, 매우 비슷하다
- There are many beaches in Korea just like Japan. 일본처럼 한국에는 해변이 많다.

OPIc 질문에 대한 모범 답변을 살펴본 후, 질문의 핵심 포인트를 파악하여 나만의 OPIc 답변을 만들어보세요.

Travel Agency 여행사 1

1 I'd like to give you a situation and ask you to act it out. You are planning on going on a trip. Call a travel agency and ask three or four questions about the trip you want to go on.  MP3 34_Q1

상황을 하나 드릴 테니 연기해 보세요. 당신은 여행을 계획하고 있습니다. 여행사에 전화해서 가고 싶은 여행에 대해 서너 가지 질문을 하세요.

문항 유형	여행사에 전화해서 여행 상품 문의
문항 수준	Intermediate
핵심 포인트	• 여행사에 전화해서 문의하기 • 패키지 여행에 관해 질문 하기
중요도	★★★

Model Answer MP3 34_A1

Hello, I'm calling to ask about package trips.
I would like to go on a vacation.
What kinds of package trips do you have available?
Can you tell me how much they are?
Can you recommend anything?
Is there perhaps a website I can see?
I wonder if there are any promotions.
Plus, can you give me directions to your office?
Is it close to the subway station?
Is it within walking distance?
Please call me back as soon as possible. Thank you.

Translation

여보세요, 패키지 여행에 대해 문의하려고 전화 드렸습니다.
저는 휴가를 가고 싶습니다.
어떤 종류의 패키지 여행을 이용할 수 있나요?
그것이 얼마인지 말해줄 수 있나요?
추천해 주실 것이 있나요?
제가 볼 수 있는 웹사이트가 있나요?
프로모션이 있는지 궁금합니다.
그리고, 사무실로 가는 길 좀 알려 주시겠어요?
지하철역에서 가깝나요?
걸어서 갈 수 있는 거리에 있나요?
가능한 한 빨리 전화 주세요. 고맙습니다.

Key Expressions

- **package trip** 패키지 여행
- **would like to** ~를 하고 싶다
- **go on a vacation** 휴가를 가다
- **available** 이용 가능한
- **recommend** 추천하다
- **wonder** 궁금하다, 궁금해하다
- **promotion** 프로모션
- **direction** 위치, 찾아가는 방법
- **subway station** 지하철역
- **walking distance** 도보로 갈 수 있는 거리
- **call back** 다시 전화 주다
- **as soon as possible** 가능한 한 빨리

2 I'm sorry, but there is a problem I need you to resolve. You got a phone call from a travel agent and you have been informed that there is a problem with the trip that you wanted to go on and it is not available now. Call your friend, explain the situation and then give two to three alternatives.  MP3 34_Q2

안타깝지만 당신이 해결해야 하는 문제가 생겼습니다. 여행사 직원으로부터 전화를 받았는데, 당신이 가고자 했던 여행에 문제가 있어서 지금 이용할 수 없다는 연락을 받았습니다. 친구에게 전화해서 상황을 설명하고 두세 가지 대안을 제시하세요.

문항 유형	친구에게 여행 상품 문제 설명, 대안 제시
문항 수준	Advanced
핵심 포인트	• 친구에게 전화해서 문제 상황 설명하기 • 여행 일정 변경하기
중요도	★★★

Hello, Jake. This is Brian.
I have some bad news.
I just talked to the travel agency.
They told me that the package trip is fully booked.
Can you tell me what you want to do?
Why DON'T we go next time?
What do you say we go next week?
Or, maybe we could go another time.
Can you tell me what you think?
I'm fine with whatever you decide.
Give me a call when you get this. Thanks.

Translation

여보세요, 제이크. 브라이언이야.
나쁜 소식이 있어.
방금 여행사와 통화했어.
패키지 여행 예약이 꽉 찼다고 하네.
어떻게 하고 싶은지 말해줄래?
다음에 가는 게 어떨까?
다음 주에 가는 건 어때?
아니면, 다음에 갈 수 있을 때 가자.
어떻게 생각하는지 말해줄래?
네가 어떤 결정을 내리든 난 다 괜찮아.
이 메시지를 받으면 전화 줘. 고마워.

Key Expressions

- **bad news** 나쁜 소식
- **travel agency** 여행사
- **package trip** 패키지 여행
- **fully booked** 예약이 꽉 차다
- **another time** 다음에
- **whatever** 무엇이든지
- **decide** 결정하다
- **give a call** 전화하다

3 I'm sorry, but there is a problem I need you to resolve. You have booked a non-refundable plane ticket. However, something has happened that prevents you from going next week. Call the travel agent, explain what has happened, and offer two or three alternatives to resolve the problem. MP3 34_Q3

안타깝지만 당신이 해결해야 하는 문제가 생겼습니다. 환불되지 않는 비행기 표를 예약했습니다. 하지만, 일이 생겨서 다음 주에 있는 여행을 가지 못하게 되었습니다. 여행사 직원에게 전화를 걸어 상황을 설명하고 문제를 해결 할 두세 가지 대안을 제시하세요.

문항 유형	여행 계획 변경 필요. 여행사 전화해서 대안 제시
문항 수준	Advanced
핵심 포인트	• 여행사에 전화해서 문제 상황 설명하기 • 문제 해결을 위해 여행 일정 변경하기
중요도	★★★★★

Hello, I'm a person who booked a package trip.
However, I DON'T think I can make it to my trip.
Something has come up suddenly.
I would like to reschedule my trip.
Would that be possible?
I'm sorry for all the trouble.
Can you tell me when I can visit your office?
What are your business hours?
How late are you open?
Please call me back as soon as possible. Thank you.

Translation

여보세요, 패키지 여행을 예약한 사람입니다.
하지만, 제가 여행에 갈 수 없을 것 같습니다.
갑자기 일이 생겼습니다.
여행 일정을 재조정하고 싶습니다.
그게 가능할까요?
번거롭게 해드려 죄송합니다.
언제 사무실에 방문할 수 있는지 말해 주실 수 있나요?
업무 시간이 언제인가요?
얼마나 늦게까지 여나요?
가능한 한 빨리 전화 주세요. 고맙습니다.

Key Expressions

- **book** 예약하다
- **package trip** 패키지 여행
- **make it** 성공하다
- **come up** 생기다, 발생하다
- **suddenly** 갑자기
- **reschedule** 일정을 변경하다
- **trouble** 문제점, 골칫거리
- **business hours** 영업 시간
- **call back** 다시 전화 주다
- **as soon as possible** 가능한 한 빨리

4 I'm sorry, but there is a problem I need you to resolve. You were supposed to be on a train to visit a friend. However, you missed the train and can't go meet your friend. Call your friend and explain about the situation. Give two to three alternatives to solve the problem.  MP3 34_Q4

안타깝지만, 당신이 해결해야 하는 문제가 생겼습니다. 친구를 만나기 위해 기차를 타기로 되어 있습니다. 하지만 기차를 놓쳐서 친구를 만나러 갈 수 없게 되었습니다. 친구에게 전화해서 상황에 대해 설명하세요. 문제를 해결하기 위해 두세 가지 대안을 제시하세요.

문항 유형	기차를 놓쳐서 친구 집에 못 가게 됨. 대안 제시
문항 수준	Advanced
핵심 포인트	• 친구에게 전화로 문제 상황 설명하기 • 다시 만날 약속 잡기
중요도	★★★

Model Answer MP3 34_A4

Hello, Jake. This is Brian.
I have some bad news.
I DON'T think I can make it to your place today.
I just missed the train I had to take.
I would like to reschedule my trip.
Would that be possible?
I'm sorry for all the trouble.
Can you tell me what you think?
I'm fine with whatever you decide.
Call me back when you get this. Thanks.

Translation

여보세요, 제이크. 브라이언이야.
나쁜 소식이 있어.
오늘 너의 집에 못 갈 것 같아.
내가 타야 할 기차를 방금 놓쳤어.
일정을 재조정하고 싶어.
그게 가능할까?
번거롭게 해서 미안해.
어떻게 생각하는지 말해줄래?
네가 어떤 결정을 내리든 난 괜찮아.
이 메시지를 받으면 전화 줘. 고마워.

Key Expressions

- **bad news** 나쁜 소식
- **make it** 성공하다, 해내다
- **miss** 놓치다
- **reschedule** 일정을 변경하다
- **whatever** 무엇이든지
- **decide** 결정하다
- **call back** 다시 전화하다

5 I'm sorry, but there is a problem I need you to resolve. When you arrived at the airport, you were told that your flight is canceled and other flights are completely booked. Call your travel agency, explain the situation, and make two or three suggestions for how you resolve the situation.  MP3 34_Q5

안타깝지만, 당신이 해결해야 하는 문제가 생겼습니다. 공항에 도착했을 때, 당신이 예약한 비행기가 취소되고 다른 항공편은 모두 만석이라고 들었습니다. 여행사에 전화해서 상황을 설명하고 상황을 해결하기 위해 두세 가지 제안을 하세요.

문항 유형	공항 도착했는데 항공편 취소됨. 여행사에 전화 문제 해결
문항 수준	Advanced
핵심 포인트	• 여행사에 전화해서 문제 상황 설명하기 • 일정 조정하여 항공편 다시 예약하기
중요도	★★★

Model Answer MP3 34_A5

Hello, I'm a person who got a plane ticket at your travel agency.
I have some bad news.
I have arrived at the airport, but my flight has

Translation

여보세요, 저는 당신의 여행사에서 항공편을 구매한 사람입니다.
나쁜 소식이 있습니다.
공항에 도착했는데 제 항공편이 취소됐습니다.

been canceled.
Other flights are fully booked as well.
I would like to reschedule my trip.
Would that be possible?
I'm sorry for all the trouble.
Can you tell me when I can visit your office?
What are your business hours?
How late are you open?
Please call me back as soon as possible. Thank you.

다른 항공편도 예약이 꽉 찼습니다.
여행 일정을 재조정하고 싶습니다.
그게 가능할까요?
번거롭게 해드려 죄송합니다.
언제 사무실에 방문할 수 있는지 말해 주실 수 있나요?
업무 시간이 언제인가요?
얼마나 늦게까지 여나요?
가능한 한 빨리 전화 주세요. 고맙습니다.

Key Expressions

- **plane ticket** 항공편
- **travel agency** 여행사
- **bad news** 나쁜 소식
- **arrive** 도착하다

- **flight** 항공, 비행기
- **cancel** 취소하다
- **fully-booked** 예약이 꽉 찬
- **reschedule** 일정을 변경하다

- **trouble** 문제점, 골칫거리
- **business hours** 영업 시간
- **call back** 다시 전화 주다
- **as soon as possible** 가능한 한 빨리

---

6 That's the end of the situation. You may have had problems while you were planning a trip. What was the problem and how did you deal with the situation?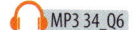

상황이 종료되었습니다. 여행을 계획하는 동안 문제가 생겼을 수도 있습니다. 어떤 점이 문제였고, 상황을 어떻게 대처했나요?

문항 유형	여행을 계획하는 단계에서 겪어본 어려움 묘사
문항 수준	Advanced
핵심 포인트	• 숙취 때문에 취소된 여행에 대해 묘사하기 • 본인의 과거 경험이기 때문에 주어 I 와 과거형 시제 사용
중요도	★★★

Model Answer

I remember when I was supposed to go on a trip with my friends.
However, I got sick because I drank a lot the night before.
I had a bad hangover.
My stomach was upset and I felt dizzy.
I felt bad about missing the trip, but there was nothing I could do.
I told my friends that I could NOT make it and said I was sorry.
Looking back, I regret missing the trip that time.

Translation

친구들과 함께 여행을 가기로 했던 때가 생각납니다.
하지만 전날 밤에 술을 많이 마셔서 아팠습니다.
숙취가 심했습니다.
배탈이 나고 어지러웠습니다.
여행을 놓쳐 아쉬웠지만 어쩔 수 없었습니다.
친구들에게 못 간다고 말하고 미안하다고 했습니다.
돌이켜보면, 그때 여행을 놓친 것이 후회됩니다.

Key Expressions

- **be supposed to** ~하기로 되어 있다
- **go on a trip** 여행가다
- **get sick** 아프다
- **drink a lot** 술을 많이 마시다

- **hangover** 숙취
- **stomach** 배, 복부
- **upset** 아픈
- **dizzy** 어지러운

- **feel bad** 미안함을 느끼다
- **miss** 놓치다
- **make it** 성공하다, 해내다
- **regret** 후회하다

7 That's the end of the situation. There are times when something out of the ordinary happens while traveling. I wonder if you have ever experienced anything surprising, unexpected or unusual during a trip. Start by telling when and where you were. And then, tell me why it was so unforgettable.

🎧 MP3 34_Q7

상황이 종료되었습니다. 여행하다 보면 특이한 일이 생길 때가 있습니다. 여행 중에 놀라운 일, 예상치 못한 일, 특이한 일을 경험한 적이 있는지 궁금합니다. 언제, 어디를 여행 중이었는지, 그리고 왜 그 일을 잊을 수 없게 되었는지 자세히 말해주세요.

문항 유형	여행 중에 있었던 특이했던 에피소드 자세히 묘사
문항 수준	Advanced
핵심 포인트	• 여행 중 식중독에 걸린 경험 묘사하기 • 본인의 과거 경험이기 때문에 과거형 시제와 주어 I 사용
중요도	★★★

Model Answer 🎧 MP3 34_A7

I remember eating something wrong during a trip.
+ eating too fast + eating too much
I think I ate something that went bad.
I got food poisoning and it was pretty bad.
+ got indigestion + got enteritis
My stomach was upset.
+ I had a fever and I felt light headed.
+ I went to the bathroom over and over again because I had the runs.
I went to the drug store and I got some medicine.
I took some medicine to get better.
I had to stay inside and get a lot of rest.
Since then, I try to be more careful when I'm eating something.

Translation

여행 중에 잘못된 것을 먹은 기억이 납니다.
(+ 너무 빨리 먹은 + 너무 많이 먹은)
상한 것을 먹은 것 같습니다.
식중독에 걸렸는데 꽤 심했습니다.
(+ 소화불량 + 장염)
복통이 있었습니다.
(+ 열이 나고 머리가 어지러웠습니다.
+ 설사 때문에 화장실을 들락날락했습니다.)
약국에 가서 약을 구했습니다.
낫기 위해 약을 먹었습니다.
실내에 있으면서 많이 쉬어야 했습니다.
그 이후로, 저는 무언가를 먹을 때 더 조심하려고 노력합니다.

Key Expressions

- **something wrong** 무언가가 잘못된
- **go bad** 상하다
- **food poisoning** 식중독
- **indigestion** 소화불량
- **enteritis** 장염
- **stomach** 배
- **upset** 아픈
- **light-headed** 머리가 어지러운
- **have a fever** 열이 나다
- **drug store** 약국
- **take medicine** 약을 먹다
- **get rest** 쉬다
- **careful** 조심하는

416

데이터 트렌드로 쉽게 취득하는 OPIc IH

8 That's the end of the situation. Have you ever had to deal with problems caused by canceled flights? Describe that experience in detail. Tell me when and where this took place and what exactly happened. Talk about that story from beginning to end.

 MP3 34_Q8

상황이 종료되었습니다. 항공편 취소로 인한 불편을 겪어본 적이 있나요? 그 경험을 자세히 설명해보세요. 언제 어디서 일이 일어났고 정확히 무슨 일이 있었는지 말해주세요. 그 경험에 대해 처음부터 끝까지 이야기해주세요.

문항 유형	항공편이 취소되어 본인이 겪어본 불편 설명
문항 수준	Advanced
핵심 포인트	• 항공편이 취소된 적이 없다고 답하기
	• 본인이 겪어보지 않았다면 다른 사람이 겪은 경험을 과거형 시제로 묘사하기
중요도	★★★

Model Answer

Answer 1 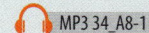 MP3 34_A8-1

To be honest, I have never had that kind of experience.
I think I was lucky.
So, I really don't have much to say about this topic.

Answer 2  MP3 34_A8-2

I have never had that kind of experience but my friend was in trouble because of the canceled flight.
She booked a flight ticket to Europe last year.
However, the airline was on strike, so her flight was canceled.
She had to find other ways to get there.
Fortunately, she got another flight ticket and she could enjoy her trip in Europe.

Translation

Answer 1

솔직히 그런 경험은 겪은 적이 없습니다.
운이 좋은 것 같습니다.
그래서, 저는 이 주제에 대해 별로 할 말이 없습니다.

Answer 2

저는 그런 경험을 한 적이 없지만 제 친구가 취소된 항공편으로 인해 어려움을 겪은 적이 있습니다.
그녀는 작년에 유럽으로 가는 항공편을 예약했습니다.
하지만 항공사가 파업을 해서 항공편이 취소되었습니다.
그곳에 갈 다른 방법을 찾아야 했습니다.
다행히 다른 항공편을 구해서 유럽 여행을 즐길 수 있었습니다.

Key Expressions

• **experience** 경험
• **trouble** 문제점
• **cancel** 취소하다
• **flight** 항공

• **book** 예약하다
• **on strike** 파업 중
• **fortunately** 다행히도

9 I'd like to give you a situation and ask you to act it out. You need to buy a train ticket to go visit your friend this weekend. Go to the ticket counter at the train station and ask three or four questions to get the information you need to book a ticket. 🎧 MP3 34_Q9

상황을 하나 드릴 테니 연기해 보세요. 이번 주말에 친구를 방문하기 위해 기차표를 사야 합니다. 기차역 창구에 가서 예매에 필요한 정보를 얻기 위해 서너 가지 질문을 하세요.

문항 유형	기차역 창구에 가서 기차표 사는 방법 문의
문항 수준	Intermediate
핵심 포인트	• 기차역 창구에서 기차 티켓 예약하기 • 기차 시간, 가격에 대해 묻기
중요도	★★★

Model Answer 🎧 MP3 34_A9

Hello, I would like to get a ticket.
I would like to get on the 7 o'clock train.
What kinds of tickets do you have available?
Can you tell me how much they are?
Can you recommend anything?
Is there perhaps a website I can see?
I wonder if there are any promotions.

Translation

안녕하세요, 티켓을 사고 싶습니다.
7시 기차를 타고 싶습니다.
어떤 종류의 티켓을 구할 수 있나요?
그것이 얼마인지 말해줄 수 있나요?
추천해 주실 것이 있나요?
혹시 제가 볼 수 있는 웹사이트가 있나요?
프로모션이 있는지 궁금합니다.

Key Expressions

• **would like to** ~를 하고 싶다
• **get on** 타다
• **available** 이용 가능한
• **recommend** 추천하다
• **wonder** 궁금하다, 궁금해하다
• **promotion** 프로모션

10 I'm sorry, but there is a problem I need you to resolve. When you get to the train station, you miss your train and will be late to meet your friend. Call your friend, explain your situation and offer some alternatives. 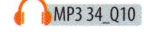 MP3 34_Q10

안타깝지만 당신이 해결해야 하는 문제가 생겼습니다. 기차역에 도착했는데 기차를 놓쳐서 친구를 만나는 데 늦게 되었습니다. 친구에게 전화해서 상황을 설명하고 대안을 제시하세요.

문항 유형	기차를 놓쳐서 친구 만날 약속 늦게 되어 설명, 대안 제시
문항 수준	Advanced
핵심 포인트	• 친구에게 전화로 문제 상황 설명하기 • 다시 만날 약속 잡기
중요도	★★★

Model Answer 🎧 MP3 34_A10

Hello, Jake. This is Brian.
I have some bad news.
I DON'T think I can make it to your place on time today.
I just missed the train I had to take.
Can you tell me what you want to do?
Why DON'T you have dinner by yourself?
What do you say we grab some drinks later on?

Translation

여보세요, 제이크. 브라이언이야.
나쁜 소식이 있어.
오늘 너네 집에 제 시간에 도착할 수 없을 것 같아.
내가 타야 할 기차를 방금 놓쳤어.
어떻게 하고 싶은지 말해줄래?
너 혼자 저녁 식사 하는 건 어때?
이따가 술 한잔 하는 게 어떨까?
아니면 그냥 커피라도 마셔도 돼.

Or, maybe we could just have coffee.
Can you tell me what you think?
I'm fine with whatever you decide.
Call me back when you get this. Thanks.

어떻게 생각하는지 말해줄래?
네가 어떤 결정을 내리든 난 다 괜찮아.
이 메시지를 받으면 전화 줘. 고마워.

Key Expressions

- **make it** 성공하다, 해내다
- **on time** 제 시간에
- **miss** 놓치다
- **have dinner** 저녁 식사 하다
- **grab drinks** 술을 마시다
- **have coffee** 커피를 마시다
- **whatever** 무엇이든지
- **decide** 결정하다
- **call back** 다시 전화하다

11 That's the end of the situation. Have you ever traveled somewhere but missed a bus, a train or a plane? Tell me about an experience you have had when you had difficulty getting to your destination. Start by telling me where you were going and why that happened. Then, tell me what you had to do to finally get to your destination.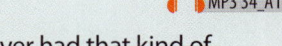

상황이 종료되었습니다. 어딘가를 여행하다가 버스, 기차 또는 비행기를 놓친 적이 있나요? 목적지에 도착하는 데 어려움을 겪었던 경험에 대해 말해주세요. 어디를 가고 있었는지, 왜 그 일이 생겼는지 말해주세요. 그리고, 목적지에 도착하기 위해 무엇을 해야 했는지 말해주세요.

문항 유형	본인이 여행 중 교통편을 놓쳐서 생긴 문제 설명
문항 수준	Advanced
핵심 포인트	• 교통편을 놓친 경험이 없다고 답하기 • 교통편을 놓친 경험이 있다면 주어 I 와 과거형 시제로 묘사하기
중요도	★★★

Model Answer

Answer 1

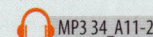

To be honest, I have never had that kind of experience.
I think I was lucky.
So, I really don't have much to say about this topic.

Answer 2

A few months ago, I booked a train ticket to visit my hometown. The train was leaving at 10 am.
I left home around 9 am and got on the bus to get to the train station.
However, traffic was extremely heavy that day for some reason.
I thought I had enough time, but I was totally wrong.
Unfortunately, I missed the 10 am train, so I had to book another one leaving at 2 pm.
It was a waste of time.

Translation

Answer 1

솔직히 그런 경험은 겪은 적이 없습니다.
운이 좋은 것 같습니다.
그래서, 저는 이 주제에 대해 별로 할 말이 없습니다.

Answer 2

몇 달 전에 고향에 방문하기 위해 기차표를 예매했습니다.
오전 10시에 출발하는 기차였습니다.
집에서 오전 9시 정도에 나와 기차역에 가기 위해 버스를 탔습니다.
하지만 어떤 이유에서인지 차가 매우 막혔습니다.
충분히 시간이 있는 줄 알았는데 제가 완전히 틀렸습니다.
불행히도 오전 10시 기차를 놓쳐서 오후 2시 기차를 예매해야 했습니다.
엄청난 시간 낭비였습니다.

Key Expressions

- **experience** 경험
- **book** 예약하다
- **leave** 떠나다
- **get on** 타다
- **extremely** 매우
- **for some reason** 어떤 이유에선지
- **totally** 완전히
- **wrong** 틀린
- **miss** 놓치다
- **waste** 낭비하다, 낭비

12 I'd like to give you a situation and ask you to act it out. You are planning on going 🎧 MP3 34_Q12 on a trip to a country where your friend lives. Call your friend and ask about the geography there. And then, ask two or three more questions regarding your travel plans.

상황을 하나 드릴 테니 연기해 보세요. 친구가 사는 나라로 여행을 갈 계획을 하고 있습니다. 친구에게 전화해서 그곳의 지형에 대해 물어보세요. 그리고 나서, 여행 계획을 짜는 데 필요한 두세 가지 질문을 하세요.

문항 유형	해외 친구 방문 계획 중, 전화로 현지 지형/계획 질문
문항 수준	Intermediate
핵심 포인트	• 친구에게 전화로 질문하기 • 친구가 사는 곳의 지형에 관해 질문하기
중요도	★★★

Model Answer 🎧 MP3 34_A12

Hello, Liz. This is Jake.
I'm calling to ask about my trip.
I would like to ask about the geography.
First, are there any mountains there?
If so, why DON'T we go hiking or camping?
Next, are there any beaches there?
If so, maybe we could go on a picnic.
Can you tell me what you think?
I'm fine with whatever you decide.
Call me back when you get this. Thanks.

Translation

여보세요. 리즈. 제이크야.
내 여행에 대해 물어보려고 전화했어.
지형에 대해 묻고 싶어.
우선, 그곳에 산이 있어?
만약 그렇다면, 우리 하이킹이나 캠핑 가는 거 어때?
그리고 거기에 해변이 있어?
만약 그렇다면, 피크닉을 가도 되겠다.
어떻게 생각하는지 말해줄래?
네가 어떤 결정을 내리든 난 다 괜찮아.
이 메시지를 받으면 전화 줘. 고마워.

Key Expressions

- **ask about** ~에 대해 묻다
- **geography** 지형
- **go hiking** 등산 가다
- **go camping** 캠핑 가다
- **maybe** 아마도
- **go on a picnic** 피크닉을 가다
- **fine with** ~와 괜찮은
- **whatever** 무엇이든
- **decide** 결정하다
- **call back** 다시 전화 주다

13 I'm sorry, but there is a problem I need you to resolve. You cannot go on the  trip because of some reason. Call your friend and explain the situation. Give two to three alternatives.

안타깝지만, 당신이 해결해야 하는 문제가 생겼습니다. 어떤 이유 때문에 여행을 갈 수 없게 되었습니다. 친구에게 전화해서 상황을 설명하세요. 두세 가지의 대안을 제시하세요.

문항 유형	문제가 생겨서 여행 못 가게 됨. 전화해서 대안 제시
문항 수준	Advanced
핵심 포인트	• 친구에게 전화해서 문제 상황 설명하기 • 다시 여행 날짜 잡기
중요도	★★★

Model Answer

🎧 MP3 34_A13

Hello, Liz. This is Jake.
I have some bad news.
I DON'T think I can make it to my trip.
Something has come up suddenly.
I would like to reschedule my trip.
Would that be possible?
I'm sorry for all the trouble.
Can you tell me what you think?
I'm fine with whatever you decide.
Call me back when you get this. Thanks.

Translation

여보세요. 리즈. 제이크야.
나쁜 소식이 있어.
나 여행을 못 갈 것 같아.
갑자기 일이 생겼어.
여행 일정을 다시 조정하고 싶어.
그게 가능할까?
번거롭게 해서 미안해.
어떻게 생각하는지 말해줄래?
네가 어떤 결정을 내리든 난 다 괜찮아.
이 메시지 받으면 전화 줘. 고마워.

Key Expressions

- **bad news** 나쁜 소식
- **make it** 성공하다, 해내다
- **come up** 발생하다, 생기다
- **suddenly** 갑자기
- **reschedule** 일정을 변경하다
- **whatever** 무엇이든지
- **decide** 결정하다
- **call back** 다시 전화하다

---

14 That's the end of the situation. Have you ever been on a trip to another country? How is the geography there different from your country's?  MP3 34_Q14

상황이 종료되었습니다. 다른 나라로 여행을 간 적이 있나요? 그곳의 지형이 당신 나라의 지형과 어떻게 다른가요?

문항 유형	외국 국가와 우리나라의 지형적 특징 비교
문항 수준	Advanced
핵심 포인트	• 한국과 일본의 지형을 현재형 시제로 비교하기 • 주어 Korea, Japan, beaches, there 등 상황에 맞게 사용하기
중요도	★★★

Model Answer

 MP3 34_A14

Japan is one of our closest neighboring countries.
Japan is very similar to Korea when it comes to its geography.
There are many mountains in Japan.
In fact, roughly half of Japan is mountains.
Also, Japan is an island nation, so there are tons of beaches.
Some beaches are popular vacation spots.
The coastline is very scenic.
People often go on vacations to coastal areas.

Translation

일본은 가장 가까운 이웃 국가들 중 하나입니다.
지리적으로 볼 때 일본은 한국과 매우 비슷합니다.
일본에는 산이 많습니다.
사실, 일본의 대략 절반은 산입니다.
또한 일본은 섬나라이기 때문에 해변이 많습니다.
몇몇 해변은 유명한 휴양지입니다.
해안선은 매우 경치가 좋습니다.
사람들은 종종 해안 지역으로 휴가를 갑니다.

Key Expressions

- **closest** 가장 가까운
- **neighboring** 이웃의
- **similar to** ~와 비슷한
- **when it comes to** ~에 관한 한
- **geography** 지리, 지형
- **in fact** 사실은
- **roughly** 대략적으로
- **island nation** 섬나라
- **vacation spots** 휴양지
- **coastline** 해안선
- **scenic** 경치가 좋은
- **coastal areas** 해안 지역

15 I'd like to give you a situation and ask you to act it out. You need to rent a car for about a week. Call the rental agency and ask several questions about the car you want to rent.  MP3 34_Q15

상황을 하나 드릴 테니 연기해 보세요. 일주일 정도 차를 빌려야 합니다. 렌터카 대리점에 전화해서 렌트하고 싶은 차에 대해 몇 가지 질문을 하세요.

문항 유형	렌터카 업체에 전화해서 차 렌트 문의
문항 수준	Intermediate
핵심 포인트	• 렌터카 업체에 전화로 문의하기 • 렌터카의 종류와 비용에 대해 질문하기
중요도	★★★

Model Answer 🎧 MP3 34_A15

Hello, I'm calling to ask about renting a car.
I would like to rent a car for a week.
What kinds of cars do you have available?
Can you tell me how much they are?
Can you recommend anything?
Is there perhaps a website I can see?
I wonder if there are any promotions.
Plus, can you give me directions to your office?
Is it close to the subway station?
Is it within walking distance?
Please call me back as soon as possible. Thank you.

Translation

여보세요, 차를 빌리는 것에 대해 문의하려고 전화 드렸습니다.
일주일 동안 차를 빌리고 싶습니다.
어떤 종류의 차를 이용할 수 있나요?
얼마인지 말해줄 수 있나요?
추천해 주실 것이 있나요?
혹시 제가 볼 수 있는 웹사이트가 있나요?
프로모션이 있는지 궁금합니다.
그리고, 사무실로 가는 길 좀 알려 주시겠어요?
지하철역에서 가깝나요?
걸어서 갈 수 있는 거리에 있나요?
가능한 한 빨리 전화 주세요. 고맙습니다.

Key Expressions

- **rent** 빌리다
- **would like to** ~를 하고 싶다
- **available** 이용 가능한
- **recommend** 추천하다
- **wonder** 궁금하다, 궁금해하다
- **promotion** 프로모션
- **direction** 위치, 찾아가는 방법
- **subway station** 지하철역
- **walking distance** 도보로 갈 수 있는 거리
- **call back** 다시 전화 주다
- **as soon as possible** 가능한 한 빨리

16 I'm sorry, but there is a problem I need you to resolve. You have received the rental car, but there are many problems with it. Call the rental agency and explain the situation. Give two to three alternatives.  MP3 34_Q16

안타깝지만, 당신이 해결해야 하는 문제가 생겼습니다. 렌터카를 받았는데 차에 문제가 많습니다. 렌터카 대리점에 전화해서 상황을 설명하세요. 두세 가지의 대안을 제시하세요.

문항 유형	렌트한 차에 문제가 있음. 전화해서 해결
문항 수준	Advanced
핵심 포인트	• 렌터카 대여소에 전화해서 문제 상황 설명하기 • 대안으로 교환이나 환불 제시
중요도	★★★

Model Answer  MP3 34_A16

Hello, I'm a person who rented a car from your agency.
I'm afraid there's something wrong with the car.
+ The car is NOT cleaned properly.

Translation

여보세요. 저는 당신의 대리점에서 차를 렌트한 사람입니다.
안타깝지만 차에 뭔가 잘못 되었습니다.
(+ 차가 제대로 치워지지 않았습니다.

데이터화 트렌드로 쉽게 취득하는 OPIc IH

+ I am very unhappy with the car.
I would like to come in to get an exchange.
I wonder if I could get a refund if I want to.
Would that be possible?
I'm sorry for all the trouble.
Can you tell me when I can visit your office?
What are your business hours? How late are you open?
Please call me back as soon as possible. Thank you.

+ 저는 이 차가 매우 불만족스럽습니다.)
교환을 받으러 가고 싶습니다.
제가 원하면 환불을 받을 수 있는지 궁금합니다.
그게 가능할까요?
번거롭게 해드려 죄송합니다.
언제 사무실에 방문할 수 있는지 말해 주실 수 있나요?
업무 시간이 언제인가요? 얼마나 늦게까지 여나요?
가능한 한 빨리 전화 주세요. 고맙습니다.

Key Expressions

- **rent** 빌리다
- **agency** 사무실, 대리점
- **clean up** 치우다
- **properly** 제대로
- **unhappy with** ~에 불만족스러운
- **exchange** 교환
- **wonder** 궁금하다
- **refund** 환불
- **possible** 가능한
- **business hours** 영업 시간
- **call back** 다시 전화 주다
- **as soon as possible** 가능한 한 빨리

 17 That's the end of the situation. Have you ever rented a car from a rental car agency? Why did you rent the car? When and where did you rent the car? Give me all the details about that experience. 🎧 MP3 34_Q17

상황이 종료되었습니다. 렌터카 대리점에서 차를 렌트해 본 적이 있나요? 왜 차를 빌렸나요? 언제 어디서 차를 빌렸나요? 그 경험에 대해 자세히 말해주세요.

문항 유형	본인의 렌트카 이용 경험 묘사
문항 수준	Advanced
핵심 포인트	• 렌터카를 이용해 본 경험이 없다고 답하기
	• 만약 있다면 언제 어디서 빌렸는지, 어땠는지 묘사하기
중요도	★★★

Model Answer

Answer 1 🎧 MP3 34_A17-1

To be honest, I have never rented a car in my life.
So, I really DON'T have much to say about this topic.

Answer 2 🎧 MP3 34_A17-2

When I visited Hawaii with my family, we decided to rent a car.
It was the easiest way to move around in the island.
We rented the car from Hertz because it was the nearest rental car agency from our hotel.
The car was spacious and clean.
We drove around the island for two days.
It was very satisfying.

Translation

Answer 1

솔직히, 저는 평생 차를 렌트한 적이 없습니다.
그래서, 저는 이 주제에 대해 별로 할 말이 없습니다.

Answer 2

가족들과 하와이를 방문 했을 때 우리는 차를 빌리기로 했습니다.
섬을 돌아다니는 데 가장 쉬운 방법이었습니다.
호텔에서 가장 가까운 렌터카 대리점이 허츠여서 그곳에서 차를 빌렸습니다.
차는 넓고 깨끗했습니다.
우리는 이틀 동안 섬을 운전해서 돌아다녔습니다.
매우 만족스러웠습니다.

Key Expressions

- **to be honest** 솔직히
- **visit** 방문하다
- **decide** 결정하다
- **rent** 빌리다
- **easiest way** 가장 쉬운 방법
- **move around** 돌아다니다
- **nearest** 가장 가까운
- **spacious** 넓은
- **clean** 깨끗한
- **drive around** 운전해서 돌아다니다
- **satisfying** 만족스러운

35 Role Play 커피숍 / 음식점 / 술집

 **Role Play Master Key Patterns**

롤플레이 답변 시에 활용할 수 있는 주제별 Key Patterns을 학습해보세요.

1. 새로 오픈한 커피숍/술집/음식점에 대해 물을 때 사용할 수 있는 표현

〈would like to + 동사〉 (동사)하고 싶다
- I would like to know what type of bar it is. 어떤 종류의 술집인지 알고 싶어.
- I would like to go there with my friends. 친구들과 그곳에 가고 싶어.

〈kinds of + 복수 명사〉 어떤 종류의 (명사)
- What kinds of drinks do they have available? 어떤 종류의 술/음료가 있어?
- What kinds of menus do they have? 어떤 종류의 메뉴가 있어?

〈what type of + 장소 + it is〉 어떤 종류의 (장소)인지
- Please tell me what type of bar it is. 어떤 종류의 술집인지 말해줘.

2. 커피숍/술집/음식점의 위치 및 교통에 대해 물을 때 사용할 수 있는 표현

〈give + 목적어 + directions to + 장소〉 (목적어)에게 (장소)로 가는 길을 알려주다
- Can you give me directions to the bar? 술집으로 가는 길을 알려줄 수 있나요?
- Would you please give me directions to the restaurant? 음식점으로 가는 길을 알려주실래요?

〈close to A〉 A에 가까운
- Is it close to the subway station? 지하철역에서 가깝나요?

〈within walking distance〉 도보로 갈 수 있는 거리
- Is it within walking distance? If not, I will bring my car. 걸어서 갈 수 있는 거리인가요? 아니면 차를 가져 갈게요.

* 기타 교통 관련 질문
- Do they have enough parking space? 주차 자리가 충분하나요?
- Do they validate parking? 주차 도장 찍어 주시나요?
- Is there a bus stop nearby? 근처에 버스 정류장이 있나요?

3. 잘못된 커피/음식을 받았을 때 사용할 수 있는 표현

〈something wrong with〉 ~에 무언가 잘못된
- I'm afraid there is something wrong with my coffee. 죄송하지만 제 커피에 뭔가 잘못 되었습니다.
- I am sorry but there is something wrong with my order. 미안하지만 제 주문에 뭔가 잘못 되었습니다.

〈got the wrong + 명사〉 잘못된 (명사)를 받다
- I think I got the wrong menu. 잘못된 메뉴를 받은 것 같습니다.

메이터와 트렌드로 쉽게 취득하는 OPIc IH

4. 생일파티에 못 가게 되었을 때 사용할 수 있는 표현

- I have a test coming up tomorrow. 내일 봐야 하는 시험이 있어.
- I have to prepare for a presentation tomorrow. 내일 프레젠테이션 준비를 해야 해.
- I am very sick right now. I think I have the flu. 내가 지금 매우 아파. 독감에 걸린 것 같아.

* **보상을 제시하는** 표현

- Let me make it up to you. I will buy you a nice gift. 내가 너에게 보상할게. 멋진 선물을 사줄게.
- I want to take you out to a nice dinner. 내가 나가서 맛있는 저녁 사줄게.
- Why don't we meet up at the mall this Saturday? I will get you a birthday gift. 이번 주 토요일에 몰에서 우리 만나는 거 어때? 내가 생일 선물 사줄게.

* **얼마나 바쁜지** 설명할 때 유용한 표현

〈way too much/many〉 너무 많은 (way는 too much/many를 꾸며주는 역할)

- I really want to go, but I have way too much to study. 정말 가고 싶은데 공부해야 할 것이 너무 많아.
- I have way too many things to do. 해야 할 일이 너무 많아.

5. 돈을 지불할 수 없을 때 사용할 수 있는 표현

〈do not have any cash on〉 ~에게 현금이 하나도 없다

- I do not have any cash on me right now. 지금 저에게 현금이 하나도 없습니다.

* **지불과 관련된** 표현들

〈pay for〉 지불하다 〈pay by/with〉 ~으로 계산하다 (결제 수단)

- I cannot pay for it right now. 지금 돈을 낼 수가 없습니다.
- I will pay with my credit card. 제 신용카드로 결제하겠습니다.

6. 잘못 배달되었을 때 사용할 수 있는 표현

〈ordered A, but the one I got is B〉 A를 주문했는데 B를 받았다

- I ordered a chicken salad, but the one I got is a seafood salad. 치킨 샐러드를 주문했는데 제가 받은 건 해산물 샐러드입니다.
- I ordered an Americano, but the one I got is a Cafe Mocha. 아메리카노를 주문했는데 제가 받은 건 카페 모카입니다.

7. 술집에서 있었던 기억에 남는 일에 대해 이야기할 때 쓰이는 표현

〈be held at 장소〉 (장소)에서 열리다

- The party will be held at a wine bar. 와인바에서 파티가 열릴 것이다.

〈end up + 동명사〉 결국 (동명사)하게 되다

- I ended up drinking way too much. 결국 술을 너무 많이 마시게 되었다.

 OPIc 모범 답변 학습하기

OPIc 질문에 대한 모범 답변을 살펴본 후, 질문의 핵심 포인트를 파악하여 나만의 OPIc 답변을 만들어보세요.

Coffee Shop 커피숍

1 You have heard about a new cafe in your neighborhood. Call the cafe and ask three or four questions to find out all about it.  MP3 35_Q1

동네에 새로 생긴 커피숍에 대해 들었습니다. 커피숍에 전화해서 그곳에 대해 알기 위해 서너 가지 질문을 하세요.

문항 유형	커피숍 메뉴 전화로 문의
문항 수준	Intermediate
핵심 포인트	• 커피숍에 전화로 문의하기 • 메뉴, 비용, 위치 등에 대해 질문하기
중요도	★★★

Model Answer MP3 35_A1

Hello, I'm calling to ask about your coffee shop.
I would like to go there with my friends.
What kinds of drinks do you have available?
Can you tell me how much they are?
Can you recommend anything?
Is there perhaps a website I can see?
I wonder if there are any promotions.
Plus, can you give me directions to your coffee shop?
Is it close to the subway station?
Is it within walking distance?
Please call me back as soon as possible. Thank you.

Translation

여보세요, 커피숍에 대해 문의하려고 전화 드렸습니다.
친구들과 가고 싶습니다.
어떤 종류의 음료가 있나요?
그것이 얼마인지 말해줄 수 있나요?
추천해 주실 것이 있나요?
혹시 제가 볼 수 있는 웹사이트가 있나요?
프로모션이 있는지 궁금합니다.
또한, 커피숍으로 가는 길 좀 알려 주실래요?
지하철역에서 가깝나요?
걸어서 갈 수 있는 거리에 있나요?
가능한 한 빨리 전화 주세요. 고맙습니다.

Key Expressions

- **go with** ~와 가다
- **drinks** 음료, 술
- **available** 이용 가능한
- **recommend** 추천하다
- **wonder** 궁금하다, 궁금해하다
- **promotion** 프로모션
- **direction** 위치, 찾아가는 방법
- **walking distance** 도보로 갈 수 있는 거리
- **call back** 다시 전화 주다
- **as soon as possible** 가능한 한 빨리

2 You placed an order for a delivery from a new cafe. The order arrived, but it was not the right order. Call the cafe and explain what happened and offer two or three possible solutions to solve the problem.  MP3 35_Q2

당신은 새 커피숍에서 배달 주문을 했습니다. 주문이 도착했는데 제대로 된 주문이 아닙니다. 커피숍에 전화해서 무슨 일이 있었는지 설명하고 문제를 해결할 수 있는 두세 가지 해결책을 제시하세요.

문항 유형	잘못 배달된 커피, 전화로 문제 해결
문항 수준	Advanced
핵심 포인트	• 전화로 문제 상황 설명하기 • 대안으로 교환 및 환불 요청하기
중요도	★★

 데이터와 트렌드로 쉽게 취득하는 OPIc IH

Model Answer
🎧 MP3 35_A2

Hello, I'm a person who ordered coffee from your coffee shop.
I'm afraid there's something wrong with my coffee.
I think I got the wrong drink.
+ I ordered an Americano, but the one I got is a Cafe Mocha.
I would like to come in to get an exchange.
I wonder if I could get a refund if I want to.
Would that be possible?
I'm sorry for all the trouble.
Please call me back as soon as possible. Thank you.

Translation

여보세요, 저는 당신의 커피숍에서 커피를 주문했던 사람입니다.
죄송하지만 제 커피에 뭔가 잘못되었습니다.
잘못된 커피를 받은 것 같습니다.
(+ 아메리카노를 주문했는데 제가 받은 건 카페 모카입니다.)
교환을 받으러 가고 싶습니다.
제가 원하면 환불을 받을 수 있을지 궁금합니다.
그게 가능할까요?
번거롭게 해드려 죄송합니다.
가능한 한 빨리 전화 주세요. 고맙습니다.

Key Expressions

- **order** 주문하다
- **I'm afraid** 미안하지만, 안타깝지만
- **wrong** 잘못된

- **come in** 방문하다
- **get an exchange** 교환 받다
- **wonder** 궁금하다

- **get a refund** 환불 받다
- **trouble** 문제점, 골칫거리
- **as soon as possible** 최대한 빨리

3 Tell me about a specific visit to a cafe that stands out in your mind. Perhaps your order was prepared incorrectly or the service was not satisfactory. Describe what happened in detail.  MP3 35_Q3

기억에 남는 커피숍 방문 경험에 대해 말해주세요. 주문이 잘못 준비되었거나 서비스가 만족스럽지 않았을 수도 있습니다. 무슨 일이 일어났는지 자세히 설명해주세요.

문항 유형	기억에 남는 커피숍 에피소드 설명
문항 수준	Advanced
핵심 포인트	• 지인 마주친 경험 설명하기 • 본인의 과거 경험이기 때문에 과거형 시제와 주어 I 사용
중요도	★★

Model Answer
🎧 MP3 35_A3

I remember bumping into my friend at a coffee shop.
+ my co-worker + my teacher + my professor
+ ex-boyfriend
+ I was chatting with my friend.
+ I was waiting in line to make my order.
Suddenly, I saw one of my friends there. I went over to her and said hi.
+ Suddenly, someone called my name. I looked back and saw my friend.
I was very happy to see her.
We asked how each other was doing and did a lot of catching up.
So, this was the incident I remember.

Translation

커피숍에서 친구와 마주쳤던 기억이 납니다.
(+ 직장 동료 + 선생님 + 교수님 + 예전 남자친구)
+ 친구와 이야기를 나누고 있었습니다.
+ 주문을 하려고 줄 서서 기다리고 있었습니다.)
갑자기, 그곳에서 제 친구를 보았습니다. 그녀에게 가서 인사했습니다.
(+ 갑자기 누군가 제 이름을 불렀습니다. 뒤를 돌아보니 친구가 보였습니다.)
그녀를 만나서 매우 기뻤습니다.
우리는 서로 어떻게 지내는지 물어보고 못다 한 이야기를 했습니다.
그래서, 이것이 제가 기억하는 사건입니다.

Key Expressions

- **bump into** ~와 우연히 마주치다
- **chat with** ~와 수다떨다, 대화하다
- **wait in line** 줄 서다

- **make orders** 주문하다
- **look back** 뒤돌아보다
- **do catching up** 못다 한 이야기하다

- **incident** 사건

Have you ever been in a situation where you had ordered something in advance  MP3 35_Q4
but when you arrived, it wasn't available? What did you order? Why wasn't it ready? What happened in the end?

미리 무언가를 주문했지만 도착했을 때 준비되어 있지 않았던 상황에 처해 본 적이 있나요? 무엇을 주문했나요? 왜 준비되어 있지 않았나요? 결국 어떻게 되었나요?

문항 유형	사전 주문해 놓은 것이 가보니 없었던 경험 설명
문항 수준	Advanced
핵심 포인트	• 그런 경험이 없을 경우, 친구의 경험을 대신 말하기
	• 만약 있다면 무엇을 주문했는지, 어떻게 해결했는지 설명하기
중요도	★★

Model Answer

Answer 1  MP3 35_A4-1

To be honest, I have never had that kind of experience.
I think I was lucky.
So, I really don't have much to say about this topic.

Answer 2  MP3 35_A4-2

I have never had that kind of experience but my friend had a similar experience.
He ordered 20 Americanos at a café near his company for his clients.
He went to the cafe to pick them up, but coffees were not ready.
It turned out that the staff who received the order forgot about it.
He had to cancel the order and go to another cafe.

Translation

Answer 1

솔직히 그런 경험은 겪은 적이 없습니다.
운이 좋은 것 같습니다.
그래서, 저는 이 주제에 대해 별로 할 말이 없습니다.

Answer 2

저는 그런 경험을 한 적이 없지만 제 친구가 비슷한 경험을 했습니다.
그는 고객들을 위해 회사 근처에 있는 커피숍에서 아메리카노 20잔을 주문했습니다.
커피를 가지러 커피숍에 갔는데 준비 되어 있지 않았습니다.
알고 보니 주문을 받은 직원이 그것을 잊어버린 것입니다.
그는 주문을 취소하고 다른 카페에 가야만 했습니다.

Key Expressions

- **experience** 경험
- **similar** 비슷한
- **order** 주문하다
- **client** 고객, 손님
- **pick up** 가지러 가다
- **ready** 준비된
- **turn out** 밝혀지다
- **staff** 직원
- **receive the order** 주문을 받다
- **forget** 잊어버리다
- **cancel** 취소하다

데이터테어 트렌드로 쉽게 취득하는 OPIc IH

5 I'd like to give you a situation and ask you to act it out. Your friend's family member opened a new restaurant. Call your friend and ask three or four questions to find out whether you want to order food from that place.

🎧MP3 35_Q5

상황을 하나 드릴 테니 연기해 보세요. 친구의 가족이 새로운 음식점을 개업했습니다. 친구에게 전화해서 그곳에서 음식을 주문하고 싶은지 알아보기 위해 서너 가지 질문을 하세요.

문항 유형	친구의 가족분이 새로 오픈한 음식점에 대해 질문
문항 수준	Intermediate
핵심 포인트	• 친구에게 전화해서 질문하기 • 음식의 종류, 위치 등 새로 오픈한 음식점에 대해 문의하기
중요도	★★

Model Answer 🎧MP3 35_A5

Hello, Jake. This is Brian.
I'm calling to ask about your uncle's new restaurant.
I would like to order in some food for a party.
What kinds of menus do they have available?
Can you tell me how much they are?
Can you recommend anything?
Is there perhaps a website I can see?
I wonder if there are any promotions.
Plus, can you give me directions to the restaurant?
Is it close to the subway station?
Is it within walking distance?
Call me back when you get this. Thanks.

Translation

여보세요, 제이크. 브라이언이야.
네 삼촌의 새 음식점에 대해 물어보려고 전화했어.
파티를 위해 음식을 조금 주문하고 싶어.
어떤 종류의 메뉴가 있어?
얼마인지 말해줄 수 있어?
추천해 줄 것이 있어?
혹시 내가 볼 수 있는 웹사이트가 있어?
프로모션이 있는지 궁금해.
그리고, 음식점으로 가는 길 좀 알려 줄래?
지하철역에서 가까워?
걸어서 갈 수 있는 거리에 있어?
이 메시지를 받으면 전화 줘. 고마워.

Key Expressions

- **would like to** ~를 하고 싶다
- **order in** 포장 주문하다
- **available** 이용 가능한
- **recommend** 추천하다
- **wonder** 궁금하다, 궁금해하다
- **promotion** 프로모션
- **direction** 위치, 찾아가는 방법
- **walking distance** 도보로 갈 수 있는 거리

6 I'm sorry, but there is a problem I need you to resolve. You have ordered lunch for a lunch meeting at your office. However, the delivery person brought you someone else's lunch box. Call the manager of the restaurant, explain the situation, and give two to three solutions to the problem.

MP3 35_Q6

안타깝지만 당신이 해결해야 하는 문제가 생겼습니다. 사무실에서 점심 미팅을 위해 점심식사를 주문했습니다. 하지만 배달원이 다른 사람의 도시락을 가져왔습니다. 음식점의 지배인에게 전화를 걸어 상황을 설명하고 문제에 대한 두세 가지 해결 방법을 제시하세요.

문항 유형	잘못 배달된 점심 도시락, 전화해서 문제 해결
문항 수준	Advanced
핵심 포인트	• 음식점에 전화를 걸어 문제 상황 설명하기 • 음식 교환 또는 환불 요청하기
중요도	★★

Model Answer

MP3 35_A6

Hello, I'm a person who ordered in lunch from your restaurant.
I'm afraid there's something wrong with my lunch.
I think I got the wrong menu.
+ I ordered a chicken salad, but the one I got is a seafood salad.
I would like to come in to get an exchange.
I wonder if I could get a refund if I want to.
Would that be possible?
I'm sorry for all the trouble.
Please call me back as soon as possible. Thank you.

Translation

여보세요, 저는 당신의 음식점에서 점심을 배달 주문한 사람입니다.
안타깝게도 점심식사에 뭔가 잘못되었습니다.
잘못된 메뉴를 받은 것 같습니다.
(+ 치킨 샐러드를 주문했는데, 제가 받은 것은 해산물 샐러드입니다.)
교환을 받기 위해 가고 싶습니다.
제가 원하면 환불을 받을 수 있는지 궁금합니다.
그게 가능할까요?
번거롭게 해드려 죄송합니다.
가능한 한 빨리 전화 주세요. 고맙습니다.

Key Expressions

- **order in** 배달 주문하다, 포장 주문하다
- **wrong** 잘못된
- **come in** 들르다, 가다
- **wonder** 궁금하다
- **refund** 환불
- **possible** 가능한
- **trouble** 문제점, 골칫거리
- **as soon as possible** 가능한 한 빨리

데이터와 트렌드로 쉽게 취득하는 OPIc IH

7 **That's the end of the situation. Talk about a time you went out to eat with your friends or family. Where did you go and who did you go with? What did you eat?**  MP3 35_Q7

상황이 종료되었습니다. 친구나 가족과 함께 외식하러 나갔던 때를 이야기해보세요. 어디로 갔으며 누구와 함께 갔나요? 무엇을 먹었나요?

문항 유형	최근에 간 음식점에서 한 일 묘사
문항 수준	Advanced
핵심 포인트	• 최근 친구들과 음식점에 간 경험 이야기하기
	• 과거형 시제로 묘사하며 주어는 we, they, I 등 상황에 맞게 다양하게 사용
중요도	★★

Model Answer 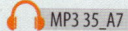 MP3 35_A7

My friends and I had a gathering in the downtown area a few weeks ago.
+ My family and I had dinner near my house last weekend.
+ My co-workers and I had a staff dinner near my office a few days ago.
We went to a decent Thai restaurant.
They had the best Thai food in town.
+ Italian + Korean + Japanese + Chinese
+ American + Vietnamese
The food tasted so good because I was starving.
The beef I ordered was so juicy and tender.
+ fish + shrimp + crab + lobster + squid
+ octopus + steak
Plus, we had some drinks while having the meal.
We ordered beer. It went well with the food.
+ red/white wine + soft drinks + cocktails
It was a very enjoyable dinner.

Translation

제 친구들과 저는 몇 주 전에 도심 지역에서 모임을 가졌습니다.
(+ 지난 주말에 가족과 집 근처에서 저녁을 먹었습니다.
+ 며칠 전 직장 동료들과 사무실 근처에서 회식을 했습니다.)
우리는 괜찮은 태국 음식점에 갔습니다.
그곳은 동네에서 가장 맛있는 태국 음식을 제공합니다.
(+ 이탈리안 + 한국 + 일본 + 중국 + 미국 + 베트남)
배가 고파서 음식이 더 맛있었습니다.
내가 주문한 소고기는 육즙이 많고 부드러웠습니다.
(+ 생선 + 새우 + 게 + 랍스터 + 오징어 + 문어
+ 스테이크)
또한, 우리는 식사와 함께 술을 조금 마셨습니다.
우리는 맥주를 주문했습니다. 음식과 아주 잘 어울렸습니다.
(+ 레드/화이트 와인 + 탄산음료 + 칵테일)
매우 즐거운 저녁 식사였습니다.

Key Expressions

- **gathering** 모임
- **co-workers** 직장 동료
- **staff-dinner** 회식
- **decent** 꽤 괜찮은
- **be starving** 매우 배가 고프다

- **juicy** 즙이 많은
- **tender** 부드러운
- **order** 주문하다
- **go well with A** A와 잘 어울리다
- **enjoyable** 즐거운

8 I'd like to give you a situation and ask you to act it out. You would like to go to a new restaurant that has opened recently. Call the restaurant and ask three or four questions to see if you want to go to that restaurant.

🎧 MP3 35_Q8

상황을 하나 드릴 테니 연기해 보세요. 당신은 최근에 개업한 새 음식점에 가 보고 싶습니다. 음식점에 전화해서 그곳에 가고 싶은지 알기 위해 서너 가지 질문을 하세요.

문항 유형	새로 오픈한 음식점에 전화해서 질문
문항 수준	Intermediate
핵심 포인트	• 음식점에 전화해서 질문하기 • 음식점의 메뉴, 위치 등에 대해 문의하기
중요도	★★

Model Answer 🎧 MP3 35_A8

Hello, I'm calling to ask about your restaurant.
I would like to go there with my friends.
What kinds of menus do you have available?
Can you tell me how much they are?
Can you recommend anything?
Is there perhaps a website I can see?
I wonder if there are any promotions.
Plus, can you give me directions to your restaurant?
I wonder if I could bring my car.
If not, I'll just take public transportation.
Please call me back as soon as possible. Thank you.

Translation

여보세요, 당신의 음식점에 대해 문의하려고 전화 드렸습니다.
친구들과 함께 가고 싶습니다.
어떤 종류의 메뉴가 있나요?
얼마인지 알려주실 수 있나요?
추천해 주실 것이 있나요?
혹시 제가 볼 수 있는 웹사이트가 있나요?
프로모션이 있는지 궁금합니다.
또한, 음식점으로 가는 길 좀 가르쳐 주시겠어요?
제 차를 가져갈 수 있는지 궁금합니다.
안 된다면 대중교통을 이용하겠습니다.
가능한 한 빨리 전화 주세요. 고맙습니다.

Key Expressions

- **would like to** ~를 하고 싶다
- **available** 이용 가능한
- **recommend** 추천하다
- **wonder** 궁금하다, 궁금해하다
- **promotion** 프로모션
- **direction** 위치, 찾아가는 방법
- **public transportation** 대중교통

9 I'm sorry, but there is a problem I need you to resolve. You just had a great meal at the new restaurant, but after your meal, you found out that you left your money and credit card at home. Explain your situation to the staff and make suggestions to solve the problem.

안타깝지만 당신이 해결해야 하는 문제가 생겼습니다. 새로 생긴 음식점에서 방금 아주 맛있게 식사를 했는데 식사 후 돈과 신용카드를 집에 두고 온 사실을 알게 됐습니다. 직원에게 상황을 설명하고 문제를 해결하기 위해 제안을 하세요.

문항 유형	돈과 신용카드를 집에 두고 와서 현장 직원에게 외상 요청
문항 수준	Advanced
핵심 포인트	• 음식점 직원에게 문제 상황 설명하기 • 음식값을 지불 할 수 있는 다른 대안 방법 제시하기
중요도	★★★

Model Answer 🎧 MP3 35_A9 | **Translation**

Hello, I'm so sorry but I cannot find my wallet.	안녕하세요, 정말 죄송하지만 제 지갑을 찾을 수가 없습니다.
I think I left it at home.	집에 두고 온 것 같습니다.
I do NOT have any cash on me right now.	지금 저한테 현금이 하나도 없습니다.
So, I do NOT think I can pay for the meal.	그래서, 제가 식사값을 지불할 수 없을 것 같습니다.
I wonder if I could pay tomorrow.	내일 결제해도 되는지 궁금합니다.
I will drop by on my way home.	집에 가는 길에 들리겠습니다.
Would that be possible?	그게 가능할까요?
I'm sorry for all the trouble.	번거롭게 해드려 죄송합니다.
I will give you my phone number.	제 전화번호를 알려드리겠습니다.
Here is my business card.	제 명함 여기 있습니다.

Key Expressions

- **leave** 두고 오다
- **pay for** 지불하다
- **drop by** 들르다

- **trouble** 문제점, 골칫거리
- **phone number** 전화번호
- **business card** 명함

---

10 That's the end of the situation. Tell me about a memorable experience you had at a restaurant. Maybe you did not like the food or there were some issues with other customers. Tell me everything about the incident you encountered. 🎧 MP3 35_Q10

상황이 종료되었습니다. 음식점에서 겪었던 기억에 남는 경험에 대해 말해주세요. 주문한 음식이 마음에 들지 않았을 수도 있고 다른 손님들과 무슨 문제가 있었을 수도 있습니다. 당신이 겪은 그 사건에 대한 모든 것을 말해주세요.

문항 유형	음식점에서 있었던 예기치 않았던 에피소드 묘사
문항 수준	Advanced
핵심 포인트	• 포장한 음식이 잘못 나온 경험 묘사하기 • 본인의 과거 경험이기 때문에 과거형 시제와 주어 I 사용
중요도	★★

Model Answer 🎧 MP3 35_A10 | **Translation**

I remember going to Burger King recently.	최근에 버거킹에 갔던 기억이 납니다.
+ I ordered a Whopper combo.	(+ 와퍼 콤보를 주문했습니다.
+ I got a coke for the drink.	+ 음료수로는 콜라를 샀습니다.
+ I got chicken nuggets as a side dish.	+ 사이드로 치킨 너겟을 샀습니다.)
I got the food to go and left the restaurant.	음식을 포장해서 음식점을 나왔습니다.
However, I found out that something was missing.	하지만 뭔가 빠진 게 있다는 걸 알게 됐습니다.
+ They forgot to give me the french fries.	(+ 그들이 프렌치프라이 주는 것을 잊었습니다.)
It was a hassle to go back.	다시 돌아가기에는 너무 번거로웠습니다.
I just ate the food they gave me.	그냥 그들이 준 음식을 먹었습니다.
So, this was the incident I remember.	이것이 제가 기억하는 사건입니다.

Key Expressions

- **recently** 최근에
- **order** 주문하다
- **to go** 포장하다

- **find out** 알아내다
- **miss** 놓치다, 빠지다
- **forget** 잊어버리다

- **hassle** 번거로운 일, 귀찮은 일
- **incident** 사건

11 I'd like to give you a situation and ask you to act it out. You have been invited to a friend's birthday party. The party will be held at a bar. Call your friend and ask three or four questions about the place that the party is going to be held at. 🎧 MP3 35_Q11

상황을 하나 드릴 테니 연기해 보세요. 친구의 생일파티에 초대되었습니다. 파티는 술집에서 열릴 예정입니다. 친구에게 전화해서 파티가 열릴 장소에 대해 서너 가지 질문을 하세요.

문항 유형	친구한테 생일파티를 하게 될 술집에 대해 질문
문항 수준	Intermediate
핵심 포인트	• 친구에게 전화로 질문하기 • 파티가 열리는 술집의 위치, 가격 등에 대해 문의하기
중요도	★★

Model Answer 🎧 MP3 35_A11

Hello, Jake. This is Brian.
Happy Birthday!
Thanks for inviting me to your party.
I heard it is going to be held at a bar.
What kinds of drinks do they have available?
Can you tell me how much they are?
Plus, can you give me directions to the bar?
Is it close to the subway station?
Is it within walking distance?
Call me back when you get this. Thanks.

Translation

여보세요. 제이크. 브라이언이야.
생일 축하해!
네 파티에 초대해줘서 고마워.
술집에서 열린다고 들었어.
어떤 종류의 술이 있어?
얼마인지 말해줄 수 있어?
그리고, 술집으로 가는 길 좀 알려 줄래?
지하철역에서 가까워?
걸어서 갈 수 있는 거리에 있어?
이 메시지를 받으면 전화 줘. 고마워.

Key Expressions

• **invite** 초대하다
• **available** 이용 가능한
• **direction** 위치, 찾아가는 방법
• **walking distance** 도보로 갈 수 있는 거리

12 I'm sorry, but there is a problem I need you to resolve. You have a test coming up tomorrow and cannot make it to the birthday party. Call your friend, explain the situation, and give two to three alternatives regarding the situation. 🎧 MP3 35_Q12

안타깝지만 당신이 해결해야 하는 문제가 생겼습니다. 내일 시험이 있어서 친구 생일파티에 갈 수 없습니다. 친구에게 전화해서 상황을 설명하고 문제에 대해 두세 가지 대안을 제시하세요.

문항 유형	시험 때문에 친구 생일파티 불참, 전화로 설명
문항 수준	Advanced
핵심 포인트	• 친구에게 전화로 문제 상황 설명하기 • 다시 만날 약속 정하기
중요도	★★

Model Answer 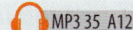 MP3 35_A12

Hello, Jake. This is Brian.
I have some bad news.
I DON'T think I can make it to your birthday party.
I have a test coming up tomorrow.
Let me make it up to you later on.
Why DON'T I take you out for lunch next week?
Anyway, please have fun at the party.
Happy birthday once again!

Translation

여보세요, 제이크. 브라이언이야.
나쁜 소식이 있어.
네 생일파티에 못 갈 것 같아.
내일 시험이 있어.
나중에 꼭 보상할게.
다음 주에 내가 너에게 점심 식사를 대접하는 건 어떨까?
어쨌든, 파티에서 즐거운 시간을 보내.
다시 한번 생일 축하해.

Key Expressions

- **make it** 성공하다, 해내다
- **come up** 생기다, 다가오다
- **make it up** 보상하다, 갚다
- **have fun** 즐거운 시간 보내다

---

13 I'm sorry, but there is a problem I need you to resolve. You want to pay for the drinks at a bar, but you find out that you DON'T have your wallet with you. Explain your situation to the clerk and give several alternatives to solve the problem. 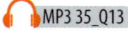 MP3 35_Q13

안타깝지만 당신이 해결해야 하는 문제가 생겼습니다. 술집에서 술값을 내려고 하는데 지갑이 없다는 걸 알게 되었습니다. 직원에게 상황을 설명하고 문제를 해결할 수 있는 몇 가지 대안을 제시하세요.

문항 유형	술집에서 지갑이 없어서 현장 직원에게 외상 요청
문항 수준	Advanced
핵심 포인트	• 문제 상황 설명하기 • 술값을 지불 할 수 있는 다른 대안 방법 제시하기
중요도	★★

Model Answer  MP3 35_A13

Hello, I'm so sorry but I cannot find my wallet.
I think I left it at home.
I do NOT have any cash on me right now.
So, I do NOT think I can pay for the drinks.
I wonder if I could pay tomorrow.
I will drop by on my way home.
Would that be possible?
I'm sorry for all the trouble.
I will give you my phone number.
Here is my business card.

Translation

안녕하세요, 정말 죄송하지만 제 지갑을 찾을 수가 없습니다.
집에 두고 온 것 같습니다.
지금 저한테 현금이 하나도 없습니다.
그래서, 제가 술값을 지불할 수 없을 것 같습니다.
내일 결제해도 되는지 궁금합니다.
집에 가는 길에 들리겠습니다.
그게 가능할까요?
번거롭게 해드려 죄송합니다.
제 전화번호를 알려드리겠습니다.
제 명함 여기 있습니다.

Key Expressions

- **leave** 두고 오다
- **pay for** ~을 지불하다
- **drop by** 들르다
- **trouble** 문제점, 골칫거리
- **phone number** 전화번호
- **business card** 명함

14 That's the end of the situation. Talk about a bar you like to go to. Why do you like  to go to that bar? What is special about that place?

상황이 종료되었습니다. 당신이 좋아하는 술집에 대해 이야기하세요. 왜 그 술집에 가는 것을 좋아하나요? 그곳의 무엇이 특별한가요?

문항 유형	본인이 가장 좋아하는 술집 묘사
문항 수준	Intermediate
핵심 포인트	• 본인이 좋아하는 술집에 대해 묘사하기 • 현재형 시제와 주어 I, bars, they 등 상황에 맞게 사용
중요도	★★

Model Answer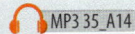

There are tons of bars in Korea.
They are everywhere these days.
Many bars are on busy streets with a lot of foot traffic.
Personally, I like going to a pub near my office (house).
+ It is a nice pub that serves various types of beer.
+ It is a local pub that serves draft beer.
I like that place because I like the food and the mood.
+ Plus, it is close to my office (house).
+ Also, the staff are very friendly.
+ Plus, it is cheaper than other pubs.
I am a regular there. I think I go there once a month on average.
So, this is what my favorite bar looks like.

Translation

한국에는 술집이 많습니다.
이제는 어디에나 있습니다.
술집은 대부분 유동인구가 많은 번화가에 있습니다.
개인적으로는 사무실(집) 근처에 있는 맥주집에 가는 것을 좋아합니다.
(+ 다양한 종류의 맥주를 제공하는 멋진 맥주집입니다.
+ 생맥주를 파는 동네 맥주집입니다.)
음식도 맛있고 분위기도 좋아서 그곳을 좋아합니다.
(+ 게다가, 제 사무실(집)과 가깝습니다.
+ 또한 직원들도 매우 친절합니다.
+ 또한, 다른 맥주집보다 저렴합니다.)
저는 단골입니다. 평균적으로 한 달에 한 번은 가는 것 같습니다.
즉, 제가 좋아하는 술집은 이렇습니다.

Key Expressions

- **tons of** 수많은
- **on busy streets** 번화가에
- **foot traffic** 유동인구
- **serve** 제공하다
- **draft beer** 생맥주
- **mood** 분위기
- **staff** 직원
- **regular** 단골
- **on average** 평균적으로

15 That's the end of the situation. We all have memorable episodes at bars. Talk 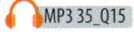 about a memorable incident that happened at a bar. Why was that incident unforgettable? Give me all the details.

상황이 종료되었습니다. 우리는 모두 술집에서의 기억에 남는 경험을 가지고 있습니다. 술집에서 생긴 기억에 남는 사건에 대해 말해주세요. 그 일이 왜 기억에 남나요? 자세히 설명해주세요.

문항 유형	술집에서 있었던 기억에 남는 에피소드 묘사
문항 수준	Advanced
핵심 포인트	• 술에 취한 경험 설명하기 • 본인의 과거 경험이기 때문에 주어 I 와 과거형 시제 사용
중요도	★★

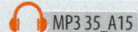

Model Answer 🎧 MP3 35_A15

I remember going to a gathering several weeks ago.
+ a staff dinner + a year-end party
+ a birthday party
It was held at a Korean bar and we drank beer there.
However, I ended up drinking quite a lot that day.
I got very drunk because I drank too much.
+ I drank too fast + I drank on an empty stomach + I mixed drinks.
My stomach was upset.
+ I felt dizzy and I could NOT walk straight.
+ I got wasted and blacked out.
+ I do NOT even remember how I got home.
I had a hangover the next day.
It took me quite a while to sober up.
Since then, I try to be more careful when I'm drinking.

Translation

몇 주 전에 모임에 갔던 기억이 납니다.
(+ 회식 + 연말파티 + 생일파티)
한국식 술집이었고 우리는 거기서 맥주를 마셨습니다.
그런데 결국 그날 술을 꽤 많이 마셨습니다.
술을 너무 많이 마셔서 많이 취했습니다.
(+ 너무 빨리 마셔서 + 빈속에 마셔서 + 섞어 마셔서)
속이 너무 안 좋았습니다.
(+ 현기증이 나고 똑바로 걸을 수가 없었습니다.
+ 완전히 취해서 정신을 잃었습니다.
+ 집에 어떻게 왔는지 기억도 나지 않습니다.)
다음날 숙취에 시달렸습니다.
술이 깨는 데 꽤 오래 걸렸습니다.
그날 이후로, 저는 술을 마실 때 더 조심하려고 노력합니다.

Key Expressions

- **gathering** 모임
- **end up** 결국 ~하게 되다
- **quite a lot** 꽤 많이
- **get drunk** 술에 취하다
- **empty stomach** 빈속
- **upset** 아픈, 화가 난
- **dizzy** 어지러운
- **get wasted** 만취하다
- **get blacked out** 정신을 잃다
- **hangover** 숙취
- **sober up** 술이 깨다

---

16 I'd like to give you a situation and ask you to act it out. A friend of yours has told you that a new bar is opening. Call your friend and ask three or four questions to find out more about the bar.  MP3 35_Q16

상황을 하나 드릴 테니 연기해 보세요. 친구가 새로운 술집이 생긴다고 말했습니다. 친구에게 전화해서 그 술집에 대해 더 알아보기 위해 서너 가지 질문을 하세요.

문항 유형	새로 오픈한 술집에 대해 친구에게 전화 질문
문항 수준	Intermediate
핵심 포인트	• 친구에게 전화로 질문하기 • 새로 오픈한 술집에 대해 문의하기
중요도	★★

Model Answer 🎧 MP3 35_A16

Hello, Jake. This is Brian.
I'm calling to ask about the new bar.
I would like to go there for a party.
What kinds of drinks do they have available?
Can you tell me how much they are?

Translation

여보세요. 제이크. 브라이언이야.
새 술집에 대해 물어보려고 전화했어.
파티를 하기 위해 그곳에 가고 싶어.
어떤 종류의 술이 있어?
얼마인지 말해줄 수 있어?

Can you recommend anything?
Is there perhaps a website I can see?
I wonder if there are any promotions.
Plus, can you give me directions to the bar?
I wonder if I could bring my car.
If not, I'll just take public transportation.
Call me back when you get this. Thanks.

추천해 줄 것이 있어?
혹시 내가 볼 수 있는 웹사이트가 있어?
프로모션이 있는지 궁금해.
그리고, 술집으로 가는 길 좀 알려 줄래?
내 차를 가져가도 되는지 궁금해.
안 된다면 대중교통을 이용 할게.
이 메시지를 받으면 전화 줘. 고마워.

Key Expressions

- **would like to** ~를 하고 싶다
- **available** 이용 가능한
- **recommend** 추천하다
- **wonder** 궁금하다, 궁금해하다
- **promotion** 프로모션
- **direction** 위치, 찾아가는 방법
- **bring** 가져가다
- **public transportation** 대중교통

17 I'm sorry, but there is a problem I need you to resolve. You are supposed to meet your friend at this new bar tonight, but you are not feeling well. Call your friend, explain the situation, and make two or three suggestions to go to a bar another time. 🎧 MP3 35_Q17

안타깝지만 당신이 해결해야 하는 문제가 생겼습니다. 오늘 밤 새 술집에서 친구를 만나기로 했는데, 몸이 좋지 않습니다. 친구에게 전화해서 상황을 설명하고 다음에 술집에 가기 위해 두세 가지 제안을 하세요.

문항 유형	친구에게 아파서 술집에 못 가게 되어 설명, 대안 제시
문항 수준	Advanced
핵심 포인트	• 친구에게 전화해서 문제 상황 설명하기 • 새로 만날 약속 잡기
중요도	★★

Model Answer 🎧 MP3 35_A17

Hello, Jake. This is Brian.
I have some bad news.
I DON'T think I can make it to the bar tonight.
I am very sick right now.
Can you tell me what you want to do?
Why DON'T we go next time?
What do you say we go next week?
Or, maybe we could go another time.
Can you tell me what you think?
I'm fine with whatever you decide.
Call me back when you get this. Thanks.

Translation

여보세요, 제이크. 브라이언이야.
나쁜 소식이 있어.
나 오늘 밤에 술집에 못 갈 것 같아.
지금 몸이 너무 아파.
어떻게 하고 싶은지 말해줄래?
다음에 가는 게 어떨까?
다음 주에 가는 건 어떻게 생각해?
아니면, 다음에 갈 수 있을 때 가자.
어떻게 생각하는지 말해줄래?
네가 어떤 결정을 내리든 난 다 괜찮아.
이 메시지를 받으면 전화 줘. 고마워.

Key Expressions

- **bad news** 나쁜 소식
- **make it** 성공하다, 해내다
- **get sick** 아프다
- **another time** 다음 번에
- **whatever** 무엇이든지
- **decide** 결정하다
- **call back** 다시 전화하다

18 That's the end of the situation. We all remember specific bar or pub visits. Tell me  all about the bar visit that was particularly memorable. Who was there? What happened? Describe that evening in detail.

상황이 종료되었습니다. 우리는 모두 특정한 술집이나 맥주집 방문을 기억합니다. 특히 기억에 남는 술집 방문에 대해 말해주세요. 그곳에 누가 있었나요? 무슨 일이 있었나요? 그날 저녁의 일을 자세히 설명해주세요.

문항 유형	술집에서 있었던 기억에 남는 에피소드 묘사
문항 수준	Advanced
핵심 포인트	• 술에 취한 경험 설명하기
	• 본인의 과거 경험이기 때문에 주어 I 와 과거형 시제 사용
중요도	★★

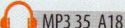

Model Answer 🎧 MP3 35_A18

I remember going to a gathering several weeks ago.
+ a staff dinner + a year end party
+ a birthday party
It was held at a Korean bar and we drank beer there.
However, I ended up drinking quite a lot that day.
I got very drunk because I drank too much.
+ I drank too fast + I drank on an empty stomach + I mixed drinks
My stomach was upset.
+ I felt dizzy and I could NOT walk straight.
+ I got wasted and blacked out.
+ I do NOT even remember how I got home.
I had a hangover the next day. It took me quite a while to sober up.
Since then, I try to be more careful when I'm drinking.

Translation

몇 주 전에 모임에 갔던 기억이 납니다.
(+ 회식 + 연말파티 + 생일파티)
한국식 술집이었고 우리는 거기서 맥주를 마셨습니다.
그런데 결국 그날 술을 꽤 많이 마셨습니다.
술을 너무 많이 마셔서 많이 취했습니다.
(+ 너무 빨리 마셔서 + 빈속에 마셔서 + 섞어 마셔서)
속이 너무 안 좋았습니다.
(+ 현기증이 나고 똑바로 걸을 수가 없었습니다.
+ 완전히 취해서 정신을 잃었습니다.
+ 집에 어떻게 왔는지 기억도 나지 않습니다.)
다음날 숙취에 시달렸습니다.
술이 깨는 데 꽤 오래 걸렸습니다.
그 이후로, 저는 술을 마실 때 더 조심하려고 노력합니다.

Key Expressions

- **gathering** 모임
- **end up** 결국 ~하게 되다
- **quite a lot** 꽤 많이
- **get drunk** 술에 취하다

- **empty stomach** 빈속
- **upset** 아픈, 화가 난
- **dizzy** 어지러운
- **get wasted** 만취하다

- **get blacked out** 정신을 잃다
- **hangover** 숙취
- **sober up** 술이 깨다

36 Role Play 가구점 / 부동산 / 인터넷

 Role Play Master Key Patterns

롤플레이 답변 시에 활용할 수 있는 주제별 Key Patterns을 학습해보세요.

1. 가구/부동산을 볼 수 있는 웹사이트 등의 정보에 대해 물을 때 사용할 수 있는 표현

〈website (that/which) I can see〉 내가 볼 수 있는 웹사이트
- Is there perhaps a website I can see? 혹시 제가 볼 수 있는 웹사이트가 있나요?
- Is there a brochure I can see by any chance? 혹시 제가 볼 수 있는 책자가 있나요?
- Do you have a booklet (pamphlet) that I can see? 제가 볼 수 있는 팸플릿이 있나요?
- Can you text me the address of the website I can see? 제가 볼 수 있는 웹사이트 주소를 문자로 보내줄 수 있나요?
- What is the exact address of the website I can see? 제가 볼 수 있는 웹사이트의 정확한 주소가 뭔가요?

2. 아파트에 대한 기본 정보에 대해 문의할 때 사용할 수 있는 표현

- What kinds of apartments do you have available? 어떤 종류의 아파트가 있나요?
- How many bedrooms (bathrooms) does it have? 방 (화장실)이 몇 개 있나요?
- Is there enough parking space? 주차장이 충분히 있나요?
- Is the building equipped with an elevator? 빌딩에 엘리베이터가 있나요?
- Which floor is it on? 몇 층에 있나요?

3. 아파트의 위치, 시설에 대해 문의 할 때 사용할 수 있는 표현

- Is there a subway station (big supermarket) nearby? 근처에 지하철역 (큰 슈퍼마켓)이 있나요?
- How about parks? 공원은 있나요?
- What is the parking situation? 주차는 어떻게 되나요?
- Is it possible to use the fitness center in the complex for free? 단지에 있는 피트니스 센터를 무료로 사용할 수 있나요?

4. 아파트의 렌트비에 대해 문의 할 때 사용할 수 있는 표현

- Can you tell me how much they are? 얼마인지 말해 주실 수 있나요?
- How much does it cost per month? 한 달에 얼마인가요?
- I wonder if you have any promotions. 프로모션이 있는지 궁금합니다.
- What does it include? 무엇이 포함인가요?
- Are the utilities included? 공공요금이 포함되어 있나요?
- How much does the electricity cost? 전기료는 얼마인가요?

5. 문제로 인해 도움 요청 할 때 사용할 수 있는 표현

〈help out〉 도와주다 〈get help〉 도움을 받다
- I would like to come in to get some help. 도움을 받기 위해 그곳에 가고 싶습니다.
- Can you help me out? 저 좀 도와주실 수 있나요?
- Would you please help me out? 저 좀 도와주실래요?

6. 문제가 발생했을 때 사용할 수 있는 표현

* 인터넷/가구

〈have problems〉 문제가 있다 〈something wrong with〉 ~에 무엇인가 잘못된
- I am having some connection problems. 접속 문제가 있습니다.
- I'm afraid there is something wrong with my web browser. 죄송하지만 웹 브라우저에 뭔가 잘못 되었습니다.
- There is something wrong with my bed. I think I got the wrong bed. 제 침대가 뭔가 잘못 되었습니다. 다른 침대를 받은 것 같습니다.

* 아파트

〈come in through〉 ~을 통해 들어오다
- There are mosquitoes coming in through the window. 창문을 통해 모기가 들어온다.
- There is cold wind coming in through the window. 창문을 통해 찬 바람이 들어온다.

〈be not working〉 작동하지 않는다
- The elevator is not working. I need to take the stairs. 엘리베이터가 고장이다. 계단을 이용해야 한다.
- The lights in the entire building were not working by the typhoon. 태풍으로 인해 건물 전체의 불이 작동하지 않았다.

8. 친구가 찾은 웹사이트에 대해 물을 때 사용할 수 있는 표현
- Can you tell me what kind of site it is? 어떤 종류의 사이트인지 말해줄래?
- I wonder if it is a social networking site. SNS 사이트인지 궁금해.
- Can you post pictures or video clips? 사진이나 영상을 올릴 수 있어?
- Is it possible to leave messages? 메시지 남기는 게 가능해?

9. 집에서 깨진 물건에 대해 이야기할 때 쓰이는 표현

〈break / break down + 명사〉 ~을 깨트리다 〈drop + 명사〉 ~을 떨어트리다
- I broke a plate because I dropped it on the floor. 바닥에 접시를 떨어트려서 깨졌다.
- The strong wind coming through the window broke the vase. 창문으로 들어온 강한 바람 때문에 꽃병이 깨졌다.

〈try to be + 형용사〉 (형용사)하려고 노력하다
- I try to be careful when I wash the dishes. 설거지할 때 조심하려고 노력한다.
- I try to be more cautious when I hold plates. 접시를 들 때에는 더 조심하려고 한다.

10. 인터넷을 하면서 겪은 불편에 대해 이야기할 때 쓰이는 표현

〈block〉 차단하다 〈get on one's nerves〉 신경을 거슬리게 하다
- I blocked someone who was sending me annoying messages. 짜증나는 메시지를 보내던 사람을 차단했다.
- The internet connection was so slow this morning. It was getting on my nerves. 인터넷 속도가 오늘 아침 굉장히 느렸다. 너무 신경이 거슬렸다.
- Someone hacked into my email and it got on my nerves. 누가 내 이메일 계정을 해킹했는데 너무 신경이 거슬렸다.

OPIc 질문에 대한 모범 답변을 살펴본 후, 질문의 핵심 포인트를 파악하여 나만의 OPIc 답변을 만들어보세요.

Furniture 가구

1 I'd like to give you a situation and ask you to act it out. You are at a store and you  MP3 36_Q1 see a piece of furniture that you like. Go to the clerk and ask three or four questions about the furniture you want to buy.

상황을 하나 드릴 테니 연기해 보세요. 상점에 있는데 마음에 드는 가구를 찾았습니다. 직원에게 가서 사고 싶은 가구에 대해 서너 가지 질문을 하세요.

문항 유형	가구점 직원에게 사고 싶은 가구에 대해 현장 문의
문항 수준	Intermediate
핵심 포인트	• 상점의 직원에게 구매하고 싶은 가구에 대해 문의하기 • 가구의 종류, 가격, 프로모션에 대해 질문하기
중요도	★★★

Model Answer   MP3 36_A1

Hello, I would like to get some new furniture.
I would like to get a new bed.
What kinds of beds do you have available?
Can you tell me how much they are?
Can you recommend anything?
Is there perhaps a website I can see?
I wonder if there are any promotions.

Translation

안녕하세요, 새 가구를 사고 싶습니다.
새 침대를 사고 싶습니다.
어떤 종류의 침대가 있나요?
그것이 얼마인지 말해줄 수 있나요?
추천해 주실 것이 있나요?
혹시 제가 볼 수 있는 웹사이트가 있나요?
프로모션이 있는지 궁금합니다.

Key Expressions

- **would like to** ~를 하고 싶다
- **available** 이용 가능한
- **recommend** 추천하다
- **promotion** 프로모션

2 I'm sorry, but there is a problem I need you to resolve. When you receive the furniture  MP3 36_Q2 at home, there is a serious problem with it. Call the store, explain the situation and offer two to three alternatives to solve the problem.

안타깝지만 당신이 해결해야 하는 문제가 생겼습니다. 집에서 가구를 받았는데 심각한 문제가 있습니다. 상점에 전화를 걸어 상황을 설명하고 문제를 해결하기 위해 두세 가지 대안을 제시하세요.

문항 유형	가구 도착했는데 마음 들지 않음. 전화로 문제 해결
문항 수준	Advanced
핵심 포인트	• 상점에 전화해서 문제 상황 설명하기 • 대안으로 교환과 환불 제시
중요도	★★★

Model Answer   MP3 36_A2

Hello, I'm a person who got some new furniture at your store.
I'm afraid there's something wrong with my bed.

Translation

여보세요, 저는 당신의 상점에서 새 가구를 산 사람입니다.
안타깝지만 침대가 뭔가 잘못 되었습니다.

I think I got the wrong bed.
I would like to come in to get an exchange.
I wonder if I could get a refund if I want to.
Would that be possible?
I'm sorry for all the trouble.
Can you tell me when I can visit your store?
What are your business hours? How late are you open?
Please call me back as soon as possible. Thank you.

다른 침대를 받은 것 같습니다.
교환을 받으러 가고 싶습니다.
제가 원하면 환불을 받을 수 있을지 궁금합니다.
그게 가능할까요?
번거롭게 해드려 죄송합니다.
언제 상점에 방문할 수 있는지 말해 주실 수 있나요?
영업 시간이 언제인가요? 얼마나 늦게까지 여나요?
가능한 한 빨리 전화를 주세요. 고맙습니다.

Key Expressions

- **I'm afraid** 미안하지만, 안타깝지만
- **come in** 방문하다
- **get an exchange** 교환 받다
- **get a refund** 환불 받다
- **call back** 다시 전화 주다

---

3 That's the end of the situation. Have you ever bought furniture but had a problem when you got it? What was the problem and how did you deal with the situation?

상황이 종료되었습니다. 가구를 샀는데 받았을 때 문제가 있었던 적이 있나요? 무엇이 문제였고 어떻게 그 상황에 대처했나요?

문항 유형	주문한 가구에 문제가 있었던 경험 묘사
문항 수준	Advanced
핵심 포인트	• 그런 경험이 없다면, 없다고 답하기 • 만약 있다면 가구를 교환/환불 한 경험 묘사하기
중요도	★★★

Model Answer

Answer 1

To be honest, I have never had that kind of experience.
I think I was lucky.
So, I really don't have much to say about this topic.

Answer 2

A few months ago, I went to a furniture store near my place to buy a new bed.
I ordered a double-sized bed, but they sent me a single-sized bed.
I had to return it to get an exchange, and it was extremely bothering.
It took more than one week to get the new bed.

Translation

Answer 1

솔직히 말해서, 저는 그런 경험을 한 적이 없습니다.
운이 좋은 것 같습니다.
그래서, 저는 이 주제에 대해 별로 할 말이 없습니다.

Answer 2

몇 달 전에, 새 침대를 사기 위해 집 근처에 있는 가구점에 갔습니다.
더블 사이즈 침대를 주문했는데 싱글 사이즈 침대를 보냈습니다.
교환을 받기 위해 돌려보내야 했고 매우 귀찮았습니다.
새 침대를 받는 데 일주일 이상 걸렸습니다.

Key Expressions

- **order** 주문하다
- **double-sized / single-sized bed** 더블/싱글 사이즈 침대
- **return** 돌려보내다
- **extremely** 매우
- **bothering** 귀찮은

4 I'd like to give you a situation and ask you to act it out. You would like to find a house to live in. Call a management office and ask three or four questions about getting a house to live in. 🎧 MP3 36_Q4

상황을 하나 드릴 테니 연기해 보세요. 당신은 살 집을 찾고 싶습니다. 부동산에 전화해서 살 집을 구하는 것에 관해 서너 가지 질문을 하세요.

문항 유형	부동산에 구하고 싶은 집에 대한 문의
문항 수준	Intermediate
핵심 포인트	• 부동산에 전화해서 문의하기 • 방 종류, 가격, 할인 등에 대해 질문하기
중요도	★★

Model Answer 🎧 MP3 36_A4

Hello, I'm calling to ask about renting an apartment.
I would like to get a three-bedroom apartment.
What kinds of apartments do you have available?
Can you tell me how much they are?
Can you recommend anything?
Is there perhaps a website I can see?
I wonder if there are any promotions.
Plus, can you give me directions to your office?
Is it close to the subway station?
Is it within walking distance?
Please call me back as soon as possible. Thank you.

Translation

여보세요. 아파트를 빌리는 것에 대해 문의하려고 전화 드렸습니다.
침실 3개짜리 아파트를 구하고 싶습니다.
어떤 종류의 아파트가 있나요?
얼마인지 말해줄 수 있나요?
추천해 줄 것이 있나요?
혹시 제가 볼 수 있는 웹사이트가 있나요?
프로모션이 있는지 궁금합니다.
그리고, 사무실로 가는 길 좀 알려 주실래요?
지하철역에서 가깝나요?
걸어서 갈 수 있는 거리에 있나요?
가능한 한 빨리 전화를 주세요. 고맙습니다.

Key Expressions

- **rent** 빌리다
- **recommend** 추천하다
- **promotion** 프로모션
- **direction** 위치, 찾아가는 방법
- **walking distance** 도보로 갈 수 있는 거리

5 I'm sorry, but there is a problem I need you to resolve. You have moved into the new house but found out that one of the windows in your apartment is broken. Call the repair shop. Explain why you have to get a new window as soon as possible. 🎧 MP3 36_Q5

안타깝지만 당신이 해결해야 하는 문제가 생겼습니다. 새 집으로 이사를 했는데 아파트의 창문 중 하나가 깨져 있다는 것을 알아냈습니다. 수리점에 전화하세요. 왜 가능한 한 빨리 새 창문으로 바꿔야 하는지 설명하세요.

문항 유형	입주했는데 창문 깨져 있음, 수리점에 수리 요청
문항 수준	Advanced
핵심 포인트	• 전화로 문제 상황 설명하기 • 창문을 꼭 고쳐야 하는 이유를 말하고 종류, 가격 등에 대해 문의하기
중요도	★★

Model Answer 🎧 MP3 36_A5

Hello, I'm a person who just moved in.
However, I found out that one of the windows is

Translation

여보세요. 저는 방금 이사온 사람입니다.
그런데 창문 하나가 깨져 있는 것을 알게 되었습니다.

broken.

I need to get a new window.

+ There are mosquitoes coming in through the window.

+ The wind is coming in and it's quite cold at night.

What kinds of windows do you have available?

Can you tell me how much they are?

Please call me back as soon as possible. Thank you.

새 창문을 사야 합니다.

(+ 창문을 통해 모기가 들어오고 있습니다.

+ 바람이 들어와서 밤에는 꽤 춥습니다.)

어떤 종류의 창문이 있나요?

얼마인지 말해줄 수 있나요?

가능한 한 빨리 전화를 주세요. 고맙습니다.

Key Expressions

- **move in** 이사 오다
- **find out** 알아내다
- **be broken** 깨지다
- **mosquito** 모기
- **come in** 들어오다
- **through** ~을 통해서
- **quite** 꽤

---

6 **That's the end of the situation. Tell me about a time when you broke something at home. What exactly happened and how did you solve the problem? Give me all the details from beginning to end.** 🎧 MP3 36_Q6

상황이 종료되었습니다. 당신이 집에서 뭔가를 깨트렸던 때를 말해주세요. 정확히 무슨 일이 일어났고 어떻게 문제를 해결했나요? 처음부터 끝까지 자세히 말해주세요.

문항 유형	집에 뭔가 깨져있거나, 깨 본 경험 설명
문항 수준	Advanced
핵심 포인트	• 집에서 접시 깨트린 경험 설명하기 • 본인의 과거 경험이기 때문에 과거형 시제와 주어 I 사용
중요도	★★

Model Answer 🎧 MP3 36_A6

I remember breaking a plate at home.

I dropped the plate by accident because it was slippery.

I lost my grip.

The plate broke into several pieces.

I had to clean up the glass.

I picked up the big pieces and vacuumed the small pieces.

I tried to be careful, but I cut my hand on a piece of glass.

It was bleeding and it was a little sore.

Since then, I try to be more careful.

Translation

집에서 접시를 깨뜨린 기억이 납니다.

접시가 미끄러워서 실수로 떨어뜨렸습니다.

손에서 놓쳤습니다.

접시가 여러 조각으로 깨졌습니다.

유리를 치워야 했습니다.

큰 조각들은 주웠고 작은 조각들은 진공청소기로 청소했습니다.

조심하려고 했지만 유리 조각에 손을 베였습니다.

피가 났고 약간 아팠습니다.

그 이후로, 저는 조금 더 조심하려고 노력합니다.

Key Expressions

- **break** 깨뜨리다
- **drop** 떨어뜨리다
- **by accident** 실수로
- **slippery** 미끄러운
- **lose grip** 손에서 놓치다
- **vacuum** 청소기 돌리다
- **cut hand** 손을 베다
- **bleeding** 피가 나는
- **sore** 따가운, 아픈
- **careful** 조심하는

7 I'd like to give you a situation and ask you to act it out. Your friend has found a cool 🎧 MP3 36_Q7
website. Call your friend and ask three or four questions about the website he/she has found.

상황을 하나 드릴 테니 연기해 보세요. 당신의 친구가 괜찮은 웹사이트를 찾았습니다. 친구에게 전화해서 그/그녀가 발견한 웹사이트에 대해 서너 가지 질문을 하세요.

문항 유형	친구가 찾은 웹사이트에 대해 전화로 질문
문항 수준	Intermediate
핵심 포인트	• 친구에게 전화로 질문하기 • 친구가 찾은 웹사이트에 대해 주소, 종류, 제공하는 것 등에 대해 문의하기
중요도	★

Model Answer 🎧 MP3 36_A7

Hello, Brian. This is John.
I'm calling to ask about the website you talked about.
I would like to go check it out.
Can you tell me what kind of site it is?
I wonder if it is a social networking site.
+ Can you "friend" or "follow" people?
+ Can you post pictures or video clips?
+ Can you leave messages or comments?
I am very eager to check out that website.
Give me a call when you get this. Thanks.

Translation

여보세요, 브라이언. 존이야.
네가 말한 웹사이트에 대해 물어보고 싶어서 전화했어.
한번 확인해 보고 싶어.
어떤 사이트인지 말해줄 수 있어?
그게 SNS인지 궁금해.
(+ "친구 추가"나 "팔로우"를 할 수 있어?
+ 사진이나 동영상을 올릴 수 있어?
+ 메시지나 댓글을 남길 수 있어?)
나는 정말로 그 웹사이트를 확인해 보고 싶어.
이 메시지를 받으면 전화 줘. 고마워.

Key Expressions

• **check out** 확인하다, 살펴보다, 둘러보다
• **wonder** 궁금해하다
• **social networking site** SNS, 소셜 미디어
• **post** 올리다, 게시하다
• **video clip** 비디오 영상
• **leave messages** 메시지를 남기다
• **be eager to** ~을 하고 싶어하다, 열망하다

8 I'm sorry, but there is a problem I need you to resolve. You have tried to log on to 🎧 MP3 36_Q8
that website, but there is something wrong with your web browser. Call the internet help desk and ask for help. Explain why you need to get help as soon as possible.

안타깝지만 당신이 해결해야 하는 문제가 생겼습니다 그 웹사이트에 접속하려고 했지만 웹 브라우저에 무슨 문제가 있습니다. 인터넷 업무지원센터에 전화해서 도움을 요청하세요. 가능한 한 빨리 도움을 받아야 하는 이유를 설명하세요.

문항 유형	웹 브라우저의 문제, 인터넷 회사 전화 도움 요청
문항 수준	Advanced
핵심 포인트	• 인터넷 회사에 전화해서 문제 상황 설명하기 • 대안으로 회사 방문하기
중요도	★

Model Answer 🎧 MP3 36_A8

Hello, I'm calling to ask for some help.
I'm afraid there's something wrong with my web

Translation

여보세요, 도움이 필요해서 전화 드렸습니다.
안타깝지만 웹 브라우저가 뭔가 잘못 되었습니다.

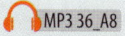

browser.
I am having some connection problems.
I would like come in to get some help.
Can you tell me when I can visit your office?
What are your business hours? How late are you open?
Please call me back as soon as possible. Thank you.

접속하는 데 문제가 좀 있습니다.
가서 도움을 받고 싶습니다.
언제 사무실에 방문할 수 있는지 말해 주실 수 있나요?
영업 시간이 언제인가요? 얼마나 늦게까지 여나요?
가능한 한 빨리 전화 주세요. 고맙습니다.

Key Expressions

- **I'm afraid** 미안하지만, 안타깝지만
- **connection problem** 연결 문제, 접속 문제
- **business hours** 영업 시간

---

9 I'm sorry, but there is a problem I need you to resolve. You have tried to check out that website, but it is not available. Call your friend, explain the situation and make some suggestions to solve the problem. 🎧 MP3 36_Q9

안타깝지만 당신이 해결해야 하는 문제가 생겼습니다 그 웹사이트를 살펴보려고 했지만 이용이 불가능 했습니다. 친구에게 전화해서 상황을 설명하고 문제를 해결하기 위해 몇 가지 제안을 하세요.

문항 유형	그 사이트가 접속이 안되어 친구에게 도움 요청
문항 수준	Advanced
핵심 포인트	• 친구에게 전화로 문제 상황 설명하기 • 친구에게 도움 요청한 후 만날 약속 정하기
중요도	★

Model Answer 🎧 MP3 36_A9

Hello, Brian. This is John.
I have some bad news.
I am having trouble logging on to the website.
Can you help me out?
Why don't we meet up?
Can you tell me when you want to meet?
I'm free on Saturday.
Are you available that day?
If not, I can make some time on Sunday.
Give me a call when you get this. Thanks.

Translation

여보세요, 브라이언. 존이야.
나쁜 소식이 있어.
웹사이트에 로그인하는 데 어려움을 겪고 있어.
나 좀 도와 줄 수 있어?
우리 만나는 게 어때?
언제 만나고 싶은지 말해줄래?
나 토요일에 시간 돼.
그날 시간 있어?
안 된다면, 일요일에 시간을 조금 낼 수 있어.
이 메시지를 받으면 전화 줘. 고마워.

Key Expressions

- **log on to the website** 웹사이트에 로그인하다, 접속하다
- **help out** 도와주다
- **meet up** 만나다
- **make time** 시간을 내다, 시간을 만들다

10 **That's the end of the situation. How did you use the internet to get a project done**  MP3 36_Q10
in the past? When was it? What was the project about? Give me all the details.

상황이 종료되었습니다. 과거에 프로젝트를 끝내기 위해 인터넷을 어떻게 사용했나요? 그것이 언제였나요? 그 프로젝트는 무엇에 관한 것이었나요? 자세하게 말해주세요.

문항 유형	인터넷을 이용해서 진행한 과거 프로젝트 설명
문항 수준	Advanced
핵심 포인트	• 인터넷을 사용하여 회사 프로젝트한 경험 묘사하기
	• 본인의 과거 경험이기 때문에 주어 I 와 과거형 시제 사용
중요도	★

Model Answer MP3 36_A10

I remember doing a project at work recently.
I had to write a report for the project.
I surfed the internet and did some searches.
I gathered some data and used them in my report.
The report became better because there was a lot of information in it.
It was worth the time and energy.
So, surfing the internet was very helpful when I was doing my project.

Translation

제가 최근에 회사에서 프로젝트를 했던 것이 기억납니다.
저는 그 프로젝트에 대한 보고서를 써야 했습니다.
인터넷 서핑을 하고 검색을 했습니다.
저는 정보를 모아 보고서에 사용했습니다.
그 보고서에는 많은 정보가 들어 있었기 때문에 더 나아졌습니다.
시간과 힘을 들일 만한 가치가 있었습니다.
그래서 프로젝트를 할 때 인터넷 서핑은 매우 도움이 되었습니다.

Key Expressions

- **do a project** 프로젝트를 하다
- **recently** 최근에
- **write a report** 보고서를 쓰다
- **do searches** 조사를 하다
- **gather some data** 정보를 모으다
- **become better** 더 나아지다, 좋아지다
- **worth the time and energy** 시간과 힘이 아깝지 않은
- **helpful** 도움이 되는

11 That's the end of the situation. Have you ever had any trouble on the internet? 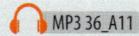 MP3 36_Q11
Perhaps, you had difficulty using a website or you lost internet connection. What was the
exact problem and how did you deal with the situation?

상황이 종료되었습니다. 인터넷에 문제가 생긴 적이 있나요? 웹사이트 사용에 어려움이 있었거나 인터넷 연결이 끊겼을 수 있습니다.
정확한 문제점은 무엇이었고 상황에 어떻게 대처했나요?

문항 유형	본인이 인터넷을 하면서 겪은 불편 묘사
문항 수준	Advanced
핵심 포인트	• 스팸 이메일과 메시지 차단한 경험 묘사하기
	• 본인의 과거 경험이기 때문에 과거형 시제와 주어 I 사용
중요도	★

Model Answer MP3 36_A11

I remember blocking someone who was sending
me annoying messages.
It was getting on my nerves, so I blocked that
person.
Plus, I get so much spam mail these days.
I always block people who send me spam mail.
So, these were the problems I have had on the
internet.

Translation

짜증나는 메시지를 보내던 사람을 차단했던 기억이
납니다.
신경을 거슬리게 해서 그 사람을 차단했습니다.
게다가 요즘 스팸 메일이 너무 많이 옵니다.
저는 항상 스팸 메일을 보내는 사람들을 차단합니다.
이것이 제가 인터넷에서 겪었던 문제들입니다.

Key Expressions

• **block** 차단하다
• **annoying** 짜증나는

• **get on one's nerves** ~의 신경을 건드리다, 거슬리게 하다
• **spam mail** 스팸 메일

37 Role Play 공연 / 영화 / 전화기 / 은행

 Role Play Master Key Patterns

롤플레이 답변 시에 활용할 수 있는 주제별 Key Patterns을 학습해보세요.

1. 원하는 영화/공연을 예매할 때 사용할 수 있는 표현

⟨would like to get/buy + 숫자 + tickets + for 원하는 때 / of 무엇⟩
- I would like to get two tickets for tonight. 오늘 밤 티켓 2장을 구매하고 싶습니다.
- I would like to buy four tickets of the classical concert. 클래식 콘서트 티켓 4장을 구매하고 싶습니다.

* 조금 더 편하게 묻고 싶을 때에는 **want to** 사용
- I want to get two tickets. 티켓 2장을 구매하고 싶습니다.

2. 영화/공연 예약 시 추천을 받고 싶을 때 사용할 수 있는 표현

⟨recommend anything/something⟩ 어떤 것/무엇인가 추천하다
- Can you recommend anything? 추천해 주실 것 있나요?

* **anything/something** 뒤에 ⟨관계대명사 **which/that** + be동사 + 형용사⟩ 또는 ⟨형용사⟩를 추가하여 어떤 것을 추천 받고 싶은지 세부적으로 질문
- Can you recommend anything that is fun? 재미있는 거 추천해 주실 것 있나요?
- Can you recommend something that is thrilling? 아주 신나는 거 추천해 주실 것 있나요?
- Would you please recommend something interesting? 뭐 재미있는 거 추천해 주실래요?

3. 본인의 과거 계획 취소 경험에 대해 이야기할 때 사용할 수 있는 표현

⟨be supposed to + 동사⟩ (동사) 하기로 되어 있다
- I was supposed to have a gathering with my friends. 친구들과 모임을 가지기로 되어 있었다. (결국에는 가지 못했다는 의미가 내포되어 있음)

⟨be going to + 동사⟩ (동사) 하기로 되어 있다
- I was going to have a gathering with my friends. 친구들과 모임을 가지려고 했었다. (하지만 못 했을 가능성이 높음)

데이터와 트렌드로 쉽게 취득하는 OPIc IH

4. 공연에 못 가게 되어 친구에게 제안을 할 때 사용할 수 있는 표현

〈what do you say + 주어 + 동사?〉 (주어)가 (동사) 하는 거 어떻게 생각해?
- What do you say we fix the date? 우리 날짜를 확정하는 게 어때?
- What do you say we just cancel the tickets? 우리 그냥 티켓 취소하는 게 어때?

〈why don't + 주어 + 동사?〉 (주어)가 (동사) 하는 거 어떨까?
- Why don't you go there by yourself? 너 혼자 가는 게 어떨까?
- Why don't we get a refund and do something else next week? 환불 받고 다음 주에 다른 거 하는 게 어떨까?

5. 프로모션 또는 할인이 있는지 물을 때 사용할 수 있는 표현

* 정중하게 묻기 위해 동사 〈wonder〉 사용

I wonder / I wondered / I was wondering (과거형 / 과거 진행형이 쓰였지만 현재 궁금하다는 의미로도 쓰일 수 있음)

* 과거형을 사용하면 더 조심스럽게 묻는 느낌이 내포되어 있으며 wonder 뒤에는 if 와 whether 사용
- I wonder if there are any promotions. 프로모션이 있는지 궁금합니다.
- I wondered whether we could get some discounts. 우리가 할인을 받을 수 있을지 궁금하네요.
- I was wondering if there is any price reduction. 가격 할인이 있는지 궁금하네요.

6. 새로운 제품/기술이 마음에 들지 않았던 경험에 대해 이야기할 때 쓰이는 표현
- I got a new phone last year, but it ran out of battery so fast. I was very disappointed. 작년에 새로운 휴대폰을 샀는데 배터리가 너무 빨리 닳았다. 매우 실망했다.
- I got a new TV last week, but the resolution was not as high as I expected. 저번 주에 새로운 TV를 샀는데 해상도가 기대만큼 높지 않았다.
- The display screen on my new cell phone got cracked. I think it is too fragile. 나의 새 휴대폰의 액정이 깨졌다. 너무 약한 것 같다.

7. 은행에서 계좌 개설을 하기 위해 문의해야 하는 질문
- What kinds of accounts do you have available? 어떤 종류의 계좌가 있나요?
- Do you have savings accounts or checking accounts? 예금 계좌나 당좌 예금 계좌가 있나요?
- Are there any fees to open a new account? 계좌를 개설하는 데 수수료를 내야 하나요?
- Can I open an account through mobile banking? 모바일 뱅킹으로 계좌를 열 수 있나요?

8. 은행 계좌나 신용카드 사용 중 문제 생긴 경험에 대해 이야기할 때 쓰이는 표현

〈be rejected〉 거부당하다 〈reject〉 거부하다, 거절하다
- I applied for a loan, but the bank rejected it. 대출 신청을 했는데 은행에서 거절했습니다.
- My credit card was rejected because I maxed out the card. 카드의 최대 한도를 써버려서 신용카드가 거부 당했습니다.

OPIc 질문에 대한 모범 답변을 살펴본 후, 질문의 핵심 포인트를 파악하여 나만의 OPIc 답변을 만들어보세요.

Performance 공연

1 I'd like to give you a situation and ask you to act it out. You want to get two tickets 🎧 MP3 37_Q1 to see a performance during your vacation. Call the box office and ask three or four questions to get tickets.

상황을 하나 드릴 테니 연기해 보세요. 당신은 휴가 동안 공연을 보기 위해 두 장의 티켓을 얻기를 원합니다. 매표소에 전화해서 티켓을 사기 위해 서너 가지 질문을 하세요.

문항 유형	공연장에 공연 티켓 구매 문의
문항 수준	Intermediate
핵심 포인트	• 공연장에 전화해서 보고 싶은 공연에 대해 문의하기 • 공연 티켓의 종류, 가격 등 질문하기
중요도	★★★

Model Answer 🎧 MP3 37_A1

Hello, I'm calling to ask about tonight's performance.
I would like to get two tickets.
What kinds of tickets do you have available?
Can you tell me how much they are?
Can you recommend anything?
Is there perhaps a website I can see?
I wonder if there are any promotions.
Plus, can you give me directions to your theater?
I wonder if I could bring my car.
If not, I'll just take public transportation.
Please call me back as soon as possible. Thank you.

Translation

여보세요, 오늘 밤 공연에 대해 문의하려고 전화 드렸습니다.
티켓 두 장을 사고 싶습니다.
어떤 종류의 티켓이 있나요?
얼마인지 말해줄 수 있나요?
추천해 줄 것이 있나요?
혹시 제가 볼 수 있는 웹사이트가 있나요?
프로모션이 있는지 궁금합니다.
그리고, 공연장으로 가는 길 좀 알려 주시겠어요?
제 차를 가져가도 되는지 궁금합니다.
안 된다면 대중교통을 이용할게요.
가능한 한 빨리 전화 주세요. 고맙습니다.

Key Expressions

• **recommend** 추천하다
• **wonder** 궁금하다, 궁금해하다
• **direction** 위치, 찾아가는 방법
• **bring** 가져가다

2 I'm sorry, but there is a problem I need you to resolve. On the day of the performance, 🎧 MP3 37_Q2 you are very sick. Call your friend and explain the situation and offer two different options to resolve this situation.

안타깝지만 당신이 해결해야 하는 문제가 생겼습니다. 공연 당일, 당신은 매우 아픕니다. 친구에게 전화를 걸어 상황을 설명하고 이 상황을 해결하기 위한 두 가지 다른 방법을 제시하세요.

문항 유형	친구에게 공연 아파서 못 가게 되어 설명
문항 수준	Advanced
핵심 포인트	• 친구에게 전화로 못 가는 이유 설명하기 • 일정 변경을 위해 다양한 대안 제시
중요도	★★★

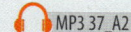 MP3 37_A2

Translation

Hello, Jake. This is Brian.	여보세요, 제이크. 브라이언이야.
I have some bad news.	나쁜 소식이 있어.
I DON'T think I can make it to the performance tonight.	오늘 밤 공연에 나는 못 갈 것 같아.
I am very sick right now.	내가 지금 많이 아파.
Can you tell me what you want to do?	어떻게 하고 싶은지 말해줄래?
Why DON'T we go next time?	다음에 가는 게 어떨까?
What do you say we go next week?	다음 주에 가는 건 어때?
Or, maybe we could go another time.	아니면, 다른 때에 가자.
Can you tell me what you think?	어떻게 생각하는지 말해줄래?
I'm fine with whatever you decide.	네가 어떤 결정을 내리든 난 다 괜찮아.
Call me back when you get this. Thanks.	이 메시지를 받으면 전화 줘. 고마워.

Key Expressions

- **bad news** 나쁜 소식
- **make it** 해내다, 성공하다
- **another time** 다른 때에, 다음 번에
- **call back** 다시 전화하다

3 **That's the end of the situation. Have you ever bought concert tickets or made plans** 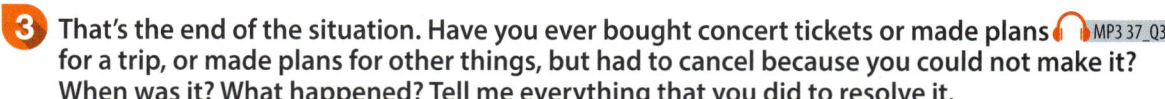 MP3 37_Q3
for a trip, or made plans for other things, but had to cancel because you could not make it?
When was it? What happened? Tell me everything that you did to resolve it.

상황이 종료되었습니다. 콘서트 티켓을 사거나 여행 계획을 세우거나, 다른 계획들을 세웠다가 마지막 순간에 할 수 없어서 취소해야만 했던 적이 있나요? 언제였나요? 무슨 일이 있었나요? 문제 해결을 위해 당신이 한 모든 일을 말해주세요.

문항 유형	본인의 과거 계획 취소 경험
문항 수준	Advanced
핵심 포인트	• 숙취 때문에 모임 취소한 경험 설명하기 • 본인의 과거 경험이기 때문에 과거형 시제와 주어 I 사용
중요도	★★★

Model Answer  MP3 37_A3

Translation

I remember when I was supposed to have a gathering with my friends.	친구들과 함께 모임을 가지기로 했던 때가 생각납니다.
However, I got sick because I drank a lot the night before.	하지만 전날 밤에 술을 많이 마셔서 아팠습니다.
I had a bad hangover.	숙취가 매우 심했습니다.
My stomach was upset and I felt dizzy.	배탈이 나고 어지러웠습니다.
I felt bad about missing the gathering, but there was nothing I could do.	모임을 못 가서 아쉬웠지만 어쩔 수 없었습니다.
I told my friends that I could NOT make it and said I was sorry.	친구들에게 못 간다고 말하고 미안하다고 했습니다.
Looking back, I regret missing the gathering that time.	돌이켜보면, 그때 모임을 빠진 것이 후회됩니다.

Key Expressions

- **be supposed to** ~하기로 되어 있다
- **hangover** 숙취
- **stomach** 배, 복부
- **dizzy** 어지러운
- **miss** 놓치다
- **regret** 후회하다

4 I'd like to give you a situation and ask you to act it out. You want to take your friend 🎧 MP3 37_Q4 to the movies. Call the theater and ask two to three questions to get tickets for you and your friend.

상황을 하나 드릴 테니 연기해 보세요. 친구와 함께 영화를 보러 가고 싶습니다. 당신과 친구를 위한 티켓을 구하기 위해 극장에 전화해서 두세 가지 질문을 하세요.

문항 유형	영화관에 친구와 함께 볼 영화표 구매 전화 문의
문항 수준	Intermediate
핵심 포인트	• 영화관에 전화해서 문의하기
	• 구매하고 싶은 영화 표에 대해 종류, 가격 등에 대해 질문하기
중요도	★★★

Model Answer 🎧 MP3 37_A4

Hello, I'm calling to ask about tonight's movie.
I would like to get two tickets.
What kinds of tickets do you have available?
Can you tell me how much they are?
Can you recommend anything?
Is there perhaps a website I can see?
I wonder if there are any promotions.
Plus, can you give me directions to your theater?
Is it close to the subway station?
Is it within walking distance?
Please call me back as soon as possible. Thank you.

Translation

여보세요, 오늘 밤 영화에 대해 문의하려고 전화 드렸습니다.
티켓 두 장을 사고 싶습니다.
어떤 종류의 티켓이 있나요?
얼마인지 말해줄 수 있나요?
추천해 줄 것이 있나요?
혹시 제가 볼 수 있는 웹사이트가 있나요?
프로모션이 있는지 궁금합니다.
그리고, 극장으로 가는 길 좀 알려 주시겠어요?
지하철역에서 가깝나요?
걸어서 갈 수 있는 거리에 있나요?
가능한 한 빨리 전화 주세요. 고맙습니다.

Key Expressions

• **recommend** 추천하다
• **wonder** 궁금하다, 궁금해하다
• **direction** 위치, 찾아가는 방법
• **walking distance** 도보로 갈 수 있는 거리

5 I'm sorry, but there is a problem I need you to resolve. When you and your friend 🎧 MP3 37_Q5 arrive at the theater, you discover that they've sold the wrong tickets to you. Explain the situation to the ticket seller at the booth. Offer two or three alternatives to solve the problem.

안타깝지만 당신이 해결해야 하는 문제가 생겼습니다. 친구와 극장에 도착했을 때, 그들이 당신에게 티켓을 잘못 팔았다는 것을 알게 되었습니다. 매표원에게 상황을 설명하세요. 문제를 해결하기 위해 두세 가지 대안을 제시하세요.

문항 유형	영화관 현장에서 그쪽이 잘못 판매한 표 설명, 문제 해결
문항 수준	Advanced
핵심 포인트	• 영화관에 있는 직원에게 잘못 받은 표에 대해 설명하기
	• 대안으로 티켓 교환 또는 환불 제시
중요도	★★★

Model Answer  MP3 37_A5

Hello, I'm a person who got tickets for tonight's movie.
I'm afraid there's something wrong with my tickets.

Translation

안녕하세요, 저는 오늘 밤 영화 티켓을 산 사람입니다.
죄송하지만 제 티켓에 뭔가 잘못 되었습니다.

I think I got the wrong tickets. I would like to get an exchange. I wonder if I could get a refund if I want to. Would that be possible? I'm sorry for all the trouble.	티켓을 잘못 받은 거 같습니다. 교환을 받고 싶습니다. 제가 원하면 환불을 받을 수 있을지 궁금합니다. 그게 가능할까요? 번거롭게 해드려 죄송합니다.

Key Expressions

- **wrong** 잘못된
- **get an exchange** 교환 받다
- **get a refund** 환불 받다

6 That's the end of the situation. Have you ever bought concert tickets or made plans  MP3 37_Q6
for a trip, or made plans for other things, but had to cancel because you could not make it?
When was it? What happened? Tell me everything that you did to resolve it.

상황이 종료되었습니다. 콘서트 티켓을 사거나 여행 계획을 세우거나, 다른 계획들을 세웠는데 마지막 순간에 할 수 없어서 취소해야만
했던 적이 있나요? 언제였나요? 무슨 일이 있었나요? 문제 해결을 위해 당신이 한 모든 일을 말해주세요.

문항 유형	본인의 과거 계획 취소 경험 설명
문항 수준	Advanced
핵심 포인트	• 숙취 때문에 모임 취소한 경험 설명하기 • 본인의 과거 경험이기 때문에 과거형 시제와 주어 I 사용
중요도	★★★

Model Answer
MP3 37_A6

I remember when I was supposed to have a
gathering with my friends.
However, I got sick because I drank a lot the night
before.
I had a bad hangover.
My stomach was upset and I felt dizzy.
I felt bad about missing the gathering, but there
was nothing I could do.
I told my friends that I could NOT make it and said I
was sorry.
Looking back, I regret missing the gathering that
time.

Translation

친구들과 함께 모임을 가지기로 했던 때가
생각납니다.
하지만 전날 밤에 술을 많이 마셔서 아팠습니다.
숙취가 매우 심했습니다.
배탈이 나고 어지러웠습니다.
모임을 못 가서 아쉬웠지만 어쩔 수 없었습니다.
친구들에게 못 간다고 말하고 미안하다고 했습니다.
돌이켜보면, 그때 모임을 빠진 것이 후회됩니다.

Key Expressions

- **get sick** 아프다
- **hangover** 숙취
- **stomach** 배, 복부
- **dizzy** 어지러운
- **feel bad** 미안함을 느끼다
- **miss** 놓치다
- **regret** 후회하다

37 Role Play 공연 / 영화 / 전화기 / 미용실

455

7 **I'd like to give you a situation and ask you to act it out. You would like to buy a new cell phone. Call a store and ask three or four questions about a new phone you would like to purchase.** 🎧 MP3 37_Q7

상황을 하나 드릴 테니 연기해 보세요. 당신은 새 전화기를 사려고 합니다. 상점에 전화를 걸어 구입하고 싶은 새 전화기에 대해 서너 가지 질문을 하세요.

문항 유형	휴대전화 대리점에 신규 휴대전화 구매 문의
문항 수준	Intermediate
핵심 포인트	• 휴대전화 대리점에 전화로 문의하기 • 구매하고 싶은 전화기에 관해 추천상품, 종류, 위치 등 질문하기
중요도	★★★

Model Answer 🎧 MP3 37_A7

Hello, I'm calling to ask about new cell phones.
I would like to get a new phone.
What kinds of phones do you have available?
Can you tell me how much they are?
Can you recommend anything?
Is there perhaps a website I can see?
I wonder if there are any promotions.
Plus, can you give me directions to your store?
I wonder if I could bring my car.
If not, I'll just take public transportation.
Please call me back as soon as possible. Thank you.

Translation

여보세요, 새로운 전화기에 대해 문의하려고 전화 드렸습니다.
새 전화기를 사고 싶습니다.
어떤 종류의 전화기가 있나요?
얼마인지 말해줄 수 있나요?
추천해 줄 것이 있나요?
혹시 제가 볼 수 있는 웹사이트가 있나요?
프로모션이 있는지 궁금합니다.
그리고, 상점으로 가는 길 좀 알려 주시겠어요?
제 차를 가져가도 되는지 궁금합니다.
안 된다면 대중교통을 이용할게요.
가능한 한 빨리 전화 주세요. 고맙습니다.

Key Expressions

• **would like to** ~를 하고 싶다
• **available** 이용 가능한
• **promotion** 프로모션
• **direction** 위치, 찾아가는 방법

8 **I'm sorry, but there is a problem I need you to resolve. You have received the new phone but the features are not what you expected. You would like to return it to get a new phone. Call the store, explain the situation and make arrangements to get a new product.** 🎧 MP3 37_Q8

안타깝지만 당신이 해결해야 하는 문제가 생겼습니다. 새 전화기를 받았지만 기능이 예상과 다릅니다. 새 전화기를 받기 위해 반품을 하려고 합니다. 상점에 전화해서 상황을 설명하고 새 전화기를 받을 수 있도록 합의를 하세요.

문항 유형	구매한 휴대전화가 마음에 들지 않음, 교환 요청
문항 수준	Advanced
핵심 포인트	• 휴대전화 대리점에 전화해서 문제점 설명하기 • 대안으로 교환이나 환불 제시
중요도	★★★

Model Answer 🎧 MP3 37_A8

Hello, I'm a person who got a new phone at your store.

Translation

여보세요, 저는 당신의 상점에서 새 전화기를 구매한 사람입니다.

I'm afraid there's something wrong with my phone.	죄송하지만, 제 전화기가 뭔가 잘못 되었습니다.
I think I got the wrong phone.	잘못된 전화기를 받은 것 같습니다.
I would like to come in to get an exchange.	교환을 받으러 가고 싶습니다.
I wonder if I could get a refund if I want to.	제가 원하면 환불을 받을 수 있을지 궁금합니다.
Would that be possible?	그게 가능할까요?
I'm sorry for all the trouble.	번거롭게 해드려 죄송합니다.
Can you tell me when I can visit your store?	언제 상점에 방문할 수 있는지 말해 주실 수 있나요?
What are your business hours? How late are you open?	영업 시간이 언제인가요? 얼마나 늦게까지 여나요?
Please call me back as soon as possible. Thank you.	가능한 한 빨리 전화 주세요. 고맙습니다.

Key Expressions

- **I'm afraid** 미안하지만, 안타깝지만
- **come in** 방문하다
- **get a refund** 환불 받다
- **call back** 다시 전화 주다

9 **That's the end of the situation. Have you ever bought a piece of technology which was not what you wanted or different from what you had expected? Was the feature not what you wanted or did it just not work properly? Tell me about a time when you bought some new technology.** 🎧 MP3 37_Q9

상황이 종료되었습니다. 원했던 것과 다르거나 기대했던 것과 다른 제품을 구매한 적이 있나요? 원하는 기능이 아니었나요? 아니면 제대로 작동하지 않았나요? 새 제품을 산 경험에 대해 말해주세요.

문항 유형	새로운 제품/기술이 마음에 들지 않았던 경험
문항 수준	Advanced
핵심 포인트	• 전화기의 배터리가 빨리 닳아서 고생한 경험 묘사하기 • 본인의 과거 경험이기 때문에 주어 I 와 과거형 시제 사용
.중요도	★★★

Model Answer 🎧 MP3 37_A9

I remember getting a new phone a few years ago.
However, the phone ran out of battery too fast.
Once, my phone died when I was outside.
It was very inconvenient because my phone was dead.
I had to call someone, but I could NOT.
I had to check some messages, but I could NOT.
Eventually, I checked my phone after I got home.
+ I went to a coffee shop to get my phone charged.
Since then, I always carry around my charger.
+ I always carry around my battery pack.

Translation

몇 년 전에 새 전화기를 샀던 기억이 납니다.
하지만, 전화기의 배터리가 너무 빨리 닳았습니다.
한 번은, 밖에 있을 때 전화기가 꺼졌습니다.
전화기가 꺼져서 많이 불편했습니다.
누군가에게 전화를 해야 했지만, 할 수 없었습니다.
메시지를 확인해야 했지만 확인할 수 없었습니다.
결국, 집에 돌아온 후 전화기를 확인 했습니다.
(+ 전화기를 충전하러 커피숍에 갔습니다.)
그 이후로, 저는 항상 충전기를 가지고 다닙니다.
(+ 보조 배터리를 항상 휴대합니다.)

Key Expressions

- **run out of** 다 써버리다, 소모하다
- **phone died / phone is dead** 전화기가 꺼지다
- **inconvenient** 불편한
- **get phone charged** 전화기를 충전하다
- **carry around** 들고 다니다
- **charger** 충전기
- **batter pack** 보조 배터리

10 I'd like to give you a situation and ask you to act it out. You need to open a new bank account. Go to the bank and ask the bank representative three or four questions to learn everything about you need to do to open an account.

🎧 MP3 37_Q10

상황을 하나 드릴 테니 연기해 보세요. 새 은행 계좌를 개설해야 합니다. 은행에 가서 계좌 개설을 위해 알아야 할 것을 파악하기 위해 은행 담당자에게 서너 가지 질문을 하세요.

문항 유형	은행지점에 가서 창구 직원에게 은행 계좌 개설 문의
문항 수준	Intermediate
핵심 포인트	• 은행의 직원에게 계좌 개설 방법에 대해 문의하기 • 은행 계좌 개설에 필요한 정보 (계좌의 종류, 수수료 여부 등) 요청하기
중요도	★

Model Answer 🎧 MP3 37_A10

Hi there. I would like to open a new account.
What kinds of accounts do you have available?
Do you have savings accounts or checking accounts?
Can you recommend anything?
Are there any fees to open a new account?
If so, can you tell me how much it is?
Also, I would like to get a credit card issued.
Can you tell me how long it would take?

Translation

안녕하세요. 계좌를 새로 개설하고 싶습니다.
어떤 종류의 계좌가 있나요?
예금 계좌나 당좌 예금 계좌가 있나요?
추천해 주실 것이 있나요?
계좌를 개설하는 데 수수료를 내야 하나요?
만약 그렇다면 얼마인지 말해 주실 수 있나요?
또한 신용카드를 발급 받고 싶습니다.
얼마나 걸릴지 말해줄 수 있나요?

Key Expressions

- **account** 계좌
- **savings account** 예금 계좌
- **checking account** 당좌 예금 계좌
- **fee** 수수료
- **credit card** 신용카드
- **issue** 발행하다

11 I'm sorry, but there is a problem I need you to resolve. You have left your new bank card at the restaurant where you had dinner. Call the restaurant and explain what happened. Describe your card and tell them how to get the card back to you.

🎧 MP3 37_Q11

안타깝지만 당신이 해결해야 하는 문제가 생겼습니다. 저녁 식사를 한 음식점에 새로 만든 은행 카드를 두고 왔습니다. 음식점에 전화해서 무슨 일이 있었는지 설명하세요. 카드를 묘사하고 다시 받을 수 있는 방법을 제안하세요.

문항 유형	카드를 음식점에 두고 옴, 전화로 도움 요청
문항 수준	Advanced
핵심 포인트	• 음식점에 전화해서 문제 상황 설명하기 • 카드를 가지러 가기 위해 음식점에 대한 정보 요청하기
중요도	★

Model Answer 🎧 MP3 37_A11

Hi there. I am a person who went to your restaurant.
I'm afraid I left my card behind at your restaurant.
+ It's a red Master card.

Translation

여보세요, 저는 당신의 음식점에 갔던 사람입니다.
죄송하지만 제 카드를 음식점에 두고 왔습니다.
(+ 빨간색 마스터 카드입니다.)
제 카드가 있는지 확인해 주시겠어요?

Could you please check if you have my card?
If so, I'll drop by to get it right away.
Would that be possible?
I'm sorry for all the trouble.
Can you tell me when I can visit your restaurant?
What are your business hours? How late are you open?
Please call me back as soon as possible. Thank you.

만약 있다면, 바로 찾으러 가겠습니다.
그게 가능할까요?
번거롭게 해드려 죄송합니다.
언제 음식점에 방문할 수 있는지 말해 주실 수 있나요?
영업 시간이 언제인가요? 얼마나 늦게까지 여나요?
가능한 한 빨리 전화 주세요. 고맙습니다.

Key Expressions

- **leave behind** 남기고 오다, 두고 오다
- **drop by** 잠깐 들르다
- **business hours** 영업 시간

---

12 **That's the end of the situation. Can you remember an experience you had with a bank account, a credit card, or an ATM card that required some assistance? Perhaps, you lost your card or the card would not work. Tell me about that experience you had in as much detail as you can.**  MP3 37_Q12

상황이 종료되었습니다. 사용하는 데 도움이 필요했던 은행 계좌, 신용카드 또는 ATM 카드와 관련된 경험을 기억하나요? 카드를 잃어버렸거나 카드가 사용 불가였을 수도 있습니다. 당신이 겪은 그 경험에 대해 최대한 자세히 말해주세요.

문항 유형	은행 계좌나 신용카드 사용 중 문제 설명
문항 수준	Advanced
핵심 포인트	• 신용카드 관련 문제점 묘사하기 • 본인의 과거 경험이기 때문에 과거형 동사와 주어 I 사용
중요도	★

Model Answer MP3 37_A12

I have had several problems with my credit card.
Once, my credit card was rejected.
That was because I maxed out my credit card.
Also, I remember when the IC card was damaged.
I had to get a new card.
Plus, I remember when I lost my credit card.
I had to cancel my credit card and get a new one.
So, these are the problems I have had with my card.

Translation

신용카드에 몇 가지 문제가 있었습니다.
한 번은 제 신용카드가 사용 거부됐습니다.
제가 신용카드 한도를 다 써버렸기 때문입니다.
또 IC카드가 훼손 됐을 때를 기억합니다.
새 카드를 발급받아야 했습니다.
게다가 신용카드를 잃어버렸을 때도 기억이 납니다.
신용카드를 취소하고 새 카드를 받아야 했습니다.
이것이 제가 카드와 관련되어 겪은 문제들입니다.

Key Expressions

- **several** 몇 개의, 몇 가지의
- **be rejected** 거부당하다
- **max out** 최대 한도를 쓰다
- **be damage** 손상되다
- **lose** 잃어버리다
- **cancel** 취소하다

13 I'd like to give you a situation and ask you to act it out. You need to open a new bank account. Call the bank and ask the teller three to four questions about opening a new account. 🎧 MP3 37_Q13

상황을 하나 드릴 테니 연기해 보세요. 새 은행 계좌를 개설해야 합니다. 은행에 전화해서 은행 창구 직원에게 새 계좌를 개설하는 것에 대해 서너 가지 질문을 하세요.

문항 유형	은행에 전화해서 계좌 개설 관련 질문
문항 수준	Intermediate
핵심 포인트	• 은행에 전화로 문의하기
	• 은행 계좌 개설에 필요한 정보 (계좌의 종류, 수수료 여부 등) 요청하기
중요도	★

Model Answer 🎧 MP3 37_A13

Hi there. I'm calling to ask about bank accounts.
I would like to open a new account.
What kinds of accounts do you have available?
Do you have savings accounts or checking accounts?
Can you recommend anything?
Are there any fees to open a new account?
If so, can you tell me how much it is?
Also, I would like to get a credit card.
Can you tell me how long it would take?
Please get back to me ASAP. Thank you in advance.

Translation

여보세요. 은행 계좌에 대해 문의하려고 전화 드렸습니다.
새로운 계좌를 개설하고 싶습니다.
어떤 종류의 계좌가 있나요?
예금 계좌나 당좌 예금 계좌가 있나요?
추천해 주실 것이 있나요?
계좌를 개설하는 데 수수료를 내야 하나요?
그렇다면 얼마인지 말해 주실 수 있나요?
또한 신용카드를 발급 받고 싶습니다.
얼마나 걸릴지 말해줄 수 있나요?
가능한 한 빨리 연락해 주세요. 미리 고맙습니다.

Key Expressions

• **account** 계좌
• **savings account** 예금 계좌
• **checking account** 당좌 예금 계좌
• **ASAP (as soon as possible)** 가능한 한 빨리
• **in advance** 미리

14 I'm sorry, but there is a problem I need you to resolve. You just got your credit card, but found out that there is something wrong with it. Call the bank, explain the situation and solve the problem. 🎧 MP3 37_Q14

죄송하지만, 당신이 해결해야 할 문제가 있습니다. 방금 신용카드를 받았는데 뭔가 문제가 있다는 것을 알게 되었습니다. 은행에 전화해서 상황을 설명하고 문제를 해결하세요.

문항 유형	카드 받았는데 문제가 있음. 전화해서 해결
문항 수준	Advanced
핵심 포인트	• 은행에 전화해서 문제 상황 설명하기
	• 대안으로 은행 방문하여 새 카드를 받는 것을 제안하기
중요도	★

Model Answer 🎧 MP3 37_A14

Hi there. I'm a person who got a credit card from your bank.

Translation

여보세요. 저는 당신의 은행에서 신용카드를 받은 사람입니다.

데이터와 트렌드로 쉽게 취득하는 OPIc IH

I'm afraid there's something wrong with my credit card.
I think I got the wrong card.
I would like to come in to get a new card.
Would that be possible?
I'm sorry for all the trouble.
Can you tell me when I can visit your bank?
What are your business hours? How late are you open?
Please call me back as soon as possible. Thank you.

죄송하지만 신용카드가 뭔가 잘못 되었습니다.
카드가 잘못 온 것 같습니다.
새 카드를 받기 위해 방문하고 싶습니다.
그게 가능할까요?
번거롭게 해드려 죄송합니다.
언제 은행에 방문할 수 있는지 말해 주실 수 있나요?
영업 시간이 언제인가요? 얼마나 늦게까지 여나요?
가능한 한 빨리 전화 주세요. 고맙습니다.

Key Expressions

- **I'm afraid** 미안하지만, 안타깝지만
- **wrong** 잘못된
- **come in** 방문하다
- **possible** 가능한
- **business hours** 영업 시간

15 That's the end of the situation. Have you ever had any problems with your bank 🎧 MP3 37_Q15
card or had trouble while using banking machines or ATMs? Describe the problem you had in detail.

상황이 종료되었습니다. 은행 카드에 문제가 있거나 은행 기계나 ATM을 사용하는 동안 문제가 발생한 적이 있나요? 그 문제에 대해 자세히 설명해주세요.

문항 유형	카드나 ATM 사용 중 문제가 생겼던 에피소드 설명
문항 수준	Advanced
핵심 포인트	• 신용카드와 관련되어 문제되었던 경험담 묘사하기 • 본인의 과거 경험이기 때문에 과거형 동사와 주어 I 사용
중요도	★

Model Answer 🎧 MP3 37_A15

I have had several problems with my credit card.
Once, my credit card was rejected.
That was because I maxed out my credit card.
Also, I remember when the IC card was damaged.
I had to get a new card.
Plus, I remember when I lost my credit card.
I had to cancel my credit card and get it reissued.
So, these are the problems I have had with my card.

Translation

신용카드에 몇 가지 문제가 있었습니다.
한 번은 제 신용카드가 사용 거부됐습니다.
제가 신용카드 한도를 다 써버렸기 때문입니다.
또 IC카드가 훼손됐을 때를 기억합니다.
새 카드를 발급받아야 했습니다.
게다가 신용카드를 잃어버렸을 때도 기억이 납니다.
신용카드를 취소하고 새 카드를 재발급 받아야 했습니다.
이것이 제가 카드와 관련되어 겪은 문제들입니다.

Key Expressions

- **be rejected** 거부당하다
- **max out** 최대 한도를 쓰다
- **be damage** 손상되다
- **re issue** 재발급하다

38 Role Play 면접 / 피트니스 센터 / 영양사 / 병원

🔑 Role Play Master Key Patterns

롤플레이 답변 시에 활용할 수 있는 주제별 Key Patterns을 학습해보세요.

1. 예약/약속이 있다는 것을 나타낼 때 사용할 수 있는 표현

〈appointment with〉 ~와의 예약 〈appointment for〉 ~을 위한 예약
- I have an appointment for a training session. 트레이닝 세션 예약이 있습니다.
- I have an appointment with a nutritionist. 영양사와 예약이 있습니다.

2. 면접이 잡힌 회사에 대한 정보를 요청 할 때 사용할 수 있는 표현
- What are some employee benefits? 어떤 복리후생이 있나요?
- How much do people get paid? 급여가 어떻게 되나요?
- How long are the vacations? 휴가가 얼마나 있나요?

3. 진료를 예약하기 위해 병원에 전화할 때 사용할 수 있는 표현
- I would like to see the doctor. 진료를 받고 싶습니다.
- I have food poisoning and it is pretty bad. 식중독에 걸렸는데 꽤 심합니다.
- Can you tell me when I can visit your clinic? 병원에 언제 방문해도 되는지 알려주시겠어요?
- What are your business hours? How late are you open? 업무 시간이 어떻게 되나요? 얼마나 늦게까지 여나요?
- Can you give me directions to the clinic? 병원까지 가는 길을 알려 주실래요?

4. 영양사와의 상담 예약을 할 때 사용할 수 있는 표현
- I would like to improve my diet. What kinds of programs do you have available? 제 식습관을 개선하고 싶습니다. 어떤 종류의 프로그램이 있나요?
- I am trying to lose weight. Is it possible to have an appointment tomorrow? 저는 살을 빼고 싶습니다. 내일 예약이 가능할까요?
- I want to learn about balanced meals. Is it possible? 균형 잡힌 식사에 대해 배우고 싶습니다. 가능할까요?

데이터와 트렌드로 쉽게 취득하는 OPIc IH

5. <mark>약속/예약을 못 지키는 이유</mark>를 설명할 때 사용할 수 있는 표현

〈come up〉 발생하다, 생기다 〈suddenly〉 갑자기 〈something + 형용사〉 (형용사)한 무언가

- Something suddenly came up. My boss is asking me to work late. 갑자기 일이 생겼습니다. 상사가 야근을 요청했습니다.
- Something serious came up. I am very sick right now. 심각한 일이 생겼습니다. 제가 지금 매우 아픕니다.
- Something important came up at work. 회사에 중요한 일이 생겼습니다.

6. <mark>약속/예약을 다시 잡을 때</mark> 사용할 수 있는 표현

〈wonder if I could + 동사〉 (동사) 할 수 있는지 궁금하다 〈reschedule〉 새로 일정을 잡다
〈make an arrangement〉 일정을 잡다

- I would like to reschedule the session. 세션 일정을 다시 잡고 싶습니다.
- I wonder if I could change the appointment. 예약을 바꿔도 되는지 궁금합니다.
- I want to make a new arrangement. 새로 일정을 잡고 싶습니다.
- Can you help me make new arrangements? 새로 일정을 잡게 도와주실 수 있나요?

7. <mark>건강을 위해 먹은 음식의 종류</mark>에 대해 이야기할 때 쓰이는 표현

〈contain + 명사〉 (명사)가 포함되어 있다

- Fruits contain a lot of vitamins and fiber. 과일에는 비타민과 섬유질이 많이 포함되어 있다.

〈rich in + 명사〉 (명사)가 풍부한

- Beans are rich in healthy proteins. 콩에는 건강한 단백질이 풍부하다.

* 변하지 않는 사실이기 때문에 현재형 시제 사용

8. <mark>예약 변경한 경험</mark>에 대해 이야기할 때 쓰이는 표현

〈change the appointment〉 〈rearrange the schedule〉 약속/일정을 변경하다

- Something urgent came up, so I had to change the appointment. 급작스러운 일이 생겨 약속을 변경했다.
- I rearranged my schedule for this weekend because I felt sick. 몸이 안 좋아서 주말 일정을 변경했다.

〈make it to + 목적어〉 ~를 성공적으로 해내다

- I could not make it to the appointment, so I had to cancel it. 예약에 갈 수가 없어서 취소해야만 했다.

OPIc 질문에 대한 모범 답변을 살펴본 후, 질문의 핵심 포인트를 파악하여 나만의 OPIc 답변을 만들어보세요.

Interview 면접

1 I'd like to give you a situation and ask you to act it out. You are going for an interview at a company. Call the company and ask three or four questions about the company.　🎧 MP3 38_Q1

상황을 하나 드릴 테니 연기해 보세요. 당신은 회사에서 면접을 보기로 되어 있습니다. 회사에 전화해서 회사에 대해 서너 가지 질문을 하세요.

문항 유형	인터뷰를 보러 가야 하는 회사에 대해 전화로 질문
문항 수준	Intermediate
핵심 포인트	• 회사에 전화해서 질문하기
	• 회사의 혜택 및 위치에 대해 문의하기
중요도	★

Model Answer 🎧 MP3 38_A1

Hello, my name is Brian Lee.
I have an interview at your company.
I would like to ask some questions.
First, what are some employee benefits?
Next, how much do people get paid?
Also, how long are the vacations?
Plus, can you give me directions to your company?
I wonder if I could bring my car.
If not, I'll just take public transportation.
Please call me back as soon as possible. Thank you.

Translation

여보세요. 제 이름은 브라이언 리입니다.
제가 귀사에 면접을 보러 가기로 되어 있습니다.
몇 가지 질문을 드리고 싶습니다.
먼저 어떤 직원 복리후생이 있나요?
다음으로, 급여가 어떻게 되나요?
게다가, 휴가는 얼마간 받을 수 있나요?
그리고 회사 가는 길을 알려 주실 수 있나요?
제가 차를 가져가도 되는지 궁금합니다.
안 된다면 대중교통을 이용하겠습니다.
가능한 한 빨리 전화 주세요. 고맙습니다.

Key Expressions

• **employee benefit** 직원 복리후생
• **get paid** 돈을 받다, 벌다
• **vacation** 휴가
• **public transportation** 교통수단

2 I'm sorry, but there is a problem I need you to resolve. There is an emergency and you cannot make it to the interview. Call the company and explain the situation. Give some alternatives to make arrangements for a schedule change.　🎧 MP3 38_Q2

안타깝지만 당신이 해결해야 하는 문제가 생겼습니다. 급한 일이 있어서 면접에 참석할 수 없습니다. 회사에 전화해서 상황을 설명하세요. 일정 변경을 위해 몇 가지 대안을 제시하세요.

문항 유형	인터뷰 못가는 긴급 상황. 전화로 상황 설명, 대안 제시
문항 수준	Advanced
핵심 포인트	• 전화로 회사에 문제 상황 설명하기
	• 새로운 인터뷰 날짜 잡기
중요도	★

Model Answer

 MP3 38_A2

Hello, my name is Brian Lee.
I have some bad news.
I DON'T think I can make it to my interview.
Something urgent has come up suddenly.
I would like to reschedule my interview.
Would that be possible?
I'm sorry for all the trouble.
Please call me back as soon as possible. Thank you.

Translation

여보세요, 제 이름은 브라이언 리입니다.
나쁜 소식이 있습니다.
면접에 못 갈 것 같습니다.
갑자기 급한 일이 생겼습니다.
면접 일정을 재조정하고 싶습니다.
그게 가능할까요?
번거롭게 해드려 죄송합니다.
가능한 한 빨리 전화 주세요. 고맙습니다.

Key Expressions

- **make it** 성공하다, 해내다
- **urgent** 급한
- **come up** 생기다, 발생하다
- **reschedule** 일정을 변경하다

---

3 That's the end of the situation. Have you ever cancelled an appointment or a meeting for any reason? Why did you have to do that and how did you deal with the situation?

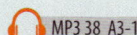 MP3 38_Q3

상황이 종료되었습니다. 어떤 이유로 약속이나 회의를 취소한 적이 있나요? 왜 그렇게 해야 했으며 상황을 어떻게 대처했나요?

문항 유형	중요한 약속이나 미팅 취소/변경 경험 묘사
문항 수준	Advanced
핵심 포인트	• 갑자기 약속을 취소해야 했던 경험 묘사하기
	• 본인의 과거 경험이기 때문에 과거형 시제와 주어 I 사용
중요도	★

Model Answer

Answer 1

 MP3 38_A3-1

To be honest, I have never had that kind of experience.
I think I was lucky.
So, I really don't have much to say about this topic.

Answer 2

MP3 38_A3-2

I remember making a doctor appointment recently.
However, something came up suddenly.
I could NOT make it to my appointment.
I called the clinic and told them that I could NOT go.
Eventually, I made a new appointment and went another time.

Translation

Answer 1

솔직히 말해서, 저는 그런 경험을 한 적이 없습니다.
운이 좋은 것 같습니다.
그래서, 저는 이 주제에 대해 별로 할 말이 없습니다.

Answer 2

최근에 병원 예약을 했던 기억이 납니다.
그런데 갑자기 일이 생겼습니다.
예약 시간에 맞게 갈 수 없었습니다.
병원에 전화해서 갈 수 없다고 말했습니다.
결국 새로운 예약을 하고 다른 때에 갔습니다.

Key Expressions

- **doctor appointment** 병원 예약
- **eventually** 결국에는

38 Role Play 면접 / 피트니스 센터 / 영양사 / 병원 |

Fitness Center 피트니스 센터 / Gym 헬스클럽

4-1 I'd like to give you a situation and ask you to act it out. You want to enroll for a class at a fitness center. Call the fitness center and ask questions about their programs. 🎧 MP3 38_Q4-1

상황을 하나 드릴 테니 연기해 보세요. 당신은 피트니스센터의 수업에 등록하기를 원합니다. 피트니스센터에 전화해서 그들의 프로그램에 대해 질문을 하세요.

4-2 I'd like to give you a situation and ask you to act it out. You are interested in joining a new gym that has recently opened in your town. Call the gym and ask three or four questions to get some details about the gym. 🎧 MP3 38_Q4-2

상황을 하나 드릴 테니 연기해 보세요. 당신은 최근에 동네에 연 새 헬스클럽 등록에 관심이 있습니다. 헬스클럽에 전화해서 정보를 얻기 위해 서너 가지 질문을 하세요.

문항 유형	피트니스센터/헬스클럽 강습 전화 문의
문항 수준	Intermediate
핵심 포인트	• 전화로 피트니스 센터/헬스클럽에 대해 문의하기 • 비용, 위치 등에 대해 질문하기
중요도	★

Model Answer 🎧 MP3 38_A4

Hello, I'm calling to ask about your fitness center (gym).
I would like to sign up for a membership.
What kinds of programs do you have available?
Can you tell me how much they are?
Can you recommend anything?
Is there perhaps a website I can see?
I wonder if there are any promotions.
Plus, can you give me directions to your fitness center (gym)?
I wonder if I could bring my car.
If not, I'll just take public transportation.
Please call me back as soon as possible. Thank you.

Translation

여보세요. 피트니스센터 (헬스클럽)에 대해 문의하려고 전화 드렸습니다.
회원 가입을 하고 싶습니다.
어떤 종류의 프로그램이 있나요?
그것이 얼마인지 말해줄 수 있나요?
추천해 주실 것이 있나요?
혹시 제가 볼 수 있는 웹사이트가 있나요?
프로모션이 있는지 궁금합니다.
그리고, 피트니스센터 (헬스클럽)로 가는 길 좀 알려 주시겠어요?
제 차를 가져가도 되는지 궁금합니다.
안 된다면 대중교통을 이용하겠습니다.
가능한 한 빨리 전화 주세요. 고맙습니다.

Key Expressions

• **sign up** 등록하다, 가입하다
• **membership** 회원
• **bring** 가져가다

데이터와 트렌드로 쉽게 취득하는 OPIc IH

5-1 I'm sorry, but there is a problem I need you to resolve. There is an emergency 🎧 MP3 38_Q5-1
and you cannot make it to the session with your personal trainer. Call your trainer and
explain the situation. Give some alternatives to make arrangements for a schedule change.
안타깝지만 당신이 해결해야 하는 문제가 생겼습니다. 긴급 상황이 발생하여 개인 트레이너와의 트레이닝 세션에 참석할 수 없습니다.
트레이너에게 전화해서 상황을 설명하세요. 스케줄 변경을 위해 몇 가지 대안을 제시하세요.

5-2 I'm sorry, but there is a problem I need you to resolve. On the day of the 🎧 MP3 38_Q5-2
appointment at the gym, you are very sick. Call the gym and explain the situation. Give some
alternatives to make arrangements for a schedule change.
안타깝지만 당신이 해결해야 하는 문제가 생겼습니다. 헬스클럽에 예약한 날 당신이 매우 아픕니다. 헬스클럽에 전화해서 상황을
설명하세요. 스케줄 변경을 위해 몇 가지 대안을 제시하세요.

문항 유형	트레이너에게 긴급 상황 때문에 불참 통보. 대안 제시
	헬스클럽 예약 몸이 아파서 전화로 불참 통보. 대안 제시
문항 수준	Advanced
핵심 포인트	• 전화로 문제 상황 설명하기
	• 대안으로 일정 재조정하기
중요도	★

Model Answer 🎧 MP3 38_A5

Hello, my name is David Kim.
I have an appointment for a training session.
However, I DON'T think I can make it to the session.
Something urgent has come up suddenly.
+ I am very sick right now.
I would like to reschedule the session.
Would that be possible?
I'm sorry for all the trouble.
Please call me back as soon as possible. Thank you.

Translation

여보세요, 제 이름은 데이비드 김입니다.
트레이닝 세션 예약이 되어 있습니다.
하지만 제가 세션에 못 갈 것 같습니다.
갑자기 급한 일이 생겼습니다.
(+ 제가 지금 매우 아픕니다.)
세션 일정을 재조정하고 싶습니다.
그게 가능할까요?
번거롭게 해드려 죄송합니다.
가능한 한 빨리 전화 주세요. 고맙습니다.

Key Expressions

• **appointment** 예약
• **urgent** 급한

• **trouble** 문제점, 골칫거리

6 **That's the end of the situation. Have you ever tried anything to become healthier?**  **Tell me everything that you did to improve your health.**

상황이 종료되었습니다. 건강해지기 위해 어떤 것을 시도해 본 적이 있나요? 건강을 증진시키기 위해 노력한 모든 것을 말해주세요.

문항 유형	본인이 건강을 위해 한 일들 묘사
문항 수준	Advanced
핵심 포인트	• 건강을 위해 시도한 일 나열하기 • 과거에 본인이 노력한 일이기 때문에 과거형 시제와 주어 I 사용
중요도	★

Model Answer

Eating healthy helped me stay healthy and lose some weight.
First, I tried to eat vegetables and fruits as often as I could.
They contain a lot of vitamins and fiber.
Plus, I tried to eat fish and chicken breasts as much as I could.
+ beans + tofu + beef + pork
They are rich in healthy protein.
Also, I tried to eat organic food whenever I could.
They are NOT grown with chemicals, so they are much healthier.
Once again, eating healthy helped me stay healthy and lose some weight.

Translation

건강하게 먹는 것은 건강을 유지하고 살을 뺄 수 있게 해주었습니다.
우선 채소와 과일을 최대한 자주 먹으려고 노력했습니다.
그것들은 비타민과 섬유질을 많이 포함하고 있습니다.
또한, 생선과 닭가슴살도 최대한 많이 먹으려고 했습니다.
(+ 콩 + 두부 + 소고기 + 돼지고기)
이러한 음식들은 건강한 단백질이 풍부합니다.
또한 가능할 때마다 유기농 음식을 먹으려고 노력했습니다. 화학약품을 사용하지 않았기 때문에 훨씬 더 건강합니다.
다시 한번 말하자면 건강하게 먹으니 건강을 유지하고 살을 뺄 수 있었습니다.

Key Expressions

- **healthy** 건강한
- **lose weight** 살이 빠지다
- **contain** 가지고 있다, 포함하고 있다
- **vitamin** 비타민
- **fiber** 섬유질

- **chicken breast** 닭가슴살
- **rich in** ~가 풍부한
- **protein** 단백질
- **organic food** 유기농 음식
- **grow with chemicals** 화학약품을 써서 키우다

7 You read about a professional nutritionist that helps people improve their diet. 🎧 MP3 38_Q7
Call the nutritionist's office and ask three or four questions to get more information.

당신은 식단 개선에 도움을 주는 전문 영양사에 대해 읽었습니다. 영양사의 사무실에 전화해서 더 많은 정보를 얻기 위해 서너 가지 질문을 하세요.

문항 유형	영양사에게 식단 프로그램에 대해 전화로 문의
문항 수준	Intermediate
핵심 포인트	• 영양사에게 전화로 문의하기
	• 식단 프로그램과 프로모션에 대해 질문하기
중요도	★

Model Answer 🎧 MP3 38_A7

Hello, I'm calling to ask about your nutrition programs.
I would like to improve my diet.
What kinds of programs do you have available?
Can you tell me how much they are?
Can you recommend anything?
Is there perhaps a website I can see?
I wonder if there are any promotions.
Plus, can you give me directions to your office?
Is it close to the subway station?
Is it within walking distance?
Please call me back as soon as possible. Thank you.

Translation

여보세요, 당신의 영양 프로그램에 대해 문의하려고 전화했습니다.
저는 제 식습관을 개선하고 싶습니다.
어떤 종류의 프로그램이 있나요?
얼마인지 말해줄 수 있나요?
추천해 주실 것이 있나요?
혹시 제가 볼 수 있는 웹사이트가 있나요?
프로모션이 있는지 궁금합니다.
그리고, 사무실로 가는 길 좀 알려 주시겠어요?
지하철역에서 가깝나요?
걸어서 갈 수 있는 거리에 있나요?
가능한 한 빨리 전화 주세요. 고맙습니다.

Key Expressions

- **nutrition program** 영양 프로그램
- **improve** 개선하다
- **diet** 식습관

8 You have an appointment to meet with a nutritionist to help you make your diet 🎧 MP3 38_Q8
healthier. However, on the day of the meeting, your boss asks you to work late. Call the
nutritionist, explain the situation, and offer two to three alternatives.

더 건강한 식단을 짜는 데 도움을 받기 위해 당신은 영양사와 만날 예약을 했습니다. 하지만, 미팅이 있는 날 상사가 늦게까지 일을 하라고 합니다. 영양사에게 전화를 걸어 상황을 설명하고 두세 가지 대안을 제시하세요.

문항 유형	야근해야 해서 영양사와 예약 전화로 취소 요청. 대안 제시
문항 수준	Advanced
핵심 포인트	• 영양사에게 전화로 문제 상황 설명하기
	• 대안으로 다시 약속 잡기
중요도	★

Model Answer 🎧 MP3 38_A8

Hello, my name is Lisa Kim.
I have an appointment.
However, I DON'T think I can make it to my

Translation

여보세요, 제 이름은 리사 김입니다.
예약을 했습니다.
하지만, 못 갈 것 같습니다.

appointment.
Something has come up at work suddenly.
My boss is asking me to work late.
I would like to reschedule my appointment.
Would that be possible?
I'm sorry for all the trouble.
Please call me back as soon as possible. Thank
you.

회사에 갑자기 일이 생겼습니다.
상사가 야근을 하라고 했습니다.
예약 일정을 재조정하고 싶습니다.
그게 가능할까요?
번거롭게 해드려 죄송합니다.
가능한 한 빨리 전화 주세요. 고맙습니다.

Key Expressions

- **appointment** 예약
- **make it** 성공하다, 해내다
- **work late** 야근하다
- **reschedule** 일정을 변경하다

9 Describe a time that you made a significant change to your diet or exercise routine. What led to this change? How did it work out? Describe what happened in detail from beginning to end. 🎧 MP3 38_Q9

식습관이나 운동 습관에 큰 변화를 일으켰던 경험을 묘사하세요. 왜 그런 변화를 주게 되었나요? 결국 어떻게 되었나요? 어떻게 되었는지 처음부터 끝까지 자세히 설명해주세요.

문항 유형	본인의 과거 식습관이나 운동에 변화를 준 경험 설명
문항 수준	Advanced
핵심 포인트	• 건강을 위해 한 노력 설명하기 • 본인이 과거에 한 노력이기 때문에 과거형 시제와 주어 I 사용
중요도	★

Model Answer 🎧 MP3 38_A9

Eating healthy helped me stay healthy and lose some weight.
First, I tried to eat vegetables and fruits as often as I could.
They contain a lot of vitamins and fiber.
Plus, I tried to eat fish and chicken breasts as much as I could.
+ beans + tofu + beef + pork
They are rich in healthy protein.
Also, I tried to eat organic food whenever I could.
They are NOT grown with chemicals, so they are much healthier.
Once again, eating healthy helped me stay healthy and lose some weight.

Translation

건강하게 먹는 것은 건강을 유지하고 살을 뺄 수 있게 해주었습니다.
우선 채소와 과일을 최대한 자주 먹으려고 노력했습니다.
그것들은 비타민과 섬유질을 많이 포함하고 있습니다.
또한, 생선과 닭가슴살도 최대한 많이 먹으려고 했습니다.
(+ 콩 + 두부 + 소고기 + 돼지고기)
이러한 음식들은 건강한 단백질이 풍부합니다.
또한 가능할 때마다 유기농 음식을 먹으려고 노력했습니다. 화학약품을 사용하지 않았기 때문에 훨씬 더 건강합니다.
다시 한번 말하자면 건강하게 먹으니 건강을 유지하고 살을 뺄 수 있었습니다.

Key Expressions

- **healthy** 건강한
- **lose weight** 살을 빼다
- **contain** 가지고 있다, 포함하고 있다
- **rich in** ~가 풍부한
- **organic food** 유기농 음식
- **grow with chemicals** 화학약품을 써서 키우다

10 I'd like to give you a situation and ask you to act it out. You would like to make an 🎧 MP3 38_Q10
appointment to see the doctor. Call the doctor's office and ask three or four questions about
things you need to know. And then, set a time to go see the doctor.

상황을 하나 드릴 테니 연기해 보세요. 당신은 병원 진료 예약을 하고 싶습니다. 병원에 전화해서 알아야 할 것에 대해 서너 가지 질문을
하세요. 그리고 나서, 진료 시간을 정하세요.

문항 유형	병원 진료 예약 전화 문의
문항 수준	Intermediate
핵심 포인트	• 병원에 전화해서 진료 예약하기 • 진료 예약의 이유에 대해 설명하고 병원의 위치에 대해 문의하기
중요도	★

Model Answer 🎧 MP3 38_A10

Hi there. I'm calling to make a doctor
appointment.
I would like to see the doctor.
I think I ate something wrong.
I have food poisoning and it is pretty bad.
My stomach is upset.
I had to go to the bathroom over and over again
because I had the runs.
Can you give me directions to your clinic?
Is it close to the subway station?
Is it within walking distance?
Please call me back as soon as possible. Thank
you.

Translation

여보세요. 진료 예약을 하려고 전화 드렸습니다.
진찰을 받고 싶습니다.
제가 뭔가 잘못된 걸 먹은 것 같습니다.
식중독에 걸렸는데 꽤 좋지 않습니다.
복통이 있습니다.
설사를 해서 화장실에 몇 번이고 갔다 와야 했습니다.
병원으로 가는 길을 알려 주실 수 있나요?
지하철역에서 가깝나요?
걸어서 갈 수 있는 거리에 있나요?
가능한 한 빨리 전화 주세요. 고맙습니다.

Key Expressions

• **something wrong** 무언가 잘못된
• **food poisoning** 식중독

• **pretty** 꽤
• **have the runs** 설사하다

11 **I'm sorry, but there is a problem I need you to resolve. Something has come up** 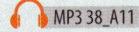 **that prevents you from going in to see the doctor. Call the doctor's office. And explain the situation. Give two to three alternatives to make a new appointment with the doctor.**

안타깝지만 당신이 해결해야 하는 문제가 생겼습니다. 무언가 일이 생겨서 병원에 갈 수 없게 되었습니다. 병원에 전화하세요. 그리고 상황을 설명하세요. 새로운 진료 예약을 할 수 있도록 두세 가지 대안을 제시하세요.

문항 유형	병원 진료 예약 전화로 변경
문항 수준	Advanced
핵심 포인트	• 병원에 전화로 문제 상황 설명하기
	• 새로운 진료 예약 잡기
중요도	★

Model Answer MP3 38_A11

Hi there. I'm a person who made an appointment.
However, I DON'T think I can make it to my appointment.
Something has come up suddenly.
I would like to reschedule my appointment.
Would that be possible?
I'm sorry for all the trouble.
Can you tell me when I can visit your clinic?
What are your business hours? How late are you open?
Please call me back as soon as possible. Thank you.

Translation

여보세요, 예약을 한 사람입니다.
하지만 제가 예약에 맞춰 갈 수 없을 것 같습니다.
갑자기 일이 생겼습니다.
예약 일정을 재조정하고 싶습니다.
그게 가능할까요?
번거롭게 해드려 죄송합니다.
언제 병원에 방문할 수 있는지 말해 주실 수 있나요?
업무 시간이 언제인가요? 얼마나 늦게까지 여나요?
가능한 한 빨리 전화 주세요. 고맙습니다.

Key Expressions

• **appointment** 예약하다
• **make it** 성공하다

• **reschedule** 일정을 변경하다
• **trouble** 문제점, 골칫거리

12 **That's the end of the situation. Have you ever had to change an appointment for** 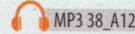 MP3 38_Q12
a certain service? What happened and what did you do? Give me all the details about that
experience.

상황이 종료되었습니다. 특정한 서비스를 위한 예약을 변경해야 했던 적이 있나요? 무슨 일이 있었고 어떻게 했나요? 그 경험에 대해
자세히 말해주세요.

문항 유형	예약 변경 경험 설명
문항 수준	Advanced
핵심 포인트	• 갑자기 예약 취소한 경험 묘사하기 • 본인의 과거 경험이기 때문에 과거형 시제와 주어 I 사용
중요도	★

Model Answer
MP3 38_A12

I remember making a hair appointment recently.
+ making a doctor appointment
+ making a dentist appointment
+ making an appointment for a massage
+ making an appointment for a manicure/
pedicure
However, something came up suddenly.
So, I could NOT make it to my appointment.
I called the hair salon and told them that I could
NOT go.
+ the clinic + the hospital + the dentist + the spa
In the end, I made a new appointment and went
another time.

Translation

최근에 미용실 예약을 했던 기억이 납니다.
(+ 병원 예약 + 치과 예약 + 마사지 예약
+ 매니큐어/페디큐어 예약)
그런데 갑자기 일이 생겼습니다.
그래서 예약 시간에 맞게 갈 수 없었습니다.
미용실에 전화해서 갈 수 없다고 말했습니다.
(+ 클리닉 + 병원 + 치과 + 스파)
결국 새로운 예약을 하고 다른 때에 갔습니다.

Key Expressions

• **appointment** 병원 예약
• **recently** 최근에
• **come up** 생기다, 발생하다

• **suddenly** 갑자기
• **make it** 성공하다, 해내다
• **in the end** 결국에는

 **Role Play Master Key Patterns**

롤플레이 답변 시에 활용할 수 있는 주제별 Key Patterns을 학습해보세요.

1. 친구의 MP3 플레이어에 대해 질문할 때 사용할 수 있는 표현

(가격) Can you tell me how much it was? I wonder if it was expensive. 얼마였는지 말해줄 수 있어? 비쌌는지 궁금하다.

How much did you pay for yours? 네 것 얼마 줬어?

(구매 시기) When did you buy it? How long have you had it? 언제 샀어? 얼마나 오래 가지고 있었어?

(구매 장소) Where did you buy it? Did you buy it online or offline? 어디에서 샀어? 온라인에서 샀어 아니면 오프라인에서 샀어?

(추가 질문 1) Are you satisfied with the MP3 Player? MP3 플레이어에 만족해?

(추가 질문 2) Do you think I should get it? 내가 사야 한다고 생각해?

(추가 질문 3) How long does the battery last? 배터리가 얼마나 오래 가?

2. MP3 플레이어/자전거가 고장 났을 때 사용할 수 있는 표현

〈break〉 망가트리다, 깨트리다 〈by mistake / accidently〉 실수로 〈drop〉 떨어뜨리다 〈run over〉 밟고 지나가다

• I broke your MP3 player by mistake. 내가 실수로 네 MP3 플레이어를 망가뜨렸어.

• I dropped your MP3 Player on the street and a truck ran over it. 네 MP3 플레이어를 거리에 떨어뜨렸는데 트럭이 밟고 지나갔어.

• I parked your bike at the shopping mall, but a track ran over it. 쇼핑몰에 네 자전거를 세웠는데 트럭이 밟고 지나갔어.

3. 친구의 자전거를 빌릴 때 사용할 수 있는 표현

(요청 1) I wonder if I could borrow your bike. 네 자전거를 빌려도 되는지 궁금해.

(요청 2) Is it okay that I borrow your bike? 네 자전거를 빌려도 괜찮아?

(요청 3) I want to borrow your bike. Is it possible? 네 자전거를 빌리고 싶어. 가능해?

(픽업 1) Can you tell me when I pick up your bike? 네 자전거를 언제 가져가야 할지 말해줄 수 있어?

(픽업 2) Could you tell me where it is? 어디에 있는지 말해줄 수 있어?

(반납 1) When do you need it back? 언제까지 돌려줘야 해?

(반납 2) Can I bring it on Monday? 월요일에 가져와도 돼?

4. 기계/기기 고장 났을 때 사용할 수 있는 표현

〈break down / break〉 고장 나다 〈do not work well / properly〉 잘/제대로 작동을 안 하다

- The air-conditioner broke down. 에어컨이 고장 났어.
- The remote control for the TV did not work properly. TV 리모콘이 작동을 제대로 안 해.
- Your MP3 Player does not work well because I dropped it by mistake. 내가 실수로 네 MP3 플레이어를 떨어뜨려서 잘 작동을 안 해.
- I accidently broke your bike. 내가 실수로 네 자전거를 고장 냈어.

5. 재활용 방법 묘사할 때 사용할 수 있는 표현

* 방법

〈recycle〉 재활용하다 〈the recyclables 재활용품〉 〈do recycling〉 재활용을 하다

- What are the things I should recycle? 제가 재활용해야 하는 것들이 무엇인가요?
- What do you say I divide my garbage and take them out separately to do recycling? 재활용을 하기 위해 쓰레기를 나눠서 따로 버리는 건 어떨까요?
- You have to gather the recyclables at home. 집에서 재활용품을 모아야 합니다.
- You have to take the recyclables out separately. 재활용품을 따로 버려야 합니다.

* 장소와 날짜

〈designated area/place〉 지정된 장소 〈designated date/day/time〉 지정된 날짜/요일/시간

- Is there a designated area for the recyclables? 재활용품을 놓을 지정된 장소가 있나요?
- Can I do it anytime? Is there a designated date for recycling? 아무 때나 해도 되나요? 재활용하는 날짜가 따로 있나요?
- The designated day is Wednesday. 지정된 요일은 수요일입니다.

8. 재활용 중 있었던 문제에 대해 이야기할 때 쓰이는 표현

〈due to/because of + 명사〉 (명사) 때문에 〈because/since/as + 주어 + 동사〉 (주어)가 (동사)해서

- Some leftover beer from a bottle leaked out because the cap was not screwed. 병 뚜껑이 닫히지 않아서 남은 맥주가 새어 나왔다.
- China stopped collecting plastics due to environmental reasons. 환경적인 이유로 인해 중국은 플라스틱 수거를 중단했다.

OPIc 질문에 대한 모범 답변을 살펴본 후, 질문의 핵심 포인트를 파악하여 나만의 OPIc 답변을 만들어보세요.

MP3 Player MP3 플레이어

1 I'd like to give you a situation and ask you to act it out. You would like to buy an MP3 Player. Call your friend and ask about the MP3 Player he/she is using. Ask three or four questions that will help you decide whether you want to buy the product your friend is using. 🎧 MP3 39_Q1

상황을 하나 드릴 테니 연기해 보세요. MP3 플레이어를 구입하려고 합니다. 친구에게 전화를 걸어 그/그녀가 사용 중인 MP3 플레이어에 대해 물어보세요. 친구가 사용하고 있는 제품을 구입할 것인지 여부를 결정하는 데 도움이 될 서너 가지 질문을 하세요.

문항 유형	친구가 쓰는 MP3 플레이어에 대해 전화로 질문
문항 수준	Intermediate
핵심 포인트	• 친구에게 전화로 질문하기 • 현재 사용하고 있는 MP3 플레이어에 대해 가격, 구입 시기, 장소 등에 대해 문의하기
중요도	★★★

Model Answer 🎧 MP3 39_A1

Hello, Jake. This is Jane.
I'm calling to ask about your MP3 Player.
Can you tell me how much it was?
I wonder if it was expensive.
Next, when did you buy it? How long have you had it?
Plus, where did you buy it? Did you buy it online or offline?
If you got it online, can you tell me which site it was?
If you got it offline, can you tell me where the store was?
Give me a call when you get this. Thanks.

Translation

여보세요, 제이크. 제인이야.
네 MP3 플레이어에 대해 물어보려고 전화했어.
얼마였는지 말해줄 수 있어?
비쌌는지 궁금하네.
그리고, 언제 샀어? 얼마나 오래 가지고 있었어?
또한 어디에서 샀어? 온라인에서 샀어, 아니면 오프라인에서 샀어?
온라인에서 샀다면 어느 사이트였는지 알려 줄래?
오프라인에서 샀다면 어느 상점이었는지 알려 줄래?
이 메시지를 받으면 전화 줘. 고마워.

Key Expressions

• **wonder** 궁금하다
• **expensive** 비싼
• **how long** 얼마나 오래
• **give a call** 전화 주다

2 I'm sorry, but there is a problem I need you to resolve. You have borrowed your friend's MP3 Player but broke it by accident. Call your friend and explain how you broke it and what its current condition is like. And then, give two or three alternatives in order to get another working MP3 player for your friend. 🎧 MP3 39_Q2

안타깝지만 당신이 해결해야 하는 문제가 생겼습니다 친구의 MP3 플레이어를 빌렸는데 실수로 망가뜨렸습니다. 친구에게 전화해서 어떻게 하다가 망가졌는지, 그리고 현재 상태가 어떤지 설명하세요. 그리고 나서, 친구에게 작동하는 MP3 플레이어를 줄 수 있도록 두세 가지 대안을 제시하세요.

문항 유형	친구의 MP3 플레이어 빌렸다가 고장. 대안 제시
문항 수준	Advanced
핵심 포인트	• 친구에게 전화로 문제 상황 설명하기 • 대안으로 새로운 MP3 플레이어 구매 또는 현금 주기 제안
중요도	★★★

Model Answer
🎧 MP3 39_A2

Hello, Jake. This is Jane.
I have some bad news.
I broke your MP3 Player by mistake.
I dropped it on the street and a truck ran over it.
I am so sorry about what happened.
Why DON'T I buy you a new one?
Or, why DON'T I pay you money instead?
Can you tell me what you think?
I'm fine with whatever you decide.
Call me back when you get this. Thanks.

Translation

여보세요, 제이크. 제인이야.
나쁜 소식이 있어.
실수로 네 MP3 플레이어를 망가뜨렸어.
길에 떨어뜨렸는데 트럭이 그 위를 밟고 지나갔어.
이런 일이 생겨서 정말 미안해.
내가 너에게 새 것을 사주는 게 어떨까?
아니면 내가 대신 돈을 주는 건 어때?
어떻게 생각하는지 말해줄래?
네가 어떤 결정을 내리든 난 다 괜찮아.
이 메시지를 받으면 전화 줘. 고마워.

Key Expressions

- **break** 고장 내다
- **by mistake** 실수로
- **drop** 떨어뜨리다
- **run over** 밟고 지나가다
- **instead** 대신에
- **pay** 값을 지불하다
- **whatever** 무엇이든지
- **decide** 결정하다
- **call back** 다시 전화하다

3 That's the end of the situation. Tell me about a time when a piece of equipment broke. What exactly happened and how did you fix the problem? Tell me everything about that experience. 🎧 MP3 39_Q3

상황이 종료되었습니다. 기기가 부서진 때에 대해 말해주세요. 정확히 무슨 일이 일어났고 어떻게 문제를 해결했나요? 그 경험에 대해 전부 말해주세요.

문항 유형	본인의 기계/기기 고장 경험 설명
문항 수준	Advanced
핵심 포인트	• 집에 있던 기계/기기 고장 난 경험 설명하기 • 본인의 과거의 경험이기 때문에 과거형 시제와 주어 I 사용
중요도	★★★

Model Answer
🎧 MP3 39_A3

I remember when the AC broke down at home.
It was during the summer and it was very hot without air conditioning.
I called a technician to fix the problem.
Plus, I remember when the remote control for the TV did NOT work well.
I had to replace the batteries for the remote.
Also, I remember when water leaked from the fridge.
I had to wipe the water from the floor.
So, these are the problems I remember having at home.

Translation

저는 집에서 에어컨이 고장 났을 때를 기억합니다.
여름이었고 에어컨도 없이 무척 더웠습니다.
그 문제를 해결하기 위해 기술자를 불렀습니다.
또한, TV 리모콘이 잘 작동하지 않았을 때를 기억합니다.
리모콘의 배터리를 교체해야 했습니다.
또한, 냉장고에서 물이 새어 나왔을 때가 기억 납니다.
바닥의 물을 닦아내야 했습니다.
이런 것들이 제가 기억하는 집에서 겪은 문제들입니다.

Key Expressions

- **break down** 고장 나다
- **technician** 기술자
- **fix** 고치다
- **replace** 교체하다
- **leak** 새다, 흐르다
- **wipe** 닦다

39 Role Play MP3 플레이어 / 자전거 / 친척집 / 재활용 |

477

4 I'd like to give you a situation and ask you to act it out. You want to borrow a bike ○ MP3 39_Q4 from your friend to go to a shopping mall. Call your friend and ask three or four questions as to whether you can borrow the bike.

상황을 하나 드릴 테니 연기해 보세요. 쇼핑몰에 가기 위해 친구의 자전거를 빌리고 싶습니다. 친구에게 전화를 걸어 자전거를 빌릴 수 있을지 서너 가지 질문을 하세요.

문항 유형	쇼핑몰에 가기 위해 친구 자전거 빌리기 위해 전화
문항 수준	Intermediate
핵심 포인트	• 친구에게 전화로 질문하기 • 자전거를 빌리기 위해 장소, 기한 등에 대해 문의하기
중요도	★

Model Answer ○ MP3 39_A4

Hello, Tim. This is Blake.
I'm calling to ask about your bike.
I wonder if I could borrow your bike.
I would like to go to the shopping mall.
Can you tell me when I pick up your bike?
Plus, can you tell me where it is?
Also, when do you need it back?
Can I bring it back on Monday?
Give me a call when you get this. Thanks.

Translation

여보세요. 팀. 블레이크야.
네 자전거에 대해서 물어 보려고 전화했어.
내가 자전거를 빌릴 수 있을지 궁금해.
쇼핑몰에 가고 싶거든.
네 자전거를 언제 가지러 갈지 말해줄 수 있어?
그리고, 어디에 있는지 알려 줄래?
또한, 언제까지 돌려줘야 해?
월요일에 가져와도 될까?
이 메시지를 받으면 전화 줘. 고마워.

Key Expressions

• **wonder** 궁금하다
• **borrow** 빌리다

• **pick up** 픽업하다, 가지러 가다
• **bring back** 가지고 오다

5 I'm sorry, but there is a problem I need you to resolve. You parked the bike that ○ MP3 39_Q5 you borrowed outside the shopping mall, but the bike was run over by a truck. Call your friend and explain the situation. Give two or three alternatives to your friends.

안타깝지만 당신이 해결해야 하는 문제가 생겼습니다. 빌린 자전거를 쇼핑몰 밖에 주차했는데 자전거가 트럭에 밟히고 말았습니다. 친구에게 전화해서 상황을 설명하세요. 친구에게 두세 가지 제안을 하세요.

문항 유형	자전거 쇼핑몰에 주차했는데 트럭에 치여 고장. 친구한테 전화해서 상황 설명 후 대안 제시
문항 수준	Advanced
핵심 포인트	• 친구에게 전화로 문제 상황 설명하기 • 대안으로 새로운 자전거 구매 또는 현금 주기 제안
중요도	★

Model Answer

Hello, Tim. This is Blake.
I have some bad news.
I parked your bike at the shopping mall, but a truck ran over it.
I am so sorry about what happened.
Why DON'T I buy you a new one?
Or, why DON'T I pay you money instead?
Can you tell me what you think?
I'm fine with whatever you decide.
Call me back when you get this. Thanks.

Translation

여보세요, 팀. 블레이크야.
나쁜 소식이 있어.
네 자전거를 쇼핑몰에 주차했는데 트럭이 그 위를 밟고 지나갔어.
이런 일이 생겨서 정말 미안해.
내가 너에게 새 것을 사주는 게 어떨까?
아니면 내가 대신 돈을 주는 건 어때?
어떻게 생각하는지 말해줄래?
네가 어떤 결정을 내리든 난 다 괜찮아.
이 메시지를 받으면 다시 전화 줘. 고마워.

Key Expressions

- **park** 주차하다
- **shopping mall** 쇼핑센터
- **run over** 밟고 지나가다
- **instead** 대신에
- **whatever** 무엇이든지
- **decide** 결정하다

---

6 That's the end of the situation. Now, tell me about a time when you had a problem 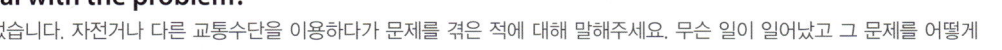 MP3 39_Q6 while using a bike or any other type of transportation. What happened and how did you deal with the problem?

상황이 종료되었습니다. 자전거나 다른 교통수단을 이용하다가 문제를 겪은 적에 대해 말해주세요. 무슨 일이 일어났고 그 문제를 어떻게 처리했나요?

문항 유형	자전거나 다른 교통수단 관련 겪은 어려움 묘사
문항 수준	Advanced
핵심 포인트	• 교통체증 때문에 고생한 경험 묘사하기 • 본인의 과거의 경험이기 때문에 과거형 시제와 주어 I 사용
중요도	★

Model Answer

I remember when I was stuck in traffic forever.
It was during the holidays.
I was heading to my grandparents' place.
+ I was heading to my hometown.
+ I was heading home from my parents' place.
+ I was going on a trip with my friends/family.
+ I was heading home from a trip.
It took me much longer than usual.
It took almost four hours to get to my destination.
Since then, I always head out early during the holidays.

Translation

오랫동안 교통체증에 시달렸던 기억이 납니다.
연휴 기간이었습니다.
조부모님 댁으로 가는 길이었습니다.
(+ 고향으로 가고 있었습니다.
+ 부모님 댁에서 집으로 가고 있었습니다.
+ 친구/가족과 함께 여행을 가고 있었습니다.
+ 여행 후 집으로 가고 있었습니다.)
평소보다 훨씬 오래 걸렸습니다.
목적지까지 거의 4시간이나 걸렸습니다.
그때 이후로, 저는 연휴 기간에는 항상 일찍 출발합니다.

Key Expressions

- **stuck in traffic** 교통체증에 시달린
- **head to** ~로 향하다
- **destination** 목적지
- **head out** 출발하다, 나오다

7 I'd like to give you a situation and ask you to act it out. Someone in your family is going on a vacation and you have agreed to take care of his or her responsibilities at home. Call your relative and ask three or four questions to get all the information you need. 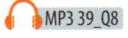 MP3 39_Q7

상황을 하나 드릴 테니 연기해 보세요. 가족 중 누군가가 휴가를 가야 해서 당신이 그/그녀의 집에서 해야 할 일을 대신 해주기로 동의했습니다. 친척에게 전화해서 필요한 정보를 얻기 위해 서너 가지 질문을 하세요.

문항 유형	휴가 가는 친척집 봐주기로 해서 전화로 질문
문항 수준	Intermediate
핵심 포인트	• 친척에게 전화로 질문하기 • 대신 재활용을 해주기 위해 필요한 질문하기
중요도	★★★

Model Answer 🎧 MP3 39_A7

Hello, uncle Joe. This is Jake.
I'm calling to ask about watching your house.
I would like to take out the recycling.
What are the things I should recycle?
Can you tell me what they are?
Where do I take out the recycling to?
Can you give me some directions?
When can I take out the recycling?
Can I do that anytime?
Give me a call when you get this. Thanks.

Translation

여보세요, 조 삼촌. 제이크입니다.
삼촌네 집 봐주는 것에 대해 여쭤 보려고 전화했어요.
재활용품을 버리려고 합니다.
재활용해야 할 것들이 뭔가요?
그것들이 무엇인지 말해줄 수 있나요?
재활용품을 어디에 버려야 하나요?
길을 좀 가르쳐 주실래요?
언제 재활용품을 버릴 수 있나요?
언제든지 할 수 있나요?
이 메시지를 받으면 전화 주세요. 고맙습니다.

Key Expressions

• **watch the house** 집을 봐주다
• **take out** 가지고 나가다, 버리다
• **recycling** 재활용
• **direction** 가는 길, 위치
• **anytime** 언제든지
• **give a call** 전화 주다

8 I'm sorry, but there is a problem I need you to resolve. When you arrive at your relative's house, the door is locked and the key is not where it is supposed to be. Call your relative's hotel and leave a message explaining the situation. Give two or three options to resolve the problem. 🎧 MP3 39_Q8

안타깝지만 당신이 해결해야 하는 문제가 생겼습니다. 친척집에 도착했는데 문은 잠겨 있고 열쇠는 있어야 할 곳에 있지 않습니다. 친척이 머물고 있는 호텔에 전화해서 상황을 설명하는 메시지를 남기세요. 문제를 해결할 수 있는 두세 가지 대안을 제안하세요.

문항 유형	친척집에 도착했는데 문 잠겨 있고, 열쇠를 못 찾겠음. 친척이 머물고 있는 호텔에 전화로 상황 설명하고 도움 요청
문항 수준	Advanced
핵심 포인트	• 호텔에 메시지 남겨서 문제 상황 설명하기 • 집에 들어갈 수 있는 다른 방법에 대해 묻기
중요도	★★★

Model Answer 🎧 MP3 39_A8

Hello, uncle Joe. This is Jake.
I have some bad news.
I cannot find the keys to the house and I cannot get in.
I wonder if there is a spare key somewhere.
If not, do you have a door that's NOT locked?
Or, do you have a window that's NOT locked?
If so, maybe I could climb through the window.
Call me back when you get this. Thanks.

Translation

여보세요, 조 삼촌. 제이크입니다.
나쁜 소식이 있습니다.
집 열쇠를 찾을 수가 없어서 집에 들어갈 수가 없어요.
어딘가에 여분의 열쇠가 있는지 궁금합니다.
없다면 혹시 잠겨 있지 않은 문이 있나요?
아니면 잠겨 있지 않은 창문이 있나요?
만약 그렇다면, 창문을 통해 올라갈 수 있을 거예요.
이 메시지를 받으면 전화 주세요. 고맙습니다.

Key Expressions

- **find** 찾다
- **get in** 들어가다
- **wonder** 궁금하다
- **spare key** 여분의 열쇠
- **lock** 잠그다
- **climb** 기어오르다, 오르다
- **through** ~를 통해서

---

9 That's the end of the situation. Have you ever been in a situation where you agreed to do something for friends or family members and then couldn't do it? Give me all the details about what you agreed to do, what happened, and how the situation resolved. 🎧 MP3 39_Q9

상황이 종료되었습니다. 친구나 가족을 위해 무언가를 해주기로 했는데 그것을 할 수 없는 상황에 처해 본 적이 있나요? 해주기로 한 것이 무엇인지, 무슨 일이 일어났는지, 그리고 상황이 어떻게 해결되었는지 자세하게 말해주세요.

문항 유형	가족이나 친구와의 약속 못 지켰던 경험 묘사
문항 수준	Advanced
핵심 포인트	• 숙취 때문에 약속 못 지킨 경험 묘사하기 • 본인의 과거 경험이기 때문에 과거형 시제와 주어 I 사용
중요도	★★★

Model Answer 🎧 MP3 39_A9

I remember when I was supposed to have a gathering with my friends.
However, I got sick because I drank a lot the night before.
I had a bad hangover.
My stomach was upset and I felt dizzy.
I felt bad about missing the gathering, but there was nothing I could do.
I told my friends that I could NOT make it and said I was sorry.
Looking back, I regret missing the gathering that time.

Translation

친구들과 함께 모임을 가지기로 했던 때가 생각납니다.
하지만 전날 밤에 술을 많이 마셔서 아팠습니다.
숙취가 심했습니다.
배탈이 나고 어지러웠습니다.
모임을 빠져서 아쉬웠지만 어쩔 수 없었습니다.
친구들에게 못 간다고 말하고 미안하다고 했습니다.
돌이켜보면, 그때 모임을 빠진 것이 후회됩니다.

Key Expressions

- **be supposed to** ~하기로 되어 있다
- **gathering** 모임
- **get sick** 아프다
- **drink a lot** 술을 많이 마시다
- **hangover** 숙취
- **stomach** 배, 복부
- **upset** 아픈
- **dizzy** 어지러운
- **feel bad** 미안함을 느끼다
- **miss** 놓치다
- **make it** 성공하다, 해내다
- **regret** 후회하다

Recycling 재활용

10-1 **Suppose that you have moved into a new building. Call the manager of the building and ask three or four questions about recycling.**

당신이 새 건물로 이사했다고 가정해 보세요. 건물 관리인에게 전화를 걸어 재활용에 대해 서너 가지 질문을 하세요.

10-2 **Suppose you just moved to a big apartment building. Call the person at the front desk and ask three to four questions about the building's recycling policy.**

당신이 큰 아파트로 이사했다고 가정해 보세요. 프런트에 있는 사람에게 전화를 걸어 건물의 재활용 정책에 대해 서너 가지 질문을 하세요.

문항 유형	새로 입주한 건물/아파트의 재활용 방법 관리인에게 전화 문의
문항 수준	Intermediate
핵심 포인트	• 건물 관리인에게 전화로 질문하기 • 재활용 품목, 위치, 시기 등 재활용하는 방법에 대해 문의하기
중요도	★★

Model Answer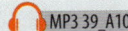

Hi, there. I'm calling to ask about recycling in the building.
I would like to take out the recycling.
What are the things I should recycle?
Can you tell me what they are?
Where do I take out the recycling to?
Can you give me some directions?
When can I take out the recycling?
Can I do that anytime?
Please call me back as soon as possible. Thank you.

Translation

여보세요. 건물의 재활용에 대해 문의하려고 전화했습니다.
재활용품을 버리려고 합니다.
재활용해야 할 것들이 뭔가요?
그것들이 무엇인지 말해줄 수 있나요?
재활용품을 어디에 버려야 하나요?
길을 좀 가르쳐 주실래요?
언제 재활용품을 버려야 하나요?
언제든지 할 수 있나요?
가능한 한 빨리 전화 주세요. 고맙습니다.

Key Expressions

- **recycling** 재활용
- **take out** 가지고 나가다
- **direction** 가는 길, 위치
- **as soon as possible** 가능한 한 빨리

11 **A new resident from abroad has just moved in. However, he is throwing away garbage in the recycling bin. Other residents are very upset about that. Go to the new resident and explain the situation and tell him in detail about the recycling policy.**

외국에서 온 새 거주자가 방금 이사를 왔습니다. 하지만, 그는 재활용 수거함에 쓰레기를 버리고 있었습니다. 다른 주민들은 그것에 대해 매우 화가 나 있습니다. 새로 온 주민에게 가서 상황을 설명하고 재활용 정책에 대해 자세히 말해주세요.

문항 유형	해외에서 온 새 입주자가 재활용 수거함에 쓰레기 투척. 주민들 불만. 그 사람에게 가서 재활용 정책 설명
문항 수준	Advanced
핵심 포인트	• 새 입주자에게 자기 소개 후 문제 상황 설명하기 • 재활용하는 방법과 시기에 대해 설명하기
중요도	★★

데이터와 트렌드로 쉽게 취득하는 OPIc IH

Model Answer
 MP3 39_A11

Hello, I'm a person living next door.
I have some bad news.
People are very upset because you are NOT recycling properly.
You threw away garbage in the recycling bin.
You have to gather plastics, bottles, cans, paper and glass.
And then, you have to take them out separately.
You have to do that on Wednesdays.
Once again, you have to recycle properly.

Translation

안녕하세요, 저는 옆집에 사는 사람입니다.
나쁜 소식이 있습니다.
당신이 제대로 재활용을 하지 않아서 사람들이 매우 화가 나 있습니다.
당신이 쓰레기를 재활용 수거함에 버렸습니다.
플라스틱, 병, 캔, 종이, 유리를 모아야 합니다.
그리고 나서, 따로 버려야 합니다.
매주 수요일에 해야 합니다.
다시 한번 말하자면, 제대로 재활용을 해야 합니다.

Key Expressions

- **next door** 옆집
- **upset** 화난
- **properly** 제대로
- **throw away** 버리다
- **recycling bin** 재활용품 수거함
- **gather** 모으다
- **take out** 가지고 나가다, 버리다
- **separately** 따로

---

12 You often host large parties and take out most of the recycling and garbage the next day. However, other residents in your building are not happy about it, and one of them has come to complain to you. Explain the situation and offer some suggestions to resolve the problem. 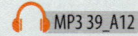 MP3 39_Q12

당신은 종종 큰 파티를 열고 다음날 대부분의 재활용품과 쓰레기를 버립니다. 하지만, 같은 건물에 사는 다른 주민들은 그것을 달갑게 여기지 않아서 그들 중 한 명이 당신에게 불평을 하러 왔습니다. 상황을 설명하고 문제를 해결하기 위한 몇 가지 대안을 제시하세요.

문항 유형 본인이 파티를 한 후 쓰레기 처리 관련하여 주민들에게 항의 들어옴. 항의 온 주민에게 대안 제시
문항 수준 Advanced
핵심 포인트 • 문제 상황에 대해 인정하고 이유 설명하기
• 쓰레기 처리를 위한 다양한 방법들을 제시하기
중요도 ★★

Model Answer
MP3 39_A12

I understand that some people are upset because of my garbage.
I have a lot of garbage when I have large parties at my place.
Why don't I take out the garbage at night?
What do you say I divide my garbage and take them out separately?
Or, maybe I could try to reduce the amount of garbage.
Can you tell me what you think?
I'm fine with whatever you decide.

Translation

제 쓰레기 때문에 화가 난 사람들이 있는 것으로 알고 있습니다.
집에서 파티를 크게 할 때에는 쓰레기가 많이 나옵니다.
밤에 쓰레기를 버리는 건 어떨까요?
쓰레기를 나눠서 따로 버리는 건 어때요?
아니면 쓰레기 양을 줄여보도록 해볼게요.
어떻게 생각하시는지 말씀해주시겠어요?
어떤 결정을 내리시든 저는 다 괜찮습니다.

Key Expressions

- **upset** 화난
- **garbage** 쓰레기
- **take out** 버리다, 가지고 나가다
- **divide** 나누다
- **separately** 나눠서
- **reduce** 줄이다
- **amount** 양
- **decide** 결정하다

39 Role Play MP3 플레이어 / 자전거 / 친척집 / 재활용 |

13 Tell me what recycling was like when you were a child. Was there a particular place you took out the recyclables to? How was recycling back then different from what you are doing now? 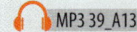 MP3 39_Q13

어렸을 때 재활용이 어땠는지 말해주세요. 재활용품을 버리는 특정 장소가 있었나요? 지금 재활용하는 방식과 과거의 재활용 방식이 어떻게 다른지 설명해주세요.

문항 유형	어렸을 때 재활용 경험 설명
문항 수준	Intermediate
핵심 포인트	• 과거의 재활용 방법과 현재의 재활용 방법 비교 • 과거형과 현재형 시제 사용하여 재활용 방법 설명하기
중요도	★★

Model Answer MP3 39_A13

When I was a kid, people did NOT recycle at their homes.
Instead, there used to be recycling days at schools.
Students used to take scrap paper to school on those days.
+ I remember doing that myself when I was a kid.
But these days, recycling is very well-practiced at people's homes.
It has become a daily routine in people's lives.

Translation

제가 어렸을 때, 사람들은 집에서 재활용을 하지 않았습니다.
대신, 학교에서 재활용하는 날이 있었습니다.
학생들은 그날 학교에 파지를 가지고 가곤 했습니다.
(+ 제가 어렸을 때 직접 했던 기억이 납니다.)
하지만 요즘은 집에서 재활용이 아주 잘 시행되고 있습니다.
그것은 사람들의 생활에서 일상적인 일이 되었습니다.

Key Expressions

• **recycling days** 재활용하는 날
• **scrap paper** 파지, 종이
• **well-practiced** 잘 시행된
• **daily routine** 일상생활

14 Describe a specific time in which you had trouble with recycling. It may have been a situation where you moved to a new place and did not know the rules, or you put the materials in the wrong containers. Describe what happened from beginning to end. 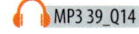 MP3 39_Q14

재활용 때문에 어려움을 겪었던 적에 대해 설명하세요. 새로운 곳으로 옮겨가 규칙을 모르거나, 물건을 잘못된 수거함에 넣었을 수도 있습니다. 처음부터 끝까지 무슨 일이 있었는지 설명해주세요.

문항 유형	본인이 재활용 중 있었던 문제 설명
문항 수준	Advanced
핵심 포인트	• 본인의 재활용하던 중 겪었던 경험을 과거형 시제와 주어 I 로 묘사하기 • 본인의 재활용에 대해 겪은 어려움이 없다면 뉴스에서 본 재활용 관련 뉴스 설명하기
중요도	★★

Answer 1 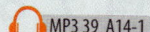 MP3 39_A14-1

I remember taking out the recycling recently.
However, some leftover beer from a bottle leaked out because the cap was not screwed.
My hands became sticky and dirty and they smelled pretty bad.
I did recycling quickly and came back home to wash my hands.
Since then, I try to be more careful when I do recycling.

Answer 2 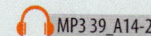 MP3 39_A14-2

I recently watched the news about recycling in Korea.
Recycling companies stopped collecting scrap plastic.
They started to pile up at people's homes.
It was a very serious problem.
Here is why this happened.
China used to import recyclables from other countries.
However, it stopped doing that for environmental reasons.
The prices for scrap plastic plunged, so no one would collect them.
So, this was the news I watched about recycling recently.

Translation

Answer 1

최근에 재활용품을 버렸던 기억이 납니다.
하지만 병 뚜껑이 닫히지 않아서 남은 맥주 일부가 새어 나왔습니다.
손이 끈적거리고 더러워졌으며 냄새도 꽤 나빴습니다.
재활용을 빨리 한 후 손을 씻기 위해 집에 왔습니다.
그 이후로, 저는 재활용할 때 좀 더 조심하려고 노력합니다.

Answer 2

최근 한국의 재활용에 대한 뉴스를 본 기억이 납니다.
재활용 업체들이 폐플라스틱 수거를 중단했습니다.
이에 따라 사람들의 집에 쌓이기 시작했습니다.
아주 심각한 문제였습니다.
이 일이 발생한 이유는 이것입니다.
중국은 다른 나라에서 재활용품을 수입하곤 했습니다.
하지만 환경적인 이유로 중단했습니다.
폐플라스틱의 가격이 폭락해서 아무도 가져가려고 하지 않았습니다.
이것이 제가 최근에 본 재활용에 관한 뉴스입니다.

Key Expressions

- **take out** 가지고 나가다
- **recently** 최근에
- **leftover** 남은
- **leak out** 새다, 흐르다
- **sticky** 끈적이는
- **dirty** 더러운
- **pretty** 꽤, 상당히
- **wash** 씻다
- **collect** 모으다, 수거하다
- **scrap plastic** 폐플라스틱
- **pile up** 쌓이다
- **serious** 심각한
- **import** 수입하다
- **recyclables** 재활용품
- **environmental reasons** 환경적인 요인, 이유
- **plunge** 폭락하다

40 Role Play 공원 / 해변 / 친구 약속 / 생일파티

 **Role Play Master Key Patterns**

롤플레이 답변 시에 활용할 수 있는 주제별 Key Patterns을 학습해보세요.

1. 친구에게 어딘가를 가자고 제안할 때 사용할 수 있는 표현

⟨ask about + 동명사⟩ (동명사)에 대해 묻다 ⟨I wonder if you want to + 동사⟩ 네가 (동사)하고 싶은지 궁금하다

• I am calling to ask about going to the beach. I wonder if you want to go to the beach.
해변 가는 것에 대해 물으려고 전화했어. 해변에 가고 싶은지 궁금해.

• I am calling to ask about meeting up. I wonder if you want to hang out on the weekend.
만나는 것에 대해 물으려고 전화했어. 이번 주말에 놀고 싶은지 궁금해.

• I want to ask you about going to a park. I wonder if you want to go on a picnic.
공원 가는 것에 대해 물어보고 싶어. 네가 피크닉 가고 싶은지 궁금해.

2. 해변/공원에 가서 또는 약속이 있을 때 할 일 제안하는 방법

⟨would you like to + 동사⟩ (동사) 하고 싶어?

• Would you like to have a picnic? If you do, when do you want to go? 피크닉 가고 싶어? 가고 싶다면 언제 가고 싶어?

• Would you like to go to the beach? How about tomorrow? 해변에 가고 싶어? 내일은 어때?

⟨why don't we + 동사⟩ 우리 (동사) 하는 거 어때?

• Why don't we go on a picnic? Let's make some sandwiches. 우리 피크닉 가는 거 어때? 샌드위치 만들자.

• Why don't we have a party? I know a great bar. 우리 파티하는 거 어때? 내가 괜찮은 술집을 알아.

⟨maybe we could + 동사⟩ 우리가 (동사)해도 되겠다

• Maybe we could go another time. How about next Saturday? 다른 때에 가야 되겠다. 다음 주 토요일 어때?

• Maybe we could cancel the trip. Let's watch a movie instead. 여행을 취소해야 되겠다. 대신 영화 보자.

3. 만날 날짜 잡을 때 사용할 수 있는 표현

⟨be available⟩ 시간 있다, 가능하다

• Are you available that day? 너 그날 시간 있어?

• I am available this afternoon. 나는 오늘 오후에 시간 있어.

⟨be free on⟩ 시간 되다

• I am free on Saturday. Are you free that day? 나는 토요일에 시간 돼. 너는 그날 시간 돼?

⟨make some time⟩ 시간을 내다, 시간을 만들다

• I can make some time on Sunday. 나는 일요일에 시간을 조금 낼 수 있어.

• Can you make some time for me? 나를 위해 시간을 조금 낼 수 있어?

4. 약속을 못 지킬 이유를 설명할 때 사용할 수 있는 표현

〈come up〉〈happen〉〈occur〉발생하다
- Something has come up suddenly. I have to go back to my office. 갑자기 일이 생겼어. 사무실로 돌아가야 해.
- Something urgent came up at work on my way to the birthday party. 생일파티로 가는 길에 회사에 급한 일이 생겼어.
- Something serious happened at work. I have to report the problem to my boss. 회사에 심각한 일이 생겼어. 상사에게 보고 해야 해.

5. 안 좋은 얘기를 꺼낼 때 사용할 수 있는 표현
- Unfortunately, the park will NOT open this weekend. 불행히도 이번 주말에 공원이 열지 않을 거래.
- I'm sorry to tell you, but the park is closed due to the renovation of facilities. 말하기 미안하지만 공원이 시설 보수 때문에 닫는대.
- I'm afraid that I'm having a bad hangover, so I have to postpone our dinner. 미안하지만 숙취가 너무 심해서 오늘 저녁 약속을 미뤄야겠어.
- I have some bad news. The typhoon is coming, so the beach will be closed. 나쁜 소식이 있어. 태풍이 와서 해변이 닫을 거래.
- I have a very important exam tomorrow, so I need to study for it. So, I cannot go to the party. 내일 중요한 시험이 있어서 공부해야 해. 그래서 파티에 못 가.

6. 다양한 의견을 제안한 후 자연스러운 마무리를 위해 필요한 표현

〈whatever you decide〉네가 무엇을 결정하든지
- I am fine with whatever you decide. 네가 무엇을 결정하든지 나는 다 괜찮아.
- I am okay with whatever you decide. 네가 무엇을 결정하든지 나는 다 괜찮아.

7. 오랜만에 친구 만난 경험에 대해 이야기할 때 쓰이는 표현

〈bump/run into + 명사〉(명사)와 우연히 마주치다
- I bumped into my high school friend at the beach. 해변에서 고등학교 때 친구와 우연히 마주쳤다.
- I ran into her while shopping at the mall. 몰에서 쇼핑하고 있을 때 그녀와 마주쳤다.

8. 숙취 때문에 계획을 취소한 경험에 대해 이야기할 때 쓰이는 표현

〈miss + 명사〉(명사)를 못 가다, 놓치다
- I missed the party because I had a bad hangover. 숙취가 너무 심해서 파티에 못 갔다.
- I cannot meet you on time because I just missed the bus. 방금 버스를 놓쳐서 제 시간에 너와 만날 수 없다.

OPIc 질문에 대한 모범 답변을 살펴본 후, 질문의 핵심 포인트를 파악하여 나만의 OPIc 답변을 만들어보세요.

Park 공원 1

1 I'd like to give you a situation and ask you to act it out. A friend wants to go to the park with you this weekend. Call your friend and ask three or four questions to find out all you need to know. 🎧 MP3 40_Q1

상황을 하나 드릴 테니 연기해 보세요. 친구가 이번 주말에 당신과 함께 공원에 가고 싶어 합니다. 알아야 할 모든 것을 알아내기 위해 친구에게 전화해서 서너 가지 질문을 하세요.

문항 유형	친구에게 이번 주말에 공원 가는 것에 대한 질문
문항 수준	Intermediate
핵심 포인트	• 친구에게 전화로 질문하기 • 일정과 공원에 가서 할 일에 대해 질문하기
중요도	★

Model Answer 🎧 MP3 40_A1

Hello, Jake. This is Brian.
I'm calling to ask about going to the park this weekend.
Can you tell me when you want to go?
I'm free on Saturday.
Are you available that day?
If not, I can make some time on Sunday.
Next, can you tell me what you want to do?
Would you like to have a picnic?
Why DON'T we get some sandwiches and eat them at the park?
Give me a call when you get this. Thanks.

Translation

여보세요, 제이크. 브라이언이야.
이번 주말에 공원에 가는 것에 대해 물어보려고 전화했어.
언제 가고 싶은지 말해줄래?
나는 토요일에 시간 돼.
그날 시간 돼?
안 된다면, 일요일에 시간을 낼 수 있어.
그리고 무엇을 하고 싶은지 말해줄래?
피크닉 가는 게 어때?
샌드위치 사서 공원에서 먹는 건 어떨까?
이 메시지를 받으면 전화 줘. 고마워.

Key Expressions

• **ask about** ~에 대해 묻다
• **be free** 한가하다, 시간 있다
• **available** 이용 가능한, 시간 낼 수 있는
• **make time** 시간을 내다, 시간을 만들다
• **have a picnic** 피크닉 가다
• **give a call** 전화하다

2 I'm sorry, but there is a problem I need you to resolve. You are supposed to pick your friend up in an hour to go to the park together. However, you have a problem and cannot go to the park. Call your friend and explain the situation. Give two or three alternatives about what to do. 🎧 MP3 40_Q2

안타깝지만 당신이 해결해야 하는 문제가 생겼습니다. 함께 공원에 가기 위해 한 시간 안에 친구를 데리러 가야 합니다. 하지만, 문제가 생겨서 공원에 갈 수 없게 되었습니다. 친구에게 전화해서 상황을 설명하세요. 어떻게 해야 할지 두세 가지 대안을 제시하세요.

문항 유형	친구 픽업하기로 했는데 공원 못 가게 되어 전화로 설명
문항 수준	Advanced
핵심 포인트	• 친구에게 전화로 문제 상황 설명하기 • 대안으로 일정 다시 정하기
중요도	★

Hello, Jake. This is Brian.
I have some bad news.
I DON'T think I can make it to the park.
Something has come up suddenly.
Can you tell me what you want to do?
Why DON'T we go next time?
What do you say we go next week?
Or, maybe we could go another time.
Can you tell me what you think?
I'm fine with whatever you decide.
Call me back when you get this. Thanks.

Translation

여보세요, 제이크. 브라이언이야.
나쁜 소식이 있어.
내가 공원에 못 갈 것 같아.
갑자기 일이 생겼어.
어떻게 하고 싶은지 말해줄래?
다음에 가는 게 어떨까?
다음 주에 가는 건 어때?
아니면, 다음에 갈 수 있을 때 가자.
어떻게 생각하는지 말해줄래?
네가 어떤 결정을 내리든 난 다 괜찮아.
이 메시지를 받으면 전화 줘. 고마워.

Key Expressions

- **bad news** 나쁜 소식
- **make it** 성공하다, 해내다
- **come up** 생기다, 발생하다
- **suddenly** 갑자기
- **another time** 다른 때
- **whatever** 무엇이든지
- **decide** 결정하다
- **call back** 다시 전화하다

3 🎧 MP3 40_Q3

I'm sorry, but there is a problem I need you to resolve. You've just learned on the news that the park you are planning to visit will be closed this weekend. Call your friend, explain the situation, and offer two or three alternatives to the problem.

안타깝지만 당신이 해결해야 하는 문제가 생겼습니다. 방문하려던 공원이 이번 주말에 문을 열지 않는다는 것을 뉴스를 통해 방금 들었습니다. 친구에게 전화해서 상황을 설명하고 문제에 대한 두세 가지 대안을 제시하세요.

문항 유형	공원 폐쇄되어 못 감. 친구한테 상황 설명 대안 제시
문항 수준	Advanced
핵심 포인트	• 친구에게 전화로 문제 상황 설명하기 • 대안으로 일정 재조정하기
중요도	★

Hello, Jake. This is Brian.
I have some bad news.
I heard the park will be closed this weekend.
Can you tell me what you want to do?
Why DON'T we go next time?
What do you say we go next week?
Or, maybe we could go another time.
Can you tell me what you think?
I'm fine with whatever you decide.
Call me back when you get this. Thanks.

Translation

여보세요, 제이크. 브라이언이야.
나쁜 소식이 있어.
이번 주말에 공원이 열지 않는다는 소식을 들었어.
어떻게 하고 싶은지 말해줄래?
다음에 가는 게 어떨까?
다음 주에 가는 건 어때?
아니면, 다음에 갈 수 있을 때 가자.
어떻게 생각하는지 말해줄래?
네가 어떤 결정을 내리든 난 다 괜찮아.
이 메시지를 받으면 전화 줘. 고마워.

Key Expressions

- **bad news** 나쁜 소식
- **hear** 듣다
- **next time** 다음 번에
- **another time** 다른 때
- **whatever** 무엇이든지
- **decide** 결정하다
- **call back** 다시 전화하다

4 **That's the end of the situation. Tell me the story of one very memorable experience you had while visiting a park. Maybe something funny, unexpected, or wonderful happened. Start by giving me some background about when and where this took place. And then, tell me why it was so unforgettable or special.**

상황이 종료되었습니다. 공원을 방문했을 때 겪었던 기억에 남는 경험에 대해 말해주세요. 어쩌면 웃기거나, 예상치 못했거나 놀라운 일이 일어났을지도 모릅니다. 언제 어디서 이런 일이 일어났는지에 대해 먼저 이야기하세요. 그리고 나서, 왜 잊을 수 없었거나 특별했는지 말해주세요.

문항 유형	공원에서 있었던 본인 에피소드 묘사
문항 수준	Advanced
핵심 포인트	• 우연히 친구 만난 경험 묘사하기 • 본인의 과거 경험이기 때문에 과거형 시제와 주어 I 사용
중요도	★

Model Answer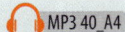

I remember bumping into my friend at a park.
+ my co-worker + my neighbor
+ I was taking a walk after lunch.
Suddenly, I saw one of my friends there. I went over to her and said hi.
+ Suddenly, someone called my name. I looked back and saw my friend.
I was very happy to see her.
We asked how each other was doing and did some catching up.
So, this was the incident I remember.

Translation

공원에서 친구와 마주쳤던 기억이 납니다.
(+ 동료 + 이웃
+ 점심 식사 후 산책하고 있었습니다.)
갑자기, 그곳에서 제 친구를 보았습니다. 그녀에게 가서 인사했습니다.
(+ 갑자기 누군가 제 이름을 불렀습니다. 뒤를 돌아보니 친구가 보였습니다.)
그녀를 만나서 매우 기뻤습니다.
우리는 서로 어떻게 지내는지 물어보고 못다 한 이야기를 했습니다.
그래서, 이것이 제가 기억하는 사건입니다.

Key Expressions

• **bump into** ~와 우연히 마주치다
• **co-worker** 직장 동료
• **neighbor** 이웃

• **look back** 뒤돌아보다
• **do catching up** 못다 한 이야기를 하다
• **incident** 사건

5 **I'd like to give you a situation and ask you to act it out. You want to invite your friend to the beach. Call your friend and ask three to four questions regarding the trip you are planning.**

상황을 하나 드릴 테니 연기해 보세요. 당신은 친구를 해변에 초대하고 싶습니다. 친구에게 전화해서 계획 중인 여행에 대해 서너 가지 질문을 하세요.

문항 유형	친구에게 해변 가자고 전화로 제안
문항 수준	Intermediate
핵심 포인트	• 친구에게 전화로 질문하기 • 일정과 할 일에 대해 정하기
중요도	★

Model Answer

Hello, Jim. This is Jake.
I'm calling to ask about going to the beach.
I wonder if you want to go to the beach.
If so, can you tell me when you want to go?
I'm free on Saturday.
Are you available that day?
If not, I can make some time on Sunday.
Next, can you tell me what you want to do?
Would you like to have a picnic?
Why DON'T we get some sandwiches and eat them at the beach?
Give me a call when you get this. Thanks.

Translation

여보세요. 짐. 제이크야.
해변에 가는 것에 대해 물어보려고 전화했어.
너가 해변에 가고 싶은지 궁금해.
가고 싶다면 언제 가고 싶은지 말해줄래?
나는 토요일에 시간 돼.
그날 시간 돼?
안 된다면, 일요일에 시간을 낼 수 있어.
그리고 무엇을 하고 싶은지 말해줄래?
피크닉 가고 싶니?
샌드위치 사가서 해변에서 먹는 건 어떨까?
이 메시지를 받으면 전화 줘. 고마워.

Key Expressions

- **ask about** ~에 대해 묻다
- **be free** 한가하다, 시간 있다
- **available** 이용 가능한, 시간 낼 수 있는
- **make time** 시간을 내다, 시간을 만들다
- **have a picnic** 피크닉 가다
- **give a call** 전화하다

6 **I'm sorry, but there is a problem I need you to resolve. On the day of your beach trip, the weather is terrible. Call your friend and explain the situation. And then, offer several suggestions.**

안타깝지만 당신이 해결해야 하는 문제가 생겼습니다. 해변 여행을 가는 당일에 날씨가 좋지 않습니다. 친구에게 전화해서 상황을 설명하세요. 그리고 나서, 몇 가지 제안을 하세요.

문항 유형	날씨 때문에 해변 계획 다음으로 연기. 대안 제시
문항 수준	Advanced
핵심 포인트	• 친구에게 전화로 문제 상황 설명하기 • 일정 새로 잡기
중요도	★

Model Answer 🎧 MP3 40_A6

Hello, Jim. This is Jake.
I have some bad news.
The weather will be bad today.
The weather forecast says it will rain on the weekend.
Can you tell me what you want to do?
Why DON'T we go next time?
What do you say we go next week?
Or, maybe we could go another time.
Can you tell me what you think?
I'm fine with whatever you decide.
Call me back when you get this. Thanks.

Translation

여보세요. 짐. 제이크야.
나쁜 소식이 있어.
오늘 날씨가 좋지 않을 거래.
기상예보에 따르면 주말에 비가 온다고 하네.
어떻게 하고 싶은지 말해줄래?
다음에 가는 게 어떨까?
다음 주에 가는 건 어때?
아니면. 다음에 갈 수 있을 때 가자.
어떻게 생각하는지 말해줄래?
네가 어떤 결정을 내리든 난 다 괜찮아.
이 메시지를 받으면 전화 줘. 고마워.

Key Expressions

- **bad news** 나쁜 소식
- **weather** 날씨
- **be bad** 나쁘다
- **weather forecast** 기상예보

- **another time** 다른 때
- **whatever** 무엇이든지
- **decide** 결정하다
- **call back** 다시 전화하다

7 That's the end of the situation. Was there a time when you couldn't go on a trip to the beach because of the bad weather? What was the weather like and how did you deal with the situation?  MP3 40_Q7

상황이 종료되었습니다. 날씨가 좋지 않아서 해변으로 여행을 가지 못했던 때가 있었나요? 날씨는 어땠으며 그 상황을 어떻게 대처했나요?

문항 유형	나쁜 날씨 때문에 해변 여행을 취소한 경험 묘사
문항 수준	Advanced
핵심 포인트	• 그런 경험이 없었다면, 없다고 말하기 • 있다면 날씨 때문에 취소한 여행에 대해 과거형 시제로 묘사하기
중요도	★

Model Answer

Answer 1 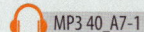 MP3 40_A7-1

To be honest, I have never had that kind of experience.
I think I was lucky.
So, I really don't have much to say about this topic.

Answer 2  MP3 40_A7-2

A few years ago, my friend and I went to the Philippines to enjoy snorkeling at the beach.
However, a strong typhoon hit the Philippines when we were there.
We could not even go into the water for three days because it was too dangerous.
It was one of the worst vacations I had in my life.

Translation

Answer 1

솔직히 그런 경험은 겪은 적이 없습니다.
운이 좋은 것 같습니다.
그래서, 저는 이 주제에 대해 별로 할 말이 없습니다.

Answer 2

몇 년 전에 저와 제 친구는 해변에서 스노쿨링을 즐기기 위해 필리핀에 갔습니다.
하지만 우리가 거기에 있을 때 강한 태풍이 필리핀을 덮쳤습니다.
너무 위험했기 때문에 3일 동안 바다에 들어가지조차 못했습니다.
제 인생에서 최악의 휴가 중 하나였습니다.

Key Expressions

- **experience** 경험
- **enjoy** 즐기다
- **strong** 강한
- **typhoon** 태풍
- **hit** 오다, 치다
- **dangerous** 위험한
- **worst** 최악의

8 I'd like to give you a situation and ask you to act it out. You want to meet up with your friend on the weekend. Call your friend and ask two to three questions about what to do and when you want to meet.

상황을 하나 드릴 테니 연기해 보세요. 당신은 주말에 친구와 만나고 싶습니다. 친구에게 전화해서 함께 무엇을 하고 언제 만나고 싶은지에 대해 두세 가지 질문을 하세요.

문항 유형	친구에게 주말에 만나자고 제안. 무엇을 할지, 만날 시간 질문
문항 수준	Intermediate
핵심 포인트	• 친구에게 전화로 질문하기 • 주말에 만나서 할 수 있는 일 정하기
중요도	★★★

Model Answer

Hello, Jim. This is Jake.
I'm calling to ask about meeting up.
I wonder if you want to hang out on the weekend.
If so, can you tell me when you want to meet?
I'm free on Saturday.
Are you available that day?
If not, I can make some time on Sunday.
Next, can you tell me what you want to do?
Would you like to grab some lunch?
Why DON'T we get some sandwiches and eat them at the beach?
Give me a call when you get this. Thanks.

Translation

여보세요, 짐. 제이크야.
만나는 것에 대해 물으려고 전화했어.
주말에 놀고 싶은지 궁금해.
만약 그렇다면, 언제 만나고 싶은지 말해줄래?
나는 토요일에 시간 돼.
그날 시간 돼?
안 된다면, 일요일에 시간을 낼 수 있어.
그리고 무엇을 하고 싶은지 말해줄래?
점심 먹을까?
샌드위치 사서 해변에서 먹는 건 어떨까?
이 메시지를 받으면 전화 줘. 고마워.

Key Expressions

- **ask about** ~에 대해 묻다
- **meet up** 만나다
- **hang out** 어울려 놀다
- **be free** 한가하다, 시간 있다
- **make time** 시간을 내다, 시간을 만들다
- **grab lunch** 점심 식사 하다

9 I'm sorry, but there is a problem I need you to resolve. You are unable to meet your friend at the time and place that was agreed upon. Call your friend and give three or four alternatives to address the problem.

안타깝지만 당신이 해결해야 하는 문제가 생겼습니다. 약속된 시간과 장소에서 친구를 만날 수 없게 되었습니다. 친구에게 전화해서 문제를 해결할 수 있는 서너 가지 대안을 제시하세요.

문항 유형	친구 만날 약속을 못 지키게 되어 설명. 대안 제시
문항 수준	Advanced
핵심 포인트	• 친구에게 전화로 문제 상황 설명하기 • 다시 만날 약속 정하기
중요도	★

Model Answer

Hello, Jim. This is Jake.
I have some bad news.
I DON'T think I can make it to our gathering.
Something has come up suddenly.
Can you tell me what you want to do?
Why DON'T we meet up next time?
What do you say we meet next week?
Or, maybe we could meet up another time.
Can you tell me what you think?
I'm fine with whatever you decide.
Call me back when you get this. Thanks.

Translation

여보세요, 짐. 제이크야.
나쁜 소식이 있어.
우리 모임에 못 갈 것 같아.
갑자기 일이 생겼어.
어떻게 하고 싶은지 말해줄래?
다음에 만나는 게 어떨까?
다음 주에 만나는 건 어때?
아니면, 다음에 만나자.
어떻게 생각하는지 말해줄래?
네가 어떤 결정을 내리든 난 다 괜찮아.
이 메시지를 받으면 전화 줘. 고마워.

Key Expressions

- **bad news** 나쁜 소식
- **gathering** 모임
- **come up** 생기다, 발생하다
- **suddenly** 갑자기
- **whatever** 무엇이든지
- **decide** 결정하다
- **call back** 다시 전화하다

10 That's the end of the situation. Was there a time when you had to cancel your plans with someone? Maybe the weather was bad. Maybe you had work that took up your free time. What did you do to deal with the situation?

MP3 40_Q10

상황이 종료되었습니다. 누군가와의 계획을 취소해야 했던 적이 있었나요? 날씨가 나빴을 수도 있습니다. 당신의 자유시간을 써서 일을 해야 했을 수도 있습니다. 그 상황에 대처하기 위해 무엇을 했나요?

문항 유형	누군가와의 약속을 취소 경험 묘사
문항 수준	Advanced
핵심 포인트	• 숙취 때문에 약속 취소한 경험 묘사 • 본인의 과거 경험이기 때문에 과거형 시제와 주어 I 사용
중요도	★

Model Answer

MP3 40_A10

I remember when I was supposed to have a gathering with my friends.
However, I got sick because I drank a lot the night before.
I had a bad hangover.
My stomach was upset and I felt dizzy.
I felt bad about missing the gathering, but there was nothing I could do.
I told my friends that I could NOT make it and said I was sorry.
Looking back, I regret missing the gathering that time.

Translation

친구들과 함께 모임을 가지기로 했던 때가 생각납니다.
하지만 전날 밤에 술을 많이 마셔서 아팠습니다.
숙취가 심했습니다.
배탈이 나고 어지러웠습니다.
모임을 빠져 아쉬웠지만 어쩔 수 없었습니다.
친구들에게 못 간다고 말하고 미안하다고 했습니다.
돌이켜보면, 그때 모임을 빠진 것이 후회됩니다.

Key Expressions

- **be supposed to** ~하기로 되어 있다
- **gathering** 모임
- **get sick** 아프다
- **drink a lot** 술을 많이 마시다
- **hangover** 숙취
- **stomach** 배, 복부
- **upset** 아픈
- **dizzy** 어지러운
- **feel bad** 미안함을 느끼다
- **miss** 놓치다
- **make it** 성공하다, 해내다
- **regret** 후회하다

11 I'd like to give you a situation and ask you to act it out. Your friend asked you to help prepare for a birthday party. Call your friend and ask three to four questions to find out more about the party. 🎧 MP3 40_Q11

상황을 하나 드릴 테니 연기해 보세요 친구가 당신에게 생일파티 준비를 도와달라고 부탁했습니다. 친구에게 전화해서 파티에 대해 더 알아보기 위해 서너 가지 질문을 하세요.

문항 유형	친구 생일파티 준비를 도와주기 위해 전화로 질문
문항 수준	Intermediate
핵심 포인트	• 친구에게 전화로 질문하기
	• 파티 일정과 준비에 필요한 내용 문의하기
중요도	★

Model Answer 🎧 MP3 40_A11

Hello, John. This is Brian.
I'm calling to ask about your birthday party.
Can you tell me when the party starts?
Should I get there by six?
Can you tell me what I should bring to the party?
Should I bring some food or drinks?
Plus, can you give me directions to the party venue?
Is it close to the subway station?
Is it within walking distance?
Give me a call when you get this. Thanks.

Translation

여보세요, 존. 브라이언이야.
생일파티에 대해 물어보려고 전화했어.
파티가 언제 시작하는지 말해줄래?
6시까지 거기에 도착하면 될까?
파티에 무엇을 가져가야 하는지 말해줄래?
음식이나 음료수를 가져갈까?
그리고, 파티장까지 가는 길 좀 가르쳐 줄래?
지하철역에서 가까워?
걸어서 갈 수 있는 거리에 있어?
이 메시지를 받으면 전화 줘. 고마워.

Key Expressions

- **birthday party** 생일 파티
- **bring** 가져가다
- **direction** 위치, 찾아가는 방법
- **party venue** 파티 장소
- **subway station** 지하철역
- **walking distance** 도보로 갈 수 있는 거리

12 I'm sorry, but there is a problem I need you to resolve. You are supposed to help your friend prepare for the party. However, you have a problem and cannot go to the party. Call your friend, explain the situation, and give two to three alternatives regarding the situation. 🎧 MP3 40_Q12

안타깝지만 당신이 해결해야 하는 문제가 생겼습니다. 당신은 친구를 도와 파티를 준비하기로 되어 있습니다. 하지만 문제가 생겨서 파티에 갈 수 없게 되었습니다. 친구에게 전화해서 상황을 설명하고 상황에 대한 두세 가지 대안을 제시하세요.

문항 유형	친구 생일파티 못 감. 준비 못 도와 줌. 대안 제시
문항 수준	Advanced
핵심 포인트	• 친구에게 전화로 문제 상황 설명하기
	• 대신 도와줄 수 있는 사람 소개하기
중요도	★

Model Answer　🎧 MP3 40_A12

Hi, John. This is Brian.

I have some bad news.

I DON'T think I can make it to the party.

Something has come up suddenly.

Why DON'T I send my sister or brother instead?

Or, maybe I could ask one of my friends to help you.

Can you tell me what you think?

I'm fine with whatever you decide.

Call me back when you get this. Thanks.

Translation

여보세요, 존. 브라이언이야.

나쁜 소식이 있어.

파티에 못 갈 것 같아.

갑자기 일이 생겼어.

대신 내 누나나 남동생을 보내는 건 어떨까?

아니면, 내 친구 중 한 명에게 너를 도와줄 수 있는지 물어볼게.

어떻게 생각하는지 말해줄래?

네가 어떤 결정을 내리든 난 다 괜찮아.

이 메시지를 받으면 다시 전화 줘. 고마워.

Key Expressions

- **bad news** 나쁜 소식
- **suddenly** 갑자기
- **whatever** 무엇이든지
- **call back** 다시 전화하다
- **come up** 생기다, 발생하다
- **instead** 대신에
- **decide** 결정하다

---

13 That's the end of the situation. Have you ever made plans for a trip or a party but had to cancel at the last minute because of something that happened unexpectedly? Tell me everything about what had happened that prevented you from going. 🎧 MP3 40_Q13

상황이 종료되었습니다. 여행이나 파티를 계획했는데 예기치 않게 일어난 일 때문에 마지막 순간에 취소해야만 했던 적이 있나요? 무엇 때문에 하지 못했는지 자세히 말해주세요.

문항 유형	일 생겨서 파티나 여행 취소 경험 묘사
문항 수준	Advanced
핵심 포인트	• 숙취 때문에 약속 취소한 경험 묘사 • 본인의 과거 경험이기 때문에 과거형 시제와 주어 I 사용
중요도	★

Model Answer　🎧 MP3 40_A13

I remember when I was supposed to go to a party with my friends.

However, I got sick because I drank a lot the night before.

I had a bad hangover.

My stomach was upset and I felt dizzy.

I felt bad about missing the party, but there was nothing I could do.

I told my friends that I could NOT make it and said I was sorry.

Looking back, I regret missing the party that time.

Translation

친구들과 파티를 하기로 했던 때가 생각납니다.

하지만 전날 밤에 술을 많이 마셔서 아팠습니다.

숙취가 심했습니다.

배탈이 나고 어지러웠습니다.

파티에 못 가서 아쉬웠지만 어쩔 수 없었습니다.

친구들에게 못 간다고 말하고 미안하다고 했습니다.

돌이켜보면, 그때 파티를 빠진 것이 후회됩니다.

Key Expressions

- **be supposed to** ~하기로 되어 있다
- **hangover** 숙취
- **feel bad** 미안함을 느끼다
- **have a party** 파티를 하다
- **stomach** 배, 복부
- **miss** 놓치다
- **get sick** 아프다
- **upset** 아픈
- **make it** 성공하다, 해내다
- **drink a lot** 술을 많이 마시다
- **dizzy** 어지러운
- **regret** 후회하다

OPIc 대비 멀티캠퍼스 Best 온라인 과정

AL 등급공략과정 — 상위등급 취득을 위한 유형별 주제 및 필수 전략 과정

AL취득을 위한 필수 공략OPIc - 선택형

AL취득을 위한 필수 공략OPIc - 돌발형

AL취득을 위한 필수 공략OPIc - 롤플레이

OPIc 등급공략과정 — 현장에서 적용 가능한 주제별 답변전략 및 팁 제시 과정

매직템플릿으로 완성하는 OPIc IM공략

매직템플릿으로 완성하는 OPIc IH공략

매직템플릿으로 완성하는 OPIc AL 공략

OPIc 등급공략과정 — 빅데이터 분석 및 최신 출제 트렌드 완벽 커버로 단기 OPIc 등급 취득 완성 과정

데이터와 트렌드로 쉽게 취득하는 OPIc IL

데이터와 트렌드로 쉽게 취득하는 OPIc IM

데이터와 트렌드로 쉽게 취득하는 OPIc IH Step 1, 2

데이터와 트렌드로 쉽게 취득하는 OPIc AL Step 1, 2

OPIc 등급공략과정 — OPIc 주관사 멀티캠퍼스에서 제시하는 레벨별 맞춤 공략 과정

New OPIc 첫걸음

New OPIc SOS Start

New OPIc SOS IM공략

New OPIc의 정석! IH공략

중국어 대비 멀티캠퍼스 Best 온라인 과정

TSC 전략 과정
단시간 레벨 UP!을 위한 유형별 공략법과 막판 핵심 족집게 전략을 제시하는 국내 최고의 TSC 대비 과정

한달에 끝내는 TSC 첫걸음 3급공략

초단기 TSC 4급공략

초단기 TSC 4급공략 실전테스트

[막판뒤집기] TSC 3급 Pass

[막판뒤집기] TSC 4급 Pass

비즈니스 중국어 회화 과정
삼성 해외 주재원 집중과정 교재 기반, 진정한 중국通이 되기 위한 중국어 실무 과정

직장에서 당장 써먹는 중국어 회화(上)
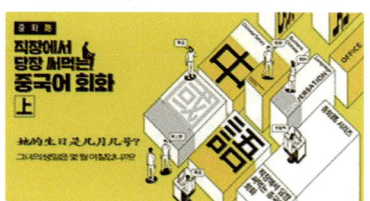

직장에서 당장 써먹는 중국어 회화(下)

OPIc중국어 전략과정
OPIc 평가 주관사 멀티캠퍼스에서 개발한 국내 유일무이한 OPIc 중국어 대비 과정

New OPIc 중국어 첫걸음

OPIc 중국어의 정석! IM공략

OPIc 중국어의 정석! IH공략

新BCT 전략과정
새롭게 바뀐 BCT 문제 유형 분석을 통한 시험 완벽 대비 및 비즈니스 중국어 회화 능력을 향상할 수 있는 과정

초단기 新BCT Speaking 공략

초단기 新BCT Speaking 실전테스트

新BCT 첫걸음 A형 공략

新BCT 첫걸음 B형 공략

데이터와 트렌드로
쉽게 취득하는

OPIc IH